新 憲法判例特選

〔第3版〕

【編著者】

柏﨑敏義　加藤一彦

【執筆者】

内藤　光博　平松　直登
中村　安菜　江藤　英樹
石川多加子　棟久　　敬
市川　直子　江島　晶子
小倉　一志　鎌塚　有貴
廣澤　　明　齋藤　美沙
小松　　浩　三枝　昌幸
佐藤修一郎　森山　弘二
岩垣　真人　（執筆順）

敬文堂

第3版　はしがき

第2版を公刊してから3年が経過した。この間、社会の変化に沿うかのように多くの重要判決が下された。これら諸判例の中からさらに精選し、本書を利用する皆さんの普段の学習にいち早く取り入れるべく改版することとした。

この判例集が刊行された頃から今日に至るまでの憲法政治は、平和主義の否定、議会軽視、財政健全化無視そして国民無視が続き、極めて非民主的国家に近い状態にあったといえるし、残念ながら今なお続いている。人はこれを「息苦しさ」と呼んでいる。

憲法の根幹には法の支配・法治主義がある。本書を利用して憲法学を学ぶにあたっては、「法」の概念の意味を把握し、解釈をすることの意味を考えながら、常に立憲主義を念頭に憲法解釈論を展開する必要がある。この地道な作業を継続することで、現在の憲法政治における問題を抽出し、自身の言葉で問題解決できる力量をもてるようになろう。

＊　　＊　　＊

この第3版では新たに執筆者を加え、より充実した内容構成を実現することができた。また、今回も本書全体の校正の労をとられた平松直登氏（明治大学法学部助教）、鎌塚有貴氏（三重短期大学法経科講師）にも改めて感謝申し上げる。

敬文堂の竹内基雄社長には出版事情が厳しい中種々便宜を図って頂いた。厚く御礼申し上げる。

2021年3月

編著者　柏﨑　敏義
加藤　一彦

第2版　はしがき

本書の初版が出版されたのは2013年４月である。それから５年が過ぎ、本書は多くの人に利用していただくことができた。この間、判例の進展に著しいものがあり、この度改版し、新規に重要判例を収録することとした。

時間の経過は判例の進展のみにとどまらず、憲法を取り巻く環境が大きな転機に直面していると思われる。日本国憲法制定直後から、国民主権・基本的人権の尊重・平和主義を脅かす政治が展開され憲法の危機が叫ばれてきた。しかし、2018年のいまは、特定秘密保護法の制定、集団的自衛権の容認、共謀罪の制定に代表されるように、立憲主義の危機、民主主義の危機の疑いが濃い政治が展開され、現実の危機に瀕している。この状況から脱却するためには、真に憲法価値を理解し、実践する私たちの努力以外にはない。

＊　＊　＊

第２版では新たに執筆者を加え、各テーマの専門分野からのアプローチがより充実するものとなった。また、本書全体の校正の労をとられた平松直登氏（明治大学専任助手）、鎌塚有貴氏（明治大学大学院）にも感謝申し上げる。

今回も敬文堂の竹内基雄社長には諸事便宜を図って頂いた。厚く御礼申し上げる。

2018年１月

編著者　柏﨑　敏義
加藤　一彦

はしがき

憲法を生かすのはわたしたちである。私たちには固有の、普遍的な人権があり、憲法はそれを保障する。国家権力はその憲法の要請に厳しく拘束される。この基本理解は人類の知恵である。憲法はわたしたちの生活空間をどう築き上げるかを示しているが、人間存在を価値として設定することを否定することはできない。

憲法判例もまた賢慮の集積として、憲法価値を実践するわたしたちへの、ひとつの選択肢として、あり得る考え方を示唆する。憲法の下でなにが問題となり、人にとって社会にとって、なにが大事なことなのかを考える素材を提供してくれる。

事件は生きた憲法の証であり、人々の苦闘が刻まれている。それを読み取り、理論に昇華させるのは、これを読んでいるあなたたちである。

＊　＊　＊

本書の特徴を示しておこう。第一に、多くの判例集にみられる個々の判例ごとに解説を付す方式を取らず、代わりに項目ごとに簡単な説明を付けた。教科書で得た思考を用いて、自分なりに判例を読んでみることが大事であると考えたからである。第二に、重要判例に☆印を付けた。☆☆☆は憲法の勉強を始めたばかりの大学1年生がぜひ習得しておかなければならない最重要判例、☆☆は大学3年終了レベルで習得すべき重要判例、☆は法科大学院、公務員試験、その他の資格試験の受験を志望する場合に必要な判例、というように到達レベルを示した。もちろん☆が付いていない判例は勉強しなくてもよいということではない。第三に、民事・行政・刑事事件の区別、当事者、争点を示すことで、当該事件からなぜ憲法問題が争われるようになったかを考える素材を提供した。第四に、判旨をできるだけ忠実に掲載し、とくに最高裁判所判決・決定については多数意見のほかにも各裁判官の意見、補足意見、少数意見なども掲載した。加えて、重要と思われる箇所はゴシック体で強調した。なお、本書に収録されなかった判例も多数に上るが、ご海容願いたい。

＊　＊　＊

本書は3年前に刊行された『憲法判例特選』の新版である。旧版はとくに笹川紀勝国際基督教大学名誉教授のご尽力の下、刊行された。今回リニューアル版を編むにあたって、その意図を継受しつつ、旧版を全面的に見直すこととした。これまでのご同教授のご尽力に，改めて深く謝意を表したい。

新版では、執筆者を新たに加え、新規判例を追加するなど、最新化をはかった。

各執筆者には、今回もご協力いただき改めて御礼を申し上げたい。また、齋藤美沙氏（明治大学法学部専任助手）には校正、索引作成にご協力いただき、御礼を申し上げる。

本書の刊行にあたり、敬文堂の竹内基雄社長には本企画を快諾戴いたうえ、原稿整理などお手を煩わせた。ここに厚く感謝申し上げる。

2013年４月

編著者　柏﨑　敏義
加藤　一彦

目　次

第1章　天　皇

【象徴天皇制】

第2章　戦争の放棄

【憲法原理としての平和主義】

第3章　人権総論

【国民の要件】

【外国人の人権】

第5章　法の下の平等

第6章　思想・良心の自由

第7章　信教の自由・政教分離

第 8 章　表現の自由

第11章　通信の秘密

第12章　学問の自由

第13章　人身の自由

第14章 経済的自由

第15章 生存権

第16章　教育を受ける権利

第17章　労働基本権

第18章　選挙権

第19章　国務請求権

第20章　国　会

第21章　内　閣

第22章　裁判所

第23章　財　政

第24章　地方自治

【凡　例】

1．掲載判例は、令和元年5月28日までの判例を収録した。事件名は通称名を先に挙げ、括弧書きで正式な事件名を掲載した。判例の日付の箇所の●は掲載判例を示している。

2．法令等の内容は、令和元年5月28日現在による。

3．判例の引用方法は、次の方法によった。

最高裁判所第2小法廷判決昭和33年3月28日最高裁判所民事判例集12巻4号624頁

⇒最判昭和33年3月28日民集12巻4号624頁

なお、略語は次の通りである。

大判＝大審院判決
最大判＝最高裁判所大法廷判決
最大決＝最高裁判所大法廷決定
最判＝最高裁判所小法廷判決
高判＝高等裁判所判決
高決＝高等裁判所決定
地判＝地方裁判所判決
地決＝地方裁判所決定
支判＝支部判決
家審＝家庭裁判所審判
簡判＝簡易裁判所判決
大刑集＝大審院刑事判例集
民集＝最高裁判所民事判例集
集民＝最高裁判所裁判集民事編
刑集＝最高裁判所刑事判例集
集刑＝最高裁判所裁判集刑事編
高民集＝高等裁判所民事判例集
高刑集＝高等裁判所刑事判例集
下民集＝下級裁判所民事裁判例集
下刑集＝下級裁判所刑事裁判例集
行集＝行政事件裁判例集
訟月＝訟務月報
刑月＝刑事裁判月報
判時＝判例時報
判タ＝判例タイムズ
判自＝判例地方自治

4．判例中における年月日、法令の条数などは、算用数字を用いた。

5．判例の引用は、「　」内は原文のままとし、文中の途中省略部分には「……」を入れた。なお、明らかに誤植と思われる部分には「ママ」と付した。

6．最高裁の判決・決定は原則として民集、刑集を示した。下級審については、担当者の判断によって引きやすいものにした。なお、新しい判決で公式判例集未登載のものについては、裁判所ウェブサイト（http://www.courts.go.jp/）を利用した。

7．教科書

吉田・憲法：吉田善明『日本国憲法〔第3版〕』（2003年、三省堂）

芦部・憲法：芦部信喜、高橋和之補訂『憲法〔第7版〕』（2019年、岩波書店）

佐藤・憲法：佐藤幸治『日本国憲法論〔第2版〕』（2020年、成文堂）

野中他・憲法Ⅰ、Ⅱ：野中俊彦・中村睦男・高橋和之・高見勝利『憲法Ⅰ・Ⅱ〔第5版〕』（2012年、有斐閣）

8．事件名の後に付した☆印の見方は次の通り。

☆☆☆・・・学部1年で習得しておかなければならない最重要判例

☆☆・・・・学部3年終了レベルで習得すべき重要判例

☆・・・・・法科大学院、公務員試験、資格試験などの受験に必要な判例

第1章　天　皇

象徴天皇制　明治憲法下では、天皇の地位は神聖不可侵であり、統治権の総覧者であった。伊藤博文は、法律には天皇を責問する力はない、また「不敬を以て」天皇の身体を侵害できないだけでなく天皇を名指して非難もできないと解説した（伊藤博文、宮沢俊義校注『憲法義解』（2019年、岩波書店）25頁）。しかし、明治憲法下でポツダム宣言受諾による無条件降伏とその調印（1945（昭和20）年8月15日、9月2日）が行われ、やがて日本国憲法が公布（1947（昭和22）年11月3日）された。天皇は君主、元首とは理解されず、新憲法は旧憲法の理念を完全に否定し、国民主権を採用し、天皇は「日本国の象徴であり日本国民統合の象徴」（1条）であるとされた。「象徴」とは抽象的なものを具象的に表現する作用をいい、たとえば鳩は平和の象徴であるとされる。憲法は人間である天皇を象徴であるとしている。また、天皇の行為には内閣の助言と承認がなされることにより、その行為に対する責任は内閣の責任となる。象徴天皇制に対する厳格な立憲的統制の意味と理解できる。

2016（平成28）年8月8日、天皇（現在の上皇）により「象徴としてのお務めについての天皇陛下のおことば」が発せられた（宮内庁HPで見て聞くことができる）。この「おことば」がもたらした影響は大きく、ひとつは天皇が行う行為とくに公的行為を誰がどのように決めるのか、もうひとつは天皇の生前退位が認められるのかが問題となった。後者については、2017（平成29）年6月9日に「天皇の退位等に関する皇室典範特例法」が国会で成立し、皇室典範4条の特例として生前退位が認められ、その後皇室会議が開かれ2019（平成31）年4月30日に退位、翌5月1日に新天皇が即位した。元号法により元号が改元され、令和となった。ただ、皇位継承については女性天皇や女性宮家の創設などの議論は継続してなされている。

天皇という憲法上の制度において注意深く見なければならないのは、旧憲法から新憲法への間隙をつく旧天皇制度の残滓、新天皇制度における精算したはずの古い体質の温存である。象徴天皇制度の理解において必要なのは、政治的理解ではなく、法的理解である。

1　プラカード事件（不敬被告事件）☆

東京地判昭和21年11月２日刑集２巻６号603頁

東京高判昭和22年６月28日刑集２巻６号607頁

●最大判昭和23年５月26日刑集２巻６号529頁

【事実】

まず、プラカード事件の判決にかかわる前提問題を確認する。第一に、プラカード事件の東京地裁判決原本も東京高裁判決原本もすでに破毀されて存在しない。これら下級審判決は最高裁大法廷判決の「参照」（刑集２巻６号602頁以下）によって確認されるにすぎない。第二に、「参照」されている下級審判決には判決日が記載されていない。しかし、最高裁大法廷の多数意見の裁判官は東京地裁判決の判決日を「昭和21年11月２日」とし（刑集２巻６号533・539頁）、東京高裁判決の判決日を「昭和22年６月28日」としている（同539頁）。

被告人は、田中精機株式会社の事務員であるが、他の従業員とともに、1946（昭和21）年５月19日東京都内で催された飯米獲得人民大会（通称食料メーデー）において、プラカードに「詔書（ヒロヒト曰ク）／国体はゴジされたぞ／朕はタラフク／食ってるぞ／ナンジ人民／飢えて死ね／ギョメイギョジ／日本共産党　田中精機細胞」を記載して参加した。もって、「天皇に対し不敬の行為をなした」として起訴された。

第１審は「国民統合の象徴にして且つ国家の象徴たる天皇の名誉」を毀損したとして有罪とし、控訴審は不敬罪により有罪であるが大赦令により免訴とした。被告人は最高裁に上告した。

なお、合計６本の弁護人上告趣意書がある（刑集２巻６号560頁）。弁護人布施達治は上告申立全体の要点を三点にわたって述べる。その概略は次のようである。①ポツダム宣言の無条件受諾により廃止になった不敬罪に今なお固執する原判決はポツダム宣言に違反する。②「従来国民以上の尊敬を保護せられていた不敬罪の法益」を被告人に強制した原判決は「主権在民の新憲法を無視する」。③プラカードの文言は、「飢餓窮乏の国民を見殺しにする天皇の政治的責任と国民を飢餓窮乏の塗炭に陥れた戦争の責任を反省しない天皇制の風刺批判だ。然るにプラカードの文言を天皇個人の誹謗なりと解釈した原判決は、反動的な封建制温存の天皇制に媚びる不当の判決」であるというものである。

整理

事件／刑事事件

被告人・控訴人・上告人／田中精機株式会社事務員

〈争点〉①大赦令により公訴権が消滅した場合、裁判所は単に免訴の判決をすべきで実体上の審理をなしえないか。②大赦があっても公訴事実が犯罪を構成しないときは実体上の審理をして無罪の判決をすべきか。

〈憲法上の問題点〉❶ポツダム宣言受諾の下であっても、不敬罪廃止の立法があるまでは不敬罪は適用されなければならないか。❷大赦令によって公訴権の消滅という枠の中でのみ被告人の主張をとらえるなら、その枠のもつ被告人への不利益（無罪の主張は許されないこと）は、裁判を受ける権利との関係で、救済されなくてもかまわないか。❸天皇は名誉毀損に関して一般国民とは異なる保護を受けるか。

【判旨】

上告棄却（14対1、補足意見1、同調意見5、反対意見1）。

（i）**大赦による公訴権消滅と形式審理の免訴無罪判決**　「裁判所が公訴につき、実体的審理をして、刑罰権の存否及び範囲を確定する権能をもつのは、検事の当該事件に対する具体的公訴権が発生し、かつ、存続することを要件とするのであって、公訴権が消滅した場合、裁判所は、その事件につき、実体上の審理をすゝめ、検事の公訴にかゝる事実が果して真実に行われたかどうか、真実に行われたとして、その事実は犯罪を構成するかどうか、犯罪を構成するとせばいかなる刑罰を科すべきやを確定することはできなくなる。これは、不告不理の原則を採るわが刑事訴訟法の当然の帰結である。本件においても、既に大赦によって公訴権が消滅した以上、裁判所は……実体上の審理をすることはできなくなり〔刑訴法に〕従って、被告人に対し、免訴の判決をするのみである。」「若し、訴訟の実体に関する問題をいうならば、被告人側にいろいろの主張はあるであらう。公訴にかゝる事実の存在を争ふこともその一であり、その事実の法律上罪とならぬことを主張するのもその一であり、その他、各種の免責事由の主張等いろいろあるであらうけれど、既に公訴の基礎をなす公訴権が消滅する以上、これらは一切裁判所が取上げることができないと同様、被告人も、また、これを主張して無罪の判決を求めることはできないのである。」

（ii）**被告人の行為時には既に失効していたという主張も実体審理に含まれ許されない**　「被告人および弁護人が特に強調するところの、刑法不敬罪の規定は昭和21年5月19日、即ち本件被告人の行為のなされた当時には既に失効していたという主張に関しても、畢竟これは被告人の本件所為が罪となるか、ならぬかの争点に関するものであって、大赦によって本件公訴権は消滅し、実体上の審理が許されないことは前説明のとおりであるから、被告人等も、また、かゝる理由に基いて、無罪を主張することは許されない」。

〔井上登裁判官の補足意見〕（i）**大赦による公訴権消滅と形式審理の免訴判決**　大赦令「以後に於ても〔不敬罪の〕規定が（最近の刑法改正は）形式的には廃止せられず、存続して居たことは明であり、実質的にも論旨のいう様になくなったものであるかどうかは必ずしも明でない、少なくとも十分問題となり得べきことと私は考へる……かく問題である以上検事がなお存続するものとして起訴をするということは固より有り得べきことであり起訴があれば裁判所においても問題の存する処に付き十分の審理考究をしなければならぬ、そして若しなお存続するとの意見に到達すれば引続き被告人が起訴事実の様な行為をしたかどうか、其の行為が刑罰法条に該当するかどうか等の審理をしなければならない、そこで……政治上社会政策上の理由により此罪に付ては裁判所における**一切の審議を止め**にし被告人に対しては法律上始から起訴などなかったと同様にして直ちに釈放しようというのが大赦令の趣旨であると思う」。(ii)**免訴と無罪の間で不利益の生じることはない**　多くの被告人にとっては、「一刻も早く免訴の判決を受けて釈放せられる方がいゝのではあるまいか、それ故〔大赦令の〕発令と同時に一切の審理を打切り前記の如く法律上初めから起訴などなかったと同様にし……直ちに被告人を釈放してしまうというのが大赦令の趣旨と思う」。それによって「被告人は完全にいわゆる青天白日の身となるのであって或意味においては『証拠不十分』なんていう理由で無罪の判決を受けるよりは却っていいかも知れないのである、此意味で被告人は無罪の判決を受ける為めに上訴をすることが出来ないとしてもあまり不利益はないであろう。」

〔眞野毅裁判官の意見〕原判決破毀、免訴。(i)**大赦による形式審理の免訴無罪判決**　大赦のあったときは実体形成の審理を打切り、免訴の形式的判決を言渡して当該訴訟を終結するから、もはや「黒とも白とも何れとも決定することができないのである。従って、被告人及び弁護人も無罪を主張し白を強調することは、最早本件においては無益であり許さるべきことでない。」(ii)実体審理をしてはならないにもかかわらずなされた「**原判決の有罪認定は……違法**であるから、この違法を攻撃する上告は、この限度において結局理由がある」。しかし、多数意見のいうように「上告不適法の問題ではない」のであって、「事実の確定に影響を及ぼさざる法令の違反があった」にすぎないから、「原判決を破毀し、自判により免訴の判決を言渡す」。

〔斎藤悠輔裁判官の同調意見〕上告棄却。(i)**形式審理と免訴判決、実体審理と無罪判決**　無罪判決は、実体的公訴権が初めから発生しない場合に言渡すものであるが、免訴判決は、「一旦発生した実体的公訴権がその後消滅し……た場合になす判決であるから、免訴判決をなすには、先ず、実体的公訴権の発生したことを確定し、然る後その消滅したことを確定する」のが理論上当然である。「大赦はある種類の罪を犯した一般者を赦免するものである。」換言すれば「黒きを転じて白からしむるものである。」それに対して、「初より実体的公訴権発生せざる者に対しては大赦の効果を及ぼすの理由毫もなく、すなわち、無罪の判決をなすべきである。」言い換えると、免訴は「黒白のけじめを立てず……有耶無耶」にして「水に流す」ものである。ところが、「被告人は極力無罪を主張するのであるから、先ず被告人に対し不敬罪の実体的公訴権発生存立したことを確定するのが順序である。」(ii)**不敬罪の法益と憲法における天皇の地位身分**　「天皇に対する不敬罪の法益は、一私人に対する主観客観の名誉とその本質を異にするものではない。」「社会的承認乃至評価に対する個人の関心、すなわち名誉心」の法益を有する者は実に「社会」である。これは「絶対に消滅することはない。」「さすれば本件不敬罪の法益が消滅したとする無罪論は採るに足りない。」不敬罪の規定は廃止されていない。憲法14条第1項の法の下の平等は、「合理的理由」による区別を認めていて、「憲法自体において認めている地位身分によりこれに妥当するような法律的特別保護を認めたからと言って毫も憲法に反するものといゝ得ない。それ故、不敬罪の規定が右憲法規定の施行に伴いその効なきものとする論も亦採るを得ない。」

〔霜山精一・澤田竹治郎裁判官の意見〕上告棄却。（i）**大赦による実体審理の免訴無罪判決**「大赦のあったことを理由として免訴の判決をする場合には公訴事実が大赦のあった罪に該当するや否やを判断してそれが該当する場合に限り免訴の判決をなすべきものである。」「免訴の判決は実質的判決であると解する」。「無罪の判決は刑罰権が始めから存在しない場合に言渡すものであり免訴の判決は一旦発生した刑罰権がその後消滅した場合に言渡すものである。従って無罪の判決と免訴の判決とを比較して見ると無罪の判決は免訴の判決よりも被告人にとって遥かに利益であることは明かである。然らば免訴の判決の言渡を受けた被告人は上訴をする利益を有するものであるから無罪の判決を求めるために上訴をすることができる……。原判決に対して無罪を主張して上訴をした本件上告は適法」である。（ii）**不敬罪の法益と憲法における天皇の地位身分**「天皇の地位に重大なる変動を来たしたこと及びその地位は国内的にもなお変動を予想せられる動揺の状態にあったことは肯認せざるを得ないけれども天皇の地位が全面的に否定せられたものと認めることはできない。果して然らば不敬罪の保護法益も亦全面的に消滅したものということはできないのであるから保護法益の消滅により不敬罪の規定が実質的に廃止せられたのであるとする論旨は総てその理由がない」。またGHQの覚書は直接管理命令として発せられているものでない以上、「この覚書によって直ちに不敬罪の規定が廃止せられ又はその効力が停止されたものと解することはできない。又日本政府はこの覚書に遵ひ多数の法令を廃止しておるけれども不敬罪の規定については当時廃止の手続をとらなかった」。上告は理由がないから棄却される。

〔庄野理一裁判官の反対意見〕原判決破棄、無罪。（i）**免訴判決と無罪判決の相違**　大赦令により、公訴権は消滅し裁判所は実体上の審理を打切り免訴を言渡して訴訟を終結するのが本筋である、といわれる。しかし、被告人は「本件行為当時不敬罪は存在しなかったと主張するのである。若し然りとすれば被告人は罪あるものでもなく、また、罪の疑はしきものでもない。従って被告人に対する公訴権なるものははじめから無かったのである。はじめから無かったものは、消滅のしようが無いのであるから、大赦の対象にはなり得ないのである。この重大な争点を判断しないで通ろうとするのである。断じて同意できない。」（ii）**天皇の地位の本質的変貌と不敬罪の実質的廃止**　ポツダム宣言の受諾により天皇の地位は最高独立のものでなく、「天皇の権力は降伏条件を執行し日本占領管理政策を遂行するために必要なるあらゆる権力を有する最高司令官に従属する」ものであって、「その下に在来の権限行使が便宜的に容認せられておるのであるから、かかる天皇の地位の本質的変貌は刑法不敬罪の保護法益をその瞬間において消滅せしめたものといわざるを得ない。しかしてかゝる解釈は『凡ての人は法の前に同一である。何人と雖普通人に拒まれる特別の保護を受けることはできない』といふ民主主義の根本精神に合致するものである。」

「日本政府は不敬罪の規定の廃止手続を執らなかったといふがそれはその当時の日本政府がその当時の日本の政治情勢を洞察して廃止法令のうちに『不敬罪』を加へなかったといふだけで」、天皇は象徴とされ、不敬罪も刑法からそのかげを没し、「刑法の威嚇がなければ天皇の尊厳が保てないという封建的な思想が払拭された今日、本件行為当時に不敬罪が実質的に廃止されていたと断ずることに、さ程の困難を感じない」。

2　コラージュ事件（国家賠償等請求控訴事件）

富山地判平成10年12月16日判時1699号120頁

●名古屋高金沢支判平成12年２月16日判時1726号111頁

最決平成12年10月27日判例集未登載

【事実】

富山県立近代美術館は、第１審原告の制作した版画を購入し、収録図録も１カ月余り展示した（以下「本件作品」、「本件図録」）。本件作品は、コラージュという手法によって昭和天皇の肖像と裸婦像などを組み合わせたものといわれる。ところが、県議会で議員が本件作品を見て「不快感を覚えた」と発言し美術館のあり方をただした。そのことが翌日の新聞で大きく取り上げられた。これを契機に、本件作品の非公開と廃棄処分を求める人々の激しい抗議行動が起きた。彼らは、戦後不敬罪がなくなったことをいいことに天皇の写真を悪用した作品を展示したことは問題で、国民感情が許さない、美術館長に辞職と皇室に対する崇拝の念の被歴を要求し、天皇のプライバシー侵害を主張した。県知事への暴行事件も起きた。他方その抗議に反対する行動も起きた。そこで美術館は、７年間本件作品及び本件図録を非公開とし、本件作品を売却し、本件図録を焼却した。原告は富山県に対して、表現の自由・知る権利の侵害を理由に損害賠償を求めた。第１審は、天皇の人格権、プライバシー、肖像権の侵害やその疑いをいう県の主張を認めなかった。そして、「本件作品及び本件図録の公開によって、人の生命、身体又は財産が侵害され、公共の安全が損なわれる、明らかな差し迫った危険の発生が具体的に予見されたものということはできない」として、本件作品の閲覧の拒否は違法であると判断し、損害賠償の請求を認めた。

原告被告双方の請求が一部認容され一部敗訴とされたので、それぞれ控訴した。被告の控訴理由は次のようである。

本件作品等の公開について一般市民が有する権利はせいぜい「見る権利」に留まり、憲法上保障された「知る権利」ではないから、原判決が知る権利の保障を上回る明らかな差し迫った危険の発生が具体的に予見される必要を述べたことは「厳格に過ぎて不当」である。本件では美術館の「管理運営上の障害として差し迫った危険の発生が具体的に予見されており、また本件作品は昭和天皇の人格権を侵害する疑いがあった」から、本件作品及び本件図録を非公開としたことには地方自治法244条2項の定める「正当な理由」がある。

整理

事件／行政事件

原告・控訴人＝被控訴人／版画家

被告・控訴人＝被控訴人／富山県

〈争点〉美術館が、原告らの特別観覧許可申請を不許可としたことに正当な理由があるか。

〈憲法上の問題点〉❶美術作品を「見る自由」は憲法上の「知る権利」に含まれないといえるか。❷当事者たる天皇の告訴がない場合に、第三者たる公的機関が、天皇の人格権の侵害の疑いがあるという理由で美術作品の非公開の決定をなしうるか。その際公的機関の行動基準は一般人のプライバシーや人格権の保護と同等であるべきか、それとも天皇が象徴である地位をもつという理由によって一般人より重視されるべきか。

【判旨】

第1審原告に対して容認した原審の判決を取消した。

（i）**管理運営上の支障について**　美術作品の「観覧あるいは閲覧を希望するものにできるだけ公開して住民への便宜（サービス）を図るよう努めなければならないことは当然であるが、同時に美術館という施設の特質からして、利用者が美術作品を観賞するにふさわしい平穏で静寂な館内環境を提供・保持することや、美術作品自体を良好な状態に保持すること（破損・汚損の防止を含む。）もその管理者に対して強く要請されるところである。これらの観点からすると、県立美術館の管理運営上の支障を生じる蓋然性が客観的に認められる場合には、管理者において、右の美術品の特別観覧許可申請を不許可とし、あるいは図録の閲覧を拒否しても、公の施設の利用の制限についての地方自治法244条2項の『正当な理由』があるものとして許されるというべきである」。

（ii）**天皇の人格権の侵害について（判断回避）**「そうすると、その余の点について検討するまでもなく」本件非公開措置に違法性はない。

3　天皇と民事裁判権（住民による損害賠償請求事件）

千葉地判平成元年5月24日民集43巻10号1166頁

東京高判平成元年7月19日民集43巻10号1167頁

●最判平成元年11月20日民集43巻10号1160頁

【事実】

被告千葉県知事は昭和天皇の病気快癒を願う県民記帳所を設置した。原告住民は違法に支出して千葉県に損害を与えたとして損害賠償請求をするとともに、昭和天皇は記帳所設置に要した費用相当額を不当に利得したとしてその相続人である新天皇（以下「天皇」）に不当利得返還請求をした。第１審では訴えを却下し、控訴審では控訴を棄却した。控訴審は次のようにいう。「天皇は、日本国憲法において、主権者である日本国民の総意に基づく、日本国の象徴であり日本国民統合の象徴という地位にあるとされているから、**主権者である一般の国民とは異なる法的地位にある**と解せられる。もとより、天皇といえども日本国籍を有する自然人の一人であって、日常生活において、私法上の行為をなすことがあり、その効力は民法その他の実体私法の定めるところに従うことになるが、このことから直ちに、天皇も民事裁判権に服すると解することはできない。仮に、天皇に対しても民事裁判権が及ぶとするなら、民事及び行政の訴訟において、天皇といえども、被告適格を有し、また証人となる義務を負担することになるが、このようなことは、日本国の象徴であり日本国民統合の象徴であるという、**天皇の憲法上の地位とは全くそぐわない**ものである。そして、このように解することが、天皇は刑事訴訟において訴追されることはないし、また、公職選挙法上選挙権及び被選挙権を有しないと、一般に理解されていることと、整合するものというべきである。」

整理

事件／民事事件

原告・控訴人・上告人／千葉県住民

被告・被控訴人・被上告人／千葉県知事

〈争点〉天皇に民事裁判権が及ぶか。

〈憲法上の問題点〉❶天皇の私人としての私的行為には宗教活動、演劇観覧、美術品鑑賞、相撲見物などがある。これらに関連して起きた法的事件の場合にも一切裁判権は及ばないといえるか。❷天皇は一般国民と同様に国民主権の下で法的制約を受ける存在か。

【判旨】

上告棄却（全員一致）。

「天皇は日本国の象徴であり日本国民統合の象徴であることにかんがみ、天皇には民事裁判権が及ばないものと解するのが相当である。」

第2章　戦争の放棄

憲法原理としての平和主義　日本国憲法は、その第2章に「戦争の放棄」を独立して置き、憲法9条において日本国政府がとるべき平和主義のあり方を定めている。日本国憲法の三大原理の一つは平和主義といわれながらも、政権各党は、これまで憲法9条に対し冷淡であり続け、ときには敵対的ですらあった。現時点では、自衛隊の存在も日米安保体制も所与のものとして、多くの国民も受け入れているが、しかし、司法の場では、自衛隊の存在及び日米安保体制と憲法9条との法的関係性に関し、その合憲性は、今なお、解決をみていない。この法的曖昧な状況において、自衛隊の活動範囲は拡大化してきた。特に、2016（平成28）年に施行された新安保関連法により、集団的自衛権の行使が可能になった。

従来、政府は、集団的自衛権の保持は憲法9条によっては禁止されてはいないが、これを行使することは、禁止されているという見解を堅持してきた。しかし、2014（平成26）年7月、政府（安倍政権）は、集団的自衛権の行使を容認する立場を表明した。この新政府解釈は、次の通りである。①わが国に対する武力攻撃が発生した場合のみならず、わが国と密接な関係にある他国に対する武力攻撃が発生した場合、②これによりわが国の存立が脅かされ、国民の生命、自由および幸福追求の権利が根底から覆される明白な危険がある場合、③わが国の存立を全うし、国民を守るために他に適当な手段がない場合に、「必要最小限度の実力を行使」することは、「自衛のための措置として、憲法上許容される」という新三要件型集団的自衛権行使論である。

加えて、個別的自衛権及び集団的自衛権に基づく武力行使を前提にしていけば、自衛隊の名称自体も再検討せざるを得ない。そこで自由民主党の「日本国憲法改正案」（2012（平成24）年4月27日）では、「国防軍」の創設が明記された。在日米軍との共同業務体制の強化、親日的国家群との軍事部門の協力が深まる中で、改めて憲法9条の原点を探ることは、「憲法改正」の是非を自身の言葉で語る最初の作業だと思われる。

平和主義をめぐる裁判所の諸判例は数多くあるが、ここでは次の点に留意して整理しておいた。

第1に、自衛隊の憲法適合性の問題である。下級審では自衛隊の存在が憲法9条に違反するとの判決が下されているが、最高裁判所は、現在まで、自衛隊の憲法適合性については判断をしていない点が重要である。

第2に、日米安保条約の憲法適合性の問題である。集団的自衛権行使が、憲法9条に違反しないという説明にあたって、砂川事件最高裁大法廷判決を引用する場合があるが、本判決を熟読すれば、そうした判例の読み方が、誤りであることにすぐ気づくであろう。本判決の主眼は、旧日米安保条約と憲法9条との法的関係性について、裁判所が憲法判断をしないことによって、事実上、同条約が日本国憲法と並立することを認める点にあったからである。

第3に、防衛活動の多様化に応じた裁判所の判断についてである。それぞれの判決では、自衛隊及び日米安保条約の憲法適合性の問題を棚上げしつつ、個別的な防衛活動については、政府の立場を擁護する裁判所の姿勢をみることができよう。また、沖縄県に米軍基地が集中化し、日米安保体制の要所となっている現実に対し、裁判所が国の政策を追認する姿も浮かび上がる。

第4に、「人権としての平和主義」に対する裁判所の向き合い方についてである。憲法前文第2段に定める「平和のうちに生存する権利」(平和的生存権)が、訴求可能性をもった具体的権利として把握できるか否かが重要な争点である。平和主義が国家の制度のみならず、人権論からも構築される必要性は、漂流化した今世紀の政治社会だからこそ、一段と高まっている。憲法9条の理想主義が「お題目」ではなく、現実的な人間の権利の課題であることを判例を通じて追体験することが肝要である。

4　恵庭事件/自衛隊の憲法適合性(1)(自衛隊法違反被告事件)☆

●札幌地判昭和42年3月29日下刑集9巻3号359頁

【事実】

被告人(兄弟)は北海道千歳郡恵庭(えにわ)町(現在の恵庭市)で酪農を営んでいた。当地域には自衛隊島松演習場が存在しており、牧場経営者は演習による爆音等の被害を継続的に受けていた。1962(昭和37)年12月、自衛隊側が事前連絡なくカノン砲による演習を続けたため、被害を受けた酪農経営者2名は、自衛隊に抗議をするとともに、自衛隊が管理する着弾地点等の連絡用の電話線を数カ所にわたって切断した。この行為が、自衛隊法121条「自衛隊の所有し、又は使用する武器、弾薬、航空機その他の防衛の用に供する物を損壊し、又は傷害した者は、5年以下の懲役又は5万円以下の罰金に処する」規定に違反するとして起訴された。

整理

事件/刑事事件

被告人／酪農業の兄弟

〈争点〉 被告人兄弟２人による電話線の切断行為に対する自衛隊法121条の構成要件該当性。

〈憲法上の問題点〉 自衛隊に関する憲法判断回避の手法。

【判旨】

無罪。

（ｉ）「一般に、刑罰法規は、その構成要件の定め方において、できるかぎり、抽象的・多義的な表現を避け、その解釈、運用にあたつて、判断者の主観に左右されるおそれ（とくに、濫用のおそれ）のすくない明確な表現で規定されなければならないのが罪刑法定主義にもとづく強い要請である。その意味からすると、本件罰条にいわゆる『その他の防衛の用に供する物』という文言は、包括的・抽象的・多義的な規定方法であり、検察官主張のように、『客観的、具体的であつて、なんら不明確な点はない。』と断定するには、たやすく同調できないところが多い……。規制秩序の特殊性とあいまち、規定文言の抽象的・多義的な性格がすこぶる濃厚な刑罰法規の解釈に際しては、厳格解釈の要請がひときわ強くはたらくのであつて、類推解釈の許容される限界についても、いつそう多くのきびしい制約原理が支配し、刑罰権の恣意的な濫用を厳重に警戒する態度をもつてのぞまねばならないものというべきである……本件罰条の文理的構造にてらすと、ひろく、自衛隊の所有し、または使用するいつさいの物件に対する損傷行為を処罰対像としているものでないことは明白であり、さらに、自衛隊のあらゆる任務もしくは業務の遂行上必要性のあるすべての物件に対する損傷行為を処罰の対象とする法意でないこともまた疑いをいれない」。「本件罰条にいう『その他の防衛の用に供する物』の意義・範囲を具体的に確定するにあたつては、同条に例示的に列挙されている『武器、弾薬、航空機』が解釈上重要な指標たる意味と法的機能をもつと解するのが相当である。すなわち、およそ、防衛の用に供する物と評価しうる可能性なり余地のあるすべての物件を、損傷行為の客体にとりあげていると考えるのは、とうてい妥当を欠くというべきである」。

（ii）「被告人両名の切断した本件通信線が**自衛隊法121条にいわゆる『その他の防衛の用に供する物』にあたるか否か**を検討してみるに、前判示のごとく、例示物件に見られる一連の特色とのあいだで類似性が是認せられるかどうかについては、つとめて厳格な吟味を必要とするのであるが、本件通信線が自衛隊の対外的武力行動に直接かつ高度の必要性と重要な意義をもつ機能的属性を有するものといいうるか否か、自衛隊の物的組織の一環を構成するうえで不可欠にちかいだけの枢要性をそなえているものと評価できるか否か、あるいは、その規模・構造等の点で損壊行為により深刻な影響のもたらされる危険が大きいと考えられるかどうか、ないしは、同種物件による用法上の代たいをはかることが容易でないと解されるかどうか、これらすべての点にてらすと、多くの実質的疑問が存し、かつ、このように、前記例示物件との類似性の有無に関して実質的な疑問をさしはさむ理由があるばあいには、罪刑法定主義の原則にもとづき、これを消極に解し、『その他の防衛の用に供する物』に該当しないものというのが相当である」。

（iii）「弁護人らは、本件審理の当初から、先にも判示したように、自衛隊法121条を含む自衛隊法全般ないし自衛隊等の違法性を強く主張しているが、およそ、裁判所が一定の立法なりその他の国家行為について違憲審査権を行使しうるのは、具体的な法律上の争訟の裁判においてのみであるとともに、具体的争訟の裁判に必要な限度にかぎられることはいうまでもない。このことを、本件のごとき刑事事件にそくしていうならば、当該事件の裁判の主文の判断に直接かつ絶対必要なばあいにだけ、立法その他の国家行為の憲法適否に関する審査決定をなすべきことを意味する……したがつて、すでに説示したように、**被告人両名の行為について、自衛隊法121条の構成要件に該当しないとの結論に達した以上、もはや、弁護人ら指摘の憲法問題に関し、なんらの判断をおこなう必要がないのみならず、これをおこなうべきでもないのである**」。

5　長沼事件／自衛隊の憲法適合性(2)（保安林指定解除処分取消訴訟）☆☆

●札幌地判昭和48年9月7日訟月19巻9号1頁
札幌高判昭和51年8月5日訟月22巻8号2021頁
最判昭和57年9月9日民集36巻9号1679頁

【事実】

1969（昭和44）年農林大臣（被告）は、地対空ミサイル／ナイキの基地建設のため、北海道長沼町にある国有保安林の指定を解除し、樹木の伐採を許可した。これに対し地域住民（原告）は、自衛隊基地建設を理由とした指定解除処分は森林法26条2項に定める「公益上の理由」にあたらないとして、当該処分の取消しを求めて出訴した。本件は、保安林指定の解除処分の取消しを求める訴訟でありつつも、自衛隊の存在と憲法9条との適合性を争う根本的な訴訟へと発展した。以下で紹介する長沼事件第1審判決は、自衛隊を違憲と初めて裁判所が判断した重要な判決である。なお、本件は第2審では破棄、最高裁判所では「訴えの利益」がなくなったとして、地域住民（原告）の敗訴（却下判決）が確定した。

整理

事件／行政事件

原告／地域住民

被告／国、農林大臣

〈争点〉 保安林指定解除行為。

〈憲法上の問題点〉 ❶自衛隊のミサイル基地建設が森林法26条2項「公益上の理由」に該当するか。❷自衛隊の存在自体が憲法9条に違反するか。

【判旨】

認容（処分取消判決）。

（ⅰ）「自衛隊の憲法適合性、つまり国家安全保障について軍事力を保持するか否かの問題については、憲法は前文および第9条において、明確な法規範を定立しているのであつて、その意義および解釈は、まさに法規範の解釈として客観的に確定されるべきものであつて、ときの政治体制、国際情勢の変化、推移とともに二義にも三義にも解釈されるべき性質のものではない。そして、当裁判所も、わが国が国際情勢など諸般の事情を総合的に判断して、政策として自衛隊を保持することが適当か否か、またこれを保持するとした場合どの程度の規模、装備、能力を備えるか、などを審査判断しようとするものではなく、まさに、主権者である国民がわが国がとることのできる安全保障政策のなかから、その一つを選択して軍隊等の戦力を保持するか否かについて定立した右憲法規範への適合性だけを審査しようとするものである……**憲法第81条の例外として、司法審査から除外されるべき国家行為は、前記4の事例にだけ認められてきたのであり、これらを除いたその余のいつさいの法律、命令、規則または処分の憲法適合性の審査は、憲法第76条、第81条、裁判所法第3条により、司法裁判所の審査の範囲内にあるものであり、したがつて、本件訴訟においても当然に司法審査は及ぶものといわなければならない**」。

（ⅱ）「わが国は、平和主義に立脚し、世界に先んじて軍備を廃止する以上、自国の安全と存立を、他の諸外国のように、最終的には軍備と戦争によるというのではなく、国内、国外を問わず戦争原因の発生を未然に除去し、かつ、国際平和の維持強化を図る諸活動により、わが国の平和を維持していくという積極的な行動（憲法前文第2段）のなかで究極的には『平和を愛する諸国民の公正と信義に信頼して、われらの安全と生存を保持しようと決意した。』（同第2項第1段）のである。これは、なによりもわが国が、平和憲法のもとに国民の権利、自由を保障する民主主義国家として進むことにより、国内的に戦争原因を発生させないこと、さらに、平和と国家の繁栄を求めている世界の諸国のなかで、右のように、平和的な民主主義国家として歩むわが国の生存と安全を脅かすものはいないという確信、そしてまた、今日世界各国の国民が、人類の経験した過去のいついかなる時期にもまして、わが国と同様に、自国の平和と不可分の世界平和を念願し、世界各国の間において、平和を乱す対立抗争があつてはならない、という信念がいきわたつていること、最後に、国際連合の発足によつて、戦争防止と国際間の安全保障の可能性が芽ばえてきたこと、などに基礎づけられているものといえる。このことは、憲法が、その前文第2項第2段からとりわけ第3項において、自国のみならず世界各国に対しても、利己的な、偏狭な国家主義を排斥する旨宣言して、自国のことばかりにとらわれて、他国の立場を顧慮しようとしない独善的な態度を強くいましめていることからも明らかである」。

（iii）「前文第２項は、前記した平和主義の規定に続けて、『全世界の国民が、ひとしく恐怖と欠乏から免かれ、平和のうちに生存する権利を有することを確認する。』ことを明記している。**これは、この平和的生存権が、全世界の国民に共通する基本的人権そのものであることを宣言するものである。**そしてそれは、たんに国家が、その政策として平和主義を掲げた結果、国民が平和のうちに生存しうるといつた消極的な反射的利益を意味するものではなく、むしろ、積極的に、わが国の国民のみならず、世界各国の国民にひとしく平和的生存権を確保するために、国家みずからが、平和主義を国家基本原理の一つとして掲げ、そしてまた、平和主義をとること以外に、全世界の諸国民の平和的生存権を確保する道はない、とする根本思想に由来するものといわなければならない……**社会において国民一人一人が平和のうちに生存し、かつ、その幸福を追及することのできる権利をもつことは、さらに、憲法第３章の各条項によつて、個別的な基本的人権の形で具体化され、規定されている。ここに憲法のいう平和主義と基本的人権尊重主義の二つの基本原理も、また、密接不可分に融合していることを見出すことができる**」。

（iv）「自衛隊の編成、規模、装備、能力からすると、自衛隊は明らかに『外敵に対する実力的な戦闘行動を目的とする人的、物的手段としての組織体』と認められるので、軍隊であり、それゆえに陸、海、空各自衛隊は、**憲法第９条第２項によつてその保持を禁ぜられている『陸海空軍』という『戦力』に該当するものといわなければならない。そしてこのような各自衛隊の組織、編成、装備、行動などを規定している防衛庁設置法……、自衛隊法……その他これに関連する法規は、いずれも同様に、憲法の右条項に違反し、憲法第98条によりその効力を有しえないものである**」。

（v）「森林法第26条第２項にいう『公益上の理由』があるというためには、解除の目的が……憲法を頂点とする法体系上価値を認められるものでなければならないから……**自衛隊の存在およびこれを規定する関連法規が憲法に違反するものである以上、自衛隊の防衛に関する施設を設置するという目的は森林法の右条項にいう公益性をもつことはできないものである**……本件保安林指定の解除処分は、自衛隊の組織の一部である航空自衛隊第三高射群第一一高射隊の射撃基地施設の設置および同連絡道路敷地とするためであることは前記のとおりである。したがつて自衛隊の右施設等設置のためにされた、被告の右処分は、森林法第26条第２項にいう『公益上の理由』を欠く違法なものであり、取消しを免がれない」。

6　砂川事件／日米安保条約の憲法適合性（日本国とアメリカ合衆国との間の安全保障条約第３条に基く行政協定に伴う刑事特別法違反事件）☆☆☆

●東京地判昭和34年３月30日下刑集１巻３号776頁

最大判昭和34年12月16日刑集13巻13号3225頁

【事実】

1955（昭和30）年、国は東京都に所在地をもつ米軍立川飛行場の基地拡張計画を立案した。地元の自治体が反対する中、土地収用を強行した。1957（昭和32）年７月、基地拡張のための測量を国側が強行したため、1000名規模の抗議のために集まった地域住民が飛行場境界柵を引き抜き、さらに抗議を続けるため境界内に数時間に渡り立ち入った。後日、当該地域に立ち入った23名が逮捕され、その内、７名が「日本国とアメリカ合衆国との間の安全保障条約第３条に基く行政協定に伴う刑事特別法」２条違反により起訴された。

本判決（伊達判決）は、旧日米安保条約に基づく駐留米軍の存在を憲法９条に違反すると判示した。しかし上告審（跳躍上告／刑事訴訟規則254条の適用のため控訴審はない）は、日米安保条約の憲法適合性について条約に関する「一見極めて明白つき統治行為論」によって司法判断を回避した。最終的に本件は、差戻審において被告人有罪で決着した。

整理

事件／刑事事件

被告人／基地建設反対派７名

〈争点〉行政協定による刑事特別法２条と憲法31条との適合性。

〈憲法上の問題点〉❶旧日米安保条約と憲法９条との適合性。❷条約に関する法令審査の可能性。

【判旨】

無罪。

（ｉ）「日本国憲法はその第９条において、国家の政策の手段としての戦争、武力による威嚇又は武力の行使を永久に放棄したのみならず、国家が戦争を行う権利を一切認めず、且つその実質的裏付けとして陸海空軍その他の戦力を一切保持しないと規定している。**即ち同条は、自衛権を否定するものではないが、侵略的戦争は勿論のこと、自衛のための戦力を用いる戦争及び自衛のための戦力の保持をも許さないとするもの**であつて、この規定は『政府の行為によつて再び戦争の惨禍が起ることのないやうに』（憲法前文第１段）しようとするわが国民が、『恒久の平和を念願し、人間相互の関係を支配する崇高な理想（国際連合憲章もその目標としている世界平和のための国際協力の理想）を深く自覚』（憲法前文第２段）した結果、『平和を愛する諸国民の公正と信義に信頼して、われらの安全と生存を維持しよう』（憲法前文第２段）とする、即ち戦争を国際平和団体に対する犯罪とし、その団体の国際警察軍による軍事的措置等、現実的にはいかに譲歩しても右のような国際平和団体を目ざしている国際連合の機関である安全保障理事会等の執る軍事的安全措置等を最低線としてこれによつてわが国の安全と生存を維持しようとする決意に基くものであり、単に消極的に諸外国に対して、従来のわが国の軍国主義的、侵略主義的政策についての反省の実を示さんとするに止まらず、正義と秩序を基調とする世界永遠の平和を実現するための先駆たらんとする高遠な理想と悲壮な決意を示すものといわなければならない。従つて憲法第９条の解釈は、かような憲法の理念を十分考慮した上で為さるべきであつて、単に文言の形式的、概念的把握に止まつてはならないばかりでなく、合衆国軍隊のわが国への駐留は、平和条約が発効し連合国の占領軍が撤収した後の軍備なき真空状態からわが国の安全と生存を維持するため必要であり、自衛上やむを得ないとする政策論によつて左右されてはならないことは当然である」。

（ⅱ）「**わが国が外部からの武力攻撃に対する自衛に使用する目的で合衆国軍隊の駐留を許容していることは、指揮権の有無、合衆国軍隊の出動義務の有無に拘らず、日本国憲法第９条第２項前段によつて禁止されている陸海空軍その他の戦力の保持に該当するものといわざるを得ず、結局わが国内に駐留する合衆国軍隊は憲法その存在を許すべからざるものといわざるを得ないのである**」。

（ⅲ）「もとより、安全保障条約及び行政協定の存続する限り、わが国が合衆国に対しその軍隊を駐留させ、これに必要なる基地を提供しまたその施設等の平穏を保護しなければならない国際法上の義務を負担することは当然であるとしても、前記のように合衆国軍隊の駐留が憲法第９条第２項前段に違反し許すべからざるものである以上、合衆国軍隊の施設又は区域内の平穏に関する法益が一般国民の同種法益と同様の刑事上、民事上の保護を受けることは格別、特に後者以上の厚い保護を受ける合理的な理由は何等存在しないところであるから、**国民に対して軽犯罪法の規定よりも特に重い刑罰をもつて臨む刑事特別法第２条の規定は、前に指摘したように何人も適正な手続によらなければ刑罰を科せられないとする憲法第31条に違反し無効なものといわなければならない**」。

7　百里基地訴訟（不動産所有権確認、所有権取得登記抹消請求本訴、同反訴、不動産所有権確認、停止条件付所有権移転仮登記抹消登記請求本訴、同反訴、当事者参加事件）☆

水戸地判昭和52年２月17日訟月23巻２号255頁

東京高判昭和56年７月７日訟月27巻10号1862頁

●最判平成元年６月20日民集43巻６号385頁

【事実】

Ｘ（原告）は、基地反対派のＹ１町長（被告／基地反対派）・同使用人であるＹ２（被告／基地反対派）との間に、Ｘ所有の土地売買契約を締結した。しかし、Ｘは土地売買代金の一部が未払いであることを理由に債務不履行であるとして売買契約の解除を行った。他方、Ｘは基地反対運動に疑問を感じて当該土地を国に売り渡した。これに伴いＸ及び国は、Ｙ１・Ｙ２に対し、本件土地の所有権確認等の請求などを行った。本件は民事上の紛争の形式をとっているが、被告側は、原告と国との本件売買契約が、自衛隊の基地建設のために行われたことを踏まえ次の各点を主張した。第1に、同契約が憲法98条1項に定める「国務に関するその他の行為」に該当し、それ故に同売買契約が憲法9条に違反し無効である。第2に、本件売買契約について、私人間の私法上の行為ではあるが、憲法の直接適用可能性があり、その場合には、憲法9条が直接適用される。第3に、本件売買契約には少なくとも民法90条の公序良俗規定違反により無効である。第1・2審とも原告の主張を認容し、被告は上告を行った。

整理

事件／民事事件

原告・被控訴人・被上告人／土地を国に売った者

被告・控訴人・上告人／最初の土地売買契約を締結した者

〈争点〉売買契約にもとづく国側所有権の確認。

〈憲法上の問題点〉❶国の私法上の行為と憲法98条1項との関係性。❷私法上の行為と憲法9条の適用。❸民法90条の「公の秩序」の内容。

【判旨】

上告棄却（全員一致、補足意見1）。

（i）「憲法98条1項は、憲法が国の最高法規であること、すなわち、憲法が成文法の国法形式として最も強い形式的効力を有し、憲法に違反するその余の法形式の全部又は一部はその違反する限度において法規範としての本来の効力を有しないことを定めた規定であるから、同条項にいう『国務に関するその他の行為』とは、同条項に列挙された法律、命令、詔勅と同一の性質を有する国の行為、言い換えれば、公権力を行使して法規範を定立する国の行為を意味し、したがつて、**行政処分、裁判などの国の行為は、個別的・具体的ながらも公権力を行使して法規範を定立する国の行為であるから、かかる法規範を定立する限りにおいて国務に関する行為に該当するものというべきであるが、国の行為であつても、私人と対等の立場で行う国の行為は、右のような法規範の定立を伴わないから憲法98条1項にいう『国務に関するその他の行為』に該当しないものと解すべきである**」。

（ii）「上告人らが平和主義ないし平和的生存権として主張する平和とは、理念ないし目的としての抽象的概念であつて、それ自体が独立して、具体的訴訟において私法上の行為の効力の判断基準になるものとはいえず、また、**憲法9条は、その憲法規範として有する性格上、私法上の行為の効力を直接規律することを目的とした規定ではなく、人権規定と同様、私法上の行為に対しては直接適用されるものではないと解するのが相当であり**、国が一方当事者として関与した行為であつても、たとえば、行政活動上必要となる物品を調達する契約、公共施設に必要な土地の取得又は国有財産の売払いのためにする契約などのように、国が行政の主体としてでなく私人と対等の立場に立つて、私人との間で個々的に締結する私法上の契約は、当該契約がその成立の経緯及び内容において実質的にみて公権力の発動たる行為となんら変わりがないといえるような特段の事情のない限り、憲法９条の直接適用を受けず、私人間の利害関係の公平な調整を目的とする私法の適用を受けるにすぎないものと解するのが相当である」。

（iii）「**憲法９条は、人権規定と同様、国の基本的な法秩序を宣示した規定であるから、憲法より下位の法形式によるすべての法規の解釈適用に当たつて、その指導原理となりうるものであることはいうまでもないが、**憲法９条は、前判示のように私法上の行為の効力を直接規律することを目的とした規定ではないから、自衛隊基地の建設という目的ないし動機が直接憲法９条の趣旨に適合するか否かを判断することによつて、本件売買契約が公序良俗違反として無効となるか否かを決すべきではないのであつて、自衛隊基地の建設を目的ないし動機として締結された本件売買契約を全体的に観察して私法的な価値秩序のもとにおいてその効力を否定すべきほどの反社会性を有するか否かを判断することによつて、初めて公序良俗違反として無効となるか否かを決することができるものといわなければならない。すなわち、**憲法９条の宣明する国際平和主義、戦争の放棄、戦力の不保持などの国家の統治活動に対する規範は、私法的な価値秩序とは本来関係のない優れて公法的な性格を有する規範であるから、私法的な価値秩序において、右規範がそのままの内容で民法90条にいう『公ノ秩序』の内容を形成し、それに反する私法上の行為の効力を一律に否定する法的作用を営むということはないのであつて、右の規範は、私法的な価値秩序のもとで確立された私的自治の原則、契約における信義則、取引の安全等の私法上の規範によつて相対化され、民法90条にいう『公ノ秩序』の内容の一部を形成するのであり、したがつて私法的な価値秩序のもとにおいて、社会的に許容されない反社会的な行為であるとの認識が、社会の一般的な観念として確立しているか否かが、私法上の行為の効力の有無を判断する基準になるものというべきである**」。「自衛隊は……法律に基づいて設置された組織であるところ、本件売買契約が締結された昭和33年当時、私法的な価値秩序のもとにおいては、自衛隊のために国と私人との間で、売買契約その他の私法上の契約を締結することは、社会的に許容されない反社会的な行為であるとの認識が、社会の一般的な観念として確立していたということはできない。したがつて、自衛隊の基地建設を目的ないし動機として締結された本件売買契約が、その私法上の契約としての効力を否定されるような行為であつたとはいえない。また、上告人らが平和主義ないし平和的生存権として主張する平和とは理念ないし目的としての抽象的概念であるから、憲法９条をはなれてこれとは別に、民法90条にいう『公ノ秩序』の内容の一部を形成することはなく、したがつて私法上の行為の効力の判断基準とはならないものというべきである」。

〔伊藤正己裁判官の補足意見〕「憲法の諸規定は、憲法の性質上、原則として私法上の行為に直接の適用がないとしてもすべての憲法規範がそうであるとはいえず、その規定のうちには私人間で行われた私法上の行為であつても直接に拘束を及ぼすものがあると考えてよい。例えば、奴隷的拘束を受けない自由（18条前段）や勤労者の基本権（28条）は、それらの規定に反する私的な行為は民法90条の公序違反としてその効力を否定する考え方もとれなくはないが、むしろ現代社会においては人を奴隷的拘束におく私人間の契約や、勤労者の団結権などの基本権を違法に制限する私的な行為は、直接に憲法に反すると判断してよいと思われる。もしそうであれば、これらは、国の私法的行為についても当然に妥当するであろう」。「それでは憲法9条は、……私的行為に対して直接適用される規定と解釈すべきであるか。**同条は、日本国憲法の基盤をなす平和主義の原理を正文のなかの一箇条として規範化したものであり、きわめて重要な規定であることはいうまでもないが、それは、国の統治機構ないし統治活動についての基本的政策を明らかにしたものであつて、国民の私法上の権利義務と直接に関係するものとはいえない。**所論は、憲法前文及び9条の規定から平和的生存権を保障するとの解釈を抽出して、その侵害をいうが、平和的生存権をいうものの意味内容は明確ではなく、それが具体的請求権として、あるいは訴訟における違法性の判断基準として、裁判において直接に国の私法上の行為を規律する性質をもつものではないと解するのが相当である。また所論は、自由権や平等権の諸規定は間接適用されるものであるとしても、憲法9条はその法意や位置づけからみてそれらの人権規定と異なつて直接に適用されるというが、私見によれば、そのような考え方はとるべきでなく……憲法第3章の基本的人権の保障のような個人の権利自由にかかわる諸規定が間接適用にとどまるものとすれば、その趣旨からいつて、憲法9条が裁判規範たる性質をもつものであるとしても、統治活動にかかわる同条は、もとより国と国民との間の私法上の行為に直接に適用されるに由ないものというほかはない」。

8　沖縄代理署名訴訟／「駐留軍用地特措法」と土地収用法36条5項所定の主務大臣の署名等代行事務の合憲性（地方自治法151条の2第3項の規定に基づく職務執行命令裁判請求事件）☆

福岡高那覇支判平成8年3月25日行集47巻3号192頁

●最大判平成8年8月28日民集50巻7号1952頁

【事実】

1972（昭和47）年に沖縄は日本に返還されたが、それ以降も継続的に国は沖縄在日米軍基地を維持するため、地主の土地を強制的に使用・収用してきた。1982（昭和57）年以降、駐留軍用地特措法に基づき国は土地の継続使用をしてきたところ、1995（平成7）年に土地使用期間が終了するため、同法にもとづき沖縄県知事に対し国は土地の使用・収用手続に不可欠な代理署名を求めた。しかし、沖縄県知事は米軍基地が沖縄に集中し、被害が甚大であることなどの県民感情を考慮してこれを拒否した。そこで国・内閣総理大臣は地方自治法151条の2（当時の規定／現在は削除）に基づき沖縄県知事に署名等の勧告、さらには職務執行命令を発した。

しかし、沖縄県知事はこれに従わなかったので、署名等代行事務を命ずるように福岡高裁那覇支部に訴えの提起を行った（地方自治法151条の２第６項)。第１審福岡高裁は、国側の主張を認めたため、沖縄県知事が上告した。

整理

事件／行政訴訟

原告・被上告人／国（内閣総理大臣）

被告・上告人／沖縄県知事

〈争点〉土地収用法36条５項所定の署名等代行事務に関する機関委任事務の該当性。

〈憲法上の問題点〉❶駐留軍用地特措法は、憲法前文、９条、13条、29条３項に違反するか否か。❷地方自治法151条の２第３項の規定に基づく職務執行命令訴訟において、裁判所は主務大臣の発した職務執行命令がその適法要件を充足しているか否かを客観的に審理判断できるか。

【判旨】

上告棄却（全員一致、補足意見７)。

（ⅰ)「**職務執行命令訴訟においては、下命者である主務大臣の判断の優越性を前提に都道府県知事が職務執行命令に拘束されるか否かを判断すべきものと解するのは相当でなく、主務大臣が発した職務執行命令がその適法要件を充足しているか否かを客観的に審理判断すべきものと解するのが相当である**」。

（ⅱ)「日米安全保障条約６条、日米地位協定２条１項の定めるところによれば、我が国は、日米地位協定25条に定める合同委員会を通じて締結される日米両国間の協定によって合意された施設及び区域を駐留軍の用に供する条約上の義務を負うものと解される。我が国が、その締結した条約を誠実に遵守すべきことは明らかであるが（憲法98条２項)、日米安全保障条約に基づく右義務を履行するために必要な土地等をすべて所有者との合意に基づき取得することができるとは限らない。これができない場合に、当該土地等を駐留軍の用に供することが適正かつ合理的であることを要件として（駐留軍用地特措法３条)、これを強制的に使用し、又は収用することは、条約上の義務を履行するために必要であり、かつ、その合理性も認められるのであって、私有財産を公共のために用いることにほかならないものというべきである。国が条約に基づく国家としての義務を履行するために必要かつ合理的な行為を行うことが憲法前文、９条、13条に違反するというのであれば、それは当該条約自体の違憲をいうに等しいことになるが、日米安全保障条約及び日米地位協定が違憲無効であることが一見極めて明白でない以上、**裁判所としては、これが合憲であることを前提として駐留軍用地特措法の憲法適合性についての審査をすべきであるし……そうであれば、駐留軍用地特措法は、憲法前文、９条、13条、29条３項に違反するものということはできない**」。

（ⅲ)「上告人の署名等代行事務の執行の拒否は、駐留軍の基地が沖縄県に集中していることによる様々な問題を解決するという地方自治の本旨にかなった公益の実現を目指すものであるから、これをもって著しく公益を害するということはできないという。しかし、駐留軍用地特措法14条、土地収用法36条５項が都道府県知事による署名等の代行の制度を定めた前記の趣旨からすると、上告人において署名等代行事務の執行をしないことを通じて右の問題の解決を図ろうとすることは、右制度の予定するところとは解し難い。上告人の署名等代行事務の執行の懈怠を放置することにより、著しく公益が害されることが明らかであるとした原審の判断も正当である」。

〔大野正男・高橋久子・尾崎行信・河合伸一・遠藤光男・藤井正雄裁判官の補足意見〕「原審の確定する右事実によれば、駐留軍基地が沖縄県に集中していることにより同県及びその住民に課せられている負担が大きいことが認められる。しかし他面、駐留軍基地の存在は、沖縄返還協定３条１項、日米安全保障条約６条、日米地位協定２条に基づくものであって、国際的合意によるものであるから、同基地の沖縄県への集中による負担を軽減するためには、日米政府間の合意、さらに、日本国内における様々な行政的措置が必要であり、外交上、行政上の権限の適切な行使が不可欠である。それらをどのように行使するかは、沖縄県及びその住民に対する負担の是正と駐留軍基地の必要性等との権衡の下に、行政府の裁量と責任においてなされるべき事柄である。この権衡を考慮する余地もないほど極端な場合は格別、右の負担の大きさから直ちに駐留軍用地特措法の沖縄県における適用及びこれに基づく使用認定の違憲性、違法性が一義的に明白ということはできない……駐留軍用地特措法の沖縄県への適用を違憲無効とし、同法に基づく土地の使用認定をすべて無効とするならば、何らの国際的合意や行政的措置もなく、同県における駐留軍基地の存在を法的に覆滅する結果をもたらすことになるのであって、そのような判断は、司法による審査の限界を超えるものといわざるを得ない。

もとより、沖縄県における基地の提供は、ただ行政的外交的配慮のみによってなされるものではなく、個々の土地の使用認定については、駐留軍用地特措法３条所定の『適正かつ合理的』の要件を充足することを必要とするのであって、それが一見明白に違憲、違法でないとしても、それによって自己の権利ないしは法的利益を侵害されたとする者が、使用認定又は収用委員会の裁決に対する取消訴訟において、その瑕疵を主張し、審理判断を受けることができることは、法廷意見の判示するところである。

しかし、駐留軍基地の沖縄県への集中を理由とする駐留軍用地特措法の同県への適用違憲、本件各土地の使用認定の無効の主張に対する判断は、外交上、行政上考慮すべき多元的な問題を彼此検討してなされるべきものであるから、裁判所が一義的に判断するのに適切な事項ではなく、したがって、違憲ないし違法とすべき明らかな理由の存否の判断にとどめるべきであると考えるものである」。

9　自衛隊のイラク派兵差止請求と平和的生存権（自衛隊のイラク派兵差止等請求控訴事件／平成18年（ネ）第1065号）☆☆

名古屋地判平成18年4月14日裁判所ウェブサイト

●名古屋高判平成20年4月17日判時2056号74頁

【事実】

2003（平成15）年3月20日、イラクのサダム・フセイン政権が大量破壊兵器を保有しており、その無条件査察に応じないことなどを理由として、国際連合の決議のないままアメリカ軍、英国軍を中心とする有志連合軍がイラクへの攻撃を開始した。この攻撃によりフセイン政権が崩壊し、同年5月2日、アメリカのブッシュ大統領がイラクにおける主要な戦闘の終結を宣言した。フセイン政権崩壊後、アメリカ国防総省・復興人道支援室がイラクを統治し、同年5月、国連の安全保障理事会決議1483号（加盟国にイラクでの人道、復旧・復興支援並びに安定及び安全の回復への貢献を要請するもの）が採択されたことを受け、アメリカを中心とする連合国暫定当局がイラクの暫定的統治を開始した。この動きに日本政府も同調し、国連安保理決議1483号を踏まえ、イラクにおける人道復興支援活動及び安全確保支援活動を行うためにイラク特措法を制定した。これに対し原告は、①自衛隊をイラク及びその周辺地域並びに周辺海域に派遣してはならないことの確認、②被告がイラク特措法により自衛隊をイラク及びその周辺地域に派遣したことの違憲の確認、③平和的生存権を根拠に、原告らそれぞれに各金1万円の支払いを求めて名古屋地方裁判所に出訴した。原審は原告敗訴。本件名古屋高裁は「当裁判所も、控訴人の本件違憲確認請求及び本件差止請求にかかる訴えはいずれも不適法であるから却下すべきであり、控訴人の本件損害賠償請求は棄却すべきであると判断する」と判決し、控訴人は敗訴したが、判旨理由において控訴人の主張が入れられたため、控訴人は上告せず、本件は確定した。

整理

事件／民事訴訟

原告・控訴人／名古屋地域を中心とした国民

被告・被控訴人／国

〈争点〉 自衛隊のイラク派兵差止等の請求。

〈憲法上の問題点〉 ❶イラクにおいて航空自衛隊が行っている空輸活動が、武力行使を禁止したイラク特措法2条2項、活動地域を非戦闘地域に限定した同条3項に違反するか否か。❷この自衛隊の活動が憲法9条1項に違反する活動を含むか否か。❸平和的生存権は憲法上の具体的権利性を有するか。

【判旨】

控訴棄却。

（i）「イラク特措法は、このような政府解釈の下、我が国がイラクにおける人道復興支援活動又は安全確保支援活動（以下『対応措置』という。）を行うこと（1条）、対応措置の実施は、武力による威嚇又は武力の行使に当たるものであってはならないこと（2条2項）、対応措置については、我が国領域及び現に戦闘行為（国際的な武力紛争の一環として行われる人を殺傷し又は物を破壊する行為）が行われておらず、かつ、そこで実施される活動の期間を通じて戦闘行為が行われることがないと認められる一定の地域（非戦闘地域）において実施すること（2条3項）を規定するものと理解される」。

「現在のイラクにおいては、多国籍軍と、その実質に即して国に準ずる組織と認められる武装勢力との間で一国国内の治安問題にとどまらない武力を用いた争いが行われており、国際的な武力紛争が行われているものということができる。とりわけ、首都バグダッドは、平成19年に入ってからも、アメリカ軍がシーア派及びスンニ派の両武装勢力を標的に多数回の掃討作戦を展開し、これに武装勢力が相応の兵力をもって対抗し、双方及び一般市民に多数の犠牲者を続出させている地域であるから、まさに**国際的な武力紛争の一環として行われる人を殺傷し又は物を破壊する行為が現に行われている地域というべきであって、イラク特措法にいう『戦闘地域』に該当するものと認められる**」。

（ii）「空自衛隊の空輸活動は、それが主としてイラク特措法上の安全確保支援活動の名目で行われているものであり、それ自体は武力の行使に該当しないものであるとしても、多国籍軍との密接な連携の下で、多国籍軍と武装勢力との間で戦闘行為がなされている地域と地理的に近接した場所において、対武装勢力の戦闘要員を含むと推認される多国籍軍の武装兵員を定期的かつ確実に輸送しているものであるということができ、現代戦において輸送等の補給活動もまた戦闘行為の重要な要素であるといえることを考慮すれば……多国籍軍の戦闘行為にとって必要不可欠な軍事上の後方支援を行っているものということができる。したがって、**このような航空自衛隊の空輸活動のうち、少なくとも多国籍軍の武装兵員をバグダッドへ空輸するものについては……他国による武力行使と一体化した行動であって、自らも武力の行使を行ったと評価を受けざるを得ない行動であるということができる。……よって、現在イラクにおいて行われている航空自衛隊の空輸活動は、政府と同じ憲法解釈に立ち、イラク特措法を合憲とした場合であっても、武力行使を禁止したイラク特措法2条2項、活動地域を非戦闘地域に限定した同条3項に違反し、かつ、憲法9条1項に違反する活動を含んでいることが認められる**」。

（iii）「憲法前文に『平和のうちに生存する権利』と表現される平和的生存権は、例えば、『戦争と軍備及び戦争準備によって破壊されたり侵害ないし抑制されることなく、恐怖と欠乏を免れて平和のうちに生存し、また、そのように平和な国と世界をつくり出していくことのできる核時代の自然権的本質をもつ基本的人権である。』などと定義され、控訴人も『戦争や武力行使をしない日本に生存する権利』、『戦争や軍隊によって他者の生命を奪うことに加担させられない権利』、『他国の民衆への軍事的手段による加害行為と関わることなく、自らの平和的確信に基づいて平和のうちに生きる権利』、『信仰に基づいて平和を希求し、すべての人の幸福を追求し、そのために非戦・非暴力・平和主義に立って生きる権利』などと表現を異にして主張するように、極めて多様で幅の広い権利であるということができる」。

「このような平和的生存権は、現代において憲法の保障する基本的人権が平和の基盤なしには存立し得ないことからして、全ての基本的人権の基礎にあってその享有を可能ならしめる基底的権利であるということができ、**単に憲法の基本的精神や理念を表明したに留まるものではない。法規範性を有するというべき憲法前文が上記のとおり『平和のうちに生存する権利』を明言している上に、憲法9条が国の行為の側から客観的制度として戦争放棄や戦力不保持を規定し、さらに、人格権を規定する憲法13条をはじめ、憲法第3章が個別的な基本的人権を規定していることからすれば、平和的生存権は、憲法上の法的な権利として認められるべきである。そして、この平和的生存権は、局面に応じて自由権的、社会権的又は参政権的な態様をもって表れる複合的な権利ということができ、裁判所に対してその保護・救済を求め法的強制措置の発動を請求し得るという意味における具体的権利性が肯定される場合があるということができる。**例えば、憲法9条に違反する国の行為、すなわち戦争の遂行、武力の行使等や、戦争の準備行為等によって、個人の生命、自由が侵害され又は侵害の危機にさらされ、あるいは、現実的な戦争等による被害や恐怖にさらされるような場合、また、憲法9条に違反する戦争の遂行等への加担・協力を強制されるような場合には、平和的生存権の主として自由権的な態様の表れとして、**裁判所に対し当該違憲行為の差止請求や損害賠償請求等の方法により救済を求めることができる場合があると解することができ、その限りでは平和的生存権に具体的権利性がある**」。

第３章　人権総論

国民の要件　憲法の人権保障の主体については、「国民」が念頭に置かれている。日本国憲法第３章の表題は「国民の権利及び義務」であり、人権の総則規定である11条・12条は、「国民は、すべての基本的人権の享有を妨げられない」「この憲法が国民に保障する自由及び権利は、国民の不断の努力によって、これを保持しなければならない」と規定し、「国民」を人権の享有主体と位置づけている。

日本国民の要件、すなわち国家の構成員としての資格である「国籍」については、憲法第３章の冒頭に置かれた憲法10条が「日本国民たる要件は、法律でこれを定める」と規定し、これを受けて制定された国籍法によって定められている。

このように「国籍」は、国家の構成員の範囲を示す「国民」の資格であるとともに、人権の享有主体の第一の指標でもある。したがって、憲法上の人権保障の視点から、誰に対して、どのような基準で国籍を付与するかは、たいへんに重要な問題である。

国籍法は、日本国籍の取得について、親と同じ国籍を子に取得させる血統主義にたち、父または母が日本国民であるとき、子は日本国籍を取得すると規定し（２条・３条）、父母両系主義を採用している。また国籍法は、一定期間日本国内に居住し、法的要件を満たした者に日本国籍を付与する「帰化」の制度も認めている（４条〜10条）。

国籍の憲法上の位置づけ及び要件については、**10非嫡出子国籍取得請求事件最高裁大法廷判決**が重要である。

この判決では、第１に、「日本国籍は、我が国の構成員としての資格であるとともに、我が国において基本的人権の保障、公的資格の付与、公的給付等を受ける上で意味を持つ重要な法的地位」であるとした上で、第２に、国籍法における嫡出性（嫡出子であるか非嫡出子＝婚外子であるか）に基づく差別的取扱いを憲法14条１項の法の下の平等に反し、違憲であると判示した。

とくに第２の問題は、最高裁が違憲判断を示したことから、国籍法における国籍の取得と付与の要件について、重要な意味を持った。

国籍法によると、母が日本人で父が外国人の場合には、父母の婚姻の有無に関わらず、子は出生時に日本国籍を取得できる。しかし、2008（平成20）年改正前の旧・国籍法では、父が日本国民で母が外国人の場合、父母が婚姻していれば子は日本国籍を取得できるが、婚姻していない場合には、出生前に父が子を胎児認知した場合にしか、日本国籍を取得できなかった。さらに、旧・国籍法3条1項のもとでは、出生後に認知された子は、20歳になるまでに父母が婚姻して準正（非嫡出子＝婚外子が嫡出子の身分を取得すること）した場合に限り、届出によって日本国籍を取得できるが、父母が婚姻しない場合には国籍を取得できなかった。

この問題については、学説から、嫡出子の認知の時期と婚姻の有無により日本国籍取得の可否が決まることになり、憲法14条1項後段の「社会的身分」に基づく差別であり、違憲であるとの批判が強かったが、大法廷判決により、日本国民の父と外国人の母との間に生まれ、出生後に父に認知されただけの嫡出でない子について、その国籍取得条件に準正を課すことは、憲法14条1項の法の下の平等に違反すると判示されるに至ったのである。

この大法廷の違憲判決を受けて、国籍法3条1項は改正され、「父又は母が認知した子で二十歳未満のもの（日本国民であつた者を除く。）は、認知をした父又は母が子の出生の時に日本国民であつた場合において、その父又は母が現に日本国民であるとき、又はその死亡の時に日本国民であつたときは、法務大臣に届け出ることによつて、日本の国籍を取得することができる。」とされ、生後認知の届出により国籍を取得しうることになった。

10　非嫡出子国籍取得請求事件（退去強制令書発付処分取消等請求事件）☆☆☆

東京地判平成17年4月13日判時1890号27頁

東京高判平成18年2月28日家月58巻6号47頁

●最大判平成20年6月4日民集62巻6号1367頁

【事実】

Xらは、いずれもフィリピン国籍の母と日本国籍を有する父との間に出生した。Xらは、出生後に父から認知を受けたことから、法務大臣（Y）に国籍取得届を提出したところ、Xらが（2008（平成20）年改正前の）旧・国籍法3条1項に規定する国籍取得の条件（父母の婚姻）を備えていないとして、日本国籍の取得は認められなかった。このため、Xらは、日本人である父と外国人である母との間に生まれた非嫡出子が、出生後に父の認知を受けた場合、父母の婚姻があった場合に限り、国籍の取得を認める旧・国籍法3条1項の規定は、憲法14条1項の法の下の平等に違反すると主張して、Yに対し、日本国籍を有することの確認を求めて出訴した。

第1審は、国籍法3条1項の準正要件がもたらす区別は、憲法14条に違反すると判断した上で、準正要件のみが違憲無効であると解し、Xらの請求を認めた。これに対し、控訴審は、

「仮に被控訴人らが主張するように法3条1項のうちの上記要件のみが憲法14条1項に違反して無効であるとして、そのことから非嫡出子が認知と届出のみによって日本国籍を取得できるものと解することは、法解釈の名の下に、実質的に国籍法に定めのない国籍取得の要件を創設するものにほかならず、裁判所がこのような国会の本来的な機能である立法作用を行うことは憲法81条の違憲立法審査権の限界を逸脱するものであって許されないというべきである」と判示して、第1審の判決を取消し、Xらの請求を棄却した。これに対して、Xらは上告した。

整理

事件／行政事件

原告・被控訴人・被上告人／日本人の父親と外国人の母親との間の非嫡出子ら

被告・控訴人・上告人／国（法務大臣）

〈争点〉国籍法に基づき、日本国籍を有することは認められるか。

〈憲法上の問題点〉日本国民である父と日本国民でない母との間に出生した後に父から認知された子につき、父母の婚姻した場合に限り日本国籍取得要件とする国籍法3条1項の規定は憲法14条1項に違反するか。

【判旨】

破棄自判（10対5）。

（i）「日本国籍は、我が国の構成員としての資格であるとともに、我が国において基本的人権の保障、公的資格の付与、公的給付等を受ける上で意味を持つ重要な法的地位でもある。一方、父母の婚姻により嫡出子たる身分を取得するか否かということは、子にとっては自らの意思や努力によっては変えることのできない父母の身分行為に係る事柄である。したがって、このような事柄をもって日本国籍取得の要件に関して区別を生じさせることに合理的な理由があるか否かについては、慎重に検討することが必要である。」

（ii）「国籍法3条1項の規定が設けられた当時の社会通念や社会的状況の下においては、日本国民である父と日本国民でない母との間の子について、父母が法律上の婚姻をしたことをもって日本国民である父との家族生活を通じた我が国との密接な結び付きの存在を示すものとみることには相応の理由があったものとみられ、当時の諸外国における前記のような国籍法制の傾向にかんがみても、同項の規定が認知に加えて準正を日本国籍取得の要件としたことには、上記の立法目的との間に一定の合理的関連性があった」が、「その後、我が国における社会的、経済的環境等の変化に伴って、夫婦共同生活の在り方を含む家族生活や親子関係に関する意識も一様ではなくなってきており、今日では、出生数に占める非嫡出子の割合が増加するなど、家族生活や親子関係の実態も変化し多様化してきている」ことに加え、「近年、我が国の国際化の進展に伴い国際的交流が増大することにより、日本国民である父と日本国民でない母との間に出生する子が増加しているところ、両親の一方のみが日本国民である場合には、同居の有無など家族生活の実態においても、法律上の婚姻やそれを背景とした親子関係の在り方についての認識においても、両親が日本国民である場合と比べてより複雑多様な面があり、その子と我が国との結び付きの強弱を両親が法律上の婚姻をしているか否かをもって直ちに測ることはできない。これらのことを考慮すれば、**日本国民である父が日本国民でない母と法律上の婚姻をしたことをもって、初めて子に日本国籍を与えるに足りるだけの我が国との密接な結び付きが認められるものとすることは、今日では必ずしも家族生活等の実態に適合するものということはできない。**」また「諸外国においては、非嫡出子の法的な差別的取扱いを解消する方向にあり、国際人権規約（自由権規約）や児童の権利条約には出生による差別を禁止する規定が存在しており、多くの国で準正要件が撤廃されてきている。」

（iii）**「本件区別については、これを生じさせた立法目的自体に合理的な根拠は認められるものの、立法目的との間における合理的関連性は、我が国の内外における社会的環境の変化等によって失われており、今日において、国籍法３条１項の規定は、日本国籍の取得につき合理性を欠いた過剰な要件を課するものとなっているというべきであ」り、「日本国民である父から出生後に認知されたにとどまる非嫡出子に対して、日本国籍の取得において著しく不利益な差別的取扱いを生じさせているといわざるを得ず、国籍取得の要件を定めるに当たって立法府に与えられた裁量権を考慮しても、この結果について、上記の立法目的との間において合理的関連性があるものということはもはやできない。そうすると、本件区別は、遅くとも上告人らが法務大臣あてに国籍取得届を提出した当時には、立法府に与えられた裁量権を考慮してもなおその立法目的との間において合理的関連性を欠くものとなっていたと解される。したがって、上記時点において、本件区別は合理的な理由のない差別となっていたといわざるを得ず、国籍法３条１項の規定が本件区別を生じさせていることは、憲法14条１項に違反するものであったというべきである。」**

＊　＊　＊

外国人の人権　人権の享有主体は、第一に日本国籍を有する「国民」であるが、人権が、人種・性別・社会的身分などの区別に関係なく、人間である以上当然に保障される前国家的・前憲法的な性格を有する普遍的な権利であるとともに、日本国憲法が国際協調主義の視点から条約や確立された国際法規の遵守を定めている（前文、98条２項）ことから考えると、日本国籍を有しない「外国人」も、当然人権の享有主体性を有していると考えるべきである。

憲法学の通説は、外国人の人権享有主体性を肯定した上で、個別的具体的な人権規定の外国人への保障については、「権利の性質上適用可能な人権規定は、すべて及ぶ」とする権利性質説にたっている。最高裁もまた、外国人の人権享有主体性についてのリーディングケースとして重要な**11マクリーン事件最高裁大法廷判決**において、権利性質説を採ることを明示した。

問題は、具体的にどの人権が保障されるかである。

まず出入国の自由について、入国の自由が外国人に保障されないことは、今日の国際慣習法上当然であると解するのが通説・判例の見解である（芦部・憲法95頁）。そして、最高裁は、憲法22条2項を根拠に外国人の出国の自由を認めるが（最大判昭和32年12月25日刑集11巻14号3377頁）、**12**森川キャサリーン事件最高裁判決では、再入国の自由（海外旅行の自由）は認められないと判示している。

また、精神的自由権について、マクリーン事件最高裁大法廷判決では、「わが国の政治的意思決定又はその実施に影響を及ぼす活動等外国人の地位にかんがみこれを認めることが相当でない」ものを除き、政治活動の自由は認められるとした。

参政権、とくに地方参政権（選挙権）については、学説上、国民主権の原理に基づき選挙権は日本国民に限られ、外国人には保障されないとする「禁止説」と、立法により外国人に選挙権を与えることは憲法上禁止されていないとする「許容説」に分かれているが、**14**外国人地方選挙権事件最高裁判決では、国政選挙における選挙権については「禁止説」に立ちつつも、地方選挙おける選挙権については、永住資格を有する定住外国人に法律で選挙権を与えることは憲法上禁止されていないとする「許容説」をとっている。また広義の参政権である公務就任権について、**15**東京都管理職選考事件最高裁大法廷判決では、管理職への昇任試験の受験資格を日本国籍保有者に限定している地方自治体の任用制度を合憲と判断している。

さらに外国人の生存権保障については、**13**塩見訴訟最高裁判決では、「社会保障上の施策において在留外国人をどのように処遇するかについては、国は、特別の条約の存しない限り、……その政治的判断によりこれを決定することができるのであり、その限られた財源の下で福祉的給付を行うに当たり、自国民を在留外国人より優先的に扱うことも、許されるべきことと解される」として、立法府の広い裁量に委ねるとしている。しかし、有力な学説では、「財政事情等の支障がないかぎり、法律において外国人に社会権の保障を及ぼすことは、憲法上何ら問題はない」とされ、「とりわけ、わが国に定住する在日韓国・朝鮮人および中国人については、その歴史的経緯およびわが国での生活の実態等を考慮すれば、むしろ、できるかぎり、日本国民と同じ扱いをすることが憲法の趣旨に合致する」としている（芦部・憲法94頁）。また、現在の社会保障の実務においても、適法な外国人滞在者には公的医療保険や公的年金制度を適用しているし、定住外国人には生活保護の受給も認めている。

11　マクリーン事件（在留期間更新不許可処分取消請求事件）☆☆☆

東京地判昭和48年３月27日行集24巻３号187頁

東京高判昭和50年９月25日行集26巻９号1055頁

●最大判昭和53年10月４日民集32巻７号1223頁

【事実】

アメリカ国籍を有するＸ（マクリーン）は、語学学校の教師として雇用されることを条件に１年の在留許可を受けて入国したが、入国直後に他の語学学校に移った。１年後、法務大臣（Ｙ）に在留期間の延長を申請したところ、在留中に、無届で転職をしたほか、ベトナム反戦、出入国管理法案反対、日米安保条約反対のデモや集会に参加するなど政治活動を行ったことを理由とし、旧出入国管理令21条３項（現行の出入国管理法21条３項）の「在留期間の更新を適当と認められるに足りる相当の理由」に欠けるとして、更新を拒否された。これに対し、Ｘは、この更新不許可処分は、政治活動を理由とする違法な処分であり、憲法14条１項の法の下の平等、19条の思想良心の自由、21条の表現の自由に違反するものであり、法務大臣（Ｙ）の裁量権を逸脱した違法な行為であるとして、本件処分の取消を求めて出訴した。

第１審は、Ｙは在留期間の更新許可につき「相当広汎な裁量権を有する」としつつも、その裁量権は「憲法その他の法令上、一定の制限に服する」とし、法務大臣の更新不許可処分は「社会通念上著しく公平さ、妥当性を欠」き、「日本国憲法の国際協調主義および基本的人権保障の理念にかんがみ……裁量の範囲を逸脱する違法の処分」であるとして、処分の取消を認めた。

控訴審は、在留更新の許可については、Ｙの自由裁量に委ねられているのであるから、Ｙが、更新を適当と認めるに足る「相当の理由」があるときにこれを許可すれば足り、在留期間中の政治活動を理由とする不許可も許されると判示した。Ｘは、これを不服として上告した。

整理

事件／行政事件

原告・被控訴人・上告人／在留期間の延長を求めている外国人

被告・控訴人・被上告人／国（法務大臣）

〈争点〉 法務大臣によるＸの在留期間更新の不許可処分の取消しは認められるか。

〈憲法上の問題点〉 在留外国人に政治活動の自由は保障されるか。

【判旨】

上告棄却（全員一致）。

（ｉ）「憲法22条１項は、日本国内における居住・移転の自由を保障する旨を規定するにとどまり、外国人がわが国に入国することについてはなんら規定していないものであり、このことは、国際慣習法上、国家は外国人を受け入れる義務を負うものではなく、特別の条約がない限り、外国人を自国内に受け入れるかどうか、また、これを受け入れる場合にいかなる条件を付するかを、当該国家が自由に決定することができるものとされていることと、その考えを同じくするものと解される。……憲法上、外国人は、わが国に入国する自由を保障されているものでないことはもちろん、所論のように在留の権利ないし引き続き在留することを要求しうる権利を保障されているものでもないと解すべきである。」「出入国管理令が原則として一定の期間を限って外国人のわが国への上陸及び在留を許しその期間の更新は法務大臣がこれを適当と認めるに足りる相当の理由があると判断した場合に限り許可することとしているのは、法務大臣に一定の期間ごとに当該外国人の在留中の状況、在留の必要性・相当性等を審査して在留の許否を決定させようとする趣旨に出たものであり、そして、在留期間の更新事由が概括的に規定されその判断基準が特に定められていないのは、更新事由の有無の判断を法務大臣の裁量に任せ、その裁量権の範囲を広汎なものとする趣旨からであると解される。」

（ii）「**憲法第3章の諸規定による基本的人権の保障は、権利の性質上日本国民のみをその対象としていると解されるものを除き、わが国に在留する外国人に対しても等しく及ぶものと解すべきであり、政治活動の自由についても、わが国の政治的意思決定又はその実施に影響を及ぼす活動等外国人の地位にかんがみこれを認めることが相当でないと解されるものを除き、その保障が及ぶものと解するのが、相当である。**しかしながら、……外国人の在留の許否は国の裁量にゆだねられ、わが国に在留する外国人は、憲法上わが国に在留する権利ないし引き続き在留することを要求することができる権利を保障されているものではなく、ただ、出入国管理令上法務大臣がその裁量により更新を適当と認めるに足りる相当の理由があると判断する場合に限り在留期間の更新を受けることができる地位を与えられているにすぎないものであり、したがつて、外国人に対する憲法の基本的人権の保障は、右のような外国人在留制度のわく内で与えられているにすぎないものと解するのが相当であって、在留の許否を決する国の裁量を拘束するまでの保障、すなわち、在留期間中の憲法の基本的人権の保障を受ける行為を在留期間の更新の際に消極的な事情としてしんしやくされないことまでの保障が与えられているものと解することはできない。」

12　森川キャサリーン事件（再入国不許可処分取消等請求事件）☆

東京地判昭和61年3月26日行集37巻3号459頁

東京高判昭和63年9月29日行集39巻9号948頁

●最判平成4年11月16日集民166号575頁

【事実】

1973（昭和48）年9月に日本に入国し、1976（昭和51）年1月日本人と結婚したX（森川キャサリーン・クノルド）は、在留資格を有し、日本に居住していた。Xは、入国以後、旧・外国人登録法3条に基づく指紋押なつを行っていたが、1982（昭和57）年9月、3回目の確認申請に基づく登録証明書交付の際に、指紋押なつは、外国人に対する差別であり不快であること、押なつの理由がわからないことなどを理由として、これを拒否した。同年11月、Xは、韓国への旅行のため再入国申請をしたが、法務大臣Yは、指紋押なつを拒否したことを理由に、これを不許可とした。このため、Xは、Yによる不許可処分の取消しと国家賠償を請求して提訴に及んだ。

第1審は、在留外国人の海外旅行の自由および再入国の自由は、憲法22条により保障された権利ではなく、再入国の許否の判断は、法務大臣の広範な裁量にゆだねられているとして、Xの請求を棄却した。控訴審は、在留外国人にも海外旅行の自由は認められものの、日本人と同じ程度に認められるわけでないと判示した。これに対して、Xは上告した。

整理

事件／行政事件

原告・控訴人・上告人／在留外国人

被告・被控訴人・被上告人／国（法務大臣）

〈争点〉 法務大臣によるXに対する再入国申請不許可の取消しは認められるか。

〈憲法上の問題点〉 在留外国人に海外旅行の自由および再入国の自由は、憲法22条により保障されるか。

【判旨】

上告棄却（全員一致）。

「**我が国に在留する外国人は、憲法上、外国へ一時旅行する自由を保障されているものでないことは**、当裁判所大法廷判決（最判昭和32年6月19日刑集11巻6号1663頁、最判昭和53年10月4日民集32巻7号1223頁）の趣旨に徴して明らかである」ので、**再入国の自由は、憲法22条により保障されないとした**「**原審の判断は、正当として是認することができ、原判決に所論の違憲はない。**」

13　塩見訴訟（国民年金裁定却下処分取消請求事件）☆☆

大阪地判昭和55年10月29日行集31巻10号2274頁

大阪高判昭和59年12月19日行集35巻12号2220頁

●最判平成元年3月2日訟月35巻9号1754頁

【事実】

Xは、幼少のころ罹患した麻疹により失明し、（昭和56年法律第86号による改正前の）国民年金法別表が定める1級の廃疾（障害）の状態にあった。Xは、1970（昭和45）年、日本人と結婚し、帰化によって日本国籍を取得した。そこで、Xは、国民年金法81条1項の定める障害福祉年金の受給権者であるとして、Y（大阪府知事）に対し、受給権の裁定を請求した。しかし、Yは、廃疾認定日において日本国民でない者に対しては同条の障害福祉年金を支給しない旨規定している国民年金法56条1項但し書きに基づき、Xが廃疾認定日である1959（昭和34）年11月1日の時点で日本国民でなかったので障害福祉年金の受給権を有しないとして、Xの請求を棄却する旨の処分を下した。このYの処分に対して、Xは、国民年金法の定める国籍要件は、憲法13条、14条1項、25条に違反するとし、Yの棄却処分の取消を求めて出訴した。

第1審は、障害福祉年金の支給対象者を日本国籍がある者に限るかどうかは、純粋に立法政策の問題であり、立法府の判断が、恣意的なものであって、明らかに合理性を欠き、立法府が与えられた裁量権を著しく濫用したと認められない限り、憲法25条2項に違反することはなく、障害福祉年金は、拠出制年金の仕組から生ずる不都合を補うために必要な限度で設けられる経過的、補完的なものであり、費用は全額国庫負担であるから、対象者を日本国籍のある者に限られるべきであるなどとして、Xの請求を棄却した。

控訴審も、わが国が健康で文化的な最低限度の生活を営むことを保障する責務を有する者の中に外国人は含まれていない、国民年金の対象者を日本国民に限り外国人に及ぼさなかったことが憲法25条の理念に反するもの、もしくは立法府が裁量権を逸脱又は濫用したことによるものということはできず、むしろ国籍要件の定めは国会の裁量の範囲内のものであるとして、Xの請求を棄却したため、Xは上告に及んだ。

整理

事件／行政事件

原告・控訴人・上告人／日本に帰化した重度障害者

被告・被控訴人・被上告人／大阪府知事

〈争点〉 Xに対する国民年金法における障害福祉年金受給請求に対する大阪府知事（Y）による棄却処分の取消しは認められるか。

〈憲法上の問題点〉 国民年金法が規定している障害福祉年金受給権の国籍要件は、憲法25条、14条1項に違反するか。

【判旨】

上告棄却（全員一致）。

憲法25条にいう「『健康で文化的な最低限度の生活』なるものは、きわめて抽象的・相対的な概念であって、その具体的内容は、その時々における文化の発達の程度、経済的・社会的条件、一般的な国民生活の状況等との相関関係において判断決定されるべきものであるとともに、同条の規定の趣旨を現実の立法として具体化するに当たっては、国の財政事情を無視することができず、また、多方面にわたる複雑多様な考察とそれに基づいた政策的判断を必要とするから、同条の規定の趣旨にこたえて具体的にどのような立法措置を講ずるかの選択決定は、立法府の広い裁量にゆだねられており、それが著しく合理性を欠き明らかに裁量の逸脱・濫用と見ざるをえないような場合を除き、裁判所が審査判断するに適しない事柄である」。障害福祉年金は「制度発足時の経過的な救済措置の一環として設けられた全額国庫負担の無拠出制の年金であって、立法府は、その支給対象者の決定について、もともと広範な裁量権を有しているものというべきである。加うるに、**社会保障上の施策において在留外国人をどのように処遇するかについては、国は、特別の条約の存しない限り、当該外国人の属する国との外交関係、変動する国際情勢、国内の政治・経済・社会的諸事情等に照らしながら、その政治的判断によりこれを決定することができるのであり、その限られた財源の下で福祉的給付を行うに当たり、自国民を在留外国人より優先的に扱うことも、許されるべきことと解される。**したがって、（国民年金）法81条1項の障害福祉年金の支給対象者から在留外国人を除外することは、立法府の裁量の範囲に属する事柄と見るべきであ」り、「憲法25条の規定に違反するものではない」。「障害福祉年金の給付に関し、自国民を在留外国人に優先させることとして在留外国人を支給対象者から除くこと、また廃疾の認定日である制度発足時の昭和34年11月1日において日本国民であることを受給資格要件とすることは立法府の裁量の範囲に属する事柄というべきであるから、右取扱いの区別については、その合理性を否定することができず、これを憲法14条1項に違反するものということはできない。」

14　外国人地方選挙権事件（選挙人名簿不登録処分に対する異議の申出却下決定取消請求事件）☆☆

大阪地判平成5年6月29日判タ825号134頁

●最判平成7年2月28日民集49巻2号639頁

【事実】

Xらは、いずれも日本で生れ、日本で教育を受け、日本の社会に生活の本拠を置いてきた在日韓国人である。Xらはいずれも、1990（平成2）年9月2日登録の選挙人名簿に登録されていなかったので、選挙人名簿の縦覧期間内に、Yら（Xらが居住し住民票を有する各選挙管理委員会）に対し、公職選挙法24条に基づき、Xらを選挙人名簿に登録するよう異議の申出をした。これに対し、Yらは、異議の申出を却下する決定を下した。これに対しXらは、Yらの却下決定の取消しを求めて訴えを提起した。

第1審は、憲法15条1項により参政権を保障されているのは「国民」、すなわち「日本国籍を有する者」に限られるのであり、定住外国人には、憲法上、公務員を選定、罷免する権利、すなわち参政権は認められていない、憲法93条2項の「住民」は、日本「国民」であることがその前提となっている、Xらは日本国籍を有しない以上、選挙権を有しないので憲法14条1条の法の下の平等にも違反しないなどとし、Xらを選挙人名簿に登録しなかったことに違法な点はないとして、請求を却下した。

そこでXらは、公職選挙法25条3項（選挙人名簿への異議申出に関する選挙管理委員会の決定についての地方裁判所の判決に不服がある者は、控訴することはできないが、最高裁に上告することはできる）に基づき、最高裁に上告した。

整理

事件／行政事件

原告・上告人／定住外国人

被告・被上告人／各選挙管理委員会

〈争点〉 Xらを選挙人名簿へ登録すること（選挙権の保障）は認められるか。

〈憲法上の問題点〉 定住外国人に、憲法15条1項、93条2項に基づき、地方選挙権は保障されるか。

【判旨】

上告棄却（全員一致）。

（i）「憲法15条1項にいう公務員を選定罷免する権利の保障が我が国に在留する外国人に対しても及ぶものと解すべきか否かについて考えると、憲法の右規定は、国民主権の原理に基づき、公務員の終局的任免権が国民に存することを表明したものにほかならないところ、主権が『日本国民』に存するものとする憲法前文及び1条の規定に照らせば、憲法の国民主権の原理における国民とは、日本国民すなわち我が国の国籍を有する者を意味することは明らかである。そうとすれば、**公務員を選定罷免する権利を保障した憲法15条1項の規定は、権利の性質上日本国民のみをその対象とし、右規定による権利の保障は、我が国に在留する外国人には及ばない**」。

（ii）「地方自治について定める憲法第8章は、93条2項において、地方公共団体の長、その議会の議員及び法律の定めるその他の吏員は、その地方公共団体の住民が直接これを選挙するものと規定しているのであるが、前記の国民主権の原理及びこれに基づく憲法15条1項の規定の趣旨に鑑み、地方公共団体が我が国の統治機構の不可欠の要素を成すものであることをも併せ考えると、**憲法93条2項にいう『住民』とは、地方公共団体の区域内に住所を有する日本国民を意味するものと解するのが相当であり、右規定は、我が国に在留する外国人に対して、地方公共団体の長、その議会の議員等の選挙の権利を保障したものということはできない。**」

（iii）「憲法93条2項は、我が国に在留する外国人に対して地方公共団体における選挙の権利を保障したものとはいえないが、**憲法第8章の地方自治に関する規定は、民主主義社会における地方自治の重要性に鑑み、住民の日常生活に密接な関連を有する公共的事務は、その地方の住民の意思に基づきその区域の地方公共団体が処理するという政治形態を憲法上の制度として保障しようとする趣旨に出たものと解されるから、我が国に在留する外国人のうちでも永住者等であってその居住する区域の地方公共団体と特段に緊密な関係を持つに至ったと認められるものについて、その意思を日常生活に密接な関連を有する地方公共団体の公共的事務の処理に**

反映させるべく、法律をもって、地方公共団体の長、その議会の議員等に対する選挙権を付与する措置を講ずることは、憲法上禁止されているものではないと解するのが相当である」が、「右のような措置を講ずるか否かは、専ら国の立法政策にかかわる事柄であって、このような措置を講じないからといって違憲の問題を生ずるものではない。」

（iv）「以上検討したところによれば、地方公共団体の長及びその議会の議員の選挙の権利を日本国民たる住民に限るものとした地方自治法11条、18条、公職選挙法９条２項の各規定が憲法15条１項、93条２項に違反するものということはでき」ない。

15　東京都管理職選考事件（管理職選考受験資格確認等請求事件）☆

東京地判平成８年５月16日判時1566号23頁

東京高判平成９年11月26日判時1639号30頁

●最大判平成17年１月26日民集59巻１号128頁

【事実】

韓国籍の特別永住者であるＸは、1988（昭和63）年、東京都（Ｙ）に保健婦として採用された。その後Ｘは、1994（平成６）年度および1995（平成７）年度に東京都が実施した課長級の管理職選考試験を受験しようとしたが、日本の国籍を有しないことを理由に受験を認められなかった。そこでＸは、受験の拒否が憲法14条１項の法の下の平等に違反するとともに、22条１項の職業選択の自由を侵害するものとして、受験資格の確認と、受験できなかったことにより精神的苦痛を受けたとして、国家賠償法１条１項に基づき、Ｙに対し慰謝料の請求を求めて出訴した。

第１審は、外国人は公権力の行使あるいは公の意思形成に参画することによって、直接的・間接的にわが国の統治作用にかかわる職務に就任することはできないとして、Ｘの訴えを棄却した。

控訴審は、管理職の職務は広汎多岐に及び、地方自治体の行う統治作用、とくに公の意思形成へのかかわり方、その程度は様々なものがありうるので、公権力を行使することなく、また公の意思形成へ参画する蓋然性が少なく、地方公共団体の統治作用にかかわる程度の弱い管理職も存在する。そのような管理職への任用について、日本の国籍を有しないことを理由に、管理職選考の受験の機会を奪うことは、課長級の管理職への承認に道を閉ざすものであるから、憲法22条１項、14条１項に違反する違法な措置であるとして、Ｘの請求を一部容認した。これに対して、Ｙは上告した。

整理

事件／行政事件

原告・控訴人・被上告人／特別永住者である東京都の保健婦

被告・被控訴人・上告人／東京都

〈争点〉 Ｙによる管理職受験資格の確認とＹが管理職選考試験を受けられなかったことによる東京都（Ｘ）に対する慰謝料請求は認められるか。

〈憲法上の問題点〉 ❶地方自治体における永住外国人の管理職選考試験受験の拒否は、憲法22条１項（職業選択の自由）に違反するか。❷14条１項（法の下の平等）に違反するか。

【判旨】

破棄自判（13対２）。

「地方公務員のうち、住民の権利義務を直接形成し、その範囲を確定するなどの公権力の行使に当たる行為を行い、若しくは普通地方公共団体の重要な施策に関する決定を行い、又はこれらに参画することを職務とするもの」「すなわち、**公権力行使等地方公務員の職務の遂行は、住民の権利義務や法的地位の内容を定め、あるいはこれらに事実上大きな影響を及ぼすなど、住民の生活に直接間接に重大なかかわりを有するものである。それゆえ、国民主権の原理に基づき、国及び普通地方公共団体による統治の在り方については日本国の統治者としての国民が最終的な責任を負うべきものであること（憲法１条、15条１項参照）に照らし、原則として日本の国籍を有する者が公権力行使等地方公務員に就任することが想定されているとみるべきであり、我が国以外の国家に帰属し、その国家との間でその国民としての権利義務を有する外国人が公権力行使等地方公務員に就任することは、本来我が国の法体系の想定するところではないものというべきである。**」「普通地方公共団体が、公務員制度を構築するに当たって、公権力行使等地方公務員の職とこれに昇任するのに必要な職務経験を積むために経るべき職とを包含する一体的な管理職の任用制度を構築して人事の適正な運用を図ることも、その判断により行うことができる」。「普通地方公共団体が上記のような管理職の任用制度を構築した上で、日本国民である職員に限って管理職に昇任することができることとする措置を執ることは、合理的な理由に基づいて日本国民である職員と在留外国人である職員とを区別するものであり、上記の措置は、労働基準法３条にも、憲法14条１項にも違反するものではない」。

〔滝井繁男裁判官の反対意見〕「多数の者が多様な仕事をしている地方公共団体において、その管理職に就く者が、その職務の性質にかかわらず、すべて日本国籍を有しなければならないものとすることには、その合理的根拠を見いだすことはできない。したがって、上告人が管理職選考において日本国籍を有することを受験資格とした措置は、在留外国人である職員に対し国籍のみによって昇任のみちを閉ざしたものであり、憲法14条に由来し、国籍を理由として差別することを禁じた労働基準法３条の規定に反する違法なものである」。

〔泉徳治裁判官の反対意見〕「課長級の職には、自己統治の過程に密接に関係する職員以外の職員が相当数含まれていることがうかがわれるのである。そうすると、自己統治の原理に従い自治事務を処理・執行するという目的を達成する手段として、特別永住者に対し『課長級の職』への第一次選考である本件管理職選考の受験を拒否するということは、上記目的達成のための必要かつ合理的範囲を超えるもので、過度に広範な制限といわざるを得ず、その合理性を否定せざるを得ない」。

＊　＊　＊

法人の人権　人権は個人の権利であるから、本来その享有主体は自然人でなければならないはずである。しかし、経済や社会の発展にともない、法人や団体の活動の重要性が高まり、法人および団体の人権享有主体性が認められるようになってきた。通説では、法人の活動は自然人を通じて行われ、その効果が自然人に帰属すること、現代社会では法人が社会的実体として自然人と同様の重要な活動を行っていることから、人権は、その性質上可能な限り法人にも保障されるとする権利性質説がとられている（芦部・憲法89-90頁）。

法人に保障される人権の範囲については、生命や身体の自由、婚姻の自由、選挙権、生存権など、自然人のみを対象とされる権利や自由は法人には保障されないが、その他の人権は、原則的に法人にも保障される。例えば、財産権、営業の自由、居住・移転の自由などの経済的自由権に加え、裁判を受ける権利、国家賠償請求権などの国務請求権が認められる。

また、精神的自由権では、結社の自由をはじめ、法人の目的および性質に応じて、宗教法人には信教の自由が、報道機関には報道の自由が、学校法人には教育の自由が保障される。

しかし、法人の人権の保障の範囲は、法人が持っている経済的・社会的実力を考えると、その保障の程度は自然人とは大きく異なる。

これまで主として裁判で争われてきた問題は、精神的自由権、とくに法人の政治活動の自由の保障の範囲と程度である。この問題をめぐる最高裁のリーディングケースとして最も重要である**16**八幡製鉄政治献金事件最高裁大法廷判決では、直接的には法人（会社）の政治活動の自由と株主の思想・信条の自由の衝突が問題となったが、最高裁は、法人の政治活動の自由は、自然人である国民のそれと同等に認められるとした。

その後、強制加入団体とその構成員との人権の衝突が問題となる事件が起きている。まず、**17**南九州税理士会政治献金事件最高裁判決は、法人の性質を考慮した上で、法人の政治活動の自由の保障に一定の限界を認めた。この事件では、強制加入団体である税理士会の政治活動の自由と、構成員である税理士の思想・信条の自由との衝突が問題となり、その調整をいかに図るかが争点となったが、最高裁は、税理士会がその構成員に、特定の政党への政治献金の協力を義務付けることはできないとした。また、18群馬司法書士会震災支援寄付事件最高裁判決では、司法書士会の震災復興寄付決議と構成員である司法書士の思想信条の自由が問題となったが、最高裁は、震災復興寄付は同会の目的の範囲を逸脱するものではなく、構成員の思想信条を侵害するものではないと判示した。

16　八幡製鉄政治献金事件（取締役の責任追及請求事件）☆☆☆

東京地判昭和38年4月5日判時330号29頁

東京高判昭和41年1月31日判時433号9頁

●最大判昭和45年6月24日民集24巻6号625頁

【事実】

八幡製鉄（現・日本製鉄）の代表取締役Yらは、1960（昭和35）年3月14日、同社名で、自由民主党に対し、政治資金として350万円を寄付した。これに対し、同社の株主Xは、同社の取締役Yらによる寄付行為は、同社の定款2条の規定する業務目的（鉄鋼の製造及び販売並びにこれに附帯する事業を営むことを目的とする）の範囲外の行為であり、旧商法266条1項5号（現行の会社法423条1項）にいう「法令又ハ定款ニ違反スル行為」に該当し、かつこの取締役Yらの定款違反行為は、旧商法254条ノ2（現行の会社法355条）の取締役の忠実義務に違反する行為であることから、Yらに会社が被った損害賠償金を会社に支払うよう求めて訴訟を提起した。第1審は、民主政治では政党は常に反対政党の存在を前提とするから、政党に対する献金は、災害救援や善意の寄付とは異なり、総株主の同意を期待できる行為ではないとして、Yらの責任を認めた。控訴審では、代表民主制の下での政党は、公共の利益に奉仕するものであり、政党への政治資金の寄附は、株主の利害との権衡上の考慮に基づく合理的な限度を超えない限り、取締役の忠実義務違反を構成しないとして、第1審判決を取り消し、Xの請求を棄却したため、Xは上告に及んだ。

整理

事件／民事事件

原告・被控訴人・上告人／株主

被告・控訴人・被上告人／取締役

〈争点〉取締役の定款違反に基づく忠実義務違反と損害金の会社への返還は認められるか。

〈憲法上の問題点〉❶法人（会社）は人権の享有主体になりうるか。❷人権享有主体性が認められるとした場合、政治活動の自由は保障されるか。

【判旨】

上告棄却（全員一致）。

「憲法上の選挙権その他のいわゆる参政権が自然人たる国民にのみ認められたものであるこ

とは、所論のとおりである。しかし、会社が、納税の義務を有し自然人たる国民とひとしく国税等の負担に任ずるものである以上、納税者たる立場において、国や地方公共団体の施策に対し、意見の表明その他の行動に出たとしても、これを禁圧すべき理由はない。のみならず、**憲法第３章に定める国民の権利および義務の各条項は、性質上可能なかぎり、内国の法人にも適用されるものと解すべきであるから、会社は、自然人たる国民と同様、国や政党の特定の政策を支持、推進しまたは反対するなどの政治的行為をなす自由を有するのである。政治資金の寄附もまさにその自由の一環であり、会社によってそれがなされた場合、政治の動向に影響を与えることがあつたとしても、これを自然人たる国民による寄附と別異に扱うべき憲法上の要請があるものではない。**論旨は、会社が政党に寄附をすることは国民の参政権の侵犯であるとするのであるが、政党への寄附は、事の性質上、国民個々の選挙権その他の参政権の行使そのものに直接影響を及ぼすものではないばかりでなく、政党の資金の一部が選挙人の買収にあてられることがあるにしても、それはたまたま生ずる病理的現象に過ぎず、しかも、かかる非違行為を抑制するための制度は厳として存在するのであつて、いずれにしても政治資金の寄附が、選挙権の自由なる行使を直接に侵害するものとはなしがたい。会社が政治資金寄附の自由を有することは既に説示したとおりであり、それが国民の政治意思の形成に作用することがあっても、あながち異とするには足りないのである。所論は大企業による巨額の寄附は金権政治の弊を産むべく、また、もし有力株主が外国人であるときは外国による政治干渉となる危険もあり、さらに豊富潤沢な政治資金は政治の腐敗を醸成するというのであるが、その指摘するような弊害に対処する方途は、さしあたり、立法政策にまつべきことであつて、憲法上は公共の福祉に反しないかぎり、会社といえども政治資金の寄附の自由を有するといわざるを得ず、これをもつて国民の参政権を侵害するとなす論旨は採用のかぎりでない。」

17　南九州税理士会政治献金事件（選挙権被選挙権停止無効確認等請求事件）☆☆

熊本地判昭和61年２月13日判時1181号37頁
福岡高判平成４年４月24日判時1421号３頁
●最判平成８年３月19日民集50巻３号615頁

【事実】

南九州税理士会（Y）は、1978（昭和53）年６月16日の総会において、税理士法を業界に有利な方向に改正するための運動資金とするため、各会員から特別会費5,000円を徴収し、それを南九州各県の「税理士政治連盟」（政治資金規正法上の政治団体）へ寄付する等の決議を行ったが、Yの会員である税理士Xは、本件特別会費を納入しなかった。そこで、Yは役員選任規則に基づき、Xを選挙人名簿に登録せず、役員選挙を実施した。これに対して、Xは、特定の政治団体である「税理士政治連盟」に寄付すること等を決議したYの行為は、「法人ハ、法令ノ規定ニ従ヒ、定款ソノ他ノ基本約款デ定メラレタ目的ノ範囲内ニ於ヒテ、権利ヲ有シ、義務ヲ負フ」と定める民法43条（2006（平成18）年改正後の現民法34条）に違反するとともに、Xの思想信条の自由を侵害するものであるとして、特別会費の納入の義務を負わないこと、および不法行為にともなう慰謝料の支払いを求めて提訴した。第1審は、本件決議は、Yが権利能力を有しない事柄を内容とするもので無効であるとし、Xに対し選挙権・被選挙権を剝奪したのは不法行為であるとして、Xの請求をおおむね認めた。これに対し、控訴審は、税理士法改正運動のための各県税理士政治連盟への寄付が、南九州税理士会の「目的の範囲外」とはいえない、本件決議がXの思想信条の自由を侵害するものとまではいえないとして、Xの請求を棄却したため、Xは上告した。

整理

事件／民事事件

原告・被控訴人・上告人／税理士会の会員である税理士

被告・控訴人・被上告人／南九州税理士会

〈争点〉 ①Xの特別会費の納入義務の不存在確認は認められるか。②Yによる特定の政治団体に寄付を行うために特別会費を徴収することを内容とする決議がXの思想信条の自由を侵害したことによる慰謝料請求は認められるか。

〈憲法上の問題点〉 強制加入団体による政治活動（特定の政治団体に対する政治献金）が、その構成員の思想信条と対立した場合、政治活動の自由として許容されるか。

【判旨】

一部破棄自判、一部破棄差戻（全員一致）。

「税理士会は、……会社とはその法的性格を異にする法人であり、その目的の範囲についても、これを会社のように広範なものと解するならば、法の要請する公的な目的の達成を阻害して法の趣旨を没却する結果となることが明らかである。」「そして、**税理士会が……強制加入の団体であり、その会員である税理士に実質的には脱退の自由が保障されていないことからすると、その目的の範囲を判断するに当たっては、会員の思想・信条の自由との関係で、次のような考慮が必要である。**」「税理士会は、法人として、法及び会則所定の方式による多数決原理により決定された団体の意思に基づいて活動し、その構成員である会員は、これに従い協力する義務を負い、その一つとして会則に従って税理士会の経済的基礎を成す会費を納入する義務を負う。しかし、法が税理士会を強制加入の法人としている以上、その構成員である会員には、様々の思想・信条及び主義・主張を有する者が存在することが当然に予定されている。したがって、税理士会が右の方式により決定した意思に基づいてする活動にも、そのために会員に要請される協力義務にも、おのずから限界がある。」「特に、**政党など規正法上の政治団体に対して会員の寄付をするかどうかは、選挙における投票の自由と表裏を成すものとして、会員各人**

が市民としての個人的な政治的思想、見解、判断等に基づいて自主的に決定すべき事柄であるというべきである。なぜなら、政党など規正法上の政治団体は、政治上の主義若しくは施策の推進、特定の公職の候補者の推薦等のため、金員の寄付を含む広範囲な政治活動をすることが当然に予定された政治団体であり（規正法３条等）、これらの団体に金員の寄付をすることは、選挙においてどの政党又はどの候補者を支持するかに密接につながる問題だからである。」
「そうすると、……**公的な性格を有する税理士会が、このような事柄を多数決原理によって団体の意思として決定し、構成員にその協力を義務付けることはできないというべきであり（最高裁昭和48年（オ）第499号同50年11月28日第三小法廷判決・民集29巻10号1698頁参照）、税理士会がそのような活動をすることは、法の全く予定していないところである。**税理士会が政党など規正法上の政治団体に対して金員の寄付をすることは、たとい税理士に係る法令の制定改廃に関する要求を実現するためであっても、〔税理士〕法49条２項所定の税理士会の目的の範囲外の行為といわざるを得ない。」

18　群馬司法書士会震災支援寄付事件（債務不存在確認請求事件）☆

前橋地判平成８年12月３日判時1625号80頁
東京高判平成11年３月10日判時1677号22頁
●最判平成14年４月25日判時1785号31頁

【事実】

群馬司法書士会（Y）は、総会において、阪神淡路大震災復興支援のための拠出金として、兵庫県司法書士会に3,000万円を寄付すること、そのために会員から特別負担金を徴収することを決議した。これに対し、同会の会員Xらは、本件決議における寄付は会の目的の範囲外の行為であり、会員に負担を強制することはできないとして、本件決議に基づく債務の不存在確認を求めて訴えを起こした。第１審は、南九州税理士会政治献金事件最高裁判決を援用し、本件寄付はYの目的の範囲外の行為であり、本件決議は無効であると判示した。控訴審では、本件寄付の目的は、被災した兵庫県司法書士会および同会所属の司法書士の業務の円滑な遂行を経済的に支援することにより、兵庫県司法書士会・司法書士の機能の回復に資することにあり、それはYによる公的支援金ともいえる性格を持つこと、本件支援行為はYの目的の範囲内にあり、多数決で議決された以上、これに反対する意見を有するものも協力義務があると判示し、Xらの請求を棄却した。そこで、Xらは上告した。

整理

事件／民事事件
原告・被控訴人・上告人／司法書士ら
被告・控訴人・被上告人／群馬司法書士会

〈争点〉 ①Ｙの特別負担金徴収決議は違法か。②Ｘらには負担金義務がないことの確認は認められるか。

〈憲法上の問題点〉 強制加入団体による震災支援寄付は、その構成員の思想信条と対立した場合、許容されるか。

【判旨】―――――――――――――――――――――――――――――――――

上告棄却（3対2）。

「原審の適法に確定したところによれば、**本件拠出金は、被災した兵庫県司法書士会及び同会所属の司法書士の個人的ないし物理的被害に対する直接的な金銭補てん又は見舞金という趣旨のものではなく、被災者の相談活動等を行う同司法書士会ないしこれに従事する司法書士への経済的支援を通じて司法書士の業務の円滑な遂行による公的機能の回復に資することを目的とする趣旨のものであった**というのである。」「**司法書士会は、司法書士の品位を保持し、その業務の改善進歩を図るため、会員の指導及び連絡に関する事務を行うことを目的とするものであるが（司法書士法14条2項）、その目的を遂行する上で直接又は間接に必要な範囲で、他の司法書士会との間で業務その他について提携、協力、援助等をすることもその活動範囲に含まれるというべきである。**そして、3000万円という本件拠出金の額については、それがやや多額にすぎるのではないかという見方があり得るとしても、阪神・淡路大震災が甚大な被害を生じさせた大災害であり、早急な支援を行う必要があったことなどの事情を考慮すると、その金額の大きさをもって直ちに本件拠出金の寄付が被上告人の目的の範囲を逸脱するものとまでいうことはできない。したがって、兵庫県司法書士会に本件拠出金を寄付することは、Ｘの権利能力の範囲内にあるというべきである。」「そうすると、Ｘは、本件拠出金の調達方法についても、それが公序良俗に反するなど会員の協力義務を否定すべき特段の事情がある場合を除き、多数決原理に基づき自ら決定することができるものというべきである。これを本件についてみると、Ｘがいわゆる**強制加入団体であること（同法19条）を考慮しても、本件負担金の徴収は、会員の政治的又は宗教的立場や思想信条の自由を害するものではなく、また、本件負担金の額も、登記申請事件1件につき、その平均報酬約2万1000円の0.2％強に当たる50円であり、これを3年間の範囲で徴収するというものであって、会員に社会通念上過大な負担を課するものではないのであるから、本件負担金の徴収について、公序良俗に反するなど会員の協力義務を否定すべき特段の事情があるとは認められない。**したがって、本件決議の効力は被上告人の会員である上告人らに対して及ぶものというべきである。」

＊　＊　＊

未成年者の人権　すべての個人に人権は保障される。であるとすれば、当然未成年者も人権の享有主体である。

しかし、未成年者については、人権の性質によっては、一定の制約が認められる場合がある。日本国憲法15条3項は、「公務員の選挙については、成年者による普通選挙を保障する」と規定し、選挙権の保障を成年者にのみ限定している。立法による人権の制約としては、婚姻の自由の制約（民法731条による婚姻年齢による婚姻の制約）、職業選択の自由の制約（公証人、弁理士、公認会計士、税理士、医師、薬剤師などの資格要件として成年者であるとしている）、財産権の制約（財産の処分について、民法5条・824条・859条による制約）などがある。

有力な学説によると、未成年者の人権の制約としては、人権の性質のよるもののほか、「限定されたパターナリスティックな制約」が認められるとされ、「成熟した判断を欠く行動の結果、長期的にみて未成年者自身の目的達成能力を重大かつ永続的に弱化せしめる見込みのある場合に限って」制約が認められるとされる（佐藤・憲法156頁）。

逆に、未成年者であるが故に特に手厚く人権を擁護している立法例もある。少年法61条は「家庭裁判所の審判に付された少年又は少年のとき犯した罪により公訴を提起された者については、氏名、年齢、容ぼう等によりその者が当該事件の本人であることを推知することができるような記事又は新聞紙その他の出版物に掲載してはならない」と規定し、少年の実名（推知）報道を一律に禁止している。この規定は、憲法21条の表現の自由との関係で、しばしば裁判の場で問題となっている。

少年法61条の趣旨と保護法益については、**19**堺市通り魔殺人事件実名報道事件大阪高裁判決で、「少年の健全育成を図るという少年法の目的を達成するという公益目的と少年の社会復帰を容易にし、特別予防の実効性を確保するという刑事政策的配慮に根拠を置く規定である」とし、少年法の実名報道の禁止を刑事政策的配慮に置き、少年の人権保障に根拠を求めなかった。なお、この見解に対して、いわゆる長良川リンチ殺人事件報道訴訟名古屋高裁判決（名古屋高判平成12年6月29日判時1736号35頁）では、「成長発達過程にあり、健全に成長するためにより配慮した取扱いを受けるという基本的人権を保護し、併せて、少年の名誉権、プライバシーの権利の保護を図っているもの」とし、少年の人権保障に根拠を求めた（この名古屋高裁判決は、最高裁で破棄差戻しとされた。）。

19　堺市通り魔殺人事件実名報道事件（損害賠償請求事件）

大阪地判平成11年6月9日判時1679号54頁

●大阪高判平成12年2月29日判時1710号121頁

【事実】

当時19歳の少年であったXは、1998（平成10）年の早朝、大阪府堺市内において、シンナーを吸引して幻覚状態で、登校途中の女性高校生を文化包丁で刺して重症を負わせ、さらに幼稚園の送迎バスを待っていた母子らを襲い、５歳の女児に馬乗りになり背中を突き刺して殺害、娘を守ろうとして蔽いかぶさった母親の背中にも包丁を突き刺し重傷を負わせた。このいわゆる「堺通り魔事件」で、Ｙ出版社は同社発行の月刊誌に、実名・顔写真掲載によりＸ本人であることが特定される記事を掲載した。これに対し、Ｘは、プライバシー侵害・氏名肖像権侵害・名誉権などの人格権侵害と、実名で報道されない権利が侵害されたとして、不法行為に基づく民法上の損害賠償と謝罪広告の掲載を求めて出訴した。

第１審は、Ｙに対して250万円の損害賠償を認めたため、Ｙは控訴した。

（Ｘは控訴審で敗訴し上告したが、2000（平成12）年12月にＸが上告を取り下げ、Ｙの勝訴が確定した。）

整理

事件／民事事件

原告・被控訴人／少年

被告・控訴人／出版社

〈争点〉実名報道によるプライバシー侵害等に基づく損害賠償と謝罪広告掲載は認められるか。

〈憲法上の問題点〉❶少年の実名報道を禁止する少年法61条は、憲法21条の表現の自由を侵害するか。❷プライバシーの権利と表現の自由との調整はいかに図られるべきか。

【判旨】

原判決取消し。

（ｉ）少年法61条の規定は「少年の健全な育成を期し、非行のある少年に対して性格の矯正及び環境の調整に関する保護処分を行うことを目的とする少年法の目的に沿って、将来性のある少年の名誉・プライバシーを保護し、将来の改善更生を阻害しないようにとの配慮に基づくものであるとともに、記事等の掲載を禁止することが再犯を予防する上からも効果的であるという見地から、公共の福祉や社会正義を守ろうとするものである。すなわち、**少年法61条は、少年の健全育成を図るという少年法の目的を達成するという公益目的と少年の社会復帰を容易にし、特別予防の実効性を確保するという刑事政策的配慮に根拠を置く規定であると解すべきである」が、そもそも同条は、「右のとおり公益目的や刑事政策的配慮に根拠を置く規定なのであるから、同条が少年時に罪を犯した少年に対し実名で報道されない権利を付与していると解することはできないし、仮に実名で報道されない権利を付与しているものと解する余地があるとしても、少年法がその違反者に対して何らの罰則も規定していないことにもかんがみると、表現の自由との関係において、同条が当然に優先するものと解することもできない。」**

（ii）「表現の自由とプライバシー権等の侵害との調整においては、少年法61条の存在を尊重しつつも、なお、表現行為が社会の正当な関心事であり、かつその表現内容・方法が不当なものでない場合には、その表現行為は違法性を欠き、違法なプライバシー権等の侵害とはならないといわなければならない。」「一般に、犯罪の被疑者ないし被告人の姓名が市民の知る権利の対象であるか否かについては争いがあるが、犯罪の被疑者ないし被告人は未だ犯人とは決まっていないという推定無罪の原則と、犯人であったとしても家族などに影響があり、本人のスムーズな社会復帰の妨げになるという理由から、**犯罪事実の報道においては、匿名であることが望ましいことは明らかであり、これは犯人が成人であるか少年であるかによって差異があるわけではない**」が、「**社会一般の意識としては、右報道における被疑者等の特定は、犯罪ニュースの基本的要素であって犯罪事実と並んで重要な関心事であると解されるから、犯罪事実の態様、程度及び被疑者ないし被告人の地位、特質、あるいは被害者側の心情等からみて、実名報道が許容されることはあり得ることであり、これを一義的に定めることはできないが、少なくとも、凶悪重大な事件において、現行犯逮捕されたような場合には、実名報道も正当として是認されるものといわなければならない。**」

（iii）「本件犯罪事実は、前記のとおり極めて凶悪重大な事犯であり、被控訴人が右犯罪事実について現行犯逮捕されていることと、Xとは何の因縁もないにもかかわらず無残にも殺傷された被害者側の心情をも考慮すれば、実名報道をしたことが直ちにXに対する権利侵害とはならないといわなければならない。」

＊　＊　＊

公務員の政治活動の自由　公務員も一市民であり、当然人権の享有主体になりうる。かつては、公務員（あるいは刑事施設被収容者など）については、国（公権力）との間で、特別な公法上の法律関係に基づく支配・服従関係にあり、人権の制限について法律の根拠を必要とせず、裁判所の司法審査も及ばないとされてきた（特別権力関係論）。しかし、現在の学説では、こうした特別権力関係論は否定され、公務員は、一般の国民とは異なる一定の人権の制限を受けることはやむを得ないとしても、個別的に権利の制限の根拠・目的・程度を検討し、いかなる人権が、いかなる根拠により、どの程度制約されるのかを具体的に明らかにしなければならないと考えられるようになってきている（芦部・憲法108頁）。

公務員の人権については、これまで政治活動の自由の制限が問題となってきた。国家公務員法102条と地方公務員法36条では、公務員の政治的行為の制限が規定されている。特に国家公務員の政治的行為の禁止については、人事院規則14- 7 で詳細に定められており、特定の政党や政治団体への勧誘の禁止、政党や政治団体の機関紙や刊行物の発行・編集・配布、政治的目的を有する文書・図画などの発行や掲示・配布などあらゆる政治活動が、すべての公務員に一律に、かつ勤務時間外であっても全面的に禁止されている。これらの政治的行為を行った公務員は、懲戒処分の対象となり（国公法82条）、あるいは刑事罰により3年以下の懲役又は100万円以下の罰金に処される（国公法110条1項19号）。

このような公務員の政治的行為の禁止条項の合憲性が問題とされ、リーディングケースとなった最高裁判決が**20**猿払事件最高裁大法廷判決である。第1審および控訴審判決では、合憲限定解釈の手法を用い、現業公務員が、勤務時間外に行った政治的行為にまで、刑事罰を用いて禁止することは「必要最小限の制約」を超えるとして違憲判決を下したが、最高裁大法廷は、行政の中立的運営とそれに対する国民の信頼の確保という立法目的は正当であり、その立法目的達成のための手段として政治的行為を禁止することの間には「合理的関連性」があると述べ合憲とした。この猿払事件最高裁大法廷判決の「合理的関連性の基準」は、その後の**22**全逓プラカード事件最高裁判決でも踏襲された。

しかし、いわゆる**21**堀越事件最高裁判決および世田谷国公法事件最高裁判決（最判平成24年12月7日刑集66巻12号1722頁）では、猿払事件最高裁大法廷判決の枠組みを維持するとしつつも、「刑事罰の対象になるのは、公務員の職務遂行の政治的中立性を損なうおそれが実質的に認められるものに限られ」、「職場での地位や職務権限の裁量などを総合的に考慮すべきである」との新しい判断基準を示し、堀越事件の元社会保険庁職員については「職務権限に裁量の余地がな」く「公務員の職務の遂行の政治的中立性を損なうおそれが実質的に認められるものとはいえない」として無罪を、世田谷国公法事件の元厚生労働省課長補佐には、管理職的地位にあり「指揮命令や指導監督等を通じて他の多数の職員の職務の遂行に影響を及ぼすことのできる地位にあったといえ」、「公務員の職務の遂行の政治的中立性を損なうおそれが実質的に認められる」として有罪判決を下している。

20　猿払事件（国家公務員法違反被告事件）☆☆☆

旭川地判昭和43年3月25日下刑集10巻3号293頁
札幌高判昭和44年6月24日判時560号30頁
●最大判昭和49年11月6日刑集28巻9号393頁

【事実】

北海道宗谷郡猿払（さるふつ）村の郵便局に勤務する現業公務員Yは、1967（昭和42）年の衆議院議員総選挙にあたり、ある政党を支持する目的で、同党公認候補の選挙ポスターを掲示したり、掲示を依頼して配布したりした。こうしたYの行為は、国家公務員法102条1項および人事院規則14-7第5項3号と第6項13号で禁止されている「政治的行為」にあたるとして、その処罰を定めている同法110条１項19号に基づき起訴された。第１審は、機械的労働に携わる現業の国家公務員が、勤務時間外に国の施設を利用せず、職務を利用しないで行った行為にまで刑事罰を適用することは「必要最小限度の制限」とは言えず、違憲であるとし、Ｙを無罪とした。第２審も、第１審判決を支持したため、国が上告した。

整理

事件／刑事事件

原告・控訴人・上告人／国

被告・被控訴人・被上告人／現業の国家公務員

〈争点〉 Ｙの行為は、国家公務員法102条１項と人事院規則で禁止されている「政治的行為」にあたるか。

〈憲法上の問題点〉 国家公務員の政治活動を一律に禁止している国家公務員法102条１項と人事院規則14-７第５項３号と第６項13号は、憲法21条に反するか。

【判旨】

破棄自判（11対４）。

（ｉ）「憲法21条の保障する表現の自由は、民主主義国家の政治的基盤をなし、国民の基本的権利のうちでもとりわけ重要なものであり、法律によってみだりに制限することができないものである。そして、およそ政治的行為は、行動としての面をもつほかに、政治的意見の表明としての面をも有するものであるから、その限りにおいて、憲法21条による保障を受けるものであることも、明らかである。」

（ⅱ）「しかしながら、国公法102条１項及び規則による政治的行為の禁止は、……『すべて公務員は、全体の奉仕者であって、一部の奉仕者ではない。』とする憲法15条２項の規定からもまた、公務が国民の一部に対する奉仕としてではなく、その全体に対する奉仕として運営されるべきものであることを理解することができる。」「**公務のうちでも行政の分野におけるそれは、憲法の定める統治組織の構造に照らし、議会制民主主義に基づく政治過程を経て決定された政策の忠実な遂行を期し、もっぱら国民全体に対する奉仕を旨とし、政治的偏向を排して運営されなければならないものと解されるのであつて、そのためには、個々の公務員が、政治的に、一党一派に偏することなく、厳に中立の立場を堅持して、その職務の遂行にあたることが必要となる**」。「**すなわち、行政の中立的運営が確保され、これに対する国民の信頼が維持されることは、憲法の要請にかなうものであり、公務員の政治的中立性が維持されることは、国民全体の重要な利益にほかならないというべきである。したがつて、公務員の政治的中立性を損うおそれのある公務員の政治的行為を禁止することは、それが合理的で必要やむをえない限度にとどまるものである限り、憲法の許容するところであるといわなければならない。**」

（ⅲ）「**国公法102条１項及び規則による公務員に対する政治的行為の禁止が右の合理的で必**

要やむをえない限度にとどまるものか否かを判断するにあたっては、禁止の目的、この目的と禁止される政治的行為との関連性、政治的行為を禁止することにより得られる利益と禁止することにより失われる利益との均衡の三点から検討することが必要である」。「もし公務員の政治的行為のすべてが自由に放任されるときは、おのずから公務員の政治的中立性が損われ、ためにその職務の遂行ひいてはその属する行政機関の公務の運営に党派的偏向を招くおそれがあり、行政の中立的運営に対する国民の信頼が損われることを免れない。また、公務員の右のような党派的偏向は、逆に政治的党派の行政への不当な介入を容易にし、行政の中立的運営が歪められる可能性が一層増大するばかりでなく、そのような傾向が拡大すれば、本来政治的中立を保ちつつ一体となって国民全体に奉仕すべき責務を負う行政組織の内部に深刻な政治的対立を醸成し、そのため行政の能率的で安定した運営は阻害され、ひいては議会制民主主義の政治過程を経て決定された国の政策の忠実な遂行にも重大な支障をきたすおそれがあり、このようなおそれは行政組織の規模の大きさに比例して拡大すべく、かくては、もはや組織の内部規律のみによってはその弊害を防止することができない事態に立ち至るのである。したがつて、このような弊害の発生を防止し、行政の中立的運営とこれに対する国民の信頼を確保するため、**公務員の政治的中立性を損うおそれのある政治的行為を禁止することは、まさしく憲法の要請に応え、公務員を含む国民全体の共同利益を擁護するための措置にほかならないのであつて、その目的は正当なものというべきである。また、右のような弊害の発生を防止するため、公務員の政治的中立性を損うおそれがあると認められる政治的行為を禁止することは、禁止目的との間に合理的な関連性があるものと認められるのであつて、たとえその禁止が、公務員の職種・職務権限、勤務時間の内外、国の施設の利用の有無等を区別することなく、あるいは行政の中立的運営を直接、具体的に損う行為のみに限定されていないとしても、右の合理的な関連性が失われるものではない。**」「利益の均衡の点について考えてみると、民主主義国家においては、できる限り多数の国民の参加によつて政治が行われることが国民全体にとつて重要な利益であることはいうまでもないのであるから、公務員が全体の奉仕者であることの一面のみを強調するあまり、ひとしく国民の一員である公務員の政治的行為を禁止することによつて右の利益が失われることとなる消極面を軽視することがあつてはならない。しかしながら、**公務員の政治的中立性を損うおそれのある行動類型に属する政治的行為を、これに内包される意見表明そのものの制約をねらいとしてではなく、その行動のもたらす弊害の防止をねらいとして禁止するときは、同時にそれにより意見表明の自由が制約されることにはなるが、それは、単に行動の禁止に伴う限度での間接的、付随的な制約に過ぎず、かつ、国公法102条1項及び規則の定める行動類型以外の行為により意見を表明する自由までをも制約するものではなく、他面、禁止により得られる利益は、公務員の政治的中立性を維持し、行政の中立的運営とこれに対する国民の信頼を確保するという国民全体の共同利益なのであるから、得られる利益は、失われ**

る利益に比してさらに重要なものというべきであり、その禁止は利益の均衡を失するものではない。」

（iv）「公務員の政治的行為の禁止は、……行政の中立的運営とこれに対する国民の信頼を確保するという国民全体の重要な共同利益を擁護するためのものである。……右の禁止が表現の自由に対する合理的で必要やむをえない制限であると解され、かつ、刑罰を違憲とする特別の事情がない限り、立法機関の裁量により決定されたところのものは、尊重されなければならない。」

〔大隅健一郎・関根小郷・小川信雄・坂本吉勝裁判官の反対意見〕「国公法102条１項は、違反に対する制裁の関連からいえば、公務員につき禁止されるべき政治的行為に関し、懲戒処分を受けるべきものと、犯罪として刑罰を科せられるべきものとを区別することなく、一律一体としてその内容についての定めを人事院規則に委任している。このような立法の委任は、少なくとも後者、すなわち、犯罪の構成要件の規定を委任する部分に関するかぎり、憲法に違反するものと考える。」

21　堀越事件（国家公務員法違反被告事件）☆☆☆

東京地判平成18年６月29日刑集66巻12号1627頁

東京高判平成22年３月29日刑集66巻12号1687頁

●最判平成24年12月７日刑集66巻12号1337頁

【事実】

社会保険庁の社会保険事務所に年金審査官として勤務する国家公務員であるＸは、2003（平成15）年11月に施行された衆議院議員総選挙に際し、勤務時間外の休日を利用して、前後３回に渡り、政党機関誌号外と特定の政党を支持する文書を配布した。このＸの行為は、国家公務員法102条１項および人事院規則14-７第５項３号・第６項13号で禁止されている「政治的行為」にあたるとされ、同法110条１項19号に基づき起訴された。

第１審の東京地裁は、Ｘの配布行為は、日時・場所や行為の態様、配布された文書の内容等に照らして、公務員の政治的行為の禁止の保護法益である「行政の中立的運営とこれに対する国民の信頼」という法益侵害の危険を抽象的に発生させたとして、Ｘに罰金10万円を言い渡した。

これに対し、第２審の東京高裁では、公務員の政治行為を禁止する国家公務員法の規定は合憲であるが、Ｘの配布行為について罰則規定を適用することは、表現の自由に対し、必要やむを得ない限度を超えた制約であり、これを処罰の対象とすることは、憲法21条及び憲法31条に違反するとして、第１審判決を破棄し、Ｘに無罪を言い渡したため、国（検察）側が最高裁に上告した。

整理

事件／刑事事件

原告・被控訴人・上告人／国

被告人・控訴人・被上告人／社会保険庁の社会保険事務所に年金審査官として勤務する現業の公務員

〈争点〉 Xの行為は、国家公務員法102条1項および人事院規則で禁止されている「政治的行為」にあたるか。

〈憲法上の問題点〉 国家公務員の政治活動（政治的行為）を一律に禁止している国家公務員法102条1項および人事院規則14-7第5項3号・第6項13号は、憲法21条1項が保障する表現の自由に違反するか。

【判旨】

上告棄却（全員一致、補足意見1、意見1）。

（i）「憲法15条2項は、『すべて公務員は、全体の奉仕者であって、一部の奉仕者ではない。』と定めており、国民の信託に基づく国政の運営のために行われる公務は、国民の一部ではなく、その全体の利益のために行われるべきものであることが要請されている。その中で、国の行政機関における公務は、憲法の定める我が国の統治機構の仕組みの下で、議会制民主主義に基づく政治過程を経て決定された政策を忠実に遂行するため、国民全体に対する奉仕を旨として、政治的に中立に運営されるべきものといえる。そして、このような行政の中立的運営が確保されるためには、公務員が、政治的に公正かつ中立的な立場に立って職務の遂行に当たることが必要となるものである。このように、本法（国家公務員法-引用注、以下同様）102条1項は、公務員の職務の遂行の政治的中立性を保持することによって行政の中立的運営を確保し、これに対する国民の信頼を維持することを目的とするものと解される。

他方、国民は、憲法上、表現の自由（21条1項）としての政治活動の自由を保障されており、この精神的自由は立憲民主政の政治過程にとって不可欠の基本的人権であって、民主主義社会を基礎付ける重要な権利であることに鑑みると、上記の目的に基づく法令による公務員に対する政治的行為の禁止は、国民としての政治活動の自由に対する必要やむを得ない限度にその範囲が画されるべきものである。

このような本法102条1項の文言、趣旨、目的や規制される政治活動の自由の重要性に加え、同項の規定が刑罰法規の構成要件となることを考慮すると、同項にいう『政治的行為』とは、公務員の職務の遂行の政治的中立性を損なうおそれが、観念的なものにとどまらず、現実的に起こり得るものとして実質的に認められるものを指し、同項はそのような行為の類型の具体的な定めを人事院規則に委任したものと解するのが相当である。そして、その委任に基づいて定められた本規則も、このような同項の委任の範囲内において、公務員の職務の遂行の政治

的中立性を損なうおそれが実質的に認められる行為の類型を規定したものと解すべきである。上記のような本法の委任の趣旨及び本規則の性格に照らすと、本件罰則規定に係る本規則６項７号、13号（５項３号）については、それぞれが定める行為類型に文言上該当する行為であって、公務員の職務の遂行の政治的中立性を損なうおそれが実質的に認められるものを当該各号の禁止の対象となる政治的行為と規定したものと解するのが相当である。このような行為は、それが一公務員のものであっても、行政の組織的な運営の性質等に鑑みると、当該公務員の職務権限の行使ないし指揮命令や指導監督等を通じてその属する行政組織の職務の遂行や組織の運営に影響が及び、行政の中立的運営に影響を及ぼすものというべきであり、また、こうした影響は、勤務外の行為であっても、事情によってはその政治的傾向が職務内容に現れる蓋然性が高まることなどによって生じ得るものというべきである。」

（ⅱ）「公務員の職務の遂行の政治的中立性を損なうおそれが実質的に認められるかどうかは、当該公務員の地位、その職務の内容や権限等、当該公務員がした行為の性質、態様、目的、内容等の諸般の事情を総合して判断するのが相当である。具体的には、当該公務員につき、指揮命令や指導監督等を通じて他の職員の職務の遂行に一定の影響を及ぼし得る地位（管理職的地位）の有無、職務の内容や権限における裁量の有無、当該行為につき、勤務時間の内外、国ないし職場の施設の利用の有無、公務員の地位の利用の有無、公務員により組織される団体の活動としての性格の有無、公務員による行為と直接認識され得る態様の有無、行政の中立的運営と直接相反する目的や内容の有無等が考慮の対象となるものと解される。」

（ⅲ）「被告人は、社会保険事務所に年金審査官として勤務する事務官であり、管理職的地位にはなく、その職務の内容や権限も、来庁した利用者からの年金の受給の可否や年金の請求、年金の見込額等に関する相談を受け、これに対し、コンピューターに保管されている当該利用者の年金に関する記録を調査した上、その情報に基づいて回答し、必要な手続をとるよう促すという、裁量の余地のないものであった。そして、本件配布行為は、勤務時間外である休日に、国ないし職場の施設を利用せずに、公務員としての地位を利用することなく行われたものである上、公務員により組織される団体の活動としての性格もなく、公務員であることを明らかにすることなく、無言で郵便受けに文書を配布したにとどまるものであって、公務員による行為と認識し得る態様でもなかったものである。これらの事情によれば、本件配布行為は、管理職的地位になく、その職務の内容や権限に裁量の余地のない公務員によって、職務と全く無関係に、公務員により組織される団体の活動としての性格もなく行われたものであり、公務員による行為と認識し得る態様で行われたものでもないから、公務員の職務の遂行の政治的中立性を損なうおそれが実質的に認められるものとはいえない。そうすると、本件配布行為は本件罰則規定の構成要件に該当しないというべきである。」

〔千葉勝美裁判官の補足意見〕「猿払事件大法廷判決は、国家公務員の政治的行為に関し本件罰則規定の合憲性と適用の有無を判示した直接の先例となるものである。そこでは、特定の政党を支持する政治的目的を有する文書の掲示又は配布をしたという行為について、本件罰則規定に違反し、これに刑罰を適用することは、たとえその掲示又は配布が、非管理職の現業公務員でその職務内容が機械的労務の提供にとどまるものにより、勤務時間外に、国の施設を利用することなく、職務を利用せず又はその公正を害する意図なく、かつ、労働組合活動の一環として行われた場合であっても憲法に違反しない、としており、本件罰則規定の禁止する『政治的行為』に限定を付さないという法令解釈を示しているようにも読めなくはない。」「猿払事件大法廷判決の上記判示は、当該事案については、公務員組織が党派性を持つに至り、それにより公務員の職務遂行の政治的中立性が損なわれるおそれがあり、これを対象とする本件罰則規定による禁止は、あえて厳格な審査基準を持ち出すまでもなく、その政治的中立性の確保という目的との間に合理的関連性がある以上、必要かつ合理的なものであり合憲であることは明らかであることから、当該事案における当該行為の性質・態様等に即して必要な限度での合憲の理由を説示したにとどめたものと解することができる。」「本件多数意見の判断の枠組み・合憲性の審査基準と猿払事件大法廷判決のそれとは、やはり矛盾・抵触するものでないというべきである。」

〔須藤正彦裁判官の意見〕「被告人の本件配布行為は政治的傾向を有する行為ではあることは明らかであるが、勤務時間外である休日に、国ないし職場の施設を利用せず、かつ、公務員としての地位を利用することも、公務員であることを明らかにすることもなく、しかも、無言で郵便受けに文書を配布したにとどまるものであって、被告人は、いわば、一私人、一市民として行動しているとみられるから、それは勤務外のものであると評価される。そうすると、被告人の本件配布行為からうかがわれる政治的傾向が被告人の職務の遂行に反映する機序あるいは蓋然性について合理的に説明できる結び付きは認めることができず、公務員の職務の遂行の政治的中立性を損なうおそれが実質的に認められるとはいえないというべきである。したがって、被告人の管理職的地位の有無、その職務の内容や権限における裁量の有無等を検討するまでもなく、被告人の本件配布行為は本件罰則規定の構成要件に該当しないというべきである。」

22　全逓プラカード事件（懲戒処分取消請求事件）

東京地判昭和46年11月1日判時646号26頁

東京高判昭和48年9月19日判時715号3頁

●最判昭和55年12月23日民集34巻7号959頁

【事実】

Xは、郵便外務（郵便配達）を職務とする現業の国家公務員であったが、1966（昭和41）年5月1日のメーデーの集会とデモ行進に参加した際に、「アメリカのベトナム侵略に加担する佐藤内閣打倒—首切り合理化絶対反対　全逓本所支部」と書かれた横断幕を掲げて行進した。東京郵政局長であったＹは、このＸの行為は人事院規則14-７第５項４号及び第６項13号で禁止されている「政治的行為」にあたり、国家公務員法102条１項に違反するので、同法82条１号及び３号に基づき、懲戒処分（戒告）を下した。この処分に対し、Ｘは、その取消しを求めて出訴した。

第１審は、Ｘの行為は、憲法21条１項が保障する正当な行為であるとして、懲戒処分は違憲無効であるとした。控訴審は、これらの規定は、本件に適用されるかぎりにおいて憲法21条１項に違反するとして、本件処分を無効とした。これに対し、Ｙは上告した。

整理

事件／行政事件

原告・被控訴人・被上告人／現業の国家公務員

被告・控訴人・上告人／東京郵政局長

〈争点〉 Ｙにより下されたＸに対する懲戒処分の取消しは認められるか。

〈憲法上の問題点〉「政治的行為」を一律に禁止している国公法102条１項及び人事院規則は憲法21条１項に違反するか。

【判旨】

破棄自判（２対１）。

「**(国家公務員）法102条１項、（人事院）規則５項４号、６項13号の規定の違背を理由として法82条の規定により懲戒処分を行うことが憲法21条に違反するものでない**ことは、当裁判所の判例（最大判昭和49年11月６日刑集28巻９号393頁、猿払事件最高裁大法廷判決）の趣旨に徴して明らかであるから、原判決は憲法21条の解釈適用を誤ったものというべきである。」Ｘは「メーデーにおける集団示威行進に際し約30分間にわたり、『アメリカのベトナム侵略に加担する佐藤内閣打倒』と記載された横断幕を掲げて行進したというのであるから、……右行為は特定の内閣に反対する政治的目的を有する文書を掲示したものとして規則５項４号、６項13号に該当し法102条１項に違反するものと解するのが相当である。」また「**郵政職員が法102条１項に違反する政治的行為を行った場合には、それが労働組合活動の一環として行われたとしても、法82条の規定による懲戒処分の対象とされることを免れない。**」

〔環昌一裁判官の反対意見〕「公務員に対する政治的行為の禁止は、……合理的で必要やむをえない限度にとどまる限りにおいてのみ憲法上許容されるものであり（以下このことを『合理的最小限度の原理』という。)、当然のこととして、右の禁止はあくまでも例外としてのものである。このことは、公務員の政治的行為の制限を論ずるに当って忘れることがあってはならないものと考えられる。」この「合理的最小限度の原理は、関係実定法規の憲法21条への適合性の判断基準であると同時に、その解釈・適用の基本原則であり、かつ、その結果として当該公務員に対してされた具体的処分の正当性の有無を決定する原理でもなければならない」。

＊　＊　＊

刑事施設被収容者の人権　1908（明治41）年に制定された監獄法については、多くの問題点が指摘されながらも、約100年の間、実質的な改正がなされてこなかった。2005（平成17）年、刑事施設及び受刑者の処遇等に関する法律（平成17年法律50号）が制定され、翌年、残されていた未決拘禁者等の処遇を含めた形で右法律が改正されて刑事収容施設及び被収容者等の処遇に関する法律（平成18年法律58号）となったことで、長年の懸案であった監獄法の全面改正は実現した。

かつては「在監者」と呼ばれていた「刑事施設被収容者（受刑者・未決拘禁者・死刑確定者等）」は、居住・移転はもちろん、その他にも広汎な活動の制限の下に服している。そのような人権の制限については、伝統的に「特別権力関係論」で正当化がなされてきたところであるが、このような理論は日本国憲法の下ではもはや妥当し得ず、判例・学説においてもほとんど支持されていない。刑事施設被収容関係の維持のために被収容者の人権を特別に制限することが許されるとしても、その制限の正当化という具体的議論の段階では、未決拘禁者の逃亡・罪証隠滅の防止、受刑者の矯正教化、死刑確定者の心情の安定、収容施設の規律・秩序の維持等、運営上の目的に照らした個別具体的な検討がなされることとなる。最高裁で争われた刑事施設被収容者の人権の制限としては、喫煙の制限、新聞閲読の制限、信書発受の制限、といったものが挙げられるが、以下では前二者を取り扱う（信書発受の制限については、最判平成18年3月23日判時1929号37頁等参照）。

まず、在監者の喫煙を禁止した旧監獄法施行規則96条の合憲性が争われた**23**未決拘禁者喫煙禁止事件最高裁大法廷判決は、未決拘禁者は拘禁の目的に照らし必要かつ合理的な範囲内でその自由が制限されるとした上で、その必要性・合理性は「制限の必要性の程度と制限される基本的人権の内容、これに加えられる具体的制限の態様との較量」によって判断されるべきものである、とした。そして、喫煙の自由が憲法13条によって保障されるかという問題を棚上げしながら、その制限の正当性について緩やかな審査を加え、「喫煙禁止という程度の自由の制限は、必要かつ合理的なものであると解するのが相当であ」る、と判示した。

次に、未決拘禁者の新聞閲読の制限が争われた**24**よど号ハイジャック新聞記事抹消事件最高裁大法廷判決は、未決拘禁者の「自由に対する制限が必要かつ合理的なものとして是認されるかどうかは、右の目的のために制限が必要とされる程度と、制限される自由の内容及び性質、これに加えられる具体的制限の態様及び程度等を較量して決せられる」という利益較量論を示した上で、「その閲読を許すことにより監獄内の規律及び秩序の維持上放置することのできない程度の障害が生ずる相当の蓋然性がある」かどうかというある程度厳格な基準を用いて審査し、結論としては、新聞記事の抹消処分の根拠法令は憲法に違反せず本件処分も適法であるとした。

23　未決拘禁者喫煙禁止事件（国家賠償請求事件）☆

高知地判昭和40年３月31日判時409号21頁

高松高判昭和40年９月25日民集24巻10号1423頁

●最大判昭和45年９月16日民集24巻10号1410頁

【事実】

Ｘは、公職選挙法違反の容疑により、1963（昭和38）年５月30日から同年６月７日まで高知刑務所において未決勾留による拘禁を受け、その間、「在監者ニハ酒類又ハ煙草ヲ用ウルコトヲ許サス」とする旧監獄法施行規則96条に基づいて喫煙を禁止されていた。そこで、法務大臣および高知刑務所長に対して喫煙禁止措置の解除を求めて請願状を作成・提出したが、これに対して何らの措置・回答もなされないまま釈放時まで喫煙を許されなかった。Ｘは、旧監獄法施行規則96条が、法律上の根拠を欠くこと、何らの合理的な理由も認められないものであること、愛煙家である未決拘禁者に憲法18条の禁止する「苦役」を強いるものであることから、同条は違憲無効であると主張し、違法な喫煙禁止措置によって精神的・肉体的苦痛を被ったとして国家賠償を求める訴訟を提起した。

第１審判決は、喫煙の自由も憲法の保障する基本的人権に含まれるとした上で、未決拘禁関係は営造物利用の特別権力関係にあるから法律上の根拠なしに権利を制限しても直ちに憲法に違反するものではなく、喫煙禁止措置には拘禁目的の達成について合理的な必要があり、喫煙禁止措置は憲法18条の禁止する「苦役」に該当しないと判示し、Ｘの請求を棄却した。第２審判決も第１審判決を全面的に支持したので、Ｘは、本件規則が憲法13条に違反（未決拘禁者の自由および幸福追求権を侵害）するものであるとして上告した。

整理

事件／民事事件

原告・控訴人・上告人／未決拘禁者

被告・被控訴人・被上告人／国

〈争点〉 刑事施設収容期間中の喫煙禁止措置に対する国家賠償請求。

〈憲法上の問題点〉 在監者の喫煙を禁止した旧監獄法施行規則96条は憲法13条に違反するか。

【判旨】

上告棄却（全員一致）。

「未決勾留は、刑事訴訟法に基づき、逃走または罪証隠滅の防止を目的として、被疑者または被告人の居住を監獄内に限定するものであるところ、**監獄内においては、多数の被拘禁者を収容し、これを集団として管理するにあたり、その秩序を維持し、正常な状態を保持するよう配慮する必要がある。このためには、被拘禁者の身体の自由を拘束するだけでなく、右の目的に照らし、必要な限度において、被拘禁者のその他の自由に対し、合理的制限を加えることもやむをえない**」。「**右の制限が必要かつ合理的なものであるかどうかは、制限の必要性の程度と制限される基本的人権の内容、これに加えられる具体的制限の態様との較量のうえに立って決せられる**べきもの」であるところ、「喫煙を許すことにより、罪証隠滅のおそれがあり、また、火災発生の場合には被拘禁者の逃走が予想され、かくては、直接拘禁の本質的目的を達することができないことは明らかである。のみならず、被拘禁者の集団内における火災が人道上重大な結果を発生せしめることはいうまでもない」のであって、「他面、煙草は生活必需品とまでは断じがたく、ある程度普及率の高い嗜好品にすぎず、喫煙の禁止は、煙草の愛好者に対しては相当の精神的苦痛を感ぜしめるとしても、それが人体に直接障害を与えるものではないのであり、かかる観点よりすれば、喫煙の自由は、憲法13条の保障する基本的人権の一に含まれるとしても、あらゆる時、所において保障されなければならないものではない。したがって、このような拘禁の目的と制限される基本的人権の内容、制限の必要性などの関係を総合考察すると、前記の喫煙禁止という程度の自由の制限は、必要かつ合理的なものであると解するのが相当であり、〔旧〕監獄法施行規則96条中未決勾留により拘禁された者に対し喫煙を禁止する規定が憲法13条に違反するものといえないことは明らかである。」

24　よど号ハイジャック新聞記事抹消事件（損害賠償請求事件）☆

東京地判昭和50年11月21日判時806号26頁
東京高判昭和52年５月30日訟月23巻６号1051頁
●最大判昭和58年６月22日民集37巻５号793頁

【事実】

1969（昭和44）年の国際反戦デー闘争等に関連して凶器準備集合罪・公務執行妨害罪等で起訴され、東京拘置所に勾留されていたＸらは、私費で読売新聞を定期購読していたところ、1970（昭和45）年３月31日付夕刊から同年４月２日付朝刊までいわゆる赤軍派学生による日航機「よど号」乗っ取り事件の関連記事を墨で塗りつぶした判読不可能なものを配布された。東京拘置所長による新聞記事の抹消処分の根拠となったのは、第１項で「在監者文書、図画ノ閲読ヲ請フトキハ之ヲ許ス」、第２項で「文書、図画ノ閲覧ニ関スル制限ハ命令ヲ以テ之ヲ定ム」と規定していた旧監獄法31条、「拘禁ノ目的ニ反セズ且ツ監獄ノ紀律ニ害ナキモノニ限リ之ヲ許ス」と規定していた旧監獄法施行規則86条１項、法務大臣訓令および法務省矯正局長通達である。Ｘらは、拘置所に勾留されるのは逃亡・罪証隠滅のおそれがあるという理由によるものであって、それと関係のない「知る権利」の制限を認めた上記法令等は違憲無効であると主張し、違法な新聞記事の抹消処分によって精神的苦痛を被ったとして国家賠償を求める訴訟を提起した。

第1審判決は、未決拘禁者の新聞閲読の自由の制限が許されるのは、閲読を許すと拘置所内の秩序維持が困難となる蓋然性が相当程度存在する場合、その目的を達するための合理的な範囲内においてのみであるとして、新聞記事の抹消処分の根拠法令は憲法に違反せず本件処分も適法であると判示し、Xらの請求を棄却した。第2審判決も、第1審判決を全面的に支持したので、Xらは上告した。

整理

事件／民事事件

原告・控訴人・上告人／未決拘禁者

被告・被控訴人・被上告人／国

〈争点〉 拘置所長による新聞記事の抹消処分に対する国家賠償請求。

〈憲法上の問題点〉 未決拘禁者の新聞閲読の自由に対する制限は合憲であるか。

【判旨】

上告棄却（全員一致）。

（i）「およそ各人が、自由に、さまざまな意見、知識、情報に接し、これを摂取する機会をもつことは、その者が個人として自己の思想及び人格を形成・発展させ、社会生活の中にこれを反映させていくうえにおいて欠くことのできないものであり、また、民主主義社会における思想及び情報の自由な伝達、交流の確保という基本的原理を真に実効あるものたらしめるためにも、必要なところである。それゆえ、これらの意見、知識、情報の伝達の媒体である新聞紙、図書等の閲読の自由が憲法上保障されるべきことは、思想及び良心の自由の不可侵を定めた憲法19条の規定や、表現の自由を保障した憲法21条の規定の趣旨、目的から、いわばその派生原理として当然に導かれるところであり、また、すべて国民は個人として尊重される旨を定めた憲法13条の規定の趣旨に沿うゆえんでもあると考えられる。しかしながら、このような閲読の自由は、生活のさまざまな場面にわたり、極めて広い範囲に及ぶものであって、もとよりXらの主張するようにその制限が絶対に許されないものとすることはできず、それぞれの場面において、これに優越する公共の利益のための必要から、一定の合理的制限を受けることがあることもやむをえないものといわなければならない。」

（ii）「**未決勾留により監獄に拘禁されている者の新聞紙、図書等の閲読の自由についても、逃亡及び罪証隠滅の防止という勾留の目的のためのほか、……監獄内の規律及び秩序の維持のために必要とされる場合にも、一定の制限を加えられることはやむをえない**ものとして承認しなければならない。しかしながら、未決勾留は、前記刑事司法上の目的のために必要やむをえない措置として一定の範囲で個人の自由を拘束するものであり、他方、これにより拘禁される者は、当該拘禁関係に伴う制約の範囲外においては、原則として一般市民としての自由を保障されるべき者であるから、**監獄内の規律及び秩序の維持のためにこれら被拘禁者の新聞紙、図書等の閲読の自由を制限する場合においても、それは、右の目的を達するために真に必要と認められる限度にとどめられるべきものである。**したがって、**右の制限が許されるためには、当該閲読を許すことにより右の規律及び秩序が害される一般的、抽象的なおそれがあるというだけでは足りず、被拘禁者の性向、行状、監獄内の管理、保安の状況、当該新聞紙、図書等の内容その他の具体的事情のもとにおいて、その閲読を許すことにより監獄内の規律及び秩序の維持上放置することのできない程度の障害が生ずる相当の蓋然性があると認められることが必要であり、かつ、その場合においても、右の制限の程度は、右の障害発生の防止のために必要かつ合理的な範囲にとどまるべきものと解するのが相当である。**」

（ⅲ）「〔旧〕監獄法31条2項は、在監者に対する文書、図画の閲読の自由を制限することができる旨を定めるとともに、制限の具体的内容を命令に委任し、これに基づき〔旧〕監獄法施行規則86条1項はその制限の要件を定め、更に……法務大臣訓令及び法務省矯正局長依命通達は、制限の範囲、方法を定めている。これらの規定を通覧すると、その文言上はかなりゆるやかな要件のもとで制限を可能としているようにみられるけれども、上に述べた要件及び範囲内でのみ閲読の制限を許す旨を定めたものと解するのが相当であり、かつ、そう解することも可能であるから、右法令等は、憲法に違反するものではない」。「具体的場合における前記法令等の適用にあたり、当該新聞紙、図書等の閲読を許すことによって監獄内における規律及び秩序の維持に放置することができない程度の障害が生ずる相当の蓋然性が存するかどうか、及びこれを防止するためにどのような内容、程度の制限措置が必要と認められるかについては、監獄内の実情に通暁し、直接その衝にあたる監獄の長による個個の場合の具体的状況のもとにおける裁量的判断にまつべき点が少なくないから、障害発生の相当の蓋然性があるとした長の認定に合理的な根拠があり、その防止のために当該制限措置が必要であるとした判断に合理性が認められる限り、長の右措置は適法として是認すべきものと解するのが相当である」。本件については、「公安事件関係の被告人として拘禁されていたXらに対し本件各新聞記事の閲読を許した場合には、拘置所内の静穏が攪乱され、所内の規律及び秩序の維持に放置することのできない程度の障害が生ずる相当の蓋然性があるものとしたことには合理的な根拠があり」、拘置所長の判断に裁量権の逸脱・濫用の違法があるとはいえない。

＊　＊　＊

戦後補償　我が国で提起された戦後補償をめぐる裁判としては、まず、対日平和条約における請求権放棄に伴う損害に対する補償請求があり（最大判昭和43年11月27日民集22巻12号2808頁等）、次に、戦争被害に対する救済を行う援護立法（戦傷病者戦没者遺族等援護法・恩給法）の適用から除外された者（一般民間人戦災者・国籍条項の対象者等）が立法不作為や国籍条項の違憲性を争ったものがあり（最判昭和62年6月26日訟月34巻1号25頁、最判平成4年4月28日訟月38巻12号2579頁等）、そして、1991（平成3）年以降には、いわゆる「日本軍慰安婦訴訟」や「強制連行・強制労働訴訟」に代表される、戦争遂行過程で旧日本軍兵士や日本企業が犯した違法行為について被害者が日本の裁判所でその責任を追及するという訴訟が提起されるようになった。

とりわけ最後の類型の訴訟における補償請求には、戦後補償の法的根拠（国際法、憲法29条3項、憲法14条1項、条理、信義則、民法上の不法行為、立法不作為等）、戦前における公権力の行使についての「国家無答責の法理」の採用（＝国の責任追及不可）、2017（平成29）年改正前民法724条後段の除斥期間（不法行為を理由とする損害賠償請求権についての20年の期間は、債権法改正前には、判例によって除斥期間とされていたが、現民法724条2号では、消滅時効であることが文言上明らかにされている）等の多岐にわたる解決困難な法的問題が存在している。上記の憲法に関連する論点について明確な判断がなされたのが、2004（平成16）年の**25** 韓国人戦争犠牲者補償請求事件最高裁判決である。

25　韓国人戦争犠牲者補償請求事件（アジア太平洋戦争韓国人犠牲者補償請求事件）

東京地判平成13年3月26日判例集未登載

東京高判平成15年7月22日訟月50巻10号2853頁

●最判平成16年11月29日判時1879号58頁

【事実】

第二次世界大戦中に旧日本軍の軍人軍属または軍隊慰安婦であった韓国人（遺族を含む）のXらは、Y（日本国）が志願兵制度および徴兵制度、自由募集、官斡旋および国民徴用令の適用等により韓国人を旧日本軍の軍人軍属としたことに関し、また、同国人女性を軍隊慰安婦としたことに関し、耐え難い苦痛を被ったと主張してYに対して損失補償ないし損害賠償、さらに未払給与債権・未払郵便貯金債権の支払（仮に上記債権が消滅したとすればその補償）を求めて訴訟を提起した。当該請求の法的根拠としては様々なものが挙げられているが、憲法に関連するものとしては、①Xらが戦地等で被った生命・身体・自由（性的自由）について生じた損失は「特別な犠牲」であり、憲法29条3項に基づいて補償を請求できる、②戦傷病者戦没者遺族等援護法・恩給法が国籍条項を規定してXらを補償の対象から除外しているのは憲法14条1項に違反し、Xらは同じように戦争被害を被った日本国の軍人軍属と同等の給付を受ける権利を有する、③未払給与債権・未払郵便貯金債権が、財産及び請求権に関する問題の解決並びに経済協力に関する日本国と大韓民国との間の協定第2条の実施に伴う大韓民国等の財産権に対する措置に関する法律（昭和40年法律144号、以下「措置法」と記す）により消滅したとすれば、補償請求権を有する、という主張がなされた。

第1審判決は、Xらの請求を棄却した。第2審判決は、「国家無答責の法理」は現行憲法および裁判所法の下では正当性・合理性を見出し難いとし、(a) 上官が軍人軍属に命じて非人道的行為を行わせて、その精神的健康を侵害した場合や戦後戦争犯罪人として処罰を受ける原因となった場合には一種の安全配慮義務違反、(b) 軍隊慰安行為の強制については不法行為責任成立の余地を認めたが、民法上の除斥期間の経過等を理由にXらの請求を棄却したので、Xらは上告した。

整理

事件／民事事件

原告・控訴人・上告人／旧日本軍の軍人軍属または軍隊慰安婦であった韓国人（遺族を含む）

被告・被控訴人・被上告人／日本国

〈争点〉 日本国に対する戦争被害への補償ないし賠償請求。

〈憲法上の問題点〉 戦後補償問題に対する憲法の射程。

【判旨】

上告棄却（全員一致）。

（ｉ）憲法29条3項に基づく補償請求については、「**軍人軍属関係のXらが被った損失は、第二次世界大戦及びその敗戦によって生じた戦争犠牲ないし戦争損害に属するものであって、これに対する補償は、憲法の全く予想しないところというべきであり、このような戦争犠牲ないし戦争損害に対しては、単に政策的見地からの配慮をするかどうかが考えられるにすぎないとするのが、当裁判所の判例の趣旨とするところである**……。したがって、軍人軍属関係のXらの論旨は採用することができない」。「いわゆる軍隊慰安婦関係のXらが被った損失は、憲法の施行前の行為によって生じたものであるから、憲法29条3項が適用されないことは明らかである。したがって、軍隊慰安婦関係のXらの論旨は、その前提を欠き、採用することができない。」

（ⅱ）憲法14条1項の平等原則に基づく補償請求については、「財産及び請求権に関する問題の解決並びに経済協力に関する日本国と大韓民国との間の協定……の締結後、旧日本軍の軍人軍属又はその遺族であったが日本国との平和条約により日本国籍を喪失した大韓民国に在住する韓国人に対して何らかの措置を講ずることなく戦傷病者戦没者遺族等援護法附則2項、恩給法9条1項3号の各規定を存置したことが憲法14条1項に違反するということ」はできない。

（ⅲ）措置法の憲法17条、29条2項・3項違反については、「**第二次世界大戦の敗戦に伴う国家間の財産処理といった事項は、本来憲法の予定しないところであり、そのための処理に関し**

て損害が生じたとしても、その損害に対する補償は、戦争損害と同様に憲法の予想しないものというべきである」。

＊　＊　＊

人権の私人間効力　近代立憲主義の憲法観においては、憲法によって保障される人権は国家権力から国民の権利・自由を守るものである、と考えられてきた。端的にいえば、「国または公共団体と個人の関係」と「私人相互の関係」は区別され、後者は「私的自治の原則」が妥当する私法（民事法）の規律する領域ということとなる。

しかし、現代になると、資本主義の発展に伴い、社会において強い事実上の力を有する大企業や労働組合といった「社会的権力」による「人権侵害」が問題となり、弱者保護のための法律が不存在あるいは不十分な場合、「憲法上の人権」は私人相互の関係にも効力を及ぼすかが「人権の私人間効力」の問題として論じられてきた。

主要な学説としては、①伝統的な考え方を崩すべきではなく、憲法上の人権の効力は私人間に及ばないとする「無効力（適用）説」、②当事者の一方が企業等の「社会的権力」である場合、または、特定の憲法上の人権に限定して、憲法上の人権規定は私人間に直接適用されるという「直接効力（適用）説」、③私人間に直接適用されることを予定している憲法上の人権規定（憲法15条４項、18条、28条等）を除き、それ以外の規定については、憲法の趣旨を取り込んだ形で私法の一般条項（民法90条や709条が中心となる）を解釈・適用することによって間接的に私人間の行為を規律しようとする「間接効力（適用）説」（通説的見解）、が提唱されている。

判例上、人権の私人間効力の問題のリーディング・ケースとされるのは**26**三菱樹脂事件最高裁大法廷判決であり、そこでは、憲法上の人権の対国家性と私的自治の意義が説かれた上で、憲法上の人権規定は直接ないし類推適用されず、「私的支配関係においては、個人の基本的な自由や平等に対する具体的な侵害またはそのおそれがあり、その態様、程度が社会的に許容しうる限度を超えるとき」には、立法措置による是正や民法の一般条項の運用によって適切な調整を図ることも可能である、と判示された。上記から、最高裁は「間接効力（適用）説」を採用したと一般に理解されており、本事案では、私的自治に直結する企業側の経済活動の自由（雇用の自由）が労働者の思想・信条の自由に対して優越させられている。**27**日産自動車女性若年定年制事件最高裁判決も、三菱樹脂事件最高裁大法廷判決の趣旨を踏襲し、性別のみによる男女間の不合理な差別を定める就業規則を民法90条の公序良俗に反するとする際に「憲法14条１項」を括弧書きで参照している。さらに、**28**昭和女子大学事件最高裁判決は、三菱樹脂事件最高裁大法廷判決を先例として引用し、私立女子大学の学則の細則の規定について直接憲法上の人権規定に違反するか否かを論じる余地はないとした上で、大学の有する学生を規律する「包括的権能」や私立大学の建学の精神を根拠として学生の政治的活動に対する制限を正当化し、当該退学処分は社会通念上合理性を認めることができないようなものではない（学長の裁量権の範囲内にある）、とした。

26　三菱樹脂事件（労働契約関係存在確認請求事件）☆☆☆

東京地判昭和42年７月17日判時498号66頁

東京高判昭和43年６月12日判時523号19頁

●最大判昭和48年12月12日民集27巻11号1536頁

【事実】

Ｘは、1963（昭和38）年、東北大学卒業と同時にＹ（三菱樹脂株式会社）に３か月の試用期間を設けて採用された。しかし、前年の社員採用試験の際、学生運動に従事したことや生協理事であったことについて、身上書および面接において虚偽申告（秘匿）・虚偽回答を行ったとして、試用期間の満了直前にＹから本採用を拒否する旨の告知を受けた。そこで、Ｘは、当該措置を無効であると主張して、地位保全の仮処分を申請する（Ｘ勝訴〔東京地決昭和39年４月27日判時374号60頁〕）とともに、雇用契約上の地位の確認等を求める訴訟を提起した。

第１審判決は、学生運動等の秘匿の点について悪意が認められないこと等を理由に、本採用拒否を解雇権の濫用に該当し無効であるとした。第２審判決は、一方が他方より優越した地位にある場合には、憲法19条の保障する思想・信条の自由はみだりに侵されてはならず、信条によって雇用関係上差別されないことは憲法14条や労働基準法３条の定めるところであって、通常の会社では、労働者の思想・信条が直ちに事業の遂行に支障をきたすとは考えられないから、社員採用試験の際、応募者にその政治的思想・信条に関係のある事項を申告させることは公序良俗に反し許されないとして、本採用拒否を無効と判示した。これに対して、Ｙは、憲法19条および14条の規定は私人間の関係を直接規律するものではない等と主張して、上告した。

整理

事件／民事事件

原告・被控訴人＝控訴人・被上告人／労働者

被告・控訴人＝被控訴人・上告人／三菱樹脂株式会社

〈争点〉労働者の思想・信条に関わる本採用拒否の無効を理由とする従業員たる地位の確認請求。

〈憲法上の問題点〉憲法上の人権は私人間にも効力を及ぼすか。

【判旨】

破棄差戻（全員一致）。

（i）憲法19条および14条は、「**同法第3章のその他の自由権的基本権の保障規定と同じく、国または公共団体の統治行動に対して個人の基本的な自由と平等を保障する目的に出たもので、もっぱら国または公共団体と個人との関係を規律するものであり、私人相互の関係を直接規律することを予定するものではない**。このことは、基本的人権なる観念の成立および発展の歴史的沿革に徴し、かつ、憲法における基本権規定の形式、内容にかんがみても明らかである。のみならず、これらの規定の定める個人の自由や平等は、国や公共団体の統治行動に対する関係においてこそ、侵されることのない権利として保障されるべき性質のものであるけれども、私人間の関係においては、各人の有する自由と平等の権利自体が具体的場合に相互に矛盾、対立する可能性があり、このような場合におけるその対立の調整は、近代自由社会においては、原則として私的自治に委ねられ、ただ、一方の他方に対する侵害の態様、程度が社会的に許容しうる一定の限界を超える場合にのみ、法がこれに介入しその間の調整をはかるという建前がとられているのであって、この点において国または公共団体と個人との関係の場合とはおのずから別個の観点からの考慮を必要とし、後者についての憲法上の基本権保障規定をそのまま私人相互間の関係についても適用ないしは類推適用すべきものとすることは、決して当をえた解釈ということはできないのである。」

（ii）「もっとも、私人間の関係においても、相互の社会的力関係の相違から、一方が他方に優越し、事実上後者が前者の意思に服従せざるをえない場合があり、このような場合に私的自治の名の下に優位者の支配力を無制限に認めるときは、劣位者の自由や平等を著しく侵害または制限することとなるおそれがあることは否み難いが、そのためにこのような場合に限り憲法の基本権保障規定の適用ないしは類推適用を認めるべきであるとする見解もまた、採用することはできない。何となれば、右のような事実上の支配関係なるものは、その支配力の態様、程度、規模等においてさまざまであり、どのような場合にこれを国または公共団体の支配と同視すべきかの判定が困難であるばかりでなく、一方が権力の法的独占の上に立って行なわれるものであるのに対し、他方はこのような裏付けないしは基礎を欠く単なる社会的事実としての力の優劣の関係にすぎず、その間に画然たる性質上の区別が存するからである。すなわち、**私的支配関係においては、個人の基本的な自由や平等に対する具体的な侵害またはそのおそれがあり、その態様、程度が社会的に許容しうる限度を超えるときは、これに対する立法措置によってその是正を図ることが可能であるし、また、場合によっては、私的自治に対する一般的制限規定である民法1条、90条や不法行為に関する諸規定等の適切な運用によって、一面で私的自治の原則を尊重しながら、他面で社会的許容性の限度を超える侵害に対し基本的な自由や平等の利益を保護し、その間の適切な調整を図る方途も存する**のである。そして、この場合、個人の基本的な自由や平等を極めて重要な法益として尊重すべきことは当然であるが、これを絶対視することも許されず、統治行動の場合と同一の基準や観念によってこれを律することができないことは、論をまたないところである。」

（ⅲ）「憲法は、思想、信条の自由や法の下の平等を保障すると同時に、他方、22条、29条等において、財産権の行使、営業その他広く経済活動の自由をも基本的人権として保障している。それゆえ、**企業者は、かような経済活動の一環としてする契約締結の自由を有し、自己の営業のために労働者を雇傭するにあたり、いかなる者を雇い入れるか、いかなる条件でこれを雇うかについて、法律その他による特別の制限がない限り、原則として自由にこれを決定することができるのであって、企業者が特定の思想、信条を有する者をそのゆえをもって雇い入れることを拒んでも、それを当然に違法とすることはできない**のである。」「**思想、信条を理由とする雇入れの拒否を直ちに民法上の不法行為とすることができないことは明らかであり、その他これを公序良俗違反と解すべき根拠も見出すことはできない。**」

（ⅳ）「企業者は、労働者の雇入れそのものについては、広い範囲の自由を有するけれども、いったん労働者を雇い入れ、その者に雇傭関係上の一定の地位を与えた後においては、その地位を一方的に奪うことにつき、雇入れの場合のような広い範囲の自由を有するものではない。」「本件本採用の拒否は、留保解約権の行使、すなわち雇入れ後における解雇にあたり、これを通常の雇入れの拒否の場合と同視することはできない。」「解約権の留保は、大学卒業者の新規採用にあたり、採否決定の当初においては、その者の資質、性格、能力その他Xのいわゆる管理職要員としての適格性の有無に関連する事項について必要な調査を行ない、適切な判定資料を十分に蒐集することができないため、後日における調査や観察に基づく最終的決定を留保する趣旨でされるものと解されるのであって、今日における雇傭の実情にかんがみるときは、一定の合理的期間の限定の下にこのような留保約款を設けることも、合理性をもつものとしてその効力を肯定することができるというべきである。それゆえ、右の留保解約権に基づく解雇は、これを通常の解雇と全く同一に論ずることはできず、前者については、後者の場合よりも広い範囲における解雇の自由が認められてしかるべきものといわなければならない。」「留保解約権の行使は、上述した解約権留保の趣旨、目的に照らして、客観的に合理的な理由が存し社会通念上相当として是認されうる場合にのみ許されるものと解するのが相当である。」

27　日産自動車女性若年定年制事件（雇傭関係存続確認等請求事件）☆☆

東京地判昭和48年３月23日判時698号36頁

東京高判昭和54年３月12日判時918号24頁

●最判昭和56年３月24日民集35巻２号300頁

【事実】

Ｘは、Ａ社の従業員であったが、1966（昭和41）年にＡ社がＹ（日産自動車株式会社）に吸収合併された際に、労働協約とその一般的拘束力により、男子満55歳・女子満50歳をもって定年とするＹの就業規則の適用を受けることとなった。1969（昭和44）年１月に満50歳となるＸに対し、前年12月、Ｙは翌年１月末日限りで退職を命ずる旨の予告をした（なお、1973（昭和48）年、Ｙは定年年齢を男子満60歳・女子満55歳に改めた）。そこで、Ｘは地位保全の仮処分を申請する（Ｙの就業規則が定める男女別定年制の合理性が認められてＸ敗訴〔東京地判昭和46年４月８日判時644号92頁、東京高判昭和48年３月12日判時698号31頁〕）とともに、雇用関係存続の確認等を求める訴訟を提起した。

第１審判決・第２審判決は、Ｙの就業規則中の女子の定年年齢を男子より低く定めた部分は、性別のみによる不合理な差別を定めたものであり、民法90条の公序良俗に反し無効であるとした。これに対して、Ｙは、憲法14条１項および民法90条の解釈の誤り等を主張して、上告した。

整理

事件／民事事件

原告・被控訴人＝附帯控訴人・被上告人／女性従業員

被告・控訴人＝附帯被控訴人・上告人／日産自動車株式会社

〈争点〉性別のみによる男女別定年制を定める就業規則の無効を理由とする雇用関係存続の確認請求。

〈憲法上の問題点〉憲法14条１項は私人間の雇用関係においても妥当するか。

【判旨】

上告棄却（全員一致）。

Ｙの就業規則が定める「男女別定年制に合理性があるか否かにつき、原審は、Ｙにおける女子従業員の担当職種、男女従業員の勤続年数、高齢女子労働者の労働能力、定年制の一般的現状等諸般の事情を検討したうえ、Ｙにおいては、女子従業員の担当職務は相当広範囲にわたっていて、従業員の努力とＹの活用策いかんによっては貢献度を上げうる職種が数多く含まれており、女子従業員各個人の能力等の評価を離れて、その全体をＹに対する貢献度の上がらない従業員と断定する根拠はないこと、しかも、女子従業員について労働の質量が向上しないのに実質賃金が上昇するという不均衡が生じていると認めるべき根拠はないこと、少なくとも60歳前後までは、男女とも通常の職務であれば企業経営上要求される職務遂行能力に欠けるところはなく、各個人の労働能力の差異に応じた取扱がされるのは格別、一律に従業員として不適格とみて企業外へ排除するまでの理由はないことなど、Ｙの企業経営上の観点から定年年齢において女子を差別しなければならない合理的理由は認められない旨認定判断したものであり、右認定判断は、原判決挙示の証拠関係及びその説示に照らし、正当として是認することができる。そうすると、原審の確定した事実関係のもとにおいて、Ｙの**就業規則中女子の定年年齢を男子より低く定めた部分は、専ら女子であることのみを理由として差別したことに帰着するものであり、性別のみによる不合理な差別を定めたものとして民法90条の規定により無効であると解するのが相当である（憲法14条１項、民法１条ノ２〔現行２条〕参照）。**」

28　昭和女子大学事件（身分確認請求事件）☆

東京地判昭和38年11月20日行集14巻11号2039頁

東京高判昭和42年４月10日行集18巻４号389頁

●最判昭和49年７月19日民集28巻５号790頁

【事実】

学生の思想の穏健中立を標榜する私立大学であるＹ（学校法人昭和女子大学）の学生Ｘらは、1961（昭和36）年、学内で届出なしに政治的暴力行為防止法案反対の署名を集め、無許可で外部の政治団体（民主青年同盟）に加入をしていたこと等から、Ｙの「生活要録」に違反するとして自宅謹慎を申し渡された。その後、Ｙは、Ｘらに政治団体からの離脱を求めたが、Ｘらが女性週刊誌・学外の討論集会・ラジオ番組においてＹの対応を公表・報告したこと等を受けて、上記の一連の行動が学則の退学事由（「学校の秩序を乱し、その他学生としての本分に反した」もの）に該当するとしてＸらを退学処分にした。そこで、Ｘらは、当該退学処分の無効を主張して、学生たる身分の確認を求める訴訟を提起した。

第１審判決は、退学処分にあたっては、教育機関にふさわしい方法と手続により本人に反省を促す過程を経由すべき法的義務があり、憲法19条等は私人間においても尊重されるべきものであって、「公の性質」を有する私立大学は学生の思想に対する「寛容の基準」に従って補導に努めなければならないことを理由として、Ｙによる退学処分を無効であるとした。第２審判決は、退学処分にあたって第１審判決の求める適切な補導の過程を経由すべき法的義務があるとは考えられず、Ｙによる退学処分が、社会観念上著しく不当であって学長の裁量権の範囲を超えるものとは解されないと判示した。Ｘらは、Ｙの「生活要録」の違憲性、本件退学処分の違憲性、本件退学処分に関する裁量権の逸脱・濫用を主張して、上告した。

整理

事件／行政事件

原告・被控訴人・上告人／学生

被告・控訴人・被上告人／学校法人昭和女子大学

〈争点〉退学処分の無効を理由とする学生身分の確認請求。

〈憲法上の問題点〉憲法上の人権規定は私立大学と学生の関係においても適用されるか。

【判旨】

上告棄却（全員一致）。

（ⅰ）「**憲法19条、21条、23条等のいわゆる自由権的基本権の保障規定は、国又は公共団体の統治行動に対して個人の基本的な自由と平等を保障することを目的とした規定であって、専ら国又は公共団体と個人との関係を規律するものであり、私人相互間の関係について当然に適用ないし類推適用されるものでない**」。したがって、「私立学校であるＹの学則の細則としての性質をもつ……生活要録の規定について直接憲法の右基本権保障規定に違反するかどうかを論ずる余地はないものというべきである。」

（ⅱ）「大学は、国公立であると私立であるとを問わず、学生の教育と学術の研究を目的とする公共的な施設であり、法律に格別の規定がない場合でも、その設置目的を達成するために必要な事項を学則等により一方的に制定し、これによって在学する学生を規律する包括的権能を有するものと解すべきである。特に私立学校においては、建学の精神に基づく独自の伝統ないし校風と教育方針とによって社会的存在意義が認められ、学生もそのような伝統ないし校風と教育方針のもとで教育を受けることを希望して当該大学に入学するものと考えられるのであるから、右の伝統ないし校風と教育方針を学則等において具体化し、これを実践することが当然認められるべきであり、学生としてもまた、当該大学において教育を受けるかぎり、かかる規律に服することを義務づけられるものといわなければならない。もとより、学校当局の有する右の包括的権能は無制限なものではありえず、在学関係設定の目的と関連し、かつ、その内容が社会通念に照らして合理的と認められる範囲においてのみ是認されるものであるが、具体的に学生のいかなる行動についていかなる程度、方法の規制を加えることが適切であるとするかは、それが教育上の措置に関するものであるだけに、必ずしも画一的に決することはできず、各学校の伝統ないし校風や教育方針によってもおのずから異なることを認めざるをえないのである」。Ｙの「生活要録の規定をみるに、原審の確定するように、同大学が学生の思想の穏健中正を標榜する保守的傾向の私立学校であることをも勘案すれば、右要録の規定は、政治的目的をもつ署名運動に学生が参加し又は政治的活動を目的とする学外の団体に学生が加入するのを放任しておくことは教育上好ましくないとする同大学の教育方針に基づき、このような学生の行動について届出制あるいは許可制をとることによってこれを規制しようとする趣旨を含むものと解されるのであって、かかる規制自体を不合理なものと断定すること」はできない。

（ⅲ）退学処分は、「学生の身分を剥奪する重大な措置であることにかんがみ、当該学生に改善の見込がなく、これを学外に排除することが教育上やむをえないと認められる場合にかぎって」選択されるべきであり、「退学処分を行うにあたっては、その要件の認定につき他の処分の選択に比較して特に慎重な配慮を要する」が、「補導の過程を経由することが特別の場合を除いては常に退学処分を行うについての学校当局の法的義務であるとまで解するのは、相当でない。したがって、……当該事案の諸事情を総合的に観察して、その退学処分の選択が社会通念上合理性を認めることができないようなものでないかぎり、同処分は、懲戒権者の裁量権の範囲内にあるものとして、その効力を否定することはできないものというべきである。」「本件において、事件の発端以来退学処分に至るまでの間にYのとった措置が教育的見地から批判の対象となるかどうかはともかく、大学当局が、Xらに同大学の教育方針に従った改善を期待しえず教育目的を達成する見込が失われたとして、同人らの……一連の行為を『学内の秩序を乱し、その他学生としての本分に反した』ものと認めた判断は、社会通念上合理性を欠くものであるとはいいがたく、結局、本件退学処分は、懲戒権者に認められた裁量権の範囲内にあるものとして、その効力を是認すべきである。」

第4章　幸福追求権

幸福追求権　憲法13条では、「すべて国民は、個人として尊重される。生命、自由及び幸福追求に対する国民の権利については、公共の福祉に反しない限り、立法その他の国政の上で、最大の尊重を必要とする」と規定する。後段の「生命、自由及び幸福追求」という文言は、アメリカ独立宣言にその思想的淵源を有する。

憲法13条は、人格的生存に不可欠な権利自由を包摂する包括的な権利、すなわち一般的規定（包括的規定）としての地位を有する。その意味は、前段の「個人の尊重」と後段の「幸福追求権」に分かれるが、一般的に前段と後段を一体化させて「幸福追求権」と理解される。前段は、個人の尊厳、すなわち個人の平等かつ独立の人格価値を尊重するという個人主義の原理を掲げたものと一般に解される。前段から派生した後段は、いわゆる幸福追求権を宣言し、憲法で定める個別の人権規定の根拠となる条文であり、同時にまだ人権として規定されていない「新しい人権」を構築するための根拠条文でもある。

幸福追求権は、当初の学説ではその具体的権利性を否定されていたが、1960年代後半からいわゆる「新しい権利」の問題が登場し、学説や判例によって徐々にその具体的権利性を認められ、「人格的生存に必要不可欠な権利・自由を包摂する包括的な権利」と解されるようになっていった。

その権利の性格・範囲については、幸福追求権を「個人の人格的生存に不可欠な利益を内容とする権利の総体」と解し、個人の人格的利益のみを人権として把握する人格的利益説（通説）と、他者の権利を侵害しない限り、自己の行為の自由を幸福追求の概念に含ませ、これを包括的に保障するのが本条の意義であると解する一般的行為自由説が対立している。このような見解の対立は、両説の基礎にある人権観念等の差異に由来するものであり、具体的線引きは実際には困難である。そのため、今日では、人格的利益説を通説としながら、各人の人格形成に関連する行為の範囲を拡大して保障するという見解が支配的である。しかしそうなると、幸福追求権の射程が拡大し、幸福追求権の具体的な内容を網羅することが困難になるという、新たな問題が立ち現れる。実際に、現在の段階で、幸福追求権を根拠として議論される人権は多岐にのぼっている。その例として、名誉権（93北方ジャーナル事件)、プライバシー権、環境権（135大阪空港公害訴訟)、日照権、静穏権、嫌煙権（東京地判昭和62年３月27日判時1227号33頁)、自己決定権、適正手続（最判昭和46年10月28日民集25巻７号1037頁）等を挙げることができる。本章では、プライバシー権と自己決定権について述べることとする。

プライバシーの権利

プライバシーの権利は、当初、「放っておいてもらう権利」(right to be let alone）として19世紀末のアメリカにおける判例理論の中で確立された。より具体的には、メディアによる個人の私生活の暴露（イエロー・ジャーナリズム）から個人を保護するために構築されたものであった。日本国憲法は、通信の秘密（21条１項）や住居の不可侵（35条）の規定によりプライバシーの利益をある程度保護してはいるものの、プライバシーの権利を明文で保障してはいない。しかし、日本でも1960年代以降、プライバシー権の概念規定に関する議論が学界で高まり、判例においても30「宴のあと」事件第１審判決が「私生活をみだりに公開されない法的保障ないし権利」という私法上の権利、すなわち人格権を、個人の尊厳を保ち幸福の追求を保障する上で不可欠であるとし、憲法に基礎づけられた権利として認めた。その後、29京都府学連事件の最高裁判決において、肖像を正当な理由なく撮影することが憲法13条の趣旨に反するという判断がなされ、さらに33前科照会事件判決においては、区長が漫然と弁護士会の照会に応じて前科を報告したことが権利侵害であると認められた。これらの判決から、最高裁は、プライバシーの権利を憲法上の権利として事実上認めていると判断することができる。最近では、「プライバシー侵害」という表現が判例の中で用いられ、その認められる範囲も広がりをみせている（32「石に泳ぐ魚」事件、35早稲田大学事件)。

私生活上の秘密を侵害されない権利として出発したプライバシー権は、現代の情報化社会において、新局面を迎えている。現代IT社会では、個人情報を容易に収集・保有・蓄積することが可能であり、国家だけではなく民間企業等の組織が様々なデータを集積している。それに伴い、公権力をはじめとした大組織による情報収集・保管が、本来保護されるべき個人の秘密にとって脅威になるという認識が高まった。そこで、公権力に対して積極的にプライバシーの保護を請求するという請求権的側面からプライバシー権を再構成する見解が有力になり、現在、プライバシー権は「自己情報コントロール権」として理解されている。具体的には、自己情報コントロール権は、①本人が知らないうちに情報が収集され利用されることを禁止し、②情報収集は明確な目的に基づき、その目的に必要な範囲内でのみ行われるべきであり（目的外利用の禁止)、③情報の正確さを担保するために本人の閲覧・訂正・使用停止請求を認めるものである。国については、行政機関個人情報保護法が、企業・大学等の機関については個人情報保護法が制定され、情報プライバシー権の法律上の確立に寄与しているといえる。この情報プライバシー権に関連した重要な判例が、35早稲田大学事件である。

プライバシーの権利は、表現の自由、知る権利、情報公開請求権等憲法上の価値と衝突する場合が多く、一定の基準によってこれらの価値との調整がはかられなければならない。

37検索エンジンサービスとプライバシー権は、検索事業者がインターネット上で提供する検索結果の削除の可否が争われた事例である。この最高裁決定では、「検索事業者」を表現行為の主体と位置づけることにより、この事案をインターネットという特殊な媒体を舞台とした「表現の自由対プライバシー権」という従来の対立構造に落とし込み、その上で比較衡量と明白性要件という判断枠組みを示し、インターネットの世界でも表現の自由の保護を優先するという、これまでと同様の原則が示されている。なお、本最高裁決定は、インターネットにおける検索結果の削除の可否について最高裁が初めて判断を示した事件であり、また、保全異議審（さいたま地決平成27年12月22日）において「忘れられる権利」に言及して注目された（なお、最高裁決定では言及されていない）。「忘れられる権利」は、情報プライバシー権の延長上にあるものとして理解され、EU では EU データ保護規則（General Data Protection Regulation: GDPR）の17条で「削除権」という名称により明文化されている。しかし日本において、「忘れられる権利」は固有の権利として確立していない。本最高裁決定は、表現の自由とプライバシー権の従来の対立構造の鋳型を維持しつつ、検索結果をも「表現行為」に含めたことから、表現の自由の下で保護される「表現」の内容が変質する可能性を示している。「忘れられる権利」と併せ、表現の自由とプライバシー権との緊張関係に関する議論は、今後のインターネットの発展に応じて更に必要となろう。

29　京都府学連事件（公務執行妨害、傷害被告事件）☆☆

京都地判昭和39年７月４日刑集23巻12号1655頁

大阪高判昭和40年４月27日刑集23巻12号1660頁

●最大判昭和44年12月24日刑集23巻12号1625頁

【事実】

1962（昭和37）年６月21日、京都府学連が大学管理制度改悪反対等を標榜するデモ行進を開催した。同デモ行進に参加した学生Ｙの誤った誘導によって隊列を崩したまま、同デモ行進は続いた。これが許可条件に違反すると判断した警察官Aは、違法な行進状況及び違反者を確認するため、歩道上からデモ隊の先頭部分の状況を撮影した。Yは、これに抗議した。しかし、Aがその抗議を無視したためにYは憤慨し、旗竿によってAの下顎部を一突きし、Aに全治一週間の傷害を負わせた。そのため、Yは傷害罪及び公務執行妨害罪で起訴された。第1審の京都地裁では有罪、控訴も棄却されたため、Yは本件写真撮影が肖像権を保障した憲法13条に違反し、また令状主義を規定した憲法35条にも違反するとして上告した。

整理

事件／刑事事件

被告人・控訴人・上告人／デモ参加学生

〈争点〉傷害罪、公務執行妨害罪。

〈憲法上の問題点〉本件写真撮影が、❶肖像権を保障した憲法13条に違反しないか。❷令状主義を規定した憲法35条に違反しないか。

【判旨】

上告棄却（全員一致）。

（i）**肖像権**「憲法13条は、……国民の私生活上の自由が、警察権等の国家権力の行使に対しても保護されるべきことを規定しているものということができる。そして、個人の私生活上の自由の1つとして、**何人も、その承諾なしに、みだりにその容ぼう・姿態**（以下、『容ぼう等』という。）**を撮影されない自由を有するものというべきである。これを肖像権と称するかどうかは別として、少なくとも、警察官が、正当な理由もないのに、個人の容ぼう等を撮影することは、憲法13条の趣旨に反し、許されないものといわなければならない。**しかしながら、個人の有する右自由も、国家権力の行使から無制限に保護されるわけではなく、公共の福祉のため必要のある場合には相当の制限を受けることは同条の規定に照らして明らかである。そして、犯罪を捜査することは、公共の福祉のため警察に与えられた国家作用の1つであり、警察にはこれを遂行すべき責務があるのであるから（警察法2条1項参照）、警察官が犯罪捜査の必要上写真を撮影する際、その対象の中に犯人のみならず第三者である個人の容ぼう等が含まれても、これが許容される場合がありうるものといわなければならない。」

（ii）**無断写真撮影が許容される要件**「そこで、その許容される限度について考察すると、身体の拘束を受けている被疑者の写真撮影を規定した刑訴法218条2項のような場合のほか、次のような場合には、撮影される本人の同意がなく、また裁判官の令状がなくても、警察官による個人の容ぼう等の撮影が許容されるものと解すべきである。すなわち、**現に犯罪が行われもしくは行われたのち間がないと認められる場合であって、しかも証拠保全の必要性および緊急性があり、かつその撮影が一般的に許容される限度をこえない相当な方法をもって行われるときである。**このような場合に行われる警察官による写真撮影は、その対象の中に、犯人の容ぼう等のほか、犯人の身辺または被写体とされた物件の近くにいたためこれを除外できない状況にある第三者である個人の容ぼう等を含むことになっても、憲法13条、35条に違反しないものと解すべきである。」

「Ａの右写真撮影は、現に犯罪が行われていると認められる場合になされたものであって、しかも多数の者が参加し刻々と状況が変化する集団行動の性質からいって、証拠保全の必要性および緊急性が認められ、その方法も一般的に許容される限度をこえない相当なものであったと認められるから、たとえそれが被告人ら集団行進者の同意もなく、その意思に反して行われたとしても、適法な職務執行行為であったといわなければならない。」

30 「宴のあと」事件（損害賠償請求事件）☆☆☆

●東京地判昭和39年９月28日下民集15巻９号2317頁

【事実】

元外務大臣Ｘは、1959（昭和34）年の東京都知事選挙に日本社会党より推薦されて立候補し惜敗した。Ｘの妻は有名な料亭の女将で、夫の選挙に尽力したが、選挙後離婚に至った。小説家Ｙ１は、この出来事をヒントに「宴のあと」という小説を雑誌『中央公論』に連載した。その後、出版社Ｙ２は、モデル小説であることを積極的に広告し、同小説を単行本として出版した。Ｘは、Ｙ１の同小説が自己のプライバシーを侵害するものであるとして、Ｙ１とＹ２を相手に、謝罪広告と損害賠償を請求して訴えを提起した。東京地裁は、謝罪広告は認めなかったが、Ｘの主張したプライバシーの侵害を認め、Ｙ１とＹ２に損害賠償の支払いを命じた。その後、Ｘが控訴審継続中に死亡したため、遺族と被告との間に和解が成立した。

整理

事件／民事事件

原告／元外務大臣（有田八郎）

被告／小説家（平岡公威（三島由紀夫））、発行者（佐藤亮一）、出版社（株式会社新潮社）

〈争点〉 プライバシー侵害を理由とする謝罪広告と損害賠償の請求。

〈憲法上の問題点〉 私事を公開されないことの権利性と、プライバシー侵害の基準。

【判旨】

一部認容、一部棄却。

（ｉ）**私事を公開されないことの権利性について** 「私事をみだりに公開されないという保障が、今日のマスコミュニケーションの発達した社会では個人の尊厳を保ち幸福の追求を確保するうえにおいて必要不可欠なものであるとみられるに至っていることと合わせ考えるならば、その尊重はもはや単に倫理的に要請されるにとどまらず、不法な侵害に対しては法的救済が与えられるまでに高められた人格的な利益であると考えるのが正当であり、それはいわゆる人格権に包摂されるものではあるけれども、なおこれを1つの権利であると呼ぶことを妨げるものではないと解するのが相当である。」

（ii）**プライバシー権の定義と侵害の基準について**　「**いわゆるプライバシー権は私生活をみだりに公開されないという法的保障ないし権利として理解される**から、その侵害に対しては侵害行為の差し止めや精神的苦痛に因る損害賠償請求権が認められるべきものであり、民法709条はこのような侵害行為もなお不法行為として評価されるべきことを規定しているものと解釈するのが正当である。」「私生活の公開とは、公開されたところが必ずしもすべて真実でなければならないものではなく、一般の人が公開された内容をもって当該私人の私生活であると誤認しても不合理でない程度に真実らしく受け取られるものであれば、それはなおプライバシーの侵害としてとらえることができるものと解すべきである。けだし、このような公開によっても当該私人の私生活とくに精神的平穏が害われることは、公開された内容が真実である場合とさしたる差異はないからである。」「**プライバシーの侵害に対し法的な救済が与えられるためには、公開された内容が（イ）私生活上の事実または私生活上の事実らしく受け取られるおそれのあることがらであること、（ロ）一般人の感受性を基準にして当該私人の立場に立った場合公開を欲しないであろうと認められることがらであること、換言すれば一般人の感覚を基準として公開されることによって心理的な負担、不安を覚えるであろうと認められることがらであること、（ハ）一般の人々に未だ知られていないことがらであることを必要とし、このような公開によって当該私人が実際に不快、不安の念を覚えたことを必要とするが、公開されたところが当該私人の名誉、信用というような他の法益を侵害するものであることを要しないのは言うまでもない。**」

（iii）**プライバシーと表現の自由について**　「**元来、言論、表現等の自由の保障とプライバシーの保障とは一般的にはいずれが優先するという性質のものではなく**、言論、表現等は他の法益すなわち名誉、信用などを侵害しないかぎりでその自由が保障されているものである。このことはプライバシーとの関係でも同様であるが、ただ公共の秩序、利害に直接関係のある事柄の場合とか社会的に著名な存在である場合には、ことがらの公的性格から一定の合理的な限界内で私生活の側面でも報道、論評等が許されるにとどまり、たとえ報道の対象が公人、公職の候補者であっても、無差別、無制限に私生活を公開することが許されるわけではない。このことは文芸と言う形での表現等の場合でも同様であり、文芸の前にはプライバシーの保障は存在し得ないかのような、また存在し得るとしても言論、表現等の自由の保障が優先さるべきであるという被告等の見解はプライバシーの保障が個人の尊厳性の認識を介して、民主主義社会の根幹を培うものであることを軽視している点でとうてい賛成できないものである。」

31　ノンフィクション「逆転」事件（慰謝料請求事件）☆

東京地判昭和62年11月20日判時1258号22頁

東京高判平成元年９月５日高民集42巻３号325頁

●最判平成６年２月８日民集48巻２号149頁

【事実】

被上告人Xは、他の３名と共に、1964（昭和39）年当時アメリカ合衆国の統治下にあった沖縄で、米兵に対する傷害事件で起訴された。アメリカ合衆国琉球列島民政府高等裁判所の陪審評決の結果、Xは有罪とされ実刑判決を受けた。そしてXは服役し、仮出獄後に上京した。上京後、Xは就職、結婚し、前科を知られることなく平穏な生活を送っていた。しかし、先の陪審評決の陪審員であった上告人Yが、自身の陪審員体験に基づいて「逆転」という著書を執筆、刊行した。同著書は、ノンフィクション作品として高い評価を受けた。これに対し、Xは「逆転」の中で実名を使用されたことによって前科が公表され、精神的苦痛を被ったとしてYに対し慰謝料300万円の支払いを求める訴訟を起こした。第１審及び控訴審は、Xの主張を認め、慰謝料の支払いを命じた。Yはこれを不服として上告した。

整理

事件／民事事件

原告・被控訴人・被上告人／ノンフィクション「逆転」のモデル

被告・控訴人・上告人／ノンフィクション「逆転」の著者

〈争点〉 前科にかかわる事実の公表により精神的苦痛を被ったことを理由としての慰謝料請求。

〈憲法上の問題点〉 ノンフィクション作品の中で個人の前科を実名で公表することは、プライバシーの侵害に当たるか。

【判旨】

上告棄却（全員一致）。

（ｉ）**みだりに前科を公表されない利益**　「ある者が刑事事件につき被疑者とされ、さらには被告人として控訴を提起されて判決を受け、とりわけ有罪判決を受け、服役したという事実は、その者の名誉あるいは信用に直接にかかわる事項であるから、その者は、**みだりに右の前科等にかかわる事実を公表されないことにつき、法的保護に値する利益を有するものというべき**である（最高裁昭和52年（オ）第323号同56年４月14日第３小法廷判決・民集35巻３号620頁参照）。この理は、右の前科等にかかわる事実の公表が公的機関によるものであっても、私人又は私的団体によるものであっても変わるものではない。そして、その者が有罪判決を受けた後あるいは服役を終えた後においては、一市民として社会に復帰することが期待されるのであるから、その者は、**前科等にかかわる事実の公表によって、新しく形成している社会生活の平穏を害されその更生を妨げられない利益を有する**というべきである。」

（ⅱ）**前科の公表が許される場合**　「もっとも、ある者の前科等にかかわる事実は、他面、それが刑事事件ないし刑事裁判という社会一般の関心あるいは批判の対象となるべき事項にかかわるものであるから、事件それ自体を公表することに歴史的又は社会的な意義が認められるような場合には、事件の当事者についても、その実名を明らかにすることが許されないとはいえない。また、その者の社会的活動の性質あるいはこれを通じて社会に及ぼす影響力の程度などのいかんによっては、その社会的活動に対する批判あるいは評価の一資料として、右の前科等にかかわる事実が公表されることを受忍しなければならない場合もあるといわなければならない（最高裁昭和55年（あ）第273号同56年４月16日第１小法廷判決・刑集35巻３号84頁）。さらにまた、その者が選挙によって選出される公職にある者あるいはその候補者など、社会一般の正当な関心の対象となる公的立場にある人物である場合には、その者が公職にあることの適否などの判断の一資料として右の前科等にかかわる事実が公表されたときは、これを違法というべきものではない（最高裁昭和37年（オ）第815号同41年６月23日第１小法廷判決・民集20巻５号1118頁参照）。

そして、ある者の前科等にかかわる事実が実名を使用して著作物で公表された場合に、以上の諸点を判断するためには、その著作物の目的、性格等に照らし、実名を使用することの意義及び必要性を併せ考えることを要するというべきである。

要するに、**前科等にかかわる事実については、これを公表されない利益が法的保護に値する場合があると同時に、その公表が許されるべき場合もあるのであって、ある者の前科等にかかわる事実を実名を使用して著作物で公表したことが不法行為を構成するか否かは、その者のその後の生活状況のみならず、事件それ自体の歴史的又は社会的な意義、その当事者の重要性、その者の社会的活動及びその影響力について、その著作物の目的、性格等に照らした実名使用の意義及び必要性をも併せて判断すべきもので、その結果、前科等にかかわる事実を公表されない法的利益が優越するとされる場合には、その公表によって被った精神的苦痛の賠償を求めることができるものといわなければならない。なお、このように解しても、著作者の表現の自由を不当に制限するものではない。けだし、表現の自由は、十分に尊重されなければならないものであるが、常に他の基本的人権に優越するものではなく、前科等にかかわる事実を公表することが憲法の保障する表現の自由の範囲内に属するものとして不法行為責任を追及されるよちがないものと解することはできないからである。**」

「そこで、以上の見地から本件をみると、まず、本件事件及び本件裁判から本件著作が刊行されるまでに12年余の歳月を経過しているが、その間、被上告人が社会復帰に努め、新たな生活環境を形成していた事実に照らせば、被上告人は、その前科にかかわる事実を公表されないことにつき法的保護に値する利益を有していたことは明らかであるといわなければならない。しかも、被上告人は、地元を離れて大都会の中で無名の一市民として生活していたのであって、公的立場にある人物のようにその社会的活動に対する批判ないし評価の一資料として前科にかかわる事実の公表を受忍しなければならない場合ではない。」

32 「石に泳ぐ魚」事件（損害賠償等請求事件）☆

東京地判平成11年６月22日判時1691号91頁

東京高判平成13年２月15日判時1741号68頁

●最判平成14年９月24日集民207号243頁

【事実】

小説「石に泳ぐ魚」の発行等によって名誉を毀損され、プライバシー及び名誉感情を侵害されたとする女性Xが、同小説の著者である小説家Ｙ１及び同小説の韓国版についての権利を有する出版社Ｙ２に対し、慰謝料の支払を求めるとともに同小説の出版の差止を求めた。

原審は、Ｙ１及びＹ２に対して100万円の慰謝料及びこれに対する遅延損害金の支払と、さらにこれとは別にＹ１に対して30万円の慰謝料及びこれに対する遅延損害金の支払を命じ、また、Ｙ１及びＹ２に対し本件小説の出版差止を命じるべきものとした。ちなみに、差止について、第１審判決は仮処分事件におけるＹ１等の陳述によって公表しないことが合意されたことを根拠としたのに対し、控訴審判決は合意を否定し、人格権を根拠とした。この原審を不服としたＹ１等が上告した。

整理

事件／民事事件

原告・被控訴人・被上告人／小説「石に泳ぐ魚」中の登場人物「朴里花」のモデルとなった、東京都生まれの韓国籍の女性

被告・控訴人・上告人／小説「石に泳ぐ魚」の作者（柳美里）、出版社（株式会社新潮社等）

〈争点〉 ①小説の発行等により名誉を毀損され、プライバシー及び名誉感情を侵害されたことに対する損害賠償の請求。②同小説の出版差止。

〈憲法上の問題点〉 プライバシーの権利に基づき出版差止をすることは可能か。

【判旨】

上告棄却（全員一致）。

「人格的価値を侵害された者は、人格権に基づき、加害者に対し、現に行われている侵害行為を排除し、又は将来生ずべき侵害を予防するため、侵害行為の差止めを求めることができるものと解するのが相当である。どのような場合に侵害行為の差止めが認められるかは、侵害行為の対象となった人物の社会的地位や侵害行為の性質に留意しつつ、予想される侵害行為によって受ける被害者側の不利益と侵害行為を差し止めることによって受ける侵害者側の不利益とを比較衡量して決すべきである。そして、侵害行為が明らかに予想され、その侵害行為によっ

て被害者が重大な損失を受けるおそれがあり、かつ、その回復を事後に図るのが不可能ないし著しく困難になると認められるときは侵害行為の差止めを肯認すべきである。」

「原審の確定した事実関係によれば、公共の利益に係わらない被上告人のプライバシーにわたる事項を表現内容に含む本件小説の公表により公的立場にない被上告人の名誉、プライバシー、名誉感情が侵害されたものであって、本件小説の出版等により被上告人に重大で回復困難な損害を被らせるおそれがあるというべきである。したがって、人格権としての名誉権等に基づく被上告人の各請求を認容した判断に違法性はなく、この判断が憲法21条1項に違反するものでないことは、当裁判所の判例（最高裁昭和41年（あ）第2472号同44年6月25日大法廷判決・刑集23巻7号975頁、最高裁昭和56年（オ）第609号同61年6月11日大法廷判決・民集40巻4号872頁）の趣旨に照らして明らかである。」

33　前科照会事件（損害賠償等請求事件）☆

京都地判昭和50年9月25日判時819号69頁
大阪高判昭和51年12月21日判時839号55頁
●最判昭和56年4月14日民集35巻3号620頁

【事実】

原告Xは、訴外N自動車教習所（以下、N）の技術指導員であったが解雇され、地位保全仮処分の申請により従業員たる地位が仮に定められていた。これに関し、Nの弁護士Aは、弁護士法23条の2に基づいて、Xの「前科及び犯罪歴について」京都市伏見区役所に照会したところ、同区役所から前科歴がある旨の回答がなされた。弁護士を通じてこのことを知ったNは、中労委、地裁の構内等でXの前科を摘示すると同時に、Xに対して、前科を秘匿して入社した経歴詐称を理由に予備的解雇を通告した。Xは、同区役所の回答により自己の名誉、信用、プライバシーが侵害され、その原因は弁護士の照会に回答した区長Yの過失にあるとして、京都市に対して損害賠償を請求した。第1審は、Yに故意・過失がないとして請求を棄却したが、控訴審ではXの請求が一部認容されたため、Yは上告した。

整理

事件／民事事件
原告・控訴人・被上告人／元自動車教習所技術指導員
被告・被控訴人・上告人／京都市
〈争点〉 弁護士法23条の2による照会に応じ、前科を知らせたことに対する損害賠償請求。
〈憲法上の問題点〉 前科照会義務とプライバシーの権利。

【判旨】

上告棄却（3対1）。

前科等照会義務とプライバシーの権利について「**前科及び犯罪経歴（以下『前科等』という。）は人の名誉、信用に直接かかわる事項であり、前科等のある者もこれをみだりに公開されないという法律上の保護に値する利益を有するのであって、市区町村長が、本来選挙資格の調査のために作成保管する犯罪人名簿に記載されている前科等をみだりに漏えいしてはならないことはいうまでもないところである。**前科等の有無が訴訟等の重要な争点となっていて、市区町村長に照会して回答を得るのでなければ他に立証方法がないような場合には、裁判所から前科等の照会を受けた市区町村長は、これに応じて前科等につき回答をすることができるのであり、同様な場合に弁護士法23条の２に基づく照会に応じて報告することも許されないわけのものではないが、その取扱いには格別の慎重さが要求されるものといわなければならない。本件において、原審の適法に確定したところによれば、京都弁護士会が訴外Ａ弁護士の申出により京都市伏見区役所に照会し、同市中京区長に回付された被上告人の前科等の照会文書には、照会を必要とする事由としては、右照会文書に添付されていたＡ弁護士の照会申出書に『中央労働委員会、京都地方裁判所に提出するため』とあったにすぎないというのであり、このような場合に、**市区町村長が漫然と弁護士会の照会に応じ、犯罪の種類、軽重を問わず、前科等のすべてを報告することは、公権力の違法な行使にあたる**と解するのが相当である。原審の適法に確定した事実関係のもとにおいて、中京区長の本件報告を過失による公権力の違法な行使にあたるとした原審の判断は、結論において正当として是認することができる。」

〔伊藤正己裁判官の補足意見〕「国又は地方公共団体においては、行政上の要請など公益上の必要性から個人の情報を収集保管することがますます増大しているのであるが、それと同時に、収集された情報がみだりに公開されてプライバシーが侵害されたりすることのないように情報の管理を厳にする必要も高まっているといってよい。近時、国又は地方公共の保管する情報について、それを広く公開することに対する要求もつよまってきている。しかし、このことも個人のプライバシーの重要性を減退せしめるものではなく、個人の秘密に属する情報を保管する機関には、プライバシーを侵害しないよう格別に慎重な配慮が求められるのである。

本件で問題とされた前科等は、個人のプライバシーのうちでも最も他人に知られたくないものの１つであり、それに関する情報への接近をきわめて困難なものとし、その秘密の保護がはかられているのもそのためである。もとより前科等も完全に秘匿されるものではなく、それを公開する必要の生ずることもありうるが、公開が許されるためには、裁判のために公開される場合であっても、その公開が公正な裁判の実現のために必須のものであり、他に代わるべき立証手段がないときなどのように、プライバシーに優越する利益が存在するのでなければならず、その場合でも必要最小限の範囲に限って公開しうるにとどまるのである。このように考えると、人の前科等の情報を保管する機関には、その秘密の保持につきとくに厳格な注意義務が課せられていると解すべきである。」「同区長が前科等の情報を保管する者としての義務に忠実であったとはいえず、同区長に対し過失の責めを問うことが酷に過ぎるとはいえないものと考える。」

34　指紋押捺拒否事件（外国人登録法違反被告事件）☆

神戸地判昭和61年４月24日判タ629号212頁

大阪高判平成２年６月19日判時1385号134頁

●最判平成７年12月15日刑集49巻10号842頁

【事実】

米国籍の日系３世である宣教師Ｙは、来日し、当時居住していた神戸市灘区において1981（昭和56）年11月９日に新規の外国人登録を申請した。その際、外国人登録原票、登録証明書及び指紋原票２葉に指紋押捺をしなかったために、Ｙは外国人登録法（昭和57年法律第75号による改正前）14条１項、18条１項８号に違反するとして起訴された。Ｙは、外国人に指紋押捺を強いる外国人登録法の条項が憲法13条等に違反すると主張したが、第１審、控訴審でその主張が認められず有罪となったため、上告した。

整理

事件／刑事事件

被告／米国籍の日系３世である宣教師

〈争点〉 指紋押捺制度を定めた外国人登録法の合憲性。

〈憲法上の問題点〉 外国人に指紋押捺を強制している外国人登録法が憲法13条等に違反しないか。

【判旨】

上告棄却（全員一致）。

（ⅰ）**指紋の押捺を強制されない自由と憲法13条について**「指紋は、指先の文様であり、それ自体では個人の私生活や人格、思想、信条、良心等個人の内心に関する情報となるものではないが、性質上万人不同性、終生不変性をもつので、採取された指紋の利用方法次第では個人の私生活あるいはプライバシーが侵害される危険性がある。このような意味で、指紋の押なつ制度は、国民の私生活上の自由と密接な関連をもつものと考えられる。

憲法13条は、国民の私生活上の自由が国家権力の行使に対して保護されるべきことを規定していると解されるので、個人の私生活上の自由の１つとして、何人もみだりに指紋の押なつを強制されない自由を有するものというべきであり、国家機関が正当な理由もなく指紋の押なつを強制することは、同条の趣旨に反して許されず、また、右の自由の保障は我が国に在留する外国人にも等しく及ぶと解される（最高裁昭和40年（あ）第1187号同44年12月24日大法廷判決・民集32巻７号1223頁参照）。」

（ii）**指紋押捺制度の合憲性について**「外国人登録法が定める在留外国人についての指紋押なつ制度についてみると、同制度は、昭和27年に外国人登録法（同年法律第125号）が立法された際に、同法1条の『本邦に在留する外国人の登録を実施することによって外国人の居住関係及び身分関係を明確ならしめ、もって在留外国人の公正な管理に資する』という目的を達成するため、戸籍制度のない外国人の人物特定につき最も確実な制度として制定されたもので、その立法目的には十分な合理性があり、かつ、必要性も肯定できるものである。また、その具体的な制度内容については、立法後累次の改正があり、立法当初2年ごとの切替え時に必要とされていた押なつ義務が、その後3年ごと、5年ごとと緩和され、昭和62年法律第102号によって原則として最初の1回のみとされ、また、昭和33年法律第3号によって在留期間1年未満の者の押なつ義務が免除されたほか、平成4年法律第66号によって永住者（出入国管理及び難民認定法別表2上欄の永住者の在留資格をもつ者）及び特別永住者（日本国との平和条約に基づき日本の国籍を離脱した者等の出入国管理に関する特例法に定める特別永住者）につき押なつ制度が廃止されるなど社会の状況変化に応じた改正が行われているが、本件当時の制度内容は、押なつ義務が3年に一度で、押なつ対象指紋も一指のみであり、加えて、その強制も罰則による間接強制にとどまるものであって、**精神的、肉体的に適度の苦痛を伴うものとまではいえず、方法としても、一般的に許容される限度を超えない相当なものであったと認められる。**」

35　早稲田大学事件（損害賠償等請求事件）☆☆

東京地判平成13年10月17日民集57巻8号994頁
東京高判平成14年7月17日民集57巻8号1045頁
●最判平成15年9月12日民集57巻8号973頁

【事実】

1998（平成10）年11月28日に、Y大学（以下、Y）は、大隈講堂において、江沢民国家主席の講演会を開催した。参加申込者は、学籍番号、氏名、住所及び電話番号の事前登録が求められた。Yは警視庁に警備を依頼し、警視庁からの要請に応じて参加申込者の名簿を提出した。なお、参加申込の事前登録の際に、講演会当日には金属探知機の使用や手荷物検査が行われることについての告知が大学側から出されたが、参加者名簿が警視庁に提出されることについての告知はなされなかった。

当時Yの学生であり、講演会への参加を申込んでいたXらは、江主席の講演中に座席から飛び上がり、「中国の核軍拡反対」と大声で叫ぶ等したため、身体を拘束され、建造物侵入及び威力業務妨害の嫌疑により現行犯逮捕された。また、Yは、講演会の妨害を理由にXらを譴責処分とした。

Yに対し、Xらは、違法な逮捕に協力し無効な譴責処分を行ったことを理由とした損害賠償、同処分の無効確認並びに謝罪文の交付・提示を求めると同時に、YがXらを含む本件講演会参加申込者の氏名等が記載された名簿の写しを無断で警視庁に提出したことがXらのプライバシーを侵害したものであるとして、損害賠償を求めた。

第1審は、プライバシー侵害を理由とする損害賠償等請求につき、氏名等本件名簿に記入された情報が法的に保護される程度・度合は、様々な私生活上の情報の中では相対的に低いこと、情報の開示により被った不利益は観念的・抽象的なものであること、適切な警備のため開示行為の目的は正当であり高度の必要性が認められたこと等を総合考量して、不法行為の主張を斥けた。控訴審も、第1審と同様の判断を行い、控訴を棄却した。そこで、Xらは上告に及んだ。

整理

事件／民事事件

原告・控訴人・上告人／元早稲田大学学生

被告・被控訴人・被上告人／早稲田大学

〈争点〉名簿の警視庁への無断開示によるプライバシーの権利侵害を根拠とした損害賠償請求。

〈憲法上の問題点〉学籍番号、氏名、住所及び電話番号といった個人情報が記載された名簿を警視庁に無断で開示した行為は、プライバシーの権利の侵害にあたるか。

【判旨】

一部破棄差戻し（3対2）。

（i）**法的保護の対象としての個人情報について**　「本件個人情報は、Yが重要な外国国賓講演会への出席希望者をあらかじめ把握するため、学生に提供を求めたものであるところ、学籍番号、氏名、住所及び電話番号は、Yが個人識別等を行うための単純な情報であって、その限りにおいては、秘匿されるべき必要性が必ずしも高いものではない。また、本件講演会に参加を申し込んだ学生であることも同断である。しかし、**このような個人情報についても、本人が、自己が欲しない他者にはみだりにこれを開示されたくないと考えることは自然なことであり、そのことへの期待は保護されるべきものであるから、本件個人情報は、Xらのプライバシーに係る情報として法的保護の対象となるというべきである。**」

（ii）**個人情報を無断で警察に開示する行為について**　「このようなプライバシーに係る情報は、取扱い方によっては、個人の人格的な権利利益を損なうおそれのあるものであるから、慎重に取り扱われる必要がある。本件講演会の主催者として参加者を募る際にXらの本件個人情報を収集したYは、Xらの意思に基づかずにみだりにこれを他者に開示することは許されないというべきであるところ、Yが本件個人情報を警察に開示することをあらかじめ明示した上で本件講演会参加希望者に本件名簿へ記入させるなどして開示について承諾を求めることは容易であったものと考えられ、それが困難であった特別な事情がうかがわれない本件においては、

本件個人情報を開示することについてXらの同意を得る手続を執ることなく、Xらに無断で本件個人情報を警察に開示したYの行為は、Xらが任意に提供したプライバシーに係る情報の適切な管理について合理的な期待を裏切るものであり、Xらのプライバシーを侵害するものとして不法行為を構成するというべきである。」

〔亀山継夫・梶谷玄裁判官の反対意見〕「本件個人情報は、プライバシーに係る情報であっても、専ら個人の内面にかかわるものなど他者に対して完全に秘匿されるべき性質のものではなく、Xらが社会生活を送る必要上自ら明らかにした情報や単純な個人識別情報であって、その性質上、他者に知られたくないと感じる程度が低いものである。また、本件名簿は、本件講演会の参加者を具体的に把握し、本件講演会の管理運営を円滑に行うために作成されたものである。

他方、本件講演会は、国賓である中華人民共和国国家主席の講演会であり、その警備の必要性は極めて高いものであったのであるから、その警備を担当する警視庁からの要請に応じてYが本件名簿の写しを警視庁に交付したことは、正当な理由があったというべきである。また、Yが本件個人情報を開示した相手方や開示の方法等をみても、それらは、本件講演会の主催者として講演者の警護等に万全を期すという目的に沿うものであり、上記開示によってXらに実質的な不利益が生じたこともうかがわれない。

これらの事情を考慮すると、Yが本件個人情報を警察に開示したことは、あらかじめXらの同意を得る手続を執らなかった点で配慮を欠く面があったとしても、社会通念上許容される限度を逸脱した違法な行為であるとまでいうことはできず、Xらに対する不法行為を構成するものとして認めることはできない。」

36　住基ネット事件（損害賠償請求事件）

大阪地判平成16年2月27日訟月52巻11号3259頁
大阪高判平成18年11月30日訟月53巻6号1835頁
●最判平成20年3月6日民集62巻3号665頁

【事実】

大阪府内の住民Xらは、本人の同意を得ずに本人確認情報を住基ネット上で流通させることによりプライバシー権が侵害され、精神的損害を被ったとして、それぞれの居住する大阪府内の各市に損害賠償請求を行った。さらにXらは、それぞれの居住する吹田市、箕面市、守口市に対し、住民基本台帳からの住民票コードの削除及び住基ネットを通じて本人確認情報を大阪府知事に通知することの差止を第1審口頭弁論の中で追加請求した。第1審は、住基ネットによる法的利益の侵害は認められないこと等を理由に、Xらの損害賠償請求を棄却し、追加請求については請求の基礎が同一でないとして訴えの変更を認めなかった。これに対し、控訴審は、住基ネットの運用が、これを拒否する住民らのプライバシーを侵害し、憲法13条に違反するとして、Ｘらの請求のうち、住民票コードの削除請求を認容した。そこでＹ（吹田市、守口市）が上告した。

整理

事件／行政事件

原告・控訴人・被上告人／大阪府内の住民ら

被告・被控訴人・上告人／吹田市、守口市

〈争点〉人格権に基づく妨害排除請求として、住民基本台帳から被上告人らの住民票コードを削除できるか。

〈憲法上の問題点〉行政機関が住基ネットにより個人情報を収集、管理又は利用することは、憲法13条の保障するプライバシーの権利その他の人格権を違法に侵害するか。

【判旨】

破棄自判（全員一致）。

「行政機関において、個々の住民の多くのプライバシー情報が住民票コードに付されて集積され、それがデータマッチングされ、本人の予期しないときに予期しない範囲で行政機関に保有され、利用される具体的な危険が生じているということができる。したがって、住基ネットは、その行政目的実現手段として合理性を有しないから、その運用に同意ないしＸらに対して住基ネットを運用することは、Ｘらのプライバシー権ないし自己情報コントロール権を侵害するものである」とした原審の判断を次の理由から是認することができない。

「（１）**憲法13条は、国民の私生活上の自由が公権力の行使に対しても保護されるべきことを規定しているものであり、個人の私生活上の自由の１つとして、何人も、個人に関する情報をみだりに第三者に開示又は公表されない自由を有するものと解される**（最高裁昭和40年（あ）第1187号同昭和44年12月24日大法廷判決・刑集23巻12号1625頁参照）。

そこで、住基ネットがＸらの上記の自由を侵害するものであるか否かについて検討するに、住基ネットによって管理、利用等される本人確認情報は、氏名、生年月日、性別及び住所から成る４情報に、住民票コード及び変更情報を加えたものにすぎない。このうち４情報は、人が社会生活を営む上で一定の範囲の他者には当然開示されることが予定されている個人識別情報であり、変更情報も、転入、転出等の異動事由、異動年月日及び異動前の本人確認情報にとどまるもので、これらはいずれも、個人の内面に関わるような秘匿性の高い情報とはいえない。これらの情報は、住基ネットが導入される以前から、住民票の記載事項として、住民基本台帳を保管する各市町村において管理、利用等されるとともに、法令に基づき必要に応じて他の行政機関に提供され、その事務処理に利用されてきたものである。そして、住民票コードは、住基ネットによる本人確認情報の管理、利用等を目的として、都道府県知事が無作為に指定した

数列の中から市町村長が１を選んで各人に割り当てたものであるから、上記目的に利用される限りにおいては、その秘匿性の程度は本人確認情報と異なるものではない。

また、前記確定事実によれば、住基ネットによる本人確認情報の管理、利用等は、法令等の根拠に基づき、住民サービスの向上及び行政事務の効率化という正当な行政目的の範囲内で行われているものということができる。住基ネットのシステム上の欠陥等により外部から不当にアクセスされるなどして本人確認情報が容易に漏えいする具体的な危険はないこと、受領者による本人確認情報の目的外利用又は本人確認情報に関する秘密の漏えい等は、懲戒処分又は刑罰をもって禁止されていること、住基法は、都道府県に本人確認情報の保護に関する審議会を、指定情報処理機関に本人確認保護委員会を設置することとして、本人確認情報の適切な取扱を担保するための制度的措置を講じていることなどに照らせば、住基ネットにシステム技術上又は法制度上の不備があり、そのために本人確認情報が法令等の根拠に基づかずに又は正当な行政目的の範囲を逸脱して第三者に開示又は公表される具体的な危険が生じているということもできない。」

「（２）そうすると、行政機関が住基ネットにより住民であるＸらの本人確認情報を管理、利用等する行為は、個人に関する情報をみだりに第三者に開示又は公表するものということはできず、当該個人がこれに同意しないとしても、憲法13条により保障された上記の自由を侵害するものではないと解するのが相当である。また、以上に述べたところからすれば、住基ネットによりＸらの本人確認情報が管理、利用等されることによって、自己のプライバシーに関わる情報の取扱いについて自己決定する権利ないし利益が違法に侵害されたとするＸらの主張にも理由がないものというべきである。」

37　検索エンジンサービスとプライバシー権／忘れられる権利（投稿記事削除仮処分決定認可決定に対する抗告審の取消決定に対する許可抗告事件）☆☆

さいたま地決平成27年６月25日判時2282号83頁
さいたま地決平成27年12月22日判時2282号78頁
東京高決平成28年７月12日判時2318号24頁
●最決平成29年１月31日民集71巻１号63頁

【事実】

Ｘは、児童買春をした罪で2011（平成23）年に逮捕、罰金刑に処せられた。児童買春の罪による逮捕の事実は、Ｘの逮捕当日に報道され、インターネット上のウェブサイトの電子掲示板に多数回書き込まれた。

その後、Ｘは、妻子と共に生活し、民間企業で働いていた。しかし、Ｙによって提供されているウェブサイト検索サービスでＸの氏名と居住する県名を入力して検索すると、検索結果に

X自身の逮捕歴に関する記事、具体的には検索結果のURLと当該ウェブサイトの標題・抜粋（いわゆるスニペット）が表示された。そこでXは、「更生を妨げられない利益」の侵害を理由として、本件検索結果の削除を求める仮処分命令の申立てを行った。

さいたま地方裁判所は、「逮捕歴にかかわる事実」が個人の「名誉あるいは信用に直接にかかわる事項であるから」、人は「みだりにその事実を公表されないことにつき、法的保護に値する利益を有し、その者が有罪判決を受けた後あるいは服役を終えた後においては、一市民として社会に復帰されることが期待されるのであるから、その者は、逮捕歴にかかわる事実の公表によって、新しく形成している社会生活の平穏を害されその更生を妨げられない利益を有する」とした上で、「逮捕歴にかかわる事実を公表されない法的利益が優越し、更生を妨げられない利益について受忍限度を超える権利侵害があると判断される場合に、検索結果の削除請求が認められるべきである」と判示し、「仮に削除することを」命じた。

また、保全異議審は、「更生を妨げられない利益」の侵害に関する判断の中で、「一度は逮捕歴を報道され社会に知られてしまった犯罪者といえども、人格権として私生活を尊重されるべき権利を有し、更生を妨げられない利益を有するのであるから、犯罪の性質等にもよるが、ある程度の期間が経過した後は過去の犯罪を社会から『忘れられる権利』を有するというべき」として「忘れられる権利」に言及したことで注目された。ただし、「忘れられる権利」は、その独自性を高裁で否定され、最高裁の決定においても言及されなかった。

整理

事件／民事事件

債権者・相手方・抗告人／児童買春をした罪で逮捕、罰金刑に処せられた者

債務者・抗告人・相手方／検索事業者

〈争点〉 インターネット上で検索事業者により提供される検索結果を削除することの可否。

〈憲法上の問題点〉 ❶検索事業者の法的位置づけ。❷インターネットにおける、表現の自由の尊重とプライバシー権との対立。

【決定要旨】

抗告棄却（全員一致）。

（i）**事実をみだりに公表されない利益**「**個人のプライバシーに属する事実をみだりに公表されない利益は、法的保護の対象**となるというべきである。」

（ii）**検索事業者の法的位置づけ**「他方、検索事業者は、インターネット上のウェブサイトに掲載されている情報を網羅的に収集してその複製を保存し、同複製を基にした索引を作成するなどして情報を整理し、利用者から示された一定の条件に対応する情報を同索引に基づいて検索結果として提供するものであるが、この**情報の収集、整理及び提供はプログラムにより自動的に行われるものの、同プログラムは検索結果の提供に関する検索事業者の方針に沿った結**

果を得ることができるように作成されたものであるから、検索結果の提供は検索事業者自身による表現行為という側面を有する。また、検索事業者による検索結果の提供は、公衆が、インターネット上に情報を発信したり、インターネット上の膨大な量の情報の中から必要なものを入手したりすることを支援するものであり、現代社会においてインターネット上の情報流通の基盤として大きな役割を果たしている。そして、検索事業者による特定の検索結果の提供行為が違法とされ、その削除を余儀なくされるということは、上記方針に沿った一貫性を有する表現行為の制約であることはもとより、検索結果の提供を通じて果たされている上記役割に対する制約でもあるといえる。」

（iii）**インターネット上での検索結果の提供が違法となるか否かの判断基準**「検索事業者が、ある者に関する条件による検索の求めに応じ、その者のプライバシーに属する事実を含む記事等が掲載されたウェブサイトのURL等情報を検索結果の一部として提供する行為が違法となるか否かは、**当該事実の性質及び内容、当該URL等情報が提供されることによってその者のプライバシーに属する事実が伝達される範囲とその者が被る具体的被害の程度、その者の社会的地位や影響力、上記記事等の目的や意義、上記記事等が掲載された時の社会的状況とその後の変化、上記記事等において当該事実を記載する必要性など、当該事実を公表されない法的利益と当該URL等情報を検索結果として提供する理由に関する諸事情を比較衡量して判断すべき**もので、その結果、当該事実を公表されない法的利益が優越することが明らかな場合には、検索事業者に対し、当該URL等情報を検索結果から削除することを求めることができるものと解するのが相当である。」

（iv）**本件への上記判断基準の当てはめ**「児童買春をしたとの被疑事実に基づき逮捕されたという本件事実は、他人にみだりに知られたくない抗告人のプライバシーに属する事実であるものではあるが、児童買春が児童に対する性的搾取及び性的虐待と位置付けられており、社会的に強い非難の対象とされ、罰則をもって禁止されていることに照らし、今なお公共の利害に関する事項であるといえる。また、本件検索結果は抗告人の居住する県の名称及び抗告人の氏名を条件とした場合の検索結果の一部であることなどからすると、本件事実が伝達される範囲はある程度限られたものであるといえる。」「以上の諸事情に照らすと、抗告人が妻子と共に生活し」、「罰金刑に処せられた後は一定期間犯罪を犯すことなく民間企業で稼働していることがうかがわれることなどの事情を考慮しても、本件事実を公表されない法的利益が優越することが明らかであるとはいえない。」

＊　　＊　　＊

自己決定権　自己決定権とは、一定の個人的ことがらについて、個人が公権力から介入・干渉を受けずに自ら決定する権利を意味する。この権利は、個人の尊重をバックボーンに、広義のプライバシー権に含まれ、幸福追求権の１つとして学説上承認されてきた。この学説の理解の背景には、ロウ対ウェイド事件において、妊娠中絶の権利がプライバシーの権利として認められたアメリカの判例等が存在する。

自己決定権の及ぶ範囲、すなわち広範囲に及ぶ「個人的ことがら」のうち、どのようなことがらについて保障されるのかが問題となる。この点について、人格的利益説が代表的学説となっている。この学説は、自己決定権の範囲を人格的生存に必要不可欠な重要事項に限定して認めるというものである。具体的には、①自己の生命や身体の処分に関する自己決定権（尊厳死、安楽死、輸血拒否等)、②家族の形成・維持に関する自己決定権（同性婚、代理母等)、③リプロダクションに関する自己決定権（妊娠中絶等)、④その他という４つの内容が挙げられる。なお、④の中に、ライフスタイルの自己決定（バイクに乗る自由、喫煙の自由等）をも含める説もあるが、「やや漠然」としすぎているという印象は否定できない。

人格的利益説に基づく自己決定権の保障の範囲は、人格的生存に必要不可欠な部分に限定される。しかし、個人の自己決定と社会的法益とが抵触する場合も否定できないため、自己決定権の妥当する範囲は厳格に設定される必要がある。判例において、自己決定権の領域範囲が問題となった事例として、**38**丸刈り訴訟やパーマ退学事件、バイク乗車禁止の校則等が挙げられる。これらの事例について、憲法上の問題となりうるほどの重さを持つのかという疑問が提示されつつも、**38**丸刈り訴訟については「身体面に及ぶ強度の画一性に鑑み、人格的自律権との関係で問題とされるべき余地」があることも示されている。

その他に、個人の人格的利益としての自己決定権が認められた稀有な事例として、**39**エホバの証人輸血拒否事件が挙げられる。近年、自己決定権に関連した事例として、**40**旧優生保護法違憲訴訟仙台地裁判決が注目される。この事例では、憲法13条から導かれるリプロダクティブ権が初めて認められ、旧優生保護法の一部を違憲とした（但し、立法不作為そのものの違法性は否定され、原告の請求は棄却されている。)。

38　丸刈り訴訟（校則一部無効確認等請求、服装規定無効確認等請求事件）

●熊本地判昭和60年11月13日行集36巻11・12号1875頁

【事実】

原告Ｘ１は、1981（昭和56）年４月、熊本県内の町立中学校に入学し、1984（昭和59）年に同校を卒業した元男子生徒であり、Ｘ２及びＸ３は、Ｘ１の両親である。同校校長Ｙは、1981（昭和56）年４月、男子学生の髪型について「丸刈り、長髪禁止」とする服装規定（以下、「本件校則」という）を制定した。そこでX１らは、Yを被告として、本件校則が憲法14条、21条、31条に違反し、また、Yが裁量を逸脱していることを理由として、本件校則の無効確認、不利益処分の禁止等を求め、X１らは、町を被告として、国家賠償法１条１項又は在学契約の債務不履行によって被った精神的損害につき賠償を請求した。X１らは控訴せず、原審が確定した。

整理

事件／行政事件

原告／熊本県内の町立中学校卒業生、及びその両親

被告／町立中学校校長、及び玉東町

〈争点〉「丸刈り、長髪禁止」とする服装規定の無効確認。

〈憲法上の問題点〉髪型の自由は憲法13条によって保障されるか。

【判旨】

棄却。

（ｉ）**憲法14条違反について**　①住居地による差別について、「服装等校則は各中学校において独自に判断して定められるべきものであるから、それにより差別的取扱いを受けたとしても、合理的な差別であって、憲法14条に違反しない。」②性別による差別について、「男性と女性とでは髪型について異なる慣習があり、いわゆる坊主刈については、男子にのみその習慣があることは公知の事実であるから、髪型につき男子生徒と女子生徒で異なる規定をおいたとしても、合理的な差別であって、憲法14条には違反しない。」

（ii）**憲法31条違反について**　「本件校則には、本件校則に従わない場合に強制的に頭髪を切除する旨の規定はなく、かつ、本件校則に従わないからといって強制的に切除することは予定していなかったのであるから、右憲法違反の主張は前提を欠くものである。」

（iii）**憲法21条違反について**　「髪型が思想等の表現であるとは特殊な場合を除き、見ることはできず、特に中学生において髪型が思想等の表現であると見られる場合は極めて希有であるから、本件校則は、憲法21条に違反しない。」

（iv）**裁量権逸脱の主張について**　「**中学校長は、教育の実現のため、生徒を規律する校則を定める包括的な権能を有する**が、教育は人格の完成をめざす（教育基本法第１条）ものであるから、右校則の中には、教科の学習に関するものだけでなく、生徒の服装等いわば生徒のしつけに関するものも含まれる。**もっとも、中学校長の有する右権能は無制限なものではありえず、中学校における教育に関連し、かつ、その内容が社会通念に照らして合理的と認められる範囲においてのみ是認されるものであるが、具体的に生徒の服装等にいかなる程度、方法の規制を加えることが適切であるかは、それが教育上の措置に関するものであるだけに、必ずしも画一的に決することはできず、実際に教育を担当する者、最終的には中学校長の専門的、技術的な判断に委ねられるべきものである。**従って、**生徒の服装等について規律する校則が中学校**

における教育に関連して定められたもの、すなわち教育を目的として定められたものである場合には、その内容が著しく不合理でない限り、右校則は違法とはならないというべきである。

本件校則の制定目的についてみると、……生徒の生活指導の1つとして……制定されたものであることが認められ、右認定に反する証拠はない。」

（v）**本件校則の内容が不合理であるか否かについて**「丸刈りが、現代においてもっとも中学生にふさわしい髪形であるという社会的合意があるとはいえず、……髪型を規制することによって直ちに生徒の非行が防止されると断定することもできない。最近長髪を禁止するに至った学校が数校あるが全体の傾向としては長髪を許可する学校が増えつつあることが認められる。してみると本件校則の合理性については疑いを差し挟む余地のあることは否定できない。

しかしながら、本件校則の定めるいわゆる丸刈は、……必らずしも特異な髪形とは言えないことは公知の事実であり、……本件校則の運用にあたり、身体的欠陥等があって長髪を許可する必要があると認められる者に対してはこれを許可し、それ以外の者が違反した場合は、校則を守るよう繰り返し指導し、……たとえ指導に従わなかったとしてもバリカン等で強制的に丸刈にしてしまうとか、……クラブ活動参加の制限といった措置を予定していないこと、被告中学の教職員会議においても男子丸刈を維持していくことが確認されていることが認められ、他に右認定に反する証拠はなく、……**丸刈の社会的許容性や本件校則の運用に照らすと、丸刈を定めた本件校則の内容が著しく不合理であると断定することはできない**というべきである。

以上認定したところによれば、本件校則はその教育上の効果については多分に疑問の余地があるというべきであるが、著しく不合理であることが明らかであると断ずることはできないから、被告校長が本件校則を制定・公布したこと自体違法とは言えない。」

39　エホバの証人輸血拒否事件（損害賠償請求事件）☆☆

東京地判平成9年3月12日判タ964号82頁

東京高判平成10年2月9日高民集51巻1号1頁

●最判平成12年2月29日民集54巻2号582頁

【事実】

X1（第1審の原告、控訴審継続中に死亡）は、エホバの証人の信者であり、輸血は神によって禁じられているという宗教上の信念から、いかなる場合にも輸血を受けることを拒否するとの固い意思を有していた。悪性の肝臓血管腫に罹患したX1は、その宗教上の信念から輸血を伴わない手術をする病院を探し、Y（国）が設置する東京大学医科学研究所付属病院（以下、Y病院）の医師Bが輸血を伴わない手術の実績を有していることを知り、同病院へ入院した。

X1は、自身が宗教上の理由から輸血を拒否する旨をBら同病院の医師に伝えた。しかし、Y病院では、「外科手術を受ける患者がエホバの証人である場合、輸血を拒否する信者の意思を尊重し、できる限り輸血をしないこととするが、輸血以外には救命手段がない事態に至った時は、患者及びその家族の諾否にかかわらず輸血する」という方針を採用していた。しかし、医師Bをはじめとする Y 病院は、この方針について X 1 に説明しなかった。また、同医師及び Y 病院は、X 1 の手術の際に輸血を必要とする事態に至る可能性を認識していたが、その可能性があることも X 1 に告げなかった。一方、X 1 は、医師Bに対し、手術中、他に救命手段がない場合でも輸血をしない絶対無輸血での手術を求めること、輸血しないことによって生じるいかなる結果に対しても医師及び病院の責任を問わない旨を記載した免責証書を提出していた。

Bらが X 1 の手術をしたところ、患部の腫瘍摘出の段階で出血量が2245ml に達するという事態になったため、Bらは輸血以外に救命手段がないと判断し、X 1 への輸血を実施した。

その後、X 1 は原告として、東京地方裁判所に、①Yに対しては、本件手術は診療契約の締結の際に付された、手術中いかなる事態になっても X 1 に輸血しないとの特約に反し、被告であるYの履行補助者である医師Bらが X 1 に対し本件輸血をした債務不履行責任に基づく損害賠償を、②医師Bらに対しては、手術中いかなる事態になっても輸血を受け入れないという X 1 の意思に従うかのように振舞って X 1 に本件手術を受けさせ、本件輸血をしたことにより、X 1 の自己決定権及び信教上の良心を侵害した不法行為に基づく損害賠償を請求した。さらに、Yに対し、使用者責任に基づく損害賠償も請求した。第1審は、X 1 の請求を棄却した。

しかし、控訴審では、患者の同意は、各個人が有する自己の人生の在り方を自らが決定することができるという自己決定権に由来するとした上で、「医師は、エホバの証人患者に対して輸血が予測される手術をするに先立ち、同患者が判断能力を有する成人であるときには、輸血拒否の意思の具体的内容を確認するとともに、医師の無輸血についての治療方針を説明することが必要である」とし、不法行為に基づく損害賠償責任を認めた。

この控訴審判決を受けて、Yが上告した。なお、原告 X 1 は控訴審判決の前年に死亡しており、X 1 の相続人 X 2 及び X 3 が被上告人となったと同時に、①の特約の否定、賠償額の低さ等を不服として附帯上告した。

整理

事件／民事事件

原告・控訴人・被上告人・附帯上告人／エホバの証人の信者及びその相続人

被告・被控訴人・上告人・附帯被上告人／国

被告・被控訴人／医師

〈争点〉 医師の説明懈怠は患者の自己決定権を侵害するか。

〈憲法上の問題点〉 患者が意思決定をする権利は保護されるべきか。

【判旨】

上告棄却、附帯上告棄却（全員一致）。

「本件において、医師Bらが、X1の肝臓の腫瘍を摘出するために、医療水準に従った相当な手術をしようとすることは、人の生命及び健康を管理すべき業務に従事する者として当然のことであるということができる。しかし、**患者が、輸血を受けることは自己の宗教上の信念に反するとして、輸血を伴う医療行為を拒否するとの明確な意思を有している場合、このような意思決定をする権利は、人格権の一内容として尊重されなければならない。**そして、X1が、宗教上の信念からいかなる場合にも輸血を受けることは拒否するとの固い意思を有しており、輸血を伴わない手術を受けることができると期待してY病院に入院したことをBらが知っていたなど**本件の事実関係の下では、医師Bらは、手術の際に輸血以外には救命手段がない事態が生ずる可能性を否定し難いと判断した場合には、X1に対し、Y病院としてはそのような事態に至ったときには輸血するとの方針を採っていることを説明して、Y病院への入院を継続した上、Bらの下で本件手術を受けるか否かをX1自身の意思決定に委ねるべきであった**と解するのが相当である。

ところが、Bらは、本件手術に至るまでの約1カ月の間に、手術の際に輸血を必要とする事態が生ずる可能性があることを認識したにもかかわらず、X1に対してY病院が採用していた右方針を説明せず、同人及び被上告人らに対して輸血する可能性があることを告げないまま本件手術を施行し、右方針に従って輸血をしたのである。そうすると、**本件においては、Bらは、右説明を怠ったことにより、X1が輸血を伴う可能性のあった本件手術を受けるか否かについて意思決定をする権利を奪ったものといわざるを得ず、この点において同人の人格権を侵害したものとして、同人がこれによって被った精神的苦痛を慰謝すべき責任を負うものというべきである。**」

40　旧優生保護法違憲訴訟（損害賠償請求事件）☆

●仙台地判令和元年5月28日判時2413・2414号3頁

【事実】

旧優生保護法（以下、旧法）は、「優生上の見地から不良な子孫の出生を防止するとともに、母性の生命健康を保護すること」（1条）を目的として、1948（昭和53）年に制定された。旧法は、その3条で本人の同意に基づく優生手術（不妊手術）を、そして4条では「遺伝性精神病」や「遺伝性精神薄弱」と診断された者に対し、本人の同意を得なくとも「優生手術を行うことが公益上必要である」場合には、その手術の実施の適否に関する審査を「都道府県優生保護委員会に」「申請することができる」ことを定めていた。その後、優生思想に基づく旧法の諸規定が障がい者に対する差別になっていたことから、1996（平成8）年、4条ないし13条等が削除され、加えて名称が母体保護法へと改められた。

原告X1・X2は、10代の時、「遺伝性精神病」・「遺伝性精神薄弱」を理由に、旧法4条に基づく強制不妊手術を受けさせられた60代、70代の女性である。X１、X２は、旧法２章（優生手術）、４章（優生保護委員会）及び５章（優生結婚相談所）の各規定は違憲であり、子を産み育てるかどうかを意思決定する権利（リプロダクティブ権）を一方的に侵害されたとして、国に対し、損害賠償請求を行った。主位的請求として、1996年の旧法改正後も国会が被害者への補償に関する立法措置を取らなかったという立法不作為、又は厚生労働大臣が補償に関する施策を執らなかった施策不作為のそれぞれの違法を根拠に、国家賠償法（以下、国賠法）１条１項に基づく損害賠償を求めた。さらに予備的請求として、国賠法４条により適用される民法724条後段の除斥期間の規定を本件へ適用することの憲法17条違反と、当時の厚生大臣が本件優生手術の防止を怠ったことの違法性を主張し、国賠法に基づく損害賠償を求めた。

整理

事件／民事事件

原告／旧優生保護法に基づいて強制不妊手術を受けさせられた女性

被告／国

〈争点〉①立法不作為、施策不作為に基づく国家賠償請求は認められるか。②除斥期間の規定は本件に適用されるか。

〈憲法上の問題点〉❶旧優生保護法の優生条項は憲法13条に違反するか。❷民法724条後段の除斥期間の本件への適用が憲法17条に違反するか。

【判旨】

請求棄却。

（ｉ）**立法不作為による国家賠償請求**　立法不作為は原則として国民の政治的判断に委ねられるべき事柄であり、国賠法１条１項の適用上ただちに違法の評価を受けるものではないが、「法律の規定が憲法上保障され又は保護されている権利利益を合理的な理由なく制約するものとして憲法の規定に違反するものであることが明白であるにもかかわらず、国会が正当な理由なく長期にわたってその改廃等の立法措置を怠る場合や、国民に憲法上保障されている権利行使の機会を確保するために所要の立法措置を執ることが必要不可欠であり、それが明白であるにもかかわらず、国会が正当な理由なく長期にわたってこれを怠る場合などにおいては、国会議員の立法過程における行動が上記職務上の法的義務に違反したものとして、例外的に、その立法不作為は、国家賠償法１条１項の規定の適用上違法の評価を受けることがあるというべきである。」

「人が幸福を追求しようとする権利の重みは、たとえその者が心身にいかなる障がいを背負う場合であっても何ら変わるものではない。**子を産み育てるかどうかを意思決定する権利は、これを希望する者にとって幸福の源泉となり得ることなどに鑑みると、人格的生存の根源に関わるものであり、上記の幸福追求権を保障する憲法13条の法意に照らし、人格権の一内容を構**

成する権利として尊重されるべきものである」。しかし、旧法は「不良な子孫の出生を防止するなどという理由で不妊手術を強制し、子を産み育てる意思を有していた者にとってその幸福の可能性を一方的に奪い去り、個人の尊厳を踏みにじるものであって、誠に悲惨というほかない。何人にとっても、リプロダクティブ権を奪うことが許されないのはいうまでもなく、本件規定に合理性があるというのは困難である」。「本件規定は、憲法13条に違反し、無効である」。そして、「本件優生手術を受けた者は、リプロダクティブ権を侵害されたものとして、国家賠償法１条１項に基づき、国又は公共団体にその賠償を求めることができる」。しかし、「民法724条後段の規定により、当該賠償請求権は消滅する」。

原告のように優生手術を受けた者に対する「権利侵害の程度は、極めて甚大であ」ることから、「その侵害に基づく損害賠償請求権を行使する機会を確保する必要性が極めて高い」。一方で、旧優生保護法の下、優生手術が全国的に広く行われ、同法の存在自体が損害賠償請求権の行使を妨げた。また、優生手術に関する情報が「人格権に由来するプライバシー権によって保護される個人情報であって、個人のプライバシーのうちでも最も他人に知られたくないものの一つであり、本人がこれを裏付ける客観的証拠を入手すること自体も相当困難であった」ことから、「優生手術の時から20年経過する前にリプロダクティブ権侵害に基づく損害賠償請求権を行使することは、現実的には困難であった」。「上記の特別の事情の下においては、その権利行使の機会を確保するために所要の立法措置を執ることが必要不可欠である」。

もっとも、日本では「リプロダクティブ権をめぐる法的議論の蓄積が少なく本件規定及び本件立法不作為につき憲法違反の問題が生ずるとの司法判断が今までされてこなかった事情の下においては、少なくとも現時点では、その権利行使の機会を確保するために所要の立法措置を執ることが必要不可欠であることが明白であったとはいえない」。

（ii）**除斥期間の適用の可否について**　除斥期間の規定の憲法適合性については、「当該行為の態様、これによって侵害される法的利益の種類及び侵害の程度、免責又は責任制限の範囲及び程度等に応じ、当該規定の目的の正当性並びにその目的達成の手段として免責又は責任制限を認めることの合理性及び必要性を総合的に考慮して判断すべきである」。そして、除斥期間の規定は、「不法行為をめぐる法律関係の速やかな確定を図るため」、「一定の時の経過によって法律関係を確定させるため請求権の存続期間を画一的に定め」ている。「法律関係を速やかに確定することの重要性に鑑みれば、このような立法目的は正当なものであり、その目的達成の手段として上記請求権の存続期間を制限することは、当該期間が20年と長期であることを踏まえれば、上記立法目的との関連において合理性及び必要性を有する」。本件への除斥期間の適用は、憲法17条に違反しない。

第5章　法の下の平等

機会の平等と結果の平等　「平等」とは何か。言葉の定義としては、「かたよりや差別がなく、みな等しいこと」をいう。それゆえ、「かたよりや差別」なく人を扱うことによって平等が実現するが、世の中に同じ人は存在しない。人は皆異なった存在である。立場の違いやその者の置かれている状況を考慮せずに人を等しく扱えば、平等に反することになる。すなわち、同じ立場や状況にある者を同じに扱えば平等といえるが、そうでなければ平等に反することになろう。したがって、平等について考える場合には、同じ状況にあることの意味および同じに扱うことの意味をまず理解しなければならない。

近代社会を画する文書の一つであるフランスの人権宣言は、その第1条において「人は、自由、かつ、権利において平等なものとして生まれ、生存する。社会的差別は、共同の利益に基づくのでなければ、設けられない」と定めた。ここで求められたものは、まずは自由でありその次に平等である。人が生まれながらにして特定の身分や職業に縛られていれば自由とはいえないし、機会の平等（形式的平等）が保障されているともいえないからである。機会の平等が保障されれば、それをどう活用するかは個人の自由と能力に委ねられることになり、結果として不平等な状態がもたらされたとしても、それはまさに本人の自由と能力によるのだから平等原則に反することはないと理解されていた。結果の平等（実質的平等）については、20世紀の社会権思想の登場による要請を待たなければならなかった。

日本国憲法における平等　日本国憲法は、明治憲法下の不平等な状況（平等規定は公務就任に関する19条のみ。貴族制度の存在、女性は法律上差別されていた）を改善すべく、徹底した平等の実現を図った。14条1項において平等権の一般規定を定め、同条2項および3項が貴族制度の否定と特権を伴ったあるいは世襲されうる栄典授与を禁止し、15条3項および44条は選挙に関する平等を定め、24条は結婚および家族生活における両性の平等を定め、26条では教育を受ける権利の平等を定めた。しかしながら、皇位の世襲制が設けられていることから、徹底した平等が貫かれているとは言いがたい。

日本国憲法下において平等権を検討する場合、まず14条1項の一般規定の解釈をしなければならない。この規定に関する解釈上の論点は、第１に法の適用における平等のみを要求するのか、それとも法の内容における平等も要求するのか、第２に例外を許さない絶対的なものなのか、それとも例外を許す相対的なものなのか、第３に14条１項の列挙事項は例示的なのかそれとも限定的なのかという点である。

平等権に関する判例は以下に検討するように多数あるが、第１の論点について判例は（学説同様）法内容平等説に立って法の適用時のみでなく法の内容における平等についても要求していると解され、第２の論点についても判例は相対的平等説に立ち、合理的区別は許容されると解している。

41　尊属殺重罰規定違憲判決（尊属殺人被告事件）☆☆☆

宇都宮地判昭和44年５月29日判タ237号262頁

東京高判昭和45年５月12日判時619号93頁

●最大判昭和48年４月４日刑集27巻３号265頁

【事実】

被告人Ｘは、14歳の時に実父に姦淫され、以後10年以上夫婦同様の生活を強いられ５人の子どもを産んだ。29歳となり、職場の同僚と正常な結婚の機会にめぐまれたにもかかわらず、実父はこれを嫌い、あくまでもＸを自らの支配下に置き醜行を継続し、10日あまりにわたり脅迫虐待を受けた。そのため、懊悩煩悶の極にあったところ、いわれのない実父の暴言に触発され、忌まわしい境遇から逃れるため実父を絞殺し、自首した。刑法200条の尊属殺で起訴されたが、第１審は、同条を憲法14条１項違反であるとし、刑法199条を適用したが、過剰防衛に当たるとして心神衰弱を認めて刑を免除した。控訴審は、これを破棄し刑法200条を合憲として適用し、過剰防衛を認めず、ただ耗弱減軽および酌量減軽を加え、法律上可能な最低限の懲役３年６月という実刑判決を下した。本件は、被告弁護人が、刑法200条の憲法違反を主張して上告したものである。

整理

事件／刑事事件

被告人／実父を殺害した者

〈争点〉 殺人行為。

〈憲法上の問題点〉 刑法200条が尊属殺人を同199条の普通殺人と区別して特に重く罰することとしていることが、憲法14条１項の定める法の下の平等原則に反するか。

【判旨】

破棄自判（14対１）。

（ⅰ）憲法14条１項の定める平等原則は、「事柄の性質に即応した合理的な根拠に基づくものでないかぎり、差別的な取扱いをすることを禁止する趣旨と解すべき」である。「刑法199条のほかに同法200条をおくことは、憲法14条１項の意味における差別的取扱いにあたる」ため、「刑法200条が憲法の右条項に違反するかどうかが問題となるのであるが、それは右のような差別的取扱いが合理的な根拠に基づくものであるかどうかによつて決せられる」。

（ii）刑法200条の尊属殺重罰規定については、「昭和25年10月以来、刑法200条が憲法13条、14条１項、24条２項等に違反するという主張に対し、その然らざる旨の判断を示している。」が、「当裁判所は、所論刑法200条の憲法適合性につきあらためて検討することとし、まず同条の立法目的につき、これが憲法14条１項の許容する合理性を有するか否かを判断する」。「**刑法200条の立法目的は、尊属を卑属またはその配偶者が殺害することをもつて一般に高度の社会的道義的非難に値するものとし、かかる所為を通常の殺人の場合より厳重に処罰し、もつて特に強くこれを禁圧しようとするにある**」。「**尊属に対する尊重報恩は、社会生活上の基本的道義というべく、このような自然的情愛ないし普遍的倫理の維持は、刑法上の保護に値するものといわなければならない。**しかるに、自己または配偶者の直系尊属を殺害するがごとき行為はかかる結合の破壊であつて、それ自体人倫の大本に反し、かかる行為をあえてした者の背倫理性は特に重い非難に値する」。「そこで、被害者が尊属であることを犯情のひとつとして具体的事件の量刑上重視することは許されるものであるのみならず、さらに進んでこのことを類型化し、法律上、刑の加重要件とする規定を設けても、かかる差別的取扱いをもつてただちに合理的な根拠を欠くものと断ずることはできず、したがつてまた、憲法14条１項に違反するということもできない」。

（iii）「しかしながら、刑罰加重の程度いかんによつては、かかる差別の合理性を否定すべき場合がないとはいえない。すなわち、**加重の程度が極端であつて、前示のごとき立法目的達成の手段として甚だしく均衡を失し、これを正当化しうべき根拠を見出しえないときは、その差別は著しく不合理なものといわなければなら**」ない。「**刑法200条は、尊属殺の法定刑を死刑または無期懲役刑のみに限つている点において、その立法目的達成のため必要な限度を遥かに超え、普通殺に関する刑法199条の法定刑に比し著しく不合理な差別的取扱いをするものと認められ、憲法14条１項に違反して無効であるとしなければならず、したがつて、尊属殺にも刑法199条を適用するのほかはない。この見解に反する当審従来の判例はこれを変更する**」。

本判決については、刑法200条の立法目的は合憲であるが、目的達成手段は違憲であるとする上記多数意見（８裁判官）に対し、立法目的自体を違憲とする少数意見（６裁判官）、ならびに立法目的・目的達成手段のいずれをも合憲とする反対意見（１裁判官）がある。

〔田中二郎裁判官の少数意見〕「尊属殺人に関する特別の規定を設けることは、一種の身分制道徳の見地に立つものというべきであり、前叙の旧家族制度的倫理観に立脚するものであつて、個人の尊厳と人格価値の平等を基本的な立脚点とする民主主義の理念と抵触するものとの

疑いが極めて濃厚であるといわなければならない」。「尊属殺人に関する規定は、上述の見地からいつて、単に立法政策の当否の問題に止まるものではなく、**憲法を貫く民主主義の根本理念に牴触し、直接には憲法14条１項に違反するものといわなければならない**」。

〔下田武三裁判官の反対意見〕「そもそも親子の関係は、人智を超えた至高精妙な大自然の恵みにより発生し、人類の存続と文明伝承の基盤をなすものであり、最も尊ぶべき人間関係のひとつであつて、その間における自然の情愛とたくまざる秩序とは、人類の歴史とともに古く、古今東西の別の存しないところのものである……。かかる自然発生的な、情愛にみち秩序のある人間関係が尊属・卑属の関係であり、これを、往昔の奴隷制や貴族・平民の別、あるいは士農工商四民の制度のごとき、憲法14条１項の規定とは明らかに両立しえない、不合理な人為的社会的身分の差別と同一に論ずることは、とうていできないといわなければならない」。

42　非嫡出子相続分差別事件（遺産分割審判に対する抗告棄却決定に対する特別抗告事件）☆☆

東京家審平成24年３月26日民集67巻６号1345頁
東京高決平成24年６月22日民集67巻６号1352頁
●最大決平成25年９月４日民集67巻６号1320頁

【事実】

2001（平成13）年７月に死亡したＡの遺産につき、Ａの嫡出子（その代襲相続人を含む）である申立人らが、Ａの嫡出でない子である相手方に対し、遺産の分割の審判を申し立てた事案である。原審は、民法900条４号但書の規定のうち、嫡出でない子の相続分を嫡出子の相続分の２分の１とする部分は、憲法14条１項に違反しないと判断した。これを基に算出した相手方らの法定相続分を前提に、Ａの遺産の分割をすべきものとしたため、相手方が特別抗告した。最高裁はＡの相続が開始した2001（平成13）年７月当時においては、立法府の裁量権を考慮しても、嫡出子と嫡出でない子の法定相続分を区別する合理的な根拠は失われていたとして、本件規定は、遅くとも2001（平成13）年７月当時において、憲法14条１項に違反し無効であるとし、原決定を破棄し、更に審理を尽くさせるため、原審に差し戻した。なお、本決定の違憲判断は、Ａの相続の開始時から本決定までの間に開始された他の相続につき、本件規定を前提としてされた遺産の分割の審判その他の裁判、遺産の分割の協議その他の合意等により確定的なものとなった法律関係に影響を及ぼすものではないと解するのが相当であるとした。

整理

事件／民事事件

申立人・被抗告人／被相続人の嫡出子らおよび代襲相続人

相手方・抗告人／被相続人の非嫡出子ら

〈争点〉嫡出子と嫡出でない子の間の法定相続分。

〈憲法上の問題点〉民法900条４号但書の規定のうち嫡出でない子の相続分を嫡出子の相続分の２分の１とする部分が憲法14条１項に違反するか否か。

【決定要旨】

破棄差戻（全員一致、補足意見３）。

（ｉ）「相続制度は、被相続人の財産を誰に、どのように承継させるかを定めるものであるが、相続制度を定めるに当たっては、それぞれの国の伝統、社会事情、国民感情なども考慮されなければならない。さらに、現在の相続制度は、家族というものをどのように考えるかということと密接に関係しているのであって、その国における婚姻ないし親子関係に対する規律、国民の意識等を離れてこれを定めることはできない。これらを総合的に考慮した上で、相続制度をどのように定めるかは、立法府の合理的な裁量判断に委ねられている」が、「立法府に与えられた上記のような裁量権を考慮しても、そのような区別をすることに合理的な根拠が認められない場合には、当該区別は、憲法14条１項に違反するものと解するのが相当である。」

平成７年大法廷決定は、本件規定を憲法14条１項に反するものとはいえないと判断した。しかしながら、「これらの事柄は時代と共に変遷するものでもあるから、その定めの合理性については、個人の尊厳と法の下の平等を定める憲法に照らして不断に検討され、吟味されなければならない。」

「昭和22年民法改正時から現在に至るまでの間の社会の動向、我が国における家族形態の多様化やこれに伴う国民の意識の変化、諸外国の立法のすう勢及び我が国が批准した条約の内容とこれに基づき設置された委員会からの指摘、嫡出子と嫡出でない子の区別に関わる法制等の変化、更にはこれまでの当審判例における度重なる問題の指摘等を総合的に考察すれば、**家族という共同体の中における個人の尊重がより明確に認識されてきたことは明らかであるといえる**。そして、法律婚という制度自体は我が国に定着しているとしても、上記のような認識の変化に伴い、上記制度の下で父母が婚姻関係になかったという、**子にとっては自ら選択ないし修正する余地のない事柄を理由としてその子に不利益を及ぼすことは許されず、子を個人として尊重し、その権利を保障すべきであるという考えが確立されてきているものということができる**。以上を総合すれば、遅くともＡの相続が開始した平成13年７月当時においては、立法府の裁量権を考慮しても、嫡出子と嫡出でない子の法定相続分を区別する合理的な根拠は失われていたというべきである。したがって、**本件規定は、遅くとも平成13年７月当時において、憲法14条１項に違反していた**ものというべきである。」

（ii）「本決定は、本件規定が遅くとも平成13年７月当時において憲法14条１項に違反していたと判断するものであり」、平成７年大法廷決定並びそれ以後の小法廷判決及び小法廷決定が、「それより前に相続が開始した事件についてその相続開始時点での本件規定の合憲性を肯定した判断を変更するものではない。」他方、「憲法に違反する法律は原則として無効であり、その法律に基づいてされた行為の効力も否定されるべきものであることからすると、本件規定は、本決定により遅くとも平成13年７月当時において憲法14条１項に違反していたと判断される以上、本決定の先例としての事実上の拘束性により、上記当時以降は無効であることとなり、また、本件規定に基づいてされた裁判や合意の効力等も否定されることになろう。しかしながら、本件規定は、国民生活や身分関係の基本法である民法の一部を構成し、相続という日常的な現象を規律する規定であって、平成13年７月から既に約12年もの期間が経過していることからすると、その間に、本件規定の合憲性を前提として、多くの遺産の分割が行われ、更にそれを基に新たな権利関係が形成される事態が広く生じてきていることが容易に推察される。取り分け、本決定の違憲判断は、長期にわたる社会状況の変化に照らし、本件規定がその合理性を失ったことを理由として、その違憲性を当裁判所として初めて明らかにするものである。それにもかかわらず、本決定の違憲判断が、先例としての事実上の拘束性という形で既に行われた遺産の分割等の効力にも影響し、いわば解決済みの事案にも効果が及ぶとすることは、著しく法的安定性を害することになる。法的安定性は法に内在する普遍的な要請であり、当裁判所の違憲判断も、その先例としての事実上の拘束性を限定し、法的安定性の確保との調和を図ることが求められているといわなければならず、このことは、裁判において本件規定を違憲と判断することの適否という点からも問題となり得るところといえる。」

（ⅲ）「既に関係者間において裁判、合意等により確定的なものとなったといえる法律関係までをも現時点で覆すことは相当ではないが、関係者間の法律関係がそのような段階に至っていない事案であれば、本決定により違憲無効とされた本件規定の適用を排除した上で法律関係を確定的なものとするのが相当であるといえる。」しかし、「本決定の違憲判断は、Ａの相続の開始時から本決定までの間に開始された他の相続につき、本件規定を前提としてされた遺産の分割の審判その他の裁判、遺産の分割の協議その他の合意等により確定的なものとなった法律関係に影響を及ぼすものではないと解するのが相当である。」

43　サラリーマン税金訴訟（所得税決定処分取消請求事件）

京都地判昭和49年５月30日行集25巻５号548頁

大阪高判昭和54年11月７日行集30巻11号1827頁

●最大判昭和60年３月27日民集39巻２号247頁

【事実】

私立大学教員であるＸは、1964（昭和39）年度分の所得税について雑所得があるにもかかわらず確定申告しなかった。税務署長Ｙは、Ｘに対し雑所得分を加算した法定処分と無申告加算税の賦課決定処分を行った。Ｘは、不服申立て（裁決で雑所得の必要経費増を認められ、一部取り消される）を経てから本件課税処分の取消しを求めて出訴した。その際、旧所得税法（昭和40年法律第33号による改正前のもの）の給与所得課税に関する諸規定は、事業所得者等と比べて給与所得者にとって著しく不公平な所得税負担を課すものであり、憲法14条1項に違反すると主張した。第1に、必要経費の実額控除が認められず、例え給与所得控除の全額を必要経費であるとしても、係争年度の原告の控除額は、原告の必要経費合計額をはるかに下回っていること、第2に、源泉徴収制度により、給与所得の捕捉率は他の所得と比べて著しく高くなっており、給与所得者は負担のしわ寄せを受けていること、第3に、他の所得者に対して租税特別措置の利益が与えられていることである。第1審・控訴審では原告敗訴となり上告した。

整理

事件／行政事件

原告・控訴人・上告人／私立大学教員

被告・被控訴人・被上告人／税務署長

〈争点〉 課税処分の取消し。

〈憲法上の問題点〉 所得税法（昭和40年法律第33号による改正前のもの）9条1項5号は憲法14条1項に違反するか否か。

【判旨】

上告棄却（全員一致）。

（ｉ）「憲法14条1項は、……国民に対し絶対的な平等を保障したものではなく、合理的理由なくして差別することを禁止する趣旨であつて、国民各自の事実上の差異に相応して法的取扱いを区別することは、その区別が合理性を有する限り、何ら右規定に違反するものではない。」

（ii）「およそ民主主義国家にあつては、…課税要件及び租税の賦課徴収の手続は、法律で明確に定めることが必要である」。「租税は、今日では、国家の財政需要を充足するという本来の機能に加え、所得の再分配、資源の適正配分、景気の調整等の諸機能をも有しており、国民の租税負担を定めるについて、財政・経済・社会政策等の国政全般からの総合的な政策判断を必要とするばかりでなく、課税要件等を定めるについて、極めて専門技術的な判断を必要とすることも明らかである。したがつて、**租税法の定立については、国家財政、社会経済、国民所得、国民生活等の実態についての正確な資料を基礎とする立法府の政策的、技術的な判断にゆだねるほかはなく、裁判所は、基本的にはその裁量的判断を尊重せざるを得ないものというべきである**。そうであるとすれば、租税法の分野における所得の性質の違い等を理由とする取扱いの区別は、その**立法目的が正当なものであり、かつ、当該立法において具体的に採用された区別の態様が右目的との関連で著しく不合理であることが明らかでない限り、その合理性を否定することができず、これを憲法14条1項の規定に違反するものということはできない**。」

（iii）「給与所得者は、事業所得者等と異なり、自己の計算と危険とにおいて業務を遂行するものではなく、使用者の定めるところに従つて役務を提供し、提供した役務の対価として使用者から受ける給付をもつてその収入とするものであるところ、右の給付の額はあらかじめ定めるところによりおおむね一定額に確定しており、職場における勤務上必要な施設、器具、備品等に係る費用のたぐいは使用者において負担するのが通例であ」る。

「その上、給与所得者はその数が膨大であるため、各自の申告に基づき必要経費の額を個別的に認定して実額控除を行うこと、あるいは概算控除と選択的に右の実額控除を行うことは、技術的及び量的に相当の困難を招来」する。「旧所得税法が給与所得に係る必要経費につき実額控除を排し、代わりに概算控除の制度を設けた目的は、給与所得者と事業所得者等との租税負担の均衡に配意しつつ、右のような弊害を防止することにあることが明らかであるところ、租税負担を国民の間に公平に配分するとともに、租税の徴収を確実・的確かつ効率的に実現することは、租税法の基本原則であるから、右の目的は正当性を有する。」

「給与所得者において自ら負担する必要経費の額が一般に旧所得税法所定の前記給与所得控除の額を明らかに上回るものと認めることは困難であつて、右給与所得控除の額は給与所得に係る必要経費の額との対比において相当性を欠くことが明らかであるということはできない」。

（iv）「所得の捕捉の不均衡の問題は、原則的には、税務行政の適正な執行により是正されるべき性質のものであつて、**捕捉率の較差が正義衡平の観念に反する程に著しく、かつ、それが長年にわたり恒常的に存在して租税法制自体に基因していると認められるような場合であれば格別……、そうでない限り、租税法制そのものを違憲ならしめるものとはいえない**」。「租税優遇措置が合理性を欠くものであるとしても、そのことは、当該措置自体の有効性に影響を与えるものにすぎず、本件課税規定を違憲無効ならしめるものということはできない。」

44　東京都青年の家事件（損害賠償請求控訴事件）

東京地判平成6年3月30日判タ859号163頁

●東京高判平成9年9月16日判タ986号206頁

【事実】

同性愛者の団体X所属の18名は、東京都が設置・管理する府中青年の家に宿泊した。そのうちの2名が恒例のリーダー会に出席し、団体Xの活動について説明した。その後、他の利用者からの差別的発言などが続いた。後日、同施設の宿泊利用を申し込んだが、青少年の家の所長は申込書の受理を拒否し、さらに都教育委員会（被告Y）は、本件申込は都青年の家条例8条1号（秩序を乱すおそれがあると認めたとき）、2号（管理上支障があると認めたとき）に該当するとして承認を拒否した。Xは、これらの処分は憲法14条、21条、26条、地方自治法244条に反し違憲、違法であると主張し、Yに対して損害賠償を請求する訴えを提起した。第1審は、利用申込書の受理拒否を違法と判断したうえで、都教育委員会がXらの性的行為の具体的可能性の有無を当初から問題にしておらず、その可能性が具体的にあったと認めるに足りる証拠がないとして、Xの請求の一部を認容した。

整理

事件／行政事件

原告・被控訴人／同性愛者の団体

被告・控訴人／東京都教育委員会

〈争点〉東京都教育委員会の不承認処分。

〈憲法上の問題点〉同性愛者の団体が都条例に基づいて行った都青年の家の宿泊使用申込を東京都教育委員会が不承認としたことが、実質的に差別的取扱いに該当するか。

【判旨】

一部容認（損害賠償）。

（i）「青年の家は、宿泊機能と活動機能が一体となった施設であり、青少年が共同宿泊活動を通して成長する場として設置されたものであって、そこには、青少年の健全な育成という観点からは、共同宿泊活動が重要であるとの認識があること、したがって、その施設の主要かつ特徴的な利用は、宿泊を伴う利用である」。男女別室宿泊の原則は、「教育施設としての青年の家において、制度上一般的に性的行為が行われる可能性があることは、相当とはいえないから、同性愛者の宿泊利用の申込に対して、この点を施設利用の承認不承認にあたって考慮することは相当である。但し、その可能性については、異性愛者である男女が同室宿泊の場合と同程度と認めるべきであり、それ以上でもなければそれ以下でもないというべきである」。「特定の二人による宿泊に比べ、性的行為が行われる可能性は、同性愛者においても、異性愛者同様に、それほど高いものとは認めがたい。また、夜間における管理は、前記認定のとおり、警備員が見回る程度であるから、性的行為が行われないかどうかは、最終的には、利用者の自覚に委ねられている面が大きいというべきである。」「このように、青年の家において性的行為が行われる可能性はそれほど高いものとはいえず、また、それも利用者の自覚に委ねられているというべきものであって、これを絶対的に禁止することはそもそも不可能な事柄であり、しかも、やむを得ない場合には例外を認めものであるから、男女別室宿泊の原則を施設利用の承認不承認にあたって考慮することは相当であるとしても、この適用においては、利用者の利用権を不当に侵害しないように十分に配慮する必要があるというべきである。」「元来は異性愛者を前提とした右原則を、同性愛者にも機械的に適用し、結果的にその宿泊利用を一切拒否する事態を招来することは、右原則が身体障害者の利用などの際、やむを得ない場合にはその例外を認めていることと比較しても、著しく不合理であって、同性愛者の利用権を不当に制限するものといわざるを得ない」。

（ii）「教育施設であるからといって、直ちに他の公共的施設の利用に比べて施設管理者に大幅な裁量権が与えられるとは直ちにいえないのであって、各公共的施設の設立趣旨、目的、運用の実情等を勘案して具体的に地方自治法244条2項に定める『正当な理由』があるかどうか判断すべきものである。」「青少年、特に小学生等に、有害な影響を与えると都教育委員会が相応の根拠をもって判断する場合には、いずれかの団体のうち、後に使用申込をした団体の申込を都青年の家条例8条に基づき拒否することも場合によっては可能と考えられるから、右のような事態が生じる可能性があるからといって、当然に同性愛者の宿泊利用を全て拒否できるということはできない。」

（iii）「**都教育委員会が、青年の家利用の承認不承認にあたって男女別室宿泊の原則を考慮することは相当であるとしても、右は、異性愛者を前提とする社会的慣習であり、同性愛者の使用申込に対しては、同性愛者の特殊性、すなわち右原則をそのまま適用した場合の重大な不利益に十分配慮するべきであるのに、一般的に性的行為に及ぶ可能性があることのみを重視して、同性愛者の宿泊利用を一切拒否したものであって、その際には、一定の条件を付するなどして、より制限的でない方法により、同性愛者の利用権との調整を図ろうと検討した形跡も窺えないのである。したがって、都教育委員会の本件不承認処分は、青年の家が青少年の教育施設であることを考慮しても、同性愛者の利用権を不当に制限し、結果的、実質的に不当な差別的取扱いをしたものであり、施設利用の承認不承認を判断する際に、その裁量権の範囲を逸脱したものであって、地方自治法244条2項、都青年の家条例8条の解釈適用を誤った違法なものというべきである**」。

45　女性の再婚禁止期間（損害賠償請求事件）☆☆☆

岡山地判平成24年10月18日民集69巻8号2575頁
広島高岡山支判平成25年4月26日民集69巻8号2582頁
●最大判平成27年12月16日民集69巻8号2427頁

【事実】

原告（控訴人、上告人）は、2008（平成20）年3月に前夫と離婚し、その後同年10月に現夫と再婚したが、現夫との再婚は女性のみに6月の再婚禁止期間を定める民法733条1項により望んでいた時期よりも遅いものとなった。原告は、この遅れにより精神的損害を被ったとして、国に対し165万円の損害賠償及びこれに対する遅延損害金の支払いを求めた。第1審および原審のいずれにおいても原告の請求が棄却されたため、原告が上告した。

整理

事件／行政事件
原告・控訴人・上告人／再婚禁止期間により再婚時期が遅れた夫婦
被告・被控訴人・被上告人／国

〈争点〉民法733条１項を改廃する立法措置をとらなかった立法不作為。

〈憲法上の問題点〉民法733条１項の規定のうち100日を超えて再婚禁止期間を設ける部分は憲法14条１項及び24条２項に違反するか。

【判旨】

上告棄却（14対１）。

（ｉ）「憲法14条１項は、法の下の平等を定めており、この規定が、事柄の性質に応じた合理的な根拠に基づくものでない限り、法的な差別的取扱いを禁止する趣旨」である。「本件規定は、女性についてのみ前婚の解消又は取消しの日から６箇月の再婚禁止期間を定めており、これによって、再婚をする際の要件に関し男性と女性とを区別しているから、このような区別をすることが事柄の性質に応じた合理的な根拠に基づくものと認められない場合には、本件規定は憲法14条１項に違反する」。「婚姻及び家族に関する事項は、……法律によってこれを具体化することがふさわしい」。「憲法24条２項は、このような観点から、婚姻及び家族に関する事項について、具体的な制度の構築を第一次的には国会の合理的な立法裁量に委ねるとともに、その立法に当たっては、個人の尊厳と両性の本質的平等に立脚すべきであるとする要請、指針を示すことによって、その裁量の限界を画した」。「また、同条１項は、『婚姻は、両性の合意のみに基いて成立し、夫婦が同等の権利を有することを基本として、相互の協力により、維持されなければならない。』と規定しており、婚姻をするかどうか、いつ誰と婚姻をするかについては、当事者間の自由かつ平等な意思決定に委ねられるべきであるという趣旨を明らかにした」。「婚姻に対する直接的な制約を課すことが内容となっている本件規定については、その合理的な根拠の有無について以上のような事柄の性質を十分考慮に入れた上で検討をすることが必要である。」本件規定の「立法目的に合理的な根拠があり、かつ、その区別の具体的内容が上記の立法目的との関連において合理性を有するものであるかどうかという観点から憲法適合性の審査を行うのが相当である。」「**本件規定の立法目的は、女性の再婚後に生まれた子につき父性の推定の重複を回避し、もって父子関係をめぐる紛争の発生を未然に防ぐことにある**と解するのが相当であり（最高裁平成４年（オ）第255号同７年12月５日第三小法廷判決・裁判集民事177号243頁（以下『平成７年判決』という。）参照）、**父子関係が早期に明確となることの重要性に鑑みると、このような立法目的には合理性を認めることができる。**」また、「本件規定の立法目的は、父性の推定の重複を回避し、もって父子関係をめぐる紛争の発生を未然に防ぐことにあると解されるところ、民法772条２項は、『婚姻の成立の日から200日を経過した後又は婚姻の解消若しくは取消しの日から300日以内に生まれた子は、婚姻中に懐胎したものと推定する。』と規定して、出産の時期から逆算して懐胎の時期を推定し、その結果婚姻中に懐胎したものと推定される子について、同条１項が『妻が婚姻中に懐胎した子は、夫の子と推定する。』と規定している。そうすると、女性の再婚後に生まれる子については、計算上100日の再婚禁止期間を設けることによって、父性の推定の重複が回避されることになる。」「夫婦間の子が嫡出子となることは婚姻による重要な効果であるところ、嫡出子について出産の時期を起点とする明確で画一的な基準から父性を推定し、父子関係を早期に定めて子の身分関係の法的安定を図る仕組みが設けられた趣旨に鑑みれば、父性の推定の重複を避けるため上記の100日について一律に女性の再婚を制約することは、婚姻及び家族に関する事項について国会に認められる合理的な立法裁量の範囲を超えるものではなく、上記立法目的との関連において合理性を有する」。旧民法起草時のにおける諸事情に鑑みると、「再婚禁止期間を6箇月と定めたことが不合理であったとはいい難い。このことは、再婚禁止期間の規定が旧民法から現行の民法に引き継がれた後においても同様であり、その当時においては、国会に認められる合理的な立法裁量の範囲を超えるものであったとまでいうことはできない。」「しかし、その後、**医療や科学技術が発達した今日においては、上記のような各観点から、再婚禁止期間を厳密に父性の推定が重複することを回避するための期間に限定せず、一定の期間の幅を設けることを正当化することは困難になった**といわざるを得ない。」「**以上を総合すると、本件規定のうち100日超過部分は、遅くとも上告人が前婚を解消した日から100日を経過した時点までには、婚姻及び家族に関する事項について国会に認められる合理的な立法裁量の範囲を超えるものとして、その立法目的との関連において合理性を欠く**ものになっていた」。

（ii）国家賠償法1条1項につき、「国会議員の立法行為又は立法不作為が同項の適用上違法となるかどうかは、国会議員の立法過程における行動が個々の国民に対して負う職務上の法的義務に違反したかどうかの問題であり、立法の内容の違憲性の問題とは区別されるべきものである。」「仮に当該立法の内容が憲法の規定に違反するものであるとしても、そのゆえに国会議員の立法行為又は立法不作為が直ちに国家賠償法1条1項の適用上違法の評価を受けるものではない。」「もっとも、法律の規定が憲法上保障され又は保護されている権利利益を合理的な理由なく制約するものとして憲法の規定に違反するものであることが明白であるにもかかわらず、国会が正当な理由なく長期にわたってその改廃等の立法措置を怠る場合などにおいては、……例外的に、その立法不作為は、国家賠償法1条1項の規定の適用上違法の評価を受けることがある」。平成20年当時において、「本件規定のうち100日超過部分が憲法に違反するものとなってはいたものの、これを国家賠償法1条1項の適用の観点からみた場合には、憲法上保障され又は保護されている権利利益を合理的な理由なく制約するものとして憲法の規定に違反することが明白であるにもかかわらず国会が正当な理由なく長期にわたって改廃等の立法措置を怠っていたと評価することはできない。」

（iii）「本件規定のうち100日の再婚禁止期間を設ける部分（以下『100日以内部分』という。）について憲法14条1項又は24条2項に違反するものではないとする多数意見に賛同するものであるが、再婚禁止による支障をできる限り少なくすべきとの観点から、上記100日の期間内であっても、女性が再婚をすることが禁止されない場合を認める余地が少なくないのではないかと考えており、100日以内部分の適用除外に関する法令解釈上の問題について補足しておきたい。」とする立場からの、6名の裁判官による共同補足意見、2つの補足意見・意見・反対意見がそれぞれ付されている。

46　夫婦同氏制の合憲性（損害賠償請求事件）

東京地判平成25年5月29日民集69巻8号2708頁
東京高判平成26年3月28日民集69巻8号2741頁
●最大判平成27年12月16日民集69巻8号2586頁

【事実】

原告ら5名は、夫婦が婚姻の際に夫又は妻の氏を称すると定める民法750条の規定が憲法13条、14条1項、24条1項及び2項等に違反すると主張し、同規定を改廃する立法措置をとらないという立法不作為の違法を理由に、被告国に対し、国家賠償法1条1項に基づき損害賠償を求めた事案である。第1審、第2審ともに請求を棄却されたので上告した。

整理

事件／民事事件
原告・控訴人・上告人／通称の氏を名乗る者（3名）、氏を定めず婚姻届を提出したが不受理となった者（2名）
被告・被控訴人・被上告人／国
〈争点〉民法750条改廃する立法措置をとらない立法不作為の違法性。
〈憲法上の問題点〉夫婦同氏制の合憲性。

【判旨】

上告棄却（14対1、補足意見1、意見4、反対意見1）。

（i）憲法13条違反について、「**氏名は、社会的にみれば、個人を他人から識別し特定する機能を有するものであるが、同時に、その個人からみれば、人が個人として尊重される基礎であり、その個人の人格の象徴であって、人格権の一内容を構成するものというべきである**」。「しかし、氏は、婚姻及び家族に関する法制度の一部として法律がその具体的な内容を規律しているものであるから、氏に関する上記人格権の内容も、憲法上一義的に捉えられるべきものではなく、憲法の趣旨を踏まえつつ定められる法制度をまって初めて具体的に捉えられるものである。」「したがって、具体的な法制度を離れて、氏が変更されること自体を捉えて直ちに人格権を侵害し、違憲であるか否かを論ずることは相当ではない。」

（ii）「そこで、民法における氏に関する規定を通覧すると」、「氏の性質に関し、氏に、名と同様に個人の呼称としての意義があるものの、名とは切り離された存在として、夫婦及びその間の未婚の子や養親子が同一の氏を称するとすることにより、社会の構成要素である家族の呼称としての意義があるとの理解を示している」。そして、「家族は社会の自然かつ基礎的な集団単位であるから、このように個人の呼称の一部である氏をその個人の属する集団を想起させるものとして一つに定めることにも合理性があるといえる。」

（iii）「本件で問題となっているのは、婚姻という身分関係の変動を自らの意思で選択することに伴って夫婦の一方が氏を改めるという場面であって、自らの意思に関わりなく氏を改めることが強制されるというものではない。」「氏は、個人の呼称としての意義があり、名とあいまって社会的に個人を他人から識別し特定する機能を有するものであることからすれば、自らの意思のみによって自由に定めたり、又は改めたりすることを認めることは本来の性質に沿わないものであり、一定の統一された基準に従って定められ、又は改められるとすることが不自然な取扱いとはいえないところ、上記のように、**氏に、名とは切り離された存在として社会の構成要素である家族の呼称としての意義があることからすれば、氏が、親子関係など一定の身分関係を反映し、婚姻を含めた身分関係の変動に伴って改められることがあり得ることは、その性質上予定されている。**」

（iv）「**以上のような現行の法制度の下における氏の性質等に鑑みると、婚姻の際に『氏の変更を強制されない自由』が憲法上の権利として保障される人格権の一内容であるとはいえない。本件規定は、憲法13条に違反するものではない。**」

（v）もっとも、「氏が、名とあいまって、個人を他人から識別し特定する機能を有するほか、人が個人として尊重される基礎であり、その個人の人格を一体として示すものでもあることから、氏を改める者にとって、そのことによりいわゆるアイデンティティの喪失感を抱いたり、従前の氏を使用する中で形成されてきた他人から識別し特定される機能が阻害される不利益や、個人の信用、評価、名誉感情等にも影響が及ぶという不利益が生じたりすることがあることは否定できず」、「近年、晩婚化が進み、婚姻前の氏を使用する中で社会的な地位や業績が築かれる期間が長くなっていることから、婚姻に伴い氏を改めることにより不利益を被る者が増加してきていることは容易にうかがえるところである。これらの婚姻前に築いた個人の信用、評価、名誉感情等を婚姻後も維持する利益等は、憲法上の権利として保障される人格権の一内容であるとまではいえないものの、後記のとおり、氏を含めた婚姻及び家族に関する法制度の在り方を検討するに当たって考慮すべき人格的利益であるとはいえるのであり、憲法24条の認める立法裁量の範囲を超えるものであるか否かの検討に当たって考慮すべき事項である。」

（vi）憲法14条１項違反について、「**本件規定は、夫婦が夫又は妻の氏を称するものとしており、夫婦がいずれの氏を称するかを夫婦となろうとする者の間の協議に委ねているのであって、その文言上性別に基づく法的な差別的取扱いを定めているわけではなく、本件規定の定める夫婦同氏制それ自体に男女間の形式的な不平等が存在するわけではない。**我が国において、夫婦となろうとする者の間の個々の協議の結果として夫の氏を選択する夫婦が圧倒的多数を占めることが認められるとしても、それが、本件規定の在り方自体から生じた結果であるということはできない。したがって、**本件規定は、憲法14条1項に違反するものではない。**」「もっとも、氏の選択に関し、これまでは夫の氏を選択する夫婦が圧倒的多数を占めている状況にあることに鑑みると、この現状が、夫婦となろうとする者双方の真に自由な選択の結果によるものかについて留意が求められるところであり、仮に、社会に存する差別的な意識や慣習による影響があるのであれば、その影響を排除して夫婦間に実質的な平等が保たれるように図ることは、憲法14条1項の趣旨に沿うものである」。「この点は、氏を含めた婚姻及び家族に関する法制度の在り方を検討するに当たって考慮すべき事項の一つというべきであり、……憲法24条の認める立法裁量の範囲を超えるものであるか否かの検討に当たっても留意すべきもの」である。

（ⅶ）憲法24条1項は、「婚姻をするかどうか、いつ誰と婚姻をするかについては、当事者間の自由かつ平等な意思決定に委ねられるべきであるという趣旨を明らかにしたもの」である。「本件規定は、婚姻の効力の一つとして夫婦が夫又は妻の氏を称することを定めたものであり、婚姻をすることについての直接の制約を定めたものではない。」「ある法制度の内容により婚姻をすることが事実上制約されることになっていることについては、婚姻及び家族に関する法制度の内容を定めるに当たっての国会の立法裁量の範囲を超えるものであるか否かの検討に当たって考慮すべき事項である」。「**憲法24条2項は、具体的な制度の構築を第一次的には国会の合理的な立法裁量に委ねるとともに、その立法に当たっては、同条1項も前提としつつ、個人の尊厳と両性の本質的平等に立脚すべきであるとする要請、指針を示すことによって、その裁量の限界を画したものといえる。**」「憲法24条が、本質的に様々な要素を検討して行われるべき立法作用に対してあえて立法上の要請、指針を明示していることからすると、その要請、指針は、単に、憲法上の権利として保障される人格権を不当に侵害するものでなく、かつ、両性の形式的な平等が保たれた内容の法律が制定されればそれで足りるというものではないのであって、憲法上直接保障された権利とまではいえない人格的利益をも尊重すべきこと、両性の実質的な平等が保たれるように図ること、婚姻制度の内容により婚姻をすることが事実上不当に制約されることのないように図ること等についても十分に配慮した法律の制定を求めるものであ」る。

（ⅷ）「他方で、婚姻及び家族に関する事項は、国の伝統や国民感情を含めた社会状況における種々の要因を踏まえつつ、それぞれの時代における夫婦や親子関係についての全体の規律を見据えた総合的な判断によって定められるべきものである。特に、憲法上直接保障された権利とまではいえない人格的利益や実質的平等は、その内容として多様なものが考えられ、それらの実現の在り方は、その時々における社会的条件、国民生活の状況、家族の在り方等との関係において決められるべきものである。」

（ix）「そうすると、……婚姻及び家族に関する法制度を定めた法律の規定が憲法13条、14条１項に違反しない場合に、更に憲法24条にも適合するものとして是認されるか否かは、当該法制度の趣旨や同制度を採用することにより生ずる影響につき検討し、当該規定が個人の尊厳と両性の本質的平等の要請に照らして合理性を欠き、国会の立法裁量の範囲を超えるものとみざるを得ないような場合に当たるか否かという観点から判断すべきものとするのが相当である。」

（ｘ）「婚姻に伴い夫婦が同一の氏を称する夫婦同氏制は、旧民法……の施行された明治31年に我が国の法制度として採用され、我が国の社会に定着してきたものである。」そして、「夫婦が同一の氏を称することは、上記の家族という一つの集団を構成する一員であることを、対外的に公示し、識別する機能を有している。」「夫婦同氏制の下においては、婚姻に伴い、夫婦となろうとする者の一方は必ず氏を改めることになるところ、婚姻によって氏を改める者にとって、そのことによりいわゆるアイデンティティの喪失感を抱いたり、婚姻前の氏を使用する中で形成してきた個人の社会的な信用、評価、名誉感情等を維持することが困難になったりするなどの不利益を受ける場合があることは否定できない。そして、氏の選択に関し、夫の氏を選択する夫婦が圧倒的多数を占めている現状からすれば、妻となる女性が上記の不利益を受ける場合が多い」。しかし、「夫婦同氏制は、婚姻前の氏を通称として使用することまで許さないというものではなく、**近時、婚姻前の氏を通称として使用することが社会的に広まっているところ、上記の不利益は、このような氏の通称使用が広まることにより一定程度は緩和され得るものである。**」「**以上の点を総合的に考慮すると、本件規定の採用した夫婦同氏制が、夫婦が別の氏を称することを認めないものであるとしても、上記のような状況の下で直ちに個人の尊厳と両性の本質的平等の要請に照らして合理性を欠く制度であるとは認めることはできない。したがって、本件規定は、憲法24条に違反するものではない。**」「なお、論旨には、夫婦同氏制を規制と捉えた上、これよりも規制の程度の小さい氏に係る制度（例えば、夫婦別氏を希望する者にこれを可能とするいわゆる選択的夫婦別氏制）を採る余地がある点についての指摘をする部分があるところ、……そのような制度に合理性がないと断ずるものではない。……夫婦同氏制の採用については、嫡出子の仕組みなどの婚姻制度や氏の在り方に対する社会の受け止め方に依拠するところが少なくなく、この点の状況に関する判断を含め、この種の制度の在り方は、国会で論ぜられ、判断されるべき事柄にほかならないというべきである。」

47　東京都売春取締条例違反事件（売春等取締条例違反被告事件）

大森簡判昭和28年８月３日刑集12巻14号3311頁

東京高判昭和28年11月30日刑集12巻14号3312頁

●最大判昭和33年10月15日刑集12巻14号3305頁

【事実】

東京都内において料亭を経営していたXは、同店内おいて複数回にわたり女中らに不特定の客を相手に売春させ、その報酬の一部を自ら取得していた。第1審は、売春等取締条例4条によりXに罰金2万円を科した。Xは控訴したが棄却されたため、条例による取締について控訴人が上告した。

整理

事件／刑事事件

被告人・控訴人・上告人／料亭経営者

〈争点〉 売春等取締条例違反行為。

〈憲法上の問題点〉 地方公共団体等が制定する売春取締に関する条例の合憲性。

【判旨】

上告棄却（全員一致）。

「社会生活の法的規律は通常、全国にわたり劃一的な効力をもつ法律によつてなされているけれども、中には各地方の特殊性に応じその実情に即して規律するためにこれを各地方公共団体の自治に委ねる方が一層合目的なものもあり、またときにはいずれの方法によつて規律しても差支えないものもある。これすなわち憲法94条が、地方公共団体は『法律の範囲内で条例を制定することができる』と定めている所以である」。

「憲法が各地方公共団体の条例制定権を認める以上、地域によつて差別を生ずることは当然に予期されることであるから、かかる差別は憲法みずから容認するところである」。「それ故、地方公共団体が売春の取締について各別に条例を制定する結果、その取扱に差別を生ずることがあつても、所論のように地域差の故をもつて違憲ということはできない」。

48　外国人入浴拒否訴訟（損害賠償請求事件）☆

●札幌地判平成14年11月11日判時1806号84頁
札幌高判平成16年9月16日判例集未登載
最決平成17年4月7日判例集未登載

【事実】

原告らは、被告が経営する公衆浴場に入浴しようとしたところ、外国人であることを理由に入浴を拒否された。これについて人格権や名誉を侵害されたとして、浴場経営者に損害賠償および謝罪広告の掲載を求め、さらにこのような人種差別が行われたのは被告である市が人種差別撤廃のための実効性ある措置をとらなかったことが原因であるとして市に損害賠償を請求した事件である。

整理

事件／民事事件

原告／入浴を拒否された者

被告／浴場経営者、小樽市

〈争点〉 人格権、名誉毀損侵害に対する損害賠償。

〈憲法上の問題点〉 ❶私人相互の関係に、憲法14条１項は直接適用されるか。❷外国人に対する入浴拒否が人種差別にあたるか。

【判旨】

一部認容。

（ｉ）「私人相互の関係については、上記のとおり、憲法14条１項、国際人権Ｂ規約、人種差別撤廃条約等が直接適用されることはないけれども、私人の行為によって他の私人の基本的な自由や平等が具体的に侵害され又はそのおそれがあり、かつ、それが社会的に許容しうる限度を超えていると評価されるときは、私的自治に対する一般的制限規定である民法１条、90条や不法行為に関する諸規定等により、私人による個人の基本的な自由や平等に対する侵害を無効ないし違法として私人の利益を保護すべきである。そして、憲法14条１項、国際人権Ｂ規約及び人種差別撤廃条約は、前記のような私法の諸規定の解釈にあたっての基準の１つとなりうる」。

（ii）「これを本件入浴拒否についてみると、本件入浴拒否は、……入口には外国人の入浴を拒否する旨の張り紙が掲示されていたことからして、国籍による区別のようにもみえるが、外見上国籍の区別ができない場合もあることや、……入浴拒否においては、日本国籍を取得した原告が拒否されていることからすれば、実質的には、日本国籍の有無という国籍による区別ではなく、**外見が外国人にみえるという、人種、皮膚の色、世系又は民族的若しくは種族的出身に基づく区別、制限であると認められ**、憲法14条１項、国際人権Ｂ規約26条、人種差別撤廃条約の趣旨に照らし、私人間においても撤廃されるべき人種差別にあたるというべきである」。

49　性同一性障害特例法の生殖能力要件の合憲性（性別の取扱いの変更申立て却下審判に対する抗告棄却決定に対する特別抗告事件）

岡山家津山支審平成29年２月６日家庭の法と裁判22号119頁

広島高岡山支決平成30年２月９日家庭の法と裁判22号115頁

●最決平成31年１月23日集民261号１頁

【事実】

身体は女性として生まれながら心は男性という性同一性障害を有し、性同一性障害者の性別の取扱いの特例に関する法律（以下、特例法）３条１項４号の要件を満たすために行われる生殖腺の除去手術は受けておらず、また、不受理となった訴外女性との婚姻届の受理申立審判において同申立てが却下された原告が、特例法に基づき、性別の取扱いを女から男に変更する審判を求めた。原審は、特例法3条1項4号は日本国憲法13条に違反するほどに不合理な規定とはいえないとして申立てを却下した。

整理

事件／民事事件

原告・控訴人・抗告人／性同一性障害者

被告・被控訴人・被抗告人／国

〈争点〉性別の取扱いの変更申立て。

〈憲法上の問題点〉性同一性障害者の性別の取扱いの特例に関する法律3条1項4号の合憲性。

【決定要旨】

棄却（全員一致、補足意見2）。

本法の下では、「性同一性障害者が当該審判を受けることを望む場合には一般的には生殖腺除去手術を受けていなければならないこととなる。本件規定は、性同一性障害者一般に対して上記手術を受けること自体を強制するものではないが、**性同一性障害者によっては、上記手術まで望まないのに当該審判を受けるためやむなく上記手術を受けることもあり得るところであって、その意思に反して身体への侵襲を受けない自由を制約する面もある**ことは否定できない。もっとも、本件規定は、当該審判を受けた者について**変更前の性別の生殖機能により子が生まれることがあれば、親子関係等に関わる問題が生じ、社会に混乱を生じさせかねないことや、長きにわたって生物学的な性別に基づき男女の区別がされてきた中で急激な形での変化を避ける等の配慮**に基づくものと解される。これらの配慮の必要性、方法の相当性等は、性自認に従った性別の取扱いや家族制度の理解に関する社会的状況の変化等に応じて変わり得るものであり、このような規定の憲法適合性については不断の検討を要するものというべきであるが、**本件規定の目的、上記の制約の態様、現在の社会的状況等を総合的に較量すると、本件規定は、現時点では、憲法13条、14条1項に違反するものとはいえない。**」

〔鬼丸かおる・三浦守裁判官の補足意見〕「本件規定は、現時点では、憲法13条に違反するとまではいえないものの、その疑いが生じていることは否定できない。」「本件規定に関する問題を含め、性同一性障害者を取り巻く様々な問題について、更に広く理解が深まるとともに、一人ひとりの人格と個性の尊重という観点から各所において適切な対応がされることを望む。」

第6章　思想・良心の自由

思想及び良心の自由　憲法19条は、「思想及び良心の自由は、これを侵してはならない」と定める。ここでいう「思想」とは、人間の論理的・知的な判断作用を、一方「良心」は、倫理的・主観的な判断作用をいう。思想・良心いずれも内心の自由には、絶対的な保障が及ぶ。

同条により、国・公権力が特定の思想・信条を強要したり、思想・信条を理由として不利益取扱いをすることは禁じられる。したがって、信条に基づく差別は、憲法14条とともに19条に反することとなる。また、国民には、思想や良心を告白するよう強制され、あるいは調査等により推測されない沈黙の自由が保障される。

本条により、いかなる思想・良心を持つよう、あるいは持たないよう国・公権力が各人に強いることはできない。しかしながら**46謝罪広告事件**において最高裁判所は、「単に事態の真相を告白し、陳謝の意を表明するに止まる程度」の謝罪状の掲載を命ずる判決を強制執行しても良心の自由を制限することにはならないと判断している。「陳謝」は正しく人の良心に関わるものであり、疑問が残る。

思想・良心に基づく差別をめぐって問題になったのは、**47麹町中学内申書事件**が著名である。最高裁判所は、中学校長が高校に提出した調査書に特定の党派の集会に参加する等していわゆる学生運動を行なっていた事実の記述があってもそれは思想・信条そのものには該当しないから、入学者選抜において思想・信条が合否の判定材料になったとは言えないとしたが、果たしてそう考えられるであろうか。何らかの思想・信条を有するから学生運動に関わるのであろうし、その事実を調査書に記載するということはすなわち高校に対し、入学させるのにふさわしいかどうかを判断する材料を提供したと解するのが適当ではなかろうか。

48ピアノ伴奏拒否事件では、公務員に対する思想・良心への侵害と不利益取扱いが争点となった。公立学校の教職員が卒業式等で日の丸の掲揚や起立、君が代斉唱・伴奏を強要され、拒否したことで職務命令違反に問われ懲戒処分を受ける事案が各地で起きている。教職員が斉唱義務等の不存在確認や、処分の取消や差止め等を求めて争ったいわゆる日の丸・君が代訴訟の一つである。公立学校での日の丸・君が代の強制は、入学式や卒業式等における掲揚・斉唱指導を明記した1989（平成元）年の学習指導要領改訂以降、強まる傾向にある。1999（平成11）年には、日章旗を国旗とし、君が代を国歌と規定する「国旗及び国歌に関する法律」が制定・施行された。最高裁判所は、ピアノ伴奏拒否事件の他、都立南葛飾高校不起立事件（最判平成23年５月30日民集65巻４号1780頁）、都立高校不起立事件（最判平成23年６月６日民集65巻４号1855頁）、町田・八王子市立中学校不起立事件（最判平成23年６月14日民集65巻４号2148頁）等においていずれも、職務命令は憲法19条に反しないと判示した。他方、下級審では、2003（平成15）年に東京都教育委員会が都立高校長、盲・ろう・養護学校長（当時）宛てに発出した通達「入学式、卒業式等における国旗掲揚及び国歌斉唱の実施について」（平成15年10月23日　15教指企第569号）の違憲性を明言し、懲戒処分を禁じた画期的判決もある（東京地判平成18年９月21日判時1952号44頁）。

ところで、小学校で2018（平成30）年、中学校で2019（平成31）年から特別の教科となった道徳は、児童・生徒及び教職員の思想・良心の自由に関わる重大な問題である。道徳は、善悪の観点に立って理想的な人物像を示しそれに到達させようとするもので、そもそも何を善、悪と捉えるかは正に個々人の良心に他ならない。記述式とは言え、学習指導要領が示す「礼儀」・「公共の精神」・「伝統と文化の尊重」といった22もの徳目に沿って児童・生徒の内心を評価することは、子どもたちの思想・良心を制御し、のみならず教員の良心を損なう効果をもたらす危険がある。なお、2022（令和４）年度より高校社会科に新設予定の「公共」なる科目も、多分に「道徳」としての要素を含むものと考えられる。

50　謝罪広告事件（謝罪広告請求事件）☆☆☆

徳島地判昭和28年６月24日下民集４巻６号926頁
高松高判昭和28年10月３日民集10巻７号818頁
●最大判昭和31年７月４日民集10巻７号785頁

【事実】

上告人Ｘ（被告・控訴人）は、1952（昭和27）年の衆議院議員選挙に日本共産党公認候補として徳島県から立候補した。Ｘは、政見放送の際に、対立候補のＹ（原告・被控訴人・被上告人）が徳島県副知事在職中に発電所の発電機購入に関して斡旋料800万円を貰った旨述べると共に、徳島新聞紙上でも公開状と称して同旨の主張を行った。Ｙは、虚偽の事実により名誉を毀損されたとして、Ｘに謝罪等を求める民事訴訟を提起した。第１審は、「虚偽の事実を発表し貴下の名誉を毀損し……多大の御迷惑をおかけ致しましたことを深く恥じ且つ謹んで謝罪いたします」という内容の謝罪状を新聞紙上に掲載するようＸに命じた。控訴審もこれを支持してＸは陳謝の意を表する謝罪広告をすべきとし控訴を棄却したので、Ｘが上告した。

Xは、放送の内容は真実であって、国民の幸福のためにしたと確信を持っているのであるから、その良心に反して「ここに陳謝の意を表します」等と言わせることは憲法19条に違反するのであり、Yの救済には慰謝料の支払いを命ずる等の方法が妥当であると主張した。

整理

事件／民事事件

原告・被控訴人・被上告人／元徳島県副知事の衆議院選挙候補者

被告・控訴人・上告人／日本共産党公認の衆議院選挙候補者

〈争点〉 謝罪広告の掲載請求。

〈憲法上の問題点〉 意に反する謝罪広告の強制は良心の自由を侵害しないか。

【判旨】

上告棄却（13対2、補足意見3、反対意見2）。

（i）**謝罪広告の掲載を命ずる判決と強制執行**　「民法723条にいわゆる『他人の名誉を毀損した者に対して被害者の名誉を回復するに適当な処分』として**謝罪広告を新聞紙等に掲載すべきことを加害者に命ずることは、従来学説判例の肯認するところであり、また謝罪広告を新聞紙等に掲載することは我国民生活の実際においても行われているのである。**尤も謝罪広告を命ずる判決にもその内容上、これを新聞紙に掲載することが謝罪者の意思決定に委ねるを相当とし、これを命ずる場合の執行も債務者の意思のみに係る不代替作為として（旧）民訴734条に基き間接強制によるを相当とするものもあるべく、時にはこれを強制することが債務者の人格を無視し著しくその名誉を毀損し意思決定の自由乃至良心の自由を不当に制限することとなり、いわゆる強制執行に適さない場合に該当することもありうるであろうけれど、**単に事態の真相を告白し陳謝の意を表明するに止まる程度のもの**にあっては、これが強制執行も代替作為として（旧）民訴733条の手続によることを得るものといわなければならない」。

〔入江俊郎裁判官の補足意見〕　謝罪広告を命ずる「判決を強制執行することは……不当に良心の自由を侵害し、個人の人格を無視することとなり違憲たるを免れないのであるから……（旧）民訴733条の代替執行たると、同734条の間接強制たるとを問わず、すべて強制執行を許さない……から、違憲の問題を生ずる余地」はない。

（ii）**前記判決と憲法19条**　「**『放送及記事は真相に相違しており、貴下の名誉を傷け御迷惑をおかけいたしました。ここに陳謝の意を表します』**」という「**種の謝罪広告を新聞紙に掲載すべきことを命ずる原判決は、**上告人に屈辱的若くは苦役的労苦を科し、又は**上告人の有する倫理的な意思、良心の自由を侵害することを要求するものとは解せられない**」。

〔藤田八郎裁判官の反対意見〕「人の本心に反して、事の是非善悪の判断を外部に表現せしめ、心にもない陳謝の念の発露を判決をもって命ずるがごときことは、まさに憲法19条の保障する良心の外的自由を侵犯するものである」。

（iii）**「良心の自由」の意味**

〔田中耕太郎裁判官の補足意見〕「ひろく世界観や主義や思想や主張をもつことにも推及されている」。「謝罪の意思表示の基礎としての道徳的の反省とか誠実さというものを含まない」。

〔栗山茂裁判官の補足意見〕「英語のフリーダム・オブ・コンシャスの邦訳であって……信仰選択の自由の意味である」。

51　麴町中学内申書事件（損害賠償請求事件）☆

東京地判昭和54年３月28日判時921号18頁
東京高判昭和57年５月19日判時1041号24頁
●最判昭和63年７月15日判時1287号65頁

【事実】

千代田区立麴町中学校生徒であったXは、1971（昭和46）年３月の卒業後は高校への進学を希望し、都立26群及び私立高４校を受験したが、いずれも不合格となった。入学者選抜は、学力検査の成績と中学校長から提出される調査書（内申書）に基づき行われるが、Xの調査書には、「行動及び性格の記録」欄13項目中、「基本的な生活習慣」・「自省心」・「公共心」の３項目においてC（特に指導を要する）評価となっていた。また、特記事項として、校内において麴町中全共闘を名乗り、機関誌『砦』を発行したこと、文化祭では文化祭粉砕を叫び、ヘルメット、覆面を着用の上竹竿を持って、他校生徒10数名と校内に乱入しビラを撒いたが、麴町署員に補導されたこと、大学生ML派の集会に参加していること等が記載されていた。さらに欠席の主な理由として、風邪、発熱の他、集会またはデモに参加して疲労のためという趣旨の記述がなされていたことが判明した。Xは、高校が不合格となった原因が本件内申書の記載にあるとして、抗議の卒業式闘争を主張していたところ、学校はXの卒業式を分離して行うことを決定し、当日は式終了までXを教室内に拘束した。

そこでXは、本件内申書の作成及び提出は、Xの思想信条を侵害するもので、旧教育基本法３条・憲法26条に違反した教育評価権の濫用であること、分離卒業式の挙行は、Xの学習権を侵害するものであること等を主張し、東京都と千代田区を相手取り、国家賠償法に基づく損害賠償請求の訴えを提起した。

第１審は、本件調査書の記載はXの学習権を侵害し、教育評価権の範囲を逸脱した違法なものであるとした。控訴審は、中学校校長が高校に対し、Xの行動に関し指導を要するものとして事実を知らせ、入学者選抜判定の資料とさせることは、思想信条の自由を侵害するものではなく、また、思想信条による教育上の差別にもあたらないとした。Xは不服として、上告した。

整理

事件／行政事件

原告・控訴人・上告人／麹町中学卒業生

被告・被控訴人・被上告人／東京都、千代田区

〈争点〉 国家賠償請求。

〈憲法上の問題点〉 内申書の記載と憲法19条。

【判旨】

上告棄却（全員一致）。

（ⅰ）**調査書の記載と思想信条** 「**本件調査書の備考欄及び特記事項欄……のいずれの記載も、上告人の思想、信条そのものを記載したものでないことは明らかであり、**右の記載に係る外部的行為によっては上告人の思想、信条を了知し得るものではないし、また、**上告人の思想、信条自体を高等学校の入学者選抜の資料に供したものとは到底解することができないか**ら、所論違憲の主張は、その前提を欠き、採用できない」。

（ⅱ）**調査書の性格** 「調査書は、学校教育法施行規則（旧）59条１項の規定により学力検査の成績等と共に入学者の選抜の資料とされ、その選抜に基づいて高等学校の入学が許可されるものであることにかんがみれば、その選抜の資料の一とされる目的に適合するよう生徒の学力はもちろんその性格、行動に関しても、それを把握し得る客観的事実を公正に調査書に記載すべきであって、本件調査書の備考欄等の記載も右の客観的事実を記載したものである」。

52　ピアノ伴奏拒否事件（戒告処分取消請求事件）☆☆

東京地判平成15年12月３日判時1845号135頁

東京高判平成16年７月７日民集61巻１号457頁

●最判平成19年２月27日民集61巻１号291頁

【事実】

1995（平成７）年３月以降、日野市立Ａ小学校では、卒業式及び入学式において音楽専科教諭のピアノ伴奏により、「君が代」の斉唱が行われてきた。同校校長は、同11年４月の入学式でも同様に君が代斉唱を行うこととし、音楽専科教諭Ｘ（上告人）にピアノ伴奏を命じたが、Ｘは、思想信条上の理由から応じなかった。このためＸは、同年６月、校長の本件職務命令に従わなかったことを理由に、地方公務員法に基づく戒告処分を受けた。

第１審及び控訴審は、全体の奉仕者である公務員の思想・良心の自由は、公共の福祉という見地から内在的制約を受けるとして、本件戒告処分は憲法19条には反しないと判断した。Ｘはこれを不服とし、上告した。

整理

事件／民事事件

原告・控訴人・上告人／小学校教諭

被告・被控訴人・被上告人／東京都教育委員会

〈争点〉 戒告処分の取消。

〈憲法上の問題点〉 君が代斉唱時のピアノ伴奏を強制する職務命令は、思想・良心の自由を侵害しないか。

【判旨】

上告棄却（4対1、補足意見1、反対意見1）。

「上告人は、『君が代』が過去の日本のアジア侵略と結び付いており、これを公然と歌ったり、伴奏することはできない、また、子どもに『君が代』がアジア侵略で果たしてきた役割等の正確な歴史的事実を教えず、子どもの思想及び良心の自由を実質的に保障する措置を執らないまま『君が代』を歌わせるという人権侵害に加担することはできないなどの思想及び良心を有すると主張する」が、「**上告人に対して本件入学式の国歌斉唱の際にピアノ伴奏を求めることを内容とする本件職務命令が、直ちに上告人の有する上記の歴史観ないし世界観それ自体を否定するものと認めることはできない**……本件職務命令は……公立小学校における儀式的行事において広く行われ、A小学校でも従前から入学式等において行われていた国歌斉唱に際し、音楽専科の教諭にそのピアノ伴奏を命ずるものであって、**上告人に対して、特定の思想を持つことを強制したり、あるいはこれを禁止したりするものではなく、特定の思想の有無について告白することを強要するものでもなく**、児童に対して一方的な思想や理念を教え込むことを強制するものとみることもできない……**本件職務命令は、上告人の思想及び良心の自由を侵すものとして憲法19条に反するとはいえない**」。

〔藤田宙靖裁判官の反対意見〕「本件において問題とされるべき上告人の『思想及び良心』としては、このように『『君が代』が果たしてきた役割に対する否定的評価という歴史観ないし世界観それ自体』もさることながら、それに加えて更に、『『君が代』の斉唱をめぐり、学校の入学式のような公的儀式の場で、公的機関が、参加者にその意思に反してでも一律に行動すべく強制することに対する否定的評価（従って、また、このような行動に自分は参加してはならないという信念ないし信条）』といった側面が含まれている可能性がある……『思想及び良心』の自由とその制約要因としての公共の福祉ないし公共の利益との間の考量については、本件事案の内容に即した、より詳細かつ具体的な検討がなされるべきである」。

第７章　信教の自由・政教分離

信教の自由　信教の自由は、欧米諸国では宗教改革以来の血で血を洗う宗教対立の経験から確立されていったものである。これに対して日本では、明治憲法28条において信教の自由が保障されてはいたものの、「安寧秩序ヲ妨ケス及臣民タルノ義務ニ背カサル限リ」という留保の下、国家神道の強制が行われ、その結果としてキリスト教や新宗教などが迫害されるに至った。これに対する反省から、日本国憲法20条１項前段および２項では信教の自由を手厚く保障している。

信教の自由は、（１）信仰の自由、（２）宗教的行為の自由、（３）宗教的結社の自由を保障すると伝統的には説明された。（１）は内心において特定の宗教を信じる（信じない）自由、改宗・棄教の自由、他の信仰を強制されない自由、信仰に反する行為を強制されない自由などを保障する。（２）は個人または集団が宗教上の儀式、行事、布教等を行う自由、こうした行為を強制されない自由を保障する。（３）は特定の宗教を信じる者が団体を結成する自由、団体に加入する自由、団体から脱退する自由を保障する。ただし、心の中の信仰と外部的行為とを厳格に分けることができるわけではなく、両者は重なり合っていることに注意が必要である。

信教の自由は内心にとどまる限りは無制約である。しかし、信仰が外部的な行為に現れた場合には、制約を受けることがある。もっとも、以下のいずれの制約においても国家は宗教上の教義に立ち入ってはならず、あくまでも行為の外形などから判断しなければならない。まず、⑴他者の生命や身体および公の秩序に危害を加えるような場合で、これらの利益を重視しうるときには宗教的行為の自由の制約は正当化される。裁判所も**53**加持祈禱事件で同様の判断を下している。もっとも、**54**牧会活動事件のように公の秩序への危害の度合いが軽微なものである場合には違法性が阻却される。さらに、信教の自由の制約には⑵宗教を否定するものや特定の宗教を狙い撃ちにするものと、一般的で宗教に中立的なものがある。前者は信教の自由の保障そのものを否定するものであるため許されない。問題は、後者の一般的で宗教に中立的な規制がたまたま特定の宗教にとっては負担となる場合である。この問題について、判例は当該宗教の信者にとっての負担の重さを考慮して規制からの免除の可否を判定している。例えば、**56**エホバの証人剣道受講拒否事件では退学処分という重大な不利益が生じていることを考慮して代替措置を講じうると述べている。

また、この事例は、信教の自由と政教分離との衝突の問題でもある。すなわち、厳格に政教分離を貫けば、学生の信教の自由が損なわれ、他方で学生の信教の自由に配慮すれば特定の宗教に便宜を図ることになり、政教分離に反するという問題である。この事例では、学生への負担の重さを考慮して信教の自由に配慮している。この問題は、政教分離とはいかなる原則であり、いかに解釈すべきかという難しい問題にも関連している。

53　加持祈禱事件（傷害致死被告事件）☆☆☆

大阪地判昭和35年５月７日刑集17巻４号328頁

大阪高判昭和35年12月22日刑集17巻４号333頁

●最大判昭和38年５月15日刑集17巻４号302頁

【事実】

精神障害者Ａ（本件被害者、当時18歳）の両親は、Ａが異常な言動をするようになったことから、平癒のため僧侶Ｘに加持祈禱を依頼した。Ｘは約１週間、自宅でＡに祈禱を行っていたが治癒しなかったため、「線香護摩」を焚いて加持祈禱を始めた。すると、そばに座ったＡが線香の熱さのため暴れだした。Ｘは父親等にＡを取り押さえさせるなどしたうえ、手で殴るなどして約３時間にわたって線香護摩を行った。その結果、Ａは身体の多数の箇所に熱傷および皮下出血を負い、これによる急性心臓麻痺で死亡した。そこでＸは刑法205条の傷害致死罪に問われ起訴された。第１審はＸの行為が傷害致死罪に該当するとして有罪（執行猶予）とした。第２審も第１審の判断を支持したため、Ｘが上告した。

整理

事件／刑事事件

被告人／僧侶

〈争点〉僧侶Ｘの加持祈禱は刑法205条の傷害致死罪にあたるか。

〈憲法上の問題点〉信教の自由の保障の限界。

【判旨】

上告棄却（全員一致）。

（ⅰ）「憲法20条１項は信教の自由を何人に対してもこれを保障することを、同２項は何人も宗教上の行為、祝典、儀式または行事に参加することを強制されないことを規定しており、信教の自由が基本的人権の一として極めて重要なものであることはいうまでもない。しかし、およそ基本的人権は、国民はこれを濫用してはならないのであって、常に公共の福祉のためにこれを利用する責任を負うべきことは憲法12条の定めるところであり、また同13条は、基本的人権は、公共の福祉に反しない限り立法その他の国政の上で、最大の尊重を必要とする旨を定めており、これら憲法の規定は、決して所論のような教訓的規定というべきものではなく、従って、**信教の自由の保障も絶対無制限のものではない。**」

（ii）「被告人の本件行為は、所論のように一種の宗教行為としてなされたものであったとしても、それが前記各判決の認定したような他人の生命、身体等に危害を及ぼす**違法な有形力の行使に当るもの**であり、これにより被害者を死に致したものである以上、**被告人の右行為が著しく反社会的なものであることは否定し得ない**ところであって、**憲法20条１項の信教の自由の保障の限界を逸脱したもの**というほかはなく、これを刑法205条に該当するものとして処罰したことは、何ら憲法の右条項に反するものではない。」

54　牧会活動事件（犯人蔵匿被告事件）

●神戸簡判昭和50年２月20日刑月７巻２号104頁

【事実】

高校生のＡおよびＢは学生運動を企画・実行していた。これに対して警察はＡおよびＢが学生運動に関わる建造物侵入・凶器準備集合・暴力行為等の首謀者であるとみて所在を捜査していた。そのような状況の中、Ａの母親は尼崎教会の牧師Ｘを頼ってきた。牧師ＸはＡおよびＢの反省に望みを託し、彼らの「魂への配慮」から自己省察と深い思索をすることのできる場所と機会を求めて両者を同じ教団の牧師Ｙに託すこととした。牧師Ｙはこれを承諾し、約１週間にわたりＡおよびＢへの労働と自己省察の指導にあたった。その間、牧師Ｘは警察からＡおよびＢの所在を尋ねられたが知らないと答えた。その後、ＡおよびＢは牧師Ｘの教会に戻り、警察に任意出頭した。これにより牧師ＸおよびＹは刑法103条の犯人蔵匿の罪で逮捕され、Ｘのみ略式起訴され罰金１万円の略式命令を受けた。牧師Ｘはこれを不服として正式裁判を求めた。

整理

事件／刑事事件

被告人／牧師

〈争点〉牧師Ｘの牧会活動は、刑法103条の犯人蔵匿罪にあたるか。

〈憲法上の問題点〉牧師Ｘの宗教活動の自由と国家の刑事司法作用のうちどちらが優先するか。

【判旨】

無罪（確定）。

（i）「一般にキリスト教における牧師の職は、……伝道をなし、……礼拝を行い、又、個人の人格に関する活動所謂『魂への配慮』等をとおして社会に奉仕すること即ち牧会活動」等を行なうことにある。そのため、「牧会活動は社会生活上牧師の業務の一内容をなすものである。」牧会活動が「正当な業務として違法性を阻却するためには、業務そのものが正当であるとともに、行為そのものが正当な活動の範囲に属することを要するところ、牧会活動は、もともとあまねくキリスト教教師（牧師）の職として公認されているところであり、かつその目的は個人の魂への配慮を通じて社会へ奉仕することにあるのであるから、それ自体は**公共の福祉に沿うもので、業務そのものの正当性に疑を差しはさむ余地はない。**一方、その行為が正当な牧会活動の範囲に属したかどうかは、社会共同生活の秩序と社会正義の理念に照らし、具体的実質的に評価決定すべきものであって、それが具体的諸事情に照らし、**目的において相当な範囲にとどまり、手段方法において相当であるかぎり、正当な業務行為として違法性を阻却すると解すべきものである。**」

（ii）「牧会活動は、形式的には宗教の職にある牧師の職の内容をなすものであり、実質的には**日本国憲法20条の信教の自由のうち礼拝の自由にいう礼拝の一内容……をなす**ものであるから、それは宗教行為としてその自由は日本国憲法の右条項によって保障され、すべての国政において最大に尊重されなければならないものである。」もっとも、「内面的な信仰と異なり、外面的行為である牧会活動が、その違いの故に公共の福祉による制約を受ける場合のあることはいうまでもない」。しかし「その制約が、結果的に行為の実体である内面的信仰の自由を事実上侵すおそれが多分にあるので、**その制約をする場合は最大限に慎重な配慮を必要とする。**」

（iii）「形式上刑罰法規に触れる行為は、一応反社会的なもので公共の福祉に反し違法であるとの推定を受けるであろうが、その行為が宗教行為でありかつ公共の福祉に奉仕する牧会活動であるとき、同じく公共の福祉を窮極の目標としながらも、直接には国家自身の法益の保護……を目的とする刑罰法規との間において、その行為が後者に触れるとき、……常に後者が前者に優越し、その行為は公共の福祉に反する……ものと解するのは、余りに観念的かつ性急に過ぎる論であって採ることができない。」いずれが優先するかは「具体的事情に応じて社会的大局的に実際的感覚による比較衡量によって判定されるべきものである。この場合**宗教行為の自由が基本的人権として憲法上保障されたものであることは重要な意義を有し、その保障の限界を明らかに逸脱していない限り、国家はそれに対し最大限の考慮を払わなければならず、国家が自らの法益を保護するためその権利を行使するに当っては、謙虚に自らを抑制し、寛容を以ってこれに接しなければならない。**国権が常に私権（私人の基本的人権）に優先するものとは断じえない。」

（iv）本件において牧師ＸがＡおよびＢに自己省察と労働の場所と機会を牧師Ｙに求めたことは「専ら被告人を頼って来た両少年の魂への配慮に出た行為というべく、被告人の採った右牧会活動は目的において相当な範囲にとどまったものである。」また、牧会活動によって警察の捜査が遅滞したということもなく、ＡおよびＢも任意に警察に出頭したこと等から、「被告人の右牧会活動は、国民一般の法感情として社会的大局的に許容しうるものであると認めるのを相当とし、それが宗教行為の自由を明らかに逸脱したものとは到底解することができない。」

（v）「以上を綜合して、被告人の本件所為を判断するとき、それは全体として法秩序の理念に反するところがなく、正当な業務行為として罪とならないものということができる。」

55　日曜授業参観事件（日曜日授業欠席処分取消等請求事件）☆

●東京地判昭和61年３月20日行集37巻３号347頁

【事実】

東京都江戸川区立小岩小学校は、日曜授業参観および担任教員と保護者との懇談会を毎年実施してきた。同校は1982（昭和57）年６月13日にも日曜授業参観を実施した。しかし、原告の児童らは原告の両親らが主宰する教会学校に出席するため、日曜授業参観を欠席した（なお、一昨年と昨年の日曜授業参観には児童らは教会学校後に遅刻して参加していた）。これを受けて、同校の校長は、原告の児童らの指導要録および通知表の出欠記載欄に欠席を記載した。そこで原告らは、校長の指導要録および通知表の欠席記載が憲法20条１項および旧教育基本法７条および９条に違反するとして、欠席記載の取消し等を求めて出訴した。

整理

事件／行政事件

原告／児童とその両親（牧師と副牧師）

被告／江戸川区立小岩小学校長、江戸川区、東京都

〈争点〉 指導要録の欠席記載の取消し。

〈憲法上の問題点〉 親の宗教教育の自由と公立学校の校長の裁量のうちどちらが優先するか。

【判旨】

一部棄却、一部却下（確定）。

（ｉ）「授業参観を日曜日に実施することは、……公教育として学校教育上十分な意義を有するものであり、かつ、法的な根拠に基づいているものであるから、これを実施するか否か、実施するとして午前、午後のいかなる時間帯に行うかは被告校長の学校管理運営上の裁量権の範囲内であるということができる。したがって本件授業の実施とこれに出席しなかった原告児童らを欠席扱いにしたことが原告らに対して不法行為を構成する違法があるとすれば、それは、被告校長が右の裁量権の範囲を逸脱し、濫用した場合に限られることになる。」

（ii）「**宗教教団がその宗教的活動として宗教教育の場を設け、集会……をもつことは憲法に保障された自由であり、そのこと自体は国民の自由として公教育上も尊重されるべきことはいうまでもない**。しかし、公教育をし、これを受けさせることもまた憲法が国家及び国民に対して要請するところであ」る。「公教育が実施される日時とある宗教教団が信仰上の集会を行う日時とが重複し、競合する場合が生じることは、ひとり日曜日のみでなく、その他の曜日についても起こりうる……。」そのため、このような場合には、「当該宗教教団に所属する信仰者は、そのいずれに出席するかの選択をその都度迫られることにな」り、「公教育の実施が信者

の宗教行為の自由を制約するというのであれば、そのような制約はひとり本件授業にとどまらず、随所に起こるものということができる。しかし、**宗教行為に参加する児童について公教育の授業日に出席することを免除する……ということでは、……宗教上の理由によって個々の児童の授業日数に差異を生じることを容認することになって、公教育の宗教的中立性を保つ上で好ましいことではない**のみならず、当該児童の公教育上の成果をそれだけ阻害し……公教育が集団的教育として挙げるはずの成果をも損なうことにならざるをえず、公教育が失うところは少なくない。……学校教育法施行規則47条等……は、公立小学校の休業日に授業を行い授業日に休業しようとするときの手続を定めるに当たっても、右宗教上の集会と抵触するような振替えを特に例外的に禁止するような規定は設けず、振替えについての公教育上の必要性の判断を『特別の必要がある場合』との要件の下に当該学校長の裁量に委ね」ている。「したがって、**公教育上の特別の必要性がある授業日の振替えの範囲内では、宗教教団の集会と抵触することになったとしても、法はこれを合理的根拠に基づくやむをえない制約として容認している**ものと解すべきである。このように、国民の自由権といっても、それが内心にとどまるものではなく外形的行為となって現れる以上、法が許容する合理的根拠に基づく一定の制約を受けざるをえないことについては信仰の自由も例外」ではない。

（ⅲ）教育基本法９条１項は、「人格の完成をめざし国家及び社会の形成者としての資質を育成しようとする教育の目的（教育基本法１条参照）的見地から、社会生活における宗教の地位の尊重について配慮を促したものと理解され」るのであって、「宗教的活動の自由に教育に優先する地位を与えたり、その価値に順序づけをしようとするものではな」い。そのため、この規定から「日曜日の宗教教育が本件授業の実施に優先して尊重されなければならない」ということはできない。「**公教育の担当機関が、児童の出席の要否を決めるために、各宗教活動の教義上の重要性を判断して、これに価値の順序づけを与え、公教育に対する優先の度合を測るというようなことは公教育に要請される宗教的中立性（同法９条２項）に抵触することにもなりかねない**。したがって、原告らキリスト教の信仰者が日曜日には公教育に対する出席義務から解放されて自由に教会学校に出席する（させる）ことができるという利益が憲法上保護されるべき程度も、先に述べた公教育上の特別の必要がある場合に優先するものではなく、本件欠席記載を違法ならしめるものではない」。

（ⅳ）「本件授業は、法令に基づく適法かつ正規の授業であり、原告児童らがその主張のような理由で欠席したからといって、当該児童に補充授業をしなければならない法律上の根拠はない。」

56　エホバの証人剣道受講拒否事件（進級拒否処分取消請求事件、退学命令等取消請求事件）☆☆☆

神戸地判平成５年２月22日行集45巻12号2108頁

大阪高判平成６年12月22日民集50巻３号517頁
●最判平成８年３月８日民集50巻３号469頁

【事実】

神戸市立工業高等専門学校の学生Ｘは、「エホバの証人」の信者である。Ｘは、自らの信仰に基づき、同校の必修科目である保健体育の剣道実技に参加しなかった。このとき、Ｘはレポートの提出等の剣道実技の代替措置を同校校長Ｙに申し入れたが認められなかった。そのため、Ｘは保健体育の成績が認定されず、Ｙにより２年連続で原級留置処分を受け、さらに学校規則等に従い退学処分となった。そこで、Ｘは本件各処分が信教の自由を侵害するとして取消しを求めて訴えを提起した。第１審はＸの請求を棄却したが、第２審は第１審判決および退学処分等を取り消した。Ｙはこれを不服として上告した。

整理

事件／行政事件
原告・控訴人・被上告人／学生
被告・被控訴人・上告人／校長
〈争点〉留年・退学の各処分の取消し。
〈憲法上の問題点〉学生の信仰の自由と公立学校の宗教的中立性との関係。

【判旨】

上告棄却（全員一致）。

（ⅰ）「高等専門学校の校長が学生に対し原級留置処分又は退学処分を行うかどうかの判断は、校長の合理的な教育的裁量にゆだねられるべきものであり、裁判所がその処分の適否を審査するに当たっては、……校長の裁量権の行使としての処分が、全く事実の基礎を欠くか又は社会観念上著しく妥当を欠き、裁量権の範囲を超え又は裁量権を濫用してされたと認められる場合に限り、違法であると判断すべきものである。……退学処分は学生の身分をはく奪する重大な措置であり、学校教育法施行規則13条３項も４個の退学事由を限定的に定めていることからすると、当該学生を学外に排除することが教育上やむを得ないと認められる場合に限って退学処分を選択すべきであり、その要件の認定につき他の処分の選択に比較して特に慎重な配慮を要するものである。……また、原級留置処分も、その学生に与える不利益の大きさに照らして、……同様に慎重な配慮が要求されるものというべきである。」

（ⅱ）「高等専門学校においては、剣道実技の履修が必須のものとまではいい難く、**体育科目による教育目的の達成は、他の体育種目の履修などの代替的方法によってこれを行うことも性質上可能**というべきである。」「**被上告人が剣道実技への参加を拒否する理由は、被上告人の信仰の核心部分と密接に関連する真しなものであった。**被上告人は、他の体育種目の履修は拒否しておらず、……他の科目では成績優秀であったにもかかわらず、**原級留置、退学という事態**

に追い込まれたものというべきであり、その不利益が極めて大きいことも明らかである。また、本件各処分は、その内容それ自体において被上告人に信仰上の教義に反する行動を命じたものではなく、その意味では、被上告人の信教の自由を直接的に制約するものとはいえないが、しかし、被上告人がそれらによる**重大な不利益を避けるためには剣道実技の履修という自己の信仰上の教義に反する行動を採ることを余儀なくさせられる**という性質を有するものであったことは明白である。……本件各処分が右のとおりの性質を有するものであった以上、上告人は、前記**裁量権の行使に当たり、当然そのことに相応の考慮を払う必要があった**というべきである。また、被上告人が、自らの自由意思により、必修である体育科目の種目として剣道の授業を採用している学校を選択したことを理由に、先にみたような著しい不利益を被上告人に与えることが当然に許容されることになるものでもない。」

(iii)「被上告人は、レポート提出等の代替措置を認めて欲しい旨繰り返し申し入れていた」にもかかわらず、同校はこれを拒否していた。この点につき、「**本件各処分の前示の性質にかんがみれば、本件各処分に至るまでに何らかの代替措置を採ることの是非、その方法、態様等について十分に考慮するべきであったということができるが、本件においてそれがされていたとは到底いうことができない。**」「信仰上の理由に基づく格技の履修拒否に対して代替措置を採っている学校も現にあるというのであり、他の学生に不公平感を生じさせないような適切な方法、態様による代替措置を採ることは可能であると考えられる。また、**履修拒否が信仰上の理由に基づくものかどうかは外形的事情の調査によって容易に明らかになる**であろうし、信仰上の理由に仮託して履修拒否をしようという者が多数に上るとも考え難い」。また、代替措置によって「学校全体の運営に看過することができない重大な支障を生ずるおそれ」が生ずるとは認められず、「代替措置を採ることが実際上不可能であったということはできない。」

(iv)「**信仰上の真しな理由から剣道実技に参加することができない学生に対し、代替措置として、例えば、他の体育実技の履修、レポートの提出等を求めた上で、その成果に応じた評価をすることが、その目的において宗教的意義を有し、特定の宗教を援助、助長、促進する効果を有するものということはできず、他の宗教者又は無宗教者に圧迫、干渉を加える効果があるともいえないのであって、およそ代替措置を採ることが、その方法、態様のいかんを問わず、憲法20条3項に違反するということができないことは明らかである。また、……学生が信仰を理由に剣道実技の履修を拒否する場合に、学校が、その理由の当否を判断するため、単なる怠学のための口実であるか、当事者の説明する宗教上の信条と履修拒否との合理的関連性が認められるかどうかを確認する程度の調査をすることが公教育の宗教的中立性に反するとはいえない**」。

(v)「以上によれば、信仰上の理由による剣道実技の履修拒否を、正当な理由のない履修拒否と区別することなく、代替措置が不可能というわけでもないのに、代替措置について何ら検討することもなく、……原級留置処分をし、さらに、……退学処分をしたという上告人の措置は、考慮すべき事項を考慮しておらず、又は考慮された事実に対する評価が明白に合理性を欠き、その結果、社会観念上著しく妥当を欠く処分をしたものと評するほかはなく、本件各処分は、裁量権の範囲を超える違法なものといわざるを得ない。」

57　オウム真理教解散命令事件（宗教法人解散命令に対する抗告棄却決定に対する特別抗告事件）

東京地決平成７年10月30日民集50巻１号216頁

東京高決平成７年12月19日民集50巻１号231頁

●最決平成８年１月30日民集50巻１号199頁

【事実】

Ａは1989（平成元）年に所轄庁（東京都知事）の認証を受け、設立の登記を行い成立した宗教法人である。Ａの代表者Ｘおよび多数の信者は1993（平成５）年から1994（平成６）年にかけて、不特定多数の者を殺害する目的でＡ所有の施設内で毒ガスであるサリンの生成を企てた。この殺人予備行為が宗教法人法（以下、法）81条１項および２項に該当するとして、検察庁および所轄庁（東京都知事）は、東京地裁に対しＡの解散命令の請求を行なった。第１審はこの請求を認める決定をし、第２審もこれを支持したため、Ａは解放命令がその他多数の信者の信教の自由等を侵害するということを理由として最高裁に特別抗告を行なった。

整理

事件／民事事件

抗告人／宗教法人

相手方／検察官、東京都知事

〈争点〉宗教法人の解散命令の取消し。

〈憲法上の問題点〉宗教的結社の自由の限界、解散命令による一般信者の信教の自由の制限の有無。

【決定要旨】

抗告棄却（全員一致）。

（ｉ）「解散命令によって宗教法人が解散しても、信者は、法人格を有しない宗教団体を存続させ、あるいは、これを新たに結成することが妨げられるわけではなく、また、宗教上の行為を行い、その用に供する施設や物品を新たに調えることが妨げられるわけでもない。すなわち、**解散命令は、信者の宗教上の行為を禁止したり制限したりする法的効果を一切伴わない**のである。もっとも、宗教法人の解散命令が確定したときはその清算手続が行われ（法49条２項、51条）、その結果、宗教法人に帰属する財産で礼拝施設その他の宗教上の行為の用に供していたものも処分されることになるから（法50条参照）、これらの財産を用いて信者らが行っていた宗教上の行為を継続するのに何らかの支障を生ずることがあり得る。このように、宗教法人に関する法的規制が、信者の宗教上の行為を法的に制約する効果を伴わないとしても、これに何らかの支障を生じさせることがあるとするならば、憲法の保障する精神的自由の一つとしての信教の自由の重要性に思いを致し、憲法がそのような規制を許容するものであるかどうかを慎重に吟味しなければならない。」

（ii）「このような観点から本件解散命令について見ると、**法81条に規定する宗教法人の解散命令の制度は、……専ら宗教法人の世俗的側面を対象とし、かつ、専ら世俗的目的によるものであって、宗教団体や信者の精神的・宗教的側面に容かいする意図によるものではなく、その制度の目的も合理的である**」。「抗告人が、法令に違反して、著しく公共の福祉を害すると明らかに認められ、宗教団体の目的を著しく逸脱した行為をしたことが明らかである。抗告人の右のような行為に対処するには、抗告人を解散し、その法人格を失わせることが必要かつ適切であり、他方、**解散命令によって宗教団体であるオウム真理教やその信者らが行う宗教上の行為に何らかの支障を生ずることが避けられないとしても、その支障は、解散命令に伴う間接的で事実上のものであるにとどまる。**したがって、本件解散命令は、宗教団体であるオウム真理教やその信者らの精神的・宗教的側面に及ぼす影響を考慮しても、抗告人の行為に対処するのに必要でやむを得ない法的規制であるということができる。」「宗教上の行為の自由は、もとより最大限に尊重すべきものであるが、絶対無制限のものではなく、以上の諸点にかんがみれば、本件解散命令及びこれに対する即時抗告を棄却した原決定は、憲法20条１項に違背するものではない」。

＊　＊　＊

政教分離　日本国憲法は、20条１項後段で宗教団体への特権付与及び宗教団体による政治上の権力行使を、同条３項で国及びその機関による宗教的活動を、それぞれ禁止する。財政的側面からも89条で、宗教上の組織団体の使用等のための公金支出その他の公の財産の供用を禁止する。これらの規定が、国家と宗教団体との関係を規律し、政治と宗教との分離を定めている。

最高裁は、この国家と宗教団体との関係について完全な分離は現実にはありえないという認識の下に、憲法的に許容される両者の関係はどのようなものか、それをどのように判定するのかにつき判断を示していく。

まず1970年代の**58**津地鎮祭事件において、最高裁は20条３項の「宗教的活動」という文言に注目する。そして特定の活動に関して、国家と宗教とのかかわり合いが社会的文化的諸条件に照らし相当とされる限度を超えるか否かにつき、その活動の目的と効果から判定するという目的効果基準を提示した。

最高裁は1980年代から1990年代前半にかけてこの基準を適用するために、ある組織が国家または宗教団体にあたるか否かに留意していく。59自衛官合祀拒否訴訟においては、国家公務員の殉職自衛官合祀申請協力につき、それが隊友会による合祀申請前に行われたものであるとして、目的効果基準の適用により合憲と判示した。61箕面忠魂碑・慰霊祭訴訟においても、宗教団体ではない遺族会に対し忠魂碑建立のための土地を貸与することにつき、また、その遺族会が行う慰霊祭に市の職員が参列等をすることにつき、同じく目的効果基準を適用して合憲と判示した。

もっとも1990年代後半には明確に宗教団体を巡る事件があらわれ、裁判所の目的効果基準適用の結果は厳しいものになる。最高裁は、62愛媛玉串料訴訟において、県による神社への玉串料の奉納につき、宗教的な目的及び効果を持ち、県と神社とのかかわり合いも相当限度を超えるものとして、違憲と判示した。下級審でも、63献穀祭違憲訴訟において、宗教的支出の多い新穀奉賛会に対して近江八幡市が公金を支出することにつき、同様に違憲判決を出した。

さらに2000年代には、宗教団体と国家とのかかわり合いにつき、従来の目的効果基準の適用とは異なり、信教の自由の保障という根本目的との関係で89条の適用を検討する判例が登場する。最高裁は60砂川政教分離（空知太神社）訴訟において、市有地を宗教上の組織団体である氏子集団に無償で利用させることは、財政面からみて89条で禁止される公の財産の供用に当たり、それは20条１項後段で禁止される特権の付与にも当たるとして、諸般の事情を総合的に判断する手法を示して違憲判断を導き出した。

以上のような事例は、国家と宗教団体との分離につき、信教の自由を間接的に確保する「制度的保障」と理解した上で展開されている。そのため、団体ではなく個人を前面に出して考察した場合には様相を異にする。最高裁は、自衛官合祀拒否訴訟を私人相互間の問題としても取り上げ、神社に対しては信教の自由を保障する反面、元自衛官の妻の求めた静謐な信仰生活という宗教上の人格権の保護は否定した。また内閣総理大臣の靖國神社参拝につき、下級裁判所は、64岩手靖國訴訟において、それを公的資格による公式参拝として違憲と判示したが、最高裁は、65内閣総理大臣靖國参拝事件において、それを単に人の神社参拝の問題として取り扱い、他者の権利利益を侵害するものではない、と判示している。

58　津地鎮祭事件（行政処分取消等請求事件）☆☆☆

津地判昭和42年３月16日民集31巻４号606頁

名古屋高判昭和46年５月14日行集22巻５号680頁

●最大判昭和52年7月13日民集31巻4号533頁

【事実】

三重県津市は、市立体育館の起工式を、神職が神式に則って行う地鎮祭として挙行し、神官への謝礼・供物代金などの費用7,663円を公金から支出した。同市の市議会議員は、本件支出が政教分離原則に反するとし、地方自治法242条の2に基づき、市長に当該損害の補塡を求めて訴えた。第1審は、本件起工式を習俗的行事と解して請求を棄却したが、控訴審は起工式を宗教的活動と解して公金支出を違法とした。

整理

事件／行政事件

原告・控訴人・被上告人／市議会議員

被告・被控訴人・上告人／市長

〈争点〉市長が公金より支出した供物代金等の補塡。

〈憲法上の問題点〉政教分離原則の内容。

【判旨】

一部破棄自判（10対5、反対意見5、追加反対意見1）。

（i）「政教分離規定は、いわゆる制度的保障の規定であって、信教の自由そのものを直接保障するものではなく、国家と宗教との分離を制度として保障することにより、間接的に信教の自由の保障を確保しようとするものである。」

「わが憲法の前記政教分離規定の基礎となり、その解釈の指導原理となる政教分離原則は、国家が宗教的に中立であることを要求するものではあるが、国家が宗教とのかかわり合いをもつことを全く許さないとするものではなく、宗教とのかかわり合いをもたらす行為の目的及び効果にかんがみ、そのかかわり合いが右の諸条件に照らし相当とされる限度を超えるものと認められる場合にこれを許さないとするものであると解すべきである。」

（ii）20条3項により禁止される「**宗教的活動とは、前述の政教分離原則の意義に照らしてこれをみれば、およそ国及びその機関の活動で宗教とのかかわり合いをもつすべての行為を指すものではなく、そのかかわり合いが右にいう相当とされる限度を超えるものに限られるというべきであって、当該行為の目的が宗教的意義をもち、その効果が宗教に対する援助、助長、促進または圧迫、干渉等になるような行為をいうものと解すべきである。その典型的なものは、同項に例示される宗教教育のような宗教の布教、教化、宣伝等の活動であるが、そのほか宗教上の祝典、儀式、行事等であつても、その目的、効果が前記のようなものである限り、当然、これに含まれる。**」

「ある行為が右にいう宗教的活動に該当するかどうかを検討するにあたっては、当該行為の主催者が宗教家であるかどうか、その順序作法（式次第）が宗教の定める方式に則ったもので

あるかどうかなど、当該行為の外形的側面のみにとらわれることなく、当該行為の行われる場所、当該行為に対する一般人の宗教的評価、当該行為者が当該行為を行うについての意図、目的及び宗教的意識の有無、程度、当該行為の一般人に与える効果、影響等、諸般の事情を考慮し、社会通念に従って、客観的に判断しなければならない。」

「以上の諸事情を総合的に考慮して判断すれば、本件起工式は、宗教とかかわり合いをもつものであることを否定しえないが、その目的は建築着工に際し土地の平安堅固、工事の無事安全を願い、社会の一般的慣習に従った儀式を行うという専ら世俗的なものと認められ、その効果は神道を援助、助長、促進し又は他の宗教に圧迫、干渉を加えるものとは認められないのであるから、憲法20条3項により禁止される宗教的活動にはあたらないと解するのが、相当である。」

（iii）「本件起工式は、なんら憲法20条3項に違反するものではなく、また、宗教団体に特権を与えるものともいえないから、同条1項後段にも違反しないというべきである。更に、右起工式の挙式費用の支出も、前述のような本件起工式の目的、効果及び支出金の性質、額等から考えると、特定の宗教組織又は宗教団体に対する財政援助的な支出とはいえないから、憲法89条に違反するものではな」い。

〔藤林益三・吉田豊・団藤重光・服部高顯・環昌一裁判官の反対意見〕「憲法20条1項後段、同条3項及び89条に具現された政教分離原則は、国家と宗教との徹底的な分離、すなわち、国家と宗教とはそれぞれ独立して相互に結びつくべきではなく、国家は宗教の介入を受けずまた宗教に介入すべきではないという国家の非宗教性を意味するものと解すべきである。」「国家と宗教との徹底的な分離という立場においても、多数意見が政教分離原則を完全に貫こうとすれば社会の各方面に不合理な事態を生ずることを免れないとして挙げる例のごときは、平等の原則等憲法上の要請に基づいて許される場合にあたると解されるから、なんら不合理な事態は生じない」。

59　自衛官合祀拒否訴訟（自衛隊らによる合祀手続の取消等請求事件）☆

山口地判昭和54年3月22日民集42巻5号336頁

広島高判昭和57年6月1日民集42巻5号404頁

●最大判昭和63年6月1日民集42巻5号277頁

【事実】

殉職自衛官の遺族は、社団法人隊友会山口県支部連合会（県隊友会）に対して、同県出身の殉職者を県護国神社に合祀して欲しいと要望していた。当初は合祀に難色を示していた同神社宮司が途中から合祀可能であると示唆したため、県隊友会は、国（自衛隊山口地方連絡部、略称地連）の職員の協力を得ながら、約1年をかけて合祀申請の準備をした。そして、合祀申請から約20日後、護国神社は殉職者27名を新たな祭神として合祀する鎮座祭等を行った。

その祭神の中には、公務中の交通事故で死亡した自衛官Aが含まれていた。Aの妻はキリスト教によってAを追慕していたため合祀を断っていたが、地連の職員から合祀した旨及び以後毎年命日祭を継続する旨を記載した書面が届けられた。そこでAの妻は、合祀の取消しと合祀による精神的損害の賠償を求めて訴えた。第1審及び控訴審は、地連と県隊友会が共同して合祀にかかわる行為をしたと認定し、Aの妻の請求を認めた。

整理

事件／民事事件

原告・被控訴人・被上告人／殉職自衛官の妻

被告・控訴人・上告人／国（地連)、県隊友会

〈争点〉①合祀申請の取消し。②合祀による損害賠償の支払い。

〈憲法上の問題点〉❶地連職員の行為は、禁止される宗教的活動か。❷神社の合祀の自由と個人の信仰生活の静謐との関係はどうあるべきか。

【判旨】

破棄自判（14対1、補足意見4、意見3、反対意見1)。

（i）「Aを含む殉職自衛隊員27名の県護国神社による合祀は、基本的には遺族の要望を受けた県隊友会がその実現に向けて同神社と折衝を重ねるなどの努力をし、同神社が殉職自衛隊員を合祀する方針を決定した結果実現したものである。してみれば、県隊友会において地連職員の事務的な協力に負うところがあるにしても、県隊友会の単独名義でされた本件合祀申請は、実質的にも県隊友会単独の行為であつたものというべく、これを地連職員と県隊友会の共同の行為とし、地連職員も本件合祀申請をしたものと評価することはできないものといわなければならない。」

「本件合祀申請という行為は、殉職自衛隊員の氏名とその殉職の事実を県護国神社に対し明らかにし、合祀の希望を表明したものであつて、宗教とかかわり合いをもつ行為であるが、合祀の前提としての法的意味をもつものではない。そして、**本件合祀申請に至る過程において県隊友会に協力してした地連職員の具体的行為は前記のとおりであるところ、その宗教とのかかわり合いは間接的であり、その意図、目的も、合祀実現により自衛隊員の社会的地位の向上と士気の高揚を図ることにあつたと推認されることは前記のとおりであるから、どちらかといえばその宗教的意識も希薄であつたといわなければならないのみならず、その行為の態様からして、国又はその機関として特定の宗教への関心を呼び起こし、あるいはこれを援助、助長、促進し、又は他の宗教に圧迫、干渉を加えるような効果をもつものと一般人から評価される行為とは認め難い。したがつて、地連職員の行為が宗教とかかわり合いをもつものであることは否定できないが、これをもつて宗教的活動とまではいうことはできないものといわなければなら**

ない。」

（ⅱ）「合祀は神社の自主的な判断に基づいて決められる事柄で、本件合祀申請は合祀の前提としての法的意味をもつものではないことは前記のとおりであるから、合祀申請が神社のする合祀に対して事実上の強制とみられる何らかの影響力を有したとすべき特段の事情の存しない限り、法的利益の侵害の成否に関して、合祀申請の事実を合祀と併せ一体として評価すべきものではないというべきである。そうであつてみれば、本件合祀申請が右のような影響力を有したとすべき特段の事情の主張・立証のない本件においては、法的利益の侵害の成否は、合祀それ自体が法的利益を侵害したか否かを検討すれば足りるものといわなければならない。また、合祀それ自体は県護国神社によつてされているのであるから、法的利益の侵害の成否は、同神社と被上告人の間の私法上の関係として検討すべきこととなる。

私人相互間において憲法20条１項前段及び同条２項によつて保障される信教の自由の侵害があり、その態様、程度が社会的に許容し得る限度を超えるときは、場合によつては、私的自治に対する一般的制限規定である民法１条、90条や不法行為に関する諸規定等の適切な運用によつて、法的保護が図られるべきである（最高裁昭和43年（オ）第932号同48年12月12日大法廷判決・民集27巻11号1536頁参照)。しかし、人が自己の信仰生活の静謐を他者の宗教上の行為によつて害されたとし、そのことに不快の感情を持ち、そのようなことがないよう望むことのあるのは、その心情として当然であるとしても、かかる宗教上の感情を被侵害利益として、直ちに損害賠償を請求し、又は差止めを請求するなどの法的救済を求めることができるとするならば、かえつて相手方の信教の自由を妨げる結果となるに至ることは、見易いところである。信教の自由の保障は、何人も自己の信仰と相容れない信仰をもつ者の信仰に基づく行為に対して、それが強制や不利益の付与を伴うことにより自己の信教の自由を妨害するものでない限り寛容であることを要請しているものというべきである。このことは死去した配偶者の追慕、慰霊等に関する場合においても同様である。何人かをその信仰の対象とし、あるいは自己の信仰する宗教により何人かを追慕し、その魂の安らぎを求めるなどの宗教的行為をする自由は、誰にでも保障されているからである。原審が宗教上の人格権であるとする静謐な宗教的環境の下で信仰生活を送るべき利益なるものは、これを直ちに法的利益として認めることができない性質のものである。

以上の見解にたつて本件をみると、県護国神社によるＡの合祀は、まさしく信教の自由により保障されているところとして同神社が自由になし得るところであり、それ自体は何人の法的利益をも侵害するものではない。」

〔伊藤正己裁判官の反対意見〕（ⅰ）「現代社会において、他者から自己の欲しない刺激によって心を乱されない利益、いわば心の静穏の利益もまた、不法行為法上、被侵害利益となりうる」。「この利益が宗教上の領域において認められるとき、これを宗教上の人格権あるいは宗教上のプライバシー権ということもできる」。「これを憲法13条によって基礎づけることもできなくはない。」「心の静穏は、人格権の一つということができないわけではないが、まだ利益として十分強固なものとはいえず、信仰を理由に不利益を課したり、特定の宗教を強制したりすることによって侵される信教の自由に比して、なお法的利益としての保護の程度が低いことは認めざるを得ないであろう。しかし、そうであるからといって、宗教的な心の静穏が不法行為法における法的利益に当たることを否定する根拠となりえない」。

（ii）「本件合祀申請に至るまでの県護国神社との交渉経過を一体のものとして考えると、本件合祀申請と本件合祀とは密接不可分の関係にある」。「合祀申請はまさに自衛隊の殉職者の霊を神道によって祭神として祀ることを直接の目的とするものであり」、「他の宗教ではなく神道に従って県護国神社に合祀してもらうよう申請する行為は、その効果において、神道を特別に扱ってこれに肩入れすることとなり、その援助、助長に当たる」。「地連職員は、以上のような性質を有する本件合祀申請を県隊友会と相謀り共同して行ったものであるから、そのかかわり合いは相当とされる限度をこえている」。「地連職員の行為は憲法20条３項にいう宗教的活動に当たる」。「被上告人の被侵害利益は法的保護に値する利益としていまだ十分強固なものとはいえないけれども、これを侵害した地連職員の行為は許容されない態様のものであり、また、被上告人が受忍すべきいわれはないというべきであるから、地連職員の行為は被上告人に対する関係でも違法なものといわなければならない。」

60　砂川政教分離（空知太神社）訴訟（財産管理を怠る事実の違法確認請求事件）☆☆

札幌地判平成18年３月３日民集64巻１号89頁
札幌高判平成19年６月26日民集64巻１号119頁
●最大判平成22年１月20日民集64巻１号１頁
札幌高判平成22年12月６日民集66巻２号702頁
最判平成24年２月16日民集66巻２号673頁

【事実】

1897（明治30）年、北海道砂川市の住民らは、北海道庁から土地を借りて空知太神社を建立したが、1948（昭和23）年の小学校拡張の際、それは近隣住民の所有地に移転された。1953（昭和28）年、固定資産税の支払いの解消を目的として、その神社の敷地は市に寄付されたため、以後、市が町内会にそれを無償貸与する形態をとった。その後、この貸与関係に気づいた住民がそれを違法と考え、地方自治法242条の２第１項３号に基づき、提訴した。

なお、第２次上告審において、市が氏子集団に当該敷地を有償で貸与することは、憲法89条、20条１項後段に違反しない、と判示されている。

整理

事件／行政事件

原告・被控訴人・被上告人／地元住民

被告・控訴人・上告人／市長

〈争点〉 市長が財産管理を怠っている事実の違法性。

〈憲法上の問題点〉 ❶神社への市有地の無償貸与は、禁止される公の財産の利用の提供にあたるか。❷それは、禁止される宗教団体に対する特権の付与にあたるか。

【判旨】

破棄差戻（12対2、補足意見3、意見4、反対意見2）。

（i）「国公有地が無償で宗教的施設の敷地としての用に供されている状態が前記の見地から、信教の自由の保障の確保という制度の根本目的との関係で相当とされる限度を超えて憲法89条に違反するか否かを判断するに当たっては、当該宗教的施設の性格、当該土地が無償で当該施設の敷地としての用に供されるに至った経緯、当該無償提供の態様、これらに対する一般人の評価等、諸般の事情を考慮し、社会通念に照らして総合的に判断すべき」である。

「本件神社物件を管理し、上記のような祭事を行っているのは、本件利用提供行為の直接の相手方である本件町内会ではなく、本件氏子集団である」が、「本件利用提供行為は、その直接の効果として、氏子集団が神社を利用した宗教的活動を行うことを容易にしている」。「本件利用提供行為は、もともとは小学校敷地の拡張に協力した用地提供者に報いるという世俗的、公共的な目的から始まったもので、本件神社を特別に保護、援助するという目的によるものではなかったことが認められるものの、明らかな宗教的施設といわざるを得ない本件神社物件の性格、これに対し長期間にわたり継続的に便益を提供し続けていることなどの本件利用提供行為の具体的態様等にかんがみると、本件において、当初の動機、目的は上記評価を左右するものではない。」

「以上のような事情を考慮し、社会通念に照らして総合的に判断すると、本件利用提供行為は、市と本件神社ないし神道とのかかわり合いが、我が国の社会的、文化的諸条件に照らし、信教の自由の保障の確保という制度の根本目的との関係で相当とされる限度を超えるものとして、憲法89条の禁止する公の財産の利用提供に当たり、ひいては憲法20条1項後段の禁止する宗教団体に対する特権の付与にも該当すると解するのが相当である。」

（ii）「違憲状態の解消には、神社施設を撤去し土地を明け渡す以外にも適切な手段があり得る」。「そして、上告人には、本件各土地、本件建物及び本件神社物件の現況、違憲性を解消するための措置が利用者に与える影響、関係者の意向、実行の難易等、諸般の事情を考慮に入れて、相当と認められる方法を選択する裁量権がある」。「本件利用提供行為が開始された経緯や本件氏子集団による本件神社物件を利用した祭事がごく平穏な態様で行われてきていること等を考慮すると、上告人において直接的な手段に訴えて直ちに本件神社物件を撤去させるべきものとすることは、神社敷地として使用することを前提に土地を借り受けている本件町内会の信頼を害するのみならず、地域住民らによって守り伝えられてきた宗教的活動を著しく困難なものにし、氏子集団の構成員の信教の自由に重大な不利益を及ぼす」。「上告人が本件神社物件の撤去及び土地明渡請求という手段を講じていないことは、財産管理上直ちに違法との評価を受けるものではない。」「そうすると、原審が上告人において本件神社物件の撤去及び土地明渡請求をすることを怠る事実を違法と判断する以上は、原審において、本件利用提供行為の違憲性を解消するための他の合理的で現実的な手段が存在するか否かについて適切に審理判断するか、当事者に対して釈明権を行使する必要があったというべきである。原審が、この点につき何ら審理判断せず、上記釈明権を行使することもないまま、上記の怠る事実を違法と判断したことには、怠る事実の適否に関する審理を尽くさなかった結果、法令の解釈適用を誤ったか、釈明権の行使を怠った違法があるものというほかない。」

〔藤田宙靖裁判官の補足意見〕「本件において、敢えて目的効果基準の採用それ自体に対しこれを全面的に否定するまでの必要は無いものと考える。但し、ここにいう目的効果基準の具体的な内容あるいはその適用の在り方については、慎重な配慮が必要」である。「過去の当審判例上、目的効果基準が機能せしめられてきたのは、問題となる行為等においていわば『宗教性』と『世俗性』とが同居しておりその優劣が微妙であるときに、そのどちらを重視するかの決定に際してであっ」たが、「本件における神社施設は、これといった文化財や史跡等として世俗的意義を有するものではなく、一義的に宗教施設（神道施設）であって、そこで行われる行事もまた宗教的な行事であ」り、「本件における憲法問題は、本来、目的効果基準の適用の可否が問われる以前の問題である」。

61　箕面忠魂碑・慰霊祭訴訟（運動場一部廃止決定無効確認等、慰霊祭支出差止請求事件）☆

大阪地判昭和57年３月24日民集47巻３号2474頁
大阪地判昭和58年３月１日民集47巻３号2489頁
大阪高判昭和62年７月16日民集47巻３号2506頁
●最判平成５年２月16日民集47巻３号1687頁

【事実】

（ｉ）箕面市は、小学校の増改築工事のため、隣接する市有地の無償貸与を受けて建立されていた忠魂碑を、移転用地として取得した場所に移転させた。それまで忠魂碑は市遺族会が維持管理していたため、市はその敷地を遺族会に無償貸与した。そこで、反対住民がその用地の明渡しを求めて訴えた。

（ii）忠魂碑の前では、市遺族会が隔年で神式又は仏式の慰霊祭を行っていた。箕面市の教育長らは、市職員や公費を使ってその準備にあたらせ、慰霊祭に参列して玉串奉奠や焼香をしていた。これに関しても、住民が市の被った損害の賠償等を求めて提訴した。

なお、大阪地裁は（i）を1982（昭和57）年に、（ii）を1983（昭和58）年に、それぞれ違憲と判示したが、大阪高裁は両者を併合審理していた。

整理

事件／行政事件

原告・被控訴人・上告人／地元住民

被告・控訴人・被上告人／市長、教育委員会の委員長及び委員

〈争点〉用地の返還、慰霊祭関連で支出した公費の返還。

〈憲法上の問題点〉忠魂碑・慰霊祭への市の関与は、禁止される宗教的活動にあたるか。

【判旨】

上告棄却（全員一致、補足意見1）。

（i）「事実関係及び原審の適法に確定したその余の事実関係によれば、（1）旧忠魂碑は、地元の人々が郷土出身の戦没者の慰霊、顕彰のために設けたもので、元来、戦没者記念碑的な性格のものであり、本件移設・再建後の本件忠魂碑も同様の性格を有するとみられるものであって、その碑前で、戦没者の慰霊、追悼のための慰霊祭が、毎年1回、市遺族会の下部組織である地区遺族会主催の下に神式、仏式隔年交替で行われているが、本件忠魂碑と神道等の特定の宗教とのかかわりは、少なくとも戦後においては希薄であり、本件忠魂碑を靖国神社又は護国神社の分身（いわゆる『村の靖国』）とみることはできないこと、（2）本件忠魂碑を所有し、これを維持管理している市遺族会は、箕面市内に居住する戦没者遺族を会員とし、戦没者遺族の相互扶助・福祉向上と英霊の顕彰を主たる目的として設立され活動している団体であって、宗教的活動をすることを本来の目的とする団体ではないこと、（3）旧忠魂碑は、戦後の一時期、その碑石部分が地中に埋められたことがあったが、大正5年に分会が箕面村の承諾を得て公有地上に設置して以来、右公有地上に存続してきたものであって、箕面市がした本件移設・再建等の行為は、右公有地に隣接する箕面小学校における児童数の増加、校舎の老朽化等により校舎の建替え等を行うことが急務となり、そのために右公有地を学校敷地に編入する必要が生じ、旧忠魂碑を他の場所に移設せざるを得なくなったことから、市遺族会との交渉の結果に基づき、箕面市土地開発公社から本件土地を買い受け、従前と同様、本件敷地を代替地として市遺族会に対し無償貸与し、右敷地上に移設、再建したにすぎないものであることが明らかである。

これらの諸点にかんがみると、**箕面市が旧忠魂碑ないし本件忠魂碑に関してした次の各行為**、すなわち、旧忠魂碑を本件敷地上に移設、再建するため右公社から本件土地を代替地と

して買い受けた行為（本件売買）、旧忠魂碑を本件敷地上に移設、再建した行為（本件移設・再建）、市遺族会に対し、本件忠魂碑の敷地として本件敷地を無償貸与した行為（本件貸与）は、いずれも、その目的は、小学校の校舎の建替え等のため、公有地上に存する戦没者記念碑的な性格を有する施設を他の場所に移設し、その敷地を学校用地として利用することを主眼とするものであり、そのための方策として、右施設を維持管理する市遺族会に対し、右施設の移設場所として代替地を取得して、従来どおり、これを右施設の敷地等として無償で提供し、右施設の移設、再建を行ったものであって、専ら世俗的なものと認められ、その効果も、特定の宗教を援助、助長、促進し又は他の宗教に圧迫、干渉を加えるものとは認められない。したがって、箕面市の右各行為は、宗教とのかかわり合いの程度が我が国の社会的、文化的諸条件に照らし、信教の自由の保障の確保という制度の根本目的との関係で相当とされる限度を超えるものとは認められず、憲法20条３項により禁止される宗教的活動には当たらないと解するのが相当である。」

（ii）「憲法20条１項後段にいう『宗教団体』、憲法89条にいう『宗教上の組織若しくは団体』とは、宗教と何らかのかかわり合いのある行為を行っている組織ないし団体のすべてを意味するものではなく、国家が当該組織ないし団体に対し特権を付与したり、また、当該組織ないし団体の使用、便益若しくは維持のため、公金その他の公の財産を支出し又はその利用に供したりすることが、特定の宗教に対する援助、助長、促進又は圧迫、干渉等になり、憲法上の政教分離原則に反すると解されるものをいうのであり、換言すると、特定の宗教の信仰、礼拝又は普及等の宗教的活動を行うことを本来の目的とする組織ないし団体を指すものと解するのが相当である。」

遺族会は、「戦没者遺族の相互扶助・福祉向上と英霊の顕彰を主たる目的として設立され活動している団体であって、その事業の一つである英霊顕彰事業として、政府主催の遺骨収集、外地戦跡の慰霊巡拝、全国戦没者追悼式等への参加、協力などの活動のほか、神式又は仏式による慰霊祭の挙行、靖国神社の参拝等の宗教的色彩を帯びた行事をも実施し、靖国神社国家護持の推進運動にも参画しているが、右行事の実施及び右運動への参画は、会の本来の目的として、特定の宗教の信仰、礼拝又は普及等の宗教的活動を行おうとするものではなく、その会員が戦没者の遺族であることにかんがみ、戦没者の慰霊、追悼、顕彰のための右行事等を行うことが、会員の要望に沿うものであるとして行われていることが明らかである。」

「これらの諸点を考慮すると、財団法人日本遺族会及びその支部である市遺族会、地区遺族会は、いずれも、特定の宗教の信仰、礼拝又は普及等の宗教的活動を行うことを本来の目的とする組織ないし団体には該当しないものというべきであって、憲法20条１項後段にいう『宗教団体』、憲法89条にいう『宗教上の組織若しくは団体』に該当しないものと解するのが相当である。」

（ⅲ）教育長の「慰霊祭への参列は、その目的は、地元の戦没者の慰霊、追悼のための宗教的行事に際し、戦没者遺族に対する社会的儀礼を尽くすという、専ら世俗的なものであり、その効果も、特定の宗教に対する援助、助長、促進又は圧迫、干渉等になるような行為とは認められない。」教育長の「**慰霊祭への参列は、宗教とのかかわり合いの程度が我が国の社会的、文化的諸条件に照らし、信教の自由の保障の確保という制度の根本目的との関係で相当とされる限度を超えるものとは認められず、憲法上の政教分離原則及びそれに基づく政教分離規定に違反するものではないと解するのが相当である。**」

62　愛媛玉串料訴訟（損害賠償代位請求事件）　☆☆☆

松山地判平成元年３月17日行集40巻３号188頁
高松高判平成４年５月12日行集43巻５号717頁
●最大判平成９年４月２日民集51巻４号1673頁

【事実】

愛媛県は、1981（昭和56）年から1986（昭和61）年にかけて、靖國神社の春秋例大祭に際して玉串料４万5,000円を奉納し、夏のみたま祭に際しては献燈料３万1,000円を奉納した。それはいずれも県の公費から支出されていた。愛媛県はまた県護國神社に対し、春秋の慰霊大祭に合計約９万円の供物料を公費から支出していた。そこで、地元県民は県に代位して、県知事及び県職員に対し公費支出相当額の損害賠償を求めた。

整理

事件／行政事件
原告・被控訴人・上告人／地元住民
被告・控訴人・被上告人／県知事、県職員
〈争点〉県が公費支出により被った損害の賠償。
〈憲法上の問題点〉❶靖國神社・護國神社への玉串料等の支出は、禁止される宗教的活動にあたるか。❷それは禁止される公金の支出にもあたるか。

【判旨】

一部破棄自判、一部上告棄却（13対２、補足意見２、意見３、反対意見２）。

（ⅰ）「憲法20条１項後段にいう宗教団体に当たることが明らかな靖國神社又は護國神社が」宗教上の祭祀を挙行した。「神社神道においては、祭祀を行うことがその中心的な宗教上の活動であるとされていること、例大祭及び慰霊大祭は、神道の祭式にのっとって行われる儀式を中心とする祭祀であり、各神社の挙行する恒例の祭祀中でも重要な意義を有するものと位置付けられていること、みたま祭は、同様の儀式を行う祭祀であり、靖國神社の祭祀中最も盛大な規模で行われるものであることは、いずれも公知の事実である。そして、玉串料及び供物料

は、例大祭又は慰霊大祭において右のような宗教上の儀式が執り行われるに際して神前に供えられるものであり、献灯料は、これによりみたま祭において境内に奉納者の名前を記した灯明が掲げられるというものであって、いずれも各神社が宗教的意義を有すると考えていることが明らかなものである。」

「これらのことからすれば、県が特定の宗教団体の挙行する重要な宗教上の祭祀にかかわり合いを持ったということが明らかである。そして、一般に、神社自体がその境内において挙行する恒例の重要な祭祀に際して右のような**玉串料等を奉納することは**、建築主が主催して建築現場において土地の平安堅固、工事の無事安全等を祈願するために行う儀式である起工式の場合とは異なり、**時代の推移によって既にその宗教的意義が希薄化し、慣習化した社会的儀礼にすぎないものになっているとまでは到底いうことができず、一般人が本件の玉串料等の奉納を社会的儀礼の一つにすぎないと評価しているとは考え難いところである**。そうであれば、玉串料等の奉納者においても、それが宗教的意義を有するものであるという意識を大なり小なり持たざる得ないのであり、このことは、本件においても同様というべきである。また、本件においては、県が他の宗教団体の挙行する同種の儀式に対して同様の支出をしたという事実がうかがわれないのであって、県が特定の宗教団体との間にのみ意識的に特別のかかわり合いを持ったことを否定することができない。これらのことからすれば、**地方公共団体が特定の宗教団体に対してのみ本件のような形で特別のかかわり合いを持つことは、一般人に対して、県が当該特定の宗教団体を特別に支援しており、それらの宗教団体が他の宗教団体とは異なる特別のものであるとの印象を与え、特定の宗教への関心を呼び起こすものといわざるを得ない**。」

「明治維新以降国家と神道が密接に結び付き種々の弊害を生じたことにかんがみ政教分離規定を設けるに至ったなど前記の憲法制定の経緯に照らせば、たとえ相当数の者がそれを望んでいるとしても、そのことのゆえに、地方公共団体と特定の宗教とのかかわり合いが、相当とされる限度を超えないものとして憲法上許されることになるとはいえない。」

「**以上の事情を総合的に考慮して判断すれば、県が本件玉串料等を靖國神社又は護國神社に前記のとおり奉納したことは、その目的が宗教的意義を持つことを免れず、その効果が特定の宗教に対する援助、助長、促進になると認めるべきであり、これによってもたらされる県と靖國神社等とのかかわり合いが我が国の社会的・文化的諸条件に照らし相当とされる限度を超えるものであって、憲法20条3項の禁止する宗教的活動に当たると解するのが相当である**」。

（ii）「**靖國神社及び護國神社は憲法89条にいう宗教上の組織又は団体に当たることが明らかであるところ、以上に判示したところからすると、本件玉串料等を靖國神社又は護國神社に前記のとおり奉納したことによってもたらされる県と靖國神社等とのかかわり合いが我が国の社会的・文化的諸条件に照らし相当とされる限度を超えるものと解されるのであるから、本件支出は、同条の禁止する公金の支出に当たり、違法というべきである。**」

〔**園部逸夫裁判官の意見**〕「本件における公金の支出は、公金支出の憲法上の制限を定める憲法89条の規定に違反するものであり、この一点において、違憲と判断すべき」で、「憲法20条３項に違反するかどうかを判断する必要はない。」

〔**高橋久子裁判官の意見**〕「憲法20条の規定する政教分離原則は、国家と宗教との完全な分離、すなわち、国家は宗教の介入を受けず、また、宗教に介入すべきではないという国家の非宗教性を意味する」。「政教分離原則は、厳格に解されるべき」で、「完全な分離が不可能、不適当であることの理由が示されない限り、国が宗教とかかわり合いを持つことは許されない」。

〔**三好達裁判官の反対意見**〕「本件支出は、憲法20条３項の禁止する宗教的活動に該当せず、また、同89条の禁止する公金の支出にも該当しないし、宗教団体が国から特権を受けることを禁止した同20条１項後段にも違反しない」。

63　献穀祭違憲訴訟（損害賠償等請求事件）

大津地判平成５年10月25日判タ831号98頁

●大阪高判平成10年12月15日判時1671号19頁

【事実】

滋賀県では、1892（明治25）年以来、毎年、宮中の新嘗祭に奉納するための新穀（米粟）を、一定の順序で定まる地域内から献納者を選定し、実施市町村ごとに新穀献納奉賛会を組織し、その奉賛会が各種行事（献穀祭）を実施した上で、献納してきた。1985（昭和60）年の献穀祭に際し、近江八幡市は新穀献納奉賛会に対して合計488万円を、滋賀県は各献納者に対して合計60万円を、公金から支出した。これに対し、地元住民が、市長及び県知事等を相手取り、公金支出により発生した損害の賠償を求めて訴えた。

整理

事件／行政事件

原告・控訴人／住民

被告・被控訴人／市、市長、市収入役、県、県知事、県農林部農政課長

〈争点〉 市・県の公金支出による損害の賠償。

〈憲法上の問題点〉 献穀祭への公金支出は、禁止される宗教的活動や公金支出にあたるか。

【判旨】

控訴棄却（確定）。

（ｉ）「神道において新穀献納は重要な宗教的意義があると考えられている」。「新穀の奉納の宗教性は、玉串料に比してなお強いものといえる。（なお、本件では玉串料の支出もある。）新穀献納に至るまでの行事は、……特に神聖な場所として作られた斎田において、神道儀式が多数回行われるものであって、全体として宗教的意義を色濃く帯びている。」「本件奉賛会の各

支出（それは補助金支出の目的である。）は、新穀献納旅費、祭主お礼、各祭典記念品、玉串料、祭典用品代、唐櫃、直会、各献納装束借り上げ代、斎田構築管理費など、宗教的行為に直接に関係する支出が7割以上を占めている。このような費用に充てるために、近江八幡市が多額の補助金を支出することは、一般人に対して、同市が神道を特別に支援しており、神道が他の宗教とは異なる特別のものとの印象を与え、神道への関心を呼び起こすものといわねばならない。そして、一般人の意識がこのようなものであれば、近江八幡市としても、献納とそれまでの本件奉賛会の行為が宗教的意義を有するとの意識を持たざるを得ない」。「新穀献納行事は、農業振興目的と皇室に対する敬愛の情をはぐくむという目的をも有していたことは、前記判断のとおりであり、これらの目的自身は正当合憲のものである。しかしながら、これらの目的は新穀献納行事によらなくとも、他の方法で実現できるし、日本国憲法制定の経過（最高裁民集51巻4号1683頁）に照らすと、本件のような宗教色がきわめて強い行為をさせるための多額の支出が、相当とされる限度を超えないものとして、憲法上許されることになるとはいえない。」「近江八幡市の本件奉賛会への488万円の**本件補助金支出は、その目的が宗教的意義を有することを免れず、その効果が神道に対する援助、助長、促進になると認めるべきであり、これによってもたらされる近江八幡市と神道とのかかわり合いが我が国の社会的、文化的条件に照らし相当とされる限度を超えるものであるから、憲法20条3項に反し、違法である。**」

（ii）「滋賀県の各奉耕主に対する本件公金支出は、以下のとおり憲法20条3項に違反するものとは判断されない。（1）公金は、報償金として交付され、支出の趣旨は奉耕主の生産の労苦をねぎらい、生産過程で要する費用を補うというもので、専ら農業振興目的である。（2）近江八幡市の公金支出と異なり、本件新穀献納行事の各種行事に費やされるべきとの使途の特定はなく、支出者としてもその使途についての認識がない。（3）支出者は、これが献穀に関連して生ずる奉耕主の出費を補うものとして使用されることは認識し得ても、実際の使途は、各奉耕主に委ねられ、使途を限定するものではない。（4）各奉耕主が右の金を何に用いたかは、証拠上明らかでなく宗教的活動のために用いたとの証拠はない。」「本件公金支出は、前記の目的によるものであり、この支出と滋賀県職員の右の行為との間に直接の関連を認めることはできない。」

64　岩手靖國訴訟（損害賠償代位請求事件、同附帯事件）☆

盛岡地判昭和62年3月5日行集38巻2・3号166頁
●仙台高判平成3年1月10日行集42巻1号1頁
仙台高決平成3年3月12日判例集未登載
最決平成3年9月24日判例集未登載

【事実】

（ⅰ）1979（昭和54）年、岩手県議会は天皇や内閣総理大臣の靖國神社公式参拝を要望する決議案を可決し、意見書等を作成して内閣総理大臣らに提出した。それに対し、地元住民が、本件決議は無効であるとして、その経費の返還を求めて訴えた。

（ⅱ）1981（昭和56）年、岩手県は靖國神社に対し玉串料及び献燈料を支出した。そこで地元住民が、本件支出の県への返還を求めて改めて訴えた。

なお、盛岡地裁は（ⅰ）ならびに（ⅱ）の訴えに対し、一部却下、一部棄却の判決を下した。また最高裁への特別抗告は、被控訴人が高裁判決で勝訴しているため、不適法とされた。

整理

事件／行政事件

原告・控訴人／地元住民

被告・被控訴人／県議会議長、県議会議員、県知事、県職員

〈争点〉①県議会の決議、意見書の作成等の経費の返還。②県の公金支出に対する損害の賠償等。

〈憲法上の問題点〉❶天皇・内閣総理大臣の靖國神社公式参拝は、禁止される宗教的活動にあたるか。❷靖國神社への玉串料・献燈料の公金支出は、禁止される宗教的活動にあたるか。

【判旨】

一部控訴棄却、一部取消。

（ⅰ）「我が国に存する総じて曖昧な宗教的意識の視点から右公式参拝の宗教的意義を評価することは適切ではないというべきである。

また、参拝は、前記のとおり、祭神に対する礼拝であるから、もともと参拝者の内心に属する宗教的行為というべきであり、したがって、**それが私的なものとして行われる限り、何人もこれに容喙することは許されないが、右参拝が公的資格において行われる場合には、右参拝によって招来されるであろう国家社会への波及的効果を考慮しなければならない**」。

「靖國神社は、前記認定のとおり、主として、国事に殉じた人々を祭神として奉斎し神道の祭祀を行うことを目的とする点においては第二次大戦前と異なるところがないとはいえ、昭和27年９月以降宗教法人法上の宗教法人となり、合祀者の決定及びその祭祀は、国と関係なく、靖國神社が宗教法人としての自らの判断に基づいて行っているのである。したがって、内閣総理大臣等が公的資格において参拝することは、その主観的意図ないし目的が戦没者に対する追悼（それ自体は非宗教的なものとして世俗的なものと評価されよう。）であっても、これを客観的に観察するならば、右追悼の面とともに、特定の宗教法人である靖國神社の祭神に対する礼拝という面をも有していると考えざるをえないのである。けだし、靖國神社に祀られている戦没者の霊に対する追悼を目的とする参拝は、とりもなおさず靖國神社の祭神に対する畏敬崇

拝の意を表す宗教的行為であり、両者を分別することはできない」。「公式参拝については、その主観的意図が追悼の目的であっても、参拝のもつ宗教性を排除ないし希薄化するものということはできない」。「国又はその機関が戦没者の追悼という名のもとであれ、宗教的色彩の濃厚な公式参拝という行為を通じて特定の宗教団体への関心を呼び起こすことは、政教分離の原則から要請される国の非宗教性ないし宗教的中立性を没却するおそれが極めて大きい」。「内閣総理大臣の公式参拝及び社会的儀礼として相当な玉串料等の支出が適法視されることになれば、その影響は、次のような形で現れてくることが考えられよう。すなわち、国の各省庁の大臣はもとより、都道府県、市町村等の普通地方公共団体及び地方議会の各機関の長等で公式参拝に賛同する者は、内閣総理大臣の公式参拝が是認されたことを根拠として、各地域の戦没者に対する慰霊と遺族への慰藉を理由として、公式参拝に赴き、あるいは、供花料、玉串料等を公金から支出することが予想される。」

「以上、認定、判断したところを総合すれば、**天皇、内閣総理大臣の靖國神社公式参拝は、その目的が宗教的意義をもち、その行為の態様からみて国又はその機関として特定の宗教への関心を呼び起こす行為というべきであり、しかも、公的資格においてなされる右公式参拝がもたらす直接的、顕在的な影響及び将来予想される間接的、潜在的な動向を総合考慮すれば、右公式参拝における国と宗教法人靖國神社との宗教上のかかわり合いは、我が国の憲法の拠って立つ政教分離原則に照らし、相当とされる限度を超えるものと断定せざるをえない。したがって、右公式参拝は、憲法20条３項が禁止する宗教的活動に該当する違憲な行為といわなければならない**」。

（ⅱ）「同神社に対する本件玉串料等の奉納は、同神社の祭神が戦没者であるという特殊性を有するが故に、戦没者追悼という儀礼的、世俗的側面を有するとともに、靖國神社が宗教的行事として行う春秋の例大祭、夏のみたま祭に際し、同神社の祭神に対し畏敬崇拝の念を表することを指向してなされるものであるから、多分に宗教的側面をも有していると考えられる。しかも、本件玉串料等の奉納が有する右二つの側面は、不可分であって、主従をつけ難いというべきである。したがって、右奉納のもつ宗教性は、戦没者追悼という世俗性によって排除ないし希薄化されるということはできない。」

「以上検討したところによれば、本件玉串料等の支出は、その意図ないし目的が戦没者の追悼及び遺族の慰藉という世俗的な側面を有するとはいえ、**玉串料等の奉納は同神社の宗教上の行事に直接かかわり合いをもつ宗教性の濃厚なものであるうえ、その効果にかんがみると、特定の宗教団体への関心を呼び起こし、かつ靖國神社の宗教活動を援助するものと認められるから、政教分離の原則から要請される岩手県の非宗教性ないし中立性を損なうおそれがあるというべきである。そして、右支出によって生じる岩手県と同神社とのかかわり合いは、その招来するであろう波及的効果に照らし、かつ前記認定の諸般の事情を考慮すると、相当とされる限**

度を超えるものと判断するのが相当であるから、右支出は、憲法20条3項の禁止する宗教的活動に当たるものといわなければならない」。

65　内閣総理大臣靖國参拝事件（国家賠償請求事件）☆

大阪地判平成16年2月27日判時1859号76頁

大阪高判平成17年7月26日訟月52巻9号2955頁

●最判平成18年6月23日判時1940号122頁

【事実】

2001（平成13）年8月13日、当時の内閣総理大臣は、公用車で秘書官を同行させて靖國神社に向かい、参拝所で「内閣総理大臣小泉純一郎」と記帳し、献花の名札にも同様に記載させて参拝した。これに対し、靖國神社に合祀された者の近親者は、本件参拝によって精神的苦痛を被ったとし、国と内閣総理大臣のほか靖國神社を相手に、本件参拝の違憲確認並びに参拝の差止め及び参拝受入れの差止めを求めた。しかし下級裁判所がその請求を棄却したため、近親者は、本件参拝により「戦没者が靖國神社に祀られているとの観念を受け入れるか否かを含め、戦没者をどのように回顧し祭祀するか、しないかに関して（公権力からの圧迫、干渉を受けずに）自ら決定し、行う権利ないし利益」を害されたと主張し、改めて損害賠償を求めて訴えた。

整理

事件／民事事件

原告・控訴人／靖國神社に合祀された者の近親者338人（原告631人）

被告・被控訴人／国、内閣総理大臣、靖國神社

〈争点〉内閣総理大臣の靖國神社参拝の差止め等。

〈憲法上の問題点〉内閣総理大臣の神社参拝は、他者の権利利益を侵害するか。

【判旨】

上告棄却（全員一致、補足意見1）。

「人が神社に参拝する行為自体は、他人の信仰生活等に対して圧迫、干渉を加えるような性質のものではないから、他人が特定の神社に参拝することによって、自己の心情ないし宗教上の感情が害されたとし、不快の念を抱いたとしても、これを被侵害利益として、直ちに損害賠償を求めることはできないと解するのが相当である。上告人らの主張する権利ないし利益も、上記のような心情ないし宗教上の感情と異なるものではないというべきである。このことは、内閣総理大臣の地位にある者が靖國神社を参拝した場合においても異なるものではないから、本件参拝によって上告人らに損害賠償の対象となり得るような法的利益の侵害があったとはいえない。」「上告人らの損害賠償請求は、その余の点について判断するまでもなく理由がないも

のとして棄却すべきである（なお、以上のことからすれば、本件参拝が違憲であることの確認を求める訴えに確認の利益がなく、これを却下すべきことも明らかである。)。」

〔滝井繁男裁判官の補足意見〕（ｉ）「他人の行為によって精神的苦痛を受けたと感じたとしても、そのすべてが法的に保護され、賠償の対象となるわけではない。何人も他人の行為によって心の平穏を害され、不快の念を抱くことがあったとしても、それが当該行為をした人のもつ思想、信条、信仰等の自由の享受の結果である限りそれを認容すべきものであって、当該行為が過度にわたった結果それぞれのもつ自由を侵害したといえるものとなったとき、初めて法的保護を求め得るものとなるのである。

本件で上告人らが問題にするのは他人の神社への参拝行為である。他人の参拝行為は、それがどのような形態のものであれ、その人の自由に属することであって、そのことによって心の平穏を害され、不快の念をもつ者があったとしてもそのことによって他人の自由を侵害するというものではなく、これを損害賠償の対象とすることは、かえって当該参拝をした者の自由を妨げる」。

（ⅱ）「我が国憲法は政教分離を規定し、国及びその機関に対しいかなる宗教活動も禁止しており、この規定は、それがおかれた歴史的沿革に照らして厳格に解されるべきものであると考える。

しかしながら、この憲法の規定は国家と宗教とを分離するという制度自体の保障を規定したものであって、直接に国民の権利ないし自由の保障を規定したものではないから、これに反する行為があったことから直ちに国民の権利ないし法的利益が侵害されたものということはできないのである。」

（ⅲ）「例えば緊密な生活を共に過ごした人への敬慕の念から、その人の意思を尊重したり、その人の霊をどのように祀るかについて各人の抱く感情などは法的に保護されるべき利益となり得るものであると考える。したがって、何人も公権力が自己の信じる宗教によって静謐な環境の下で特別の関係のある故人の霊を追悼することを妨げたり、その意に反して別の宗旨で故人を追悼することを拒否することができるのであって、それが行われたとすれば、強制を伴うものでなくても法的保護を求め得るものと考える。

そして、このような宗教的感情は平均人の感受性によって認容を迫られるものではなく、国及びその機関の行為によってそれが侵害されたときには、その被害について損害賠償を請求し得るものと考える。」

第8章　表現の自由

総　説　日本国憲法は、「集会、結社及び言論、出版その他一切の表現の自由」(21条) を保障する。表現の自由とは、「人の内心における精神作用を、方法のいかんを問わず、外部に公表する精神活動の自由をいう」(佐藤・憲法277頁)。表現の自由は、個人が表現活動を通じて自己の人格を発展させる一方、国民が自ら政治に参加するための不可欠の前提をなす重要な権利である (芦部・憲法180頁)。そのため、表現の自由の保障は、スピーチ、新聞、雑誌、書籍、放送のみならず、絵画、写真、映画、音楽、演劇など、すべての表現媒体による表現に及ぶ。他方、表現活動は外部に表明することを予定することから、他者に対する影響が問題となる。本章では、これまで判例において問題となった主たる表現活動をとりあげる。

報道の自由・取材の自由　報道は、事実を伝達するもので、特定の思想を表明するものではないが、①報道のために報道内容の編集という知的作業が行われ送り手の意見が表明される点、②報道が国民の知る権利に奉仕する点から、報道の自由も表現の自由によって保障される (**69**博多駅テレビフィルム提出命令事件参照)。取材の自由については、判例は「報道のための取材の自由も、憲法21条の精神に照らし、十分尊重に値いする」(博多駅テレビフィルム提出命令事件) と述べており、報道の自由と区別している。学説は、報道が、「取材・編集・発表」という一連の行為を必要とすることから、取材は、報道にとって不可欠の前提であり表現の自由によって保障されるとする見解が有力である (芦部・憲法188頁)。

取材の自由が、どの程度「尊重」または「保障」されるかという点でこれまで問題になった代表的なものとして以下があげられる。取材源の秘匿 (**64**石井記者事件―刑事事件における証言拒絶を認めなかった例)、取材源の秘匿 (**67**NHK 記者事件―民事事件における証言拒絶を認めた例)、取材方法の制限 (**68**北海タイムス事件―法廷内における写真撮影の禁止を認めた例)、裁判所によるテレビフィルム提出命令 (博多駅テレビフィルム提出命令事件―裁判の証拠としてテレビフィルムの強制的提出を認めた例)、警察による取材ビデオテープの押収 (**70**TBS 事件―犯罪捜査のために警察による取材ビデオテープの押収を認めた例)、取材方法の限界 (**71**外務省秘密電文漏洩事件―取材方法の限界をこえるとして「そそのかし」罪の成立が認められた例）などである。

66　石井記者事件（刑事訴訟法第161条違反被告事件）☆☆

長野簡判昭和24年10月５日刑集６巻８号1001頁
東京高判昭和25年７月19日刑集６巻８号1003頁
●最大判昭和27年８月６日刑集６巻８号974頁

【事実】

松本市警察署司法警察員が、1949（昭和24）年４月24日、松本簡易裁判所裁判官に対し松本税務署員Ａに対する収賄等被疑事件の逮捕状を請求し、翌25日午前10時頃逮捕状の発付を得たが、同日午後３時頃朝日新聞松本支局の記者Ｙが同署捜査課長Ｂに対し上記逮捕令状が発付された旨を告げて事件がいかに進展したかを聞きに来た。Ｂは知らないと答えたが、逮捕状発付の事実が外部に洩れた気配があつたので、予定を変更して同日午後９時逮捕状を執行した。ところが翌26日付朝日新聞長野版に逮捕状請求の事実と逮捕状記載の被疑事実が掲載され、その文面の順序等が逮捕状と酷似していた。そのため、松本簡易裁判所及び同区検察庁の職員中の何人かが、職務上知り得た秘密を第三者に漏洩し、国家公務員法違反罪の嫌疑が生じたとして捜査が開始され、Ｙは、刑訴法226条の規定に基づき、被疑者氏名不詳の国家公務員法違反被疑事件の証人として召喚された。裁判所に出頭したＹは、記事の出所について証言を求められたが、取材源の秘匿を理由として、証人としての宣誓・証言を拒否したため、証言拒絶罪（刑訴法161条）で起訴された。Ｙは第１審で有罪となり、控訴審もこれを支持したため、Ｙは上告した。

整理

事件／刑事事件

被告人・控訴人・上告人／新聞記者

〈争点〉 刑訴法161条（証言拒絶罪）違反の成否。

〈憲法上の問題点〉 新聞記者の取材源秘匿は憲法21条によって保障されるか。

【判旨】

上告棄却（全員一致）。

（ｉ）**新聞記者の取材源秘匿／証言拒絶権**　「一般国民の証言義務は国民の重大な義務である点に鑑み、証言拒絶権を認められる場合は極めて例外に属するのであり、また制限的である。従つて、前示例外規定は限定的列挙であつて、これを他の場合に類推適用すべきものでないことは勿論である。新聞記者に取材源につき証言拒絶権を認めるか否かは立法政策上考慮の余地のある問題であり、新聞記者に証言拒絶権を認めた立法例もあるのであるが、わが現行刑訴法は新聞記者を証言拒絶権あるものとして列挙していないのであるから、刑訴149条に列挙する医師等と比較して新聞記者に右規定を類推適用することのできないことはいうまでもないところである。それゆえ、わが現行刑訴法は勿論旧刑訴法においても、新聞記者に証言拒絶権を与えなかつたものであることは解釈上疑を容れないところである。」

（ii）**新聞記者の取材源秘匿／証言拒絶権と憲法21条**　憲法21条は、「**一般人に対し平等に表現の自由を保障したものであつて、新聞記者に特種の保障を与えたものではない。**それゆえ、もし論旨の理論に従うならば、一般人が論文ないし随筆等の起草をなすに当つてもその取材の自由は憲法21条によつて保障され、その結果その取材源については証言を拒絶する権利を有することとなる」。「憲法の右規定の保障は、公の福祉に反しない限り、いいたいことはいわせなければならないということである。**未だいいたいことの内容も定まらず、これからその内容を作り出すための取材に関しその取材源について、公の福祉のため最も重大な司法権の公正な発動につき必要欠くべからざる証言の義務をも犠牲にして、証言拒絶の権利までも保障したものとは到底解することができない。**」「国民中の或種特定の人につき、その特種の使命、地位等を考慮して特別の保障権利を与うべきか否かは立法に任せられたところであつて、憲法21条の問題ではない。」

67　NHK記者事件（証拠調べ共助事件における証人の証言拒絶についての決定に対する抗告棄却決定に対する許可抗告事件）☆

新潟地決平成17年10月11日民集60巻8号2678頁

東京高決平成18年3月17日民集60巻8号2685頁

●最決平成18年10月3日民集60巻8号2647頁

【事実】

日本放送協会（以下、NHK）は、1997（平成9）年10月9日午後7時のニュースにおいて、アメリカ合衆国の食品会社X社の日本における販売会社A社が77億円余りの所得隠しを行い、日本の国税当局から35億円の追徴課税を受け、また、所得隠しに係る利益が合衆国の関連会社に送金され、同会社の役員により流用され、合衆国の国税当局も追徴課税をしたなどの報道を行った。主要各新聞紙も同様の報道を行い、合衆国内でも同様の報道がされた。Yは、当時、記者としてＮＨＫ報道局社会部に在籍し、同報道に関する取材活動を行った。X社は、その結果、株の下落等による損害を被ったとして、アメリカ合衆国を被告として同国アリゾナ州地区連邦地方裁判所に損害賠償訴訟を提起し、開示（ディスカバリー）の手続として、日本に居住するYの証人尋問を申請した。そこで、同裁判所は、この証人尋問を日本の裁判所に嘱託し、同証人尋問は、国際司法共助事件として新潟地方裁判所（原々審）に係属した。Yは、原々審での証人尋問において、取材源の特定に関する証言を拒絶し、原々審はその証言拒絶に理由があるものと認めた。これに対し、X社は、上記証言拒絶に理由がないことの裁判を求めて抗告したが、原審がこれを棄却したために、最高裁に抗告の許可を申し立て、許可された。

整理

事件／民事事件

原告・抗告人・抗告人／アメリカ合衆国の食品製造・販売会社

被告・被抗告人・被抗告人／ NHK 記者

〈争点〉 民事事件において証人となった報道関係者が民訴法197条１項３号に基づいて取材源に係る証言を拒絶することができるか。

〈憲法上の問題点〉 取材の自由（憲法21条）と報道関係者による証言拒絶。

【決定要旨】

抗告棄却（全員一致）。

（ⅰ）**証人の証言義務と「職業の秘密」**「民訴法は、公正な民事裁判の実現を目的として、何人も、証人として証言をすべき義務を負い（同法190条）、一定の事由がある場合に限って例外的に証言を拒絶することができる旨定めている（同法196条、197条）。そして、**同法197条１項３号は、『職業の秘密に関する事項について尋問を受ける場合』には、証人は、証言を拒むことができる**と規定」する。「**『職業の秘密』**とは、**その事項が公開されると、当該職業に深刻な影響を与え以後その遂行が困難になるもの**をいう」。「もっとも、ある秘密が上記の意味での職業の秘密に当たる場合においても、そのことから直ちに証言拒絶が認められるものではなく、そのうち**保護に値する秘密についてのみ証言拒絶が認められる**」。「**保護に値する秘密であるかどうかは、秘密の公表によって生ずる不利益と証言の拒絶によって犠牲になる真実発見及び裁判の公正との比較衡量により決せられる。**」

（ⅱ）**職業の秘密と取材源の秘密**　「報道関係者の取材源は、一般に、それがみだりに開示されると、報道関係者と取材源となる者との間の信頼関係が損なわれ、将来にわたる自由で円滑な取材活動が妨げられることとなり、報道機関の業務に深刻な影響を与え以後その遂行が困難になると解されるので、**取材源の秘密は職業の秘密に当たる**」。「**当該取材源の秘密が保護に値する秘密であるかどうかは、当該報道の内容、性質、その持つ社会的な意義・価値、当該取材の態様、将来における同種の取材活動が妨げられることによって生ずる不利益の内容、程度等と、当該民事事件の内容、性質、その持つ社会的な意義・価値、当該民事事件において当該証言を必要とする程度、代替証拠の有無等の諸事情を比較衡量して決す**」る。

（ⅲ）**比較考量において考慮すべき点**　「**報道機関の報道は、民主主義社会において、国民が国政に関与するにつき、重要な判断の資料を提供し、国民の知る権利に奉仕する**ものである。したがって、思想の表明の自由と並んで、**事実報道の自由は、表現の自由を規定した憲法21条の保障の下にある**ことはいうまでもない。また、このような**報道機関の報道が正しい内容を持つためには、報道の自由とともに、報道のための取材の自由も、憲法21条の精神に照らし、十**

分尊重に値するものといわなければならない（最高裁昭和44年（し）第68号同年11月26日大法廷決定・刑集23巻11号1490頁参照）。取材の自由の持つ上記のような意義に照らして考えれば、**取材源の秘密は、取材の自由を確保するために必要なものとして、重要な社会的価値を有する**」。「**当該報道が公共の利益に関するものであって、その取材の手段、方法が一般の刑罰法令に触れるとか、取材源となった者が取材源の秘密の開示を承諾しているなどの事情がなく、しかも、当該民事事件が社会的意義や影響のある重大な民事事件であるため、当該取材源の秘密の社会的価値を考慮してもなお公正な裁判を実現すべき必要性が高く、そのために当該証言を得ることが必要不可欠であるといった事情が認められない場合には、当該取材源の秘密は保護に値すると解すべきであり、証人は、原則として、当該取材源に係る証言を拒絶することができる。**」

（iv）　**本件における具体的検討**　「本件 NHK 報道は、公共の利害に関する報道であることは明らかであり、その取材の手段、方法が一般の刑罰法令に触れるようなものであるとか、取材源となった者が取材源の秘密の開示を承諾しているなどの事情はうかがわれず、一方、本件基本事件は、株価の下落、配当の減少等による損害の賠償を求めているものであり、社会的意義や影響のある重大な民事事件であるかどうかは明らかでなく、また、本件基本事件はその手続がいまだ開示（ディスカバリー）の段階にあり、公正な裁判を実現するために当該取材源に係る証言を得ることが必要不可欠であるといった事情も認めることはできない。したがって、相手方は、民訴法197条1項3号に基づき、本件の取材源に係る事項についての証言を拒むことができるというべきであり、本件証言拒絶には正当な理由がある。」

68　北海タイムス事件（法廷等の秩序維持に関する法律による制裁事件に対する抗告棄却決定に対する特別抗告事件）☆

釧路地判昭和28年12月10日刑集12巻2号266頁

札幌高決昭和29年2月15日刑集12巻2号266頁

●最大決昭和33年2月17日刑集12巻2号253頁

【事実】

強盗殺人事件の取材のため法廷内の新聞記者席に居合わせていた北海タイムス釧路支社報道部写真班員であるYは、公判開廷前に、裁判所書記官から「本日の公判に関する公判廷における写真の撮影は審理の都合上、裁判官が入廷し公判が開始された以後はこれを許さないから、公判開始前に撮影されたい」旨の裁判所の許可を告知されていたにもかかわらず、公判開始後、被告人が証言台に立つや、裁判長の許可なく勝手に記者席を離れ、裁判官席の設けられてある壇上に登り、裁判長の制止を無視して、被告人の写真1枚を撮影した。裁判所は、Yの公判開廷中における写真撮影の行為は、裁判所の許可なく、かつ裁判長の命令に反して行われたものであって、法廷等の秩序維持に関する法律２条１項前段に該当するとして、1,000円の過料を科した。Ｙはこの決定に対して抗告したが棄却されたので、最高裁に特別抗告を行った。

整理

事件／刑事事件

被告人・抗告人・特別抗告人／報道機関のカメラマン

〈争点〉第１審決定は報道の自由を制限する違法なものではないとした原決定の取消し。

〈憲法上の問題点〉法廷における写真撮影の制限が憲法21条に反するか（刑事訴訟規則215条の合憲性）。

【決定要旨】

特別抗告棄却（全員一致）。

「およそ、新聞が真実を報道することは、憲法21条の認める表現の自由に属し、またそのための取材活動も認められなければならないことはいうまでもない。しかし、憲法が国民に保障する自由であつても、国民はこれを濫用してはならず、常に公共の福祉のためにこれを利用する責任を負うのであるから（憲法12条)、その自由も無制限であるということはできない。そして、憲法が裁判の対審及び判決を公開法廷で行うことを規定しているのは、手続を一般に公開してその審判が公正に行われることを保障する趣旨にほかならないのであるから、たとい公判廷の状況を一般に報道するための取材活動であつても、その活動が公判廷における審判の秩序を乱し被告人その他訴訟関係人の正当な利益を不当に害するがごときものは、もとより許されないところであるといわなければならない。ところで、公判廷における写真の撮影等は、その行われる時、場所等のいかんによつては、前記のような好ましくない結果を生ずる恐れがあるので、刑事訴訟規則215条は写真撮影の許可等を裁判所の裁量に委ね、その許可に従わないかぎりこれらの行為をすることができないことを明らかにしたのであつて、右規則は憲法に違反するものではない。」

69　博多駅テレビフィルム提出命令事件（取材フィルム提出命令に対する抗告棄却決定に対する特別抗告事件）☆☆☆

福岡地決昭和44年８月28日刑集23巻11号1513頁

福岡高決昭和44年９月20日刑集23巻11号1515頁

●最大決昭和44年11月26日刑集23巻11号1490頁

【事実】

1968（昭和43）年１月、原子力空母エンタープライズ佐世保寄港阻止闘争に参加するために博多駅に下車した学生が警備等のため出動していた機動隊と衝突した。憲法擁護国民連合事務局長らは、機動隊員の行為は特別公務員暴行陵虐罪、公務員職権濫用罪に当るとして福岡地検に告発したが不起訴処分となったので、刑訴法262条に基づき福岡地裁に対して付審判請求を行った。同地裁は、付審判請求の審理にあたって、RKB毎日放送、九州朝日放送、テレビ西日本、NHK（以下、Y）に対して、刑訴法99条2項により、「昭和43年1月16日、いわゆる三派系全学連所属学生約300名が、午前6時45分着の急行雲仙・西海号で博多駅に下車した際、警備等のため出動していた福岡県警察機動警ら隊員および博多鉄道公安機動隊員らと衝突したいわゆる博多駅頭事件の状況を撮影したフイルム全部」の提出を命じた。Yは任意提出を拒否し福岡高裁に抗告したが棄却されたので、最高裁に特別抗告を行った。

整理

事件／刑事事件

抗告人・特別抗告人／RKB毎日放送、九州朝日放送、テレビ西日本、NHK

〈争点〉 提出命令の取消し。

〈憲法上の問題点〉 ❶取材の自由は憲法21条によって保障されるか。❷本件フィルム提出命令は、憲法21条に反しないか。

【決定要旨】

抗告棄却（全員一致）。

（i）**報道の自由・取材の自由と憲法21条**　「報道機関の報道は、民主主義社会において、国民が国政に関与するにつき、重要な判断の資料を提供し、国民の『**知る権利**』に奉仕するものである。したがつて、**思想の表明の自由とならんで、事実の報道の自由は、表現の自由を規定した憲法21条の保障のもとにある**ことはいうまでもない。また、このような報道機関の報道が正しい内容をもつためには、報道の自由とともに、**報道のための取材の自由も、憲法21条の精神に照らし、十分尊重に値いする**」。

（ii）**取材の自由と公正な刑事裁判**　「しかし、**取材の自由といつても、もとより何らの制約を受けないものではなく、たとえば公正な裁判の実現というような憲法上の要請があるときは、ある程度の制約を受けることのある**ことも否定することができない。」「本件では、まさに、公正な刑事裁判の実現のために、取材の自由に対する制約が許されるかどうかが問題となるのであるが、**公正な刑事裁判を実現**することは、国家の基本的要請であり、刑事裁判においては、実体的真実の発見が強く要請されることもいうまでもない。このような公正な刑事裁判の実現を保障するために、**報道機関の取材活動によつて得られたものが、証拠として必要と認められるような場合には、取材の自由がある程度の制約を蒙ることとなつてもやむを得ない**ところというべきである。しかしながら、このような場合においても、**一面において、審判の対象とされている犯罪の性質、態様、軽重および取材したものの証拠としての価値、ひいては、公正な刑事裁判を実現するにあたつての必要性の有無を考慮するとともに、他面において取材したものを証拠として提出させられることによつて報道機関の取材の自由が妨げられる程度お**

よびこれが報道の自由に及ぼす影響の度合その他諸般の事情を比較衡量して決せられるべきであり、これを刑事裁判の証拠として使用することがやむを得ないと認められる場合においても、それによつて受ける報道機関の不利益が必要な限度をこえないように配慮されなければならない。」

（iii）**本件フィルム提出命令の合憲性**「以上の見地に立つて本件についてみるに、本件の付審判請求事件の審理の対象は、多数の機動隊等と学生との間の衝突に際して行なわれたとされる機動隊員等の公務員職権乱用罪、特別公務員暴行陵虐罪の成否にある。その審理は、現在において、被疑者および被害者の特定すら困難な状態であつて、事件発生後２年ちかくを経過した現在、第三者の新たな証言はもはや期待することができず、したがつて、当時、右の現場を中立的な立場から撮影した報道機関の本件フイルムが証拠上きわめて重要な価値を有し、被疑者らの罪責の有無を判定するうえに、ほとんど必須のものと認められる状況にある。他方、本件フイルムは、すでに放映されたものを含む放映のために準備されたものであり、それが**証拠として使用されることによつて報道機関が蒙る不利益は、報道の自由そのものではなく、将来の取材の自由が妨げられるおそれがあるというにとどまる**ものと解されるのであつて、付審判請求事件とはいえ、本件の刑事裁判が公正に行なわれることを期するためには、この程度の不利益は、報道機関の立場を十分尊重すべきものとの見地に立つても、なお忍受されなければならない程度のものというべきである。また、本件提出命令を発した福岡地方裁判所は、本件フイルムにつき、一たん押収した後においても、時機に応じた仮還付などの措置により、報道機関のフイルム使用に支障をきたさないより配慮すべき旨を表明している。以上の諸点その他各般の事情をあわせ考慮するときは、本件フイルムを付審判請求事件の証拠として使用するために本件提出命令を発したことは、まことにやむを得ないものがあると認められるのである。」「本件フイルムの提出命令は、憲法21条に違反するものでないことはもちろん、その趣旨に牴触するものでもなく、これを正当として維持した原判断は相当であ」る。

70　TBS事件（司法警察職員がした押収処分に対する準抗告棄却決定に対する特別抗告事件）☆☆

東京地決平成２年６月13日判時1348号16頁

●最決平成２年７月９日刑集44巻５号421頁

【事実】

株式会社東京放送（TBS）（以下、Y）は、1992（平成４）年３月20日、同社が製作著作するテレビ番組「ギミア・ぶれいく」の特集コーナーにおいて、「潜入ヤクザ24時巨大組織の舞台裏」と題する約31分余のドキュメンタリーを放映した。その中に、暴力団員が暴力団事務所で債務者を暴行脅迫して債権取立を行う場面（11分）が含まれていた。

放送後、上記暴力団員は、暴力行為等処罰法違反、傷害被疑事件で逮捕・起訴され、司法警察員は、裁判官の発した差押許可状に基づき、同年5月16日、Yが特集コーナーとして放送する目的で、申立外株式会社ネオプレスにその特集コーナー部分の企画、構成、取材、VTR収録、編集、MAV（ナレーション・音楽等の音入れ作業）等の業務を発注し、右業務を受注したネオプレスの取材によって収録された全く何らの編集等の作業の加えられていない一次素材ビデオテープ（以下、マザーテープ）29巻（債権取立以外の内容も含む）を押収した（Yは任意提出を拒否していた）。これに対して、Yは準抗告を申し立てたが、東京地裁が準抗告を棄却したため、Yは最高裁に特別抗告を申し立てた。

「ギミア・ぶれいく」は、毎週火曜日午後9時30分から1時間51分にわたり、申立人の系列局26局を通じて全国放送された番組であった。「ギミア・ぶれいく」の全体の構成はドキュメンタリー、スポーツ、ドラマ及びアニメーション等の各コーナーを設け、それぞれビデオ収録された部分をスタジオトークでつなぐ形式の番組である。約2時間にわたる全体が一つの番組であると同時に、その番組を構成する各コーナー自体も一つのドキュメンタリー部分、ドラマ部分、アニメーション部分等として完結したものとなっていて、当時、新たに開発されたマガジン方式の番組である。

整理

事件／刑事事件

準抗告申立人・特別抗告申立人／株式会社東京放送

〈争点〉差押が違法・違憲ではないとした原決定の取消。

〈憲法上の問題点〉警察による取材ビデオテープの差押は憲法21条に違反するか。

【決定要旨】

抗告棄却（4対1、反対意見1）。

（i）**報道の自由・取材の自由と憲法21条**　「報道機関の報道の自由は、表現の自由を規定した憲法21条の保障の下にあり、**報道のための取材の自由も、憲法21条の趣旨に照らし十分尊重されるべきものであること、取材の自由も、何らの制約を受けないものではなく、公正な裁判の実現というような憲法上の要請がある場合には、ある程度の制約を受けることがあること**は、いずれも博多駅事件決定（最高裁昭和44年（し）第68号同年11月26日大法廷決定・刑集23巻11号1490頁）の判示するところである。」

（ii）**適正迅速な捜査と取材の自由（差押の可否の判断基準）**「公正な刑事裁判を実現するために不可欠である適正迅速な捜査の遂行という要請がある場合にも、同様に、取材の自由がある程度の制約を受ける場合があること、また、このような要請から報道機関の取材結果に対して差押をする場合において、**差押の可否を決するに当たっては、捜査の対象である犯罪の性質、内容、軽重等及び差し押さえるべき取材結果の証拠としての価値、ひいては適正迅速な捜**

査を遂げるための必要性と、取材結果を証拠として押収されることによって報道機関の報道の自由が妨げられる程度及び将来の取材の自由が受ける影響その他諸般の事情を比較衡量すべきであることは、明らかである（最高裁昭和63年（し）第116号平成元年１月30日第二小法廷決定・刑集43巻１号19頁参照)。」

（ⅲ）**本件差押の可否**「右の見地から本件について検討すると、本件差押は、暴力団組長である被疑者が、組員らと共謀の上債権回収を図るため暴力団事務所において被害者に対し加療約一箇月間を要する傷害を負わせ、かつ、被害者方前において団体の威力を示し共同して被害者を脅迫し、暴力団事務所において団体の威力を示して脅迫したという、軽視することのできない悪質な傷害、暴力行為等処罰に関する法律違反被疑事件の捜査として行われたものである。しかも、本件差押は、被疑者、共犯者の供述が不十分で、関係者の供述も一致せず、傷害事件の重要な部分を確定し難かったため、真相を明らかにする必要上、右の犯行状況等を収録したと推認される本件ビデオテープ（原決定添付目録番号15ないし18）を差し押さえたものであり、右ビデオテープは、事案の全容を解明して犯罪の成否を判断する上で重要な証拠価値を持つものであったと認められる。他方、本件ビデオテープは、すべていわゆるマザーテープであるが、申立人において、差押当時既に放映のための編集を終了し、編集に係るものの放映を済ませていたのであって、本件差押により申立人の受ける不利益は、本件ビデオテープの放映が不可能となって報道の機会が奪われるというものではなかった。また、本件の撮影は、暴力団組長を始め組員の協力を得て行われたものであって、右取材協力者は、本件ビデオテープが放映されることを了承していたのであるから、報道機関たる申立人が右取材協力者のためその身元を秘匿するなど擁護しなければならない利益は、ほとんど存在しない。さらに本件は、撮影開始後複数の組員により暴行が繰り返し行われていることを現認しながら、その撮影を続けたものであって、**犯罪者の協力により犯行現場を撮影収録したものといえるが、そのような取材を報道のための取材の自由の一態様として保護しなければならない必要性は疑わしい**といわざるを得ない。そうすると、本件差押により、申立人を始め報道機関において、将来本件と同様の方法により取材をすることが仮に困難になるとしても、その不利益はさして考慮に値しない。このような事情を総合すると、本件差押は、適正迅速な捜査の遂行のためやむを得ないものであり、申立人の受ける不利益は、受忍すべきものというべきである。

結局、所論は、博多駅事件決定の趣旨に徴して理由がなく、これと同旨の原決定は正当である。」

〔奥野久之裁判官の反対意見〕「私は、抗告趣意第一点について、多数意見と結論を異にする。すなわち、日本テレビ事件決定（最高裁昭和63年（し）第116号平成元年１月30日第二小法廷決定・刑集43巻１号19頁）においては、報道機関のビデオテープに対する差押が許されるとした多数意見にくみしたが、本件の差押については許されないと考える。」「日本テレビ事件と本件とを対比しながら、適正迅速な捜査を遂げるための必要性と、報道機関の報道の自由が妨げられる程度及び将来の取材の自由が受ける影響等を比較衡量すると、日本テレビ事件の犯罪は、国民が広く関心を寄せる重大な贈賄事犯であったが、本件の犯罪は、軽視できない悪質な事犯とはいえ、**日本テレビ事件ほど重大とはいえない**。また、日本テレビ事件の場合には、ビデオテープは、犯罪立証のためにほとんど不可欠であったのに対し、本件の場合には、暴力団員が不十分ながら犯行を認め、目撃者もおり、ただそれらの供述と被害者の供述とに一致しないところがあるため、ビデオテープが必要となったのであるから、**ビデオテープの証拠としての必要性は、日本テレビ事件よりも弱い**。そうすると、**本件の差押によって得られる利益は、日本テレビ事件のそれと比較すると、相当に小さい**というべきである。他方、日本テレビ事件の場合には、賄賂の申込を受けた者が贈賄事件を告発するための証拠を保全することを目的として報道機関に対しビデオテープの採録を依頼し、報道機関がこの依頼に応じてビデオテープを採録したのであるから、報道機関はいわば捜査を代行したともいえるのに対し、本件の場合は、報道機関は、もっぱら暴力団の実態を国民に知らせるという報道目的でビデオテープを採録したものであるから、**本件の報道機関の立場を保護すべき利益は、日本テレビ事件のそれに比して、格段に大きい**というべきである。以上のとおりであるから、所論の本件ビデオテープの差押は、違法なものである」。

71　外務省秘密電文漏洩事件（国家公務員法違反被告事件）☆☆

東京地判昭和49年1月31日判時732号12頁
東京高判昭和51年7月20日高刑集29巻3号429頁
●最決昭和53年5月31日刑集32巻3号457頁

【事実】

毎日新聞社東京本社編集局政治部に勤務し、外務省担当記者であつたYは、1971（昭和46）年2月、大詰めを迎えた沖縄返還交渉の取材のため外務省記者クラブ詰めのキャップとして外務省に派遣された。Yは、A（当時外務審議官付外務事務官として一般的秘書業務に従事し、外務審議官に回付又は配付される文書の授受・整理及び保管という職務を担当し、右文書の内容を職務上知ることのできる地位にあった）に対して、「取材に困っている、助けると思って審議官のところに来る書類を見せてくれ。君や外務省には絶対に迷惑をかけない。特に沖縄関係の秘密文書を頼む。」という趣旨の依頼をし、Aは十数回にわたり沖縄返還交渉に関する書類を持ち出した。1972（昭和47）年3月、社会党議員が、衆議院予算委員会において、沖縄返還交渉に密約が存在したことを裏付ける外務省極秘電文を公表した。YとAが、国公法109条12号、100条1項および111条違反容疑で逮捕された。

第1審はAを有罪（懲役6月執行猶予1年）としたが、Yについては無罪とした。第1審は、Ｙの行為は国公法111条の「そそのかし」に該当するが、取材の自由は「憲法21条の精神に照らして十分尊重されなければならない」という基本的立場の下で、「手段方法の相当性には欠ける点があるけれどもこれと目的の正当性の程度及び利益の比較衡量の点とを総合判断してみると、これが処罰されてもなおやむを得ないと断定することができない」として、取材行為の正当行為性を認めた。

Ｙ無罪の点について検察は控訴し、控訴審は、第１審判決を破棄し、懲役４月執行猶予１年の刑を言い渡した。控訴審は、国公法111条および109条12号の「そそのかし」とは「同法109条12号、100条１項所定の秘密漏示行為を実行させる目的をもつて、公務員に対し、右行為を実行する決意を新たに生じさせてその実行に出る高度の蓋然性のある手段方法を伴い、または自らの影響力によりそのような蓋然性の高い状況になつているのを利用してなされるしようよう行為」であると合憲限定解釈を行った上、本件のＹの行為は「そそのかし」にあたるとした。これに対して、Ｙは上告した。

整理

事件／刑事事件

被告人・被控訴人・上告申立人／新聞記者

〈争点〉 国公法111条（秘密漏洩そそのかし罪）違反の成否。

〈憲法上の問題点〉 憲法21条によって保障される取材の自由の範囲(正当な取材活動の範囲)。

【決定要旨】

上告棄却（全員一致）。

（ｉ）**国公法109条12号および100条１項にいう「秘密」の意義と本件秘密電文**　「国家公務員法109条12号、100条１項にいう秘密とは、**非公知の事実で**あつて、**実質的にもそれを秘密として保護するに値すると認められるもの**をいい（最高裁昭和48年（あ）第2716号同52年12月19日第二小法廷決定)、その判定は司法判断に服するものである。」「原判決が認定したところによれば、本件第1034号電信文案には、昭和46年５月28日に愛知外務大臣とマイヤー駐日米国大使との間でなされた、いわゆる沖縄返還協定に関する会談の概要が記載され、その内容は非公知の事実であるというのである。そして、条約や協定の締結を目的とする外交交渉の過程で行われる会談の具体的内容については、当事国が公開しないという国際的外交慣行が存在するのであり、これが漏示されると相手国ばかりでなく第三国の不信を招き、当該外交交渉のみならず、将来における外交交渉の効果的遂行が阻害される危険性があるものというべきであるから、本件第1034号電信文案の内容は、実質的にも秘密として保護するに値するものと認められる。右電信文案中に含まれている原判示対米請求権問題の財源については、日米双方の交渉担当者において、円滑な交渉妥結をはかるため、それぞれの対内関係の考慮上秘匿することを必要としたもののようであるが、わが国においては早晩国会における政府の政治責任として討議批判されるべきであつたもので、政府が右のいわゆる密約によつて憲法秩序に抵触するとまでいえるような行動をしたものではないのであつて、違法秘密といわれるべきものではなく、この点も外交交渉の一部をなすものとして実質的に秘密として保護するに値するものである。したがつて右電信文案に違法秘密に属する事項が含まれていると主張する所論はその前提を欠き、右電信文案が国家公務員法109条12号、100条1項にいう秘密にあたるとした原判断は相当である。」

（ii）**「そそのかし」の意義と本件取材行為**　「国家公務員法111条にいう同法109条12号、100条1項所定の行為の『**そそのかし**』**とは、右109条12号、100条1項所定の秘密漏示行為を実行させる目的をもつて、公務員に対し、その行為を実行する決意を新に生じさせるに足りる慫慂行為をすることを意味するもの**と解するのが相当であるところ（最高裁昭和27年（あ）第5779号同29年4月27日第三小法廷判決・刑集8巻4号555頁、同41年（あ）第1129号同44年4月2日大法廷判決・刑集23巻5号685頁、同43年（あ）第2780号同48年4月25日大法廷判決・刑集27巻4号547頁参照）、原判決が認定したところによると、被告人は毎日新聞社東京本社編集局政治部に勤務し、外務省担当記者であつた者であるが、当時外務事務官として原判示職務を担当していた」A「と原判示『ホテル山王』で肉体関係をもつた直後、『取材に困つている、助けると思つて……審議官のところに来る書類を見せてくれ。君や外務省には絶対に迷惑をかけない。特に沖縄関係の秘密文書を頼む。』という趣旨の依頼をして懇願し、一応同女の受諾を得たうえ、さらに、原判示秋元政策研究所事務所において、同女に対し『5月28日愛知外務大臣とマイヤー大使とが請求権問題で会談するので、その関係書類を持ち出してもらいたい。』旨申し向けたというのであるから、被告人の右行為は、国家公務員法111条、109条12号、100条1項の『そそのかし』にあたる」。

（iii）**正当な取材活動の範囲（正当業務行為）**「報道機関の国政に関する報道は、民主主義社会において、国民が国政に関与するにつき、重要な判断の資料を提供し、いわゆる国民の知る権利に奉仕するものであるから、報道の自由は、憲法21条が保障する表現の自由のうちでも特に重要なものであり、また、このような**報道が正しい内容をもつためには、報道のための取材の自由もまた、憲法21条の精神に照らし、十分尊重に値する**ものといわなければならない（最高裁昭和44年（し）第68号同年11月26日大法廷決定・刑集23巻11号1490頁）。そして、報道機関の国政に関する取材行為は、国家秘密の探知という点で公務員の守秘義務と対立拮抗するものであり、時としては誘導・唆誘的性質を伴うものであるから、報道機関が取材の目的で公務員に対し秘密を漏示するようにそそのかしたからといつて、そのことだけで、直ちに当該行為の違法性が推定されるものと解するのは相当ではなく、**報道機関が公務員に対し根気強く執拗に説得ないし要請を続けることは、それが真に報道の目的からでたものであり、その手段・方法が法秩序全体の精神に照らし相当なものとして社会観念上是認されるものである限りは、**

実質的に違法性を欠き正当な業務行為というべきである。しかしながら、報道機関といえども、取材に関し他人の権利・自由を不当に侵害することのできる特権を有するものでないことはいうまでもなく、取材の手段・方法が贈賄、脅迫、強要等の一般の刑罰法令に触れる行為を伴う場合は勿論、その手段・方法が一般の刑罰法令に触れないものであつても、取材対象者の個人としての人格の尊厳を著しく蹂躪する等法秩序全体の精神に照らし社会観念上是認することのできない態様のものである場合にも、正当な取材活動の範囲を逸脱し違法性を帯びるものといわなければならない。」

（iv）**本件取材行為の違法性**　「これを本件についてみると原判決及び記録によれば、被告人は、昭和46年５月18日頃、従前それほど親交のあつたわけでもなく、また愛情を寄せていたものでない前記」A「をはじめて誘つて一夕の酒食を共にしたうえ、かなり強引に同女と肉体関係をもち、さらに、同月22日原判示『ホテル山王』に誘つて再び肉体関係をもつた直後に、前記のように秘密文書の持出しを依頼して懇願し、同女の一応の受諾を得、さらに、電話でその決断を促し、その後も同女との関係を継続して、同女が被告人との右関係のため、その依頼を拒み難い心理状態になつたのに乗じ、以後十数回にわたり秘密文書の持出しをさせていたもので、本件そそのかし行為もその一環としてなされたものであるところ、同年６月17日いわゆる沖縄返還協定が締結され、もはや取材の必要がなくなり、同月28日被告人が渡米して８月上旬帰国した後は、同女に対する態度を急変して他人行儀となり、同女との関係も立消えとなり、加えて、被告人は、本件第1034号電信文案については、その情報源が外務省内部の特定の者にあることが容易に判明するようなその写を国会議員に交付していることなどが認められる。そのような被告人の一連の行為を通じてみるに、被告人は、当初から秘密文書を入手するための手段として利用する意図で右」A「と肉体関係を持ち、同女が右関係のため被告人の依頼を拒み難い心理状態に陥つたことに乗じて秘密文書を持ち出させたが、同女を利用する必要がなくなるや、同女との右関係を消滅させてその後は同女を顧みなくなつたものであつて、取材対象者である」A「の個人としての人格の尊厳を著しく蹂躪したものといわざるをえず、このような被告人の取材行為は、その手段・方法において法秩序全体の精神に照らし社会観念上、到底是認することのできない不相当なものであるから、正当な取材活動の範囲を逸脱しているものというべきである。」「被告人の行為は、国家公務員法111条（109条12号、100条１項）の罪を構成するものというべきであり、原判決はその結論において正当である。」

＊　＊　＊

知る権利　表現の自由は、思想・情報を外部に表明する自由であるが、本来、表明された思想・情報を受領する「受け手」の存在を前提としており、そして、「受け手」が「送り手」となって情報を伝達することを想定している。ところが、現代社会においては、国家やメディアが大量の情報を保有し、一方的に情報を流すのに対して、市民・国民はもっぱらそれを受領するだけという状況が出現しており、情報の「送り手」と「受け手」の分離が著しい。そこで、表現の「受け手」の自由を保障するために、表現の自由を市民・国民の側から再構成し、「知る権利」（聞く自由、読む自由、視る自由）として捉えられるようになった（通説）。判例も知る権利を認めている（69博多駅テレビフィルム提出命令事件参照）。

72　ＮＨＫ受信料制度事件（受信契約締結承諾等請求事件）☆☆

東京地判平成25年10月10日判タ1419号340頁

東京高判平成26年４月23日民集71巻10号1916頁

●最大判平成29年12月６日民集71巻10号1817頁

【事実】

Ｙは、2006（平成18）年３月22日以降、その住居に、日本放送協会（以下、Ｘ）の放送を受信できる受信設備を設置している。Ｘは、2011（平成23）年９月21日到達の書面により、Ｙに対し、受信契約の申込みをしたが、Ｙは、上記申込みに対して承諾をしなかった。そこで、Ｘは、Ｙに対し、①主位的請求として、放送法64条１項により、Ｘによる受信契約の申込みがＹに到達した時点で受信契約が成立したと主張して、受信設備設置の月の翌月である2006（平成18）年４月分から2014（平成26）年１月分までの受信料合計21万5640円の支払を求め、②予備的請求１として、Ｙは同項に基づき受信契約の締結義務を負うのにその履行を遅滞していると主張して、債務不履行に基づく損害賠償として上記同額の支払を求め、③予備的請求２として、Ｙは同項に基づきＸからの受信契約の申込みを承諾する義務があると主張して、当該承諾の意思表示をするよう求めるとともに、これにより成立する受信契約に基づく受信料として上記同額の支払を求め、④予備的請求３として、Ｙは受信契約を締結しないことにより、法律上の原因なくＸの損失により受信料相当額を利得していると主張して、不当利得返還請求として上記同額の支払を求めた。

これに対し、Ｙは、放送法64条１項は、訓示規定であって、受信設備設置者に原告との受信契約の締結を強制する規定ではないと主張し、仮に同項が強制規定であるとすれば、受信設備設置者の契約の自由、知る権利、財産権等を侵害し、憲法13条、21条、29条等に違反すると主張して争っている。

第１審は、主位的請求および予備的請求１を棄却し、予備的請求２を認容したところ、双方とも不服として控訴し、控訴審は第１審の判断を支持し、控訴を棄却したため、双方が上告した。

整理

事件／民事事件

原告・控訴人＝被控訴人・上告人＝被上告人／日本放送協会

被告・被控訴人＝控訴人・被上告人＝上告人／受信契約不承諾者

〈争点〉放送法64条１項の意義、同項の合憲性、受信料債権の範囲、受信料債権の消滅時効の起算点。

〈憲法上の問題点〉放送法64条１項の合憲性。

【判旨】

各上告棄却（14対１、補足意見４、反対意見１）。

（ⅰ）**放送法64条１項の意義　「放送は、憲法21条が規定する表現の自由の保障の下で、国民の知る権利を実質的に充足し、健全な民主主義の発達に寄与するものとして、国民に広く普及されるべきものである。」**

「放送法は、……公共放送事業者と民間放送事業者とが、各々その長所を発揮するとともに、互いに他を啓もうし、各々その欠点を補い、放送により国民が十分福祉を享受することができるように図るべく、**二本立て体制**を採る」。「同法は、**二本立て体制の一方を担う公共放送事業者として原告〔X〕を設立**することとし、……原告を、民主的かつ多元的な基盤に基づきつつ自律的に運営される事業体として性格付け、これに公共の福祉のための放送を行わせることとした」。

「放送法が、……原告につき、営利を目的として業務を行うこと及び他人の営業に関する広告の放送をすることを禁止し（20条４項、83条１項）、**事業運営の財源を受信設備設置者から支払われる受信料によって賄うこととしているのは、原告が公共的性格を有することをその財源の面から特徴付ける**ものである。すなわち、上記の財源についての仕組みは、特定の個人、団体又は国家機関等から財政面での支配や影響が原告に及ぶことのないようにし、**現実に原告の放送を受信するか否かを問わず、受信設備を設置することにより原告の放送を受信することのできる環境にある者に広く公平に負担を求めることによって、原告が上記の者ら全体により支えられる事業体であるべきことを示す**」。

「原告の存立の意義及び原告の事業運営の財源を受信料によって賄うこととしている趣旨」、そして、放送法の制定・施行に際しての事情などを踏まえると、「放送法64条１項は、原告の財政的基盤を確保するための法的に実効性のある手段として設けられたものと解されるのであり、**法的強制力を持たない規定として定められたとみるのは困難である。**」

「そして、放送法64条１項が、受信設備設置者は原告と『その放送の受信についての契約をしなければならない』と規定していることからすると、放送法は、受信料の支払義務を、受信設備を設置することのみによって発生させたり、原告から受信設備設置者への一方的な申込みによって発生させたりするのではなく、**受信契約の締結、すなわち原告と受信設備設置者との間の合意によって発生させることとしたもの**である」。「**原告からの受信契約の申込みに対して受信設備設置者が承諾をしない場合には、原告がその者に対して承諾の意思表示を命ずる判決**

を求め、その判決の確定によって受信契約が成立すると解するのが相当である。」

（ⅱ）**放送法64条１項の憲法適合性**　「被告〔Y〕の論旨は、受信設備設置者に受信契約の締結を強制する放送法64条１項は、契約の自由、知る権利及び財産権等を侵害し、憲法13条、21条、29条に違反する旨をいう。その趣旨は、〔1〕受信設備を設置することが必ずしも原告の放送を受信することにはならないにもかかわらず、受信設備設置者が原告に対し必ず受信料を支払わなければならないとするのは不当であり、また、金銭的な負担なく受信することのできる民間放送を視聴する自由に対する制約にもなっている旨及び〔2〕受信料の支払義務を生じさせる受信契約の締結を強制し、かつ、その契約の内容は法定されておらず、原告が策定する放送受信規約によって定まる点で、契約自由の原則に反する旨をいうものと解される。」

「上記〔1〕は、**放送法が、原告を存立させてその財政的基盤を受信設備設置者に負担させる受信料により確保するものとしていることが憲法上許容されるか**という問題であり、上記〔2〕は、上記〔1〕が許容されるとした場合に、**受信料を負担させるに当たって受信契約の締結強制という方法を採ることが憲法上許容されるか**という問題である」。

「電波を用いて行われる放送は、電波が有限であって国際的に割り当てられた範囲内で公平かつ能率的にその利用を確保する必要などから、……元来、国による一定の規律を要するものとされてきた」。「**具体的にいかなる制度を構築するのが適切であるかについては、憲法上一義的に定まるものではなく、憲法21条の趣旨を具体化する前記の放送法の目的を実現するのにふさわしい制度を、国会において検討して定めることとなり、そこには、その意味での立法裁量が認められてしかるべきである**」。

「そして、公共放送事業者と民間放送事業者との二本立て体制の下において、前者を担うものとして原告を存立させ、これを民主的かつ多元的な基盤に基づきつつ自律的に運営される事業体たらしめるためその財政的基盤を受信設備設置者に受信料を負担させることにより確保するものとした仕組みは、……**憲法21条の保障する表現の自由の下で国民の知る権利を実質的に充足すべく採用され、その目的にかなう合理的なものである**と解されるのであり、かつ、放送をめぐる環境の変化が生じつつあるとしても、なおその合理性が今日までに失われたとする事情も見いだせないのであるから、これが**憲法上許容される立法裁量の範囲内にある**ことは、明らかというべきである。**このような制度の枠を離れて被告が受信設備を用いて放送を視聴する自由が憲法上保障されていると解することはできない。**」

「受信料の支払義務を受信契約により発生させることとするのは、……原告が、基本的には、受信設備設置者の理解を得て、その負担により支えられて存立することが期待される事業体であることに沿うものであり、現に、放送法施行後長期間にわたり、原告が、任意に締結された受信契約に基づいて受信料を収受することによって存立し、同法の目的の達成のための業務を遂行してきたことからも、相当な方法である」。

「任意に受信契約を締結しない者に対してその締結を強制するに当たり、放送法には、締結を強制する契約の内容が定められておらず、一方当事者たる原告が策定する放送受信規約によってその内容が定められることとなっている点については、……同法が予定している受信契約の内容は、同法に定められた原告の目的にかなうものとして、受信契約の締結強制の趣旨に照らして適正なもので受信設備設置者間の公平が図られていることを要するものであり、**放送法64条１項は、受信設備設置者に対し、上記のような内容の受信契約の締結を強制するにとどまると解されるから、前記の同法の目的を達成するのに必要かつ合理的な範囲内のものとして、憲法上許容される**」。「放送法64条１項は、同法に定められた原告の目的にかなう適正・公平な受信料徴収のために必要な内容の受信契約の締結を強制する旨を定めたものとして、憲法13条、21条、29条に違反するものではない。」

＊　＊　＊

情報公開　知る権利は、市民・国民が情報を収集することを国家によって妨げられないという自由権と、国家に対して情報の公開を要求する請求権を含む。後者については、現在、情報公開法（対国家）および情報公開条例（対地方自治体）によって具体化されている。よって、知る権利がどの程度保障されるかは、情報公開法や情報公開条例における公開の基準や手続およびその運用にかかっている。情報公開法や情報公開条例は、国家や地方自治体が有する情報は公開することを原則とした上で、例外として不開示情報を定める。よって、不開示情報に該当するかどうかが、開示請求の成否を左右する。

73　大阪府水道部懇談会費事件（行政処分取消請求事件）

大阪地判平成元年３月14日判時1309号３頁
大阪高判平成２年10月31日行集41巻10号1765頁
●最判平成６年１月27日民集48巻１号53頁
大阪高判平成８年６月25日行集47巻６号449頁（差戻控訴審）
最判平成13年３月27日民集55巻２号530頁（差戻上告審）

【事実】

大阪府の住民Ｘが、1985（昭和60）年10月14日、大阪府公文書公開条例（以下、本件条例）７条１号に基づき、大阪府知事Ｙに対して、同年１月ないし３月に支出したＹに係る交際費についての会計伝票、経費支出伺、債権者の請求書、支出伝票、領収書、参加者名簿、予算差引簿の公開を請求した（以下、本件請求）。これに対し、Ｙは、同年10月29日、Ｘに対して本件請求に対応する公文書は、同年１月ないし３月に支出した交際費に係る経費支出伺、支出命令伺書、債権者の請求書、領収書等の執行の内容を明らかにした文書、歳出予算差引表と特定し、経費支出伺、支出命令伺書、歳出予算差引表を公開する旨決定、通知したが、債権者の請求書、領収書等の執行の内容を明らかにした文書（以下、本件文書）につき、以下（1）～（3）に示す、本件条例8条1号・4号・5号および9条1号に該当するという理由で、非公開とする旨決定した（以下、右非公開に関する部分の各決定を本件各処分という）。

（1）本件条例8条4号、5号に該当する。本件文書に係る情報は、執行機関である知事が、その行政執行のために必要な外部との交際上必要な経費に関する情報であって関係者との渉外、交渉、調整等に関する情報であり、いずれも公開することにより関係者等との信頼関係を損なうことになるなど、今後とも必要な渉外、交渉、調整等の公正かつ適切な執行に著しい支障を及ぼすおそれがある。

（2）本件条例9条1号に該当する。本件文書に係る情報のうち、知事の公務上の交際に係る相手方である個人に関する情報は、当該個人が識別される情報であるとともに、その職業、地位等に関する情報であって、一般に他人に知られたくないと望むことが正当である情報である。

（3）本件条例8条1号に該当する。本件文書に係る情報のうち、支払先、金額、支払年月日等支払先である事業を営む者に関するものは、当該営業者の事業に関する情報であり、これらは公開することにより、営業者の取引上、経営上の秘密が明らかとなり、事業活動への支障が生じ、当該営業者の競争上の地位その他正当な利益を害するおそれがある。

そこで、Xは、本件各処分を不服として、同年12月27日、Yに対し異議申立をしたところ、Yは、1986（昭和61）年4月7日、右異議申立を棄却する旨決定したので、Xは本件処分の取消しを求めて訴えた。第1審は、適用除外事項に該当しないとして、本件各処分を取り消し、控訴審も第1審の結論を支持し控訴を棄却したので、Yは上告した。

整理

事件／行政事件

原告・被控訴人・被上告人／大阪府の住民

被告・控訴人・上告人／大阪府知事

〈争点〉行政処分取消。

〈憲法上の問題点〉知る権利（憲法21条）とプライバシー、知る権利の実現と情報公開条例の適用除外事項の具体的範囲。

【判旨】

原判決破棄、差戻（全員一致）。

（i）「原審の右判断のうち、本件文書に本件条例8条1号に該当する情報が記録されていないとする点は是認することができるが、同条4号、5号、9条1号に該当する情報が記録されていないとする点は是認することができない。」

（ii）**知事の交際費と情報公開（大阪府公文書公開条例8条4号および5号該当性）**「知事の交際費は、都道府県における行政の円滑な運営を図るため、関係者との懇談や慶弔等の対外的な交際事務を行うのに要する経費である。このような知事の交際は、懇談については本件条例8条4号の企画調整等事務又は同条5号の交渉等事務に、その余の慶弔等については同号の交渉等事務にそれぞれ該当すると解されるから、これらの事務に関する情報を記録した文書を公開しないことができるか否かは、これらの情報を公にすることにより、当該若しくは同種の交渉等事務としての交際事務の目的が達成できなくなるおそれがあるか否か、又は当該若しくは同種の企画調整等事務や交渉等事務としての交際事務を公正かつ適正に行うことに著しい支障を及ぼすおそれがあるか否かによって決定されることになる。」「本件においては、知事の交際事務のうち懇談については、歳出額現金出納簿に懇談の相手方と支出金額が逐一記録されており、また、債権者請求書等の中にも府の担当者によって懇談会の出席者の氏名がメモ書きの形で記録されているものがあることは前記のとおりであり、これ以外にも、一般人が通常入手し得る関連情報と照合することによって懇談の相手方が識別され得るようなものが含まれていることも当然に予想される。また、懇談以外の知事の交際については、歳出額現金出納簿及び支出証明書に交際の相手方や金額等が逐一記録されていることは前記のとおりである。」「ところで、知事の交際事務には、懇談、慶弔、見舞い、賛助、協賛、餞別などのように様々なものがあると考えられるが、いずれにしても、これらは、相手方との間の信頼関係ないし友好関係の維持増進を目的して行われるものである。そして、相手方の氏名等の公表、披露が当然予定されているような場合等は別として、相手方を識別し得るような前記文書の公開によって相手方の氏名等が明らかにされることになれば、懇談については、相手方に不快、不信の感情を抱かせ、今後府の行うこの種の会合への出席を避けるなどの事態が生ずることも考えられ、また、一般に、交際費の支出の要否、内容等は、府の相手方とのかかわり等をしん酌して個別に決定されるという性質を有するものであることから、不満や不快の念を抱く者が出ることが容易に予想される。そのような事態は、交際の相手方との間の信頼関係あるいは友好関係を損なうおそれがあり、交際それ自体の目的に反し、ひいては交際事務の目的が達成できなくなるおそれがあるというべきである。さらに、これらの交際費の支出の要否やその内容等は、支出権者である知事自身が、個別、具体的な事例ごとに、裁量によって決定すべきものであるところ、交際の相手方や内容等が逐一公開されることとなった場合には、知事においても前記のような事態が生ずることを懸念して、必要な交際費の支出を差し控え、あるいはその支出を画一的にすることを余儀なくされることも考えられ、知事の交際事務を適切に行うことに著しい支障を及ぼすおそれがあるといわなければならない。したがって、本件文書のうち交際の相手方が識別され得るものは、相手方の氏名等が外部に公表、披露されることがもともと予定されているものなど、相手方の氏名等を公表することによって前記のようなおそれがあるとは認められないようなものを除き、懇談に係る文書については本件条例8条4号又は5号により、その余の慶弔等に係る文書については同条5号により、公開しないことができる文書に該当する」。

（iii）**知事の交際費と情報公開（大阪府公文書公開条例9条1号該当性）**「本件における知事の交際は、それが知事の職務としてされるものであっても、私人である相手方にとっては、私的な出来事といわなければならない。本件条例9条1号は、私事に関する情報のうち性質上公開に親しまないような個人情報が記録されている文書を公開してはならないとしているものと解されるが、知事の交際の相手方となった私人としては、懇談の場合であると、慶弔等の場合であるとを問わず、その具体的な費用、金額等までは一般に他人に知られたくないと望むものであり、そのことは正当であると認められる。そうすると、このような交際に関する情報は、その交際の性質、内容等からして交際内容等が一般に公表、披露されることがもともと予定されているものを除いては、同号に該当するというべきである。」「したがって、本件文書のうち私人である相手方に係るものは、相手方が識別できるようなものであれば、原則として、同号により公開してはならない文書に該当するというべきである。」

（iv）**原判決破棄・差戻し**「原審は、以上に判示したところと異なる見解に立ち、本件文書のうち交際の相手方が識別され得るものについても、その支出内容等が外部に公表、披露されることがもともと予定されているものであるか否かなど、前記のような交際事務に対する支障の有無の点を個別、具体的に検討することなく、本件文書には本件条例8条4号、5号に該当する情報は一切記録されていないとし、また、知事の交際に関する情報はすべて本件条例9条1号に該当しないとし、本件処分をすべて違法として取消しており、この判断には、法令の解釈適用を誤った違法があるといわざるを得ず、その違法は判決に影響を及ぼすことが明らかである。これと同旨をいう論旨は理由があり、原判決は破棄を免れない。そして、以上判示したところに従って、本件文書に記録された情報が本件条例8条4号、5号、9条1号に該当するか否かについて更に審理を尽くさせるため、本件を原審に差し戻すのが相当である。」

〔最高裁による原判決破棄、差戻によって、差戻控訴審では、最高裁の基準に立ちつつ請求を一部認容したが、差戻上告審では部分公開とした第1審判決の一部を変更した。〕

＊　＊　＊

反論権・アクセス権

反論権・アクセス権とは、情報の受け手である一般国民が、情報の送り手であるマス・メディアに対して、自己の意見の発表の場を提供することを要求する権利（芦部・憲法183頁）である。一般の市民・国民は、情報量および情報伝達手段の点で圧倒的地位を占めるマス・メディアに対して対等に抗しえないという状況の存在を前提として、知る権利を保障するために、たとえば、名誉毀損の成立とは無関係に、同一紙・紙面に反論文を無料で掲載させことを要求することができるという考え方が生まれた。他方、反論権等を認めると、表現の自由によって保障されている編集権を制約することになるという問題が存在する。日本では、反論権・アクセス権を認める法律は存在しないが、法律で認めている国もある。判例は、**74**サンケイ新聞事件において、憲法21条から直接、反論文掲載請求権は導かれないとし、制定法が存在しないのに反論権を認めることはできないとした。通説は、反論権法のような存在は違憲の疑いがあるとする。

74　サンケイ新聞事件（反論文掲載請求事件）☆☆

東京地判昭和52年７月13日判時857号30頁
東京高判昭和55年９月30日判時981号43頁
●最判昭和62年４月24日民集41巻３号490頁

【事実】

自由民主党は、1973（昭和48）年11月20日頃、広告代理店を通じて意見広告の掲載申込を６社（朝日・毎日・読売・サンケイ・日経・東京）に対してなした。Y（株式会社産業経済新聞社）は、同年12月２日付サンケイ新聞紙の東京本社及び大阪本社の朝刊各版の紙面に「前略日本共産党殿　はっきりさせてください」という見出しの意見広告を掲載し、全国に頒布した（朝日・毎日・読売・東京の４紙は掲載を拒否した）。X（日本共産党）は、本件広告が新聞倫理綱領・新聞広告倫理綱領・サンケイ新聞広告倫理綱領に違反することを主張して、Xの反論文を社会的公器である新聞の発行社としてのYの責任においてサンケイ新聞紙上に無料で掲載することを要求し、他方、Yは反論広告の有料掲載を申し入れた。両者は６回に渡って折衝したが交渉決裂に至り、Xは、名誉毀損を理由として、反論意見広告無料掲載を求める仮処分を申請したが、名誉毀損の不成立を理由として仮処分申請は却下された（東京地決昭和49年５月14日判時739号49頁）。反論文の掲載を求める本案訴訟を起こしたXは、反論文の無料掲載請求権の根拠として、名誉毀損に対する原状回復（民法723条）の他に、憲法21条、人格権または条理を根拠とする反論権を主張した。第１審、控訴審ともにXの請求を棄却し、Xは上告した。

整理

事件／民事事件

原告・控訴人・上告人／日本共産党

被告・被控訴人・被上告人／株式会社産業経済新聞社

〈争点〉意見広告に対する反論文の無償掲載。

〈憲法上の問題点〉憲法21条によって反論権が認められるか。

【判旨】

上告棄却（全員一致）。

（ｉ）**憲法21条の私人間効力**　「憲法21条等のいわゆる自由権的基本権の保障規定は、国又は地方公共団体の統治行動に対して基本的な個人の自由と平等を保障することを目的としたものであつて、私人相互の関係については、たとえ相互の力関係の相違から一方が他方に優越し事実上後者が前者の意思に服従せざるをえないようなときであつても、適用ないし類推適用されるものでないことは、当裁判所の判例（昭和43年（オ）第932号同48年12月12日大法廷判決・民集27巻11号1536頁、昭和42年（行ツ）第59号同49年７月19日第三小法廷判決・民集28巻５号790頁）とするところであり、その趣旨とするところに徴すると、**私人間において、当事者の一方が情報の収集、管理、処理につき強い影響力をもつ日刊新聞紙を全国的に発行・発売する者である場合でも、憲法21条の規定から直接に、所論のような反論文掲載の請求権が他方の当事者に生ずるものでない**ことは明らかというべきである。」

（ii）**新聞の表現の自由と反論権**　「新聞の記事に取り上げられた者が、その記事の掲載によつて名誉毀損の不法行為が成立するかどうかとは無関係に、自己が記事に取上げられたというだけの理由によつて、新聞を発行・販売する者に対し、当該記事に対する自己の反論文を無修正で、しかも無料で掲載することを求めることができるものとするいわゆる反論権の制度は、記事により自己の名誉を傷つけられあるいはそのプライバシーに属する事項等について誤つた報道をされたとする者にとつては、機を失せず、同じ新聞紙上に自己の反論文の掲載を受けることができ、これによつて原記事に対する自己の主張を読者に訴える途が開かれることになるのであつて、かかる制度により名誉あるいはプライバシーの保護に資するものがあることも否定し難いところである。しかしながら、この制度が認められるときは、新聞を発行・販売する者にとつては、原記事が正しく、反論文は誤りであると確信している場合でも、あるいは反論文の内容がその編集方針によれば掲載すべきでないものであつても、その掲載を強制されることになり、また、そのために本来ならば他に利用できたはずの紙面を割かなければならなくなる等の負担を強いられるのであつて、**これらの負担が、批判的記事、ことに公的事項に関する批判的記事の掲載をちゆうちよさせ、憲法の保障する表現の自由を間接的に侵す危険につながるおそれ**も多分に存するのである。このように、反論権の制度は、民主主義社会において極めて重要な意味をもつ新聞等の表現の自由（前掲昭和61年６月11日大法廷判決参照）に対し重大な影響を及ぼすものであつて、たとえ被上告人の発行するサンケイ新聞などの日刊全国紙による情報の提供が一般国民に対し強い影響力をもち、その記事が特定の者の名誉ないしプライバシーに重大な影響を及ぼすことがあるとしても、不法行為が成立する場合にその者の保護を図ることは別論として、**反論権の制度について具体的な成文法がないのに、反論権を認めるに等しい上告人主張のような反論文掲載請求権をたやすく認めることはできない**ものといわなければならない。なお、放送法４条は訂正放送の制度を設けているが、放送事業者は、限られた電波の使用の免許を受けた者であつて、公的な性格を有するものであり（同法44条３項ないし５項、51条等参照)、その訂正放送は、放送により権利の侵害があつたこと及び放送された事項が真実でないことが判明した場合に限られるのであり、また、放送事業者が同等の放送設備により相当の方法で訂正又は取消の放送をすべきものとしているにすぎないなど、その要件、内容等において、いわゆる反論権の制度ないし上告人主張の反論文掲載請求権とは著しく異なるものであつて、同法4条の規定も、所論のような反論文掲載請求権が認められる根拠とすることはできない。」

（iii）**名誉の保護と表現の自由／政党間の批判・論評**　「言論、出版等の表現行為により名誉が侵害された場合には、人格権としての個人の名誉の保護（憲法13条）と表現の自由の保障（同21条）とが衝突し、その調整を要することとなるのであり、この点については被害者が個人である場合と法人ないし権利能力のない社団、財団である場合とによつて特に差異を設けるべきものではないと考えられるところ、民主制国家にあつては、表現の自由、とりわけ、公共的事項に関する表現の自由は、特に重要な憲法上の権利として尊重されなければならないものであることにかんがみ、当該表現行為が公共の利害に関する事実にかかり、その目的が専ら公益を図るものである場合には、当該事実が真実であることの証明があれば、右行為による不法行為は成立せず、また、真実であることの証明がなくても、行為者がそれを真実であると信じたことについて相当の理由があるときは、右行為には故意又は過失がないと解すべきものであつて、これによつて個人の名誉の保護と表現の自由の保障との調和が図られているものというべきである（前掲昭和61年6月11日大法廷判決）。そして、政党は、それぞれの党綱領に基づき、言論をもつて自党の主義主張を国民に訴えかけ、支持者の獲得に努めて、これを国又は地方の政治に反映させようとするものであり、そのためには互いに他党を批判しあうことも当然のことがらであつて、**政党間の批判・論評は、公共性の極めて強い事項に当たり、表現の自由の濫用にわたると認められる事情のない限り、専ら公益を図る目的に出たものというべきである。**」

（iv）**本件意見広告と名誉毀損**　「本件広告は、自由民主党が上告人を批判・論評する意見広告であつて、その内容は、上告人の『日本共産党綱領』（以下『党綱領』という。）と『民主連合政府綱領についての日本共産党の提案』（以下『政府綱領提案』という。）における国会、自衛隊、日米安保条約、企業の国有化、天皇の各項目をそれぞれ要約して比較対照させ、その間に矛盾があり、上告人の行動には疑問、不安があることを強く訴え、歪んだ福笑いを象つたイラストとあいまつて、上告人の社会的評価を低下させることを狙つたものであるが、党綱領及び政府綱領提案の要約及び比較対照の仕方において、一部には必ずしも妥当又は正確とはいえないものがあるものの、引用されている文言自体はそれぞれの原文の中の文言そのままであり、また要点を外したといえるほどのものではないなど、原審の適法に確定した事実関係のもとにおいては、本件広告は、政党間の批判・論評として、読者である一般国民に訴えかけ、その判断をまつ性格を有するものであつて、公共の利害に関する事実にかかり、その目的が専ら公益を図るものである場合に当たり、本件広告を全体として考察すると、それが上告人の社会的評価に影響を与えないものとはいえないが、**未だ政党間の批判・論評の域を逸脱したものであるとまではいえず、その論評としての性格にかんがみると、前記の要約した部分は、主要な点において真実であることの証明があつたものとみて差し支えがない**というべきであつて、本件広告によつて政党としての上告人の名誉が毀損され不法行為が成立するものとすることはできない。」

＊　＊　＊

違法行為の煽動　犯罪ないし違法行為の煽動を処罰する規定には、破壊活動防止法38条１項（刑法所定の内乱罪・外患罪を実効させる目的をもってする「せん動」）、同39条（政治目的のための放火の罪の「せん動」）、同40条（政治目的のための騒乱罪の「せん動」）、国税犯則取締法22条（不納煽動）、地方税法21条（不納せん動）などが存在する。これらは、煽動された者が実行行為を行う危険性があるというだけで処罰することから、政治的な集会やデモにおける演説が、場合によっては、「せん動」にあたることになり、表現内容を規制の対象とするため、表現の自由に対する侵害の危険性が大きい（表現内容規制）。判例は、公共の福祉によって、煽動罪の処罰を容認しているが（**75**食糧緊急措置令違反事件、**76**破壊活動防止法違反事件）、学説は、より厳格な基準（たとえば「明白かつ現在の危険」）で判断すべきであったと批判する。

75　食糧緊急措置令違反事件（食糧緊急措置令違反被告事件）

旭川区裁判例集未登載
旭川地裁判決年月日不明刑集３巻６号843頁
札幌高裁判決年月日不明刑集３巻６号844頁
●最大判昭和24年５月18日刑集３巻６号839頁

【事実】

日本農民組合北海道連合会の常任書記Ｙは、1946（昭和21）年11月15日、日本農民組合加盟の比布農民連盟主催で開催された農民大会に出席して、当日の議題である供米出荷問題等について討議した際、主として比布村在住の農民からなる参会者約250～350名が集合する席上で、「大体供出割当の字句さえ不合理である。俺達百姓が自分で作って取れた米を政府が一方的行為によって価格を決定し、それを供出せよなどとは虫がよい。今までのようなおとなしい気持ではだめだ、百姓は今までされてきたのだから供出の必要も糞もない」、「今の政府は資本家や財閥にはいかなることをして強権発動をしたことがない。それに反してわれわれ百姓には取締に名を藉りて、あらゆる弾圧をしているではないか。供出米も月割供出にして政府が再生産必需物資をよこさぬかぎり、米は出さぬことに決議しようではないか。今頃陳情とか請願とかいうようではだめだ」との趣旨を申し述べて、右参会者等に対しその生産にかかる米穀につき、食糧管理法の規定に基く命令による政府に対する売渡しをなさざることを演説した。これが食糧緊急措置令11条にいう「主要食糧ノ政府ニ対スル売渡ヲ為サザルコトヲ煽動」する行為にあたるとして起訴された。第1審は有罪（懲役6月）を認め、控訴審、上告審はこれを支持したので、Yは最高裁に再上告した。

整理

事件／刑事事件

被告人・控訴人・上告人・再上告人／日本農民組合北海道連合会の常任書記

〈争点〉 食糧緊急措置令11条違反の成否。

〈憲法上の問題点〉 食糧緊急措置令11条は、憲法21条に反するか。

【判旨】

上告棄却（全員一致）。

（i）**食糧緊急措置令の法的効力** 「所論の食糧緊急措置令は、昭和21年2月17日旧憲法第8条に基いて制定された緊急勅令であつて、その後帝国議会の承諾を得て法律と同一の効力を有するに至つたものである。そして、新憲法施行前に適式に制定された法規は、その内容が新憲法の条規に反しない限り、新憲法施行後においてもその効力を有することは、当裁判所の判例として示すところである（昭和22年（れ）第279号同23年6月23日大法廷判決）。」

（ii）**憲法21条と食糧緊急措置令11条** 「新憲法第21条は、基本的人権の一つとして言論の自由を保障している。そして、新憲法の保障する基本的人権は、侵すことのできない永久の権利として、現在及び将来の国民に与えられたものであり、また、人類の多年にわたる自由獲得の努力の成果として現在及び将来の国民に対し、侵すことのできない永久の権利として信託されたものであることは、新憲法の規定するところである（憲法11条97条）。」「されば、新憲法の保障する言論の自由は、旧憲法の下において、日本臣民が『法律ノ範囲内ニ於テ』有した言論の自由とは異なり、立法によつても妄りに制限されないものであることは言うまでもない。しかしながら国民はまた、新憲法が国民に保障する基本的人権を濫用してはならないのであつて、常に公共の福祉のためにこれを利用する責任を負うのである（憲法12条）。それ故、**新憲法下における言論の自由といえども、国民の無制約な恣意のまゝに許されるものではなく、常に公共の福祉によつて調整されなければならぬのである。**所論のように、国民が政府の政策を批判し、その失政を攻撃することは、その方法が公安を害せざる限り、言論その他一切の表現の自由に属するであらう。しかしながら、現今における貧困なる食糧事情の下に国家が国民全体の主要食糧を確保するために制定した食糧管理法所期の目的の遂行を期するために定められたる同法の規定に基く命令による主要食糧の政府に対する売渡に関し、これを為さゞることを煽動するが如きは、所論のように、政府の政策を批判し、その失政を攻撃するに止るものではなく、国民として負担する法律上の重要な義務の不履行を慫慂し、公共の福祉を害するものである。されば、かゝる所為は、新憲法の保障する言論の自由の限界を逸脱し、社会生活において道義的に責むべきものであるから、これを犯罪として処罰する法規は新憲法第21条の条規に反するものではない。」

76　破壊活動防止法違反事件（破壊活動防止法違反被告事件）

東京地判昭和60年10月16日刑月17巻10号953頁

東京高判昭和63年10月12日判時1308号157頁

●最判平成２年９月28日刑集44巻６号463頁

【事実】

中核派全学連の中央執行委員会委員長Ｙは、1971（昭和46）年10月21日、東京都千代田区日比谷公園日比谷大音楽堂において、全国反戦、関東叛軍及び東京入管闘３団体共催の沖縄返還協定批准等に反対する集会の席上、午後９時ころから約８分間、参集者約6,000名に対して、さらに、同年11月10日、同都港区芝公園において、前記３団体共催の反対集会の席上、午後８時40分頃から約９分間、参集者約1,600名に対して、「すべての諸君、本集会に結集したすべての諸君が自らの攻撃性をいかんなく発揮し、自ら武装し、機動隊をせん滅せよ。これが本集会の一切の結論だろうと思います。結集したすべての諸君、直ちに国会に向かつて機動隊、私服をせん滅して猛進撃しようではないか。」等、目的達成のために、武器調達、武装、そして機動隊等のせん滅が必要だと演説した。これが破壊活動防止法（以下、破防法）39条および40条のせん動罪に該当するとして起訴された。第１審は被告人を有罪（懲役３年、執行猶予５年）とし、控訴審はこれを支持して被告人の控訴を棄却したので、被告人は上告した。

整理

事件／刑事事件

被告人・控訴人・上告人／中核派全学連の中央執行委員会委員長

〈争点〉破防法39条および40条（せん動罪）違反の成否。

〈憲法上の問題点〉破壊活動防止法が、憲法19条、21条、31条に違反しないか。

【判旨】

上告棄却（全員一致）。

（ⅰ）**破壊活動防止法と憲法19条**　「破壊活動防止法39条及び40条のせん動罪は、政治上の主義若しくは施策を推進し、支持し、又はこれに反対する目的（以下『政治目的』という。）をもって、各条所定の犯罪のせん動をすることを処罰するものであるが、せん動として外形に現れた客観的な行為を処罰の対象とするものであって、行為の基礎となった思想、信条を処罰するものでないことは、各条の規定自体から明らかであるから、所論は前提を欠き、適法な上告理由に当たらない。」

（ii）**破壊活動防止法と憲法21条１項**「確かに、破壊活動防止法39条及び40条の**せん動は、**政治目的をもって、各条所定の犯罪を実行させる目的をもって、文書若しくは図画又は言動により、人に対し、その犯罪行為を実行する決意を生ぜしめ又は既に生じている決意を助長させるような勢のある刺激を与える行為をすることであるから（同法４条２項参照）、**表現活動としての性質を有している。**しかしながら、**表現活動といえども、絶対無制限に許容されるものではなく、公共の福祉に反し、表現の自由の限界を逸脱するときには、制限を受けるのはやむを得ない**ものであるところ、右のような**せん動は、公共の安全を脅かす現住建造物等放火罪、騒擾罪等の重大犯罪をひき起こす可能性のある社会的に危険な行為であるから、公共の福祉に反し、表現の自由の保護を受けるに値しないものとして、制限を受けるのはやむを得ないものというべきであり、右のようなせん動を処罰することが憲法21条１項に違反するものでないこ**とは、当裁判所大法廷の判例（昭和23年（れ）第1308号同24年５月18日判決・刑集３巻６号839頁、昭和24年（れ）第498号同27年１月９日判決・刑集６巻１号４頁、昭和26年（あ）第3875号同30年11月30日判決・刑集９巻12号2545頁、昭和28年（あ）第1713号同32年３月13日判決・刑集11巻３号997頁、昭和33年（あ）第1413号同37年２月21日判決・刑集16巻２号107頁、昭和39年（あ）第305号同44年10月15日判決・刑集23巻10号1239頁、昭和43年（あ）第2780号同48年４月25日判決・刑集27巻４号547頁）の趣旨に徴し明らかであり、所論は理由がない。」

（iii）**「せん動」の概念の不明確性と憲法31条**「破壊活動防止法39条及び40条のせん動の概念は、同法４条２項の定義規定により明らかであって、その犯罪構成要件が所論のようにあいまいであり、漠然としているものとはいい難いから、所論は前提を欠き、適法な上告理由に当たらない（最高裁昭和33年（あ）第1413号同37年２月21日大法廷判決・刑集16巻２号107頁、同昭和43年（あ）第2780号同48年４月25日大法廷判決・刑集27巻４号547頁、同昭和42年（あ）第2220号同45年７月２日第一小法廷決定・刑集24巻７号412頁参照）。」

＊　＊　＊

性表現　刑法175条は、「わいせつな文書、図画その他の物」の頒布、販売、公然陳列および販売の目的による所持を処罰の対象とすることから、同条自体および同条の適用が表現の自由を侵害しないか問題となる。判例は、性的秩序を守り、最少限度の性道徳を維持すること（**77**「チャタレー夫人の恋人」事件）や性生活に関する秩序および健全な風俗を維持すること（**78**「悪徳の栄え」事件）は、公共の福祉の内容をなすとして、刑法175条は憲法21条に反しないと判示している。一方、青少年保護育成条例による有害図書（著しく性的感情を刺激し、又は著しく残忍性を助長するため、青少年の健全な育成を阻害するおそれがあるもの）の規制は、憲法21条に反しないと判示している（**81**岐阜県青少年保護育成条例事件）。

何が「わいせつ」かについては、判例は、「徒らに性欲を興奮又は刺戟せしめ、且つ普通人の正常な性的羞恥心を害し、善良な性的道義観念に反するもの」であるとし、わいせつ文書にあたるかどうかの判断は「一般社会において行われている良識すなわち社会通念」によって裁判所が判断すると判示した（「チャタレー夫人の恋人」事件）。以来、判例は、わいせつ概念の明確化につとめており、「文書がもつ芸術性・思想性が、文書の内容である性的描写による性的刺激を減少・緩和させ」る可能性を認め、かつ「章句の部分の猥褻性の有無は、文書全体との関連において判断」すべきであると判示し（「悪徳の栄え」事件）、さらに、「文書のわいせつ性の判断にあたつては、当該文書の性に関する露骨で詳細な描写叙述の程度とその手法、右描写叙述の文書全体に占める比重、文書に表現された思想等と右描写叙述との関連性、文書の構成や展開、さらには芸術性・思想性等による性的刺激の緩和の程度、これらの観点から該文書を全体としてみたときに、主として、読者の好色的興味にうつたえるものと認められるか否かなどの諸点」の検討が必要であると判示した（**79**「四畳半襖の下張」事件）。そして、**80**メープルソープ事件では、写真集が関税定率法21条１項４号で禁止される「風俗を害すべき書籍、図画」に該当するかどうかが問題になったとき、これまでの判例に立ちつつも、当該写真集を全体として見たときに、主として見る者の好色的興味に訴えるものと認めることは困難であるとして、該当性を否定した（なお、**90**札幌税関検査事件参照のこと）。

77　「チャタレー夫人の恋人」事件（猥褻文書販売被告事件）☆☆☆

東京地判昭和27年１月18日高刑集５巻13号2524頁
東京高判昭和27年12月10日高刑集５巻13号2429頁
●最大判昭和32年３月13日刑集11巻３号997頁

【事実】

出版社社長Ｙ１は、イギリスの作家Ｄ・Ｈ・ローレンスの小説『チャタレー夫人の恋人』の翻訳・出版を企図し、翻訳を文学者Ｙ２に依頼した。Ｙ２はこれを翻訳し、Ｙ１は上下２巻本として出版し、1950（昭和25）年４月中旬頃より同年６月下旬までの間に上巻約８万冊、下巻約７万冊を販売した。Ｙ１は、同書の内容にわいせつな描写があることを知りながら出版・販売したとして、わいせつ文書の頒布販売罪（刑法175条）に該当するとして起訴され、Ｙ２も共犯として加功したとして起訴された。第１審は、Ｙ１を有罪（罰金25万円）としたが、Ｙ２は刑法上共犯とすることはできないとして無罪とした。これに対して、検察およびＹ１が控訴し、控訴審はＹ１およびＹ２とも有罪とした（それぞれ罰金25万円および10万円）。そこでＹ１およびＹ２は上告した。

整理

事件／刑事事件

被告人・控訴人・上告人／出版社社長および翻訳者

〈争点〉 刑法175条（わいせつ文書の頒布販売罪）違反の成否（翻訳書のわいせつ性）。

〈憲法上の問題点〉 刑法175条該当性を認めることは憲法21条に違反しないか。

【判旨】

上告棄却（全員一致、意見２）。

（ｉ）**問題の所在** 「問題は本書の中に刑法175条の『猥褻の文書』に該当する要素が含まれているかどうかにかかつている。もしそれが肯定されるならば、本書の頒布、販売行為は刑法175条が定めている犯罪に該当することになる」。

（ii）**「わいせつ文書」該当性の判断基準** 「刑法の前記法条の猥褻文書（および図画その他の物）とは如何なるものを意味するか。従来の大審院の判例は『性欲を刺戟興奮し又は之を満足せしむべき文書図画その他一切の物品を指称し、従つて猥褻物たるには人をして羞恥嫌悪の感念を生ぜしむるものたることを要する』ものとしており（例えば大正７年（れ）第1465号同年６月10日刑事第二部判決）、また最高裁判所の判決は**『徒らに性欲を興奮又は刺戟せしめ、且つ普通人の正常な性的羞恥心を害し、善良な性的道義観念に反するものをいう』**としている（第一小法廷判決、最高裁判所刑事判例集５巻６号1026頁以下）。そして原審判決は右大審院および最高裁判所の判例に従うをもつて正当と認めており、我々もまたこれらの判例を是認するものである。要するに判例によれば猥褻文書たるためには、羞恥心を害することと性欲の興奮、刺戟を来すことと善良な性的道義観念に反することが要求される。」「およそ人間が……羞恥感情を有することは、人間を動物と区別するところの本質的特徴の一つである。羞恥は同情および畏敬とともに人間の具備する最も本源的な感情である。人間は自分と同等なものに対し同情の感情を、人間より崇高なものに対し畏敬の感情をもつごとく、自分の中にある低級なものに対し羞恥の感情をもつ。これらの感情は普遍的な道徳の基礎を形成する」。「性行為の非公然性は、人間性に由来するところの羞恥感情の当然の発露である。……羞恥感情の存在が理性と相俟つて制御の困難な人間の性生活を放恣に陥らないように制限し、どのような未開社会においても存在するところの、性に関する道徳と秩序の維持に貢献しているのである。ところが猥褻文書は性欲を興奮、刺戟し、人間をしてその動物的存在の面を明瞭に意識させるから、羞恥の感情をいだかしめる。そしてそれは人間の性に関する良心を麻痺させ、理性による制限を度外視し、奔放、無制限に振舞い、性道徳、性秩序を無視することを誘発する危険を包蔵している。もちろん法はすべての道徳や善良の風俗を維持する任務を負わされているものではない。かような任務は教育や宗教の分野に属し、法は単に社会秩序の維持に関し重要な意義をもつ道徳すなわち『最少限度の道徳』だけを自己の中に取り入れ、それが実現を企図するのである。刑法各本条が犯罪として掲げているところのものは要するにかような最少限度の道徳に違反した行為だと認められる種類のものである。性道徳に関しても法はその最少限度を維持することを任務とする。そして刑法175条が猥褻文書の頒布販売を犯罪として禁止しているのも、かような趣旨に出ているのである。」

（iii）**裁判官の判断と社会通念**「本件において前掲著作の頒布、販売や翻訳者の協力の事実、発行の部数、態様、頒布販売の動機等は、あるいは犯罪の構成要件に、あるいはその情状に関係があるので証人調に適しているし、また著者の文学界における地位や著作の文学的評価ついては鑑定人の意見をきくのが有益または必要である。しかし著作自体が刑法175条の猥褻文書にあたるかどうかの判断は、当該著作についてなされる事実認定の問題でなく、**法解釈の問題**である。問題の著作は現存しており、裁判所はただ法の解釈、適用をすればよいのである。このことは刑法各本条の個々の犯罪の構成要件に関する規定の解釈の場合と異るところがない。**この故にこの著作が一般読者に与える興奮、刺戟や読者のいだく羞恥感情の程度といえども、裁判所が判断すべきものである。そして裁判所が右の判断をなす場合の規準は、一般社会において行われている良識すなわち社会通念である。**この社会通念は、『個々人の認識の集合又はその平均値でなく、これを超えた集団意識であり、個々人がこれに反する認識をもつことによつて否定するものでない』こと原判決が判示しているごとくである。かような社会通念が如何なるものであるかの判断は、現制度の下においては裁判官に委ねられている」。なお性一般に関する社会通念の変化があるとしても、「超ゆべからざる限界としていずれの社会においても認められまた一般的に守られている規範が存在することも否定できない。それは前に述べた性行為の非公然性の原則である。この点に関する限り、以前に猥褻とされていたものが今日ではもはや一般に猥褻と認められなくなつたといえるほど著るしい社会通念の変化は認められないのである。かりに一歩譲つて相当多数の国民層の倫理的感覚が麻痺しており、真に猥褻なものを猥褻と認めないとしても、裁判所は良識をそなえた健全な人間の観念である社会通念の規範に従つて、社会を道徳的頽廃から守らなければならない。けだし法と裁判とは社会的現実を必ずしも常に肯定するものではなく、病弊堕落に対して批判的態度を以て臨み、臨床医的役割を演じなければならぬのである。」本件訳書は、「その中の検察官が指摘する12箇所に及ぶ性的場面の描写は、そこに春本類とちがつた芸術的特色が認められないではないが、それにしても**相当大胆、微細、かつ写実的である。それは性行為の非公然性の原則に反し、家庭の団欒においてはもちろん、世間の集会などで朗読を憚る程度に羞恥感情を害する**ものである。またその及ぼす個人的、社会的効果としては、性的欲望を興奮刺戟せしめまた善良な性的道義観念に反する程度のものと認められる。要するに本訳書の性的場面の描写は、社会通念上認容された限界を超えているものと認められる。」

（iv）**芸術的作品とわいせつ性**「**芸術性と猥褻性とは別異の次元に属する概念**であり、両立し得ないものではない。……芸術的面においてすぐれた作品であつても、これと次元を異にする道徳的、法的面において猥褻性をもつているものと評価されることは不可能ではない」。「猥褻性の存否は純客観的に、つまり作品自体からして判断されなければならず、作者の主観的意図によつて影響さるべきものではない。……作品の誠実性必ずしもその猥褻性を解消するものとは限らない。」

（v）**わいせつ性の存否と主観的意図** 「刑法175条の罪における犯意の成立については問題となる記載の存在の認識とこれを頒布販売することの認識があれば足り、かかる記載のある文書が同条所定の猥褻性を具備するかどうかの認識まで必要としているものでない。」

（vi）**刑法175条と憲法21条** 「憲法の保障する各種の基本的人権についてそれぞれに関する各条文に制限の可能性を明示していると否とにかかわりなく、憲法12条、13条の規定からしてその濫用が禁止せられ、公共の福祉の制限の下に立つものであり、絶対無制限のものでないことは、当裁判所がしばしば判示したところである（昭和22年（れ）第19号同23年3月12日大法廷判決、昭和23年（れ）第743号同年12月27日大法廷判決、昭和24年新（ママ）（れ）第423号同25年10月11日大法廷判決、とくに憲法21条に関するものとしては昭和23年（れ）第1308号同24年5月18日大法廷判決、昭和24年（れ）第2591号同25年9月27日大法廷判決、昭和25年（ク）第141号同26年4月4日大法廷判決、昭和24年（れ）第498号同27年1月9日大法廷判決、昭和25年（あ）第2505号同27年8月6日大法廷判決）。この原則を出版その他表現の自由に適用すれば、この種の自由は極めて重要なものではあるが、しかしやはり公共の福祉によつて制限されるものと認めなければならない。そして性的秩序を守り、最少限度の性道徳を維持することが公共の福祉の内容をなすことについて疑問の余地がないのであるから、本件訳書を猥褻文書と認めその出版を公共の福祉に違反するものとなした原判決は正当であり、論旨は理由がない。また論旨は、右に述べた立場から、刑法175条の適用を受ける場合があるとするならば、あらゆる立場から見て有害無益な場合例えば春本類に限るべきものとするが、その理由がないこと前に述べたごとくである。」

（vii）**わいせつ文書の頒布販売と検閲** 「憲法によつて事前の検閲が禁止されることになつたからといつて、猥褻文書の頒布販売もまた禁止できなくなつたと推論することはできない。猥褻文書の禁止が公共の福祉に適合するものであること明かであることおよび何が猥褻文書であるかについても社会通念で判断できる」。

78 「悪徳の栄え」事件（猥褻文書販売、同所持各被告事件）☆☆

東京地判昭和37年10月16日判時318号3頁

東京高判昭和38年11月21日判時366号13頁

●最大判昭和44年10月15日刑集23巻10号1239頁

【事実】

出版業者Ｙ１は、マルキ・ド・サドの『悪徳の栄え』を約３分の１程度に縮少して飜訳することをＹ２に依頼し、Ｙ２は縮少した日本語訳を上・下に分けて順次完成した。Ｙ１は、各通読して、上巻部分は『悪徳の栄え』という表題で1959（昭和34）年６月、下巻部分は『悪徳の栄え（続）ジユリエツトの遍歴』という表題で同年12月、それぞれ単行本として出版し、同年12月頃から翌年４月上旬ごろまでの間、約1,500冊を販売するとともに、販売するため291冊を保管した。下巻の一部が性交、性戯に関する露骨にして具体的かつ詳細な描写記述を含むわいせつ文書（刑法175条）に該当するとして、Ｙ１およびＹ２がわいせつ文書販売、同所持で起訴された。第１審は、わいせつ文書該当性の基準について最高裁判例（「チャタレー夫人の恋人」事件参照）に立ちつつも、性欲を徒に刺戟または興奮せしめるものとは解されないから、わいせつ文書に該当しないとして、Ｙ１およびＹ２を無罪とした。検察は控訴し、控訴審は、徒に（過度に）性欲を刺戟せしめるに足る記述描写であると認められ、さらに、普通人の正常な羞恥心を害し、かつ善良な性的道義観念に反するものと認められるから、わいせつ文書に該当するとして、原判決を破棄し、有罪とした。そこでＹ１およびＹ２は上告した。

整理

事件／刑事事件

被告人・被控訴人・上告人／出版業者および翻訳家

〈争点〉刑法175条（わいせつ文書の販売所持罪）違反の成否（翻訳書のわいせつ性）。

〈憲法上の問題点〉刑法175条該当性を認めることは憲法21条に違反しないか。

【判旨】

上告棄却（８対５、補足意見１、意見１、反対意見５）。

（ｉ）**芸術的思想的価値のある文書とわいせつ性**　「芸術的・思想的価値のある文書であつても、これを猥褻性を有するものとすることはなんらさしつかえのないものと解せられる。もとより、**文書がもつ芸術性・思想性が、文書の内容である性的描写による性的刺激を減少・緩和させて、刑法が処罰の対象とする程度以下に猥褻性を解消させる場合があることは考えられるが、右のような程度に猥褻性が解消されないかぎり、芸術的・思想的価値のある文書であつても、猥褻の文書としての取扱いを免れることはできない。**当裁判所は、文書の芸術性・思想性を強調して、芸術的・思想的価値のある文書は猥褻の文書として処罰対象とすることができないとか、名誉毀損罪に関する法理と同じく、文書のもつ猥褻性によつて侵害される法益と芸術的・思想的文書としてもつ公益性とを比較衡量して、猥褻罪の成否を決すべしとするような主張は、採用することができない。」「刑法は、その175条に規定された頒布、販売、公然陳列および販売の目的をもつてする所持の行為を処罰するだけであるから、ある文書について猥褻性が認められたからといつて、ただちに、それが社会から抹殺され、無意味に帰するということはない。」

（ii）**文書の部分についての猥褻性と文書全体との関係** 「**文書の個々の章句の部分は、全体としての文書の一部として意味をもつものであるから、その章句の部分の猥褻性の有無は、文書全体との関連において判断されなければならないものである。**したがつて、特定の章句の部分を取り出し、全体から切り離して、その部分だけについて猥褻性の有無を判断するのは相当でないが、特定の章句の部分について猥褻性の有無が判断されている場合でも、その判断が文書全体との関連においてなされている以上、これを不当とする理由は存在しない。したがつて、原判決が、文書全体との関連において猥褻性の有無を判断すべきものとしながら、特定の章句の部分について猥褻性を肯定したからといつて、論理の矛盾であるということはできない。」

（iii）**表現の自由・学問の自由と公共の福祉** 「出版その他の表現の自由や学問の自由は、民主主義の基礎をなすきわめて重要なものであるが、絶対無制限なものではなく、その濫用が禁ぜられ、公共の福祉の制限の下に立つものであることは、前記当裁判所昭和32年３月13日大法廷判決の趣旨とするところである。そして、芸術的・思想的価値のある文書についても、それが猥褻性をもつものである場合には、性生活に関する秩序および健全な風俗を維持するため、これを処罰の対象とすることが国民生活全体の利益に合致するものと認められるから、これを目して憲法21条、23条に違反するものということはできない。」

〔岩田誠裁判官の意見〕「刑法175条の罪を構成するか否かは、この文書の公表により猥褻性のため侵害される法益と、これが公表により、社会が芸術的・思想的・学問的に享ける利益とを比較衡量して、猥褻性のため侵害される法益よりもその文書を公表することにより社会の享ける利益（公益）の方が大きいときは、その社会の利益（公益）のためにその文書を公表することは、刑法35条の正当な行為として猥褻罪を構成しない」。

〔横田正俊裁判官の反対意見（大隅健一郎裁判官同調）〕「作品のもつ思想性等の重要度がわいせつ性のある部分の占める重要度より高いと認められる場合には、表現の自由に対する要請を優先させ、その作品の頒布行為等を許し、その可罰性を否定すべきものと思う。そして、この重要度が高いかどうかは、単に分量的にではなく、作品全体を通じて質的にこれを判定しなければならず、ことに表現の自由の保障は、われわれ個人が価値ありと信ずるところを自由に表現することができ、したがつて他人にそれを知る自由が与えられるところにその意義があるのであつて、その表現される内容が真に価値のあるものであるかどうか、真に優秀なものであるかどうかは必ずしも問うところではないことに留意しなければならない。したがつて、裁判所は作品のもつ思想性等の重要度を判断するに当つても、必ずしもその作品の真の価値や優秀性を判定する要はないのであつて、表現の自由を保障する憲法の趣旨にかんがみ、弱いわいせつ性のある部分とともに、その作品全体を公表することに意義が認められる程度の思想性等が具備しているかどうかを判断すれば足り、また、この程度の判断をすることは必要である。」「本件訳書において右わいせつ性のある部分の占める重要度は、思想性、芸術性のある部分の占める重要度に比し低い」。

〔奥野健一裁判官の反対意見〕「少しでも芸術的、思想的、文学的の価値ある作品であれば、常に猥褻罪としての処罰を免れ得るものと解すべきものではなく、その作品の猥褻性によつて侵害される法益と、芸術的、思想的、文学的作品として持つ公益性とを比較衡量して、なおかつ、後者を犠牲にしても、前者の要請を優先せしめるべき合理的理由があるときにおいて、始めて猥褻罪として処罰さるべきものである」。「本書の芸術的、思想的、文学的価値について全然目を蔽い、その公益性について、何ら考慮、判断することなく、専ら猥褻性にのみ着目し、その芸術的、思想的、文学的価値の公益性のために、猥褻罪としての処罰を免れ得る可能性の有無について、何ら審理、判断を遂げなかつたことは、刑法175条の解釈を誤つた違法があるか、審理不尽の違法がある」。

〔田中二郎裁判官の反対意見〕「内在的制約のみがこれらの自由に対する制約として承認され得る限界とみるべきであつて、この限界を超えて、『公共の福祉』の要請に基づくというような名目のもとに、立法政策的ないし行政政策的見地から、外来的な制限を課することを目的とする法律の規定やその執行としての処分のごときは、憲法の保障するこれらの自由に対する侵害として許されない」。「自由に内在する制約である限りにおいて、自由の制約として承認されるのである。そして、具体的に、これらの自由の内在的制約として承認されるべきものであるかどうかは、最終的には、具体的事案に即して、裁判所によつて判断されなければならない。」「刑法175条の定める猥褻罪の処罰規定も、右の言論表現の自由や学問の自由に内在する制約を具体化したものと解し得る限りにおいてのみ、違憲無効であるとの非難を免れ得るのであつて、若し、その規定が、『性生活に関する秩序および健全な風俗を維持するため、これを処罰の対象とすることが国民生活全体の利益に合致する』という理由のもとに、外来的な政策的目的実現の手段としての意味をも、あわせもたしめられるべきものとすれば、それは、もはや、自由に内在する制約の範囲を逸脱するおそれがあり、したがつて、右規定も違憲の疑いを生ずる」。「刑法175条にいう猥褻の概念も、おのずから厳格に限定的に解釈されるべきものであり、その規定の具体的適用にあたつても、言論表現の自由や学問の自由を保障する憲法の精神に背馳することのないように配慮されなければならない」。

「私は、次に述べるような種種の観点から、……猥褻概念の相対性を認めるべきものと考える」。「（1）……文書等そのものの面からみて、猥褻性の強弱ということが問題とされなければならないし、これを受けとつてこれを評価する人間の面からみて、どういう人間を基準とすべきかが問題とされなければならない。」「（2）……特定の文書等が有する科学性・思想性・芸術性……と当該文書等の猥褻性とは、次元を異にする問題と解すべきか、それとも、当該文書等の猥褻性は、その科学性・思想性・芸術性との関連において、相対的に判断されるべきか」「(3) ……猥褻文書として処罰の対象とされるべきものかどうかは、当該文書等に客観的に現われている作者の姿勢・態度や、その販売・頒布等にあたつての宣伝・広告の方法等との関係においても、相対的に判断されなければならない。」「以上の諸点を総合して判断すると、この作品の中に猥褻の要素が含まれているとしても、作品全体としてみた場合に、その芸術的・思想的意義が高く評価され、百数十年の長きにわたつて、幾多の波乱をまき起こしながらも、あらゆる批判に打ち克つてきた原著の抄訳たる本件訳書は、今にわかに、その猥褻性を強調して抹殺し去られるべきものではない。」

〔色川幸太郎裁判官の反対意見〕「小説が猥褻性をもつているからといつて、そのために帯びる反価値と、作品そのものの具有する社会的価値とを慎重に比較衡量することなく、ただちにこれを刑法175条にいう猥褻の文書であると判断することは許されない」。「憲法21条にいう表現の自由が、言論、出版の自由のみならず、知る自由をも含むことについては恐らく異論がないであろう。表現の自由は他者への伝達を前提とするのであつて、読み、聴きそして見る自由を抜きにした表現の自由は無意味となるからである。情報及び思想を求め、これを入手する自由は、出版、頒布等の自由と表裏一体、相互補完の関係にあると考えなければならない。ひとり表現の自由の見地からばかりでなく、国民の有する幸福追求の権利(憲法13条)からいつてもそうであるが、要するに文芸作品を鑑賞しその価値を享受する自由は、出版、頒布等の自由と共に、十分に尊重されなければならないのである。当該作品が芸術的・思想的に価値の高いものであることについて、それが客観的に明白でほとんど異論あるを見ないときはもちろん、通常一般の作品にあつても、特段の事情のない限り、これらが自由に出版、頒布され且つ自由に読まれてこそ、文化の進展が期待されるのである。かかる作品の頒布等が社会の性秩序に何らかの好ましからざる影響を及ぼすものであるとしても、その作品を出版し、これを鑑賞せしめることに、より大なる社会的価値がある限り、その頒布等をとらえて、これを刑法175条に問擬することは、結果において表現の自由を侵す」。「表現の自由は、思想及び良心の自由などと異なり、必然的に対外的な言動を伴なうものであるから、濫用されるときは、社会公共の利益を害し、或は他人の権利乃至自由と相剋を来すわけであつて、本来無制約であるべきでないことは多数意見の前示説示のとおりである。しかし……、自由な言論、自由な出版は、民主々義の基礎であり、文化の全領域にわたる発展の根本的な条件であるから、これを制約するにあたつてはいやが上にも慎重でなければならないのである。公共の福祉による制約はこれを免れないとしても、その場合における公共の福祉とは何であるかに思いをひそめ、その概念を深化し、具体化する努力を払うことが憲法の精神に副う所以であろう。公共の福祉という抽象概念を安易に駆使して表現の自由を一刀両断的に切りすてる態度は、厳に避けなければなるまい。この点について多数意見が何ら言及するところがないのを遺憾とする」。

79 「四畳半襖の下張」事件（わいせつ文書販売被告事件）☆☆

東京地判昭和51年４月27日高刑集32巻１号83頁

東京高判昭和54年３月20日高刑集32巻１号71頁

●最判昭和55年11月28日刑集34巻６号433頁

【事実】

月刊雑誌「面白半分」を発行する出版社社長Ｙ１と同誌編集長であり作家のＹ２は、1972（昭和47）年に、同誌７月号に金阜山人戯作「四畳半襖の下張」を掲載した。同年６月２日頃から同月５日ころまでの間、11回にわたり、東京出版販売株式会社ほか５社およびAほか４名に対して、右「四畳半襖の下張」と題する文章を掲載した雑誌「面白半分」昭和47年７月号合計２万8,457冊を、代金合計288万276円で売り渡した。掲載された文章は、男女の性交の場面等を行為者の姿態、会話、発声、感覚等をまじえ露骨かつ詳細に描写した記述を含んでいたため、Ｙ１およびＹ２は、わいせつ文書販売罪（刑法175条）で起訴された。第１審はＹ１およびＹ２を有罪と、控訴審もこれを支持したので、Ｙ１およびＹ２は上告した。

整理

事件／刑事事件

被告人・控訴人・上告人／出版社社長および編集長

〈争点〉 刑法175条（わいせつ文書の販売罪）違反の成否（翻訳書のわいせつ性）。

〈憲法上の問題点〉 刑法175条該当性を認めることは憲法21条に違反しないか。

【判旨】

上告棄却（全員一致）。

（ⅰ）**わいせつ性の判断**　「文書のわいせつ性の判断にあたつては、**当該文書の性に関する露骨で詳細な描写叙述の程度とその手法、右描写叙述の文書全体に占める比重、文書に表現された思想等と右描写叙述との関連性、文書の構成や展開、さらには芸術性・思想性等による性的刺激の緩和の程度、これらの観点から該文書を全体としてみた**ときに、主として、読者の好色的興味にうつたえるものと認められるか否かなどの諸点を検討することが必要であり、これらの事情を総合し、その時代の健全な社会通念に照らして、それが『徒らに性欲を興奮又は刺激せしめ、かつ、普通人の正常な性的差恥心を害し、善良な性的道義観念に反するもの』（前掲最高裁昭和32年３月13日大法廷判決参照）といえるか否かを決すべきである。」

（ⅱ）**本件文書のわいせつ性**　「本件についてこれをみると、本件『四畳半襖の下張』は、男女の性的交渉の情景を扇情的な筆致で露骨、詳細かつ具体的に描写した部分が量的質的に文書の中枢を占めており、その構成や展開、さらには文芸的、思想的価値などを考慮に容れても、主として読者の好色的興味にうつたえるものと認められるから、以上の諸点を総合検討したうえ、本件文書が刑法175条にいう『わいせつの文書』にあたると認めた原判断は、正当である。」

80　メイプルソープ事件（輸入禁制品該当通知取消等請求事件）☆

東京地判平成14年１月29日民集62巻２号487頁

東京高判平成15年３月27日民集62巻２号517頁

●最判平成20年２月19日民集62巻２号445頁

【事実】

Ｘは、自分が取締役を務める会社が出版し、既に日本において流通していた写真集「MAPPLETHORPE」（以下、本件写真集）を携行して出国し、その後帰国して入国旅具検査を受けた際に本件写真集を呈示したところ、東京税関成田税関支署長Ｙ１から関税定率法（平成17年法律第22号による改正前のもの）21条１項４号所定の輸入禁制品に該当する旨の通知（以下「本件通知処分」）を受けた。そこで、同号の規定は憲法21条等に違反して無効であること、上記写真集は風俗を害すべき物品に当たらないこと等から、本件通知処分は違法であるとして、Ｙ１に対しその取消しを求めるとともに、国（Ｙ２）に対し国家賠償法１条１項に基づき慰謝料等の支払を求めて出訴した。第１審は、税関検査は、検閲に該当せず、明確性の要請に欠けるところもないから、同規定は違憲ではないが、本件写真集は、既に国内において芸術的書籍として流通しており、４号物品に該当しないから、本件処分は違法であるとして、請求の一部を認容したので、Ｙ１およびＹ２が控訴した。控訴審は、本件写真集全体が関税定率法21条１項４号にいう「風俗を害すべき書籍」に該当するとして、原判決を取り消し、被控訴人の請求を棄却したので、Ｘが上告した。

整理

事件／行政事件

原告・被控訴人・上告人／出版社取締役

被告・控訴人・被上告人／税関支署長および国

〈争点〉本件通知処分の取消しおよび国家賠償法１条１項に基づく慰謝料等の支払。

〈憲法上の問題点〉❶関税定率法（平成17年法律第22号による改正前のもの）21条１項４号（税関検査）は憲法21条に違反しないか。❷関税定率法21条１項４号の適用は憲法21条に違反しないか。

【判旨】

一部破棄自判、一部棄却（４対１、反対意見１）。

（ⅰ）「原判決のうち被上告人税関支署長に対する請求に関する部分は破棄を免れず、上告人の上記請求を認容した第１審判決は結論において正当であるから、同被上告人の控訴を棄却すべきであるが、上告人の被上告人国に対する上告は棄却すべきである。」

（ⅱ）**税関検査と検閲**　「関税定率法21条１項４号に掲げる貨物に関する税関検査が憲法21条２項前段にいう『検閲』に当たらないこと、税関検査によるわいせつ表現物の輸入規制が同条

１項の規定に違反しないこと、関税定率法21条１項４号にいう『風俗を害すべき書籍、図画』等とは、わいせつな書籍、図画等を指すものと解すべきであり、上記規定が広はん又は不明確のゆえに違憲無効といえないことは、当裁判所の判例（最高裁昭和57年（行ツ）第156号同59年12月12日大法廷判決・民集38巻12号1308頁）とするところであり、我が国において既に頒布され、販売されているわいせつ表現物を税関検査による輸入規制の対象とすることが憲法21条１項の規定に違反するものではないことも、上記大法廷判決の趣旨に徴して明らかである。」

（ⅲ）**写真集の関税定率法21条１項４号該当性**　「本件各写真は、いずれも男性性器を直接的、具体的に写し、これを画面の中央に目立つように配置したものであるというのであり、当該描写の手法、当該描写が画面全体に占める比重、画面の構成などからして、いずれも性器そのものを強調し、その描写に重きを置くものとみざるを得ないというべきである。しかしながら、前記事実関係によれば、メイプルソープは、肉体、性、裸体という人間の存在の根元にかかわる事象をテーマとする作品を発表し、写真による現代美術の第一人者として美術評論家から高い評価を得ていたというのであり、**本件写真集は、写真芸術ないし現代美術に高い関心を有する者による購読、鑑賞を想定して、上記のような写真芸術家の主要な作品を１冊の本に収録し、その写真芸術の全体像を概観するという芸術的観点から編集し、構成したものである点に意義を有するものと認められ、本件各写真もそのような観点からその主要な作品と位置付けられた上でこれに収録されたものとみることができる。**また、前記事実関係によれば、本件写真集は、ポートレイト、花、静物、男性及び女性のヌード等の写真を幅広く収録するものであり、全体で384頁に及ぶ本件写真集のうち本件各写真（そのうち２点は他の写真の縮小版である。）が掲載されているのは19頁にすぎないというのであるから、**本件写真集全体に対して本件各写真の占める比重は相当に低いものというべきであり、しかも、本件各写真は、白黒（モノクローム）の写真であり、性交等の状況を直接的に表現したものでもない。以上のような本件写真集における芸術性など性的刺激を緩和させる要素の存在、本件各写真の本件写真集全体に占める比重、その表現手法等の観点から写真集を全体としてみたときには、本件写真集が主として見る者の好色的興味に訴えるものと認めることは困難**といわざるを得ない。

これらの諸点を総合すれば、本件写真集は、**本件通知処分当時における一般社会の健全な社会通念に照らして、関税定率法21条１項４号にいう『風俗を害すべき書籍、図画』等に該当するものとは認められない**というべきである。

なお、最高裁平成８年（行ツ）第26号同11年２月23日第三小法廷判決・裁判集民事191号313頁は、本件各写真のうち５点と同一の写真を掲載した写真集（メイプルソープの回顧展における展示作品を収録したカタログ）につき、平成６年法律第118号による改正前の関税定率法21条１項３号にいう『風俗を害すべき書籍、図画』等に該当するとしているが、上記の事案は、本件写真集とは構成等を異にするカタログを対象とするものであり、対象となる処分がされた時点も異なるのであって、本件写真集についての上記判断は、上記第三小法廷判決に抵触するものではないというべきである。

したがって、上記と異なり、本件写真集が関税定率法21条1項4号所定の輸入禁制品に該当するとしてされた本件通知処分は、取消しを免れない」。

（iv）**国家賠償法1条1項該当性**　「本件各写真の内容が前記認定のとおりであること、本件各写真の一部と同一の写真を掲載した写真集につき前記第三小法廷判決が上記のとおり判断していること等にかんがみれば、被上告人税関支署長において、本件写真集が本件通知処分当時の社会通念に照らして『風俗を害すべき書籍、図画』等に該当すると判断したことにも相応の理由がないとまではいい難く、本件通知処分をしたことが職務上通常尽くすべき注意義務を怠ったものということはできないから、本件通知処分をしたことは、国家賠償法1条1項の適用上、違法の評価を受けるものではない」。

〔堀籠幸男裁判官の反対意見〕「本件写真集は関税定率法21条1項4号にいう『風俗を害すべき書籍』に当たると考えるので、本件上告は棄却すべきものと考える。……ある物がわいせつであるかどうかの判断は、社会通念の変化により変化するものであることは認めなければならないが、写真がわいせつであるかどうかについては、少なくとも、男女を問わず、性器が露骨に、直接的に、具体的に画面の中央に大きく配置されている場合には、その写真がわいせつ物に当たることは、刑事裁判実務において確立された運用というべきであり、本件20葉の写真がわいせつ性を有することは、否定することができない」。「本件写真集がわいせつ物でないと判断することは、多数意見引用の上記判決の判断との整合性を保ち得ず、合理的理由もない」。

81　岐阜県青少年保護育成条例事件（岐阜県青少年保護育成条例違反被告事件）☆

岐阜簡判昭和62年6月5日刑集43巻8号815頁
名古屋高判昭和62年11月25日刑集43巻8号819頁
●最判平成元年9月19日刑集43巻8号785頁

【事実】

岐阜県青少年保護育成条例（以下、本件条例）においては、知事は、図書の内容が、著しく性的感情を刺激し、又は著しく残忍性を助長するため、青少年の健全な育成を阻害するおそれがあると認めるときは、当該図書を有害図書として指定するものとされ（6条1項）、右の指定をしようとするときには、緊急を要する場合を除き、岐阜県青少年保護育成審議会の意見を聴かなければならないとされている（9条）。ただ、有害図書のうち、特に卑わいな姿態若しくは性行為を被写体とした写真又はこれらの写真を掲載する紙面が編集紙面の過半を占めると認められる刊行物については、知事は、右6条1項の指定に代えて、当該写真の内容を、あらかじめ、規則で定めるところにより、指定することができるとされている（6条2項）。これを受けて、岐阜県青少年保護育成条例施行規則２条においては、右の写真の内容について、「一　全裸、半裸又はこれに近い状態での卑わいな姿態、二　性交又はこれに類する性行為」と定められ、さらに昭和54年７月１日岐阜県告示第539号により、その具体的内容についてより詳細な指定がされている。このように、本条例６条２項の指定の場合には、個々の図書について同審議会の意見を聴く必要はなく、当該写真が前記告示による指定内容に該当することにより、有害図書として規制されることになる。以上右６条１項又は２項により指定された有害図書については、その販売又は貸付けを業とする者がこれを青少年に販売し、配付し、又は貸し付けること及び自動販売機業者が自動販売機に収納することを禁止され（本条例６条の２第２項、６条の６第１項)、いずれの違反行為についても罰則が定められている（本条例21条２号、５号)。

自動販売機による図書販売を業とする会社Ｙ１の代表取締役Ｙ２は、1985（昭和60）年に、Ｙ１が設置、管理する自動販売機２機に５回に渡って「有害図書」に該当する雑誌を収納したので、Ｙ１およびＹ２は、岐阜県青少年保護育成条例21条第５号、６条の６第１項本文および24条に該当するとして起訴され、第１審で有罪判決（罰金６万円）を受けた。そこでＹ１およびＹ２は控訴したが、控訴審において控訴が棄却されたので、上告した。

整理

事件／刑事事件

被告人・控訴人・上告人／自販機株式会社および同代表取締役

〈争点〉 岐阜県青少年保護育成条例第21条第５号、６条の６第１項本文該当性。

〈憲法上の問題点〉 岐阜県青少年保護育成条例６条２項、６条の６第１項本文、21条５号の規定が、憲法14条、21条に違反しないか。

【判旨】

上告棄却（全員一致、補足意見１)。

（ｉ）**岐阜県青少年保護育成条例と憲法21条１項**　「岐阜県青少年保護育成条例（以下『本条例』という。）６条２項、６条の６第１項本文、21条５号の規定による有害図書の自動販売機への収納禁止の規制が憲法21条１項に違反しないことは、当裁判所の各大法廷判例（昭和28年（あ）第1713号同32年３月13日判決・刑集11巻３号997頁、昭和39年（あ）第305号同44年10月15日判決・刑集23巻10号1239頁、昭和57年（あ）第621号同60年10月23日判決・刑集39巻６号413頁）の趣旨に徴し明らかである」。

（ii）**岐阜県青少年保護育成条例と憲法21条２項**　「本条例による有害図書の指定が同項前段の検閲に当たらないことは、当裁判所の各大法廷判例（昭和57年（行ツ）第156号同59年12月12日判決・民集38巻12号1308頁、昭和56年（オ）第609号同61年６月11日判決・民集40巻４号872頁）の趣旨に徴し明らかであるから、所論は理由がない。」

（iii）**岐阜県青少年保護育成条例と憲法14条**「憲法14条違反をいう点が理由のないことは、前記昭和57年（あ）第621号昭和60年10月23日大法廷判決の趣旨に徴し明らかである。」

（iv）**岐阜県青少年保護育成条例と規定の不明確性**「規定の不明確性を理由に憲法21条1項、31条違反をいう点は、本条例の有害図書の定義が所論のように不明確であるということはできない」。

（v）**有害図書規制の意義**「本条例の定めるような有害図書が一般に思慮分別の未熟な青少年の性に関する価値観に悪い影響を及ぼし、性的な逸脱行為や残虐な行為を容認する風潮の助長につながるものであって、青少年の健全な育成に有害であることは、既に社会共通の認識になっているといってよい。さらに、自動販売機による有害図書の販売は、売手と対面しないため心理的に購入が容易であること、昼夜を問わず購入ができること、収納された有害図書が街頭にさらされているため購入意欲を刺激し易いことなどの点において、書店等における販売よりもその弊害が一段と大きいといわざるをえない。しかも、自動販売機業者において、前記審議会の意見聴取を経て有害図書としての指定がされるまでの間に当該図書の販売を済ませることが可能であり、このような脱法的行為に有効に対処するためには、本条例6条2項による指定方式も必要性があり、かつ、合理的であるというべきである。そうすると、有害図書の自動販売機への収納の禁止は、青少年に対する関係において、憲法21条1項に違反しないことはもとより、成人に対する関係においても、有害図書の流通を幾分制約することにはなるものの、青少年の健全な育成を阻害する有害環境を浄化するための規制に伴う必要やむをえない制約であるから、憲法21条1項に違反するものではない。」

〔伊藤正己裁判官の補足意見〕（i）本件条例と憲法21条「本件条例……は明らかに青少年の知る自由を制限する。……青少年もまた憲法上知る自由を享有している……。知る自由の保障は、提供される知識や情報を自ら選別してそのうちから自らの人格形成に資するものを取得していく能力が前提とされている、青少年は、一般的にみて、精神的に未熟であって、右の選別能力を十全には有しておらず、その受ける知識や情報の影響をうけることが大きいとみられるから、成人と同等の知る自由を保障される前提を欠くものであり、したがって青少年のもつ知る自由を一定の制約をうけ、その制約を通じて青少年の精神的未熟さに由来する害悪から保護される必要があるといわねばならない。もとよりこの保護を行うのは、第一次的には親権者その他青少年の保護に当たる者の任務であるが、それが十分に機能しない場合も少なくないから、公的な立場からその保護のために関与が行われることも認めねばならないと思われる。本件条例もその一つの方法と考えられる。このようにして、ある表現が受け手として青少年にむけられる場合には、成人に対する表現の規制の場合のように、その制約の憲法適合性について厳格な基準が適用されないものと解するのが相当である。」「青少年保護のための有害図書の規制が合憲であるためには、青少年非行などの害悪を生ずる相当の蓋然性のあることをもって足りる」。「青少年の知る自由を制限する規制がかりに成人の知る自由を制約することがあっても、青少年の保護の目的からみて必要とされる規制に伴って当然に附随的に生ずる効果であって、成人にはこの規制を受ける図書等を入手する方法が認められている場合には、その限度での成人の知る自由の制約もやむをえない」。「成人が自販機によってこれらの図書を簡易に入手する便宜を奪われることになり、成人の知る自由に対するかなりきびしい制限であるということができるが、他の方法でこれらの図書に接する機会が全く閉ざされているとの立証はないし、成人に対しては、特定の態様による販売が事実上抑止されるにとどまるものであるから、有害図書とされるものが一般に価値がないか又は極めて乏しいことをあわせ考えるとき、成人の知る自由の制約とされることを理由に本件条例を違憲とするのは相当ではない。」「本件条例の規制は、6条1項による個別的指定であっても、また同条2項による規則の定めるところによる指定（以下これを『包括指定』という。）であっても、すでに発表された図書を対象とするものであり、かりに指定をうけても、青少年はともかく、成人はこれを入手する途が開かれているのであるから、右のように定義された『検閲』に当たるということはできない。」「本件条例による規制は、個別的指定であると包括指定であるとをとわず、指定された後は、受け手の入手する途をかなり制限するものであり、事前抑制的な性格をもっている。しかし、それが受け手の知る自由を全面的に閉ざすものではなく、指定をうけた有害図書であっても販売の方法は残されていること、のちにみるように指定の判断基準が明確にされていること、規制の目的が青少年の保護にあることを考慮にいれるならば、その事前抑制的性格にもかかわらず、なお合憲のための要件をみたしている」。「本件条例は、有害図書の規制方式として包括指定方式をも定めている。……このような包括指定のやり方は、個別的に図書を審査することなく、概括的に有害図書として規制の網をかぶせるものであるから、検閲の一面をそなえていることは否定できないところである。しかし、この方式は、法廷意見の説示からもみられるように、自販機による販売を通じて青少年が容易に有害図書を入手できることから生ずる弊害を防止するための対応策として考えられたものであるが、青少年保護のための有害図書の規制を是認する以上は、自販機による有害図書の購入は、書店などでの購入と異なって心理的抑制が少なく、弊害が大きいこと、審議会の調査審議を経たうえでの個別的指定の方法によっては青少年が自販機を通じて入手することを防ぐことができないこと（例えばいわゆる『一夜本』のやり方がそれを示している。）からみて、包括指定による規制の必要性は高いといわなければならない。もとより必要度が高いことから直ちに表現の自由にとってきびしい規制を合理的なものとすることはできないし、表現の自由に内在する制限として当然に許容されると速断することはできないけれども、他に選びうる手段をもっては有害図書を青少年が入手することを有効に抑止することができないのであるから、これをやむをえないものとして認めるほかはないであろう。私としては、つぎにみるように包括指定の基準が明確なものとされており、その指定の範囲が必要最少限度に抑えられている限り、成人の知る自由が封殺されていないことを前提にすれば、これを違憲と断定しえないものと考える。」（ii）**基準の明確性** 「およそ法的規制を行う場合に規制される対象が何かを判断する基準が明確であることを求められるが、とくに刑事罰を科するときは、きびしい明確性が必要とされる。表現の自由の規制の場合も、不明確な基準であれば、規制範囲が漠然とするためいわゆる萎縮的効果を広く及ぼし、不当に表現行為を抑止することになるために、きびしい基準をみたす明確性が憲法上要求される。本件条例に定める有害図書規制は、表現の自由とかかわりをもつものであるのみでなく、刑罰を伴う規制でもあるし、とくに包括指定の場合は、そこで有害図書とされるものが個別的に明らかにされないままに、その販売や自販機への収納は、直ちに罰則の適用をうけるのであるから、罪刑法定主義の要請も働き、いっそうその判断基準が明確でなければならないと解される。もっとも、すでにふれたように青少年保護を目的とした、青少年を受け手とする場合に限っての規制であることからみて、一般の表現の自由の規制と同じに考えることは適当でなく、明確性の要求についても、通常の表現の自由の制約に比して多少ゆるめられる」。「右の観点にたって本件条例の有害図書指定の基準の明確性について検討する。……本件条例6条1項では指定の要件は、『著しく性的感情を刺激し、又は著しく残忍性を助長する』とされ、それのみでは、必ずしも明確性をもつとはいえない面がある。とくに残忍性の助長という点はあいまいなところがかなり残る。また『猥褻』については当裁判所の多くの判例によってその内容の明確化がはかられているが（そこでも問題のあることについて最高裁昭和54年（あ）第1358号同58年3月8日第三小法廷判決・刑集37巻2号15頁における私の補足意見参照。）、本件条例にいう『著しく性的感情を刺激する』図書とは猥褻図書よりも広いと考えられ、規制の及ぶ範囲も広範にわたるだけに漠然としている嫌いを免れない。しかし、これらについては、岐阜県青少年対策本部次長通達（昭和52年2月25日青少第356号）により審査基準がかなり具体的に定められているのであって、不明確とはいえまい。そして本件で問題とされるのは本件条例6条2項であるが、ここでは指定有害図書は『特に卑わいな姿態若しくは性行為を被写体とした写真又はこれらの写真を掲載する紙面が編集紙面の過半を占めると認められる刊行物』と定義されていて、1項の場合に比して具体化がされているとともに、右の写真の内容については、法廷意見のあげる施行規則2条さらに告示（昭和54年7月1日岐阜県告示第539号）を通じて、いっそう明確にされていることが認められる。このように条例そのものでなく、下位の法規範による具体化、明確化をどう評価するかは一つの問題ではあろう。しかし、本件条例は、その下位の諸規範とあいまって、具体的な基準を定め、表現の自由の保障にみあうだけの明確性をそなえ、それによって、本件条例に一つの限定解釈ともいえるものが示されているのであって、青少年の保護という社会的利益を考えあわせるとき基準の不明確性を理由に法令としてのそれが違憲であると判断することはできないと思われる。」（iii）**本件条例と憲法14条** 「私は、青少年条例の定める青少年に対する淫行禁止規定については、その規制が各地方公共団体の条例の間で余りに差異が大きいことに着目し、それをもって直ちに違憲となるものではないが、このような不合理な地域差のあるところから『淫行』の意味を厳格に解釈することを通じて著しく不合理な差異をできる限り解消する方向を考えるべきものとした（法廷意見のあげる昭和57年（あ）第621号昭和60年10月23日大法廷判決における私の反対意見参照。)。このような考え方が有害図書規制の面においても妥当しないとはいえないが、私見によれば、青少年に対する性行為の規制は、それ自体地域的特色をもたず、この点での青少年の保護に関する社会通念にほとんど地域差は認められないのに反して、有害図書の規制については、国全体に共通する面よりも、むしろ地域社会の状況、住民の意識、そこでの出版活動の全国的な影響力など多くの事情を勘案した上での政策的判断に委ねられるところが大きく、淫行禁止規定に比して、むしろ地域差のあることが許容される範囲が広いと考えられる。この観点にたつときには、本件条例が他の地方公共団体の条例よりもきびしい規制を加えるものであるとしても、なお地域の事情の差異に基づくものとして是認できるものと思われる。

このことと関連して、基本的人権とくに表現の自由のような優越的地位を占める人権の制約は必要最小限度にとどまるべきであるから、目的を達するために、人権を制限することの少ない他の選択できる手段があるときはこの方法を採るべきであるという基準が問題とされるかもしれない。すなわち、この基準によれば、他の地方公共団体がゆるやかな手段、例えば業界の自主規制によって有害図書の規制を行っているにかかわらず、本件条例のようなきびしい規制を行うことは違憲になると主張される可能性がある。しかし、わが国において有害図書が業界のいわゆるアウトサイダーによって出版されているという現状をみるとき、果して自主規制のようなゆるやかな手段が適切に機能するかどうかも明らかではないし、すでにみたように、青少年保護の目的での規制は、表現の受け手が青少年である場合に、その知る自由を制約するものであっても、通常の場合と同じ基準が適用されると考える必要がないと解されることからみて、本件条例のようなきびしい規制が政策として妥当かどうかはともかくとして、他に選びうるゆるやかな手段があるという理由で、それを違憲と判断することは相当でないと思われる。」

*　　*　　*

名誉・プライバシー　名誉（社会的評価）およびプライバシーは憲法13条によって保障されている。そこで名誉を毀損したりプライバシーを侵害したりする表現は刑法・民法上の保護を受ける（刑法230条、民法709条および723条)。そのため、名誉・プライバシーと表現の自由との調整が必要となる（本章では名誉毀損表現のみを扱うため、プライバシー侵害表現については第4章参照のこと)。

刑法230条1項は名誉毀損を処罰の対象とする一方、同条2項において、①公共の利害に関する事実に係り、②その目的が専ら公益を図ることにあったと認める場合には、③事実の真否を判断し、真実であることの証明があったときには罰しないと規定する。そして、公訴が提起されるに至っていない人の犯罪行為に関する事実は①を満たし、公務員または公選による公務員の候補者に関する事実は①および②を満たすことになっている。

①において問題となるのは、私生活上の事実が含まれるかどうかである。判例は、私人の私生活上の行状であっても、「たずさわる社会的活動の性質及びこれを通じて社会に及ぼす影響力の程度などのいかんによっては」、公共の利害に関する事実に当たる場合があるとする（83「月刊ペン」事件）。③については、真実性の証明が困難であることから、これを厳格に要求すると表現できなくなってしまう恐れがある。判例は、「事実が真実であることの証明がない場合でも、行為者がその事実を真実であると誤信し、その誤信したことについて、確実な資料、根拠に照らし相当の理由があるときは、犯罪の故意がなく、名誉毀損の罪は成立しないものと解するのが相当である」と判示した（82「夕刊和歌山時事」事件）。

82 「夕刊和歌山時事」事件（名誉毀損被告事件）☆

和歌山地判昭和41年4月16日刑集23巻7号984頁

大阪高判昭和41年10月7日刑集23巻7号995頁

●最大判昭和44年6月25日刑集23巻7号975頁

【事実】

新聞社を経営するYは、1963（昭和38）年2月18日付『夕刊和歌山時事』（Y発行）に、「吸血鬼Aの罪業」と題し、A本人またはAの指示のもとに和歌山特だね新聞（A経営）の記者が、和歌山市役所土木部の某課長に向かって「出すものを出せば目をつむつてやるんだが、チビリくさるのでやつたるんや」と聞こえよがしの捨てせりふを吐いたうえ、今度は上層の某主幹に向かって「しかし魚心あれば水心ということもある、どうだ、お前にも汚職の疑いがあるが、一つ席を変えて一杯やりながら話をつけるか」と凄んだ旨の記事を掲載、頒布したので、公然事実を摘示してAの名誉を毀損したとして名誉毀損罪（刑法230条1項）で起訴され、第1審で有罪判決を受けた。そこでYは、「証明可能な程度の資料、根拠をもつて事実を真実と確信したから、名誉毀損の故意が阻却され、犯罪は成立しない。」として控訴したが、控訴審は、真実の証明がない以上被告人が真実だと誤信したとしても故意を阻却しないとの判例の見解を示し、控訴を棄却したので、Yは上告した。

整理

事件／刑事事件

被告人・控訴人・上告人／新聞社経営者

〈争点〉 名誉毀損罪の成立。

〈憲法上の問題点〉 事実を真実と誤信したことにつき相当の理由がある場合に名誉毀損罪の成立を認めることは憲法21条に違反しないか。

【判旨】

破棄差戻（全員一致)。

「刑法230条ノ2の規定は、人格権としての個人の名誉の保護と、憲法21条による正当な言論の保障との調和をはかつたものというべきであり、これら両者間の調和と均衡を考慮するならば、たとい**刑法230条ノ2第1項にいう事実が真実であることの証明がない場合でも、行為者がその事実を真実であると誤信し、その誤信したことについて、確実な資料、根拠に照らし相当の理由があるときは、犯罪の故意がなく、名誉毀損の罪は成立しない**ものと解するのが相当である。これと異なり、右のような誤信があつたとしても、およそ事実が真実であることの証明がない以上名誉毀損の罪責を免れることがないとした当裁判所の前記判例（昭和33年（あ）第2698号同34年5月7日第一小法廷判決、刑集13巻5号641頁）は、これを変更すべきものと認める。したがつて、原判決の前記判断は法令の解釈適用を誤つたものといわなければならない。」

「本件においては、被告人が本件記事内容を真実であると誤信したことにつき、確実な資料、根拠に照らし相当な理由があつたかどうかを慎重に審理検討したうえ刑法230条ノ2第1項の免責があるかどうかを判断すべきであつたので、右に判示した原判決の各違法は判決に影響を及ぼすことが明らかであり、これを破棄しなければいちじるしく正義に反するものといわなければならない。」

83 「月刊ペン」事件（名誉毀損被告事件）☆☆

東京地判昭和53年6月29日刑集35巻3号97頁
東京高判昭和54年12月12日刑集35巻3号104頁
●最判昭和56年4月16日刑集35巻3号84頁

【事実】

株式会社月刊ペン社の編集局長Ｙは、同社発行の月刊誌『月刊ペン』誌上で連続特集を組み、諸般の面から宗教法人Ａを批判するにあたり、Ａにおける象徴的存在とみられる会長Ｂの私的行動をもとりあげ、①1976（昭和51）年3月号の同誌上に、「四重五重の大罪犯すＡ」との見出しのもとに、「Ｂの金脈もさることながら、とくに女性関係において、彼がきわめて華やかで、しかも、その雑多な関係が病的であり色情狂的でさえあるという情報が、有力消息筋から執拗に流れてくるのは、一体全体、どういうことか、ということである。」などとする記事を執筆掲載し、また、②同年4月号誌上に、「極悪の大罪犯すＡの実相」との見出しのもとに、「Aにはれつきとした芸者のめかけT子が赤坂にいる。……そもそも池田好みの女性のタイプというのは、……だとされている。なるほど、そういわれてみるとお手付き情婦として、二人とも公明党議員として国会に送りこんだというT子とM子も、こういうタイプの女性である。もつとも、現在は二人とも落選中で、再選の見込みは公明党内部の意見でもなさそうである。」旨、T子およびM子が誰か（実際にはCおよびD）を世人に容易に推認させるような表現の記事を執筆掲載したうえ、右雑誌各約3万部を多数の者に販売・頒布したので、公然事実を摘示して、右3月号の記事によりAおよびBの、4月号の記事によりA、B、C、Dの各名誉を毀損したとして刑法230条1項に基づき起訴され、第1審において有罪となった。そこで、Yは控訴したが、控訴審は、刑法230条ノ2第1項にいう「公共ノ利害ニ関スル事実」にあたらないとして控訴を棄却したので、Yは上告した。

整理

事件／刑事事件

被告人・控訴人・上告人／出版社編集局長

〈争点〉 名誉毀損罪の成立。

〈憲法上の問題点〉 名誉毀損罪の成立と表現の自由・名誉権。

【判旨】

破棄差戻（全員一致）。適法な上告理由がないとしつつも、職権による判断を示した。

「公共ノ利害ニ関スル事実」（刑法230条ノ2第1項）とは「**私人の私生活上の行状であつても、そのたずさわる社会的活動の性質及びこれを通じて社会に及ぼす影響力の程度などのいかんによつては、その社会的活動に対する批判ないし評価の一資料として、刑法230条ノ2第1項にいう『公共ノ利害ニ関スル事実』にあたる場合がある**と解すべきである。」「本件についてこれをみると、被告人が執筆・掲載した前記の記事は、多数の信徒を擁するわが国有数の宗教団体である創価学会の教義ないしあり方を批判しその誤りを指摘するにあたり、その例証として、同会の池田大作会長（当時）の女性関係が乱脈をきわめており、同会長と関係のあつた女性2名が同会長によつて国会に送り込まれていることなどの事実を摘示したものであることが、右記事を含む被告人の『月刊ペン』誌上の論説全体の記載に照らして明白であるところ、記録によれば、同会長は、同会において、その教義を身をもつて実践すべき信仰上のほぼ絶対的な指導者であつて、公私を問わずその言動が信徒の精神生活等に重大な影響を与える立場にあつたばかりでなく、右宗教上の地位を背景とした直接・間接の政治的活動等を通じ、社会一般に対しても少なからぬ影響を及ぼしていたこと、同会長の醜聞の相手方とされる女性2名も、同会婦人部の幹部で元国会議員という有力な会員であつたことなどの事実が明らかである。」「このような本件の事実関係を前提として検討すると、**被告人によつて摘示された池田会長らの前記のような行状は、刑法230条ノ2第1項にいう『公共ノ利害ニ関スル事実』にあた**

ると解するのが相当であつて、これを一宗教団体内部における単なる私的な出来事であるということはできない。なお、右にいう『公共ノ利害ニ関スル事実』にあたるか否かは、摘示された事実自体の内容・性質に照らして客観的に判断されるべきものであり、これを摘示する際の表現方法や事実調査の程度などは、同条にいわゆる公益目的の有無の認定等に関して考慮されるべきことがらであつて、摘示された事実が『公共ノ利害ニ関スル事実』にあたるか否かの判断を左右するものではないと解するのが相当である。」「そうすると、これと異なり、被告人によつて摘示された事実が刑法230条ノ２第１項にいう『公共ノ利害ニ関スル事実』に該当しないとの見解のもとに、公益目的の有無及び事実の真否等を問うまでもなく、被告人につき名誉毀損罪の成立を肯定することができるものとした原判決及びその是認する第１審判決には、法令の解釈適用を誤り審理不尽に陥つた違法があるといわなければならず、右違法は判決に影響を及ぼすことが明らかであつて、原判決及び第１審判決を破棄しなければ著しく正義に反する」。

84　長良川事件報道訴訟（損害賠償請求事件）

名古屋地判平成11年６月30日判時1688号151頁
名古屋高判平成12年６月29日判時1736号35頁
●最判平成15年３月14日民集57巻３号229頁
名古屋高判平成16年５月12日判時1870号29頁

【事実】

X（1975（昭和50）年10月生まれ）は、1994（平成６）年９月から10月にかけて、成人又は当時18歳、19歳の少年らと共謀の上、連続して犯した殺人、強盗殺人、死体遺棄等の４つの事件により起訴され、刑事裁判を受けた。出版社Yは、同裁判の係属中に、1998（平成９）年７月31日発売の雑誌（Y発行）に、「『少年犯』残虐」「法廷メモ独占公開」などという表題の下に、事件の被害者の両親の思いと法廷傍聴記等を中心にした記事（以下、本件記事）を掲載したが、その中で、被上告人について、仮名を用いて、法廷での様子、犯行態様の一部、経歴や交友関係等を記載した。そこでXは、本件記事は少年法61条が禁止する推知報道にあたり、名誉毀損およびプライバシー侵害を理由とする損害賠償を求める訴えを起こした。

第１審は、事件当時少年であったXが刑事事件を起こした本人だと推知できるような記事を掲載されない法的利益よりも、明らかに社会的利益の擁護が強く優先される特段の事情があったと認められないとして、Xの請求の一部を認容した。これに対してYは控訴したが、控訴審は、Xであることを容易に推知できると認めた上、少年法61条の目的は憲法で保障される少年の成長発達過程において健全に成長するための権利の保護と少年の名誉、プライバシーの保護を目的とするものであるから、同条に違反して実名等の報道をする者は、当該少年に対する人権侵害行為として、民法709条に基づき本人に対し不法行為責任を負うとした。そして、少年法61条に違反する推知報道は、内容が真実で、それが公共の利益に関する事項に係り、かつ、専ら公益を図る目的に出た場合においても、成人の犯罪事実報道の場合と異なり、違法性を阻却されることにはならず、ただ、保護されるべき少年の権利ないし法的利益よりも、明らかに社会的利益を擁護する要請が強く優先されるべきであるなどの特段の事情が存する場合に限って違法性が阻却され免責されるとして、本件では特段の事情を認める証拠が存在しないので、Ｙの不法行為責任が認められるとして、控訴を棄却した。そこでＹは上告した。

整理

事件／民事事件

原告・被控訴人・被上告人／刑事被告人（少年）

被告・控訴人・上告人／出版社

〈争点〉 名誉毀損およびプライバシー侵害に基づく損害賠償請求。

〈憲法上の問題点〉 少年法61条／名誉・プライバシーと表現の自由。

【判旨】

破棄差戻（全員一致）。

（ｉ）**本件における名誉毀損・プライバシー侵害** 「本件記事に記載された犯人情報及び履歴情報は、いずれも被上告人の名誉を毀損する情報であり、また、他人にみだりに知られたくない被上告人のプライバシーに属する情報であるというべきである。そして、被上告人と面識があり、又は犯人情報あるいは被上告人の履歴情報を知る者は、その知識を手がかりに本件記事が被上告人に関する記事であると推知することが可能であり、本件記事の読者の中にこれらの者が存在した可能性を否定することはできない。そして、これらの読者の中に、本件記事を読んで初めて、被上告人についてのそれまで知っていた以上の犯人情報や履歴情報を知った者がいた可能性も否定することはできない。」「したがって、上告人の本件記事の掲載行為は、被上告人の名誉を毀損し、プライバシーを侵害するものであるとした原審の判断は、その限りにおいて是認することができる。」

（ii）**推知報道の判断基準** 「少年法61条に違反する推知報道かどうかは、その記事等により、不特定多数の一般人がその者を当該事件の本人であると推知することができるかどうかを基準にして判断すべきところ、本件記事は、被上告人について、当時の実名と類似する仮名が用いられ、その経歴等が記載されているものの、被上告人と特定するに足りる事項の記載はないから、被上告人と面識等のない不特定多数の一般人が、本件記事により、被上告人が当該事件の本人であることを推知することができるとはいえない。したがって、本件記事は、少年法61条の規定に違反するものではない。」

（iii）**不法行為の判断方法** 「本件記事が被上告人の名誉を毀損し、プライバシーを侵害する内容を含むものとしても、本件記事の掲載によって上告人に**不法行為が成立するか否かは**、被侵害利益ごとに違法性阻却事由の有無等を審理し、個別具体的に判断すべきものである。すなわち、名誉毀損については、その行為が公共の利害に関する事実に係り、その目的が専ら公益を図るものである場合において、摘示された事実がその重要な部分において真実であることの証明があるとき、又は真実であることの証明がなくても、行為者がそれを真実と信ずるについて相当の理由があるときは、不法行為は成立しないのであるから（最高裁昭和37年（オ）第815号同41年6月23日第一小法廷判決・民集20巻5号1118頁参照）、本件においても、これらの点を個別具体的に検討することが必要である。また、プライバシーの侵害については、その事実を公表されない法的利益とこれを公表する理由とを比較衡量し、前者が後者に優越する場合に不法行為が成立するのであるから（最高裁平成元年（オ）第1649号同6年2月8日第三小法廷判決・民集48巻2号149頁）、本件記事が週刊誌に掲載された当時の被上告人の年齢や社会的地位、当該犯罪行為の内容、これらが公表されることによって被上告人のプライバシーに属する情報が伝達される範囲と被上告人が被る具体的被害の程度、本件記事の目的や意義、公表時の社会的状況、本件記事において当該情報を公表する必要性など、その事実を公表されない法的利益とこれを公表する理由に関する諸事情を個別具体的に審理し、これらを比較衡量して判断することが必要である。」「原審は、……個別具体的な事情を何ら審理判断することなく、上告人の不法行為責任を肯定した。この原審の判断には、審理不尽の結果、判決に影響を及ぼすことが明らかな法令の違反がある。」

＊　＊　＊

営利広告　営利広告（典型的なものとして、商品・サービスの購入を訴えるコマーシャルやチラシなど）のような営利的表現が、表現の自由によって保障されるのかが問題となる。現代社会においては、消費者が広告を通じて多様な情報を得る機会が増大していることから、表現の自由の保護に値すると考えられている。ただし、表現の自由の重要性は自己統治の意義に由来することから、この意義との関連性で、営利的表現の保護の度合いは異なり、実際には、純然たる政治的表現よりも保護の程度が低いと解される（芦部・憲法201頁）。

85　営利広告の制限（あん摩師はり師きゆう師及び柔道整復師法違反被告事件）☆

大津簡判昭和28年9月8日刑集15巻2号377頁

●最大判昭和36年2月15日刑集15巻2号347頁

【事実】

あん摩師、はり師、きゅう師及び柔道整復師法7条は、同条1項各号に列挙する以外の事項についての広告を禁止し、同項1号乃至3号に掲げる事項について広告をする場合にも、その内容は、施術者の技能、施術方法又は経歴に関する事項にわたってはならないと定めていた。

きゅう業を営むYは、1953（昭和28）年3月11日頃から同年5月18日頃迄の間、きゅうの適応症であるとした神経痛、リヨウマチ、血の道、胃腸病等の病名を記載したビラ約7,030枚を滋賀県野洲郡小津村、河西村、速野村、玉津村、中洲村並同県栗太郡瀬田町方面に配付したため、同法違反で起訴された。第1審は、Yを有罪（罰金2,000円）としたので、Yは、同法による広告禁止は憲法21条に違反するとして控訴した。控訴審である大阪高等裁判所は、憲法問題のみが控訴理由であることから、刑事訴訟規則247条、248条に基づき、本件を最高裁判所に移送した。

整理

事件／刑事事件

被告人・控訴人・上告人／きゅう師

〈争点〉 営利広告禁止違反の成否。

〈憲法上の問題点〉 あん摩師、はり師、きゅう師及び柔道整復師法7条が憲法21条、11条、13条および19条に反しないか。

【判旨】

上告棄却（10対4、補足意見2、少数意見4）。

あん摩師、はり師、きゅう師及び柔道整復師法7条の合憲性 「本法があん摩、はり、きゆう等の業務又は施術所に関し前記のような制限を設け、いわゆる適応症の広告をも許さないゆえんのものは、もしこれを無制限に許容するときは、患者を吸引しようとするためややもすれば虚偽誇大に流れ、一般大衆を惑わす虞があり、その結果適時適切な医療を受ける機会を失わせるような結果を招来することをおそれたためであつて、このような弊害を未然に防止するため一定事項以外の広告を禁止することは、国民の保健衛生上の見地から、公共の福祉を維持するためやむをえない措置として是認されなければならない。されば同条は憲法21条に違反せず、同条違反の論旨は理由がない。」「なお右のような広告の制限をしても、これがため思想及び良心の自由を害するものではないし、また右広告の制限が公共の福祉のために設けられたものであることは前示説明のとおりであるから、右規定は憲法11条ないし13条及び19条にも違反せず、この点に関する論旨も理由がない。」

〔垂水克己裁判官の補足意見〕 「心（意思）の表現が必ずしもすべて憲法21条にいう『表現』には当らない。財産上の契約をすること、その契約の誘引としての広告をすることの如きはそれである。」「本法に定めるきゆう師等の業務は一般に有償で行われるのでその限りにおいてその業務のためにする広告は一の経済的活動であり、財産獲得の手段であるから、きゆう局的には憲法上財産権の制限に関連する強い法律的制限を受けることを免れない性質のものである。」「禁止条項が適当か否かは国会の権限に属する立法政策の問題であろう。」

〔河村大助裁判官の補足意見〕 「禁止規定が表現の自由の合理的制限に当るかどうかを判断

すれば足りる……。ところで右第2項の立法趣旨は、技能、施術方法又は経歴に関する広告が患者を吸引するために、ややもすれば誇大虚偽に流れやすく、そのために一般大衆を惑わさせる弊害を生ずる虞れがあるから、これを禁止することにしたものと解せられる。されば右第2項の禁止規定は広告の自由に対し公共の祉福のためにする必要止むを得ない合理的制限ということができるから、憲法21条に違反するものではない。」

〔斎藤悠輔裁判官の少数意見〕「あん摩師、はり師、きゆう師及び柔道整復師法7条の立法趣旨は、多数説と同じく、『もし広告を無虞限に許容するときは、患者を吸引しようとするためややもすれば虚偽誇大に流れ、一般大衆を惑わす虞れがあり、その結果適時適切な医療を受ける機会を失わせるような結果を招来することをおそれたためである』と解する。従つて、広告が同条違反であるとするには、ただ形式的に同条1項各号に列挙する事項以外の事項について広告したというだけでは足りず、さらに、現実に前記のごとき結果を招来する虞のある程度の虚偽、誇大であることを要するものといわなければならない。」「しかるに、原判決の確定したところによれば、本件広告は、きゆうの適応症であるとした神経痛、リヨウマチ、血の道、胃腸病等の病名を記載したというだけであつて、虚偽、誇大であることは何等認定されていないのである。そして、きゆうがかかる疾病に適応する効能を有することは顕著な事実である。従つて、本件は、罪とならない」。「もし、前記7条1項各号に列挙する事項以外の事項を広告したものは、その内容の如何を問わず、すべて処罰する趣旨であると解するならば、……同規定は憲法21条に反し無効である」。

〔藤田八郎裁判官の少数意見〕「単なるきゆうの一般的な適応症の広告のごときは、それが虚偽誇大にわたらないかぎり、これを禁止すべき合理的な理由」がない。「されば同法同条も、施術者の技能、施術方法又は経歴に関する事項にわたらないかぎり、単なる一般的な適応症の広告はこれを禁じていないものと解すべきである。若し、多数意見のごとく同条は同条所定以外一切の事項の広告を禁ずるものと解するならば、同条は憲法の保障する表現の自由をおかすものとならざるを得ない」。「しかるに、本件の起訴にかかる事実、また本件第1審判決の認定する事実は『きゆうの適応症であるとした神経痛、リヨウマチ、血の道、胃腸病等の病名を記載したビラ』『を配布し』たというのであつて、かかるきゆうの一般的な適応症の記載のごときは本法7条の禁止するところでないと解すべく、従つて本件公訴事実は同条違反の犯罪事実を構成しないものであつて、本件に関するかぎり、同法7条の合憲なりや違憲なりやを論ずるの要はない」。

〔奥野健一裁判官の少数意見（河村又介裁判官同調）〕「広告が憲法21条の表現の自由の保障の範囲に属するか否かは多少の議論の存するところであるが、同条は思想、良心の表現の外事実の報道その他一切の表現の自由を保障しているのであつて、広告の如きもこれに包含されるものと解するを相当とする。広告が商業活動の性格を有するからといつて同条の表現の自由の保障の外にあるものということができない。しかし、表現の自由といえども絶対無制限のものではなく、その濫用は許されず、また公共の福祉のため制限を受けることは他の憲法の保障する基本的人権と変らない。従つて、広告がその内容において虚偽、誇大にわたる場合又は形式、方法において公共の福祉に反する場合は禁止、制限を受けることは当然のことである。」「単に広告が虚偽誇大に流れる虞があるからといつて、真実、正当な広告までも一切禁止することは行過ぎである。成程、取締当局としては予め一切の広告を禁止しておけば、虚偽、誇大にわたる広告も自然防止することができるであろうが、かくては正当な広告の自由を奪うものであつて、取締当局の安易な措置によつて、正当な表現の自由を不当に制限するものである。」

* * *

ビラ貼り・ビラ配り　表現の時・場所・方法に関して、さまざまな目的（美観風致、道路の安全、他人の財産権、管理権の保護など）から法的規制が存在する（表現の内容は問わない表現内容中立規制）。屋外広告物法およびそれに基づく条例は、美観風致を維持し、公衆に対する危害を防止する目的で、屋外広告物の表示場所および方法について規制する。判例は、美観風致の維持は公共の福祉にあたるとして、電柱へのビラ貼りを禁止する条例は、公共の福祉のため、表現の自由に対し許された必要且つ合理的な制限だと判示した（**86**大阪市屋外広告物条例違反事件）。立て看板についても、同様の判断を示している（**87**大分県屋外広告物条例違反事件、なお、伊藤正己裁判官は、美観風致の利益よりも表現の価値が優越する場合に処罰することは適用違憲であるとの補足意見を示した）。

駅構内におけるビラ配りが問題となった、**88**駅構内ビラ配布事件では、判例は公共の福祉を根拠として、他人の財産権、管理権を侵害する表現を規制することは憲法21条に違反しないと判示した（伊藤正己裁判官は、パブリック・フォーラムにおいては表現の自由について可能な限り配慮をする必要があるが、本件の駅構内はパブリック・フォーラムとしての性格は弱いとの補足意見を示した）。このほか、道路上での演説やビラ配布などをする際の許可制（道路交通法77条１号４号）、他人の家屋へのビラ貼り禁止（軽犯罪法１条33号前段）、拡声器等による騒音規制（騒音防止条例）などの規制が存在する。**89**立川テント村事件では、管理権、財産権の保護の観点から、ビラ配布のために集合住宅の建物の出入口から各室玄関前までの部分に立ち入ったことについて、住居侵入罪（刑法130条）の成立が認められた。

表現の時・場所・方法に対する規制の場合には、表現の内容に対する規制と比較して、表現自体を規制するわけではなく、表現を行う他の機会・場所・方法が存在することから、表現内容に対する規制ほど厳格な違憲審査の必要がないと解されている。ただし、法文上は特定の表現を対象としていなくても、実際には、特定の表現のみが規制対象となったり、表現を行う他の機会・場所・方法が存在しなくなる場合には、表現の内容に対する規制に準じて扱うべきであると学説は主張する。

86　大阪市屋外広告物条例違反事件（大阪市屋外広告物条例違反被告事件）☆

大阪簡判昭和40年６月14日判例集未登載

大阪高判昭和41年２月12日刑集22巻13号1557頁

●最大判昭和43年12月18日刑集22巻13号1549頁

【事実】

大阪市屋外広告物条例（以下、本件条例）は、「美観風致を維持し、及び公衆に対する危害を防止するために、屋外広告物の表示の場所及び方法並びに屋外広告物を掲出する物件の設置及び維持について、必要な基準を定めることを目的」（１条）として、４条２項１号で橋梁での広告物の表示等を、同条３項１号で電柱およびこれに類するものへの貼り紙の表示等を禁止し、違反者は５万円以下の罰金に処すること（13条１号）を定めていた。

団体ＡのメンバーであるＹ１およびＹ２は、「45年の危機迫る!!国民よ決起せよ!!Ａ本部」などと印刷したビラ合計26枚を本件条例によってはり紙等の表示が禁止された物件である大阪市内の13箇所の橋柱、電柱および電信柱にのりで貼り付けたため、本件条例違反で起訴され、第１審は、Ｙ１を罰金8,000円に、Ｙ２を罰金5,000円に処した。そこでＹ１およびＹ２は控訴したが、控訴審は、第１審判決を支持し、控訴を棄却した。そこで、Ｙ１およびＹ２は、上告した。

整理

事件／刑事事件

被告人・控訴人・上告人／ビラ貼付した者

〈争点〉 ビラ貼付禁止違反の成否。

〈憲法上の問題点〉 大阪市屋外広告物条例13条１号、４条２項１号、３項１号は、憲法21条に違反しないか。

【判旨】

上告棄却（全員一致）。

大阪市屋外広告物条例と憲法21条　「前記大阪市屋外広告物条例は、屋外広告物法（昭和24年法律第189号）に基づいて制定されたもので、右法律と条例の両者相待つて、大阪市における美観風致を維持し、および公衆に対する危害を防止するために、屋外広告物の表示の場所および方法ならびに屋外広告物を掲出する物件の設置および維持について必要な規制をしているのであり、本件印刷物の貼付が所論のように営利と関係のないものであるとしても、右法律および条例の規制の対象とされているものと解すべきところ（屋外広告物法１条、２条、大阪市屋外広告物条例1条)、被告人らのした橋柱、電柱、電信柱にビラをはりつけた本件各所為のごときは、都市の美観風致を害するものとして規制の対象とされているものと認めるのを相当とする。そして、**国民の文化的生活の向上を目途とする憲法の下においては、都市の美観風致を維持することは、公共の福祉を保持する所以であるから、この程度の規制は、公共の福祉のため、表現の自由に対し許された必要且つ合理的な制限と解することができる。**従つて、所論の各禁止規定を憲法に違反するものということはできず(当裁判所昭和24年(れ)第2591号同25年9月27日大法廷判決、刑集4巻9号1799頁、昭和28年(あ)第4030号同30年3月30日大法廷判決、刑集9巻3号635頁、昭和28年(あ)第3147号同30年4月6日大法廷判決、刑集9巻4号819頁、昭和28年(あ)第1713号同32年3月13日大法廷判決、刑集11巻3号997頁、昭和37年(あ)第899号同39年11月18日大法廷判決、刑集18巻9号561頁参照)、右と同趣旨に出た原判決の判断は相当であつて、論旨は理由がない。」

87 大分県屋外広告物条例違反事件(大分県屋外広告物条例違反被告事件)☆

大分簡判昭和58年6月21日刑集41巻2号42頁

福岡高判昭和59年7月17日刑集41巻2号50頁

●最判昭和62年3月3日刑集41巻2号15頁

【事実】

屋外広告物法に基づいて制定された大分県屋外広告物条例(以下、本件条例)は、「街路樹、街傍樹及びその支柱」(4条1項3号)に広告物を掲出することを禁止し、違反者に対して罰金を科している(33条1号)。Yは、街路樹2本の各支柱に、政党の演説会開催の告知宣伝を内容とするいわゆるプラカード式ポスターを針金でくくりつけたため、本件条例違反で現行犯逮捕され、起訴された。第1審は、Yの有罪(罰金1万円、執行猶予1年)を認めたので、Yは本件条例は憲法21条に違反する、あるいは、本件に同条例が適用されるのは憲法21条に違反すると主張して控訴したが、控訴審もYを有罪とした。そこでYは上告した。

整理

事件/刑事事件

被告人・控訴人・上告人/街路樹にポスターを掲出した者

〈争点〉 広告物禁止違反の成否。

〈憲法上の問題点〉 大分県屋外広告物条例33条1号、4条1項3号の適用は憲法21条1項に違反しないか。

【判旨】

上告棄却(全員一致、補足意見1)。

屋外広告物条例と憲法21条 「大分県屋外広告物条例は、屋外広告物法に基づいて制定されたもので、右法律と相俟つて、大分県における美観風致の維持及び公衆に対する危害防止の目的のために、屋外広告物の表示の場所・方法及び屋外広告物を掲出する物件の設置・維持について必要な規制をしているところ、国民の文化的生活の向上を目途とする憲法の下においては、**都市の美観風致を維持することは、公共の福祉を保持する所以であり、右の程度の規制は、公共の福祉のため、表現の自由に対し許された必要かつ合理的な制限と解することができる**から（最高裁昭和23年（れ）第1308号同24年５月18日大法廷判決・刑集３巻６号839頁、同昭和24年（れ）第2591号同25年９月27日大法廷判決・刑集４巻９号1799頁、同昭和41年（あ）第536号同43年12月18日大法廷判決・刑集22巻13号1549頁参照)、大分県屋外広告物条例で広告物の表示を禁止されている街路樹２本の各支柱に、日本共産党の演説会開催の告知宣伝を内容とするいわゆるプラカード式ポスター各１枚を針金でくくりつけた被告人の本件所為につき、同条例33条１号、４条１項３号の各規定を適用してこれを処罰しても憲法21条１項に違反するものでないことは、前記各大法廷判例の趣旨に徴し明らかであつて、所論は理由がなく、その余は、事実誤認、単なる法令違反の主張であつて、適法な上告理由に当たらない。」

〔伊藤正己裁判官の補足意見〕（ⅰ）**判例（大阪市屋外広告物条例判決）の疑問点①**「本条例の規制の対象となる屋外広告物には、政治的な意見や情報を伝えるビラ、ポスター等が含まれることは明らかであるが、これらのものを公衆の眼にふれやすい場所、物件に掲出することは、極めて容易に意見や情報を他人に伝達する効果をあげうる方法であり、さらに街頭等におけるビラ配布のような方法に比して、永続的に広範囲の人に伝えることのできる点では有効性にまさり、かつそのための費用が低廉であつて、とくに経済的に恵まれない者にとつて簡便で効果的な表現伝達方法であるといわなければならない。このことは、商業広告のような営利的な情報の伝達についてもいえることであるが、とくに思想や意見の表示のような表現の自由の核心をなす表現についてそういえる。簡便で有効なだけに、これらを放置するときには、美観風致を害する情況を生じやすいことはたしかである。しかし、このようなビラやポスターを貼付するに適当な場所や物件は、道路、公園等とは性格を異にするものではあるが、私のいうパブリック・フオーラム（昭和59年（あ）第206号同年12月18日第三小法廷判決・刑集38巻12号3026頁における私の補足意見参照）たる性質を帯びるものともいうことができる。そうとすれば、とくに思想や意見にかかわる表現の規制となるときには、美観風致の維持という公共の福祉に適合する目的をもつ規制であるというのみで、たやすく合憲であると判断するのは速断にすぎる」。（ⅱ）**判例の疑問点②**「『支柱』もまた掲出禁止物件とされることを明示した条例は少ないが、支柱も街路樹に付随するものとして、これを含めることは不当とはいえないかもしれない。しかし例えば、『電柱』類はかなりの数の条例では掲出禁止物件から除かれているところ、規制に地域差のあることを考慮しても、それらの条例は、最少限度の必要性をみたしていないとみるのであろうか。あるいは、大分県の特殊性がそれを必要としていると考えられるのであろうか。」「また、行政的対応と並んで、刑事罰を適用することが禁止目的の達成に有効であることはたしかであるが、刑事罰による抑制は極めて謙抑であるべきであると考えられるから、行政的対応のみでは目的達成が可能とはいえず、刑事罰をもつて規制することが有効であるからこれを併用することも必要最少限度をこえないとするのは、いささか速断にすぎよう。表現の自由の刑事罰による制約に対しては、その保護すべき法益に照らし、いつそう慎重な配慮が望まれよう。」（iii）**判例の疑問点③**「本条例の定める一定の場所や物件が広告物掲出の禁止対象とされているとしても、これらの広告物の内容を適法に伝達する方法が他に広く存在するときは、憲法上の疑義は少なくなり、美観風致の維持という公共の福祉のためある程度の規制を行うことが許容されると解されるから、この点も検討に値する。……また、所有者の同意を得て私有の家屋や塀などを掲出場所として利用することは可能である。しかし、一般的に所有者の同意を得ることの難易は測定しがたいところであるし、表現の自由の保障がとくに社会一般の共感を得ていない思想を表現することの確保に重要な意味をもつことを考えると、このような表現にとつて、所有者の同意を得ることは必ずしも容易ではないと考えられるのであり、私有の場所や物件の利用可能なことを過大に評価することはできないと思われる。」（iv）**表現内容中立規制と審査基準の厳格さ**「本条例は、表現の内容と全くかかわりなしに、美観風致の維持等の目的から屋外広告物の掲出の場所や方法について一般的に規制しているものである。この場合に右と同じ厳格な基準〔思想や政治的な意見情報の伝達にかかる表現の内容を主たる規制対象とする場合〕を適用することは必ずしも相当ではない。そしてわが国の実情、とくに都市において著しく乱雑な広告物の掲出のおそれのあることからみて、表現の内容を顧慮することなく、美観風致の維持という観点から一定限度の規制を行うことは、これを容認せざるをえないと思われる。もとより、表現の内容と無関係に一律に表現の場所、方法、態様などを規制することが、たとえ思想や意見の表現の抑制を目的としなくても、実際上主としてそれらの表現の抑制の効果をもつこともありうる。……美観風致の維持を目的とする本条例について、右のような広告物の内容によつて区別をして合憲性を判断することは必ずしも適切ではないし、具体的にその区別が困難であることも少なくない。以上のように考えると、本条例は、その規制の範囲がやや広きに失するうらみはあるが、違憲を理由にそれを無効の法令と断定することは相当ではない」。（v）**適用違憲の可能性**「しかしながら、すでにのべたいくつかの疑問点のあることは、当然に、本条例の適用にあたつては憲法の趣旨に即して慎重な態度をとるべきことを要求するものであり、場合によつては適用違憲の事態を生ずることをみのがしてはならない。……**それぞれの事案の具体的な事情に照らし、広告物の貼付されている場所がどのような性質をもつものであるか、周囲がどのような状況であるか、貼付された広告物の数量・形状や、掲出のしかた等を総合的に考慮し、その地域の美観風致の侵害の程度と掲出された広告物にあらわれた表現のもつ価値とを比較衡量した結果、表現の価値の有する利益**

が美観風致の維持の利益に優越すると判断されるときに、本条例の定める刑事罰を科することは、適用において違憲となるのを免れない」。「本件ポスターの掲出された場所は、大分市東津留商店街の中心にある街路樹（その支柱も街路樹に付随するものとしてこれと同視してよいであろう。）であり、街の景観の一部を構成していて、美観風致の維持の観点から要保護性の強い物件であること、本件ポスターは、縦約60センチメートル、横約42センチメートルのポスターをベニヤ板に貼付して角材に釘付けしたいわゆるプラカード式ポスターであつて、それが掲出された街路樹に比べて不釣合いに大きくて人目につきやすく、周囲の環境と調和し難いものであること、本件現場付近の街路樹には同一のポスターが数多く掲出されているが、被告人の本件所為はその一環としてなされたものであることが認められ、以上の事実関係の下においては、前述のような考慮を払つたとしても、被告人の本件所為の可罰性を認めた原判決の結論は是認できないものではない。」

88　駅構内ビラ配布事件（鉄道営業法違反、建造物侵入被告事件）☆

東京地八王子支判昭和57年11月９日刑月14巻11・12号819頁

東京高判昭和59年１月23日刑集38巻12号3044頁

●最判昭和59年12月18日刑集38巻12号3026頁

【事実】

狭山事件の裁判の被告人Ａの救援活動に参加するＹらは、活動の一環として開催予定の集会への参加を呼びかける目的で、1976（昭和51）年５月４日午後17時30分頃から、東京都武蔵野市吉祥寺南町内国鉄中央線吉祥寺駅北口付近に集まり、同駅旅行センター前付近路上及びその近くの京王帝都電鉄株式会社井の頭線吉祥寺駅南口において、それぞれ、ほか数名の者と共に、同所を通行する乗降客らに対し、ビラを配布したり、または携帯用拡声器を使用して狭山裁判の不当性を訴え、かつ、集会への参加を呼びかけ、同駅の管理者からの退去要求を無視して約20分間にわたり同駅構内に滞留した。Ｙらは、鉄道営業法35条および刑法130条後段により起訴された、第１審は有罪判決を下したので、Ｙらは控訴したが、控訴審も有罪を認め控訴を棄却したので、Ｙらは上告した。

整理

事件／刑事事件

被告人・控訴人・上告人／駅構内でビラ配布をした者

〈争点〉鉄道営業法35条および刑法130条後段（不退去罪）違反の成否。

〈憲法上の問題点〉鉄道営業法35条及び刑法130条後段の適用は憲法21条１項に違反しないか。

【判旨】

上告棄却（全員一致、補足意見１）。

鉄道営業法35条および刑法130条後段の適用と憲法21条１項　**「憲法21条１項は、表現の自由を絶対無制限に保障したものではなく、公共の福祉のため必要かつ合理的な制限を是認するものであつて、たとえ思想を外部に発表するための手段であつても、その手段が他人の財産権、管理権を不当に害するごときものは許されない**といわなければならないから、原判示井の頭線吉祥寺駅構内において、他の数名と共に、同駅係員の許諾を受けないで乗降客らに対しビラ多数枚を配布して演説等を繰り返したうえ、同駅の管理者からの退去要求を無視して約20分間にわたり同駅構内に滞留した被告人４名の本件各所為につき、鉄道営業法35条及び刑法130条後段の各規定を適用してこれを処罰しても憲法21条１項に違反するものでないことは、当裁判所大法廷の判例（昭和23年（れ）第1308号同24年５月18日判決・刑集３巻６号839頁、昭和24年（れ）第2591号同25年９月27日判決・刑集４巻９号1799頁、昭和42年（あ）第1626号同45年６月17日判決・刑集24巻６号280頁）の趣旨に徴し明らかであつて、所論は理由がない。」

〔伊藤正己裁判官の補足意見〕「憲法21条１項の保障する表現の自由は、きわめて重要な基本的人権であるが、それが絶対無制約のものではなく、その行使によつて、他人の財産権、管理権を不当に害することの許されないことは、法廷意見の説示するとおりである。しかし、その侵害が不当なものであるかどうかを判断するにあたつて、形式的に刑罰法規に該当する行為は直ちに不当な侵害になると解するのは適当ではなく、そこでは、憲法の保障する表現の自由の価値を十分に考慮したうえで、それにもかかわらず表現の自由の行使が不当とされる場合に限つて、これを当該刑罰法規によつて処罰しても憲法に違反することにならないと解されるのであり、このような見地に立つて本件ビラ配布行為が処罰しうるものであるかどうかを判断すべきである。」

「一般公衆が自由に出入りすることのできる場所においてビラを配布することによつて自己の主張や意見を他人に伝達することは、表現の自由の行使のための手段の一つとして決して軽視することのできない意味をもつている。特に、社会における少数者のもつ意見は、マス・メディアなどを通じてそれが受け手に広く知られるのを期待することは必ずしも容易ではなく、それを他人に伝える最も簡便で有効な手段の一つが、ビラ配布であるといつてよい。いかに情報伝達の方法が発達しても、ビラ配布という手段のもつ意義は否定しえないのである。この手段を規制することが、ある意見にとつて社会に伝達される機会を実質上奪う結果になることも少なくない。」

「以上のように、ビラ配布という手段は重要な機能をもつているが、他方において、一般公衆が自由に出入りすることのできる場所であつても、他人の所有又は管理する区域内でそれを行うときには、その者の利益に基づく制約を受けざるをえないし、またそれ以外の利益（例えば、一般公衆が妨害なくその場所を通行できることや、紙くずなどによつてその場所が汚されることを防止すること）との調整も考慮しなければならない。ビラ配布が言論出版という純粋の表現形態でなく、一定の行動を伴うものであるだけに、他の利益との較量の必要性は高いといえる。したがつて、所論のように、本件のような規制は、社会に対する明白かつ現在の危険がなければ許されないとすることは相当でない」。

「以上説示したように考えると、ビラ配布の規制については、その行為が主張や意見の有効な伝達手段であることからくる表現の自由の保障においてそれがもつ価値と、それを規制することによつて確保できる他の利益とを具体的状況のもとで較量して、その許容性を判断すべきであり、形式的に刑罰法規に該当する行為というだけで、その規制を是認することは適当ではないと思われる。そして、この較量にあたつては、配布の場所の状況、規制の方法や態様、配布の態様、その意見の有効な伝達のための他の手段の存否など多くの事情が考慮されることとなろう。

「**ある主張や意見を社会に伝達する自由を保障する場合に、その表現の場を確保することが重要な意味をもつている。特に表現の自由の行使が行動を伴うときには表現のための物理的な場所が必要となつてくる。**この場所が提供されないときには、多くの意見は受け手に伝達することができないといつてもよい。**一般公衆が自由に出入りできる場所は、それぞれその本来の利用目的を備えているが、それは同時に、表現のための場として役立つことが少なくない。道路、公園、広場などは、その例である。これを『パブリック・フオーラム』と呼ぶことができよう。このパブリック・フオーラムが表現の場所として用いられるときには、所有権や、本来の利用目的のための管理権に基づく制約を受けざるをえないとしても、その機能にかんがみ、表現の自由の保障を可能な限り配慮する必要があると考えられる。**道路における集団行進についての道路交通法による規制について、警察署長は、集団行進が行われることにより一般交通の用に供せられるべき道路の機能を著しく害するものと認められ、また、条件を付することによつてもかかる事態の発生を阻止することができないと予測される場合に限つて、許可を拒むことができるとされるのも（最高裁昭和56年（あ）第561号同57年11月16日第三小法廷判決・刑集36巻11号908頁参照)、道路のもつパブリック・フオーラムたる性質を重視するものと考えられる。」

「もとより、道路のような公共用物と、一般公衆が自由に出入りすることのできる場所とはいえ、私的な所有権、管理権に服するところとは、性質に差異があり、同一に論ずることはできない。しかし、後者にあつても、パブリック・フオーラムたる性質を帯有するときには、表現の自由の保障を無視することができないのであり、その場合には、それぞれの具体的状況に応じて、表現の自由と所有権、管理権とをどのように調整するかを判断すべきこととなり、前述の較量の結果、表現行為を規制することが表現の自由の保障に照らして是認できないとされる場合がありうるのである。本件に関連する『鉄道地』（鉄道営業法35条）についていえば、それは、法廷意見のいうように、鉄道の営業主体が所有又は管理する用地・地域のうち、駅のフオームやホール、線路のような直接鉄道運送業務に使用されるもの及び駅前広場のようなこれと密接不可分の利用関係にあるものを指すと解される。しかし、これらのうち、例えば駅前広場のごときは、その具体的状況によつてはパブリック・フオーラムたる性質を強くもつことがありうるのであり、このような場合に、そこでのビラ配布を同条違反として処罰することは、憲法に反する疑いが強い。このような場合には、公共用物に類似した考え方に立つて処罰できるかどうかを判断しなければならない。」

「本件においては、原判決及びその是認する第１審判決の認定するところによれば、被告人らの所為が行われたのは、駅舎の一部であり、パブリック・フオーラムたる性質は必ずしも強くなく、むしろ鉄道利用者など一般公衆の通行が支障なく行われるために駅長のもつ管理権が広く認められるべき場所であるといわざるをえず、その場所が単に『鉄道地』にあたるというだけで処罰が是認されているわけではない。したがつて、前述のような考慮を払つたとしても、原判断は正当というほかはない。」

89　立川テント村事件（住居侵入被告事件）☆

東京地八王子支判平成16年12月16日刑集62巻５号1337頁

東京高判平成17年12月９日刑集62巻５号1376頁

●最判平成20年４月11日刑集62巻５号1217頁

【事実】

自衛隊の米軍立川基地移駐に際して結成された団体Ａは、反戦平和を課題とし、示威運動、駅頭情報宣伝活動、駐屯地に対する申入れ活動等を行っている。Ａは、2003（平成15）年夏に関連法律が成立して自衛隊のイラク派遣が迫ってきたころから、これに反対する活動として、駅頭情報宣伝活動やデモを積極的に行うようになり、同年10月以降毎月１回、自衛官及びその家族に向けて、自衛隊のイラク派遣に反対し、かつ、自衛官に対しイラク派兵に反対するよう促し、自衛官のためのホットラインの存在を知らせる内容のＡ４判大のビラを、陸上自衛隊立川宿舎（10号棟から成る。以下、立川宿舎）の各号棟の１階出入口の集合郵便受け又は各室玄関ドアの新聞受けに投かんした。自衛隊で、立川宿舎の管理業務に携わっていた者は、禁止事項（関係者以外、地域内に立ち入ること、ビラ貼り・配り等の宣伝活動、露店（土地の占有）等による物品販売及び押し売り、車両の駐車、その他、人に迷惑をかける行為）を書いた表示板を立川宿舎の敷地の各出入り口に設置した。

Ａの構成員であるＹ１、Ｙ２およびＹ３は、Ａの活動の一環として、「自衛官・ご家族の皆さんへ自衛隊のイラク派兵反対！　いっしょに考え、反対の声をあげよう！」との表題の下、前同様の内容のＡ４判大のビラを、立川宿舎の各号棟の各室玄関ドアの新聞受けに投かんする目的で、2004（平成16）年１月17日、立川宿舎の敷地内に立ち入り、分担して、３号棟東側階段、同棟中央階段、5号棟東側階段、6号棟東側階段及び7号棟西側階段に通じる各1階出入口からそれぞれ4階の各室玄関前まで立ち入り、各室玄関ドアの新聞受けに上記ビラを投かんした。同月23日、立川宿舎の管理業務に携わっていた者により管理者の意を受けて警察に住居侵入の被害届が提出された。

さらに、Y1およびY2は、Aの活動の一環として、「ブッシュも小泉も戦場には行かない」との表題の下、前同様の内容のA4判大のビラを、立川宿舎の各号棟の各室玄関ドアの新聞受けに投かんする目的で、同年2月22日午前11時30分過ぎころから午後0時過ぎころまでの間、立川宿舎の敷地内に2名とも立ち入った上、分担して、3号棟西側階段、5号棟西側階段及び7号棟西側階段に通じる各1階出入口からそれぞれ4階の各室玄関前まで立入り、各室玄関ドアの新聞受けに上記ビラを投かんした。平成16年3月22日、立川宿舎の管理業務に携わっていた者により管理者の意を受けて警察に住居侵入の被害届が提出された。

Y1～Y3は、刑法130条前段の罪で起訴された。第1審は、被告人らの各立入り行為は住居侵入罪の構成要件に該当するが、その動機は正当で、その態様も相当性を逸脱せず、結果として生じた居住者及び管理者の法益の侵害も極めて軽微である一方、ビラ投かん自体は、憲法21条1項の保障する政治的表現活動の一態様であり、民主主義の根幹を成すものとして、同法22条1項により保障されると解される営業活動の一類型である商業的宣伝ビラの投かんに比していわゆる優越的地位が認められており、本件立入り行為は、法秩序全体の見地からして、刑事罰に処するに値する程度の違法性がないとして、被告人らを無罪とした。そこで、検察は控訴し、控訴審は有罪判決を下したので、Y1～Y3は上告した。

整理

事件／刑事事件

被告人・被控訴人・上告人／自衛隊宿舎でビラを配布した者

〈争点〉 刑法130条前段（住居侵入罪）の成否。

〈憲法上の問題点〉 刑法130条前段の適用は憲法21条1項に違反しないか。

【判旨】

上告棄却（全員一致）。

（i）**邸宅侵入罪（刑法130条）の客体**　「立川宿舎の各号棟の構造及び出入口の状況、その敷地と周辺土地や道路との囲障等の状況、その管理の状況等によれば、各号棟の1階出入口から各室玄関前までの部分は、居住用の建物である宿舎の各号棟の建物の一部であり、宿舎管理者の管理に係るものであるから、居住用の建物の一部として刑法130条にいう『人の看守する邸宅』に当たるものと解され、また、各号棟の敷地のうち建築物が建築されている部分を除く部分は、各号棟の建物に接してその周辺に存在し、かつ、管理者が外部との境界に門塀等の囲障を設置することにより、これが各号棟の建物の付属地として建物利用のために供されるものであることを明示していると認められるから、上記部分は、『人の看守する邸宅』の囲にょう地として、邸宅侵入罪の客体になる……（最高裁昭和49年（あ）第736号同51年３月４日第一小法廷判決・刑集30巻２号79頁参照)。」「そして、刑法130条前段にいう『侵入し』とは、他人の看守する邸宅等に管理権者の意思に反して立ち入ることをいうものであるところ（最高裁昭和55年（あ）第906号同58年４月８日第二小法廷判決・刑集37巻３号215頁参照)、立川宿舎の管理権者は、前記１（１）オのとおりであり、被告人らの立入りがこれらの管理権者の意思に反するものであったことは、前記１の事実関係から明らかである。」「そうすると、被告人らの本件立川宿舎の敷地及び各号棟の１階出入口から各室玄関前までへの立入りは、刑法130条前段に該当する……。なお、本件被告人らの立入りの態様、程度は前記１の事実関係のとおりであって、管理者からその都度被害届が提出されていることなどに照らすと、所論のように法益侵害の程度が極めて軽微なものであったなどということもできない。」

（ⅱ）**刑法130条前段と憲法21条１項**「確かに、表現の自由は、民主主義社会において特に重要な権利として尊重されなければならず、被告人らによるその政治的意見を記載したビラの配布は、表現の自由の行使ということができる。しかしながら、**憲法21条１項も、表現の自由を絶対無制限に保障したものではなく、公共の福祉のため必要かつ合理的な制限を是認するものであって、たとえ思想を外部に発表するための手段であっても、その手段が他人の権利を不当に害するようなものは許されない**というべきである（最高裁昭和59年（あ）第206号同年12月18日第三小法廷判決・刑集38巻12号3026頁参照)。本件では、表現そのものを処罰することの憲法適合性が問われているのではなく、表現の手段すなわちビラの配布のために『人の看守する邸宅』に管理権者の承諾なく立ち入ったことを処罰することの憲法適合性が問われているところ、本件で被告人らが立ち入った場所は、防衛庁の職員及びその家族が私的生活を営む場所である集合住宅の共用部分及びその敷地であり、自衛隊・防衛庁当局がそのような場所として管理していたもので、一般に人が自由に出入りすることのできる場所ではない。たとえ表現の自由の行使のためとはいっても、このような場所に管理権者の意思に反して立ち入ることは、管理権者の管理権を侵害するのみならず、そこで私的生活を営む者の私生活の平穏を侵害するものといわざるを得ない。したがって、本件被告人らの行為をもって刑法130条前段の罪に問うことは、憲法21条１項に違反するものではない。このように解することができることは、当裁判所の判例（昭和41年（あ）第536号同43年12月18日大法廷判決・刑集22巻13号1549頁、昭和42年（あ）第1626号同45年６月17日大法廷判決・刑集24巻６号280頁）の趣旨に徴して明らかである。」

第9章　検閲・事前抑制

検　閲　憲法21条は、表現の自由を保障する（1項）のみならず、検閲を禁止している（2項）ため、検閲と事前抑制の関係が問題となる。学説は、①憲法21条2項の検閲はすべての事前抑制を意味し、原則的な禁止にとどまるとする説と、②憲法21条2項の検閲を絶対的な禁止と解し、憲法21条1項が原則的に禁止している事前抑制と概念上区別する説がある。現在の通説は②説である。また、判例（90札幌税関検査事件最高裁大法廷判決・91第1次家永教科書検定事件最高裁判決など）も②説の立場をとる（ただし、検閲の概念を非常に狭く捉えている〔後述〕ため、①説とほとんど変わらない結果となる）。

検閲の概念は、これらの議論と密接に関連している。①説は、「公権力が外に発表されるべき思想の内容をあらかじめ審査し、不適当と認めるときは、その発表を禁止する行為」と広く解する（広義説）のに対して、②説は、「表現行為に先立ち行政権がその内容を事前に審査し、不適当と認める場合にその表現行為を禁止すること」と狭く解している（狭義説）。判例は、検閲主体を行政権に限定している点で狭義説に類似した立場をとるが、「発表の禁止」を目的とする審査・「網羅的一般的」な審査に限定するなど、検閲の概念を非常に狭く捉えている。学説は総じて批判的であるが、判例は、この概念を用いて税関検査・教科書検定などの検閲該当性を否定している。

また、第9章・第10章の判例（札幌税関検査事件最高裁大法廷判決・100徳島市公安条例事件最高裁大法廷判決など）では、漠然性のゆえに無効の理論（明確性の理論）・過度の広汎性のゆえに無効の理論も問題となっている。曖昧不明確な法令・必要以上に広汎な法令は、表現の自由に対して重大な脅威（萎縮的効果）を与えることになるため、文面上無効とされる。判例は、これらの理論の厳格な適用を避けることによって法令の合憲性を維持するが、学説との間には理解の相違がある。

90　札幌税関検査事件（輸入禁制品該当通知処分等取消請求事件）☆☆☆

札幌地判昭和55年3月25日民集38巻12号1343頁

札幌高判昭和57年7月19日民集38巻12号1373頁

●最大判昭和59年12月12日民集38巻12号1308頁

【事実】

Xは、アメリカ・(西) ドイツ・デンマーク・スウェーデンの商社に対して8ミリ映画フィルム・書籍・雑誌などを注文したが、程なくして、札幌中央郵便局に外国郵便物として到着した。同郵便局はY1に通知を行い（関税法76条3項；現在は、日本郵便株式会社が「郵便物を税関長に提示しなければならない」となっている)、Y1は税関職員に検査を行わせた（関税法76条1項但書；現在も同様)。

その結果、これらの郵便物は輸入禁制品の1つである「公安又は風俗を害すべき書籍、図画、彫刻物その他の物品」(関税定率法21条1項3号；現在は関税法69条の11第1項第7号) に該当することが判明したため、Y1は、その旨をXに通知した（関税定率法21条3項；現在は関税法69条の11第3項)。Xは、Y2に異議の申立てをしたが（関税定率法21条4項；現在は関税法89条1項）棄却する決定がなされたため、通知及び決定の取消しを求めて出訴した。

第1審は、①憲法21条2項にいう検閲とは、「公権力が外に発表されるべき思想の内容を予め審査し、不適当と認めるときはその発表を禁止するもの」と解すべきであり、「行政庁のなす処分が検閲に相当するときは」「特段の事情がない以上、違法、違憲となる」が、②「社会公共の福祉にとって明白かつ差し迫った危険が存在する」ような場合は例外的に許容されるとした。その上で、税関検査は例外的な場合に該当しないとして、通知及び決定を取り消した。これに対して、控訴審は「憲法の禁止する検閲に該当するものではない」ことを理由に、Y1及びY2の敗訴部分を取消し、Xの請求を棄却したため、Xが上告した。

整理

事件／行政事件

原告・被控訴人・上告人／8ミリ映画フィルム・書籍などを輸入しようとした人物

被告・控訴人・被上告人1／函館税関札幌税関支署長

被告・控訴人・被上告人2／函館税関長

〈争点〉輸入禁制品に該当するとの通知及び異議申立てを棄却する決定の取消し。

〈憲法上の問題点〉❶税関検査は憲法21条2項が禁止する検閲に該当するか。❷関税定率法の規定は広汎又は不明確であるが故に違憲無効といえるか。

【判旨】

上告棄却（11対4、補足意見4、意見1、反対意見4)。

（i） **3号物件に関する輸入規制と検閲（憲法21条2項前段）**「憲法21条2項前段は、『検閲は、これをしてはならない。』と規定する。憲法が、**表現の自由につき、広くこれを保障する旨の一般的規定を同条1項に置きながら、別に検閲の禁止についてかような特別の規定を設けたのは、検閲がその性質上表現の自由に対する最も厳しい制約となるものであることにかんがみ、これについては、公共の福祉を理由とする例外の許容（憲法12条、13条参照）をも認めな**

い趣旨を明らかにしたものと解すべきである。」

「憲法21条２項にいう『検閲』とは、行政権が主体となって、思想内容等の表現物を対象とし、その全部又は一部の発表の禁止を目的として、対象とされる一定の表現物につき網羅的一般的に、発表前にその内容を審査した上、不適当と認めるものの発表を禁止することを、その特質として備えるものを指すと解すべきである。」

「これにより輸入が禁止される表現物は、一般に、国外においては既に発表済みのものであって、その輸入を禁止したからといって、それは、当該表現物につき、事前に発表そのものを一切禁止するというものではない。また、当該表現物は、輸入が禁止されるだけであって、税関により没収、廃棄されるわけではないから、発表の機会が全面的に奪われてしまうというわけのものでもない。その意味において、税関検査は、事前規制そのものということはできない。」「税関検査は、関税徴収手続の一環として、これに付随して行われるもので、思想内容等の表現物に限らず、広く輸入される貨物及び輸入される郵便物中の信書以外の物の全般を対象とし、３号物件についても、右のような付随的手続の中で容易に判定し得る限りにおいて審査しようとするものにすぎず、思想内容等それ自体を網羅的に審査し規制することを目的とするものではない。」「税関検査は行政権によって行われるとはいえ、その主体となる税関は、関税の確定及び徴収を本来の職務内容とする機関であって、特に思想内容等を対象としてこれを規制することを独自の使命とするものではなく、また、前述のように、思想内容等の表現物につき税関長の通知がされたときは司法審査の機会が与えられているのであって、行政権の判断が最終的なものとされるわけではない。」「以上の諸点を総合して考察すると、３号物件に関する税関検査は、憲法21条２項にいう『検閲』に当たらないものというべきである。」

（ⅱ）**３号物件に関する輸入規制と表現の自由（憲法21条１項）**「わが国内において猥褻文書等に関する行為が処罰の対象となるのは、その頒布、販売及び販売の目的をもってする所持等であって（刑法175条）、単なる所持自体は処罰の対象とされていないから、最小限度の制約としては、単なる所持を目的とする輸入は、これを規制の対象から除外すべき筋合いであるけれども、いかなる目的で輸入されるかはたやすく識別され難いばかりでなく、流入した猥褻表現物を頒布、販売の過程に置くことが容易であることは見易い道理であるから、猥褻表現物の流入、伝播によりわが国内における健全な性的風俗が害されることを実効的に防止するには、単なる所持目的かどうかを区別することなく、その流入を一般的に、いわば水際で阻止することもやむを得ないものといわなければならない。

また、このようにして猥褻表現物である書籍、図画等の輸入が一切禁止されることとなる結果、わが国内における発表の機会が奪われるとともに、国民のこれに接する機会も失われ、知る自由が制限されることとなるのは否定し難いところであるが、かかる書籍、図画等については、前述のとおり、もともとその頒布、販売は国内において禁止されており、これについての発表の自由も知る自由も、他の一般の表現物の場合に比し、著しく制限されているのであって、このことを考慮すれば、右のような制限もやむを得ないものとして是認せざるを得ない。」

ところで、**表現の自由は、「憲法の保障する基本的人権の中でも特に重要視されるべきものであって、法律をもって表現の自由を規制するについては、基準の広汎、不明確の故に当該規制が本来憲法上許容されるべき表現にまで及ぼされて表現の自由が不当に制限されるという結果を招くことがないように配慮する必要があり、事前規制的なものについては特に然りというべきである。法律の解釈、特にその規定の文言を限定して解釈する場合においても、その要請は異なるところがない。**したがって、**表現の自由を規制する法律の規定について限定解釈をすることが許されるのは、その解釈により、規制の対象となるものとそうでないものとが明確に区別され、かつ、合憲的に規制し得るもののみが規制の対象となることが明らかにされる場合でなければならず、また、一般国民の理解において、具体的場合に当該表現物が規制の対象となるかどうかの判断を可能ならしめるような基準をその規定から読みとることができるもので**なければならない（最高裁昭和50年9月10日大法廷判決・刑集29巻8号489頁参照)。けだし、**かかる制約を付さないとすれば、規制の基準が不明確であるかあるいは広汎に失するため、表現の自由が不当に制限されることとなるばかりでなく、国民がその規定の適用を恐れて本来自由に行い得る表現行為までも差し控えるという効果を生むこととなる**からである。」

「一般法としての刑法の規定を背景とした『風俗』という用語の趣旨及び表現物の規制に関する法規の変遷に徴し、関税定率法21条1項3号にいう『風俗を害すべき書籍、図画』等を猥褻な書籍、図画等に限定して解釈することは、十分な合理性を有するものということができる」。ゆえに、「関税定率法21条1項3号にいう『風俗を害すべき書籍、図画』等とは、猥褻な書籍、図画等を指すものと解すべきであり、右規定は広汎又は不明確の故に違憲無効ということはできず、当該規定による猥褻表現物の輸入規制が憲法21条1項の規定に違反するものでないことは、上来説示のとおりである。」

〔伊藤正己・谷口正孝・安岡滿彦・島谷六郎裁判官の反対意見〕「関税定率法21条1項3号の『風俗を害すべき書籍、図画』等という規定が具体的に何を指すかは、規定の文言それ自体から一義的に明確にされているとはいえない。右規定の中に猥褻表現物が含まれると解することは可能であるとしても、それ以外に右規定による規制の対象として何が含まれるのかが不明確であり、規制の対象の一部が明らかになっているにすぎない**『風俗』という用語の意味内容は性的風俗、社会的風俗、宗教的風俗等多義にわたるものであり、これを多数意見のいうように性的風俗に限定し、『風俗を害すべき書籍、図画』等を猥褻表現物に限ると解すべき根拠はない。**現在の税関検査の実務においては、」「右の書籍、図画等を猥褻物に限定する取扱いがされているとしても、その文言自体からみれば、右規定が猥褻物以外の物に適用される可能性を否定することはできない。例えば、右規定は残虐な表現物をも規制の対象とするものと解される余地があるが、残虐な表現物という場合にそれがいかなる物を包含するかは必ずしも明確でないばかりでなく、憲法上保護されるべき表現までをも包摂する可能性があるというべきであって、右規定は不明確であり、かつ、広汎に過ぎるものといわなければならない。

このように、同号の**『風俗を害すべき書籍、図画』等という規定は、不明確であると同時に広汎に過ぎるものであり、かつ、それが本来規制の許されるべきでない場合にも適用される可能性を無視し得ないと考えられる**から、憲法21条1項に違反し、無効であるといわなければならない。」

「多数意見は、関税定率法21条1項3号の『風俗を害すべき書籍、図画』等を猥褻表現物に限ると限定解釈をした上で、合憲であるという。しかし、表現の自由が基本的人権の中でも最も重要なものであることからすると、これを規制する法律の規定についての限定解釈には他の場合よりも厳しい枠があるべきであり、規制の目的、文理及び他の条規との関係から合理的に導き出し得る限定解釈のみが許されるのである。『風俗を害すべき書籍、図画』等を猥褻表現物に限るとする解釈は、右の限界を超えるものというべきであるのみならず、右のような解釈が通常の判断能力を有する一般人に可能であるとは考えられない。さらに、表現の自由を規制する法律の規定が明確かどうかを判断するには、より明確な立法をすることが可能かどうかも重要な意味を持つと解されるが、多数意見のいうように、同号の『風俗を害すべき書籍、図画』等という規定が猥褻表現物の輸入のみを規制しようとするものであるとするならば、右規定を『猥褻な書籍、図画』等と規定することによってより明確なものにすることは、立法上容易なはずである。この点からみても、表現の自由の事前規制の面をもつ同号の右規定が憲法上要求される明確性を充たしたものであるとはいい難く、これに限定解釈を加えることによって合憲とするのは適切でない。」

91　第1次家永教科書検定事件（損害賠償請求事件）☆

東京地判昭和49年7月16日民集47巻5号4211頁

東京高判昭和61年3月19日民集47巻5号4271頁

●最判平成5年3月16日民集47巻5号3483頁

【事実】

Xは、高校用教科書『新日本史』を執筆した東京教育大学教授（家永三郎）である。Xは、かねてより、検定済教科書として三省堂より発行されていた同教科書の執筆者を務めていたが、1960（昭和35）年の学習指導要領の改定に伴い、同教科書を改訂することになった。しかし、1962（昭和37）年に三省堂を通じて文部大臣に教科書検定を申請したところ不合格とされ、翌年の申請では条件付合格（欠陥修正後の再審査が条件）とされた。そこでXは、検定申請に対する不合格処分及び条件付合格処分についての検定意見（修正意見）が違憲・違法であるとして、国家賠償法に基づく損害賠償を求めて出訴した。

第１審は教科書検定制度を合憲としつつも、検定意見の一部に裁量権逸脱の違法があるとしてXの請求を一部認容した（国に10万円の支払いを命じた）が、控訴審は国の敗訴部分を取消し、Xの請求を棄却したため、Xが上告した。

なお、家永教科書事件については、1966（昭和41）年の検定申請に対する不合格処分の取消しを求める第２次事件、1980（昭和55）年・1983（昭和58）年の検定申請に対する条件付合格処分についての検定意見と1982（昭和57）年の正誤訂正申請の不受理について国家賠償を求める第３次事件（**92**事件）がある。

整理

事件／民事事件

原告・控訴人・上告人／高校用教科書を執筆した大学教授

被告・被控訴人・被上告人／国

〈争点〉 教科書検定の申請に対する不合格処分及び条件付合格処分についての検定意見の違憲・違法性。

〈憲法上の問題点〉 教科書検定制度は憲法26条及び21条に違反するものであるか。

【判旨】

上告棄却（全員一致）。

（ｉ）**憲法26条違反について** 「憲法26条は、子どもに対する教育内容を誰がどのように決定するかについて、直接規定していない。憲法上、**親は家庭教育等において子女に対する教育の自由を有し、教師は、高等学校以下の普通教育の場においても、授業等の具体的内容及び方法においてある程度の裁量が認められるという意味において、一定の範囲における教育の自由が認められ、私学教育の自由も限られた範囲において認められるが、それ以外の領域においては、国は、子ども自身の利益の擁護のため、又は子どもの成長に対する社会公共の利益と関心にこたえるため、必要かつ相当と認められる範囲において、子どもに対する教育内容を決定する権能を有する。**もっとも、**教育内容への国家的介入はできるだけ抑制的であることが要請され、殊に、子どもが自由かつ独立の人格として成長することを妨げるような介入、例えば、誤った知識や一方的な観念を子どもに植え付けるような内容の教育を施すことを強制することは許されない。また、教育行政機関が法令に基づき教育の内容及び方法に関して許容される目的のために必要かつ合理的と認められる規制を施すことは、必ずしも教育基本法10条の禁止するところではない。**以上は、当裁判所の判例（最高裁昭和51年５月21日大法廷判決・刑集30巻５号615頁）の示すところである。」

教科書検定による審査は、「単なる誤記、誤植等の形式的なものにとどまらず、記述の実質的な内容、すなわち教育内容に及ぶものである。」「しかし、**普通教育の場においては、児童、**

生徒の側にはいまだ授業の内容を批判する十分な能力は備わっていないこと、学校、教師を選択する余地も乏しく教育の機会均等を図る必要があることなどから、教育内容が正確かつ中立・公正で、地域、学校のいかんにかかわらず全国的に一定の水準であることが要請されるのであって、このことは、もとより程度の差はあるが、基本的には高等学校の場合においても小学校、中学校の場合と異ならないのである。また、このような児童、生徒に対する教育の内容が、その心身の発達段階に応じたものでなければならないことも明らかである。そして、本件検定が、右の各要請を実現するために行われるものであることは、その内容から明らかであり、その審査基準である旧検定基準も、右目的のための必要かつ合理的な範囲を超えているものとはいえず、子どもが自由かつ独立の人格として成長することを妨げるような内容を含むものでもない。また、右のような検定を経た教科書を使用することが、教師の授業等における前記のような裁量の余地を奪うものでもない。」「したがって、本件検定は、憲法26条、教育基本法10条の規定に違反するものではなく、このことは、前記大法廷判決の趣旨に徴して明らかである。」

（ii）**憲法21条違反について**　「憲法21条2項にいう検閲とは、行政権が主体となって、思想内容等の表現物を対象とし、その全部又は一部の発表の禁止を目的とし、対象とされる一定の表現物につき網羅的一般的に、発表前にその内容を審査した上、不適当と認めるものの発表を禁止することを特質として備えるものを指すと解すべきである。」本件検定は、「一般図書としての発行を何ら妨げるものではなく、発表禁止目的や発表前の審査などの特質がないから、検閲に当たらず、憲法21条2項前段の規定に違反するものではない。このことは、当裁判所の判例（最高裁昭和59年12月12日大法廷判決・民集38巻12号1308頁）の趣旨に徴して明らかである。」

「また、憲法21条1項にいう表現の自由といえども無制限に保障されるものではなく、公共の福祉による合理的で必要やむを得ない限度の制限を受けることがあり、その制限が右のような限度のものとして容認されるかどうかは、制限が必要とされる程度と、制限される自由の内容及び性質、これに加えられる具体的制限の態様及び程度等を較量して決せられるべきものである。これを本件検定についてみるのに、（一）前記のとおり、普通教育の場においては、教育の中立・公正、一定水準の確保等の要請があり、これを実現するためには、これらの観点に照らして不適切と認められる図書の教科書としての発行、使用等を禁止する必要があること（普通教育の場でこのような教科書を使用することは、批判能力の十分でない児童、生徒に無用の負担を与えるものである）、（二）その制限も、右の観点からして不適切と認められる内容を含む図書のみを、教科書という特殊な形態において発行を禁ずるものにすぎないことなどを考慮すると、本件検定による表現の自由の制限は、合理的で必要やむを得ない限度のものというべきであって、憲法21条1項の規定に違反するものではない。このことは、当裁判所の判例

（最高裁昭和49年11月６日大法廷判決・刑集28巻９号393頁、最高裁昭和58年６月22日大法廷判決・民集37巻５号793頁、最高裁平成４年７月１日大法廷判決・民集46巻５号437頁）の趣旨に徴して明らかである。」

「所論は、本件検定は、審査の基準が不明確であるから憲法21条１項の規定に違反するとも主張する。確かに、旧検定基準の一部には、包括的で、具体的記述がこれに該当するか否か必ずしも一義的に明確であるといい難いものもある。しかし、右旧検定基準及びその内容として取り込まれている高等学校学習指導要領」の「教科の目標並びに科目の目標及び内容の各規定は、学術的、教育的な観点から系統的に作成されているものであるから、当該教科、科目の専門知識を有する教科書執筆者がこれらを全体として理解すれば、具体的記述への当てはめができないほどに不明確であるとはいえない。所論違憲の主張は、前提を欠き、失当である。」

92　第３次家永教科書検定事件（損害賠償請求事件）☆

東京地判平成元年10月３日訟月36巻６号895頁

東京高判平成５年10月20日訟月40巻８号1778頁

●最判平成９年８月29日民集51巻７号2921頁

【事実】

Ｘは、かねてより、三省堂発行の高校用教科書『新日本史』の執筆・改訂を行っていた大学教授（**91**事件と同一人物）である。1978（昭和53）年の学習指導要領の改定に伴い、同教科書も全面改訂を行うべく新規検定を申請した（1980（昭和55）年９月）ところ、文部大臣は約420項目に渡る修正意見・改善意見を付して条件付合格とした（その後、記述の修正等を行った結果、内閲本審査合格・見本本審査合格となった）。更に、1980（昭和55）年度検定合格となった同教科書の部分的改訂を行うべく改訂検定の申請をした（1983（昭和58）年９月）ところ、文部大臣は約70項目に渡る修正意見・改善意見を付して条件付合格とした（その後、記述の修正等を行った結果、内閲本審査合格・見本本審査合格となった）。そこでＸは、検定申請に対する条件付合格処分についての修正意見等が違憲・違法であるなどとして、国家賠償法に基づく損害賠償を求めて出訴した。

第１審は教科書検定制度を合憲としつつも、草莽隊に関する修正意見に裁量権逸脱の違法があるとしてＸの請求を一部認容した（国に10万円の支払いを命じた）。控訴審も教科書検定制度を合憲とし、草莽隊に関する修正意見に加えて、南京事件・日本軍の残虐行為に関する修正意見にも裁量権逸脱の違法があるとしてＸの請求を一部認容した（国に30万円の支払いを命じた）。これに対して、Ｘが上告した。

整理

事件／民事事件

原告・控訴人＝附帯被控訴人・上告人／高校用教科書を執筆した大学教授

被告・被控訴人＝附帯控訴人・被上告人／国

〈争点〉 教科書検定（新規検定・改訂検定）の申請に対する条件付合格処分についての修正意見の違憲・違法性。

〈憲法上の問題点〉 教科書検定制度は憲法26条及び21条に違反するものであるか。

【判旨】

一部破棄自判、一部棄却（全員一致〔ただし一部につき、補足意見１、反対意見４〕)。

（ｉ）**憲法26条違反について**　「憲法上、**親は、子供に対する自然的関係により家庭教育等において子女に対する教育の自由を有し、教師は、高等学校以下の普通教育の場においても、授業等の具体的内容及び方法においてある程度の裁量が認められるという意味において、一定の範囲における教授の自由が認められ、私学教育の自由も限られた範囲において認められるが、それ以外の領域においては、一般に社会公共的な問題について国民全体の意思を組織的に決定、実現すべき立場にある国は、国政の一部として広く適切な教育政策を樹立、実施すべく、また、し得る者として、あるいは子供自身の利益の擁護のため、あるいは子供の成長に対する社会公共の利益と関心にこたえるため、必要かつ相当と認められる範囲において、教育内容についてもこれを決定する権能を有する**というべきである。」

「**普通教育の場においては、児童、生徒の側にはいまだ授業の内容を批判する十分な能力は備わっていないこと、学校、教師を選択する余地も乏しく教育の機会均等を図る必要があることなどから、教育内容が正確かつ中立・公正で、地域、学校のいかんにかかわらず全国的に一定の水準であることが要請される**のであって、このことは、もとより程度の差はあるが、基本的には**高等学校の場合においても小学校、中学校の場合と異ならない。**このような**児童、生徒に対する教育の内容が、その心身の発達段階に応じたものでなければならないことも明らか**である。」そして、「本件検定の審査が、右の各要請を実現するために行われるものであることは、その内容から明らかであり、その基準も、右目的のため必要かつ合理的な範囲を超えているものということはいえず、子供が自由かつ独立の人格として成長することを妨げるような内容を含むものではない。また、右のような検定を経た教科書を使用することが、教師の授業等における前記のような裁量を奪うものでもない。」

（ⅱ）**憲法21条違反について**　「憲法21条２項にいう**検閲とは、行政権が主体となって、思想内容等の表現物を対象とし、その全部又は一部の発表の禁止を目的として、対象とされる一定の表現物につき網羅的一般的に、発表前にその内容を審査した上、不適当と認めるものの発表を禁止することを、その特質として備えるものを指す**と解すべきところ（最高裁昭和59年12月12日大法廷判決・民集38巻12号1308頁)、本件検定は、」「一般図書としての発行を何ら妨げるものではなく、発表禁止目的や発表前の審査などの特質がないから、検閲には当たらず、憲法

21条２項前段の規定に違反するものではない。」

「また、憲法21条１項にいう表現の自由といえども無制限に保障されるものではなく、公共の福祉による合理的で必要やむを得ない限度の制限を受けることがあり、その制限が右のような限度のものとして容認されるかどうかは、制限が必要とされる程度と、制限される自由の内容及び性質、これに加えられる具体的制限の態様及び程度等を較量して決せられるべきところ、**普通教育の場においては、教育の中立・公正、一定水準の確保等の要請があり、これを実現するためには、これらの観点に照らして不適切と認められる図書の教科書としての発行、使用等を禁止する必要があること、その制限も、右の観点からして不適切と認められる内容を含む図書についてのみ、教科書という特殊な形態において発行することを禁ずるものにすぎないことなどを考慮すると、教科書の検定による表現の自由の制限は、合理的で必要やむを得ない限度のもの**というべきである。」

（ⅲ）**裁量権濫用の判断基準の誤りについて**　「文部大臣が検定審議会の答申に基づいて行う合否の判定、合格の判定に付する条件の有無及び内容等の審査、判断は、申請図書について、内容が学問的に正確であるか、中立・公正であるか、教科の目標等を達成する上で適切であるか、児童、生徒の心身の発達段階に適応しているか、などの様々な観点から多角的に行われるもので、学術的、教育的な専門技術的判断であるから、事柄の性質上、文部大臣の合理的な裁量にゆだねられるものであるが、**合否の判定、合格の判定に付する条件の有無及び内容等についての検定審議会の判断の過程に、原稿の記述内容又は欠陥の指摘の根拠となるべき検定当時の学説状況、教育状況についての認識や、旧検定基準に違反するとの評価等に看過し難い過誤があって、文部大臣の判断がこれに依拠してされたと認められる場合には、右判断は、裁量権の範囲を逸脱したものとして、国家賠償法上違法となる**と解するのが相当である。」「検定意見は、原稿の個々の記述に対して旧検定基準の各必要条件ごとに具体的理由を付して欠陥を指摘するものであるから、各検定意見ごとに、その根拠となるべき学説状況や教育状況等も異なるものである。例えば、正確性に関する検定意見は、申請図書の記述の学問的な正確性を問題にするものであって、検定当時の学界における客観的な学説状況を根拠とすべきものであるが、検定意見には、その実質において、（一）原稿記述が誤りであるとして他説による記述を求めるものや、（二）原稿記述が一面的、断定的であるとして両説併記等を求めるものなどがある。そして、**検定意見に看過し難い過誤があるか否かについては、右（一）の場合は、検定意見の根拠となる学説が通説、定説として学界に広く受け入れられており、原稿記述が誤りと評価し得るかなどの観点から、右（二）の場合は、学界においていまだ定説とされる学説がなく、原稿記述が一面的であると評価し得るかなどの観点から判断すべきである。また、内容の選択や内容の程度等に関する検定意見は、原稿記述の学問的な正確性ではなく、教育的な相当性を問題とするものであって、取り上げた内容が学習指導要領に規定する教科の目標等や児**

童、生徒の心身の発達段階等に照らして不適切であると評価し得るかなどの観点から判断すべきものである。」

本件検定当時において、「関東軍の中に細菌戦を行うことを目的とした『731部隊』と称する軍隊が存在し、生体実験をして多数の中国人等を殺害したとの大筋は、既に本件検定当時の学界において否定するものはないほどに定説化していたものというべきであり、これに本件検定時までには終戦から既に38年も経過していることをも併せ考えれば、文部大臣が、731部隊に関する事柄を教科書に記述することは時期尚早として、原稿記述を全部削除する必要がある旨の修正意見を付したことには、その判断の過程に、検定当時の学説状況の認識及び旧検定基準に違反するとの評価に看過し難い過誤があり、裁量権の範囲を逸脱した違法があるというべきである。これと異なる原審の判断には、教科書検定に関する法令の解釈適用を誤った違法があり、右違法は原判決の結論に影響を及ぼすことが明らかである。」

＊　　＊　　＊

事前抑制　事前抑制（あるいは〔広義説における〕検閲）として、名誉毀損・プライバシー侵害を理由に行われる裁判所の事前差止めがある。裁判所が慎重な配慮の下で行う事前差止めは、判例（93北方ジャーナル事件最高裁大法廷判決）及び学説も憲法上許容されると解しているが、その要件については争いがある。実体的要件につき、判例は類型的衡量説をとっていると解されるが、学説からは現実の悪意説（谷口裁判官意見も同旨）なども主張されている。また、手続的要件につき、判例は「口頭弁論又は債務者の審尋」を経なくても許容される場合を認めているが、この点についての学説の評価も分かれている。

93　北方ジャーナル事件（損害賠償請求事件）☆☆☆

札幌地判昭和55年７月16日民集40巻４号908頁
札幌高判昭和56年３月26日民集40巻４号921頁
●最大判昭和61年６月11日民集40巻４号872頁

【事実】

Ｙ１は、旭川市長を務めた後、1975（昭和50）年４月の北海道知事選挙に立候補し、次の同選挙（1979（昭和54）年４月施行）にも立候補を予定していた人物である。他方、Ｘは、月刊雑誌「北方ジャーナル」を発行する出版社の代表取締役である。

Ｘが発行の準備を進めていた「北方ジャーナル」1979（昭和54）年４月号には、「ある権力主義者の誘惑」と題する記事の掲載が予定されており、その記事は、Ｙ１が北海道知事にふさわしくない人物であることを力説するにあたり、Ｙ１の少年時代や私生活面まで取り上げて批難し、「ことさらに下品で侮辱的な言辞による人身攻撃等を多分に含む」内容となっていた。

そのため、Ｙ１は代理人を通じて、「本件雑誌の執行官保管、その印刷、製本及び販売又は頒布の禁止等を命ずる」仮処分申請を札幌地方裁判所に対して行い、同地裁は（Ｘに審尋を行うことなく）仮処分決定を行った。また、同地裁の執行官もこれを執行した。

結局、Ｘは、「北方ジャーナル」1979（昭和54）年４月号を休刊にせざるを得なくなったため、仮処分申請についてはＹ１及びＹ２、裁判官の仮処分決定及び執行官の執行についてはＹ３に対して、損害賠償を求めて出訴した。第１審・控訴審は「被保全権利（の存在）と保全の必要性」が是認できるとして、いずれもＸの請求を棄却したため、Ｘが上告した。

整理

事件／民事事件

原告・控訴人・上告人／株式会社北方ジャーナルの代表取締役

被告・被控訴人・被上告人１／北海道知事選挙の立候補予定者

被告・被控訴人・被上告人２／立候補予定者の選挙運動に従事していた人物

被告・被控訴人・被上告人３／国

〈争点〉本件仮処分の決定及びその申請の違憲・違法性。

〈憲法上の問題点〉仮処分による事前差止めは憲法21条に違反するものであるか。

【判旨】

上告棄却（全員一致、補足意見４、意見１）。

「**憲法21条２項前段は、検閲の絶対的禁止を規定したもの**であるから（最高裁昭和59年12月12日大法廷判決・民集38巻12号1308頁）、他の論点に先立って、まず、この点に関する所論につき判断する。」「憲法21条２項前段にいう**検閲とは、行政権が主体となって、思想内容等の表現物を対象とし、その全部又は一部の発表の禁止を目的として、対象とされる一定の表現物につき網羅的一般的に、発表前にその内容を審査したうえ、不適当と認めるものの発表を禁止することを、その特質として備えるものを指す**と解すべきことは、前掲大法廷判決の判示するところである。ところで、一定の記事を掲載した雑誌その他の出版物の印刷、製本、販売、頒布等の仮処分による事前差止めは、裁判の形式によるとはいえ、口頭弁論ないし債務者の審尋を必要的とせず、立証についても疎明で足りるとされているなど簡略な手続によるものであり、また、いわゆる満足的仮処分として争いのある権利関係を暫定的に規律するものであって、非訟的な要素を有することを否定することはできないが、**仮処分による事前差止めは、表現物の内容の網羅的一般的な審査に基づく事前規制が行政機関によりそれ自体を目的として行われる場合とは異なり、個別的な私人間の紛争について、司法裁判所により、当事者の申請に基づき差止請求権等の私法上の被保全権利の存否、保全の必要性の有無を審理判断して発せられるものであって、右判示にいう『検閲』には当たらない**ものというべきである。」

仮処分による事前差止めが「検閲」に当たらないとしても、表現の自由を保障する憲法21条

１項に違反しないかの問題は残る。「事前差止めの合憲性に関する判断に先立ち、実体法上の差止請求権の存否について考えるのに、人の品性、徳行、名声、信用等の人格的価値について社会から受ける客観的評価である名誉を違法に侵害された者は、損害賠償（民法710条）又は名誉回復のための処分（同法723条）を求めることができるほか、人格権としての名誉権に基づき、加害者に対し、現に行われている侵害行為を排除し、又は将来生ずべき侵害を予防するため、侵害行為の差止めを求めることができるものと解するのが相当である。けだし、名誉は生命、身体とともに極めて重大な保護法益であり、人格権としての名誉権は、物権の場合と同様に排他性を有する権利というべきであるからである。」「しかしながら、言論、出版等の表現行為により名誉侵害を来す場合には、人格権としての個人の名誉の保護（憲法13条）と表現の自由の保障（同21条）とが衝突し、その調整を要することとなるので、いかなる場合に侵害行為としてその規制が許されるかについて憲法上慎重な考慮が必要である。」

「**表現行為に対する事前抑制は、新聞、雑誌その他の出版物や放送等の表現物がその自由市場に出る前に抑止してその内容を読者ないし聴視者の側に到達させる途を閉ざし又はその到達を遅らせてその意義を失わせ、公の批判の機会を減少させるものであり、また、事前抑制たることの性質上、予測に基づくものとならざるをえないこと等から事後制裁の場合よりも広汎にわたり易く、濫用の虞があるうえ、実際上の抑止的効果が事後制裁の場合より大きいと考えられるのであって、表現行為に対する事前抑制は、表現の自由を保障し検閲を禁止する憲法21条の趣旨に照らし、厳格かつ明確な要件のもとにおいてのみ許容されうる**ものといわなければならない。」「出版物の頒布等の事前差止めは、このような事前抑制に該当するものであって、とりわけ、その対象が公務員又は公職選挙の候補者に対する評価、批判等の表現行為に関するものである場合には、そのこと自体から、一般にそれが公共の利害に関する事項であるということができ、」憲法21条１項の趣旨「に照らし、その表現が私人の名誉権に優先する社会的価値を含み憲法上特に保護されるべきであることにかんがみると、**当該表現行為に対する事前差止めは、原則として許されない**ものといわなければならない。ただ、右のような場合においても、**その表現内容が真実でなく、又はそれが専ら公益を図る目的のものでないことが明白であって、かつ、被害者が重大にして著しく回復困難な損害を被る虞があるときは、当該表現行為はその価値が被害者の名誉に劣後することが明らかであるうえ、有効適切な救済方法としての差止めの必要性も肯定されるから、かかる実体的要件を具備するときに限って、例外的に事前差止めが許される**ものというべきであり、このように解しても上来説示にかかる憲法の趣旨に反するものとはいえない。」

「表現行為の事前抑制につき以上説示するところによれば、公共の利害に関する事項についての表現行為に対し、その事前差止めを仮処分手続によって求める場合に、一般の仮処分命令手続のように、専ら迅速な処理を旨とし、口頭弁論ないし債務者の審尋を必要的とせず、立証についても疎明で足りるものとすることは、表現の自由を確保するうえで、その手続的保障として十分であるとはいえず、しかもこの場合、表現行為者側の主たる防禦方法は、その目的が専ら公益を図るものであることと当該事実が真実であることとの立証にあるのである」から、「**事前差止めを命ずる仮処分命令を発するについては、口頭弁論又は債務者の審尋を行い、表現内容の真実性等の主張立証の機会を与えることを原則とすべき**ものと解するのが相当である。ただ、**差止めの対象が公共の利害に関する事項についての表現行為である場合においても、口頭弁論を開き又は債務者の審尋を行うまでもなく、債権者の提出した資料によって、その表現内容が真実でなく、又はそれが専ら公益を図る目的のものでないことが明白であり、かつ、債権者が重大にして著しく回復困難な損害を被る虞があると認められるときは、口頭弁論又は債務者の審尋を経ないで差止めの仮処分命令を発したとしても、憲法21条の前示の趣旨に反するものということはできない。**」「したがって、以上と同趣旨の原審の判断は、正当として是認することができ、その過程に所論の違憲、違法はないものというべきである。」

〔**谷口正孝裁判官の意見**〕「表現の事前規制は、事後規制の場合に比して格段の慎重さが求められるのであり、名誉の侵害・毀損の被害者が公務員、公選による公職の候補者等の公的人物であって、その表現内容が公的問題に関する場合には、表現にかかる事実が真実に反していてもたやすく規制の対象とすべきではない。しかし、その表現行為がいわゆる現実の悪意をもってされた場合、換言すれば、表現にかかる事実が真実に反し虚偽であることを知りながらその行為に及んだとき又は虚偽であるか否かを無謀にも無視して表現行為に踏み切った場合には、表現の自由の優越的保障は後退し、その保護を主張しえないものと考える。けだし、右の場合には、故意に虚偽の情報を流すか、表現内容の真実性に無関心であったものというべく、表現の自由の優越を保障した憲法21条の根拠に鑑み、かかる表現行為を保護する必要性・有益性はないと考えられるからである。」「私は、この点については同調できない。」

第10章　集会・結社の自由

集会の自由　憲法21条１項は、表現の自由とともに集会・結社の自由を保障している。そこでの集会とは、「特定または不特定の多数人が一定の場所において事実上集まる一時的な集合体」のことを指し、広場・公園などの屋外の公共施設、市民会館・公会堂などの屋内の公共施設を用いて行われるのが一般的である。これに対して、結社とは、「共同の目的のためにする特定の多数人の継続的な精神的結合体」のことを指す。多数人による集合体・結合体である点で集会と共通性を有するが、必ずしも「場所」を必要としない点で集会と区別される。

公共施設の利用申請に対する許否は、一次的には地方自治法などの法律や（地方公共団体の定める）施設設置管理条例の問題であるが、その解釈は憲法21条１項の意味内容に拘束されることになる。集会は、①多数人の集まる「場所」が必要であること、②行動を伴うものであること、の特質を有しているため、純粋な表現活動などと比べて他者との権利・利益の衝突の可能性が高いが、（憲法上重要な権利である）表現の自由の一形態として保障されている以上、必要不可欠で最小限度の規制でなければならない。このような理解に基づいて学説は、⑴施設の設置目的や構造・設備などから不相当である場合、⑵申請が競合する場合、⑶他者の生命・身体などに危害が生じる場合、にのみ利用拒否を正当化できるとするとともに、権利の重要性に照らして実質的判断を行う必要があるとする。判例としては、集会の自由を保障することの重要性よりも、危険の回避・防止の必要性が優越する場合にのみ制約が可能であるとした上で、その判断にあたっては、明らかな差し迫った危険の発生が具体的に予見されることが必要であるとしたもの（**95泉佐野市民会館事件最高裁判決**）がある一方、単純な比較衡量の基準を用いて、必要かつ合理的な制約としたもの（**106成田新法事件最高裁大法廷判決**）などもある。

また、漠然性のゆえに無効の理論（明確性の理論）・過度の広汎性のゆえに無効の理論は、第10章の判例（**97広島市暴走族追放条例事件最高裁判決・100徳島市公安条例事件最高裁大法廷判決など**）においても問題となっている。曖昧不明確な法令・必要以上に広汎な法令により、表現の自由のみならず、集会の自由・集団行動の自由が制約される場合には憲法21条１項に違反し文面上無効とされる。加えて、処罰規定を伴う場合には憲法31条（法定手続の保障）違反ともなる。

94　皇居前広場事件（皇居外苑使用不許可処分取消等請求事件）☆

東京地判昭和27年４月28日民集７巻13号1576頁

東京高判昭和27年11月15日民集７巻13号1601頁

●最大判昭和28年12月23日民集７巻13号1561頁

【事実】

Ｘは、戦後５回にわたって皇居外苑（皇居前広場）において中央メーデーを実施してきたが、「昭和27年５月１日メーデーのための皇居外苑使用許可申請」につき、Ｙは不許可処分とした。そこでＸは、本件不許可処分が（皇居外苑を含む国民公園の管理に関する）国民公園管理規則４条の解釈を誤ったものであり、憲法21条及び28条に違反するとして出訴した。

第１審は、中央メーデーの会場としての使用は皇居外苑の本質に適うものであり、また、その機能を害する場合にもあたらないことから、本件不許可処分は、本件規則の適用を誤り、憲法21条にも違反しているとして取消した。控訴審は、中央メーデーの当日が経過してしまったことから、「判決を求める実益が失われた」として、Ｘの請求を棄却した。これに対して、Ｘが上告した。

整理

事件／行政事件

原告・被控訴人・上告人／日本労働組合総評議会（総評）

被告・控訴人・被上告人／厚生大臣

〈争点〉 皇居外苑の使用許可申請に対する不許可処分の違憲・違法性。

〈憲法上の問題点〉 本件不許可処分は憲法21条及び28条に違反するものであるか。

【判旨】

上告棄却（全員一致、意見１）。

「Ｘの本訴請求は、同日の経過により判決を求める法律上の利益を喪失したものといわなければならない。」

「なお、念のため、本件不許可処分の適否に関する当裁判所の意見を附加する。」「公共福祉用財産は、国民が均しくこれを利用しうるものである点に特色があるけれども、**国民がこれを利用しうるのは、当該公共福祉用財産が公共の用に供せられる目的に副い、且つ公共の用に供せられる態様、程度に応じ、その範囲内においてなしうる**のであって、これは、皇居外苑の利用についても同様である。」「その利用の許否は、その利用が公共福祉用財産の、公共の用に供せられる目的に副うものである限り、**管理権者の単なる自由裁量に属するものではなく、管理権者は、当該公共福祉用財産の種類に応じ、また、その規模、施設を勘案し、その公共福祉用財産としての使命を十分達成せしめるよう適正にその管理権を行使すべきであり、若しその行使を誤り、国民の利用を妨げるにおいては、違法たるを免れない**と解さなければならない。」

本件不許可処分は、「立入禁止区域をも含めた外苑全域に約50万人が長時間充満することとなり、尨大な人数、長い使用時間からいって、当然公園自体が著しい損壊を受けることを予想せねばならず、かくて公園の管理保存に著しい支障を蒙むるのみならず、長時間に亘り一般国民の公園としての本来の利用が全く阻害されることになる等を理由としてなされたことが認められる。」「厚生大臣がその管理権の範囲内に属する**国民公園の管理上の必要から、本件メーデーのための集会及び示威行進に皇居外苑を使用することを許可しなかった**のであって、何ら表現の自由又は団体行動権自体を制限することを目的としたものでない」し、「管理権に名を籍り、実質上表現の自由又は団体行動権を制限する」ことを目的としたものでもない。ゆえに、「本件不許可処分が憲法21条及び28条違反であるということはできない。」

〔栗山茂裁判官の意見〕「公共用物の使用許可の中には往々にして管理本来の作用と併せて警察許可の性質を帯びているものがある。そうして厚生大臣は本件規則４条によってかような警察許可の性質を有する許可を規定したものであるから、法律に特別の定を必要とするものである。それ故法律に特別の定なくして規定された右規則４条は違法であって、それに基いてなされた本訴不許可処分もまた違法たるを免れない」。もっとも、「右処分が違法なものであっても、既に同日の経過によりその審判を求める法律上の利益は喪失されたものとすべきことについては、私も多数説と同じ意見である。」

95　泉佐野市民会館事件（損害賠償請求事件）☆☆☆

大阪地判昭和60年８月14日民集49巻３号872頁

大阪高判平成元年１月25日民集49巻３号885頁

●最判平成７年３月７日民集49巻３号687頁

【事実】

Ｘらは、「三里塚決戦勝利百万人動員全関西実行委員会」の中心メンバーである。Ｘらは以前より、関西新空港の建設に反対する集会や講演会を大阪市内の扇町公園・中之島中央公会堂、泉佐野市民会館（小会議室）などで平穏に実施してきたが、「全関西実行委員会」と密接な関係にある中核派（全学連反戦青年委員会）は、関西新空港の建設を実力で阻止する闘争方針を打ち出し、集会・デモ行進などの合法的活動に加えて、違法な実力行使について自ら犯行声明を出すようになっていた。また、他の過激派との対立抗争の緊張も高まっていた。

このような状況の中で、Ｘらは、1984（昭和59）年６月３日に泉佐野市民会館（ホール）を使用して「関西新空港反対全国総決起集会」を開催することを企画し、市立泉佐野市民会館条例に基づいて使用許可の申請を行った。しかし、Ｙは、①本件集会は中核派主催のものと見なして良く、その使用を認めた場合には、本件集会及びその前後のデモ行進などを通じて不測の事態を生じることが憂慮されること、②本件集会に対立団体が介入するなどして、本件会館のみならずその付近一帯が大混乱に陥るおそれがあることから、不許可処分とした。

これに対して、Xらは本件不許可処分が違憲・違法であることなどを理由として、国家賠償法に基づく損害賠償を求めて出訴した。第1審・控訴審ともにXらの請求を棄却したため、Xらが上告した。

整理

事件／民事事件

原告・控訴人・上告人／「全関西実行委員会」の中心メンバー

被告・被控訴人・被上告人／泉佐野市

〈争点〉 市民会館の使用許可申請に対する不許可処分の違憲・違法性。

〈憲法上の問題点〉 憲法21条に照らして、本件条例の使用不許可事由をどのように解釈すべきか。

【判旨】

上告棄却（全員一致、補足意見1）。

「本件会館は、地方自治法244条にいう公の施設に当たるから、Yは、正当な理由がない限り、住民がこれを利用することを拒んではならず（同条2項）、また、住民の利用について不当な差別的取扱いをしてはならない（同条3項）。本件条例は、同法244条の2第1項に基づき、公の施設である本件会館の設置及び管理について定めるものであり、本件条例7条の各号は、その利用を拒否するために必要とされる右の正当な理由を具体化したものであると解される。

そして、地方自治法244条にいう普通地方公共団体の公の施設として、本件会館のように集会の用に供する施設が設けられている場合、住民は、その施設の設置目的に反しない限りその利用を原則的に認められることになるので、**管理者が正当な理由なくその利用を拒否するときは、憲法の保障する集会の自由の不当な制限につながるおそれが生ずる**ことになる。したがって、本件条例7条」「を解釈適用するに当たっては、本件会館の使用を拒否することによって憲法の保障する集会の自由を実質的に否定することにならないかどうかを検討すべきである。」

「このような観点からすると、集会の用に供される公共施設の管理者は、**当該公共施設の種類に応じ、また、その規模、構造、設備等を勘案し、公共施設としての使命を十分達成せしめるよう適正にその管理権を行使すべきであって、これらの点からみて利用を不相当とする事由が認められないにもかかわらずその利用を拒否し得るのは、利用の希望が競合する場合のほかは、施設をその集会のために利用させることによって、他の基本的人権が侵害され、公共の福祉が損なわれる危険がある場合に限られる**ものというべきであり、このような場合には、その危険を回避し、防止するために、その施設における集会の開催が必要かつ合理的な範囲で制限を受けることがあるといわなければならない。そして、右の制限が必要かつ合理的なものとして肯認されるかどうかは、基本的には、**基本的人権としての集会の自由の重要性と、当該集会が開かれることによって侵害されることのある他の基本的人権の内容や侵害の発生の危険性の**

程度等を較量して決せられるべきものである。」「以上のように解すべきことは、当裁判所大法廷判決（最高裁昭和28年12月23日判決・民集7巻13号1561頁、最高裁昭和59年12月12日判決・民集38巻12号1308頁、最高裁昭和61年6月11日判決・民集40巻4号872頁、最高裁平成4年7月1日判決・民集46巻5号437頁）の趣旨に徴して明らかである。

そして、**このような較量をするに当たっては、集会の自由の制約は、基本的人権のうち精神的自由を制約するものであるから、経済的自由の制約における以上に厳格な基準の下にされなければならない**（最高裁昭和50年4月30日大法廷判決・民集29巻4号572頁参照)。」「本件条例7条1号は、『公の秩序をみだすおそれがある場合』を本件会館の使用を許可してはならない事由として規定しているが、同号は、広義の表現を採っているとはいえ、右のような趣旨からして、**本件会館における集会の自由を保障することの重要性よりも、本件会館で集会が開かれることによって、人の生命、身体又は財産が侵害され、公共の安全が損なわれる危険を回避し、防止することの必要性が優越する場合をいうものと限定して解すべき**であり、その危険性の程度としては、前記各大法廷判決の趣旨によれば、**単に危険な事態を生ずる蓋然性があるというだけでは足りず、明らかな差し迫った危険の発生が具体的に予見されることが必要である**と解するのが相当である（最高裁昭和29年11月24日大法廷判決・刑集8巻11号1866頁参照)。」

「本件不許可処分は、本件集会の目的やその実質上の主催者と目される中核派という団体の性格そのものを理由とするものではなく、また、Yの主観的な判断による蓋然的な危険発生のおそれを理由とするものでもなく、中核派が、本件不許可処分のあった当時、関西新空港の建設に反対して違法な実力行使を繰り返し、対立する他のグループと暴力による抗争を続けてきたという客観的事実からみて、本件集会が本件会館で開かれたならば、本件会館内又はその付近の路上等においてグループ間で暴力の行使を伴う衝突が起こるなどの事態が生じ、その結果、グループの構成員だけでなく、本件会館の職員、通行人、付近住民等の生命、身体又は財産が侵害されるという事態を生ずることが、具体的に明らかに予見されることを理由とするものと認められる。」「したがって、本件不許可処分が憲法21条、地方自治法244条に違反するということはできない。」

〔園部逸夫裁判官の補足意見〕「本件条例は、公物管理条例であって、会館に関する公物管理権の行使について定めるのを本来の目的とするものであるから、公の施設の管理に関連するものであっても、地方公共の秩序の維持及び住民・滞在者の安全の保持のための規制に及ぶ場合は（地方自治法2条3項1号)、公物警察権行使のための組織・権限及び手続に関する法令（条例を含む。）に基づく適正な規制によるべきである。右の観点からすれば、本件条例7条1号は、『正当な理由』による公の施設利用拒否を規定する地方自治法244条2項の委任の範囲を超える疑いがないとはいえない」。しかし、法廷意見は「本件規定について、極めて限定的な解釈を施している。私は右のような限定解釈により、本件規定を適用する局面が今後厳重に制限されることになるものと理解した上で、法廷意見の判断に与する」。

96　上尾市福祉会館事件（国家賠償請求事件）

浦和地判平成３年10月11日民集50巻３号589頁
東京高判平成５年３月30日民集50巻３号604頁
●最判平成８年３月15日民集50巻３号549頁

【事実】

Ｘは、何者かに殺害された（Ｘの）総務部長を追悼するために「JR 総連・JR 東日本労組・JR 東日本旅客鉄道株式会社合同葬」を企画し、上尾市福祉会館（大ホール）を会場とすべく、1990（平成２）年２月１日・２日（ただし、初日は準備のための使用）の使用許可申請を上尾市福祉会館設置及び管理条例に基づいて行った。しかし、Ｙは、本件合同葬のために本件会館の使用を許可すると、Ｘに反対する者らが本件合同葬を妨害するなどして混乱が生じることが懸念されるとともに、本件会館内の結婚式場その他の施設の利用にも支障が生じるとして、不許可処分とした。

これに対して、Ｘは本件不許可処分が違憲・違法であることなどを理由として、国家賠償を求めて出訴した。第１審は本件不許可処分を違法と判断し、Ｘの請求を認容した（国に22万円余の支払いを命じた）が、控訴審はＹの敗訴部分を取消し、Ｘの請求を棄却した。そのため、Ｘが上告した。

整理

事件／民事事件
原告・被控訴人・上告人／全日本鉄道労働組合総連合会（JR 総連）
被告・控訴人・被上告人／上尾市
〈争点〉福祉会館の使用許可申請に対する不許可処分の違憲・違法性。
〈憲法上の問題点〉憲法21条に照らして、本件条例の使用不許可事由をどのように解釈すべきか。

【判旨】

破棄差戻（全員一致）。

「本件会館は、地方自治法244条にいう公の施設に当たるから、Ｙは、正当な理由がない限り、これを利用することを拒んではならず（同条２項）、また、その利用について不当な差別的取扱いをしてはならない（同条３項）。本件条例は、同法244条の２第１項に基づき、公の施設である本件会館の設置及び管理について定めるものであり、本件条例６条１項各号は、その利用を拒否するために必要とされる右の正当な理由を具体化したものであると解される。

そして、同法244条に定める普通地方公共団体の公の施設として、本件会館のような集会の用に供する施設が設けられている場合、**住民等は、その施設の設置目的に反しない限りその利**

用を原則的に認められることになるので、管理者が正当な理由もないのにその利用を拒否するときは、憲法の保障する集会の自由の不当な制限につながるおそれがある。したがって、**集会の用に供される公の施設の管理者は、当該公の施設の種類に応じ、また、その規模、構造、設備等を勘案し、公の施設としての使命を十分達成せしめるよう適正にその管理権を行使すべき**である。

以上のような観点からすると、本件条例6条1項1号は、『会館の管理上支障があると認められるとき』を本件会館の使用を許可しない事由として規定しているが、**右規定は、会館の管理上支障が生ずるとの事態が、許可権者の主観により予測されるだけでなく、客観的な事実に照らして具体的に明らかに予測される場合に初めて、本件会館の使用を許可しないことができることを定めた**ものと解すべきである。」

「本件不許可処分は、本件会館を本件合同葬のために利用させた場合には、Xに反対する者らがこれを妨害するなどして混乱が生ずると懸念されることを1つの理由として」いるが、「Xに反対する者らがこれを妨害するなどして混乱が生ずるおそれがあるとは考え難い状況にあったものといわざるを得ない。また、**主催者が集会を平穏に行おうとしているのに、その集会の目的や主催者の思想、信条等に反対する者らが、これを実力で阻止し、妨害しようとして紛争を起こすおそれがあることを理由に公の施設の利用を拒むことができるのは、前示のような公の施設の利用関係の性質に照らせば、警察の警備等によってもなお混乱を防止することができないなど特別な事情がある場合に限られる**ものというべきである。ところが、前記の事実関係によっては、右のような特別な事情があるということはできない。」

「次に、本件不許可処分は、本件会館を本件合同葬のために利用させた場合には、同時期に結婚式を行うことが困難となり、結婚式場等の施設利用に支障が生ずることを1つの理由として」いるが、「本件会館には、斎場として利用するための特別の施設は設けられていないものの、結婚式関係の施設のほか、多目的に利用が可能な大小ホールを始めとする各種の施設が設けられている上、1階の大ホールと2階以上にあるその他の施設は出入口を異にしていること、葬儀と結婚式が同日に行われるのでなければ、施設が葬儀の用にも供されることを結婚式等の利用者が嫌悪するとは必ずしも思われないこと（現に、市民葬及び準市民葬が行われたことがある。）をも併せ考えれば、故人を追悼するための集会である本件合同葬については、それを行うために本件会館を使用することがその設置目的に反するとまでいうことはできない。」

「以上によれば、本件事実関係の下においては、本件不許可処分時において、本件合同葬のための本件会館の使用によって、本件条例6条1項1号に定める『会館の管理上支障がある』との事態が生ずることが、客観的な事実に照らして具体的に明らかに予測されたものということはできないから、本件不許可処分は、本件条例の解釈適用を誤った違法なものというべきである。」

97　広島市暴走族追放条例事件（広島市暴走族追放条例違反被告事件）☆

広島地判平成16年７月16日刑集61巻６号645頁

広島高判平成17年７月28日刑集61巻６号662頁

●最判平成19年９月18日刑集61巻６号601頁

【事実】

Ｙは、暴走族構成員約40名と共謀し、広島市が管理する公共広場において、広島市長の許可を得ることなく、暴走族のグループ名の入った「特攻服」を着用し、顔面の全部若しくは一部を覆い隠し、円陣を組み、旗を立てるなどの行為により威勢を示して、公衆に不安又は恐怖を覚えさせるような集会を行った。集会開始から約４分後には、広島市長の権限を代行する広島市職員から集会の中止と退去を命じられたが、Ｙはこれに従わず、約６分間にわたって集会を継続した。

Ｙに対する中止・退去命令は広島市暴走族追放条例に基づいて行われたものであるが、Ｙは、この命令に違反したとして起訴され、第１審・控訴審とも有罪とされた（懲役４月、執行猶予３年）。そのため、Ｙが上告した。

整理

事件／刑事事件

被告人／暴走族の面倒見（指定暴力団の準構成員）

〈争点〉暴走族による集会を規制する本件条例の違憲性。

〈憲法上の問題点〉本件条例の規定に対して合憲限定解釈を行うことは可能か。

【判旨】

上告棄却（３対２、補足意見２、反対意見２）。

「**本条例は、暴走族の定義において社会通念上の暴走族以外の集団が含まれる文言となっていること、禁止行為の対象及び市長の中止・退去命令の対象も社会通念上の暴走族以外の者の行為にも及ぶ文言となっていることなど、規定の仕方が適切ではなく、本条例がその文言どおりに適用されることになると、規制の対象が広範囲に及び、憲法21条１項及び31条との関係で問題がある**ことは所論のとおりである。しかし、本条例19条が処罰の対象としているのは、同17条の市長の中止・退去命令に違反する行為に限られる。そして、本条例の目的規定である１条は、『暴走行為、い集、集会及び祭礼等における示威行為が、市民生活や少年の健全育成に多大な影響を及ぼしているのみならず、国際平和文化都市の印象を著しく傷つけている』存在としての『暴走族』を本条例が規定する諸対策の対象として想定するものと解され、本条例５条、６条も、少年が加入する対象としての『暴走族』を想定しているほか、本条例には、暴走行為自体の抑止を眼目としている規定も数多く含まれている。また、本条例の委任規則である本条例施行規則３条は、『暴走、騒音、暴走族名等暴走族であることを強調するような文言等を刺しゅう、印刷等をされた服装等』の着用者の存在（1号)、『暴走族名等暴走族であることを強調するような文言等を刺しゅう、印刷等をされた旗等』の存在（4号)、『暴走族であることを強調するような大声の掛合い等』（5号）を本条例17条の中止命令等を発する際の判断基準として挙げている。このような**本条例の全体から読み取ることができる趣旨、さらには本条例施行規則の規定等を総合すれば、本条例が規制の対象としている『暴走族』は、本条例2条7号の定義にもかかわらず、暴走行為を目的として結成された集団である本来的な意味における暴走族の外には、服装、旗、言動などにおいてこのような暴走族に類似し社会通念上これと同視することができる集団に限られるものと解され、したがって、市長において本条例による中止・退去命令を発し得る対象も、被告人に適用されている『集会』との関係では、本来的な意味における暴走族及び上記のようなその類似集団による集会が、本条例16条1項1号、17条所定の場所及び態様で行われている場合に限定される**と解される。

そして、このように限定的に解釈すれば、本条例16条1項1号、17条、19条の規定による規制は、広島市内の公共の場所における暴走族による集会等が公衆の平穏を害してきたこと、規制に係る集会であっても、これを行うことを直ちに犯罪として処罰するのではなく、市長による中止命令等の対象とするにとどめ、この命令に違反した場合に初めて処罰すべきものとするという事後的かつ段階的規制によっていること等にかんがみると、その弊害を防止しようとする規制目的の正当性、弊害防止手段としての合理性、この規制により得られる利益と失われる利益との均衡の観点に照らし、いまだ憲法21条1項、31条に違反するとまではいえないことは、最高裁昭和49年11月6日大法廷判決・刑集28巻9号393頁、最高裁平成4年7月1日大法廷判決・民集46巻5号437頁の趣旨に徴して明らかである。」

〔藤田宙靖裁判官の反対意見〕「日本国憲法によって保障された精神的自由としての集会・結社、表現の自由は、最大限度に保障されなければならないのであって、これを規制する法令の規定について合憲限定解釈をすることが許されるのは、その解釈により規制の対象となるものとそうでないものとが明確に区別され、かつ合憲的に規制し得るもののみが規制の対象となることが明らかにされる場合でなければならず、また、一般国民の理解において、具体的場合に当該表現行為等が規制の対象となるかどうかの判断を可能ならしめるような基準を、その規定自体から読み取ることができる場合でなければならないというべきである。」

「最高裁判所が法令の文言とりわけ定義規定の強引な解釈を行ってまで法令の合憲性を救うことが果たして適切であるかについては、重大な疑念を抱くものである。本件の場合、広島市の立法意図が多数意見のいうようなところにあるのであるとするならば、『暴走族』概念の定義を始め問題となる諸規定をその趣旨に即した形で改正することは、技術的にさほど困難であるとは思われないのであって、本件は、当審が敢えて合憲限定解釈を行って条例の有効性を維持すべき事案ではなく、違憲無効と判断し、即刻の改正を強いるべき事案であると考える。」

＊　　＊　　＊

集団行動の自由　集団行動（集団行進、集団示威運動〔デモ行進〕）の自由は、「動く集会」として集会の自由に含まれると解する立場と「その他一切の表現の自由」に含まれると解する立場があるが、憲法21条１項により保障されることに変わりはない。

集団行動に対する規制として、従来から問題となってきたのが地方公共団体の定める公安条例である。学説は、集団行動の表現手段としての重要性から、①道路などの利用の事前調整を主たる目的としていること、②届出制であること、あるいは許可制であっても「実質的には届出制と言ってよいほど許可基準が明確かつ厳格に限定されたもので、裁判による救済手続も整っていること」を合憲であるための要件としているが、判例（特に、99東京都公安条例事件最高裁大法廷判決）との間には理解の相違がある。

98　新潟県公安条例事件（昭和24年新潟県条例第４号違反被告事件）☆☆

新潟地高田支判昭和24年12月６日刑集８巻11号1884頁
東京高判昭和25年10月26日刑集８巻11号1885頁
●最大判昭和29年11月24日刑集８巻11号1866頁

【事実】

Ｙ１、Ｙ２は、朝鮮人などに対する密造酒被疑事件の一斉検挙に抗議するとともに、検挙者30数名の即時釈放の要求を貫徹するため、高田市公安委員会の許可を受けることなく（検挙者が収容されている）警察署正面の空地及び同署前の県道の一部を200～300名の支持者らと占拠し、集団示威運動を行った。

Ｙ１、Ｙ２は行列行進や集団示威運動を公安委員会の許可なく行うことを禁じる新潟県公安条例に違反したとして起訴され、第１審・控訴審とも有罪とされた（Ｙ１は懲役３月、Ｙ２は懲役４月)。そのためＹ１、Ｙ２が上告した。

整理

事件／刑事事件

被告人１／日本共産党上越地区委員会書記

被告人２／元在日朝鮮人民主青年連盟長野支部副委員長

〈争点〉 行列行進や集団示威運動を規制する本件条例の違憲性。

〈憲法上の問題点〉 憲法上許容される公安条例の規定とはどのようなものか。

【判旨】

上告棄却（14対１、補足意見２、少数意見１）。

「**行列行進又は公衆の集団示威運動**（以下単にこれらの行動という）**は、公共の福祉に反するような不当な目的又は方法によらないかぎり、本来国民の自由とするところであるから、条例においてこれらの行動につき単なる届出制を定めることは格別、そうでなく一般的な許可制を定めてこれを事前に抑制することは、憲法の趣旨に反し許されない**と解するを相当とする。しかし**これらの行動といえども公共の秩序を保持し、又は公共の福祉が著しく侵されることを防止するため、特定の場所又は方法につき、合理的かつ明確な基準の下に、予じめ許可を受けしめ、又は届出をなさしめてこのような場合にはこれを禁止することができる旨の規定を条例に設けても、これをもって直ちに憲法の保障する国民の自由を不当に制限するものと解することはできない**。けだしかかる条例の規定は、なんらこれらの行動を一般に制限するのでなく、前示の観点から単に特定の場所又は方法について制限する場合があることを認めるに過ぎないからである。さらにまた、**これらの行動について公共の安全に対し明らかな差迫った危険を及ぼすことが予見されるときは、これを許可せず又は禁止することができる旨の規定を設けることも、これをもって直ちに憲法の保障する国民の自由を不当に制限することにはならない**と解すべきである。」

本件条例１条が「許可を受けることを要求する行動は、冒頭に述べた趣旨において特定の場所又は方法に関するものに限ることがうかがわれ、またこれらの行動といえども特段の事由のない限り許可することを原則とする趣旨であることが認められる。されば本件条例１条の立言」は、「なお一般的な部分があり、特に４条１項の前段はきわめて抽象的な基準を掲げ、公安委員会の裁量の範囲がいちじるしく広く解されるおそれがあって、いずれも明らかな具体的な表示に改めることが望ましいけれども、**条例の趣旨全体を綜合して考察すれば、本件条例は許可の語を用いてはいるが、これらの行動そのものを一般的に許可制によって抑制する趣旨ではなく、上述のように別の観点から特定の場所又は方法についてのみ制限する場合があることを定めたものに過ぎない**と解するを相当とする。されば本件条例は、所論の憲法12条同21条同28条同98条その他論旨の挙げる憲法のいずれの条項にも違反するものではなく、従って原判決にも所論のような違法はなく論旨は理由がない。」

〔藤田八郎裁判官の少数意見〕「集団行動は憲法の保障する言論集会の自由に直結するものであって、これを一般的に禁止し、その許否を一公安委員会の広範な自由裁量にかからしめるというごときことは、憲法の趣旨に合するものでないことは多数説の説くとおりであって、しかも多数説が本条例をもって一般的禁止にあたらないとする論拠の一も首肯するに足るものがない」。「自分は、多数説が一般的禁止にあらずとするところを是認することができないが故に、多数説の大前提とするところに同調して本条例を以て違憲であると断ぜざるを得ないのである。」

99　東京都公安条例事件（昭和25年東京都条例第44号集会、集団行進及び集団示威運動に関する条例違反被告事件）☆☆

東京地判昭和34年８月８日刑集14巻９号1281頁

●最大判昭和35年７月20日刑集14巻９号1243頁

【事実】

Ｙらは、①全日本学生自治会総連合主催の集団行進を行うにあたり、「蛇行進、渦巻行進又はことさらな停滞等交通秩序をみだす行為は絶対に行わないこと」という東京都公安委員会が付した条件に違反する指導をしたこと、②東京都公安委員会の許可を受けずに、国会付近の道路上において警職法改悪反対等のための集会を主催するとともに、集団行進（蛇行進を含む）を指導したことなどにより、（東京都の）集会、集団行進及び集団示威運動に関する条例に違反したとして起訴された。

第１審は、①「集会集団行進、集団示威運動についてはいずれも許可制をもって前二者については一般的制限に近い程度に、後者については一般的に制限」しているだけでなく、許否の基準も「具体性を欠き不明確」であること、②本件条例は公安委員会に不許可処分の通知義務を課していないだけでなく、「不許可処分がなされ又は許否が留保され行動実施予定日にいたった場合の救済手段が設けられて」いないこと（これに対して、新潟県公安条例４条には「公安委員会が許可申請に対し許否を決すべき時限を無条件に行動開始日時の24時間前と限定しそれまでに条件を附し、又は許可を与えない旨の意思表示をしない時は許可のあったものとして行動することができる旨」が明記されている）などを挙げ、本件条例の「規制方法は憲法上特に重要視されねばならない表現の自由に対するものとしてやむを得ない限度を越えたものというべきであり同条例は憲法に違反する」として、Ｙらを無罪とした。

その後、検察官により東京高等裁判所に控訴され、刑事訴訟規則247条・248条に基づいて最高裁判所へ移送された。

整理

事件／刑事事件

被告人／集団行進において指導的役割を果たした学生

〈争点〉集会、集団行進や集団示威運動を規制する本件条例の違憲性。

〈憲法上の問題点〉本件条例による規制は、憲法21条に照らして許容されうるものか。

【判旨】

破棄差戻（13対２、反対意見２）。

「憲法21条の規定する集会、結社および言論、出版その他一切の表現の自由が、侵すことのできない永久の権利すなわち基本的人権に属し、その完全なる保障が民主政治の基本原則の１つであること、とくにこれが民主主義を全体主義から区別する最も重要な一特徴をなすことは、多言を要しない。しかし国民がこの種の自由を濫用することを得ず、つねに公共の福祉のためにこれを利用する責任を負うことも、他の種類の基本的人権とことなるところはない（憲法12条参照）。この故に日本国憲法の下において、裁判所は、個々の具体的事件に関し、表現の自由を擁護するとともに、その濫用を防止し、これと公共の福祉との調和をはかり、自由と公共の福祉との間に正当な限界を劃することを任務としているのである。」本件条例が「憲法に適合するや否やの問題の解決も、結局、本条例によって憲法の保障する表現の自由が、憲法の定める濫用の禁止と公共の福祉の保持の要請を越えて不当に制限されているかどうかの判断に帰着するのである。」

「集団行動は、学生、生徒等の遠足、修学旅行等および、冠婚葬祭等の行事をのぞいては、通常一般大衆に訴えんとする、政治、経済、労働、世界観等に関する何等かの思想、主張、感情等の表現を内包するものである。この点において集団行動には、表現の自由として憲法によって保障さるべき要素が存在することはもちろんである。ところでかような**集団行動による思想等の表現は、単なる言論、出版等によるものとはことなって、現在する多数人の集合体自体の力、つまり潜在する一種の物理的力によって支持されていることを特徴とする。かような潜在的な力は、あるいは予定された計画に従い、あるいは突発的に内外からの刺激、せん動等によってきわめて容易に動員され得る性質のものである。この場合に平穏静粛な集団であっても、時に昂奮、激昂の渦中に巻きこまれ、甚だしい場合には一瞬にして暴徒と化し、勢いの赴くところ実力によって法と秩序を蹂躙し、集団行動の指揮者はもちろん警察力を以てしても如何ともし得ないような事態に発展する危険が存在すること、群集心理の法則と現実の経験に徴して明らか**である。従って地方公共団体が、純粋な意味における表現といえる出版等についての事前規制である検閲が憲法21条２項によって禁止されているにかかわらず、集団行動による表現の自由に関するかぎり、いわゆる**『公安条例』を以て、地方的情況その他諸般の事情を十分考慮に入れ、不測の事態に備え、法と秩序を維持するに必要かつ最小限度の措置を事前に講ずることは、けだし止むを得ない**次第である。

しからば如何なる程度の措置が必要かつ最小限度のものとして是認できるであろうか。これについては、**公安条例の定める集団行動に関して要求される条件が『許可』を得ることまたは『届出』をすることのいずれであるかというような、概念乃至用語のみによって判断すべきでない。またこれが判断にあたっては条例の立法技術上のいくらかの欠陥にも拘泥してはならない。**我々はそのためにすべからく**条例全体の精神を実質的かつ有機的に考察しなければならない。**

今本条例を検討するに、集団行動に関しては、公安委員会の許可が要求されている（１条）。しかし公安委員会は集団行動の実施が『公共の安寧を保持する上に直接危険を及ぼすと明らかに認められる場合』の外はこれを許可しなければならない（３条）。すなわち許可が義務づけられており、不許可の場合が厳格に制限されている。従って**本条例は規定の文面上では許可制を採用しているが、この許可制はその実質において届出制とことなるところがない。集団行動の条件が許可であれ届出であれ、要はそれによって表現の自由が不当に制限されることにならなければ差支えない**のである。もちろん『公共の安寧を保持する上に直接危険を及ぼすと明らかに認められる場合』には、許可が与えられないことになる。しかしこのことは法と秩序の維持について地方公共団体が住民に対し責任を負担することからして止むを得ない次第である。許可または不許可の処分をするについて、かような場合に該当する事情が存するかどうかの認定が公安委員会の裁量に属することは、それが諸般の情況を具体的に検討、考量して判断すべき性質の事項であることから見て当然である。我々は、とくに**不許可の処分が不当である場合を想定し、または許否の決定が保留されたまま行動実施予定日が到来した場合の救済手段が定められていないことを理由としてただちに本条例を違憲、無効と認めることはできない。**本条例中には、公安委員会が集団行動開始日時の一定時間前までに不許可の意思表示をしない場合に、許可があったものとして行動することができる旨の規定が存在しない。このことからして原判決は、この場合に行動の実施が禁止され、これを強行すれば主催者等は処罰されるものと解釈し、本条例が集団行動を一般的に禁止するものと推論し、以て本条例を違憲と断定する。しかしかような規定の不存在を理由にして本条例の趣旨が、許可制を以て表現の自由を制限するに存するもののごとく考え、本条例全体を違憲とする原判決の結論は、本末を顚倒するものであり、決して当を得た判断とはいえない。

次に規制の対象となる集団行動が行われる場所に関し、原判決は、本条例が集会若しくは集団行進については『道路その他公共の場所』、集団示威運動については『場所のいかんを問わず』というふうに、一般的にまたは一般的に近い制限をなしているから、制限が具体性を欠き不明確であると批判する。しかしいやしくも**集団行動を法的に規制する必要があるとするなら、集団行動が行われ得るような場所をある程度包括的にかかげ、またはその行われる場所の如何を問わないものとすることは止むを得ない**次第であり、他の条例において見受けられるような、本条例よりも幾分詳細な規準（例えば『道路公園その他公衆の自由に交通することができる場所』というごとき）を示していないからといって、これを以て本条例が違憲、無効である理由とすることはできない。」

「要するに本条例の対象とする集団行動、とくに集団示威運動は、本来平穏に、秩序を重んじてなさるべき純粋なる表現の自由の行使の範囲を逸脱し、静ひつを乱し、暴力に発展する危険性のある物理的力を内包しているものであり、従ってこれに関するある程度の法的規制は必要でないとはいえない。国家、社会は表現の自由を最大限度に尊重しなければならないこともちろんであるが、表現の自由を口実にして集団行動により平和と秩序を破壊するような行動またはさような傾向を帯びた行動を事前に予知し、不慮の事態に備え、適切な措置を講じ得るようにすることはけだし止むを得ないものと認めなければならない。もっとも本条例といえども、その運用の如何によっては憲法21条の保障する表現の自由の保障を侵す危険を絶対に包蔵しないとはいえない。条例の運用にあたる公安委員会が権限を濫用し、公共の安寧の保持を口実にして、平穏で秩序ある集団行動まで抑圧することのないよう極力戒心すべきこともちろんである。しかし濫用の虞れがあり得るからといって、本条例を違憲とすることは失当である。」

〔垂水克己裁判官の反対意見〕「新潟県条例に関する大法廷判例に示された自由とその規制に関する根本原則は、あくまでもこれを堅持しなければならない。けだし憲法の保障する基本的人権の本質的な理解にもとづくものであるからである。」「自分は原判決と共に、本条例の許可制は、表現の自由に対する必要にしてやむを得ない最小限度の規制とはみとめ難く、憲法の趣意に沿わないものと断ぜざるを得ない。」

〔藤田八郎裁判官の反対意見〕「本条例1条のうち集団示威運動のみに関する『場所のいかんを問わず』の文言を削り、かつ、新潟県条例4条のような」「規定を設けないかぎり、本条例中集団示威運動を許可制とし、無許可又は許可条件違反の集団示威運動の指導者等を処罰する規定は憲法21条1項に違反すると考える。」

100　徳島市公安条例事件（集団行進及び集団示威運動に関する徳島市条例違反、道路交通法違反被告事件）☆☆☆

徳島地判昭和47年4月20日刑集29巻8号552頁

高松高判昭和48年2月19日刑集29巻8号570頁

●最大判昭和50年9月10日刑集29巻8号489頁

【事実】

Ｙは、日本労働組合総評議会（総評）の専従職員である傍ら、徳島県反戦青年委員会の幹事を務めている人物である。Ｙは、同委員会が主催する集団示威運動に青年・学生ら約300名とともに参加した際、①先頭集団において蛇行進を行うとともに、②先頭列外付近において、携帯していた笛を吹いたり、両手を挙げて前後に振るなどして、他の参加者も蛇行進を行うよう刺激を与えた。このためＹは、①の行為について道路交通法（77条3項・119条1項13号）及び②の行為について徳島市公安条例に違反したとして起訴された。

①の行為については、第1審・控訴審とも有罪としたが（上告審も有罪としている)、②の行為については、徳島市公安条例3条3号の「交通秩序を維持すること」という規定が「一般的、抽象的であってその内包する意味内容が明瞭でないばかりか、その外延もまた不明確であって、これを種々の観点から合理的に限定して解釈することは困難である」として、第1審・控訴審とも憲法31条違反を理由に無効（ゆえに、Ｙは無罪）としたため、検察官が上告した。

整理

事件／刑事事件

被告人／徳島県反戦青年委員会幹事

〈争点〉 集団行進や集団示威運動を規制する本件条例の違憲性。

〈憲法上の問題点〉 本件条例の規定は、あいまい不明確であるがゆえに憲法31条に違反するものであるか。

【判旨】

破棄自判（全員一致、補足意見４、意見１）。

本条例３条３号の規定は、「その文言だけからすれば、単に抽象的に交通秩序を維持すべきことを命じているだけで、いかなる作為、不作為を命じているのかその義務内容が具体的に明らかにされていない。全国のいわゆる公安条例の多くにおいては、集団行進等に対して許可制をとりその許可にあたって交通秩序維持に関する事項についての条件の中で遵守すべき義務内容を具体的に特定する方法がとられており、また、本条例のように条例自体の中で遵守義務を定めている場合でも、交通秩序を侵害するおそれのある行為の典型的なものをできるかぎり列挙例示することによってその義務内容の明確化を図ることが十分可能であるにもかかわらず、本条例がその点についてなんらの考慮を払っていないことは、立法措置として著しく妥当を欠くものがあるといわなければならない。しかしながら、およそ、**刑罰法規の定める犯罪構成要件があいまい不明確のゆえに憲法31条に違反し無効であるとされるのは、その規定が通常の判断能力を有する一般人に対して、禁止される行為とそうでない行為とを識別するための基準を示すところがなく、そのため、その適用を受ける国民に対して刑罰の対象となる行為をあらかじめ告知する機能を果たさず、また、その運用がこれを適用する国又は地方公共団体の機関の主観的判断にゆだねられて恣意に流れる等、重大な弊害を生ずるから**であると考えられる。」「**ある刑罰法規があいまい不明確のゆえに憲法31条に違反するものと認めるべきかどうかは、通常の判断能力を有する一般人の理解において、具体的場合に当該行為がその適用を受けるものかどうかの判断を可能ならしめるような基準が読みとれるかどうかによってこれを決定すべき**である。

そもそも、道路における集団行進等は、多数人が集団となって継続的に道路の一部を占拠し歩行その他の形態においてこれを使用するものであるから、このような行動が行われない場合における交通秩序を必然的に何程か侵害する可能性を有することを免れないものである。本条例は、集団行進等が表現の一態様として憲法上保障されるべき要素を有することにかんがみ、届出制を採用し、集団行進等の形態が交通秩序に不可避的にもたらす障害が生じても、なおこれを忍ぶべきものとして許容しているのであるから、本条例３条３号の規定が禁止する交通秩序の侵害は、当該集団行進等に不可避的に随伴するものを指すものでないことは、極めて明らかである。ところが、思想表現行為としての集団行進等は、前述のように、これに参加する多数の者が、行進その他の一体的行動によってその共通の主張、要求、観念等を一般公衆等に強く印象づけるために行うものであり、専らこのような一体的行動によってこれを示すところにその本質的な意義と価値があるものであるから、これに対して、それが秩序正しく平穏に行われて不必要に地方公共の安寧と秩序を脅かすような行動にわたらないことを要求しても、それは、右のような思想表現行為としての集団行進等の本質的な意義と価値を失わしめ憲法上保障されている表現の自由を不当に制限することにはならないのである。そうすると本条例3条が、集団行進等を行おうとする者が、集団行進等の秩序を保ち、公共の安寧を保持するために守らなければならない事項の1つとして、その3号に『交通秩序を維持すること』を掲げているのは、道路における集団行進等が一般的に秩序正しく平穏に行われる場合にこれに随伴する交通秩序阻害の程度を超えた、殊更な交通秩序の阻害をもたらすような行為を避止すべきことを命じているものと解されるのである。そして、通常の判断能力を有する一般人が、具体的場合において、自己がしようとする行為が右条項による禁止に触れるものであるかどうかを判断するにあたっては、その行為が秩序正しく平穏に行われる集団行進等に伴う交通秩序の阻害を生ずるにとどまるものか、あるいは殊更な交通秩序の阻害をもたらすようなものであるかを考えることにより、通常その判断にさほどの困難を感じることはないはずであり、例えば各地における道路上の集団行進等に際して往々みられるだ行進、うず巻行進、すわり込み、道路一杯を占拠するいわゆるフランスデモ等の行為が、秩序正しく平穏な集団行進等に随伴する交通秩序阻害の程度を超えて、殊更な交通秩序の阻害をもたらすような行為にあたるものと容易に想到することができるというべきである。

さらに、前述のように、このような殊更な交通秩序の阻害をもたらすような行為は、思想表現行為としての集団行進等に不可欠な要素ではなく、したがって、これを禁止しても国民の憲法上の権利の正当な行使を制限することにはならず、また、殊更な交通秩序の阻害をもたらすような行為であるかどうかは、通常さほどの困難なしに判断しうることであるから、本条例3条3号の規定により、国民の憲法上の権利の正当な行使が阻害されるおそれがあるとか、国又は地方公共団体の機関による恣意的な運用を許すおそれがあるとは、ほとんど考えられないのである」。

「このように見てくると、本条例3条3号の規定は、確かにその文言が抽象的であるとのそしりを免れないとはいえ、集団行進等における道路交通の秩序遵守についての基準を読みとることが可能であり、犯罪構成要件の内容をなすものとして明確性を欠き憲法31条に違反するものとはいえないから、これと異なる見解に立つ原判決及びその維持する第1審判決は、憲法31条の解釈適用を誤ったものというべく、論旨は理由がある。」

第11章　通信の秘密

通信の秘密　日本国憲法21条２項は、検閲禁止とともに、通信の秘密を定めている。通信の秘密を保護する目的は、通信によるあらゆるコミュニケーションは、思想等様々な表現の場に他ならないということにある。併せて、プライバシー保護の観点から、公権力による覗き見を排除することに求められる。郵便を初め、電信・電話・インターネット等における通信の秘密が守られなければならず、刑法が信書開封罪を規定する他（133条）、郵便法や電気通信事業法では、検閲禁止や業務従事者の守秘義務等が定められている（郵便法７・８条、電気通信事業法３・４条）。

通信の秘密は、電話の傍受若しくは盗聴のように、犯罪捜査との関係で問題になる。1999（平成11）年には、組織的な犯罪の捜査に「電話その他の電気通信」（通信傍受法２条１項）を傍受できるいわゆる通信傍受法（犯罪捜査のための通信傍受に関する法律）が制定されているが、通信の秘密を侵し違憲な立法であるとして激しい反対がなされてきた。2016（平成28）年６月には、対象犯罪の拡大と傍受手続の「合理化・効率化」を内容とする改正が成立した。当初、薬物犯罪、集団密航、銃刀法違反、組織的殺人の４つを対象としていただけであったが、新たに爆発物取締罰則違反、現住建造物等放火、殺人、傷害・傷害致死、逮捕監禁・逮捕等致死傷、略取・誘拐、窃盗・強盗・強盗致死傷、詐欺・恐喝、児童買春・ポルノ規制法違反といった９類型を追加した規定が施行された（同法別表第１・第２）。一方、傍受手続の「合理化・効率化」は2019（令和元）年６月１日から施行され、それまで必要であった通信事業者の立会いは不要となり、捜査機関の施設内で傍受する方式も可能になった。

なお、2017（平成29）年３月、参議院法務委員会で中間報告が用いられ、同院本会議においては投票時間が制限されるという事態の中、「組織的な犯罪の処罰及び犯罪収益の規制等に関する法律等の一部を改正する法律」（共謀罪法）が成立したことは、周知の事実である。改正法は同年７月に施行されているが、「組織的犯罪集団」が277にも及ぶ犯罪の遂行を２人以上で計画し、計画に参加した者のいずれかが犯罪を実行するための準備行為を行なった事実の捜査において、同年３月に最高裁判所が違法と判断した令状の無いGPS捜査（**110**GPS捜査の適法性）と共に、盗聴等が多用される危険性が指摘されている。令状主義の意義を再確認し、犯罪捜査の名目で損なわれる通信の秘密及びプライバシーの保護を訴えていく必要がある。

101　旭川電話傍受事件（覚せい剤取締法違反、詐欺、同未遂被告事件）☆

旭川地判平成７年６月12日刑集53巻９号1466頁
札幌高判平成９年５月15日刑集53巻９号1481頁
●最決平成11年12月16日刑集53巻９号1327頁

【事実】

北海道警察旭川方面本部の警察官は、氏名不詳の被疑者等に関する覚せい剤取締法違反容疑について、電話傍受を検証として行う許可状を旭川簡易裁判所裁判官に請求した。警察官が提出した資料によれば、犯罪事実は暴力団による組織的、継続的な密売の一環として行われた覚せい剤の譲渡しであり、暴力団事務所のあるマンションの一室に設置されている２台の電話機がそれぞれ、買受けの注文受付と密売に関する連絡用に用いられている可能性があり、その傍受により得られる証拠は、密売の実態解明及び被疑者の特定にとって重要かつ必要であり、他の手段によっては上記解明と特定が著しく困難であるということであった。

同裁判官は、検証の対象を前記２台の電話機として、期間及び時間帯を指定し、覚せい剤取引に関する通話内容のみと限定した上で、地方公務員２名を立会わせ、対象外通話については音声を遮断させるなどとの要件を記載した許可状を発付した。警察官は、以上の制限を遵守して電話傍受を実施し、本件被疑事実を明らかにした。

被告人は、第１審及び控訴審で有罪とされたため、本件電話傍受は通信の秘密を害すること、捜査手段として法律で定められていない強制処分であって令状主義（憲法35条）に反する等と主張して上告した。

整理

事件／刑事事件
被告人／覚せい剤密売人
〈争点〉覚せい剤取締法違反、同未遂。
〈憲法上の問題点〉犯罪捜査のための電話傍受は通信の秘密を侵さないか。

【決定要旨】

上告棄却（４対１、反対意見１）。

（ｉ）**電話傍受と通信の秘密**　「電話傍受は、通信の秘密を侵害し、ひいては、個人のプライバシーを侵害する強制処分であるが、一定の要件の下では、捜査の手段として憲法上全く許されないものではない」。

（ii）**電話傍受が許される場合**　**「重大な犯罪に係る被擬事件について、被疑者が罪を犯したと疑うに足りる十分な理由があり、かつ、当該電話により被疑事実に関連する通話の行われる蓋然性があるとともに、電話傍受以外の方法によってはその罪に関する重要かつ必要な証拠を得ることが著しく困難であるなどの事情が存する場合において、電話傍受により侵害される利益の内容、程度を慎重に考慮した上で、なお電話傍受を行うことが犯罪の捜査上真にやむを得ないと認められるときには、法律の定める手続に従ってこれを行うことも憲法上許される**と解するのが相当である」。

〔元原利文裁判官の反対意見〕「電話傍受は多数意見のいうとおり、検証としての性質をも有することは否めないところであるが、傍受の対象に犯罪と無関係な通話が混入する可能性は、程度の差はあっても否定することができず、傍受の実施中、傍受すべき通話に該当するか否かを判断するために選別的な聴取を行うことは避けられないものである……電話傍受に不可避的に伴う選別的な聴取は、検証のための『必要な処分』の範囲を超えるものであり、この点で、電話傍受を刑訴法上の検証として行うことには無理があるといわなければならない。電話傍受にあっては、その性質上令状の事前呈示の要件（刑訴法222条１項、110条）を満たすことができないのはやむを得ないところであるが、適正手続の保障の見地から、少なくとも傍受終了後合理的な期間内に処分対象者に対し処分の内容について告知することが必要であるというべきである。また、電話傍受は、情報の押収という側面を有するから、違法な傍受が行われたときは、処分対象者に対し、原状回復のための不服申立ての途が保障されていなければならない……電話傍受は本件当時捜査の手段として法律上認められていなかったものであり、検証許可状により行われた本件電話傍受は違法である」。

第12章　学問の自由

学問の自由　日本国憲法23条は、「学問の自由は、これを保障する」と定める。大日本帝国憲法には、学問の自由を保障する規定はなく、国家権力による研究・教育への大幅な干渉がなされたことは歴史の示す通りである。

23条は、学問研究活動全般が、公権力の支配に服さず、また、上級者の指揮監督を受けず、設置者の干渉を排除するに留まらず、さらに外部のあらゆる社会的圧力からも自由であることを意味している。具体的には、研究活動の自由、研究成果発表の自由及び教授の自由を含むものである。2020（令和２）年９月末、菅義偉首相が日本学術会議推薦の会員候補者６名の任命を拒否したことが明らかになった。学問の自由に対する甚大な侵害であると共に、敗戦前の日本の科学者が国策に協力した過去への反省を軽視するものとして、厳しく批判されなければならない。

学問の自由に関する伝統的な学説は23条の内容には当然、大学の自治が含まれていると解する。大学の自治は一般に、研究・教育の自治、人事の自治、財政の自治、学生管理の自治、施設管理の自治を意味する。大学の自治はしばしば、警察権との関係で問題となる。リーディング・ケースとなった**102**東大ポポロ劇団事件では、前提として自治の主体は大学構成員の内の誰をいうのか、すなわち学生を含むのか否かという点が争われた。最高裁判所は、研究者を指すとした上で、学生が学内で開催した演劇発表会に警察が立入っても、大学の自治を侵さないと判示した。

103愛知大学事件でも大学の自治と警察権が論点となった。第２審の名古屋高等裁判所は、大学への警察の立入りに関し、令状を取得している場合、緊急やむを得ない場合は別として、大学側の許諾を要件とし、大学の自治に対する警察力の一定の限界を示している。

102　東大ポポロ劇団事件（暴力行為等処罰ニ関スル法律違反被告事件）☆☆☆

東京地判昭和29年５月11日判時26号３頁

東京高判昭和31年５月８日高刑集９巻５号425頁

●最大判昭和38年５月22日刑集17巻４号370頁

【事実】

1952（昭和27）年２月、東京大学内で、同大公認の東大ポポロ劇団は、反植民地闘争デーの一環として、松川事件を題材にした演劇の発表会を開催していた。本富士警察署警備係警察官であるY等4名は、警備情報収集の目的で入場券を購入して同会場に潜入し、会の模様を監視していた。X（被告人）等学生はY等を発見し、その内3名を拘束して、上着内ポケットより警察手帳を奪うなどしたため、「暴力行為等処罰に関する法律」に基づき起訴された。

なお、前記警察手帳から、少なくとも1950（昭和25）年7月末以降、Y等は連日のように大学構内に立ち入り、張込み、尾行、密行、盗聴等を行って学生や教職員の動静や思想等に対する克明な査察及び監視を続けていた事実が明らかになった。

第1審及び控訴審は、X等の行為は大学の自治を守る正当行為にあたり、無罪とした。

整理

事件／刑事事件

被告人／東京大学学生

〈争点〉集団暴行等に該当するか。

〈憲法上の問題点〉大学の自治と警察権。

【判旨】

破棄差戻（全員一致、補足意見6、意見1）。

（i）**学問の自由の趣旨**「（憲法23）条が学問の自由はこれを保障するとしたのは、一面において、広くすべての国民に対してそれらの自由を保障するとともに、他面において、大学が学術の中心として深く真理を探究することを本質とすることにかんがみて、特に大学におけるそれらの自由を保障することを趣旨としたものである。教育ないし教授の自由は、学問の自由と密接な関係を有するけれども、必ずしもこれに含まれるものではない。しかし、大学については、憲法の右の趣旨と、これに沿つて学校教育法（旧）52条……に基づいて、大学において教授その他の研究者がその専門の研究の結果を教授する自由は、これを保障されると解する」。

（ii）**学問の自由と大学の自治**「**大学の学問の自由と自治は、**大学が学術の中心として深く真理を探究し、専門の学芸を教授研究することを本質とすることに基づくから、**直接には教授その他の研究者の研究、その結果の発表、研究結果の教授の自由とこれらを保障するための自治とを意味すると解される。**大学の施設と学生は、これらの自由と自治の効果として、施設が大学当局によって自治的に管理され、学生も学問の自由と施設の利用を認められるのである」。

（iii）**演劇発表会への警察の立入りと大学の自治**「本件集会は、真に学問的な研究と発表のためのものでなく、実社会の政治的社会的活動であり、かつ公開の集会またはこれに準じるものであって、大学の学問の自由と自治は、これを享有しないといわなければならない。したがって、**本件の集会に警察官が立ち入ったことは、大学の学問の自由と自治を犯すものではない**」。

103　愛知大学事件（暴力行為等処罰に関する法律違反、不法逮捕、強制、公務執行妨害、犯人蔵匿各被告事件）☆

名古屋地判昭和36年8月14日下刑集3巻7・8号750頁
●名古屋高判昭和45年8月25日刑月2巻8号789頁
最決昭和48年4月26日判時703号107頁

【事実】

1952（昭和27）年5月初め頃より、愛知大学構内職員住宅にスパイが潜入している旨の風評が立っていた。この為、同大学生を中心としたX等は、7日深夜学内で見張りについていたところ、制服警官Y等2名と遭遇した。X等はY等に立入りの理由を問い質し、Yを連行して縄で縛る等の暴行を加え、警察手帳や拳銃等を取り上げた。さらに、「私今回愛大内に不法に侵入した事を深くお詫び致します。今後かかる事は上官の命令といえども絶対に致しません」という文面の謝罪文等を書かせたりした。これら一連の行為によりX等は、暴力行為等処罰に関する法律違反等で起訴された。

X等は、Y等の学内立ち入りは学問の自由、大学の自治に対する侵害であるから、本件行為はそれを排除すべく行った正当防衛が成立する等主張した。

整理

事件／刑事事件

被告人／警官に暴行等を加えたとして起訴された学生

〈争点〉 暴力行為等処罰に関する法律違反、不法逮捕、強制、公務執行妨害、犯人蔵匿。

〈憲法上の問題点〉 大学の自治と警察権。

【判旨】

破棄。

（i）**大学の自治と外部からの干渉**　「大学の自治は、学術の中心として、旺盛な真理探究の意欲を維持し、深く専門の学術を研究教授できるよう自由にして創造的な研究専念の雰囲気と、これにふさわしい学園的環境と条件を保持することを中心的要請とするものであって、これと相容れない外部よりの干渉は極力これを排除しようとする。特に権力による干渉は、学園における自由な真理探究の気風を阻害するおそれが最も大きく、やがて、それは自由な研究そのものの萎縮をもたらすに至る。そして、ここに至れば、干渉はもはや明らかに大学自治の本義にもとり、これに対する侵害となるのである」。

（ii）**大学自治と警察の立入り**　「警察権は、一面において、公権力そのものとして学問の自由大学の自治の対立者にほかならないが、同時に警察権の行使そのものもまた、所詮は公共の秩序と福祉に奉仕すべきところのものであり、他面、また学問の自由、大学の自治といえども窮極的には、公共の福祉の合理的制約のもとにあることを当然の事理とするという意味において、両者は相互に両立すべき一面を持つ。そして現行犯その他通常の犯罪捜査のための警察権の行使は、大学といえども治外法権ではないから、これを拒み得べき根拠はない。但し、犯罪捜査のためといえども、学内立入りの必要性の有無はこれを警察の一方的（主観的）認定に委ねられるとすれば、やがて、その面から、実質的に大学の自主性が損なわれるおそれが出てくる。そこで、**緊急その他已むことを得ない事由ある場合を除き、大学内への警察官立入りは、裁判官の発する令状による場合は別として、一応大学側の許諾または了解のもとに行うことを原則とすべきである。**ここに両者の調和点を見出し、警察権行使の大学自治への干渉にわたらない限界を画することができると考えられるのである……しかし、許諾なき立入りは、必ずしもすべて違法とは限らない。結局、**学問の自由、大学の自治にとって、警察権の行使が干渉と認められるのは、それが、当初より大学当局側の許諾了解を予想し得ない場合、特に警備情報活動としての学内立入りの如き場合ということになる**」。

（ⅲ）**警官の立入りと正当防衛**「巡査が単に大学構内を歩いていたという一事をもって、通常直ちに大学の学問の自由、自治を侵害するものとはいえず、結局侵害の現在性及び急迫性に付き、何らこれを認むべき証拠がないことに帰する。してみると、右立入りをもって、学問研究の自由、大学の自治に対する急迫不正の侵害ありとなし得ないこと明らかであるというべく、この一点のみよりして、もはや正当防衛事由成立の要件を欠くこと明白である」。

第13章　人身の自由

適正手続　憲法31条は、法定手続の保障を定めている。法定手続の実現については、手続が法律の形式で定められていればよいのか、それとも適正な実体規定（刑罰法令）の法定および内容についての適正の保障が含まれるべきなのかについて学説が分かれている。通説は、手続の法定だけでなく実体の法定と適正も要求する「適正手続・適正実体説」である。

1．刑事事件における適正手続

刑事手続とは、「刑罰法令」を具体的事件に対して「適用実現」することを目的として設計された法制度である（刑事訴訟法1条)。刑事手続は公権力の発動つまり国家の刑罰権力の実現行使であるから、国民の権利・自由に対して、国家による様々な侵害・制約が及ぶ。憲法31条は、アメリカ法の「法の適正な手続（due process of law)」の影響を受けて、単なる手続の法定のみならず、法の定める「適正」な手続を保障していると解される。つまり、法定手続が適正であるためには、告知と聴聞の手続が保障されることが要件とされる。告知・聴聞の内容は、公権力が国民に刑罰その他の不利益を課す場合には、当事者にあらかじめその内容を告知し、当事者に弁解と防禦の機会を与えることであり、このことは**104**第三者所有物没収事件判決で認められている。

2．行政手続への適用

憲法31条は刑事手続についての規定であるが、行政手続にも要求されると解されている。行政処分には、税務調査などの行政調査のための立入り等、財産や自由の剝奪・制限を含むことがあるため、実質的に刑罰による不利益と大きな差がない。これについて学説の多くは、行政手続にも告知・聴聞などの適正手続が要求されるとしており、その根拠は、31条の適用または準用あるいは13条の幸福追求権などに求められる。判例では、**106**川崎民商事件で35条、38条が行政手続にも及びうることを認めており、**107**成田新法事件で行政手続にも31条の保障が及ぶことを認めている。1993（平成5）年には行政手続法が制定され、行政過程における事前手続の一般原則が定められた。同法13条以下では、不利益処分を課す場合には原則として事前に聴聞または弁明の機会が付与されることが規定されているが、3条・4条・13条2項の例外規定およびその他個別法による同法の適用除外規定によって形骸化していることが指摘されている。

104　第三者所有物没収事件（関税法違反未遂被告事件）☆☆☆

福岡地小倉支判昭和30年4月25日刑集16巻11号1629頁

福岡高判昭和30年9月21日刑集16巻11号1630頁

●最大判昭和37年11月28日刑集16巻11号1593頁

【事実】

被告人らは共謀の上、税関の輸出免許を受けないで本件船舶に貨物を積載し、韓国向けの漁船に積替えようとしたが、途中、海上で時化に遭ったためその目的を遂げないまま密輸の嫌疑で逮捕された。第1審では、被告人らに関税法違反の未遂として懲役6月および付加刑として当該船舶と貨物を没収する判決が下され、控訴審もこれを支持した。被告人らは、関税法118条1項が、同項所定の犯罪に関係ある船舶・貨物等が被告人以外の第三者の所有に属する場合においてもこれを没収する旨規定しながら、その所有者たる第三者に対して告知、弁解、防禦の機会を与えるべきことを定めておらず、また、刑訴法その他の法令においても、何らかかる手続に関する規定を設けていないため、同条項によって第三者の所有物を没収することは、憲法29条および31条に違反するとして上告した。

整理

事件／刑事事件

被告人・控訴人・上告人／関税法違反で起訴された者

〈争点〉関税法違反

〈憲法上の問題点〉第三者所有物を告知・聴聞の手続なしに没収することは、憲法29条、31条に違反しないか。

【判旨】

破棄自判（9対5、補足意見3、少数意見2、反対意見1）。

「関税法118条1項の規定による没収は、同項所定の犯罪に関係ある船舶、貨物等で同項但書に該当しないものにつき、被告人の所有に属すると否とを問わず、その所有権を剥奪して国庫に帰属せしめる処分であつて、被告人以外の第三者が所有者である場合においても、被告人に対する附加刑としての没収の言渡により、当該第三者の所有権剥奪の効果を生ずる趣旨であると解するのが相当である。

しかし、**第三者の所有物を没収する場合において、その没収に関して当該所有者に対し、何ら告知、弁解、防禦の機会を与えることなく、その所有権を奪うことは、著しく不合理であつて、憲法の容認しないところであるといわなければならない。けだし、憲法29条1項は、財産権は、これを侵してはならないと規定し、また同31条は、何人も、法律の定める手続によらな**

ければ、その生命若しくは自由を奪われ、又はその他の刑罰を科せられないと規定しているが、前記第三者の所有物の没収は、被告人に対する附加刑として言い渡され、その刑事処分の効果が第三者に及ぶものであるから、所有物を没収せられる第三者についても、告知、弁護、防禦の機会を与えることが必要であつて、これなくして第三者の所有物を没収することは、適正な法律手続によらないで、財産権を侵害する制裁を科するに外ならないからである。そして、このことは、右第三者に、事後においていかなる権利救済の方法が認められるかということとは、別個の問題である。然るに、関税法118条１項は、同項所定の犯罪に関係ある船舶、貨物等が被告人以外の第三者の所有に属する場合においてもこれを没収する旨規定しながら、その所有者たる第三者に対し、告知、弁解、防禦の機会を与えるべきことを定めておらず、また刑訴法その他の法令においても、何らかかる手続に関する規定を設けていないのである。従つて、前記関税法118条１項によつて第三者の所有物を没収することは、憲法31条、29条に違反するものと断ぜざるをえない。」

105　福岡県青少年保護育成条例事件（福岡県青少年保護育成条例違反被告事件）☆☆

小倉簡判昭和56年12月14日刑集39巻６号461頁
福岡高判昭和57年３月29日刑集39巻６号462頁
●最大判昭和60年10月23日刑集39巻６号413頁

【事実】

被告人（当時26歳）は、A（同16歳）とホテル客室で性交し、青少年に対し淫行の行為をしたとして起訴され、第１審・控訴審ともに有罪となった。被告人は、福岡県青少年保護育成条例10条１項のいう「青少年に対し、淫行又はわいせつの行為」とは結婚を前提とする真摯な合意に基づく場合も一律に規制しようとするもので処罰の範囲が広すぎるとし、また「淫行」も不明確で青少年の性行為一般を処罰する危険があるとして、憲法11条、13条、19条、21条、31条違反等を理由に上告した。

整理

事件／刑事事件

被告人・控訴人・上告人／福岡県青少年保護育成条例違反（淫行行為）で起訴された者

〈争点〉本条例10条１項の規定にいう「淫行」の定義が青少年の性行為一般を処罰する危険があるか。

〈憲法上の争点〉福岡県青少年保護育成条例10条１項、16条１項の規定が憲法31条に違反するか。

【判旨】

棄却（12対３、補足意見２、反対意見３）。

「本条例10条１項、16条１項の規定（以下、両者を併せて『本件各規定』という。）の趣旨は、一般に青少年が、その心身の未成熟や発育程度の不均衡から、精神的に未だ十分に安定していないため、性行為等によつて精神的な痛手を受け易く、また、その痛手からの回復が困難となりがちである等の事情にかんがみ、青少年の健全な育成を図るため、青少年を対象としてなされる性行為等のうち、その育成を阻害するおそれのあるものとして社会通念上非難を受けるべき性質のものを禁止することとしたものであることが明らかであつて、右のような本件各規定の趣旨及びその文理等に徴すると、**本条例10条１項の規定にいう『淫行』とは、広く青少年に対する性行為一般をいうものと解すべきではなく、青少年を誘惑し、威迫し、欺罔し又は困惑させる等その心身の未成熟に乗じた不当な手段により行う性交又は性交類似行為のほか、青少年を単に自己の性的欲望を満足させるための対象として扱つているとしか認められないような性交又は性交類似制（ママ）為をいうものと解するのが相当である。けだし、右の『淫行』を広く青少年に対する性行為一般を指すものと解するときは、『淫らな』性行為を指す『淫行』の用語自体の意義に添わないばかりでなく、例えば婚約中の青少年又はこれに準ずる真摯な交際関係にある青少年との間で行われる性行為等、社会通念上およそ処罰の対象として考え難いものをも含むこととなつて、その解釈は広きに失することが明らかであり、また、前記『淫行』を目にして単に反倫理的あるいは不純な性行為と解するのでは、犯罪の構成要件として不明確であるとの批判を免れないのであつて、前記の規定の文理から合理的に導き出され得る解釈の範囲内で、前叙のように限定して解するのを相当とする。このような解釈は通常の判断能力を有する一般人の理解にも適うものであり、『淫行』の意義を右のように解釈するときは、同規定につき処罰の範囲が不当に広過ぎるとも不明確であるともいえないから、本件各規定が憲法31条の規定に違反するものとはいえず、**憲法11条、13条、19条、21条違反をいう所論も前提を欠くに帰し、すべて採用することができない。」

〔伊藤正己裁判官の反対意見〕「刑罰という最もきびしい法的制裁を科する刑事法規については、罪刑法定主義にもとづく構成要件の明確性の要請がつよく働くのであるから、判例の説示するところは、憲法31条のもとにあつて、刑罰法規についてもほぼ同様に考えてよいと思われる。

この判断基準にたつて本条例10条１項の規定が憲法31条の要求する明確性をそなえているかどうかを考えてみるに、**多数意見の示すような限定解釈は一般人の理解として『淫行』という文言から読みとれるかどうかきわめて疑問であつて、もはや解釈の限界を超えたものと思われるのであるが、私の見解では、淫行処罰規定による処罰の範囲は、憲法の趣旨をうけて更に限定されざるをえず、『誘惑し、威迫し、欺罔し又は困惑させる等』の不当な手段により青少年との性交又は性交類似行為がなされた場合に限られると解するのである。しかし、このような解釈は、『淫行』という文言の語義からいつても無理を伴うもので、通常の判断能力を有する**

一般人の理解の及びえないものであり、『淫行』の意義の解釈の域を逸脱したものといわざるをえない。このように考えると、『淫行』という文言は、正当に処罰の範囲とされるべきものを示すことができず、本条例10条１項の規定は、犯罪の構成要件の明確性の要請を充たすことができないものであつて、憲法31条に違反し無効というほかはない。」

〔谷口正孝裁判官の反対意見〕「多数意見が『淫行』概念について限定解釈を施し、処罰範囲が不当に拡大することを防止しようとしていることは、私としても理解するに吝かではない。しかし、多数意見の示す誘惑、威迫等性行為にいたる手段の違法性の如きは、これを加えることにより『淫行』の違法性を限定するというのであれば、私はすでに解釈の作業を超え新たな立法作業の範ちゆうに属するものと考える。そしてまた、多数意見の示す右の手段の違法性を除いた場合の概念規定も、通常人の理解をもつてしては、とうていその意味内容を把握するに困難なものだと思う。

以上の次第で、私は本条例10条１項にいう『淫行』概念は、犯罪の構成要件、すなわち違法行為の類型を示すものとしては明確性の基準に欠けるものとの非難を免れないものと考える。」

「本条例10条１項の憲法適合性についてはなお検討を要する問題点を残すが、……右規定は少なくも年長青少年との淫行を処罰する限りにおいて、刑罰法規の明確性、適正処罰の観点から考えて憲法31条に違反し無効と考える。」

106　成田新法事件（工作物等使用禁止命令取消等請求事件）☆☆

千葉地判昭和59年２月３日民集46巻５号461頁

東京高判昭和60年10月23日民集46巻５号483頁

●最大判平成４年７月１日民集46巻５号437頁

【事実】

原告は、千葉県某所所在の鉄骨鉄筋コンクリート地上３階地下１階建の建築物１棟（通称「横堀要塞」）の所有者及び管理者であり、これを居住、宿泊及び新東京国際空港建設反対運動の集会のための事務連絡等に使用していた。当時の運輸大臣は、新東京国際空港の安全確保に関する緊急措置法（成田新法）３条に基づき、空港建設反対団体である原告に対して横堀要塞の使用禁止命令を発した。原告は、この処分の取り消しおよび国に対し5,000万円の慰謝料等の支払いを求めたが、第１審、控訴審ともに棄却されたため、同法が憲法21条１項、22条１項、29条１項および２項、31条、35条に違反し無効であると主張して上告した。

整理

事件／行政事件

原告・控訴人・上告人／工作物使用禁止命令を受けた横堀要塞の所有者

被告・被控訴人・被上告人／運輸大臣・国

〈**争点**〉工作物使用禁止命令の取り消し請求と国家賠償請求。

〈**憲法上の問題点**〉行政処分に告知・弁解の機会を与える事前手続がないことが憲法31条に違反するか。

【判旨】

一部上告棄却、一部破棄自判（全員一致、意見２）。

「憲法31条の定める法定手続の保障は、直接には刑事手続に関するものであるが、行政手続については、それが刑事手続ではないとの理由のみで、そのすべてが当然に同条による保障の枠外にあると判断することは相当ではない。

しかしながら、**同条による保障が及ぶと解すべき場合であっても、一般に、行政手続は、刑事手続とその性質においておのずから差異があり、また、行政目的に応じて多種多様であるから、行政処分の相手方に事前の告知、弁解、防御の機会を与えるかどうかは、行政処分により制限を受ける権利利益の内容、性質、制限の程度、行政処分により達成しようとする公益の内容、程度、緊急性等を総合較量して決定されるべきものであって、常に必ずそのような機会を与えることを必要とするものではないと解するのが相当である。**

本法３条１項に基づく工作物使用禁止命令により制限される権利利益の内容、性質は、前記のとおり当該工作物の三態様における使用であり、右命令により達成しようとする公益の内容、程度、緊急性等は、前記のとおり、新空港の設置、管理等の安全という国家的、社会経済的、公益的、人道的見地からその確保が極めて強く要請されているものであって、高度かつ緊急の必要性を有するものであることなどを総合較量すれば、右命令をするに当たり、その相手方に対し事前に告知、弁解、防御の機会を与える旨の規定がなくても、本法３条１項が憲法31条の法意に反するものということはできない。」

〔**園部逸夫裁判官の意見**〕「**私は、行政庁の処分のうち、少なくとも、不利益処分（名宛人を特定して、これに義務を課し、又はその権利利益を制限する処分）については、法律上、原則として、弁明、聴聞等何らかの適正な事前手続の規定を置くことが、必要であると考える。**」「もとより、個別の行政庁の処分の趣旨・目的に照らし、刑事上の処分に準じた手続によるべきものと解される場合において、適正な手続に関する規定の根拠を、憲法31条又はその精神に求めることができることはいうまでもない。」

＊　　＊　　＊

令状主義　憲法33条および35条は、逮捕または捜索・差押え等強制処分についての令状主義を定めている。裁判官による令状の審査は、捜査機関の権限濫用の防止、被疑者の人権保障のためにある。ここで問題となるのは、令状主義の例外についてである。

１．緊急逮捕、別件逮捕

逮捕とは、被疑者の身体の自由を拘束し、それを短期間継続する対人的強制処分である。通常逮捕の場合、逮捕に先立って逮捕状の発付が必要であるが、現行犯逮捕については、憲法33条が令状主義の例外としている。これ以外に、刑事訴訟法210条は緊急逮捕を定めているが、憲法33条で令状主義の例外として規定されていないことから、その合憲性が問題となる。**108**判決で合憲と判断された後、緊急逮捕における「充分な理由」とは、通常逮捕の「相当な理由」よりも嫌疑の程度が高い場合であり、緊急性は直ちに逮捕しなければ被疑者が逃亡し又は証拠隠滅のおそれがある場合とされた（最判昭和32年5月28日刑集11巻5号1548頁）。また、憲法33条を厳格に解釈し、刑訴法210条を違憲無効とすれば、実際の需要に応えるために刑訴法上の現行犯・準現行犯概念が弛緩したり、違法な任意同行が横行したりしかねないという指摘もある。

別件逮捕とは、本件について逮捕・勾留の要件を具備していないのに、その取調べのために、要件の具備している別件で逮捕・勾留することをいう。別件基準説は、強制処分の対象となっている別件について、身柄拘束の要件があったか否かを基準に判断するため、別件について逮捕・勾留の要件を具備していれば、別件逮捕も許される。一方で、別件逮捕・勾留が実質的に本件の取調べを目的とするものであることに着目して、これを違法とする考え方が本件基準説である。本件基準説に立てば、別件逮捕は、本件についての令状主義を潜脱する違法があることになる。**109**狭山事件決定では、別件基準説に立ち合憲とするが、本件基準説を採る裁判例もある（金沢地七尾支判昭和44年6月3日刑月1巻6号657頁）。

2．捜索・押収

憲法35条は、捜索・差押え等強制処分についての令状主義の原則を定めている。ここでいう「住居、書類及び所持品」とは、財産的利益だけでなく、個人の私的領域におけるプライバシーも含んでいると解される。これは、憲法33条の保障する身体・行動の自由と並んで、個人にとって最も基本的かつ重要で価値の高い権利・自由である。捜査目的とはいえ、個人の私的領域に侵入し、捜索・差押え等を行うことは、権利・自由の侵害・制約を伴う処分類型であるから、これを捜索機関だけの判断と裁量のみで実行可能とするのは危険である。この危険を回避するために、直接捜査を担当しない裁判官が、このような基本権侵害を実行する「正当な理由」がある場合にのみ令状を発付することとしている。

110判決では、GPS捜査が被疑者のプライバシーを捜査対象としている強制処分であることを認めつつも、GPSの特殊性から令状の発付を絶対的な要件とせず、立法裁量に委ねた。

3．行政調査

行政調査とは、行政権が行政処分のための情報収集を行う目的で行う調査・検査のことをいう。この方法には、任意調査、罰則付きの調査、実力行使が認められる調査などがある。任意調査は、警察官による所持品検査（最判昭和53年9月7日刑集32巻6号1672頁）などが最高裁により合憲と判断されている。法令上、国税犯則取締法2条、証券取引法121条の臨検・捜査・差押には裁判官の許可状が必要である。**107**川崎民商事件判決では、刑事告発につながりかねない検査・質問が令状なしに行われることについて、「刑事責任の追及を目的とする手続ではない」ことを理由に合憲と判断した。

107　川崎民商事件（税務検査拒否事件）☆

横浜地判昭和41年3月25日刑集26巻9号571頁

東京高判昭和43年8月23日刑集26巻9号574頁

●最大判昭和47年11月22日刑集26巻9号554頁

【事実】

被告人は、食肉販売業を営み、川崎民主商工会に所属していた。被告人の1962（昭和37）年度所得税確定申告の過少申告を疑った税務署収税官吏は、帳簿書類等の検査をしようしたが、被告人が検査を拒んだことについて、旧所得税法63条（現行法234条1項に相当）の検査拒否罪で起訴された。第1審、控訴審ともに所得税法違反の有罪判決が言い渡された。被告人は、同法63条等が裁判所の令状なしに強制的に検査権を認めているのは憲法35条1項に違反し、この検査・質問により所得税逋脱（旧69条、現行法238条に相当）の事実があれば税務職員はこれを告発できることから、この検査・質問が刑事訴追を受けるおそれのある事項につき供述を強要するものであるため憲法38条1項に違反するとして上告した。

整理

事件／刑事事件

被告人・控訴人・上告人／（旧）所得税法により検査拒否罪で起訴された者

〈争点〉税務検査・質問は、刑事訴追をうけるおそれのある事項について供述を強要するものであるか。

〈憲法上の問題点〉憲法35条の令状主義と、38条の供述拒否権は行政調査においても保障されるか。

【判旨】

棄却（全員一致）。

（i）「たしかに、旧所得税法70条10号の規定する検査拒否に対する罰則は、同法63条所定の収税官吏による当該帳簿等の検査の受忍をその相手方に対して強制する作用を伴なうものであるが、**同法63条所定の収税官吏の検査は、もつぱら、所得税の公平確実な賦課徴収のために必要な資料を収集することを目的とする手続であつて、その性質上、刑事責任の追及を目的とする手続ではない。**

また、右検査の結果過少申告の事実が明らかとなり、ひいて所得税逋脱の事実の発覚にもつながるという可能性が考えられないわけではないが、そうであるからといつて、右検査が、実質上、刑事責任追及のための資料の取得収集に直接結びつく作用を一般的に有するものと認めるべきことにはならない。」

「**憲法35条1項の規定は、本来、主として刑事責任追及の手続における強制について、それが司法権による事前の抑制の下におかれるべきことを保障した趣旨であるが、当該手続が刑事責任追及を目的とするものでないとの理由のみで、その手続における一切の強制が当然に右規定による保障の枠外にあると判断することは相当ではない。**しかしながら、前に述べた諸点を総合して判断すれば、旧所得税法70条10号、63条に規定する検査は、あらかじめ裁判官の発する令状によることをその一般的要件としないからといつて、これを憲法35条の法意に反するものとすることはできず、前記規定を違憲であるとする所論は、理由がない。」

（ii）「**同法70条10号、63条に規定する検査が、もつぱら所得税の公平確実な賦課徴収を目的とする手続であつて、刑事責任の追及を目的とする手続ではなく、また、そのための資料の取得収集に直接結びつく作用を一般的に有するものでもないこと、および、このような検査制度に公益上の必要性と合理性の存することは、前示のとおりであり、これらの点については、同法70条12号、63条に規定する質問も同様であると解すべきである。**そして、憲法38条1項の法意が、何人も自己の刑事上の責任を問われるおそれのある事項について供述を強要されないことを保障したものであると解すべきことは、当裁判所大法廷の判例（昭和27年（あ）第838号同32年2月20日判決・刑集11巻2号802頁）とするところであるが、**右規定による保障は、純然たる刑事手続においてばかりではなく、それ以外の手続においても、実質上、刑事責任追及のための資料の取得収集に直接結びつく作用を一般的に有する手続には、ひとしく及ぶものと解するのを相当とする。**しかし、旧所得税法70条10号、12号、63条の検査、質問の性質が上述のようなものである以上、右各規定そのものが憲法38条1項にいう『自己に不利益な供述』を強要するものとすることはできず、この点の所論も理由がない。

なお、……原判決の結論自体は正当であるから、この点の憲法解釈の誤りが判決に影響を及ぼさないことは、明らかである。」

108　緊急逮捕（森林法違反公務執行妨害傷害被告事件）☆

徳島地脇町支判昭和24年6月23日刑集9巻13号2768頁

高松高判昭和26年7月30日刑集9巻13号2769頁

●最大判昭和30年12月14日刑集9巻13号2760頁

【事実】

被告人は、A所有山林の棕梠皮を窃取した疑いで自宅を訪ねたB及びC巡査両名に対し、任意出頭を拒否した。その後被告人は、逮捕を免れようとして暴行を加えたが、緊急逮捕され、同日中に裁判官の逮捕状が発付された。この事実につき被告人は、森林窃盗罪（旧森林法83条、現行法197条に相当）、公務執行妨害罪および傷害罪により懲役10月の有罪となった。控訴審では、緊急逮捕が違憲であると主張したが棄却されたため、上告した。

整理

事件／刑事事件

被告人・控訴人・上告人／（旧）森林法83条等違反で起訴された者

〈争点〉令状発付前の緊急逮捕（刑訴法210条）が令状主義の例外にあたるか。

〈憲法上の問題点〉憲法33条「現行犯」以外の例外の有無。

【判旨】

棄却（全員一致、補足意見3）。

「所論は、刑訴210条が、検察官、検察事務官又は司法警察職員に対し逮捕状によらず被疑者を逮捕することができることを規定しているのは憲法33条に違反するというのである。しかし刑訴210条は、死刑又は無期若しくは長期3年以上の懲役若しくは禁錮にあたる罪を犯したことを疑うに足る充分な理由がある場合で、且つ急速を要し、裁判官の逮捕状を求めることができないときは、その理由を告げて被疑者を逮捕することができるとし、そして**この場合捜査官憲は直ちに裁判官の逮捕状を求める手続を為し、若し逮捕状が発せられないときは直ちに被疑者を釈放すべきことを定めている。かような厳格な制約の下に、罪状の重い一定の犯罪のみについて、緊急已むを得ない場合に限り、逮捕後直ちに裁判官の審査を受けて逮捕状の発行を求めることを条件とし、被疑者の逮捕を認めることは、憲法33条規定の趣旨に反するものではない**、されば所論違憲の論旨は理由がない。」

109　狭山事件（強盗強姦、強盗殺人、死体遺棄等被告事件）

浦和地判昭和39年3月11日下刑集6巻3・4号206頁

東京高判昭和49年10月31日高刑集27巻5号474頁

●最決昭和52年8月9日刑集31巻5号821頁

東京高決昭和55年2月5日高刑集33巻1号1頁

最決昭和60年5月27日集刑240号57頁

最決平成17年3月16日集刑287号221頁

【事実】

1963（昭和38）年狭山市で女子高生が下校途中行方不明になり、身代金を要求する脅迫文が家族に届けられ、犯人が身代金の受け渡しに失敗した後に、強姦のうえ殺害された女子高生の死体が発見された。警察は、被告人を恐喝未遂と別件の暴行、窃盗の容疑で逮捕し、取り調べたが、被告人は、本件である恐喝未遂、強姦、殺人について全面的に否認した。そこで、検察官は、被告人を別件の暴行、窃盗で起訴し、4日後保釈されると直ちに、強盗強姦殺人、死体遺棄の容疑で再逮捕し、被告人の自白を理由に強盗強姦、強盗殺人、死体遺棄、恐喝未遂等で起訴した。第1審では、被告人は起訴事実を認め、弁護人が別件逮捕、再逮捕・勾留による違法、不当な拘禁中に得られた自白には証拠能力がないと主張したが、死刑判決が下された。控訴審においては、量刑が不当であるとして無期懲役刑の判決が下された。

被告人は、このような令状主義を潜脱した違法な別件逮捕、再逮捕・勾留中に得られた証拠により犯罪事実を認定した原判決は、刑事訴訟法の手続および憲法に違反するとして上告した。

整理

事件／刑事事件

被告人・控訴人・上告人／強盗殺人等で起訴された者

〈争点〉別件逮捕・勾留で得られた証拠を本件起訴に使用できるか。

〈憲法上の問題点〉別件逮捕は憲法33条の令状主義を潜脱しているか。

【決定要旨】

棄却（全員一致）。

「第一次逮捕・勾留は、その基礎となつた被疑事実について逮捕・勾留の理由と必要性があつたことは明らかである。そして、**『別件』中の恐喝未遂と『本件』とは社会的事実として一連の密接な関連があり、『別件』の捜査として事件当時の被告人の行動状況について被告人を取調べることは、他面においては『本件』の捜査ともなるのであるから、第一次逮捕・勾留中に『別件』のみならず『本件』についても被告人を取調べているとしても、それは、専ら『本件』のためにする取調というべきではなく、『別件』について当然しなければならない取調をしたものにほかならない。それ故、第一次逮捕・勾留は、専ら、いまだ証拠の揃つていない『本件』について被告人を取調べる目的で、証拠の揃つている『別件』の逮捕・勾留に名を借り、その身柄の拘束を利用して、『本件』について逮捕・勾留して取調べるのと同様な効果を得ることをねらいとしたものである、とすることはできない。**」

「また、『別件』についての第一次逮捕・勾留中の捜査が、専ら『本件』の被疑事実に利用されたものでないことはすでに述べたとおりであるから、第二次逮捕・勾留が第一次逮捕・勾留の被疑事実と実質的に同一の被疑事実について再逮捕・再勾留をしたものではないことは明らかである。

それ故、『別件』についての第一次逮捕・勾留とこれに続く窃盗、森林窃盗、傷害、暴行、横領被告事件の起訴勾留及び『本件』についての第二次逮捕・勾留は、いずれも適法であり、右一連の身柄の拘束中の被告人に対する『本件』及び『別件』の取調について違法の点はないとした原判決の判断は、正当として是認することができる。」

110 GPS捜査の適法性（窃盗、建造物侵入、傷害被告事件） ☆☆

大阪地判平成27年7月10日刑集71巻3号164頁

大阪高判平成28年3月2日刑集71巻3号171頁

●最大判平成29年3月15日刑集71巻3号13頁

【事実】

被告人が複数の共犯者と共謀した自動車窃盗2件、ナンバープレート窃盗2件および建造物侵入、窃盗（店舗荒らし）5件と、被告人が単独で犯した傷害1件の捜査において、約6か月半の間、被告人ら所有の自動車等合計19台にGPS端末を取り付けた上、その所在を検索して移動状況を把握するという方法によりGPS捜査が実施された。このGPSの取り付けに際しては、同人らの承諾も令状を取得することもなく行われた。

第1審は、GPS捜査はプライバシーを侵害するものであるため強制の処分に当たると判示し、この捜査により直接得られた証拠及びこれに密接に関連する証拠の証拠能力を否定したが、その他の証拠に基づき被告人を有罪と認定した。控訴審では、「GPS捜査が強制の処分にあたり無令状でこれを行った点において違法と解する余地がないわけではないとしても令状発付の実体的要件は満たしていたと考え得ること、本件GPS捜査が行われていた頃までに、これを強制の処分と解する司法判断が示されたり、定着したりしていたわけではなく、その実施に当たり、警察官らにおいて令状主義に関する諸規定を潜脱する意図があったとまでは認めがたい」として、被告人の控訴を棄却したため、被告人が上告した。

整理

事件／刑事事件

被告人・控訴人・上告人／窃盗罪等で起訴された者

〈争点〉 無令状で行われた一連のGPS捜査の違法性。

〈憲法上の問題点〉 GPS捜査により得られる情報がプライバシーに該当し、憲法33条の令状主義が適用されるべきか。

【判旨】

棄却（全員一致、補足意見3）。

「GPS捜査は、対象車両の時々刻々の位置情報を検索し、把握すべく行われるものであるが、**その性質上、公道上のもののみならず、個人のプライバシーが強く保護されるべき場所や**

空間に関わるものも含めて、対象車両及びその使用者の所在と移動状況を逐一把握することを可能にする。このような捜査手法は、個人の行動を継続的、網羅的に把握することを必然的に伴うから、個人のプライバシーを侵害し得るものであり、また、そのような侵害を可能とする機器を個人の所持品に秘かに装着することによって行う点において、公道上の所在を肉眼で把握したりカメラで撮影したりするような手法とは異なり、公権力による私的領域への侵入を伴うものというべきである。」

「憲法35条は、『住居、書類及び所持品について、侵入、捜索及び押収を受けることのない権利』を規定しているところ、この規定の保障対象には、『住居、書類及び所持品』に限らずこれらに準ずる私的領域に『侵入』されることのない権利が含まれるものと解するのが相当である。そうすると、前記のとおり、**個人のプライバシーの侵害を可能とする機器をその所持品に秘かに装着することによって、合理的に推認される個人の意思に反してその私的領域に侵入する捜査手法であるGPS捜査は、個人の意思を制圧して憲法の保障する重要な法的利益を侵害するものとして、刑訴法上、特別の根拠規定がなければ許容されない強制の処分に当たる**（最高裁昭和50年（あ）第146号同51年３月16日第三小法廷決定・刑集30巻２号187頁参照）とともに、**一般的には、現行犯人逮捕等の令状を要しないものとされている処分と同視すべき事情があると認めるのも困難であるから、令状がなければ行うことのできない処分と解すべきである。**」

「仮に、検証許可状の発付を受け、あるいはそれと併せて捜索許可状の発付を受けて行うとしても、GPS捜査は、GPS端末を取り付けた対象車両の所在の検索を通じて対象車両の使用者の行動を継続的、網羅的に把握することを必然的に伴うものであって、GPS端末を取り付けるべき車両及び罪名を特定しただけでは被疑事実と関係のない使用者の行動の過剰な把握を抑制することができず、裁判官による令状請求の審査を要することとされている趣旨を満たすことができないおそれがある。さらに、GPS捜査は、被疑者らに知られず秘かに行うのでなければ意味がなく、事前の令状呈示を行うことは想定できない。刑訴法上の各種強制の処分については、手続の公正の担保の趣旨から原則として事前の令状呈示が求められており（同法222条１項、110条）、他の手段で同趣旨が図られ得るのであれば事前の令状呈示が絶対的な要請であるとは解されないとしても、これに代わる公正の担保の手段が仕組みとして確保されていないのでは、適正手続の保障という観点から問題が残る。

これらの問題を解消するための手段として、一般的には、実施可能期間の限定、第三者の立会い、事後の通知等様々なものが考えられるところ、捜査の実効性にも配慮しつつどのような手段を選択するかは、刑訴法197条１項ただし書の趣旨に照らし、第一次的には立法府に委ねられていると解される。」

＊　＊　＊

被告人の権利　被告人とは、刑事事件において公訴を提起された者（刑訴法256条1項2号）のことをいい、検察官と対立する一方の当事者である。被告人には、国家に対抗するために憲法上さまざまな権利が保障されている。弁護人依頼権（憲法34条、37条3項)、公平な裁判所の迅速な裁判を受ける権利（37条1項)、証人審問権・証人喚問権（37条2項)、不利益供述強要の禁止（38条）などである。

1．弁護人依頼権

当事者主義を採る刑事手続においては、被疑者・被告人は当事者、すなわち防御権行使の主体として位置づけられることになる。憲法34条前段は、抑留・拘禁される者に弁護人依頼権を保障する。これは、単に被疑者が弁護人を選任することを妨害してはならないというにとどまるものではなく、被疑者に対し、弁護人に相談し、弁護人から援助を受ける機会をもつことを保障しているものと解すべきである（**112**接見交通制限事件)。また37条3項では、憲法上の被告人の国選弁護人制度を具体的に保障するため、裁判所に国選弁護人の選任義務を課している。

刑訴法39条1項は、憲法34条前段の弁護人依頼権をうけて、弁護人又は弁護人になろうとする者と、身柄拘束を受けている被疑者と立会人なくして自由に接見交通ができる旨定めている。しかし刑訴法39条3項では、捜査機関は、捜査のため必要があるときに、接見制限ができる規定を置いている。**112**判決では、被疑者の身体の拘束については最大でも23日間という厳格な時間的制約があること（刑訴法203条～205条、208条、208条の2参照）などを理由に合憲とされた。

2．公平な裁判所の迅速な裁判を受ける権利

憲法37条1項が保障しているのは、公平な裁判所の迅速な裁判を受ける権利である。「迅速な裁判」は、プログラム規定とみる判決が続いたとされる（最大判昭和23年12月22日刑集2巻14号1853頁、最判昭和24年3月12日刑集3巻3号293頁、最大判昭和24年11月30日刑集3巻11号1857頁)。**111**高田事件判決では、同条項をプログラム規定ではないとし、第1審で15年間審理が中断したことによって「迅速な裁判を受ける被告人の権利が害せられた」として免訴とした。

3．不利益供述強要の禁止

自白は、自己の全部又は主要部分の犯罪事実を認める被告人の供述のことをいう。自白は、被告人にとって刑事責任を問われる不利益な内容の供述であるため、一般的に他の証拠よりも信用性の高い証拠である。自白偏重の取調べによる冤罪を防ぐために、憲法38条1項は、自己が刑事責任を問われるおそれのある事項について、法律上供述義務を課されないことが保障されている。

4．公判廷における被告人の自白と本人の自白

憲法38条3項は、任意性のある自白であっても、その自白を補強する証拠が別にない場合には、有罪の証拠として採用することができないという「補強証拠の法則」を定めている。公判開始までに「本人の自白」が唯一の証拠である場合に、公判廷における自白も同条項に該当し、さらに補強証拠が必要であるかについて、**114**公判廷における自白と「本人の自白」事件判決で補強証拠は必要ないと判示した。しかし、刑訴法319条1項、2項では、公判廷の内外を問わず、自白が自己に不利益な唯一の証拠である場合の証拠能力を否定している。

111　高田事件（住居侵入等被告事件）☆☆☆

名古屋地判昭和44年9月18日刑集26巻10号683頁
名古屋高判昭和45年7月16日刑集26巻10号715頁
●最大判昭和47年12月20日刑集26巻10号631頁

【事実】

1952（昭和27）年6月名古屋市内の高田派出所等襲撃事件を含む一連の集団暴行事件が発生した。合計31名の被告人らは、1952（昭和27）年以降順次、住居侵入、放火、傷害等で起訴されたが、そのうち27名については1953（昭和28）年6月から、他の4名について1954（昭和29）年3月から、1969（昭和44）年に審理が再開されるまで、第1審の検察側立証の途中から審理が約15年間中断した。第1審は、憲法37条1項はプログラム規定ではなく強行規定であるとし、迅速な裁判を受ける権利が侵害された本件においては、公訴時効が完成した場合に準じ、刑訴法337条4号により被告人らを免訴とした。控訴審は、迅速な裁判を受ける権利の侵害を認めたが、刑事訴訟法には救済規定がないとして、第1審判決を破棄差戻ししたため、被告人らが上告した。

整理

事件／刑事事件

被告人・被控訴人・上告人／住居侵入等で起訴された者

〈争点〉審理遅滞による免訴と刑事訴訟法上の根拠規定。

〈憲法上の問題点〉憲法37条の「迅速な裁判を受ける権利」がどのように保障されるべきか。

【判旨】

破棄自判（13対1、反対意見1）。

「当裁判所は、憲法37条1項の保障する迅速な裁判をうける権利は、憲法の保障する基本的な人権の一つであり、右条項は、単に迅速な裁判を一般的に保障するために必要な立法上および司法行政上の措置をとるべきことを要請するにとどまらず、さらに個々の刑事事件について、現実に右の保障に明らかに反し、**審理の著しい遅延の結果、迅速な裁判をうける被告人の**

権利が害せられたと認められる異常な事態が生じた場合には、これに対処すべき具体的規定がなくても、もはや当該被告人に対する手続の続行を許さず、その審理を打ち切るという非常救済手段がとられるべきことをも認めている趣旨の規定であると解する。

刑事事件について審理が著しく遅延するときは、被告人としては長期間罪責の有無未定のまま放置されることにより、ひとり有形無形の社会的不利益を受けるばかりでなく、当該手続においても、被告人または証人の記憶の減退・喪失、関係人の死亡、証拠物の滅失などをきたし、ために被告人の防禦権の行使に種々の障害を生ずることをまぬがれず、ひいては、刑事司法の理念である、事案の真相を明らかにし、罪なき者を罰せず罪ある者を逸せず、刑罰法令を適正かつ迅速に適用実現するという目的を達することができないこととなるのである。上記憲法の迅速な裁判の保障条項は、かかる弊害発生の防止をその趣旨とするものにほかならない。

もつとも、『迅速な裁判』とは、具体的な事件ごとに諸々の条件との関連において決定されるべき相対的な観念であるから、憲法の右保障条項の趣旨を十分に活かすためには、具体的な補充立法の措置を講じて問題の解決をはかることが望ましいのであるが、かかる立法措置を欠く場合においても、あらゆる点からみて明らかに右保障条項に反すると認められる異常な事態が生じたときに、単に、これに対処すべき補充立法の措置がないことを理由として、救済の途がないとするがごときは、右保障条項の趣旨を全うするゆえんではないのである。それであるから、**審理の著しい遅延の結果、迅速な裁判の保障条項によつて憲法がまもろうとしている被告人の諸利益が著しく害せられると認められる異常な事態が生ずるに至つた場合には、さらに審理をすすめても真実の発見ははなはだしく困難で、もはや公正な裁判を期待することはできず、いたずらに被告人らの個人的および社会的不利益を増大させる結果となるばかりであつて、これ以上実体的審理を進めることは適当でないから、その手続をこの段階において打ち切るという非常の救済手段を用いることが憲法上要請されるものと解すべきである。**」

「刑事事件が裁判所に係属している間に迅速な裁判の保障条項に反する事態が生じた場合において、その審理を打ち切る方法については現行法上よるべき具体的な明文の規定はないのであるが、前記のような審理経過をたどつた本件においては、これ以上実体的審理を進めることは適当でないから、判決で免訴の言渡をするのが相当である。」

112　接見交通制限事件（損害賠償請求事件）

福島地郡山支判平成２年10月４日判時1370号108頁

仙台高判平成５年４月14日民集53巻３号551頁

●最大判平成11年３月24日民集53巻３号514頁

最判平成12年２月22日判時1721号70頁

【事実】

刑事事件の被疑者Aは、1987（昭和62）年12月４日恐喝未遂の疑いで逮捕され、翌５日から福島県郡山警察署の留置場に勾留された。原告弁護人Bは４日に、原告弁護人Cは17日に被告人と接見して弁護人に選任された。Bは、９日以降留置担当の警察官及び捜査担当の検察官に対し、原告との接見を再三にわたり申し入れたが、接見指定書の受領・持参を要求するなどして接見を妨害されたとして国家賠償請求を求めた。第１審は、検察官が接見妨害をしたことを認め、国に損害賠償の支払いを命じた。当事者双方が控訴した控訴審では、検察官の措置に違法はなかったとして国の損害賠償を取り消したため、原告弁護人が上告した。

整理

事件／民事事件

原告・控訴人・上告人／刑事事件被疑者の担当弁護士ら

被告・控訴人・被上告人／国、福島県

〈争点〉検察官による接見手続の要求が、接見妨害にあたるか。

〈憲法上の問題点〉刑訴法39条３項の接見等の制限が憲法34条の弁護人依頼権を侵害するか。

【判旨】

論旨理由なし（全員一致）。

「憲法34条前段は、『何人も、理由を直ちに告げられ、且つ、直ちに弁護人に依頼する権利を与へられなければ、抑留又は拘禁されない。』と定める。**この弁護人に依頼する権利は、身体の拘束を受けている被疑者が、拘束の原因となっている嫌疑を晴らしたり、人身の自由を回復するための手段を講じたりするなど自己の自由と権利を守るため弁護人から援助を受けられるようにすることを目的とするものである。したがって、右規定は、単に被疑者が弁護人を選任することを官憲が妨害してはならないというにとどまるものではなく、被疑者に対し、弁護人を選任した上で、弁護人に相談し、その助言を受けるなど弁護人から援助を受ける機会を持つことを実質的に保障しているものと解すべきである。**

刑訴法39条１項が、……被疑者と弁護人等との接見交通権を規定しているのは、憲法34条の右の趣旨にのっとり、身体の拘束を受けている被疑者が弁護人等と相談し、その助言を受けるなど弁護人等から援助を受ける機会を確保する目的で設けられたものであり、その意味で、刑訴法の右規定は、憲法の保障に由来するものであるということができる（最高裁昭和49年（オ）第1088号同53年７月10日第一小法廷判決・民集32巻５号820頁、最高裁昭和58年（オ）第379号、第381号平成３年５月10日第三小法廷判決・民集45巻５号919頁、最高裁昭和61年（オ）第851号平成３年５月31日第二小法廷判決・裁判集民事163号47頁参照）。」

「刑訴法は、身体の拘束を受けている被疑者を取り調べることを認めているが、**被疑者の身体の拘束を最大でも23日間（又は28日間）に制限しているのであり、被疑者の取調べ等の捜査**

の必要と接見交通権の行使との調整を図る必要があるところ、（１）刑訴法39条３項本文の予定している接見等の制限は、弁護人等からされた接見等の申出を全面的に拒むことを許すものではなく、単に接見等の日時を弁護人等の申出とは別の日時とするか、接見等の時間を申出より短縮させることができるものにすぎず、同項が接見交通権を制約する程度は低いというべきである。また、前記のとおり、（２）捜査機関において接見等の指定ができるのは、弁護人等から接見等の申出を受けた時に現に捜査機関において被疑者を取調べ中である場合などのように、接見等を認めると取調べの中断等により捜査に顕著な支障が生ずる場合に限られ、しかも、（３）右要件を具備する場合には、捜査機関は、弁護人等と協議してできる限り速やかな接見等のための日時等を指定し、被疑者が弁護人等と防御の準備をすることができるような措置を採らなければならないのである。このような点からみれば、刑訴法39条３項本文の規定は、憲法34条前段の弁護人依頼権の保障の趣旨を実質的に損なうものではないというべきである。」

113　自動車事故報告義務事件（重過失致死道路交通取締法違反被告事件）☆

東京地判昭和34年３月24日刑集16巻５号504頁
東京高判昭和35年２月10日刑集16巻５号506頁
●最大判昭和37年５月２日刑集16巻５号495頁

【事実】

被告人は、無免許かつ飲酒のうえ小型自動車を運転し、制限速度を超過しながら脇見をして進路前方注視を怠った重大な過失により、Ａの運転する自転車に自車を追突させ、Ａを死亡させた。この際、被害者を救護し、所轄警察職員に届け出てその指示を受けるなど法令に定められた必要な措置を講じなかっただけでなく、事故現場から逃走した。第１審は、無免許運転、重過失致死、救護・報告義務違反で有罪とした。控訴審では事故の報告義務違反は刑事責任を問われるおそれのある事項も含まれるため、憲法38条１項に違反すると主張したが、棄却されたため、上告した。

整理

事件／刑事事件

被告人・控訴人・上告人／重過失致死罪等で起訴された者

〈争点〉（旧）道路交通法24条１項（現行法72条に相当）の定める報告義務が事故に不利益な供述を強要するものであるか。

〈憲法上の問題点〉憲法38条に保障される黙秘権の範囲。

【判旨】

上告棄却（全員一致、補足意見２）。

「道路交通取締法（以下法と略称する）は、道路における危険防止及びその他交通の安全を図ることを目的とするものであり、法24条１項は、その目的を達成するため、車馬又は軌道車の交通に因り人の殺傷等、事故の発生した場合において右交通機関の操縦者又は乗務員その他の従業者の講ずべき必要な措置に関する事項を命令の定めるところに委任し、その委任に基づき、同法施行令（以下令と略称する）67条は、これ等操縦者、乗務員その他の従業者に対し、その１項において、右の場合直ちに被害者の救護又は道路における危険防止その他交通の安全を図るため、必要な措置を講じ、警察官が現場にいるときは、その指示を受くべきことを命じ、その２項において、前項の措置を終つた際警察官が現場にいないときは、直ちに事故の内容及び前項の規定により講じた措置を当該事故の発生地を管轄する警察署の警察官に報告し、かつその後の行動につき警察官の指示を受くべきことを命じているものであり、要するに、交通事故発生の場合において、右操縦者、乗務員その他の従業者の講ずべき応急措置を定めているに過ぎない。法の目的に鑑みるときは、令同条は、警察署をして、速に、交通事故の発生を知り、被害者の救護、交通秩序の回復につき適切な措置を執らしめ、以つて道路における危険とこれによる被害の増大とを防止し、交通の安全を図る等のため必要かつ合理的な規定として是認せられねばならない。しかも、**同条２項掲記の『事故の内容』とは、その発生した日時、場所、死傷者の数及び負傷の程度並に物の損壊及びその程度等、交通事故の態様に関する事項を指すものと解すべきである。したがつて、右操縦者、乗務員その他の従業者は、警察官が交通事故に対する前叙の処理をなすにつき必要な限度においてのみ、右報告義務を負担するのであつて、それ以上、所論の如くに、刑事責任を問われる虞のある事故の原因その他の事項までも右報告義務ある事項中に含まれるものとは、解せられない。**また、いわゆる黙秘権を規定した憲法38条１項の法意は、何人も自己が刑事上の責任を問われる虞ある事項について供述を強要されないことを保障したものと解すべきことは、既に当裁判所の判例（昭和27年（あ）第838号、同32年３月20日、大法廷判決、集11巻２号802頁）とするところである。したがつて、令67条２項により前叙の報告を命ずることは、憲法38条１項にいう自己に不利益な供述の強要に当らない。」

〔奥野健一裁判官の補足意見〕「仮令自己の注意義務違反、過失の有無などの主観的責任原因等については報告義務なしとしても、前記の如く事故の態様を具体的、客観的に報告することを義務付けられることは、犯罪構成要件のうちの客観的事実を報告せしめられることになるから、少くとも事実上犯罪発覚の端緒を与えることになり、多数意見の如く全然憲法38条の不利益な供述を強要することにあたらないと断定することには躊躇せざるを得ない。刑訴146条の証言拒絶に関する規定は、憲法38条の趣旨に則つたものであるが、操縦者らが若し証人として前記の如き事故の態様に関する事実について証言を求められたときは、自己が刑事訴追を受ける虞のあるものとして右刑訴の規定により証言を拒むことができないであろうか。しかし、前述の如く自己の故意過失等主観的な責任原因などは、報告義務の外に置かれていること及び道路交通の安全の保持、事故発生の防止、被害増大の防止、被害者の救護措置等の公共の福祉の要請を考慮するとき、いわゆる黙秘権の行使が前記程度の制限を受けることも止むを得ないものとして是認さるべきものと考える。」

114　公判廷における自白と「本人の自白」（食糧管理法違反被告事件）☆

米沢区裁判例集未登載
山形地裁判例集未登載
仙台高判刑集2巻9号1037頁
●最大判昭和23年7月29日刑集2巻9号1012頁

【事実】

被告人は、米穀の生産者であるが、法定の除外事由がないにもかかわらず、営利の目的で、1946（昭和21）年度の粳玄米を統制額から超過して譲渡し、前記業務に関し1946（昭和21）年9月末頃から翌年2月末頃までに1946（昭和21）年度自家生産粳精米を薪柴等と交換したとして、控訴審山形地裁では食糧管理法並びに物価統制令違反として処罰された。その公判廷では、被告人が行った供述のみを唯一の証拠としたことが憲法38条3項に違反するとして、上告したが、ここでは「右憲法の条項は、公判廷以外に於て被告人が自白した場合を云うので、公開の公判廷に於て被告人が何等の拘束を受けないで自由に意見を述べ得る場合は含まない」として棄却した。被告人は、憲法38条3項には制限規定はなく、公判廷において被告人が必ずしも自由に意見を述べ得るとはかぎらないとして、再上告した。

整理

事件／刑事事件

被告人・控訴人・上告人・再上告人／食糧管理法違反で起訴された者

〈争点〉 被告人の公判廷における供述を唯一の証拠とすることができるか。

〈憲法上の問題点〉 公判廷における被告人の自白が憲法38条3項「本人の自白」にあたるか。

【判旨】

棄却（8対4、意見2）。

「自白の問題は、日々の裁判の現実において最も重要な憲法問題の一つである。憲法第38条第3項には、『何人も、自己に不利益な唯一の証拠が本人の自白である場合は、有罪とされ、又は刑罰を科せられない』と定めている。この規定の趣旨は、一般に自白が往々にして、強制、拷問、脅迫その他不当な干渉による恐怖と不安の下に、本人の真意と自由意思に反してなされる場合のあることを考慮した結果、被告人に不利益な証拠が本人の自白である場合には、他に適当なこれを裏書する補強証拠を必要とするものとし、若し自白が被告人に不利益な唯一の証拠である場合には、有罪の認定を受けることはないとしたものである。**それは、罪ある者**

が時に処罰を免れることがあつても、罪なき者が時に処罰を受けるよりは、社会福祉のためによいという根本思想に基くものである。かくて真に罪なき者が処罰せられる危険を排除し、自白偏重と自白強要の弊を防止し、基本的人権の保護を期せんとしたものである。しかしながら、公判廷における被告人の自白は、身体の拘束をうけず、又強制、拷問、脅迫その他不当な干渉を受けることなく、自由の状態において供述されるものである。……裁判所の面前でなされる自白は、被告人の発言、挙動、顔色、態度並びにこれらの変化等からも、その真実に合するか、否か、又、自発的な任意のものであるか、否かは、多くの場合において裁判所が他の証拠を待つまでもなく、自ら判断し得るものと言わなければならない。……**従つて、公判廷における被告人の自白が、裁判所の自由心証によつて真実に合するものと認められる場合には、公判廷外における被告人の自白とは異り、更に他の補強証拠を要せずして犯罪事実の認定ができると解するのが相当である。すなわち、前記法条のいわゆる『本人の自白』には、公判廷における被告人の自白を含まないと解釈するを相当とする。**」

〔塚崎直義裁判官の少数意見〕「被告人の自白はその公判廷に於けるものであつても、常に必ずしも真実に合するものとは限らない。捜査官に対する不実の自白が因となつて、公判廷に於ても、従前の供述をその儘に繰返すことがある。小心な被告人中に往々これが実例を見る。**又公判廷に於ける被告人の供述は形式的には何等威迫強要の加えられしことなき自由なものであるにしても、実際上は訊問者の態度並びに訊問の方法如何によつては誘導歪曲せられ、又本人の感違いによつて意外に事実に相違する自白をなすことがあるものである。それ故に人権尊重のために、百人の有罪者を逸するも一人の無辜の罪人なからしむるの態度を国家の採るべき所とするならば、憲法第38条第3項の規定は、これを制限的に解すべきではない。**

……然しながら、国家は飽くまで正義顕現の義務を有すべきものとすれば、被告人の不利益に帰すべき誤判を絶無ならしむるの趣旨に於て憲法第38条第3項の『本人の自白』の中には公判廷の自白もこれを包含するものと解すべきである。」

＊　＊　＊

再審裁判　再審とは、確定した裁判について、事実誤認を理由として裁判をやり直すための非常救済手続である。再審請求事由は、刑事訴訟法435条以下で定められている。その意義は、誤った有罪判決から無実の被告人（無辜）を救済することにある。憲法39条が無罪判決の一事不再理を規定しているため、不利益再審は廃止され、利益再審のみが認められている。

刑訴法435条6号は、新証拠を発見した場合の再審請求を認めているが、ここにいう「明らかな証拠」（証拠の明白性）が何であるか、また「あらたに発見した」（証拠の新規性）とはどのような場合をいうのかについて争われてきた。これについて従来の実務では、本号事由における証拠の明白性・新規性を厳格に解釈してきた。115白鳥決定では、証拠の明白性について、確定判決における事実認定につき合理的な疑いを抱かせ、その認定を覆すに足りる蓋然性のある証拠であると判示した。本決定自体は、証拠の明白性を否定し、再審請求は認められなかったものの、本決定以降重大事件の再審開始が相次ぎ、免田事件、松山事件、財田川事件、島田事件という 4 件の死刑判決が破棄され、再審無罪となった。

115　白鳥決定（再審請求棄却決定に対する異議申立棄却決定に対する特別抗告事件）☆

札幌地判昭和32年 5 月 7 日判時114号 1 頁
札幌高判昭和35年 6 月 9 日判時231号 4 頁
最判昭和38年10月17日刑集17巻10号1795頁
札幌高決昭和44年 6 月18日判時558号14頁
札幌高決昭和46年 7 月16日判時637号 3 頁
●最決昭和50年 5 月20日刑集29巻 5 号177頁

【事実】

抗告人は、1952（昭和27）年札幌市内にて共犯者と共謀の上、A警部補らをはがきで脅迫した後日、A警部補を狙って所携の拳銃を発射し、出血多量のため死亡させた等の罪に問われた。同年10月29日爆発物取締罰則違反罪により逮捕されたが、その後同被告人に対しては幾多の追起訴が重ねられ、1955（昭和30）年 8 月16日に殺人罪で起訴され、有罪（懲役20年）が確定した。

その後抗告人は、確定判決（殺人罪、偽計業務妨害罪、汽車往来危険未遂罪等）に対し再審請求をしたが棄却され、これに対する異議申立も棄却された。原決定では、本件再審請求にあたり新規提出した証拠弾丸が原判決の有罪認定を覆すに足りないと判示された件について争われ、刑訴法354条 6 号にいう「明らかな」の意義を、「有罪の心証をくつがえす」ものと判示された。抗告人はこの見解について、①再審開始の要件を極めて厳格に狭くし、②再審請求に関する審判において申立人に無罪の証明を要求することを意味するため憲法31条に違反するなどとして特別抗告を申し立てた。

整理

事件／刑事事件

申立人・抗告人／殺人罪等被告事件で有罪判決が確定している者

〈争点〉 刑訴法435条 6 号にいう「無罪を言い渡すべき明らかな証拠」の意義・判断方法

〈憲法上の問題点〉 原判決、原決定での「証拠の明白性」解釈の厳格性が再審開始要件を狭めていることは、憲法31条、37条に違反するか。

【決定要旨】

棄却（全員一致）。

「所論は、申立人提出の所論証拠弾丸に関する証拠が、いまだ刑訴法435条６号所定の再審理由にあたるものではないとした原決定の判断を論難する事実誤認、単なる法令違反の主張に帰し、同法433条所定の適法な抗告理由にあたらない。」

「所論は、申立人の本件再審請求が刑訴法435条１号、２号、437条所定の再審理由のある場合にあたるとして、原決定の違憲（憲法31条、37条違反）をいうが、記録によると、申立人の本件再審請求は、刑訴法435条６号所定の再審理由にあたる事実があるものとしてなされたことが明らかであるところ、再審請求受理裁判所は、再審請求の理由の有無を判断するにあたり、再審請求者の主張する事実に拘束され、原裁判所も右再審請求受理裁判所の判断の当否について審査することができるにとどまるから、右の事実以外のあらたな事実を主張して原決定の判断を論難することは許されないものというべく、結局、所論は、原決定の説示に副わない事実を前提として原決定の違憲を主張するものに帰し、同法433条所定の適法な抗告理由にあたらない。」

「所論のうち、違憲（憲法31条違反）をいう点は、その実質は、すべて事実誤認、単なる法令違反の主張であり、判例違反をいう点は、所論引用の判例は事案を異にし本件に適切でなく、いずれも刑訴法433条所定の適法な抗告理由にあたらない。

なお、**同法435条６号にいう『無罪を言い渡すべき明らかな証拠』とは、確定判決における事実認定につき合理的な疑いをいだかせ、その認定を覆すに足りる蓋然性のある証拠をいうものと解すべきであるが、右の明らかな証拠であるかどうかは、もし当の証拠が確定判決を下した裁判所の審理中に提出されていたとするならば、はたしてその確定判決においてなされたような事実認定に到達したであろうかどうかという観点から、当の証拠と他の全証拠と総合的に評価して判断すべきであり、この判断に際しても、再審開始のためには確定判決における事実認定につき合理的な疑いを生ぜしめれば足りるという意味において、『疑わしいときは被告人の利益に』という刑事裁判における鉄則が適用されるものと解すべきである。**

この見地に立つて本件をみると、原決定の説示中には措辞妥当を欠く部分もあるが、その真意が申立人に無罪の立証責任を負担させる趣旨のものでないことは、その説示全体に照らし明らかであつて、申立人提出の所論証拠弾丸に関する証拠が前述の明らかな証拠にあたらないものとした原決定の判断は、その結論において正当として首肯することができる。」

＊　　＊　　＊

死刑と残虐な刑罰　死刑は、人間の生命を奪う究極の刑罰である。刑罰法規では、19種類の犯罪において死刑が認められている。日本では、「死刑は、刑事施設内で、絞首して執行する」（刑法11条１項）とされている。この死刑制度が、憲法36条の公務員による拷問および残虐な刑罰の禁止にあたるかどうかが問題となる。**116**判決は、現存の死刑制度が「残虐な刑罰」にあたらないと判示した。

一方で、1989（平成元）年に国連総会で「市民的および政治的権利に関する国際規約（自由権規約）の第2選択議定書」いわゆる死刑廃止条約が採択されて以降、世界は死刑廃止の方向にあり、死刑を廃止した国は100か国を超えた。日本における死刑廃止論は、人道的観点から反対するもの、死刑の抑止力を疑問視するもの、誤判の場合に回復手段がないことを理由とするものがあるが、死刑存置論も根強い。存置論では、被害者・社会の応報感情や死刑の抑止力に期待するものが挙げられる。

116　死刑の合憲性（尊属殺人死体遺棄被告事件）☆

広島地判判例集未登載
広島高裁判決年月日不明刑集2巻3号199頁
●最大判昭和23年3月12日刑集2巻3号191頁

【事実】

1946（昭和21）年9月16日、被告人は、自宅納屋にあった藁打槌を使い、熟睡していた母を撲殺、更に同様の方法で傍に寝ていた妹も殺害した後、2人の死体を自宅東南方数メートルの地点にある古井戸内に投込んで遺棄した。これについて控訴審は死刑を宣告したが、被告人は死刑こそ残虐な刑罰にあたり、憲法36条により刑法199条、200条等の死刑に関する規定が排除されたと解するべきであると主張して上告した。

整理

事件／刑事事件
被告人・被控訴人・上告人／尊属殺人等で起訴された者
〈争点〉刑法典に規定されている死刑が、憲法36条によって排除されるか。
〈憲法上の問題点〉死刑が憲法36条のいう「残虐な刑罰」にあたるか。

【判旨】

上告棄却（全員一致、補充意見4、意見1）。

「生命は尊貴である。一人の生命は、全地球よりも重い。**死刑は、まさにあらゆる刑罰のうちで最も冷厳な刑罰であり、またまことにやむを得ざるに出ずる窮極の刑罰である。**それは言うまでもなく、尊厳な人間存在の根元である生命そのものを永遠に奪い去るものだからである。……そこで新憲法は一般的概括的に死刑そのものの存否についていかなる態度をとつているのであるか。弁護人の主張するように果して刑法死刑の規定は、憲法違反として効力を有しないものであろうか。まず、憲法第13条においては、すべて国民は個人として尊重せられ、生命に対する国民の権利については、立法その他の国政の上で最大の尊重を必要とする旨を規定している。しかし、同時に同条においては、公共の福祉という基本的原則に反する場合には、生命に対する国民の権利といえども立法上制限乃至剝奪されることを当然予想しているものといわねばならぬ。そしてさらに、**憲法第31条によれば、国民個人の生命の尊貴といえども、法律の定める適理の手続によつて、これを奪う刑罰を科せられることが、明かに定められている。**すなわち憲法は現代多数の文化国家におけると同様に、刑罰として死刑の存置を想定し、これを是認したものと解すべきである。言葉をかえれば、死刑の威嚇力によつて一般予防をなし、死刑の執行によつて特殊な社会悪の根元を絶ち、これをもつて社会を防衛せんとしたものであり、また個体に対する人道観の上に全体に対する人道観を優位せしめ、結局社会公共の福祉のために死刑制度の存続の必要性を承認したものと解せられるのである。」

「**死刑は、冒頭にも述べたようにまさに窮極の刑罰であり、また冷厳な刑罰ではあるが、刑罰としての死刑そのものが、一般に直ちに同条にいわゆる残虐な刑罰に該当するとは考えられない。ただ死刑といえども、他の刑罰の場合におけると同様に、その執行の方法等がその時代と環境とにおいて人道上の見地から一般に残虐性を有するものと認められる場合には、勿論これを残虐な刑罰といわねばならぬから、将来若し死刑について火あぶり、はりつけ、さらし首、釜ゆでの刑のごとき残虐な執行方法を定める法律が制定されたとするならば、その法律こそは、まさに憲法第36条に違反するものというべきである。**」

〔島保・藤田八郎・岩松三郎・河村又介裁判官の補充意見〕「憲法は残虐な刑罰を絶対に禁じている。したがつて、死刑が当然に残虐な刑罰であるとすれば、憲法は他の規定で死刑の存置を認めるわけがない。……ある刑罰が残虐であるかどうかの判断は国民感情によつて定まる問題である。而して国民感情は、時代とともに変遷することを免がれないのであるから、ある時代に残虐な刑罰でないとされたものが、後の時代に反対に判断されることも在りうることである。したがつて国家の文化が高度に発達して正義と秩序を基調とする平和的社会が実現し、公共の福祉のために死刑の威嚇による犯罪の防止を必要と感じない時代に達したならば、死刑もまた残虐な刑罰として国民感情により否定されるにちがいない。かかる場合には、憲法第31条の解釈もおのずから制限されて、死刑は残虐な刑罰として憲法に違反するものとして、排除されることもあろう。しかし、今日はまだこのような時期に達したものとはいうことができない。」

〔井上登裁判官の意見〕「憲法は絶対に死刑を許さぬ趣旨ではないと云う丈けで固より死刑の存置を命じて居るものでないことは勿論だから、若し死刑を必要としない、若しくは国民全体の感情が死刑を忍び得ないと云う様な時が来れば国会は進んで死刑の条文を廃止するであろうし又条文は残つて居ても事実上裁判官が死刑を選択しないであろう。今でも誰れも好んで死刑を言渡すものはないのが実状だから。」

第14章　経済的自由

職業選択の自由　職業選択の自由について定める憲法22条１項は、自らが従事する職業を決定する自由をさす。ここには、自らが選択した職業を遂行する自由も含まれる。自己の選択した職業が営利活動を目的とするものである場合、これは営業と呼ばれる。これに対し、自己の選択した職業が営利活動を目的としない場合には、各自が自己の個性を全うすべき場としての性格が強くなることから、こちらは精神活動の自由の側面で捉えるものとされている。

職業選択の自由が自らが選択した職業を遂行する自由を含むことは前記の通りであるが、営利をめざす活動である営業の自由がここに含まれるかについて、学説は憲法22条説と憲法22条・29条説とに分かれている。学説上通説となっているのは前者の憲法22条説であり、最高裁も118小売市場事件判決でこの立場をとっている。

ところで、職業選択の自由を含む経済的自由は近代社会の人権宣言に掲げられているが、これは自由な経済活動を求める近代ブルジョワジーにより主張されたものであった。なかでも財産権は神聖不可侵なものとされ、資本主義の発展に大きく寄与した。しかし、資本主義の進展は、少数の資本家へ富を集中させる一方、多くの失業者等を生み出すことにもなり、社会は深刻な問題を抱えることになった。そのため、20世紀になると社会国家・福祉国家原理に基づいた新しい憲法が採択され、そこでは、自由な経済活動や自由競争の弊害を除去するため、経済的自由は社会的に拘束されたものであり、場合によっては社会的公共の観点から法律による規制を積極的に受けるものと考えられるようになった。したがって、今日、経済的自由（職業選択の自由を含む）について考察する際には、この自由がそうした規制の下にあることを念頭に置かなければならない。

職業選択の自由の規制について、その規制が合憲であるか否かを審査するため、判例は消極目的規制と積極目的規制とに分け、それぞれに異なる審査基準を適用するとしていた。消極目的規制とは、主として国民の生命および健康に対する危険を防止もしくは除去ないし緩和するために課せられる規制（警察的規制）をいう。この規制は、規制の目的を達成するために必要な最小限度にとどまらなくてはならない。積極目的規制とは、福祉国家の理念に基づき、経済の調和のとれた発展を確保し、特に社会的・経済的弱者を保護するためになされる規制をいう。現在、目的に応じた区分がなされている。消極目的で規制がなされる場合には、目的を審査するために立法目的が必要かつ合理的なものであることが求められ、手段を審査する場合には、規制手段が立法目的からみて「より制限的でないもの」であることが必要である。これに対して積極目的で規制がなされる場合には、「明白性の原則」が用いられる。これは、目的及び手段の選択については立法府に広い裁量が認められるべきであり、「その裁量を逸脱し、当該法的規制措置が著しく不合理であることの明白である場合」にのみ違憲とするものである。

最高裁は、1972（昭和47）年の**118**小売市場事件判決において積極目的の経済規制と精神的自由の規制との区別を行い、さらに明白性の原則により審査すべきという立場をとった。次いで1975（昭和50）年の**119**薬事法事件において、消極目的の経済規制について許可制を採る場合には、立法目的が重要な公共の利益のためのものであること、許可制がその手段として「必要かつ合理的」であることを論証することが求められることになった。

しかしながら、規制目的のみを基準として判断するのは妥当ではない。例えば、公衆浴場の距離制限は、従来は消極目的規制に分類されていたが、今日では積極目的規制と理解されるようになった。すなわち、規制の目的は重要な指標とはなりうるものの、これに加え、どのような行為がどのように規制の対象とされているのかといった規制の態様についても検討する必要があると考えられるようになっている。

117　白タク営業事件／自動車運送事業の免許制（道路運送法違反被告事件）

東京北簡判昭和35年６月22日刑集17巻12号2440頁
東京高判昭和35年11月14日刑集17巻12号2441頁
●最大判昭和38年12月４日刑集17巻12号2434頁

【事実】

道路運送法101条１項に違反する有償運送行為については、当該自家用自動車の使用を制限・禁止する行政処分が科されるほか（102条１項３号）、３万円以下の罰金（130条１号）が科される。

被告人は、法定の除外事由なくかつ運輸大臣の許可を受けることなく、1960（昭和35）年４月10日午前０時10分頃、東京都豊島区国電池袋西口駅附近道路において、その使用する自家用乗用自動車に、運賃を収受する目的の下に客を乗車せしめ、もって有償で自家用自動車を運送の用に供した。第１審は、憲法上の論点に触れることなく、被告人に罰金１万円を科した。被告人は、道路運送法101条１項は職業選択の自由を保障した憲法22条１項に違反する無効の法律であるとして控訴した。控訴審は、道路運送法101条１項は憲法22条１項に違反しないとし、控訴を却下したため、被告人が上告した。

整理

事件／刑事事件

被告人・控訴人・上告人／道路運送法違反者

〈争点〉 道路運送法101条１項に違反する自家用乗用自動車の使用行為。

〈憲法上の問題点〉 道路運送法101条１項は憲法22条１項に違反するか。

【判旨】

上告棄却（全員一致）。

「**憲法22条１項にいわゆる職業選択の自由は無制限に認められるものではなく、公共の福祉の要請がある限りその自由の制限されることは、同条項の明示するところである。道路運送法は道路運送事業の適正な運営及び公正な競争を確保するとともに、道路運送に関する秩序を確立することにより道路運送の総合的な発達を図り、もつて公共の福祉を増進することを目的とするものである。**そして同法が自動車運送事業の経営を各人の自由になしうるところとしないで免許制をとり、一定の免許基準の下にこれを免許することにしているのは、わが国の交通及び道路運送の実情に照らしてみて、同法の目的とするところに副うものと認められる。ところで、自家用自動車の有償運送行為は無免許営業に発展する危険性の多いものであるから、これを放任するときは無免許営業に対する取締の実効を期し難く、免許制度は崩れ去るおそれがある。それ故に**同法101条１項が自家用自動車を有償運送の用に供することを禁止しているのもまた公共の福祉の確保のために必要な制限と解される。**されば同条項は憲法22条１項に違反するものでなく、これを合憲と解した原判決は相当であつて、論旨は理由がない」。

118　小売市場事件（小売商業調整特別措置法違反被告事件）☆☆☆

東大阪簡判昭和43年９月30日刑集26巻９号603頁

大阪高判昭和44年11月28日刑集26巻９号610頁

●最大判昭和47年11月22日刑集26巻９号586頁

【事実】

小売市場の許可規制は都道府県知事によってなされるが、対象となる小売市場は政令で指定する市の区域内の建物でなければならない。大阪府では、過当競争防止のために大阪府小売市場許可基準内規を作成し、700メートルの小売市場間の距離制限を設けていた。市場経営等を業とする法人である被告人株式会社の代表取締役である被告人は、知事の許可を得ずに小売商業調整特別措置法所定の指定区域内で鉄骨モルタル塗平家建１棟を建築し、小売市場とするために右建物を店舗の用に供する小売商人らに貸し付けた。最高裁は小売商業調整特別措置法所定の小売市場の許可制は、国が社会経済の調和的発展を企図するという観点から中小企業保護政策として設けられたものであり、目的において一応合理性があり、規制手段・態様も著しく不合理であることが明白ではないので、憲法22条１項に違反するとは言えないとした。

整理

事件／刑事事件

被告人・控訴人・上告人／小売商業調整特別措置法等違反者

〈争点〉 個人の経済活動に対し社会経済政策の実施の一手段としてなされる法的規制措置。

〈憲法上の問題点〉 ❶個人の経済活動に対し社会経済政策の実施の一手段としてなされる法的規制措置の合憲性。❷小売商業調整特別措置法３条１項、同法施行令１条、２条所定の小売市場の許可規制の合憲性。

【判旨】

上告棄却（全員一致）。

（ｉ）「**憲法22条１項は、国民の基本的人権の一つとして、職業選択の自由を保障しており、そこで職業選択の自由を保障するというなかには、広く一般に、いわゆる営業の自由を保障する趣旨を包含している**ものと解すべきであり、ひいては、憲法が、個人の自由な経済活動を基調とする経済体制を一応予定しているものということができる。」

「右条項に基づく個人の経済活動に対する法的規制は、個人の自由な経済活動からもたらされる諸々の弊害が社会公共の安全と秩序の維持の見地から看過することができないような場合に、消極的に、かような弊害を除去ないし緩和するために必要かつ合理的な規制である限りにおいて許されるべきことはいうまでもない。のみならず、憲法の他の条項をあわせ考察すると、憲法は、全体として、福祉国家的理想のもとに、社会経済の均衡のとれた調和的発展を企図しており、その見地から、すべての国民にいわゆる生存権を保障し、その一環として、国民の勤労権を保障する等、経済的劣位に立つ者に対する適切な保護政策を要請していることは明らかである。**このような点を総合的に考察すると、憲法は、国の責務として積極的な社会経済政策の実施を予定しているものということができ、個人の経済活動の自由に関する限り、個人の精神的自由等に関する場合と異なつて、右社会経済政策の実施の一手段として、これに一定の合理的規制措置を講ずることは、もともと、憲法が予定し、かつ、許容するところと解するのが相当**であ」る。

（ii）「社会経済の分野において、法的規制措置を講ずる必要があるかどうか、その必要があるとしても、どのような対象について、どのような手段・態様の規制措置が適切妥当であるかは、主として立法政策の問題として、立法府の裁量的判断にまつほかはない。というのは、法的規制措置の必要の有無や法的規制措置の対象・手段・態様などを判断するにあたつては、その対象となる社会経済の実態についての正確な基礎資料が必要であり、具体的な法的規制措置が現実の社会経済にどのような影響を及ぼすか、その利害得失を洞察するとともに、広く社会経済政策全体との調和を考慮する等、相互に関連する諸条件についての適正な評価と判断が必要であつて、このような評価と判断の機能は、まさに立法府の使命とするところであり、立法府こそがその機能を果たす適格を具えた国家機関であるというべきであるからである。**したがつて、右に述べたような個人の経済活動に対する法的規制措置については、立法府の政策的技術的な裁量に委ねるほかはなく、裁判所は、立法府の右裁量的判断を尊重するのを建前とし、ただ、立法府がその裁量権を逸脱し、当該法的規制措置が著しく不合理であることの明白である場合に限つて、これを違憲として、その効力を否定することができるものと解するのが相当である。**」

（ⅲ）「これを本件についてみると、本法は、立法当時における中小企業保護政策の一環として成立したものであり、本法所定の小売市場を許可規制の対象としているのは、小売商が国民のなかに占める数と国民経済にける（ママ）役割とに鑑み、本法1条の立法目的が示すとおり、経済的基盤の弱い小売商の事業活動の機会を適正に確保し、かつ、小売商の正常な秩序を阻害する要因を除去する必要があるとの判断のもとに、その一方策として、小売市場の乱設に伴う小売商相互間の過当競争によつて招来されるであろう小売商の共倒れから小売商を保護するためにとられた措置であると認められ、一般消費者の利益を犠牲にして、小売商に対し積極的に流通市場における独占的利益を付与するためのものでないことが明らかである。しかも、本法は、その所定形態の小売市場のみを規制の対象としているにすぎないのであつて、小売市場内の店舗のなかに政令で指定する野菜、生鮮魚介類を販売する店舗が含まれない場合とか、所定の小売市場の形態をとらないで右政令指定物品を販売する店舗の貸与等をする場合には、これを本法の規制対象から除外するなど、過当競争による弊害が特に顕著と認められる場合についてのみ、これを規制する趣旨であることが窺われる。**これらの諸点からみると、本法所定の小売市場の許可規制は、国が社会経済の調和的発展を企図するという観点から中小企業保護政策の一方策としてとつた措置ということができ、その目的において、一応の合理性を認めることができないわけではなく、また、その規制の手段・態様においても、それが著しく不合理であることが明白であるとは認められない。**そうすると、本法3条1項、同法施行令1条、2条所定の小売市場の許可規制が憲法22条1項に違反するものとすることができないことは明らかであつて、結局、これと同趣旨に出た原判決は相当であり、論旨は理由がない」。

119　薬事法違憲判決（行政処分取消請求事件）☆☆☆

広島地判昭和42年4月17日行集18巻4号501頁

広島高判昭和43年7月30日行集19巻7号1346頁

●最大判昭和50年4月30日民集29巻4号572頁

【事実】

1963（昭和38）年7月改正の旧薬事法6条（現「医薬品、医療機器等の品質、有効性及び安全性の確保等に関する法律」）は、配置の適正を欠くと認める場合には薬局開設許可を与えないことができるとし（2項）、その配置基準を都道府県条例で定めるとした（4項）。これに基づいて同年10月に制定された広島県の「薬局等の配置の基準を定める条例」3条は、既存の薬局から「おおむね100メートル」との距離制限規定を定めた。

そこで、原告が医薬品の一般販売業の許可申請をしたところ、「〔旧〕薬事法26条において準用する同6条2項及び薬局等の配置の基準を定める条例3条の薬局等の配置の基準に適合しない」として不許可とされた。本件は、原告が旧薬事法6条2項、4項等が憲法22条に違反するとして、知事の不許可処分の取消を求めた事件である。

整理

事件／行政事件

原告・被控訴人・上告人／薬局開設申請者

被告・控訴人・被上告人／広島県知事

〈争点〉医薬品の一般販売業の不許可処分。

〈憲法上の問題点〉薬局等の適正配置規制と職業の自由。

【判旨】

破棄自判（全員一致）。

（i）「憲法22条1項は、何人も、公共の福祉に反しないかぎり、職業選択の自由を有すると規定している。**職業は、人が自己の生計を維持するためにする継続的活動であるとともに、分業社会においては、これを通じて社会の存続と発展に寄与する社会的機能分担の活動たる性質を有し、各人が自己のもつ個性を全うすべき場として、個人の人格的価値とも不可分の関連を有するものである。**右規定が職業選択の自由を基本的人権の一つとして保障したゆえんも、現代社会における職業のもつ右のような性格と意義にあるものということができる。そして、このような職業の性格と意義に照らすときは、職業は、ひとりその選択、すなわち職業の開始、継続、廃止において自由であるばかりでなく、選択した職業の遂行自体、すなわちその職業活動の内容、態様においても、原則として自由であることが要請されるのであり、したがつて、右規定は、狭義における職業選択の自由のみならず、職業活動の自由の保障をも包含」する。

（ii）「職業は、前述のように、本質的に社会的な、しかも主として経済的な活動であつて、その性質上、社会的相互関連性が大きいものであるから、職業の自由は、それ以外の憲法の保障する自由、殊にいわゆる精神的自由に比較して、公権力による規制の要請がつよく、憲法22条1項が『公共の福祉に反しない限り』という留保のもとに職業選択の自由を認めたのも、特にこの点を強調する趣旨に出たものと考えられる。このように、職業は、それ自身のうちになんらかの制約の必要性が内在する社会的活動である」。

（iii）職業は、「多種多様であるため、その規制を要求する社会的理由ないし目的も、国民経済の円満な発展や社会公共の便宜の促進、経済的弱者の保護等の社会政策及び経済政策上の積極的なものから、社会生活における安全の保障や秩序の維持等の消極的なものに至るまで千差万別で、その重要性も区々にわたる」。したがって、**当該規制措置の憲法適合性は、「これを一律に論ずることができず、具体的な規制措置について、規制の目的、必要性、内容、これによつて制限される職業の自由の性質、内容及び制限の程度を検討し、これらを比較考量したうえで慎重に決定されなければならない。」**「右のような検討と考量をするのは、第一次的には立法府の権限と責務であり、裁判所としては、規制の目的が公共の福祉に合致するものと認められる以上、そのための規制措置の具体的内容及びその必要性と合理性については、立法府の判断がその合理的裁量の範囲にとどまるかぎり、立法政策上の問題としてその判断を尊重すべき」である。「しかし、右の合理的裁量の範囲については、事の性質上おのずから広狭がありうるのであつて、裁判所は、具体的な規制の目的、対象、方法等の性質と内容に照らして、これを決すべきものといわなければならない」。

（iv）職業の許可制は、「一律の基準をもつて論じがたいことはさきに述べたとおりであるが、一般に許可制は、単なる職業活動の内容及び態様に対する規制を超えて、狭義における職業の選択の自由そのものに制約を課するもので、職業の自由に対する強力な制限であるから、**その合憲性を肯定しうるためには、原則として、重要な公共の利益のために必要かつ合理的な措置であることを要し、また、それが社会政策ないしは経済政策上の積極的な目的のための措置ではなく、自由な職業活動が社会公共に対してもたらす弊害を防止するための消極的、警察的措置である場合には、許可制に比べて職業の自由に対するよりゆるやかな制限である職業活動の内容及び態様に対する規制によつては右の目的を十分に達成することができないと認められることを要する**」。「許可制の採用自体が是認される場合であつても、個々の許可条件については、更に個別的に右の要件に照らしてその適否を判断しなければならない。」

（v）薬局の「適正配置規制は、主として国民の生命及び健康に対する危険の防止という消極的、警察的目的のための規制措置であり、そこで考えられている薬局等の過当競争及びその経営の不安定化の防止も、それ自体が目的ではなく、あくまでも不良医薬品の供給の防止のための手段であるにすぎないものと認められる。**すなわち、小企業の多い薬局等の経営の保護というような社会政策的ないしは経済政策的目的は右の適正配置規制の意図するところではなく」（〔小売市場事件〕の法理は、「必ずしも本件の場合に適切ではない」）、「当該役務のもつ高度の公共性にかんがみ、その適正な提供の確保のために、法令によつて、提供すべき役務の内容及び対価等を厳格に規制するとともに、更に役務の提供自体を提供者に義務づける等のつよい規制を施す反面、これとの均衡上、役務提供者に対してある種の独占的地位を与え、その経**

営の安定をはかる措置がとられる場合があるけれども、薬事法その他の関係法令は、医薬品の供給の適正化措置として右のような強力な規制を施してはおらず、したがつて、その反面において既存の薬局等にある程度の独占的地位を与える必要も理由もなく、本件適正配置規制にはこのような趣旨、目的はなんら含まれていないと考えられる。」

（vi）「薬局の開設等の許可条件として地域的な配置基準を定めた目的……は、それ自体としては重要な公共の利益」である。しかしながら、「開業場所の地域的制限は、実質的には職業選択の自由に対する大きな制約的効果を有する」。本法による規制は「不良医薬品の供給による国民の保健に対する危険を完全に防止するための万全の措置として、更に進んで違反の原因となる可能性のある事由をできるかぎり除去する予防的措置を講じることは、決して無意義ではなく、その必要性が全くないとはいえない。しかし、このような予防的措置として職業の自由に対する大きな制約である薬局の開設等の地域的制限が憲法上是認されるためには、単に右のような意味において国民の保健上の必要性がないとはいえないというだけでは足りず、このような制限を施さなければ右措置による職業の自由の制約と均衡を失しない程度において国民の保健に対する危険を生じさせるおそれのあることが、合理的に認められることを必要とする」。

（vii）**「被上告人の指摘する薬局等の偏在—競争激化—一部薬局等の経営の不安定—不良医薬品の供給の危険又は医薬品乱用の助長の弊害という事由は、いずれもいまだそれによつて右の必要性と合理性を肯定するに足りず」**、「薬局の開設等の許可基準の１つとして地域的制限を定めた薬事法６条２項、４項（これらを準用する同法26条２項）は、不良医薬品の供給の防止等の目的のために必要かつ合理的な規制を定めたものということができないから、憲法22条１項に違反し、無効である」。

120　公衆浴場適正配置規制／昭和30年判決（公衆浴場法違反被告事件）☆☆☆

福岡地吉井支判昭和28年６月１日刑集９巻１号104頁

福岡高判昭和28年９月29日刑集９巻１号105頁

●最大判昭和30年１月26日刑集９巻１号89頁

【事実】

公衆浴場法２条１項は公衆浴場業を都道府県知事の許可制とし、２項は公衆浴場の設置もしくはその構造設備が公衆衛生上不適当であると認めるときは、知事は許可を与えないことができるとしている。さらに同３項は、設置場所の配置基準を都道府県の条例に委任している。この規定を受けた福岡県条例は配置基準を設けた。被告人は許可を受けずに公衆浴場を営んだため、同法２条２項違反の罪に問われ、第１審は罰金5000円に処した。控訴審も第１審判決を維持し、控訴を棄却した。被告人は、公衆浴場法の適正配置規制及びそれに基づく条例の距離制限規定は、公共の福祉に反する場合でないのに職業選択の自由を不当に制限するものであって違憲である、と主張して上告した。

整理

事件／刑事事件

被告人・控訴人・上告人／浴場経営者

〈争点〉 公衆浴場法及び福岡県条例違反行為。

〈憲法上の問題点〉 公衆浴場法２条２項と職業選択の自由。

【判旨】

上告棄却（全員一致）。

「公衆浴場は、多数の国民の日常生活に必要欠くべからざる、多分に公共性を伴う厚生施設である。そして、若しその設立を業者の自由に委せて、何等その偏在及び濫立を防止する等その配置の適正を保つために必要な措置が講ぜられないときは、その偏在により、多数の国民が日常容易に公衆浴場を利用しようとする場合に不便を来たすおそれなきを保し難く、また、その濫立により、浴場経営に無用の競争を生じその経営を経済的に不合理ならしめ、ひいて浴場の衛生設備の低下等好ましからざる影響を来たすおそれなきを保し難い。このようなことは、上記公衆浴場の性質に鑑み、**国民保健及び環境衛生の上から、出来る限り防止することが望ましいことであり、従つて、公衆浴場の設置場所が配置の適正を欠き、その偏在乃至濫立を来たすに至るがごときことは、公共の福祉に反するものであつて、この理由により公衆浴場の経営の許可を与えないことができる旨の規定を設けることは、憲法22条に違反するものとは認められない**」。

121　公衆浴場適正配置規制／平成元年１月判決（公衆浴場法違反被告事件）☆☆

大阪簡判昭和60年11月25日刑集43巻１号12頁

大阪高判昭和61年８月28日刑集43巻１号14頁

●最判平成元年１月20日刑集43巻１号１頁

【事実】

被告人が許可を受けずに多数の一般公衆を入浴させ、公衆浴場を経営した事件において有罪判決が下され、控訴したが棄却された。被告人は上告したが公衆浴場業者を経営の困難から廃業や転業することを防止し、健全で安定した経営を行えるように種々の立法上の手段をとり、国民の保健福祉を維持することは、まさに公共の福祉に適合し、適正配置規制及び距離制限も、その手段として十分の必要性と合理性を有しているとされた。

整理

事件／刑事事件

被告人・控訴人・上告人／浴場経営者

〈争点〉公衆浴場法及び大阪府条例違反行為。

〈憲法上の問題点〉公衆浴場法２条２項及び大阪府公衆浴場法施行条例２条の各規定は、憲法22条１項に違反するか。

【判旨】

上告棄却（全員一致）。

「公衆浴場が住民の日常生活において欠くことのできない公共的施設であり、これに依存している住民の需要に応えるため、その維持、確保を図る必要のあることは、立法当時も今日も変わりはない。むしろ、公衆浴場の経営が困難な状況にある今日においては、一層その重要性が増している。そうすると、**公衆浴場業者が経営の困難から廃業や転業をすることを防止し、健全で安定した経営を行えるように種々の立法上の手段をとり、国民の保健福祉を維持することは、まさに公共の福祉に適合するところであり、右の適正配置規制及び距離制限も、その手段として十分の必要性と合理性を有している**」。「**このような積極的、社会経済政策的な規制目的に出た立法については、立法府のとつた手段がその裁量権を逸脱し、著しく不合理であることの明白な場合に限り、これを違憲とすべきであるところ……右の適正配置規制及び距離制限がその場合に当たらない**」。

122　公衆浴場適正配置規制／平成元年３月判決（営業不許可処分取消請求事件）☆☆

大阪地判昭和60年２月20日判自19号34頁
大阪高判昭和60年９月25日判例集未登載
●最判平成元年３月７日集民156号299頁

【事実】

原告は、大阪市長に対し公衆浴場を営業することの許可申請をしたが、右営業を許可しない旨の通知がなされた。その理由は、当該公衆浴場の設置場所が、公衆浴場法２条３項に基づき公衆浴場の設置場所の配置基準を定めた大阪府公衆浴場法施行条例２条の要件に適合しないことから、同法２条２項にいう設置場所が配置の適正を欠くというものであった。第１審及び控訴審とも、同法２条２項及び同条例２条は憲法22条１項に違反しないとしたため、原告が上告した。

整理

事件／行政事件

原告・控訴人・上告人／浴場経営者

被告・被控訴人・被上告人／大阪市長

〈争点〉営業不許可処分。

〈憲法上の問題点〉 公衆浴場法2条2項及び大阪府公衆浴場法施行条例2条の各規定は、憲法22条1項に違反するか。

【判旨】

上告棄却（全員一致）。

「法2条2項による**適正配置規制の目的は、国民保健及び環境衛生の確保にあるとともに、公衆浴場が自家風呂を持たない国民にとって日常生活上必要不可欠な厚生施設**であり、入浴料金が物価統制令により低額に統制されていること、利用者の範囲が地域的に限定されているため企業としての弾力性に乏しいこと、**自家風呂の普及に伴い公衆浴場業の経営が困難になっていることなどにかんがみ、既存公衆浴場業者の経営の安定を図ることにより、自家風呂を持たない国民にとって必要不可欠な厚生施設である公衆浴場自体を確保しよう**とすることも、その目的としているものと解されるのであり、前記**適正配置規制**は**右目的を達成するための必要かつ合理的な範囲内の手段**と考えられるので、前記大法廷判例に従い法2条2項及び大阪府公衆浴場法施行条例2条の規定は憲法22条1項に違反しない」。

*　　*　　*

財産権　1789年のフランス人権宣言は「所有権は、神聖かつ不可侵の権利である」（17条）としていたが、社会権思想の浸透に伴い、財産権は社会的な拘束を負ったものと考えられるようになった。日本国憲法29条1項は、「財産権は、これを侵してはならない」と定め、財産上の権利保障と私有財産制度を保障している。続けて同2項が「財産権の内容は、公共の福祉に適合するやうに、法律でこれを定める」とし、1項の保障する財産権の内容が、法律による制約を一般的に受けるものであることを明確にしている。したがって、財産権は、内在的制約のほか、積極目的規制をも受けるものと考えられる。さらに、同3項は、「私有財産制度は、正当な補償の下に、これを公共のために用ひることができる」と規定している。これは、私有財産が公共のために収用・制限することがあることを明示しているが、その際には「正当な補償」が必要とされている。

判例は、第1に、**123**森林法共有林分割制限事件ならびに**124**証券取引法164条判決では、立法目的とその達成手段の判断枠組みで審査を行い、これまでの「規制目的二分論」に対して消極的であるように見える。したがって、この理論は変化の時を迎えているといえよう。第2に、条例による財産権の制限については、条例が地方公共団体の議会において民主的な手続によって制定されるものであることが確認されている（**125**奈良県ため池条例事件）。第3に、補償の要否について、通説は特別犠牲説に立ち、特定の個人に特別の犠牲を強いる場合には補償が必要としている。「特別の犠牲」に該当するか否かについては、形式的要件と実質的要件の2つを総合的に考慮して判断する。特別な犠牲を強いられた場合には、土地収用法等の規定に基づいて補償請求はなされるが、憲法29条３項を直接の根拠とすることも可能とする判例もある。また、予防接種による健康被害が発生した場合の補償請求については、29条３項を根拠とすることについて肯定説と否定説があるが、有力なのは肯定説である。肯定説はさらに、29条３項の類推適用を認めるべきとする立場と、29条３項のもちろん解釈をとるべきとする立場とに分かれる。**129**予防接種事故事件の東京地裁判決が前者の立場をとっている（後者の立場をとるのが、大阪地裁昭和62年９月30日判決である）。また、同事件の東京高裁判決は、否定説に立ちつつ国の過失責任を認める立場をとっている。最後に、「正当な補償」については、完全補償説と相当補償説の２つがある。**126**農地改革事件において、最高裁は相当補償説の立場に立ち、きわめて低廉な農地買収価格を「正当な補償」とした。しかし、この措置は、占領中の占領政策に基づくものである。この点について、**127**土地収用法事件／昭和48年判決において最高裁は、完全補償説の立場に立っている。

123　森林法共有林分割制限事件（共有物分割等請求事件）☆☆☆

静岡地判昭和53年10月31日民集41巻３号444頁

東京高判昭和59年４月25日民集41巻３号469頁

●最大判昭和62年４月22日民集41巻３号408頁

【事実】

原告及び被告は、父親が所有する本件森林につき持ち分２分の１ずつの生前贈与を受け、本件森林を共有するに至った。本件は、原告が被告に対し、本件森林の分割請求および被告が本件森林の立木を伐採したことにより原告が被った損害の賠償を求めた事件である。被告は、原告の本件森林の分割請求は森林法186条本文に反して許されないと主張したのに対し、原告は、同本文は憲法29条に違反する無効なものと主張した。第１審および控訴審ともに森林法186条本文は憲法29条に違反するのではないとし、原告の請求を退けた。

整理

事件／民事事件

原告・控訴人・上告人／弟

被告・被控訴人・被上告人／兄

〈争点〉 民法258条による共有物の現物分割と価格賠償の方法による調整。

〈憲法上の問題点〉 森林法186条本文は憲法29条２項に違反するか。

【判旨】

破棄差戻（14対１）。

（i）「憲法29条は……私有財産制度を保障しているのみでなく、社会的経済的活動の基礎をなす国民の個々の財産権につきこれを基本的人権として保障する。」

（ii）「財産権は、それ自体に内在する制約があるほか、右のとおり立法府が社会全体の利益を図るために加える規制により制約を受けるものであるが、この規制は、財産権の種類、性質等が多種多様であり、また、財産権に対し規制を要求する社会的理由ないし目的も、社会公共の便宜の促進、経済的弱者の保護等の社会政策及び経済政策上の積極的なものから、社会生活における安全の保障や秩序の維持等の消極的なものに至るまで多岐にわたるため、種々様々でありうるのである。したがつて、財産権に対して加えられる規制が憲法29条２項にいう公共の福祉に適合するものとして是認されるべきものであるかどうかは、**規制の目的、必要性、内容、その規制によつて制限される財産権の種類、性質及び制限の程度等を比較考量して決すべき**ものであるが、裁判所としては、**立法府がした右比較考量に基づく判断を尊重すべきものであるから、立法の規制目的が前示のような社会的理由ないし目的に出たとはいえないものとして公共の福祉に合致しないことが明らかであるか、又は規制目的が公共の福祉に合致するものであつても規制手段が右目的を達成するための手段として必要性若しくは合理性に欠けていることが明らかであつて、そのため立法府の判断が合理的裁量の範囲を超えるものとなる場合に限り、当該規制立法が憲法29条２項に違背するものとして、その効力を否定することができるものと解するのが相当である。**」

（iii）「民法256条の立法の趣旨・目的」は、共有に「かかる弊害を除去し、共有者に目的物を自由に支配させ、その経済的効用を十分に発揮させ」、「共有物分割請求権は、**各共有者に近代市民社会における原則的所有形態である単独所有**への移行を可能ならしめ、右のような公益的目的をも果たすものとして発展した権利であり、共有の本質的属性として、持分権の処分の自由とともに、民法において認められるに至つた。」「したがつて、当該共有物がその性質上分割することのできないものでない限り、分割請求権を共有者に否定することは、憲法上、財産権の制限に該当し、かかる制限を設ける立法は、憲法29条２項にいう公共の福祉に適合することを要する。」「共有森林はその性質上分割することのできないものに該当しないから、……公共の福祉に適合するものといえないときは、違憲の規定として、その効力を有しないものというべきである。

（iv）森林法186条の立法目的は、「**森林法が１条として規定するに至つた同法の目的をも考慮すると、結局、森林の細分化を防止することによつて森林経営の安定を図り、ひいては森林の保続培養と森林の生産力の増進を図り、もつて国民経済の発展に資することにあると解すべきである。**

同法186条の立法目的は、以上のように解される限り、公共の福祉に合致しないことが明らかであるとはいえない。」

「森林が共有となることによつて、当然に、その共有者間に森林経営のための目的的団体が形成されることになるわけではなく、また、共有者が当該森林の経営につき相互に協力すべき権利義務を負うに至るものではないから、森林が共有であることと森林の共同経営とは直接関連するものとはいえない。したがつて、共有森林の共有者間の権利義務についての規制は、森林経営の安定を直接的目的とする前示の森林法186条の立法目的と関連性が全くないとはいえないまでも、合理的関連性があるとはいえない。」

「共有物の管理又は変更等をめぐつて意見の対立、紛争が生ずるに至つたときは、各共有者は、共有森林につき、同法252条但し書に基づき保存行為をなしうるにとどまり、管理又は変更の行為を適法にすることができないこととなり、ひいては当該森林の荒廃という事態を招来することとなる。」「森林法186条が共有森林につき持分価額２分の１以下の共有者に民法の右規定の適用を排除した結果は、右のような事態の永続化を招くだけであつて、当該森林の経営の安定化に資することにはならず、森林法186条の立法目的と同条が共有森林につき持分価額２分の１以下の共有者に分割請求権を否定したこととの間に合理的関連性のないことは、これを見ても明らかである。」「持分価額２分の１以下の共有者からの民法256条１項に基づく分割請求の場合に限つて、他の場合に比し、当該森林の細分化を防止することによつて森林経営の安定を図らなければならない社会的必要性が強く存すると認めるべき根拠は、これを見出だすことができないにもかかわらず、森林法186条が分割を許さないとする森林の範囲及び期間のいずれについても限定を設けていないため、同条所定の分割の禁止は、必要な限度を超える極めて厳格なものとなつているといわざるをえない。」「まず、分割後の各森林面積が必要最小限度の面積を下回るか否かを問うことなく、一律に現物分割を認めないとすることは、同条の立法目的を達成する規制手段として合理性に欠け、必要な限度を超えるものというべきである。」また、当該森林の伐採期あるいは計画植林の完了時期等を何ら考慮することなく無期限に分割請求を禁止することも、同条の立法目的の点からは必要な限度を超えた不必要な規制というべきである。

（ｖ）「以上のとおり、**森林法186条が共有森林につき持分価額２分の１以下の共有者に民法256条１項所定の分割請求権を否定しているのは、森林法186条の立法目的との関係において、合理性と必要性のいずれをも肯定することのできないことが明らかであつて、この点に関する立法府の判断は、その合理的裁量の範囲を超えるものである**といわなければならない」。

124　証券取引法164条判決（短期売買利益返還請求事件）

東京地判平成12年５月24日民集56巻２号340頁
東京高判平成12年９月28日民集56巻２号346頁
●最大判平成14年２月13日民集56巻２号331頁

【事実】

証券取引法164条１項は、インサイダー情報の不当利用防止のため、上場会社の主要株主（被告）がその会社の株を買い付けあるいは売り付けた後６ヶ月以内にそれを売り付けあるいは買い付けて利益を得た場合には、会社（原告）はその利益の提供を請求しうることを規定している。被告は原告発行の株式の６ヶ月以内の短期売買によって利益を上げたため、原告は被告に対し、証券取引法164条１項に基づき、原告発行の株式の短期売買取引による利益の返還を求めた事案である。

整理

事件／民事事件

原告・被控訴人・被上告人／株式会社

被告・控訴人・上告人／短期売買によって利益を上げた株主

〈争点〉株式の短期売買取引による利益の返還。

〈憲法上の問題点〉証券取引法164条１項は憲法29条に違反するか。

【判旨】

上告棄却（全員一致）。

（ｉ）「財産権は、それ自体に内在する制約がある外、その性質上社会全体の利益を図るために立法府によって加えられる規制により制約を受けるものである。**財産権の種類、性質等は多種多様であり、また、財産権に対する規制を必要とする社会的理由ないし目的も、社会公共の便宜の促進、経済的弱者の保護等の社会政策及び経済政策に基づくものから、社会生活における安全の保障や秩序の維持等を図るものまで多岐にわたるため、財産権に対する規制は、種々の態様のものがあり得る。このことからすれば、財産権に対する規制が憲法29条２項にいう公共の福祉に適合するものとして是認されるべきものであるかどうかは、規制の目的、必要性、内容、その規制によって制限される財産権の種類、性質及び制限の程度等を比較考量して判断すべきものである**」。

（ⅱ）「同項は、上場会社等の役員又は主要株主がその職務又は地位により取得した秘密を不当に利用することを防止することによって、一般投資家が不利益を受けることのないようにし、国民経済上重要な役割を果たしている証券取引市場の公平性、公正性を維持するとともに、これに対する一般投資家の信頼を確保するという経済政策に基づく目的を達成するためのものと解することができるところ、このような目的が正当性を有し、公共の福祉に適合するものであることは明らかである。」

（ⅲ）「同項は、外形的にみて上記秘密の不当利用のおそれのある取引による利益につき、個々の具体的な取引における秘密の不当利用や一般投資家の損害発生という事実の有無を問うことなく、その提供請求ができることとして、秘密を不当に利用する取引への誘因を排除しようとするものである。上記事実の有無を同項適用の積極要件又は消極要件とするとすれば、その立証や認定が実際上極めて困難であることから、同項の定める請求権の迅速かつ確実な行使を妨げ、結局その目的を損なう結果となり兼ねない。また、同項は、同条8項に基づく内閣府令で定める場合又は類型的にみて取引の態様自体から秘密を不当に利用することが認められない場合には適用されないと解すべきことは前記のとおりであるし、上場会社等の役員又は主要株主が行う当該上場会社等の特定有価証券等の売買取引を禁止するものではなく、その役員又は主要株主に対し、一定期間内に行われた取引から得た利益の提供請求を認めることによって当該利益の保持を制限するにすぎず、それ以上の財産上の不利益を課するものではない。これらの事情を考慮すると、そのような規制手段を採ることは、前記のような立法目的達成のための手段として必要性又は合理性に欠けるものであるとはいえない」。

（ⅳ）「以上のとおり、法164条1項は証券取引市場の公平性、公正性を維持するとともにこれに対する一般投資家の信頼を確保するという目的による規制を定めるものであるところ、その規制目的は正当であり、規制手段が必要性又は合理性に欠けることが明らかであるとはいえないのであるから、同項は、公共の福祉に適合する制限を定めたものであって、憲法29条に違反するものではない」。

125　奈良県ため池条例事件（ため池の保全に関する条例違反被告事件）☆☆☆

葛城簡判昭和35年10月4日刑集17巻5号572頁
大阪高判昭和36年7月13日刑集17巻5号575頁
●最大判昭和38年6月26日刑集17巻5号521頁

【事実】

1954（昭和29）年制定の奈良県ため池条例は、ため池の堤とうに農作物を植える行為等を禁止するものである。以前より堤とうを耕作してきた被告人は、条例施行後も耕作を続けたため、条例違反で起訴された。第1審は被告人らの有罪を認めたが、控訴審は、私有地に対する個人の権利の内容に条例で制限を加えることは、法律によるべきであるとした。最高裁は、本条例による規制は当然に受忍されるべき制約であり、ため池の破損、決かいの原因となる堤とうの使用行為は、財産権の行使のらち外にあり、そのような行為は、条例によって禁止、処罰することが可能であるとした。

整理

事件／刑事事件

被告人・控訴人・被上告人／堤とう耕作者

〈争点〉ため池の保全に関する条例違反行為。

〈憲法上の問題点〉奈良県ため池の保全に関する条例は憲法29条に違反するか。

【判旨】

破棄差戻（全員一致）。

（i）「本条例4条各号は、同条項所定の行為をすることを禁止するものであつて、直接には不作為を命ずる規定であるが、同条2号は、ため池の堤とうの使用に関し制限を加えているから、ため池の堤とうを使用する財産上の権利を有する者に対しては、その使用を殆んど全面的に禁止することとなり、同条項は、結局右財産上の権利に著しい制限を加えるものであるといわなければならない。」

（ii）「しかし、その制限の内容たるや、立法者が科学的根拠に基づき、ため池の破損、決かいを招く原因となるものと判断した、ため池の堤とうに竹木若しくは農作物を植え、または建物その他の工作物（ため池の保全上必要な工作物を除く）を設置する行為を禁止することであり」、「本条例4条2号の禁止規定は、堤とうを使用する財産上の権利を有する者であると否とを問わず、何人に対しても適用される。」

（iii）「ため池の提とうを使用する財産上の権利を有する者は、**本条例1条の示す目的のため、その財産権の行使を殆んど全面的に禁止されることになるが、それは災害を未然に防止するという社会生活上の已むを得ない必要から来ることであつて、ため池の提とうを使用する財産上の権利を有する者は何人も、公共の福祉のため、当然これを受忍しなければならない責務を負うというべきである**」。

（iv）したがって、ため池堤とうを使用する行為は、「**憲法、民法の保障する財産権の行使の埒外にあるもの**というべく、従つて、**これらの行為を条例をもつて禁止、処罰しても憲法および法律に牴触またはこれを逸脱するものとはいえないし、また右条項に規定するような事項を、既に規定していると認むべき法令は存在していないのであるから、これを条例で定めたからといつて、違憲または違法の点は認められない**」。

（v）本条例「4条2号は、ため池の堤とうを使用する財産上の権利の行使を著しく制限するものではあるが、結局それは、**災害を防止し公共の福祉を保持する上に社会生活上已むを得ないもの**であり、そのような制約は、ため池の堤とうを使用し得る財産権を有する者が当然受忍しなければならない責務というべきものであつて、憲法29条3項の損失補償はこれを必要としないと解するのが相当である」。

126　農地改革事件（農地買収に対する不服申立事件）☆☆☆

山形地判昭和24年5月6日民集7巻13号1548頁

仙台高判昭和24年10月14日民集7巻13号1556頁

●最大判昭和28年12月23日民集7巻13号1523頁

【事実】

戦後農地改革を規律する自作農創設特別措置法（自創法）6条3項は、田の買収対価をその賃貸価格の40倍と定めている。その算出は、平均水稲反当の玄米実収高2石とし、これを基準として収支計算を行ってなされる。収支計算の基礎となる米価は、政府が法令により任意に定めた政府の買上価格または消費者価格等を標準とするものであった。1947（昭和22）年、国に農地を買収された本件原告の旧地主は、自作農創設特別措置法による買収対価の算定価格が当時の経済事情からみて、著しく低いことから、憲法29条3項にいう「正当な補償」に当たらないとして、買収対価の増額を訴えた。第1審、控訴審ともに請求を棄却した。

整理

事件／民事事件

原告・控訴人・上告人／旧地主

被告・被控訴人・被上告人／国

〈争点〉農地買収対価の適切性。

〈憲法上の問題点〉自作農創設特別措置法6条3項本文の農地買収対価は憲法29条3項にいう「正当な補償」にあたるか。

【判旨】

上告棄却（11対4、補足意見1、反対意見4）。

（i）「**憲法29条3項にいうところの財産権を公共の用に供する場合の正当な補償とは、その当時の経済状態において成立することを考えられる価格に基き、合理的に算出された相当な額をいうのであつて、必しも常にかかる価格と完全に一致することを要するものでない**」。「財産権の内容は、公共の福祉に適合するように法律で定められるのを本質とするから（憲法29条2項）、公共の福祉を増進し又は維持するため必要ある場合は、財産権の使用収益又は処分の権利にある制限を受けることがあり、また財産権の価格についても特定の制限を受けることがあつて、その自由な取引による価格の成立を認められないこともあるからである」。

（ii）自創法6条3項に定める対価については、反当たりの生産高を米の公定価格を基準として金額に換算した反当粗収入を「対価算出の基礎としたことは計算の項目において合理的であるばかりでなく、数字においてもその時期（前掲第一次農地改革）において合理的であつたといわなければならない。」「米価を特定することは国民食糧の確保と国民経済の安定を図るためやむを得ない法律上の措置であり、その金額も当時において相当であつたと認めなければならないから、農地の買収対価を算出するにあたり、まずこの米価によつたことは正当であ」る。

（iii）「さらに右反当粗収入の金額より反当生産費用（212円37）を控除した残額（36円38）がすなわち耕作者としての反当純収益であるが、耕作者としては利潤を見なければならないから、これを反当生産費用の４分（８円50）とし、これを控除した額（27円88）が結局耕作者が土地を所有することによつて得る地代部分に相当する金額であることは、その算出過程においてなんら不合理を認めることはできない」。

（iv）「以上のとおり田と畑とに通じて対価算出の項目と数字は、いずれも客観的且つ平均的標準に立つのであつて、わが国の全土にわたり自作農を急速且つ広汎に創設する自創法の目的を達するため自創法３条の要件を具備する農地を買収し、これによつて大多数の耕作者に自作農としての地位を確立しようとするのであるから、各農地のそれぞれについて、常に変化する経済事情の下に自由な取引によつてのみ成立し得べき価格を標準とすることは許されないと解するのを相当とする」。

（v）「前記買収対価の外に、地主としての収益に基き合理的に算出された報償金をも交付されるのであるから、買収農地の所有者に対する補償が不当であるという理由を認めることはできない」。

（vi）「自創法６条３項の買収対価は改正農調法６条の２（昭和21年農林省告示第14号参照）に基くものであつて、その後の経済事情の変動にかかわらずそのまま据え置かれ、本件上告人の畑について買収令書が交付された昭和22年11月25日においても変更がなかつたのであるが、上告論旨はこの点に関し、ある時期に正当な補償たるに十分な価格といえども、他の時期には経済事情の変化によつて正当な補償たるに足りないことがあり得るのであつて、専ら買収処分当時における経済事情を基準として正当な補償か否かを決定すべきものであると主張するから、この点について考えて見るに（１）およそ農地のごとくその数量が自然的に制約され、生産によつて供給を増加することの困難なものは、価格の成立についても一般商品と異なるところがあり、収益から考えられる価格も、土地の面積は本来限定されているから、生産に自から限度があるばかりでなく一般物価が高くなつても生産費がこれと共に高くなれば、収益は必しもこれに伴うものでなく、従つて収益に基く価格は物価と平行するとはいえない」。「農地は自創法成立までに、すでに自由処分を制限され、耕作以外の目的に変更することを制限され、小作料は金納であつて一定の額に据え置かれ、農地の価格そのものも特定の基準に統制されていたのであるから、地主の農地所有権の内容は使用収益又は処分の権利を著しく制限され、ついに法律によつてその価格を統制されるに及んでほとんど市場価格を生ずる余地なきに至つたのである。そしてかかる農地所有権の性質の変化は、自作農創設を目的とする一貫した国策に伴う法律上の措置であつて、いいかえれば憲法29条２項にいう公共の福祉に適合するように法律によつて定められた農地所有権の内容であると見なければならない」。

「もともとかかる公定又は統制価格は、公共の福祉のために定められるのであるから、必しも常に当時の経済状態における収益に適合する価格と完全に一致するとはいえず、まして自由な市場取引において成立することを考えられる価格と一致することを要するものではない。従つて対価基準が買収当時における自由な取引によつて生ずる他の物価と比べてこれに正確に適合しないからといつて適正な補償でないということはできない」。

（vii）「以上に述べた理由により自創法6条3項の買収対価は憲法29条3項の正当な補償にあたると解する」。

127　土地収用法事件／昭和48年判決（土地収用補償金請求事件）☆

鳥取地倉吉支判昭和42年11月20日民集27巻9号1219頁

広島高松江支判昭和45年11月27日民集27巻9号1231頁

●最判昭和48年10月18日民集27巻9号1210頁

【事実】

本件土地所有者らの土地が鳥取県の倉吉市都市計画の街路用地と決定され、土地収用法に基づき鳥取県に収用されることになった。鳥取県収用委員会は、本件土地所有者らの土地に対する損失補償額の裁決をしたが、本件土地所有者らは収用委員会の裁決額が近傍類地売買価格に比べて低いとして提訴した。第1審は、本件土地所有者らの請求を一部容認。本件土地所有者及び県知事は共に控訴。控訴審は、「本件土地収用による損失補償額の算定にあたっては、同土地が建築基準法による建築制限を受けた土地であるとしてその評価をなせば足りる」として、原判決を一部取消し、本件土地所有者らの控訴を棄却した。

整理

事件／民事事件

原告・控訴人＝被控訴人・上告人／本件土地所有者

被告・被控訴人＝控訴人・被上告人／県知事

〈争点〉 旧都市計画法（大正8年法律第36号）16条1項に基づき土地を収用する場合に被収用者に補償すべき価格と当該都市計画事業のため右土地に課せられた建築制限。

〈憲法上の問題点〉 収用委員会の裁決額は憲法29条3項に定める「正当な補償」に反するか。

【判旨】

破棄差戻（全員一致）。

（i）「おもうに、土地収用法における損失の補償は、特定の公益上必要な事業のために土地が収用される場合、**その収用によつて当該土地の所有者等が被る特別な犠牲の回復をはかることを目的とするものであるから、完全な補償、すなわち、収用の前後を通じて被収用者の財産価値を等しくならしめるような補償をなすべきであり、金銭をもつて補償する場合には、被収用者が近傍において被収用地と同等の代替地等を取得することをうるに足りる金額の補償を要する**ものというべく、土地収用法72条（昭和42年法律第74号による改正前のもの。以下同じ。）は右のような趣旨を明らかにした規定と解すべきである」。

（ii）「そして、右の理は、土地が都市計画事業のために収用される場合であつても、何ら、異なるものではなく、この場合、被収用地については、街路計画等施設の計画決定がなされたときには建築基準法44条２項に定める建築制限が、また、都市計画事業決定がなされたときには旧都市計画法11条、同法施行令11条、12条等に定める建築制限が課せられているが、前記のような土地収用における損失補償の趣旨からすれば、被収用者に対し土地収用法72条によつて補償すべき相当な価格とは、被収用地が、右のような建築制限を受けていないとすれば、裁決時において有するであろうと認められる価格をいうと解すべきである。なるほど、法律上右のような建築制限に基づく損失を補償する旨の明文の規定は設けられていないが、このことは、単に右の損失に対し独立に補償することを要しないことを意味するに止まるものと解すべきであり、損失補償規定の存在しないことから、右のような建築制限の存する土地の収用による損失を決定するにあたり、当該土地をかかる建築制限を受けた土地として評価算定すれば足りると解するのは、前記土地収用法の規定の立法趣旨に反し、被収用者に対し不当に低い額の補償を強いることになるのみならず、右土地の近傍にある土地の所有者に比しても著しく不平等な結果を招くことになり、到底許されないものというべきである」。

（iii）「しかるに原判決は、これと異なる解釈のもとに、本件裁決の損失補償額を相当であると判断して、上告人らの各請求を棄却しているが、右は土地収用法72条の解釈を誤つたものというべく、この誤りは原判決に影響を及ぼすことが明らかであるから、論旨は理由があり、原判決は破棄を免れない」。

128　土地収用法事件／平成14年判決（土地収用補償金請求事件）☆

大阪地判昭和62年４月30日民集56巻５号970頁

大阪高判平成10年２月20日民集56巻５号1000頁

●最判平成14年６月11日民集56巻５号958頁

【事実】

起業者の変電所新設事業に関して土地収用法に基づく土地等の収用裁決をうけた被収用地所有者らが、起業者に対し、同法133条に基づき、損失補償額の変更及びその支払いを求めた事件である。第１審および控訴審では、被収用地の範囲、被収用地及びその地上物件の価格、残地補償の要否等の損失補償に関する事項が争点となったが、いずれにおいても被収用地所有者らの請求は棄却された。そこで、被収用地所有者らが、法令違反、理由不備等を理由として上告した。被収用地所有者らの主張は、土地収用法71条の定める補償額が憲法29条３項の定める「正当な補償」に反するというものである。

整理

事件／行政事件

原告・控訴人・上告人／被収用土地所有者

被告・被控訴人・被上告人／起業者

〈争点〉 損失補償額の変更及び支払い。

〈憲法上の問題点〉 土地収用法71条は、憲法29条3項に違反するか。

【判旨】

上告棄却（全員一致）。

（i）「**憲法29条3項にいう『正当な補償』とは、その当時の経済状態において成立すると考えられる価格に基づき合理的に算出された相当な額をいうのであって、必ずしも常に上記の価格と完全に一致することを要するものではない**ことは、当裁判所の判例（最高裁昭和25年（オ）第98号同28年12月23日大法廷判決・民集7巻13号1523頁）とするところである。土地収用法71条の規定が憲法29条3項に違反するかどうかも、この判例の趣旨に従って判断すべきものである」。

（ii）「これらのことにかんがみれば、土地収用法71条が補償金の額について前記のように規定したことには、十分な合理性があり、これにより、**被収用者は、収用の前後を通じて被収用者の有する財産価値を等しくさせるような補償を受けられるものというべきである**」。

（iii）「以上のとおりであるから、土地収用法71条の規定は憲法29条3項に違反するものではない」。

129　予防接種事故事件（損害賠償請求事件）

●東京地判昭和59年5月18日判時1118号28頁
東京高判平成4年12月18日高民集45巻3号212頁
最判平成10年6月12日民集52巻4号1087頁

【事実】

予防接種法により実施され、あるいは国の行政指導に基づき地方公共団体が接種を勧奨した予防接種等のうち、1種類または2種類の接種を受け、その結果、右予防接種ワクチンの副作用で死亡ないし後遺障害を残すに至った被害児童及びその親ら計160名が、国に対して集団的に国家賠償を求め、これと併せて憲法29条3項に基づき損失補償を請求した事案である。

第1審では、実質的な救済の見地から、国が無過失で賠償責任がなくても憲法29条3項による補償を請求できるとしているが、高裁では過失が認定され、国もこれを承服したため、国家賠償が認められることになった。

本判決は、児童2名については接種した医師に過量接種等の過失があったとして国の賠償責任を認めたが、その余についてはこれを否定し、損失補償責任についてこれを是認した。

ここでは憲法29条3項に基づいて損失補償を認定した第1審判決を扱うことにする。

整理

事件／民事事件

原告／予防接種被害児およびその両親ら（合計160名）

被告／国

〈争点〉厚生省が行っていた防疫行政に関する、民法上の債務不履行責任、国家賠償法上の責任または憲法上の損失補償責任。

〈憲法上の問題点〉生命、身体の侵害に対する損失補償について直接憲法29条３項に基づいて請求することの可否。

【判旨】

一部認容。

（ｉ）「いわゆる強制接種は、予防接種法第１条に規定するように、伝染の虞がある疾病の発生及びまん延を予防するために実施し、それは、集団防衛、社会防衛のためになされるものである。そして、いわゆる予防接種は、一般的には安全といえるが、深く稀にではあるが不可避的に死亡その他重篤な副反応を生ずることがあることが統計的に明らかにされている。しかし、それにもかかわらず公共の福祉を優先させ、たとえ個人の意思に反してでも一定の場合には、これを受けることを強制し、予防接種を義務づけているのである。また、いわゆる勧奨接種についても、被接種者としては、勧奨とはいいながら、接種を受ける受けないについての選択の自由はなく、国の方針で実施される予防接種として受けとめ、国民としては、国の施策に従うことが当然の義務であるとして、いわば心理的、社会的に強制された状況の下で、しかもその実施手続・実態は、いわゆる強制接種となんら変ることのない状況の下で接種を受けているのである。そうだとすると、右の状況下において、各被害児らは、被告国が、国全体の防疫行政の一環として予防接種を実行し、それを更に地方公共団体に実施させ、右公共団体の勧奨によつて実行された予防接種により、接種を受けた者として、全く予測できない、しかしながら予防接種には不可避的に発生する副反応により、死亡その他重篤な身体障害を招来し、その結果、全く通常では考えられない特別の犠牲を強いられたのである。このようにして、**一般社会を伝染病から集団的に防衛するためになされた予防接種により、その生命、身体について特別の犠牲を強いられた各被害児及びその両親に対し、右犠牲による損失を、これら個人の者のみ負担に帰せしめてしまうことは、生命・自由・幸福追求権を規定する憲法13条、法の下の平等と差別の禁止を規定する同14条１項、更には、国民の生存権を保障する旨を規定する同25条のそれらの法の精神に反する**ということができ、そのような事態を等閑視することは到底許されるものではなく、かかる損失は、本件各被害児らの特別犠牲によつて、一方では利益を受けている国民全体、即ちそれを代表する被告国が負担すべきものと解するのが相当である。そのことは、価値の根元を個人に見出し、個人の尊厳を価値の原点とし、国民すべての自由・生命・幸福追求を大切にしようとする憲法の基本原理に合致するというべきである。」

（ii）「更に、憲法29条３項は『私有財産は、正当な補償の下に、これを公共のために用ひることができる。』と規定しており、公共のためにする財産権の制限が、社会生活上一般に受忍すべきものとされる限度を超え、特定の個人に対し、特別の財産上の犠牲を強いるものである場合には、**これについて損失補償を認めた規定がなくても、直接憲法29条３項を根拠として補償請求をすることができないわけではないと解される**」。「そして、右憲法13条後段、25条１項の規定の趣旨に照らせば、財産上特別の犠牲が課せられた場合と生命、身体に対し特別の犠牲が課せられた場合とで、後者の方を不利に扱うことが許されるとする合理的理由は全くない。」

（iii）「**従つて、生命、身体に対して特別の犠牲が課せられた場合においても、右憲法29条３項を類推適用し、かかる犠牲を強いられた者は、直接憲法29条３項に基づき、被告国に対し正当な補償を請求することができると解するのが相当である**」。

（iv）「そうすると、憲法29条３項の類推適用により、本件各事故により損失を蒙った各被害児及びその両親が、被告国に対し、損失の正当な補償を請求できると解するとすると、救済制度が法制化されていても、かかる救済制度による補償額が正当な補償額に達しない限り、その差額についてなお補償請求をなしうるのは当然のことであると解される。」

第15章　生存権

生存権　生存権の法的性格については、プログラム規定説（判例同旨）、抽象的権利説（多数説）、具体的権利説の３説がある。抽象的権利説とは、法律が存在しない場合は生存権は抽象的権利にとどまるが、生存権が立法によって具体化されている場合には、生存権は法律上の権利と一体となってその保障を裁判上請求できるとする見解である。ただし、今日では、上記学説の区分の有用性は疑問視されており、憲法25条違反を争いうる場合として、①生存権を具体化する法律の違憲性、②法律に基づく行政処分の違憲性、③給付基準の切り下げ措置（制度後退）の違憲性、④法律規定が存在しない場合の立法不作為の違憲性を個別的に検討することが必要である。④の場合、立法不作為の違憲性を争う方法として、違憲確認訴訟と国家賠償訴訟がある。一般に、社会権については、立法不作為の憲法訴訟が成立することはほとんどあり得ないといわれてきたが、学生無年金障害者訴訟第１審判決は、憲法14条違反を理由とする立法不作為の国家賠償請求を認容した。

生存権の違憲審査基準について、最高裁は、生存権全般に広い立法裁量を肯定し、きわめて緩やかな審査基準（明白の原則）を採用している（**132**堀木訴訟等）。学説では、生存権を最低限度の生活保障とより快適な生活保障に分け、前者にはより厳格な基準を適用すべきとする見解が有力である。ただし、後説にあっても、憲法25条を１項＝救貧施策、２項＝防貧施策に区分し、公的扶助以外の社会保障制度（年金・手当等）を生存権の最低限度保障と切断する１項２項分離論（堀木訴訟控訴審判決）については批判が強い。個別具体的な社会保障制度が「最低限度の生活」保障の機能を果たしているどうかにつき、立法事実に即して検証することが重要である。

次に、各種年金・手当法の支給制限規定が憲法14条の平等原則に違反するかという論点について、最高裁は、生存権の広範な立法裁量を前提として、緩やかな審査基準（合理性の基準）を採っている（堀木訴訟、**134**学生無年金障害者訴訟等）。学説では、生存権は「生きる権利そのもの」であるとして、具体的な生活実態との関連において合理性の有無を判断する中間審査基準（厳格な合理性の基準）を適用すべきとする見解が有力である。**131**牧野訴訟は、この立場に立っていると見られる。

130　朝日訴訟（生活保護法による保護に関する不服の申立に対する裁決取消請求事件）☆☆☆

東京地判昭和35年10月19日行集11巻10号2921頁

東京高判昭和38年11月４日行集14巻11号1963頁

●最大判昭和42年５月24日民集21巻５号1043頁

【事実】

原告（朝日茂）は、肺結核患者のため国立岡山療養所に入所し、生活保護法による医療扶助および生活扶助（最高月額600円の日用品費）を受けていた。ところが、実兄から月1500円の仕送りを受けるようになったので、津山市社会福祉事務所長は、1956（昭和31）年８月１日以降生活扶助を廃止し、さらに仕送り額から日用品費600円を控除した残額900円を医療費の一部として本人に負担させる旨の保護変更決定をした。原告は岡山県知事に対する不服申立と厚生大臣に対する不服申立を行ったが、これが却下されたため、原告は厚生大臣を被告として、600円の基準金額が生活保護法の規定する健康で文化的な最低限度の生活水準を維持するに足りない違法なものであると主張して、不服申立却下裁決の取消を求める訴えを提起した。

第１審は、生活保護法３条にいう「健康で文化的な生活水準」は、理論的には特定の国における特定の時点においては一応客観的に決定しうるものであるとして、本件保護基準は生活水準を維持するに足りないという限度で生活保護法８条２項、３条に違反すると判示し、原告の主張を認容して不服申立却下裁決を取り消した。

控訴審は、入院入所患者の日用品費を670円と認定し、本件基準金額600円はこれを１割下回るが、１割程度の不足をもって本件保護基準を違法と断定できないとして、第１審判決を取り消し、請求を棄却した。その後原告は上告したが、判決前に死亡した。養子の相続人が訴訟を承継したため、上告審では訴訟承継の可否が争われた。

整理

事件／行政事件

原告・被控訴人・上告人／生活保護の受給者

被告・控訴人・被上告人／厚生大臣

〈争点〉保護に関する不服の申立に対する裁決の取消。

〈憲法上の問題点〉生存権の法的性格、生活保護基準設定と厚生大臣の裁量。

【判旨】

訴訟終了（補足意見１、反対意見４）。

（ⅰ）**生活保護受給権の相続性**　「生活保護法の規定に基づき要保護者または被保護者が国から生活保護を受けるのは、単なる国の恩恵ないし社会政策の実施に伴う反射的利益ではなく、法的権利であって、保護受給権とも称すべきものと解すべきである。しかし、**この権利は**、被保護者自身の最低限度の生活を維持するために**当該個人に与えられた一身専属の権利であって、他にこれを譲渡し得ないし……、相続の対象ともなり得ない**というべきである。」「されば、本件訴訟は、上告人の死亡と同時に終了し、同人の相続人……においてこれを承継し得る余地はないもの、といわなければならない。」

（ⅱ）**生存権の法的性格**　「なお、念のために、本件生活扶助基準の適否に関する当裁判所の意見を付加する。」

「**憲法25条１項……は、すべての国民が健康で文化的な最低限度の生活を営み得るように国政を運営すべきことを国の責務として宣言したにとどまり、直接個々の国民に対して具体的権利を賦与したものではない……**。具体的権利としては、憲法の規定の趣旨を実現するために制定された生活保護法によって、はじめて与えられているというべきである。」

（ⅲ）**生活保護基準設定と厚生大臣の裁量**　「健康で文化的な最低限度の生活なるものは、抽象的な相対的概念であり、その具体的内容は、文化の発達、国民経済の進展に伴って向上するのはもとより、多数の不確定的要素を総合考量してはじめて決定できるものである。したがって、**何が健康で文化的な最低限度の生活であるかの認定判断は、いちおう、厚生大臣の合目的的な裁量に委されており**、その判断は、当不当の問題として政府の政治責任が問われることはあっても、直ちに違法の問題を生ずることはない。ただ、現実の生活条件を無視して著しく低い基準を設定する等**憲法および生活保護法の趣旨・目的に反し、法律によって与えられた裁量権の限界をこえた場合または裁量権を濫用した場合には、違法な行為として司法審査の対象となる**ことをまぬかれない。」

「本件生活扶助基準が入院入所患者の最低限度の日用品費を支弁するにたりるとした厚生大臣の認定判断は、与えられた裁量権の限界をこえまたは裁量権を濫用した違法があるものとはとうてい断定することができない」。

〔奥野健一裁判官の補足意見〕「憲法は、右の権利〔生存権〕を、時の政府の施政方針によつて左右されることのない客観的な最低限度の生活水準なるものを想定して、国に前記責務〔生存権実現のための施策を講ずべき義務〕を賦課したものとみるのが妥当であると思う。従つてまた、憲法25条１項の規定の趣旨を実現するために制定された**生活保護法が、生活に困窮する要保護者又は被保護者に対し具体的な権利として賦与した保護受給権も、右の適正な保護基準による保護を受け得る権利である**と解するのが相当であつて、これを単に厚生大臣が最低限度の生活を維持するに足りると認めて設定した保護基準による保護を受け得る権利にすぎないと解する見解には、私は承服することができないのである。」

131　牧野訴訟（国民年金支給停止処分取消等請求事件）

●東京地判昭和43年７月15日行集19巻７号1196頁

【事実】

原告（牧野亨）は、1965（昭和40）年1月に満70歳に達したので、国民年金法80条2項の規定に基づき老齢福祉年金の受給資格を取得し、北海道知事に対し受給権の裁定を請求した。ところが、知事は、原告の配偶者がすでに老齢福祉年金の支給を受けていることを理由にして、同法79条の2第5項の夫婦受給制限の規定に基づき、原告および妻の老齢福祉年金額から3,000円の支給停止の決定をなした。そこで、原告は、夫婦受給制限の規定は、夫婦者である老齢者を不当に単身老齢者と差別し、かつ、夫婦者である老齢者を個人として尊重しないものであって、憲法13条・14条に違反し無効であるとして、老齢福祉年金支給停止総額6,750円の支払いを求めた。

整理

事件／行政事件

原告／夫婦者である老齢福祉年金の受給者

被告／国

〈争点〉国民年金支給停止処分の取消等。

〈憲法上の問題点〉夫婦受給制限規定の平等原則違反。

【判旨】

請求認容。

「老齢福祉年金における夫婦受給制限の規定は、夫婦がともに老齢福祉年金の支給を受ける場合には、老齢者が夫婦者であるという理由で、単身老齢者に比べ、それぞれ金3,000円の支給を停止する旨を規定するものであって、**老齢者が夫婦者であるという社会的身分により経済関係における施策のうえで、差別的取扱いをするもの**であるといいうる。したがって、かかる差別的取扱いが事柄の性質に即応して合理的理由があることが認められない限り、右の夫婦受給制限の規定は上記憲法〔14条1項〕の条項に違反し、無効である」。

「**老齢者の生活の実態にかんがみると、**夫婦者の老齢者の場合に理論のうえで生活の共通部分について費用の節約が可能であるといいうるからといって、支給額が上記のような最低生活費（農村4級地区の最低生活費）のほとんど半額にすぎず、前記老齢福祉年金制度の理想からすればあまりにも低額である現段階において、夫婦者の老齢者を単身の老齢者と差別し、夫婦者の老齢者に支給される老齢福祉年金のうち、さらに金3,000円（月額250円）の支給を停止するがごときは、国家財政の都合から、あえて老齢者の生活実態に目を蔽うものであるとのそしりを免れないというべく、到底、**差別すべき合理的理由があるものとは認められない。**」

132　堀木訴訟（行政処分取消等請求事件）☆☆☆

神戸地判昭和47年9月20日行集23巻8・9号711頁

大阪高判昭和50年11月10日行集26巻10・11号1268頁

●最大判昭和57年7月7日民集36巻7号1235頁

【事実】

原告（堀木フミ子）は、視力障害者として国民年金法による障害福祉年金を受給していたが、同時に、寡婦として子どもを養育していたので、1970（昭和45）年2月、兵庫県知事に対し児童扶養手当法に基づく児童扶養手当の受給資格について認定の請求をした。しかし、児童扶養手当と他の公的年金給付との併給を禁止している児童扶養手当法4条3項3号（1973（昭和48）年改正前）に該当し受給資格を欠くという理由で申請が却下されたため、原告は、同規定が憲法13条、14条、25条に違反すると主張して、却下処分の取消と受給資格の認定の義務づけ訴訟を提起した。

第1審は、義務づけ訴訟については、三権分立に反するとして訴えを却下した。しかし、却下処分取消の訴えについては、併給禁止規定は「一方において、同程度の視覚障害者である障害福祉年金受給者の父たる男性と性別により差別し、他方において、公的年金を受給し得る障害者ではない健全な母たる女性と社会的身分に類する地位により差別する」ものであるとして、憲法14条1項に違反し無効であると判示し、請求を認容した。

一方、控訴審は、憲法25条について1項は「救貧施策」（公的扶助）、2項は「防貧施策」（年金・手当など）を定めた規定であると区分して、2項には1項のような絶対的基準はなく、立法府に広範な裁量が認められるとし、また、憲法14条の差別にも当たらないとして、児童扶養手当法の併給禁止規定を合憲と判示して請求を棄却した。これに対し、原告が上告した。

整理

事件／行政事件

原告・被控訴人（附帯控訴人）・上告人／障害福祉年金受給者たる寡婦

被告・控訴人（附帯被控訴人）・被上告人／兵庫県知事

〈争点〉 児童扶養手当受給資格の認定申請に対する却下処分の取消等。

〈憲法上の問題点〉 生存権の法的性格、併給禁止規定の平等原則違反。

【判旨】

上告棄却（全員一致）。

（ｉ）**生存権の法的性格**　「〔憲法25条の〕規定にいう**『健康で文化的な最低限度の生活』なるものは、きわめて抽象的・相対的概念であって**、その具体的内容は、その時々における文化の発達の程度、経済的・社会的条件、一般的な国民生活の状況等との相関関係において判断決定されるものであるとともに、**右規定を現実の立法として具体化するに当たっては、国の財政事情を無視することができず、また、多方面にわたる複雑多様な、しかも高度の専門技術的な考察とそれに基づいた政策的判断を必要とするものである。したがって、憲法25条の規定の趣**

旨にこたえて具体的にどのような立法措置を講ずるかの選択決定は、立法府の広い裁量にゆだねられており、それが著しく合理性を欠き明らかに裁量の逸脱・濫用と見ざるをえないような場合を除き、裁判所が審査判断するのに適しない事柄である」。

（ii）**児童扶養手当法の性格**「児童扶養手当がいわゆる児童手当の制度を理念とし将来における右理念の実現の期待のもとに、いわばその萌芽として創設されたものであることは、立法の経過に照らし、一概に否定することができないところではあるが、……**児童扶養手当は、もともと国民年金法61条所定の母子福祉年金を補完する制度として設けられた**ものと見るのを相当とするのであり、児童の養育者に対する養育に伴う支出についての保障であることが明らかな児童手当法所定の児童手当とはその性格を異にし、**受給者に対する所得保障である点において、前記母子福祉年金ひいては国民年金（公的年金）一般、したがってその一種である障害福祉年金と基本的に同一の性格を有する**もの、と見るのがむしろ自然である。……このような場合について、社会保障給付の全般的公平を図るため公的年金相互間における併給調整を行うかどうかは、さきに述べたところにより、立法府の裁量の範囲に属する事柄と見るべきである。」

（iii）**併給調整条項と憲法14条・13条**「本件併給調整条項の適用により、上告人のように障害福祉年金を受けることができる地位にある者とそのような地位にない者との間に児童扶養手当の受給に関して差別を生ずることになるとしても、先に説示したところ〔広範な立法裁量〕に加えて原判決の指摘した諸点、とりわけ身体障害者、母子に対する諸施策及び生活保護制度の存在などに照らして総合的に判断すると、**右差別が何ら合理的理由のない不当なものであるとはいえない**」。「また、本件併給調整条項が児童の個人としての尊厳を害し、憲法13条に違反する恣意的かつ不合理な立法であるといえないことも、上記説示してきたところに徴して明らかである」。

133　永住外国人の生活保護受給権（生活保護開始決定義務付け等請求事件）

大分地判平成22年10月18日判自386号83頁
福岡高判平成23年11月15日判タ1377号104頁
●最判平成26年７月18日判自386号78頁

【事実】

原告は、永住者の在留資格を有する中国籍の外国人である。夫と共に駐車場・建物の賃料収入等で生活を送っていたが、原告宅に引っ越してきた義弟から虐待を受け、生活に困窮したことから大分市に生活保護を申請したが、同福祉事務所長は却下処分をした。そこで、原告は、主位的に本件却下処分の取消と保護開始の義務付けを求め、予備的に保護の給付と保護を受ける地位の確認を求めて出訴した。

第１審は、生活保護法が生活保護受給権者の範囲を日本国籍を有する者に限定したことは憲法14条・25条に違反しないとし、外国人である原告には生活保護法に基づく生活保護受給権は認められないから、本件却下処分の取消請求は理由がないとして棄却した。これに対し、控訴審は、難民条約批准時の経緯から、一定範囲の外国人も生活保護法の準用による法的保護の対象になると解されるとして本件却下処分を取り消したため、大分市が上告受理申立を行った。

整理

事件／行政事件

原告・控訴人・被上告人／永住外国人

被告・被控訴人・上告人／大分市

〈争点〉 生活保護申請の却下処分の取消。

〈憲法上の問題点〉 永住外国人の生活保護受給権。

【判旨】

破棄自判。

（i）「旧生活保護法は、その適用の対象につき『国民』であるか否かを区別していなかったのに対し、現行の**生活保護法は、１条及び２条**において、その適用の対象につき『国民』と定めたものであり、このように同法の適用の対象につき定めた上記各条**にいう『国民』とは日本国民を意味するものであって、外国人はこれに含まれない**ものと解される。

そして、現行の生活保護法が制定された後、現在に至るまでの間、同法の適用を受ける者の範囲を一定の範囲の外国人に拡大するような法改正は行われておらず、同法上の保護に関する規定を一定の範囲の外国人に準用する旨の法令も存在しない。

したがって、生活保護法を始めとする現行法令上、生活保護法が一定の範囲の外国人に適用され又は準用されると解すべき根拠は見当たらない。」

（ii）「また、**本件通知**［厚生省社会局長通知「生活の困窮する外国人に対する生活保護の措置について」昭和29年５月８日社発387号］は行政庁の通達であり、それ**に基づく行政措置として一定範囲の外国人に対して生活保護が事実上実施されてきたとしても**、そのことによって、生活保護法１条及び２条の規定の改正等の立法措置を経ることなく、生活保護法が一定範囲の外国人に適用され又は準用されるものになると解する余地はなく、……我が国が難民条約等に加入した際の経緯を勘案しても、**本件通知を根拠として外国人が同法に基づく保護の対象となり得るものとは解されない**。なお、本件通知は、その文言上も、生活に困窮する外国人に対し、生活保護法が適用されずその法律上の保護の対象とならないことを前提に、それとは別に事実上の保護を行う行政措置として、当分の間、日本国民に対する同法に基づく保護の決定実施と同様の手続により必要と認める保護を行うことを定めたものであることは明らかである。」

（iii）「以上によれば、**外国人は、行政庁の通達に基づく行政措置により事実上の保護の対象となり得るにとどまり、生活保護法に基づく保護の対象となるものではなく、同法に基づく受**

給権を有しないものというべきである。

そうすると、本件却下処分は、生活保護法に基づく受給権を有しない者による申請を却下するものであって、適法である。」

134　学生無年金障害者訴訟（障害基礎年金不支給決定取消等請求事件）☆

東京地判平成16年３月24日判時1852号３頁

東京高判平成17年３月25日訟月52巻２号566頁

●最判平成19年９月28日民集61巻６号2345頁

【事実】

国民年金法の1989（平成元）年改正前の法（昭和60年法）は、20歳以上の学生につき、強制加入の例外としていたために、任意加入しない限り、傷病により障害の状態にあることとなっても障害基礎年金等の支給を受けることができなかった。一方、20歳前障害者に対しては、無拠出制の障害基礎年金（1985（昭和60）年改正前は障害福祉年金）を支給する旨を定めていた。

原告らは、学生在学中に障害を負ったため、障害基礎年金の支給裁定を申請したが、国民年金に任意加入していないことから、国民年金の被保険者ではないとの理由により、不支給処分を受けた。そこで、社会保険庁長官に対し不支給処分の取消しを求めるとともに、国に対し学生の被保険者資格に関する適切な立法措置をとることを怠ったことにより、多大な損害を被らせたとして国家賠償を請求した。

第１審は、「昭和60年法には、学生について在学中の障害を理由とする年金の受給がより容易となるような制度を設けなかった点において、学生以外の法律上当然には被保険資格を有しない者との間に不合理な差別が存在し、憲法14条に違反する状態が生じており、この点において、そのような評価を受けない程度に是正する立法上の措置が必要な状態が生じていたと認められるところ、……是正措置はいずれも採用されず、上記の差別がそのまま放置されていたのであるから、この点において、同法自体は憲法に違反するものであり、立法不作為の違法が存在したものというべきである」と判示し、昭和60年法の憲法14条違反と立法不作為の違法性を認定した（取消訴訟は棄却）。

しかし、控訴審は、是正すべきかどうかは立法政策の問題であり、憲法14条に違反しないとして、第１審判決の国賠請求認容部分を取り消した。これに対して、原告が上告した。

整理

事件／行政事件

原告・控訴人＝被控訴人・上告人／学生無年金障害者

被告・被控訴人＝控訴人・被上告人／社会保険庁長官、国

〈争点〉 障害基礎年金不支給決定の取消、立法不作為による国家賠償。

〈憲法上の問題点〉 学生無年金障害者と憲法25条・14条、立法不作為の国賠法上の違法性。

【判旨】

上告棄却（全員一致）。

（ｉ）**強制加入例外規定と憲法25条・14条** 「平成元年改正前の法が、20歳以上の学生の保険料負担能力、国民年金に加入する必要性ないし実益の程度、加入に伴い学生及び学生の属する世帯の世帯主等が負うこととなる経済的な負担等を考慮し、保険方式を基本とする国民年金制度の趣旨を踏まえて、20歳以上の学生を国民年金の強制加入被保険者として一律に保険料納付義務を課すのではなく、任意加入を認めて**国民年金に加入するかどうかを20歳以上の学生の意思にゆだねることとした措置は、著しく合理性を欠くということはできず、加入等に関する区別が何ら合理的理由のない不当な差別的取扱いであるということもできない。**」

「そうすると、平成元年改正前の法における強制加入例外規定を含む20歳以上の学生に関する上記の措置及び加入等に関する区別並びに立法府が平成元年改正前において20歳以上の学生について国民年金の強制加入被保険者とするなどの所論の措置を講じなかったことは、憲法25条、14条１項に違反しない。」

（ii）**無拠出制年金支給規定等の立法不作為と憲法25条・14条** 「無拠出制の年金給付の実現は、国民年金事業の財政及び国の財政事情に左右されるところが大きいこと等にかんがみると、立法府は、保険方式を基本とする国民年金制度において補完的に無拠出制の年金を設けるかどうか、その受給権者の範囲、支給要件等をどうするかの決定について、拠出制の年金の場合に比べて更に広範な裁量を有しているというべきである。また、20歳前障害者は、傷病により障害の状態にあることとなり稼得能力、保険料負担能力が失われ又は著しく低下する前は、20歳未満であったため任意加入も含めおよそ国民年金の被保険者となることのできない地位にあったのに対し、初診日において20歳以上の学生である者は、傷病により障害の状態にあることとなる前に任意加入によって国民年金の被保険者となる機会を付与されていたものである。これに加えて、前記のとおり、障害者基本法、生活保護法等による諸施策が講じられていること等をも勘案すると、平成元年改正前の法の下において、傷病により障害の状態にあることとなったが初診日において**20歳以上の学生であり国民年金に任意加入していなかったために障害基礎年金等を受給することができない者に対し、無拠出制の年金を支給する旨の規定を設けるなどの所論の措置を講じるかどうかは、立法府の裁量の範囲に属する事柄というべきであって**、そのような立法措置を講じなかったことが、著しく合理性を欠くということはできない。また、無拠出制の年金の受給に関し上記のような20歳以上の学生と20歳前障害者との間に差異が生じるとしても、両者の取扱いの区別が、何ら合理的理由のない不当な差別的取扱いであるということもできない。そうすると、**上記の立法不作為が憲法25条、14条１項に違反するとい**

うことはできない。」

＊　＊　＊

環境権　環境権は、新しい人権の一種であり、「良好な環境を享受する権利」と定義できる。対象を自然的環境（大気、水、日照など）に限定する見解（狭義説）が多数説であるが、文化的・歴史的環境（遺跡・寺院など）や社会的環境（公園・学校など）まで含める見解（広義説）もある。環境権の憲法上の根拠については、25条説、13条説、13条25条競合説（多数説）の３説がある。競合説に立った場合、環境破壊を予防・排除するという自由権的側面では憲法13条の人格権の一内容であると理解され、さらに、公権力による積極的な環境保全施策を要求するという社会権的側面では憲法25条も根拠になると解されている。判例上、環境権を正面から承認したものはないが、これは環境権の概念が不確定であるため、誰の権利が侵害されたかを特定することが困難であるからといえる。この点、大阪空港公害訴訟控訴審判決が、憲法13条と25条を援用しつつ、「個人の生命、身体、精神および生活に関する利益は、各人の人格に本質的なものであって、その総体を人格権ということができ〔る〕」とし、人格権に基づく妨害の排除・予防差止請求を認めたことが注目される。

135　大阪空港公害訴訟（大阪空港夜間飛行禁止等請求事件）☆☆

大阪地判昭和49年２月27日判時729号３頁

大阪高判昭和50年11月27日訟月21巻13号2668頁

●最大判昭和56年12月16日民集35巻10号1369頁

【事実】

大阪国際空港は、1964（昭和39）年にジェット機が就航し、1970（昭和45）年には新たな滑走路の供用が開始された。その結果、乗り入れ機種が大型化し、乗り入れ機数も増加したため、航空機騒音を始めとする深刻な空港公害が発生した。航空機の離着陸コース直下に居住する原告ら住民は、航空機の騒音、振動、排気ガス等により被害を受け、人格権ないし環境権を著しく侵害されているとして、空港の設置管理者である国に対して、①午後９時から翌朝７時までの航空機の発着使用差止、②過去の損害賠償、③将来の損害賠償を請求して、民事訴訟を提起した。

第１審は、①の人格権に基づく差止請求を一部認容し、午後10時から翌朝７時までの離着陸使用禁止を言い渡すとともに、②を認めた。ただし、③は棄却した。

控訴審は、原告の主張①②③を全面的に認めた。とくに、①に関し、「およそ、個人の生命・身体の安全、精神的自由は、人間の存在に最も基本的なことがらであって、法律上絶対的に保障されるべきものであることは疑いがなく、また、人間として生存する以上、平穏、自由で人間たる尊厳にふさわしい生活を営むことも、最大限尊重されるべきものであって、憲法13条はその趣旨に立脚するものであり、同25条も反面からこれを裏付けているものと解することができる。このような、個人の生命、身体、精神および生活に関する利益は、各人の人格に本質的なものであって、その総体を人格権ということができ、このような人格権は何人もみだりにこれを侵害することは許されず、その侵害に対してはこれを排除する権能が認められなければならない。」とし、人格権に基づく差止請求を認めた。これに対し、国が上告した。

整理

事件／民事事件

原告・控訴人＝被控訴人・被上告人／住民

被告・被控訴人＝控訴人・上告人／国

〈争点〉航空機の夜間発着使用差止、過去および将来の損害賠償。

〈憲法上の問題点〉人格権・環境権に基づく差止請求と損害賠償請求。

【判旨】

一部上告棄却（②の大部分)、一部破棄自判（①③)、一部破棄差戻（②の一部)。

（i）**差止請求**　「**営造物管理権の本体をなすものは、公権力の行使をその本質的内容としない非権力的な権能であつて**、同種の私的施設の所有権に基づく管理権能とその本質において特に異なるところはない。国の営造物である本件空港の管理に関する事項のうちに、その目的の公共性に由来する多少の修正をみることがあるのは別として、私営の飛行場の場合におけると同じく、私法的規制に親しむものがあることは、否定しえない」。

「しかしながら、本件空港の管理といつても、その作用の内容には種々のものがあり、その法律的性質が一律一様であると速断することはできない。のみならず、**空港については、その運営に深いかかわりあいを持つ事象として、航空行政権、すなわち航空法その他航空行政に関する法令の規定に基づき運輸大臣に付与された航空行政上の権限で公権力の行使を本質的内容とするものの行使ないし作用の問題があり**、これと空港ないし飛行場の管理権の行使ないし作用とが法律上どのような位置、関係に立つのかが更に検討されなければならない。」

「空港国営化の趣旨、すなわち国営空港の特質を参酌して考えると、本件空港の管理に関する事項のうち、少なくとも航空機の離着陸の規制そのもの等、本件空港の本来の機能の達成実現に直接にかかわる事項自体については、**空港管理権に基づく管理と航空行政権に基づく規制とが**、空港管理権者としての運輸大臣と航空行政権の主管者としての運輸大臣のそれぞれ別個の判断に基づいて分離独立的に行われ、両者の間に矛盾乖離を生じ、本件空港を国営空港とした本旨を没却し又はこれに支障を与える結果を生ずることがないよう、いわば両者が**不即不離、不可分一体的に行使実現されている**ものと解するのが相当である。」

「**被上告人らの前記のような請求は、事理の当然として、不可避的に航空行政権の行使の取消変更ないしその発動を求める請求を包含することとなる**ものといわなければならない。したがつて、右被上告人らが行政訴訟の方法により何らかの請求をすることができるかどうかはともかくとして、上告人に対し、いわゆる通常の民事上の請求として前記のような私法上の給付請求権を有するとの主張の成立すべきいわれはない」。

「以上のとおりであるから、前記被上告人らの本件訴えのうち、いわゆる**狭義の民事訴訟の手続により一定の時間帯につき本件空港を航空機の離着陸に使用させることの差止めを求める請求にかかる部分は、不適法というべきである。**」

（補足意見３、反対意見４）。

（ii）**過去の損害の賠償請求**　「国家賠償法２条１項の営造物の設置又は管理の瑕疵とは、営造物が有すべき安全性を欠いている状態をいうのであるが、そこにいう安全性の欠如、すなわち、他人に危害を及ぼす危険性のある状態とは、ひとり当該営造物を構成する物的施設自体に存する物理的、外形的な欠陥ないし不備によつて一般的に右のような危害を生ぜしめる危険性かある場合のみならず、その営造物が供用目的に沿つて利用されることとの関連において危害を生ぜしめる危険性がある場合をも含み、また、**その危害は、営造物の利用者に対してのみならず、利用者以外の第三者に対するそれをも含むものと解すべきである。**」

（補足意見５、意見１、反対意見４）。

「本件空港の供用のような**国の行う公共事業が第三者に対する関係において違法な権利侵害ないし法益侵害となるかどうかを判断するにあたつては、……侵害行為の態様と侵害の程度、被侵害利益の性質と内容、侵害行為のもつ公共性ないし公益上の必要性の内容と程度等を比較検討するほか、侵害行為の開始とその後の継続の経過及び状況、その間にとられた被害の防止に関する措置の有無及びその内容、効果等の事情をも考慮し、これらを総合的に考察してこれを決すべきものである**」。

「航空機による迅速な公共輸送の必要性……が公共的重要性をもつものであることは自明であり、また、本件空港が国内・国際航空路線上に占める地位からいつて、その供用に対する公共的要請が相当高度のものであることも明らかであ〔る〕」。「しかし、**これによる便益は、国民の日常生活の維持存続に不可欠な役務の提供のように絶対的ともいうべき優先順位を主張しうるものとは必ずしもいえない**ものであるのに対し、他方、……本件空港の供用によつて被害を受ける地域住民はかなりの多数にのぼり、その被害内容も広範かつ重大なものであり、しかも、これら**住民が空港の存在によつて受ける利益とこれによつて被る被害との間には、後者の増大に必然的に前者の増大が伴うというような彼此相補の関係が成り立たない**ことも明らかで、結局、前記の公共的利益の実現は、被上告人らを含む周辺住民という限られた一部少数者の特別の犠牲の上でのみ可能であつて、そこに看過することのできない不公平が存することを否定できない」。「してみると、原判決がこれら諸般の事情の総合的考察に基づく判断として、**上告人が本件空港の供用につき公共性ないし公益上の必要性という理由により被上告人ら住民に対してその被る被害を受忍すべきことを要求することはできず**、上告人の右供用行為は法によつて承認されるべき適法な行為とはいえない」。

（補足意見１、反対意見４）。

（ⅲ）**将来の損害賠償請求**　「将来の侵害行為が違法性を帯びるか否か及びこれによつて被上告人らの受けるべき損害の有無、程度は、被上告人ら空港周辺住民につき発生する被害を防止、軽減するため今後上告人により実施される諸方策の内容、実施状況、被上告人らのそれぞれにつき生ずべき種々の生活事情の変動等の複雑多様な因子によつて左右されるべき性質のものであり、しかも、これらの損害は、利益衡量上被害者において受忍すべきものとされる限度を超える場合にのみ賠償の対象となるものと解されるのであるから、**明確な具体的基準によつて賠償されるべき損害の変動状況を把握することは困難といわなければならない**」。したがって、「〔将来の損害〕の賠償を求める部分は、権利保護の要件を欠く」。

（反対意見１）。

136　厚木基地公害訴訟（航空機発着差止等請求事件）

横浜地判昭和57年10月20日判時1056号26頁

東京高判昭和61年４月９日判時1192号１頁

●最判平成５年２月25日民集47巻２号643頁

【事実】

厚木飛行場は、米軍と自衛隊が共同使用する航空基地であり、自衛隊機・米軍機は、本件飛行場に頻繁に飛来し、1982（昭和57）年からはＮＬＰ発着訓練（米空母艦載機が夜間、飛行場滑走路を空母甲板と見立てて行うタッチ・アンド・ゴーを繰り返す訓練）が始まるなど、航空機の騒音・振動・排気ガス、航空機墜落、落下物の危険等、深刻な基地公害を生じていた。基地周辺住民は、国に対して、人格権・環境権に基づき、①午後８時から翌日午前８時までの自衛隊機・米軍機の離着陸等の差止とその余の時間帯における音量規制、②過去の損害賠償、③将来の損害賠償を求めて提訴した。

第１審は、①③を不適法として却下したが、②を一部認容した。住民側・国側の双方が控訴したが、控訴審は、国側の主張を全面的に認め、①③を却下するとともに、②についても第１審判決を取消して請求を棄却した。これに対し、住民側が上告した。

整理

事件／民事事件

原告・被控訴人＝控訴人・上告人／住民

被告・控訴人＝被控訴人・被上告人／国

〈争点〉自衛隊機・米軍機の離着陸等の差止、過去および将来の損害賠償。

〈憲法上の問題点〉人格権・環境権に基づく差止請求と損害賠償請求。

【判旨】

一部破棄差戻（②)、一部上告棄却（①③)。①補足意見２。

（ｉ）**差止請求**「自衛隊機の運航に伴う騒音等の影響は飛行場周辺に広く及ぶことが不可避であるから、自衛隊機の運航に関する防衛庁長官の権限の行使は、その運航に必然的に伴う騒音等について周辺住民の受忍を義務づけるものといわなければならない。そうすると、右権限の行使は、**右騒音等により影響を受ける周辺住民との関係において、公権力の行使に当たる行為というべきである。**」

「このような請求は、必然的に**防衛庁長官にゆだねられた前記のような自衛隊機の運航に関する権限の行使の取消変更ないしその発動を求める請求を包含する**ことになるものといわなければならないから、行政訴訟としてどのような要件の下にどのような請求をすることができるかはともかくとして、**〔民事上の請求としての〕右差止請求は不適法というべきである。**」

「本件飛行場に係る被上告人と米軍との法律関係は条約に基づくものであるから、被上告人は、条約ないしこれに基づく国内法令に特段の定めのない限り、米軍の本件飛行場の管理運営の権限を制約し、その活動を制限し得るものではなく、関係条約及び国内法令に右のような特段の定めはない。そうすると、上告人らが**米軍機の離着陸等の差止めを請求するのは、被上告人に対してその支配の及ばない第三者の行為の差止めを請求するもの**というべきであるから、本件米軍機の差止請求は、その余の点について判断するまでもなく、主張自体失当として棄却を免れない。」

（ii）**過去の損害賠償請求**「本件飛行場の使用及び供用が第三者に対する関係において違法な権利侵害ないし法益侵害となるかどうかについては、侵害行為の態様と侵害の程度、被侵害利益の性質と内容、侵害行為のもつ公共性ないし公益上の必要性の内容と程度等を比較検討するほか、侵害行為の開始とその後の継続の経過及び状況、その間に採られた被害の防止に関する措置の有無及びその内容、効果等の事情をも考慮し、これらを総合的に考察して判断すべきものである」。

「上告人らの被害の程度と本件飛行場の使用及び供用の公共性ないし公益上の必要性との比較検討に当たっては、本件飛行場の周辺住民が本件飛行場の存在によって受ける利益とこれによって被る被害との間に、後者の増大に必然的に前者の増大が伴うというような彼此相補の関係が成り立つかどうかの検討が必要であるというべきところ……、原審はこの点について何ら判断をしていないのみならず、その認定事実からは、本件において右のような関係があることはうかがわれない。」

「そうすると、原審は、本件飛行場の使用及び供用に基づく侵害行為の違法性を判断するに当たり、前記のような各判断要素を十分に比較検討して総合的に判断することなく、**単に本件飛行場の使用及び供用が高度の公共性を有するということから、上告人らの前記被害は受忍限度の範囲内にあるとしたものであって、右判断には不法行為における侵害行為の違法性に関する法理の解釈適用を誤った違法がある**」。

（iii）**将来の損害賠償請求** 「将来の損害……の賠償請求に係る訴えを不適法として却下すべきものとした原審の判断は、正当として是認することができる。」

第16章　教育を受ける権利

教育を受ける権利と教育権の所在　憲法26条が教育を受ける権利を保障する意義づけについては、生存権説、公民権説、学習権説の3説があるが、今日、学習権説が多数説・判例である。この見解の意義は、教育を「受ける」権利を学習者側の能動的権利としてとらえ直し、子どもの大人に対する要求権として位置づけた点にある。**137**旭川学テ事件最高裁大法廷判決は、学習権を理念的背景的権利とみているが、麹町中学内申書事件第1審判決は具体的権利ととらえている。

次に、憲法26条2項にいう「義務教育の無償」の範囲につき、授業料無償説（多数説・判例）と就学必需費無償説がある。両説では、教育における親の権利・責任（教育の私事性）についての認識が異なっている。

教育に関する憲法上の最大論点である教育権の所在をめぐっては、国家の教育権説と国民の教育権説の対立がある。旭川学テ事件最高裁大法廷判決は、上記2説をいずれも「極端かつ一方的」であるとして否定した上で、親・教師・私学の教育の自由はそれぞれ一定の範囲で肯定されるが、それ以外の領域においては、国は子ども自身および社会公共の利益のため必要かつ相当と認められる範囲において、教育内容について決定する権能を有するとした。憲法学説の多くは、最高裁のとった「範囲確定のアプローチ」を基本的に支持している。国家的介入の限界を具体的に線引きする理論の形成が重要である。

教師の教育の自由につき、旭川学テ事件最高裁大法廷判決は、憲法23条に基づく一定範囲の教授の自由を肯定しながらも、完全な自由は否定した。学説においては、人権説（憲法23条説、26条説、13説、21条説等）、職務権限説、併存説があるが、現在では、公務遂行に関わる「職務権限」性を基本としながら、教職の特殊性に基づく「人権」性も肯定する併存説が有力である。学習指導要領の法的拘束力については、大綱的基準説（通説）、学校制度的基準説、外的教育条件説がある。**139**伝習館高校事件最高裁判決は、全体としての法規性を承認したが、学テ判決の趣旨に照らすならば、部分的に法的拘束力のない箇所が含まれている可能性は残されていると解される。

137　旭川学テ事件（建造物侵入、暴力行為等処罰に関する法律違反被告事件）☆☆☆

旭川地判昭和41年５月25日刑集30巻５号1067頁
札幌高判昭和43年６月26日刑集30巻５号1148頁
●最大判昭和51年５月21日刑集30巻５号615頁

【事実】

文部省は1961（昭和36）年10月26日、中学２・３年生を対象に全国中学校いっせい学力調査を実施したが、これは、学習指導要領の改善の基礎資料とすること等を目的とし、試験の結果につき指導要録に換算点を記入すること等を内容とするものであった。これに対し、北海道旭川市立永山中学校において、労組役員４名が実力阻止行動をとったため、建造物侵入罪、共同暴行罪、公務執行妨害罪で起訴された。裁判の過程で、文部省による学力調査の実施が憲法・教育基本法に反し違法ではないかが問題となった。

第１審は、本件学力調査は教育基本法10条（現16条）にいう教育に対する不当な支配に当たり実質的違法性を持ち、また、地教行法54条２項に基づいて実施した点において手続上も違法であると判断して、公務執行妨害罪の成立を否定した。ただし、建造物侵入罪、共同暴行罪の成立は認め、２被告に罰金刑、他の２被告に執行猶予付の懲役刑を科した。検察官、被告人の双方が控訴したが、控訴審は、第１審の判断を肯定して、各控訴を棄却した。これに対し、双方が上告した。

整理

事件／刑事事件

被告人・控訴人＝被控訴人・上告人＝被上告人／労組役員４名

〈争点〉学力調査実施の違法性。

〈憲法上の問題点〉教育権の所在、教育を受ける権利、教師の教育の自由。

【判旨】

一部上告棄却、一部破棄自判（全員一致）。

（ｉ）**国家の教育権説と国民の教育権説**　「わが国の法制上子どもの教育の内容を決定する権能が誰に帰属するかについては、二つの極端に対立する見解があ〔る〕」。「一の見解は、……国民全体の教育意思は、憲法の採用する議会制民主主義の下においては、国民全体の意思の決定の唯一のルートである国会の法律制定を通じて具体化されるべきものであるから、**法律は、当然に、公教育における教育の内容及び方法についても包括的にこれを定めることができ、また、教育行政機関も、法律の授権に基づく限り、広くこれらの事項について決定権限を有する**、と主張する。これに対し、他の見解は、子どもの教育は、憲法26条の保障する子どもの教育を受ける権利に対する責務として行われるべきもので、このような責務をになう者は、親を中心とする国民全体であり、公教育としての子どもの教育は、いわば親の教育義務の共同化ともいうべき性格をもつのであつて、……したがつて、権力主体としての国の子どもの教育に対するかかわり合いは、右のような国民の教育義務の遂行を側面から助成するための諸条件の整備に限られ、**子どもの教育の内容及び方法については、国は原則として介入権能をもたず、教育は、その実施にあたる教師が、その教育専門家としての立場から、国民全体に対して教育的、文化的責任を負うような形で、その内容及び方法を決定、遂行すべきものであ〔る〕**……と主張するのである。」

「当裁判所は、右の二つの見解はいずれも極端かつ一方的であり、そのいずれをも全面的に採用することはできないと考える。」

（ii）**学習権**　**「〔憲法26条〕の規定の背後には、国民各自が、一個の人間として、また、一市民として、成長、発達し、自己の人格を完成、実現するために必要な学習をする固有の権利を有すること、特に、みずから学習をすることのできない子どもは、その学習要求を充足するための教育を自己に施すことを大人一般に対して要求する権利を有するとの観念が存在している」**。

「しかしながら、このように、子どもの教育が、専ら子どもの利益のために、教育を与える者の責務として行われるべきものであるということからは、このような教育の内容及び方法を、誰がいかにして決定すべく、また、決定することができるかという問題に対する一定の結論は、当然には導き出されない。」

（iii）**教師の教授の自由**　「憲法〔23条〕の保障する学問の自由は、単に学問研究の自由ばかりでなく、その結果を教授する自由を含むと解されるし、更にまた、専ら自由な学問的探求と勉学を旨とする大学教育に比してむしろ知識の伝達と能力の開発を主とする**普通教育の場においても、**例えば教師が公権力によって特定の意見のみを教授することを強制されないという意味において、また、子どもの教育が教師と子どもとの間の直接の人格的接触を通じ、その個性に応じて行われなければならないという本質的要請に照らし、教授の具体的内容及び方法につきある程度自由な裁量が認められなければならないという意味においては、**一定範囲における教授の自由が保障される**べきことを肯定できないではない。しかし、大学教育の場合には、学生が一応教授内容を批判する能力を備えていると考えられるのに対し、普通教育においては、児童生徒にこのような能力がなく、教師が児童生徒に対して強い影響力、支配力を有することを考え、また、普通教育においては、子どもの側に学校や教師を選択する余地が乏しく、教育の機会均等をはかる上からも全国的に一定の水準を確保すべき強い要請があること等に思いをいたすときは、**普通教育における教師に完全な教授の自由を認めることは、とうてい許されない**」。

（iv）**教育権の所在**　「まず親は、子どもの対する自然的関係により、子どもの将来に対して最も深い関心をもち、かつ、配慮をすべき立場にある者として、子どもの教育に対する一定の支配権、すなわち子女の教育の自由を有すると認められるが、このような**親の教育の自由は、主として家庭教育等学校外における教育や学校選択の自由にあらわれる**ものと考えられるし、また、**私学教育における自由や前述した教師の教授の自由も、それぞれ限られた一定の範囲においてこれを肯定するのが相当である**けれども、それ以外の領域においては、一般に社会公共的な問題について国民全体の意思を組織的に決定、実現すべき立場にある国は、国政の一部として広く適切な教育政策を樹立、実施すべく、また、しうる者として、憲法上は、あるいは子ども自身の利益の擁護のため、あるいは子どもの成長に対する社会公共の利益と関心にこたえるため、**必要かつ相当と認められる範囲において、教育内容についてもこれを決定する権能を有する**」。「もとより、政党政治の下で多数決原理によつてされる国政上の意思決定は、さまざまな政治的要因によつて左右されるものであるから、本来人間の内面的価値に関する文化的営みとして、党派的な政治的観念や利害によつて支配されるべきでない教育にそのような政治的影響が深く入り込む危険があることを考えるときは、**教育内容に対する右のごとき国家的介入についてはできるだけ抑制的であることが要請される**し、殊に個人の基本的自由を認め、その人格の独立を国政上尊重すべきものとしている憲法の下においては、**子どもが自由かつ独立の人格として成長することを妨げるような国家的介入、例えば、誤つた知識や一方的な観念を子どもに植えつけるような内容の教育を施すことを強制するようなことは、憲法26条、13条の規定上からも許されない**と解することができるけれども、これらのことは、前述のような子どもの教育内容に対する国の正当な理由に基づく合理的な決定権能を否定する理由となるものではないといわなければならない。」

138　麹町中学内申書事件（損害賠償請求事件）☆

東京地判昭和54年３月28日判時921号18頁
東京高判昭和57年５月19日判時1041号24頁
●最判昭和63年７月15日判時1287号65頁

【事実】

原告は、1971（昭和46）年３月に東京都千代田区麹町中学校を卒業し、都立及び私立の高等学校４校を受験したが、いずれも不合格となった。原告の調査書（内申書）の「行動及び性格の記録」欄13項目のうち、「基本的な生活習慣」「自省心」「公共心」の３項目にＣ評定（特に指導を要する）が付され、また備考欄及び特記事項欄に、「校内において麹町中全共闘を名乗り、機関誌『砦』を発行した。学校文化祭の際、文化祭粉砕を叫んで他校の生徒とともに校内に乱入し、ビラまきを行った。大学生ＭＬ派の集会に参加している。学校側の指導説得をきかないで、ビラを配ったり、落書きをした。」との記載があった。原告は、高校不合格の原因は調査書の記載にあるとして、千代田区及び東京都に対して国家賠償法に基づく損害賠償請求訴訟を起こした。

第１審は、教師の教育評価権は子どもの学習権によって制約されるという立場をとり、教育の目的が生徒の人格の完成をめざし（教基法１条）、思想信条により差別されるべきではない（同法３条）とされていることにかんがみ、公立中学校においても、生徒の思想・信条の自由、言論・表現の自由もしくはこれにかかる行為は最大限に尊重されるべきであるから、生徒の思想・信条のいかんによって生徒を分類評定することや、真摯な政治的思想信条に基づく言論・表現の自由にかかる行為をマイナス評価することは違法であるとして、調査書の記載は原告の学習権を不当に侵害したとして請求を認容した。

一方、控訴審は、生徒会規則に反する行為を調査書に記載し高校に知らせることは思想・信条の自由の侵害ではなく、教育上の差別でもないこと、また、学習権は各人の能力に応じた分量的制約を伴うものであり、調査書はその性質上本人に有利または不利に働くこともあるのは当然のことであることなどを挙げ、高等学校の指導を要するものとして知らしめ、もって入学選抜判定の資料とさせることは違法ではないと判示し、原告の請求を棄却した。これに対し、原告が上告した。

整理

事件／行政事件

原告・被控訴人・上告人／公立中学校の卒業生

被告・控訴人・被上告人／東京都千代田区、東京都

〈争点〉調査書記載の違法性を理由とする損害賠償請求。

〈憲法上の問題点〉生徒の思想・信条の自由、表現の自由、プライバシーの権利、学習権。

【判旨】

上告棄却（全員一致）。

（ｉ）**調査書記載と憲法19条**「〔本件調査書の〕いずれの記載も、上告人の思想、信条そのものを記載したものでないことは明らかであり、右の記載にかかる外部的行為によっては上告人の思想、信条を了知し得るものではないし、また、上告人の思想、信条自体を高等学校の入学者選抜の資料にしたものとは到底解することができない」。

（ii）**調査書記載と憲法21条**「表現の自由といえども公共の福祉によって制約を受けるものであるが、……上告人の行為は……いずれも中学校における学習とは全く関係のないものというのであり、かかるビラ等の配布及び落書を自由とすることは、中学校における教育環境に悪影響を及ぼし、学習効果の減殺等学習効果をあげる上において放置できない弊害を発生させる相当の蓋然性があるものということができるのであるから、かかる弊害を未然に防止するため、右のような行為をしないよう指導説得することはもちろん、前記生徒会規則において生徒

の校内における文書の配布を学校当局の許可にかからしめ、その許可のない文書の配布を禁止することは、必要かつ合理的な範囲の制約であって、憲法21条に違反するものでない」。「したがって、仮に、義務教育課程にある中学生について一般人と同様の表現の自由があるものとしても、……調査書には入学者の選抜の資料の一とされる目的に適合するよう……客観的事実を公正に記載すべきものである以上、**上告人の右生徒会規則に違反する前記行為及び大学生ML派の集会の参加行為をいずれも上告人の性格、行動を把握し得る客観的事実としてこれらを調査書に記載し、入学者選抜の資料に供したからといって、上告人の表現の自由を侵し又は違法に制限するものとすることはできず**、所論は採用できない」。

（iii）**調査書記載と憲法13条** 「**本件調査書の記載による情報の開示は、入学者選抜に関係する特定小範囲の人に対するものであって、情報の公開には該当しない**から、本件調査書の記載が情報の公開に該当するものとして憲法13条違反をいう所論は、その前提を欠き、採用することができない。」

（iv）**調査書記載と憲法26条** 「所論は、憲法26条により生徒には合理的、かつ、公正な入学者選抜の手続を経て進学する権利が保障され、これを調査書についていえばそれが合理的、かつ、公正に作成される権利があるのであるから、調査書には入学者選抜に無関係な事項及び入学者選抜において考慮してはならない事項はすべて記載すべきではないにも関わらず、本件調査書の備考欄等の記載事項は、入学者選抜の資料に供し得ない上告人の思想、信条、表現の自由に関する事項であって、同条に違反するとする趣旨であるが、**本件調査書の備考欄等の記載事項は、いずれも入学者選抜の資料に供し得るものである**ことはすでに判示したとおりであるから、所論意見の主張は、その前提を欠き、採用できない。」

139　伝習館高校事件（行政処分取消請求事件）☆

福岡地判昭和53年7月28日民集44巻1号36頁
福岡高判昭和58年12月24日民集44巻1号185頁
●最判平成2年1月18日判時1337号3頁（A事件）
●最判平成2年1月18日民集44巻1号1頁（B事件）

【事実】

福岡県立伝習館高校の社会科教諭X（倫理社会・政治経済・日本史等担当）、Y（日本史・地理等担当）、Z（倫理社会・政治経済等担当）の3名が、地方公務員法29条1項に基づき、県教育委員会から懲戒免職処分を受けた。その理由は、①学習指導要領に定められた科目の目標・内容を逸脱した指導を行った（Y、Z）、②授業において所定の教科書を使用しなかった（X、Y、Z）、③生徒の成績評価に関して、所定の考査を実施せず一律の評価を行った（X、Z）、④授業に際し、生徒を放任するなど指導監督を怠った（Y）、⑤生徒に対し特定思想の鼓舞を図った（X）というものであった。これに対し、3名は、学習指導要領の法的拘束力、教科書使用義務の有無などを主要争点に、処分の取り消しを求めて提訴した。

第1審、控訴審ともに、Xの処分を適法とし請求を棄却したが、Y、Zについては懲戒権者の裁量権の逸脱があるとして、懲戒処分を取り消した。これに対し、Xが上告したのがA事件、県教育委員会が上告したのがB事件である。

整理

事件／行政事件

A事件原告・被訴人・上告人／公立高校教諭X

被告・被控訴人・被上告人／福岡県教育委員会

B事件原告・被控訴人・被上告人／公立高校教諭Y、Z

被告・控訴人・上告人／福岡県教育委員会

〈争点〉懲戒免職処分の取消。

〈憲法上の問題点〉学習指導要領の法的拘束力、教科書使用義務。

【判旨（A事件）】

上告棄却（全員一致）。

（i）**学習指導要領の性質**　「**高等学校学習指導要領……は法規としての性質を有する**とした原審の判断は、正当として是認することができ、右学習指導要領の性質をそのように解することが**憲法23条、26条に違反するものでない**ことは、最高裁昭和……51年5月21日大法廷判決……の趣旨とするところである。」

（ii）**教科書使用義務**　「**学校教育法**51条により高等学校に準用される同法**21条が高等学校における教科書使用義務を定めたものである**とした原審の判断は、正当として是認することができ、右規定をそのように解することが**憲法26条、教育基本法10条に違反するものでない**ことは、前記最高裁判決の趣旨に徴して明らかである。」

【判旨（B事件）】

破棄自判（全員一致）。

「高等学校においても、教師が依然生徒に対し相当な影響力、支配力を有しており、生徒の側には、いまだ教師の教育内容を批判する十分な能力は備わっておらず、教師を選択する余地も大きくないのである。これらの点からして、国が、教育の一定水準を維持しつつ、高等学校教育の目的達成に資するために、高等学校教育の内容及び方法について遵守すべき基準を定立する必要があり、特に法規によってそのような基準が定立されている事柄については、**教育の具体的内容及び方法につき高等学校の教師に認められるべき裁量にもおのずから制約が存する**」。

「懲戒事由に該当する被上告人らの前記各行為は、高等学校における教育活動の中で枢要な部分を占める日常の教科の授業、考査ないし生徒の成績評価に関して行われたものであるところ、教育の具体的内容及び方法につき高等学校の教師に認められるべき裁量を前提としてもなお、明らかにその範囲を逸脱して、日常の教育のあり方を律する学校教育法の規定や学習指導要領の定め等に明白に違反するものである。しかも……法規違反の程度は決して軽いものではない」。

「本件各懲戒免職処分を、社会通念上著しく妥当を欠くものとまではいい難く、その裁量権の範囲を逸脱したものと判断することはできない。」

140　教科書費国庫負担事件（義務教育費負担請求事件）

東京地判昭和36年11月22日行集12巻11号2318頁

東京高判昭和37年12月19日行集13巻12号2354頁

●最大判昭和39年2月26日民集18巻2号343頁

【事実】

町立小学校2年の子の保護者である原告は、憲法26条2項は義務教育はこれを無償とすると定めているから、教科書代金はすべて国の負担とすべきものであるとして、義務教育期間中の教科書代金総額5,836円について、徴収行為の取消と支払を求めて国に対し訴えを起こした。

第1審は、徴収行為の取消については却下し、支払を求める部分については、憲法26条2項後段は、「国に対し、財政負担能力などの関係において、右責務を具体的に実現すべき国政上の任務を規定したにとどまり、個々の保護者はこの規定により義務教育に伴う出費の補償を国に求める具体的権利を有するものではない」という理由で、請求を棄却した。これに対し、原告は、小学校1、2年の間に必要とした教科書代金865円の償還と、義務教育期間中の教科書代金総額5,836円の徴収行為の不作為をも併せ求めて控訴した。

控訴審は、憲法26条2項後段について、授業料を徴収しないことだけは直接に憲法で定められているが、その他の費用は立法をまってその負担を定めるべきものとして、控訴を棄却した。これに対し、原告は上告した。

整理

事件／行政事件

原告・被訴人・上告人／小学生の保護者

被告・被控訴人・被上告人／国

〈争点〉教科書代金の償還と徴収行為の不作為。

〈憲法上の問題点〉義務教育の無償の範囲。

【判旨】

上告棄却（全員一致）。

（ｉ）**保護者の就学義務**「憲法がかように**保護者に子女を就学せしむべき義務を課しているのは**、単に普通教育が民主国家の存立、繁栄のため必要であるという国家的要請だけによるものではなくして、それがまた子女の人格の完成に必要欠くべからざるものであるということから、**親の本来有している子女を教育すべき責務を全うせしめんとする趣旨**に出たものでもあるから、義務教育に要する一切の費用は、当然に国がこれを負担しなければならないものとはいえない」。

（ii）**義務教育の無償**「憲法26条２項後段の『義務教育は、これを無償とする。』という意義は、国が義務教育を提供するにつき有償としないこと、換言すれば、子女の保護者に対しその子女に普通教育を受けさせるにつき、その対価を徴収しないことを定めたものであり、教育提供に対する対価とは授業料を意味するものと認められるから、**同条項の無償とは授業料不徴収の意味と解する**のが相当である。そして、かく解することは、従来一般に国または公共団体の設置にかかる学校における義務教育には月謝を無料として来た沿革にも合致するものである。また、教育基本法４条２項および学校教育法６条但書において、義務教育については授業料はこれを徴収しない旨規定している所以も、右の憲法の趣旨を確認したものである」。

「もとより、憲法はすべての国民に対しその保護する子女をして普通教育を受けさせることを義務として強制しているのであるから、国が保護者の教科書等の費用の負担についても、これをできるだけ軽減するよう配慮、努力することは望ましいところであるが、それは、国の財政等の事情を考慮して立法政策の問題として解決すべき事柄であって、憲法の前記法条の規定するところではない」。

第17章　労働基本権

労働基本権　労働契約にも契約自由の原則が妥当するが、労使間には力の差がある。そこで、劣位にある労働者を使用者と対等の立場に立たせることを目的に労働基本権が保障されるに至った。労働基本権は、具体的には、団結権、団体交渉権、団体行動権（主に争議権）からなる。団結権は、労働者の団体を組織する権利であり、労働者を団結させて使用者の地位と対等に立たせるための権利である。団体交渉権は、労働者が団体で労働条件について使用者と交渉する権利である。団体行動権は、労働者の団体が、労働条件の実現を図るために団体行動を行う権利であり、その中心は争議行為である（芦部・憲法287頁)。

公務員の労働基本権に関しては、激しく争われた歴史がある。現行法上、警察、消防、海上保安庁、刑事施設職員および自衛隊員については三権全てが認められていない。非現業公務員については、争議権が一律全面に禁止されているほか、団体交渉権のうち団体協約締結権が否定されている。また、現業公務員と公共企業体職員には争議権が否認されている。

公務員の労働基本権の制限に関する最高裁判例は３期に分類できる。弘前機関区事件判決（最大判昭和28年４月８日刑集７巻４号775頁）をはじめとする第１期は、「公共の福祉」（憲法13条）「全体の奉仕者」（同15条）を根拠に、制限は合憲とされていた。第２期の**142**全逓東京中郵事件判決においては、労働基本権の制限の審査基準として４条件が示され、制限は合理性の認められる必要最小限度にとどめることとされた。この流れを踏襲した**143**都教組事件判決では、違法性の強い争議行為について、違法性の強いあおり行為がなされた場合にのみ刑事罰を科すとする「二重のしぼり」論とよばれる合憲限定解釈が採られ、争議行為禁止違反に対する刑事罰からの解放が図られた。現在に至るまでの第３期は、**144**全農林警職法事件判決に始まり、公務員の地位の特殊性および職務の公共性と国民全体の共同利益の見地から、争議行為の一律全面的な制限を合憲とした。「二重のしぼり」も排され、従来の判例が変更された。続く**147**全逓名古屋中郵事件判決では、議会制民主主義論・財政民主主義論を根拠として公務員の争議行為禁止規定を合憲とした。

また、労働基本権は、私人間にも直接適用されると考えられており、**141**三井美唄労組事件判決では、団結権の内容として労働組合に認められる統制権の限界が、組合員の立候補の自由との関係で争われた。

141　三井美唄労組事件（公職選挙法違反被告事件）

札幌地岩見沢支判昭和36年９月25日刑集22巻13号1453頁
札幌高判昭和38年３月26日高刑集16巻４号299頁
●最大判昭和43年12月４日刑集22巻13号1425頁

【事実】

被告人らは、三井美唄炭鉱労働組合の役員であり、1959（昭和34）年４月30日施行の北海道美唄市議会議員選挙において組合の統一候補者を決定し、組合を挙げてその選挙運動を推進することを決定した。これに対し、前回の選挙で統一候補として当選していた組合員Ａは、任期中定年退職となる者は原則として推薦されないとの基準により、統一候補の選にもれたため、独自の立場で立候補しようとした。そこで、被告人らはＡに立候補を断念するよう再三説得したがＡがこれに応じなかったため、組合の統制を乱した者として処分する旨を暗示し、さらに統制違反者として処分が適用される旨を記載した組合機関紙をＡ方に配布した。そして当選したＡに対し、組合員としての権利停止１年間を決定し、その旨の公示書を鉱山内に掲示した。これが、組合との特殊の利害関係を利用して、候補者となろうとする者もしくは当選人を威迫したものであり、被告人らは、選挙の自由妨害罪（公職選挙法225条３号）にあたるとして起訴された。第１審では有罪、第２審は違法性を欠くとして無罪となったことから、検察が上告した。

整理

事件／刑事事件

被告人・控訴人・上告人／三井美唄炭鉱労働組合の役員

〈争点〉 被告人らの行為は、労働組合の統制権の行使として、選挙の自由妨害罪（公職選挙法225条３号）の違法性を阻却するか。

〈憲法上の問題点〉 ❶労働組合の統制権と憲法28条。❷労働組合の統制権と組合員の立候補の自由。

【判旨】

破棄差戻（全員一致）。

（ｉ）**労働組合の統制権**　「およそ、組織的団体においては、一般に、その構成員に対し、その目的に即して合理的な範囲内での統制権を有するのが通例であるが、憲法上、団結権を保障されている労働組合においては、その組合員に対する組合の統制権は、一般の組織的団体のそれと異なり、労働組合の団結権を確保するために必要であり、かつ、合理的な範囲内においては、労働者の団結権保障の一環として、憲法28条の精神に由来するものということができる。

この意味において、憲法28条による労働者の団結権保障の効果として、労働組合は、その目的を達成するために必要であり、かつ、合理的な範囲内において、その組合員に対する統制権を有するものと解すべきである。」

「労働組合が、その組合員の居住地域の生活環境の改善その他生活向上を図るうえに役立たしめるため、その利益代表を議会に送り込むための選挙活動をすること、そして、その一方策として、いわゆる統一候補を決定し、組合を挙げてその選挙運動を推進することは、組合の活動として許されないわけではなく、また、統一候補以外の組合員であえて立候補しようとするものに対し、組合の所期の目的を達成するため、立候補を思いとどまるよう勧告または説得することも、それが単に勧告または説得にとどまるかぎり、組合の組合員に対する妥当な範囲の統制権の行使にほかならず、別段、法の禁ずるところとはいえない。」

（ii）**立候補の自由**「選挙人は、自由に表明する意思によつてその代表者を選ぶことにより、自ら国家（または地方公共団体等）の意思の形成に参与するのであり、誰を選ぶかも、元来、選挙人の自由であるべきであるが、多数の選挙人の存する選挙においては、これを各選挙人の完全な自由に放任したのでは選挙の目的を達成することが困難であるため、公職選挙法は、自ら代表者になろうとする者が自由な意思で立候補し、選挙人は立候補者の中から自己の希望する代表者を選ぶという立候補制度を採用しているわけである。したがつて、もし、被選挙権を有し、選挙に立候補しようとする者がその立候補について不当に制約を受けるようなことがあれば、そのことは、ひいては、選挙人の自由な意思の表明を阻害することとなり、自由かつ公正な選挙の本旨に反することとならざるを得ない。この意味において、**立候補の自由は、選挙権の自由な行使と表裏の関係にあり、自由かつ公正な選挙を維持するうえで、きわめて重要である。このような見地からいえば、憲法15条１項には、被選挙権者、特にその立候補の自由について、直接には規定していないが、これもまた、同条同項の保障する重要な基本的人権の一つと解すべきである。**」

（iii）**労働組合の統制権と立候補の自由**「労働組合が行使し得べき組合員に対する統制権には、当然、一定の限界が存在するものといわなければならない。殊に、公職選挙における立候補の自由は、憲法15条１項の趣旨に照らし、基本的人権の一つとして、憲法の保障する重要な権利であるから、これに対する制約は、特に慎重でなければならず、組合の団結を維持するための統制権の行使に基づく制約であつても、その必要性と立候補の自由の重要性とを比較衡量して、その許否を決すべきであり、その際、政治活動に対する組合の統制権のもつ前叙のごとき性格と立候補の自由の重要性とを十分考慮する必要がある。」

「**統一候補以外の組合員で立候補しようとする者に対し、組合が所期の目的を達成するために、立候補を思いとどまるよう、勧告または説得することは、組合としても、当然なし得るところである**。しかし、当該組合員に対し、勧告または説得の域を超え、立候補を取りやめることを要求し、これに従わないことを理由に当該組合員を統制違反者として処分するがごときは、組合の統制権の限界を超えるものとして、違法といわなければならない。」

142　全逓東京中郵事件（郵便法違反教唆被告事件）☆☆☆

東京地判昭和37年5月30日判時303号14頁

東京高判昭和38年11月27日判時363号48頁

●最大判昭和41年10月26日刑集20巻8号901頁

【事実】

被告人8名は、全逓信労働組合の役員であり、1958（昭和33）年の春季闘争に際して、東京中央郵便局の従業員に対し勤務時間内くい込み職場大会に参加するよう説得し、従業員38名にその職場を離脱させた。この行為が、郵便物の取扱いをしない等の罪（郵便法79条1項）の教唆にあたるとして起訴された。第1審は正当行為（刑法35条及び労組法1条2項）を理由に郵便物不取扱行為の違法性を阻却したため、その教唆も成立せず、被告人らは無罪となった。第2審では公共企業体等の職員の争議行為は公労法（旧公共企業体等労働関係法。現、特定独立行政法人等の労働関係に関する法律）17条1項により禁止されているので「その争議行為について正当性の限界如何を論ずる余地はなく、従つて労働組合法第1条第2項の適用はない」として、破棄差戻の判決を下した。これに対し被告人らが上告した。

整理

事件／刑事事件

被告人・控訴人・上告人／全逓信労働組合の役員

〈争点〉公労法17条1項に違反する争議行為がなされた場合、労組法1条2項が適用され、郵便物不取扱行為の違法性は阻却されるか。

〈憲法上の問題点〉公共企業体等の職員の争議行為を禁止した公労法17条1項は憲法28条に違反しないか。

【判旨】

破棄差戻（8対4）。

（i）**公共企業体職員の労働基本権**　「労働基本権は、たんに私企業の労働者だけについて保障されるのではなく、公共企業体の職員はもとよりのこと、国家公務員や地方公務員も、憲法28条にいう勤労者にほかならない以上、原則的には、その保障を受けるべきものと解される。『公務員は、全体の奉仕者であつて、一部の奉仕者ではない』とする憲法15条を根拠として、公務員に対して右の労働基本権をすべて否定するようなことは許されない。ただ、公務員またはこれに準ずる者については、後に述べるように、その担当する職務の内容に応じて、私企業における労働者と異なる制約を内包しているにとどまると解すべきである。」

「(1) **労働基本権の制限は、労働基本権を尊重確保する必要と国民生活全体の利益を維持増進する必要とを比較衡量して、……その制限は、合理性の認められる必要最小限度のものにとどめなければならない。**

(2) **労働基本権の制限は、勤労者の提供する職務または業務の性質が公共性の強いものであり、したがつてその職務または業務の停廃が国民生活全体の利益を害し、国民生活に重大な障害をもたらすおそれのあるものについて、これを避けるために必要やむを得ない場合について考慮されるべきである。**

(3) **労働基本権の制限違反に伴う法律効果、すなわち、違反者に対して課せられる不利益については、必要な限度をこえないように、十分な配慮がなされなければならない。とくに、勤労者の争議行為等に対して刑事制裁を科することは、必要やむを得ない場合に限られるべき**であり、同盟罷業、怠業のような単純な不作為を刑罰の対象とするについては、特別に慎重でなければならない。けだし、現行法上、契約上の債務の単なる不履行は、債務不履行の問題として、これに契約の解除、損害賠償責任等の民事的法律効果が伴うにとどまり、刑事上の問題としてこれに刑罰が科せられないのが原則である。

(4) **職務または業務の性質上からして、労働基本権を制限することがやむを得ない場合には、これに見合う代償措置が講ぜられなければならない。**

以上に述べたところは、労働基本権の制限を目的とする法律を制定する際に留意されなければならないばかりでなく、すでに制定されている法律を解釈適用するに際しても、十分に考慮されなければならない。」

(ii) **公労法17条1項の合憲性**　公労法17条1項は、「憲法28条の保障する争議権を制限するものであることは明らかである。」しかし、「いわゆる五現業および三公社の職員の行なう業務は、……その業務の停廃が国民生活全体の利益を害し、国民生活に重大な障害をもたらすおそれがあることは疑いをいれない。他の業務はさておき、本件の郵便業務についていえば、その業務が独占的なものであり、かつ、国民生活全体との関連性がきわめて強いから、業務の停廃は国民生活に重大な障害をもたらすおそれがあるなど、社会公共に及ぼす影響がきわめて大きいことは多言を要しない。それ故に、その業務に従事する郵政職員に対してその争議行為を禁止する規定を設け、その禁止に違反した者に対して不利益を課することにしても、その不利益が前に述べた基準に照らして必要な限度をこえない合理的なものであるかぎり、これを違憲無効ということはできない。」

「争議行為禁止違反が違法であるというのは、これらの民事責任を免れないとの意味においてである。そうして、このような意味で争議行為を禁止することについてさえも、その代償として、右の職員については、公共企業体等との紛争に関して、公共企業体等労働委員会によるあつせん、調停および仲裁の制度を設け、ことに、公益委員をもつて構成される仲裁委員会のした仲裁裁定は、労働協約と同一の効力を有し、当事者双方を拘束するとしている。そうしてみれば、公労法17条１項に違反した者に対して、右のような民事責任を伴う争議行為の禁止をすることは、憲法28条、18条に違反するものでないこと疑いをいれない。」

（iii）**公労法17条違反と労組法１条２項の適用**　「争議行為禁止の違反に対する制裁はしだいに緩和される方向をとり、現行の公労法は特別の罰則を設けていない。このことは、公労法そのものとしては、争議行為禁止の違反について、刑事制裁はこれを科さない趣旨であると解するのが相当である。公労法３条で、刑事免責に関する労組法１条２項の適用を排除することなく、これを争議行為にも適用することとしているのは、この趣旨を裏付けるものということができる。そのことは、憲法28条の保障する労働基本権尊重の根本精神にのつとり、争議行為の禁止違反に対する効果または制裁は必要最小限度にとどめるべきであるとの見地から、違法な争議行為に関しては、民事責任を負わせるだけで足り、刑事制裁をもつて臨むべきではないとの基本的態度を示したものと解することができる。」

「公労法３条が労組法１条２項の適用があるものとしているのは、争議行為が労組法１条１項の目的を達成するためのものであり、かつ、たんなる罷業または怠業等の不作為が存在するにとどまり、暴力の行使その他の不当性を伴わない場合には、刑事制裁の対象とならないと解するのが相当である。それと同時に、争議行為が刑事制裁の対象とならないのは、右の限度においてであつて、もし争議行為が労組法１条１項の目的のためでなくして政治的目的のために行われたような場合であるとか、暴力を伴う場合であるとか、社会の通念に照らして不当に長期に及ぶときのように国民生活に重大な障害をもたらす場合には、憲法28条に保障された争議行為としての正当性の限界をこえるもので、刑事制裁を免れないといわなければならない。」

「本件被告人らは、本件の行為を争議行為としてしたものであることは、第１審判決の認定しているとおりであるから、Ｙらの行為については、さきに述べた憲法28条および公労法17条１項の合理的解釈に従い、労組法１条２項を適用して、はたして同条項にいう正当なものであるかないかを具体的事実的関係に照らして認定判断し、郵便法79条１項の罪責の有無を判断しなければならないところである。」

143　都教組事件（地方公務員法違反被告事件）☆☆

東京地判昭和37年４月18日下刑集４巻３・４号303頁
東京高判昭和40年11月16日高刑集18巻７号742頁
●最大判昭和44年４月２日刑集23巻５号305頁

【事実】

1958（昭和33）年４月23日、都教組の幹部である被告人らは、東京都教育委員会による都内公立小学校職員に対する勤務評定を阻止する目的で、組合員らに同盟罷業を行わせるべく、年次有給休暇の名のもとに校長らの承認なくして集会に参加すべき旨の指令を配布・伝達した。この行為が、同盟罷業の遂行のあおりに当たるとして起訴された（地方公務員法37条１項・61条４号）。第１審は、地方公務員の争議行為の禁止（同法37条）は合憲であり、組合員の行為は同盟罷業に該当するが、あおりの概念を限定し被告人らの行為は同法61条４号に該当しないと判示し、無罪とした。第２審は、限定解釈を採らず有罪判決を下し、これに対し被告人が上告した。

整理

事件／刑事事件

被告人・控訴人・上告人／都教組の幹部

〈争点〉 被告人らの行為は、地公法61条４号のあおり行為に該当するか。

〈憲法上の問題点〉 地方公務員の争議行為の禁止（地公法37条）およびあおり行為に対する刑事罰（同法61条４号）は憲法28条に違反するか。

【判旨】

破棄自判（９対５）。

（ｉ）**公務員の労働基本権**　全逓東京中郵事件判決（142判決）で「示された基本的立場は、本件の判断にあたつても、当然の前提として維持すべきものと考える。」

地公法37条および61条４号の合憲性の問題は、全逓東京中郵事件判決で示された基準に照らし、「労働基本権の制限違反に伴う法律効果、すなわち、違反者に対して課せられる不利益については、必要な限度をこえないように十分な配慮がなされなければならず、とくに、勤労者の争議行為に対して刑事制裁を科することは、必要やむをえない場合に限られるべきであるとする点に十分な考慮を払いながら判断されなければならないのである。」

（ⅱ）**地公法37条および同61条４号の合憲性**　地公法37条１項、61条４号の各規定を、「文字どおりに、すべての地方公務員の一切の争議行為を禁止し、これらの争議行為の遂行を共謀し、そそのかし、あおる等の行為（以下、あおり行為等という。）をすべて処罰する趣旨と解すべきものとすれば、それは、前叙の公務員の労働基本権を保障した憲法の趣旨に反し、必要やむをえない限度をこえて争議行為を禁止し、かつ、必要最小限度にとどめなければならないとの要請を無視し、その限度をこえて刑罰の対象としているものとして、これらの規定は、いずれも、違憲の疑を免れないであろう。

しかし、**法律の規定は、可能なかぎり、憲法の精神にそくし、これと調和しうるよう、合理的に解釈されるべきもの**であつて、この見地からすれば、これらの規定の表現にのみ拘泥して、直ちに違憲と断定する見解は採ることができない。すなわち、……その元来の狙いを洞察し労働基本権を尊重し保障している憲法の趣旨と調和しうるように解釈するときは、これらの規定の表現にかかわらず、禁止されるべき争議行為の種類や態様についても、さらにまた、処罰の対象とされるべきあおり行為等の態様や範囲についても、おのずから合理的な限界の存することが承認されるはずである。」

（iii）**処罰の対象となるあおり行為等**「地方公務員の職務は、一般的にいえば、多かれ少なかれ、公共性を有するとはいえ、さきに説示したとおり、公共性の程度は強弱さまざまで、その争議行為が常に直ちに公務の停廃をきたし、ひいて国民生活全体の利益を害するとはいえないのみならず、ひとしく争議行為といつても、種々の態様のものがあり、きわめて短時間の同盟罷業または怠業のような単純な不作為のごときは、直ちに国民全体の利益を害し、国民生活に重大な支障をもたらすおそれがあるとは必ずしもいえない。**地方公務員の具体的な行為が禁止の対象たる争議行為に該当するかどうかは、争議行為を禁止することによつて保護しようとする法益と、労働基本権を尊重し保障することによつて実現しようとする法益との比較較量に**より、両者の要請を適切に調整する見地から判断することが必要である。そして、その結果は、**地方公務員の行為が地公法37条１項に禁止する争議行為に該当し、しかも、その違法性の強い場合も勿論あるであろうが、争議行為の態様からいつて、違法性の比較的弱い場合もあり、また、実質的には、右条項にいう争議行為に該当しないと判断すべき場合もあるであろう。**」

「**あおり行為等にもさまざまの態様があり、その違法性が認められる場合にも、その違法性の程度には強弱さまざまのものがありうる。**それにもかかわらず、これらのニユアンスを一切否定して一律にあおり行為等を刑事罰をもつてのぞむ違法性があるものと断定することは許されないというべきである。ことに、争議行為そのものを処罰の対象とすることなく、あおり行為等にかぎつて処罰すべきものとしている地公法61条４号の趣旨からいつても、争議行為に通常随伴して行なわれる行為のごときは、処罰の対象とされるべきものではない。」

（iv）「本件の一せい休暇闘争は、同盟罷業または怠業にあたり、その職務の停廃が次代の国民の教育上に障害をもたらすものとして、その違法性を否定することができないとしても、被告人らは、いずれも都教組の執行委員長その他幹部たる組合員の地位において右指令の配布または趣旨伝達等の行為をしたというのであつて、これらの行為は、本件争議行為の一環として行なわれたものであるから、前示の組合員のする争議行為に通常随伴する行為にあたるものと解すべきであり、被告人らに対し、懲戒処分をし、または民事上の責任を追及するのはともかくとして、さきに説示した労働基本権尊重の憲法の精神に照らし、さらに、争議行為自体を処罰の対象としていない地公法61条４号の趣旨に徴し、これら被告人のした行為は、刑事罰をもつてのぞむ違法性を欠くものといわざるをえない。」

〔奥野健一・草鹿浅之介・石田和外・下村三郎・松本正雄裁判官の反対意見〕「『あおり』の概念を、強度の違法性を帯びるものに限定したり、『あおり』行為者のうち、組合構成員と組合外部の者とを区別し、外部の者の行為若しくはこれと共謀した者の行為のみを処罰の対象となると解したり、または『あおり』の対象となつた争議行為が違法性の強いもの、ないし刑事罰をもつてのぞむべき違法性のあるものである場合に限り、その『あおり』行為が可罰性を帯びるのであるというが如き限定解釈は、法の明文に反する一種の立法であり、法解釈の域を逸脱したものといわざるを得ない。」

144　全農林警職法事件（国家公務員法違反被告事件）☆☆☆

東京地判昭和38年4月19日刑集27巻4号1047頁

東京高判昭和43年9月30日高刑集21巻5号365頁

●最大判昭和48年4月25日刑集27巻4号547頁

【事実】

被告人らは、全農林労働組合の役員であり、1958（昭和33）年11月5日、警職法改正案への反対運動の一環として、同組合の組合員に正午出勤の行動に入る指令をし、勤務時間内職場大会へ参加するよう慫慂した。この行為が、争議行為のあおりにあたるとして起訴された（国家公務員法旧98条5項・110条1項17号）。

第1審は、おあり行為等について限定解釈を行い、被告人の行為は、強度の違法性を帯びるものではなく、「あおる」行為に該当しないとして無罪とした。第2審は、限定解釈を行わず、本件争議行為は「政治スト」であり、「『政治スト』が刑事制裁を免れないのは理の当然である」として有罪判決を下し、被告人らが上告した。

整理

事件／刑事事件

被告人・控訴人・上告人／全農林労働組合の幹部

〈争点〉 被告人らが職員に職場大会参加を呼びかけて慫慂した行為の違法性。

〈憲法上の問題点〉 国公法旧98条5項及び110条1項17号の合憲性。

【判旨】

棄却（14対1）。

（i）**国家公務員の争議行為**　「憲法28条の労働基本権の保障は公務員に対しても及ぶものと解すべきである。ただ、この労働基本権は、……勤労者の経済的地位の向上のための手段として認められたものであつて、それ自体が目的とされる絶対的なものではないから、おのずから**勤労者を含めた国民全体の共同利益の見地からする制約を免れないもの**であり、このことは、憲法13条の規定の趣旨に徴しても疑いのないところである」。

国家公務員（以下、「公務員」）は、「憲法15条の示すとおり、実質的には、その使用者は国民全体であり、公務員の労務提供義務は国民全体に対して負うものである。もとよりこのことだけの理由から公務員に対して団結権をはじめその他一切の労働基本権を否定することは許されないのであるが、**公務員の地位の特殊性と職務の公共性にかんがみるときは、これを根拠として公務員の労働基本権に対し必要やむをえない限度の制限を加えることは、十分合理的な理由がある**というべきである。」

「公務員については、憲法自体がその73条４号において『法律の定める基準に従ひ、官吏に関する事務を掌理すること』は内閣の事務であると定め、……給与をはじめ、その他の勤務条件は、私企業の場合のごとく労使間の自由な交渉に基づく合意によつて定められるものではなく、**原則として、国民の代表者により構成される国会の制定した法律、予算によつて定められる**こととなつているのである。その場合、使用者としての政府にいかなる範囲の決定権を委任するかは、まさに国会みずからが立法をもつて定めるべき労働政策の問題である。したがつて、これら公務員の勤務条件の決定に関し、政府が国会から適法な委任を受けていない事項について、公務員が政府に対し争議行為を行なうことは、的はずれであつて正常なものとはいいがたく、もしこのような制度上の制約にもかかわらず公務員による争議行為が行なわれるならば、使用者としての政府によつては解決できない立法問題に逢着せざるをえないこととなり、ひいては民主的に行なわれるべき公務員の勤務条件決定の手続過程を歪曲することともなつて、**憲法の基本原則である議会制民主主義（憲法41条、83条等参照）に背馳し、国会の議決権を侵す虞れすらなしとしない**のである。」

しかしながら、「公務員についても憲法によつてその労働基本権が保障される以上、この保障と国民全体の共同利益の擁護との間に均衡が保たれることを必要とすることは、憲法の趣意であると解されるのであるから、その労働基本権を制限するにあたつては、これに代わる相応の措置が講じられなければならない。」

検討した結果、「**公務員は、労働基本権に対する制限の代償として、制度上整備された生存権擁護のための関連措置による保障を受けている**のである。」

「公務員の従事する職務には公共性がある一方、法律によりその主要な勤務条件が定められ、身分が保障されているほか、適切な代償措置が講じられているのであるから、国公法98条５項がかかる公務員の争議行為およびそのあおり行為等を禁止するのは、勤労者をも含めた国民全体の共同利益の見地からするやむをえない制約というべきであつて、憲法28条に違反するものではないといわなければならない。」

（ii）**違法な争議行為のあおりと罰則**　「国公法110条１項17号は、公務員の争議行為による業務の停廃が広く国民全体の共同利益に重大な障害をもたらす虞れのあることを考慮し、公務員たると否とを問わず、何人であつてもかかる違法な争議行為の原動力または支柱としての役割を演じた場合については、そのことを理由として罰則を規定しているのである。すなわち、前述のように、公務員の争議行為の禁止は、憲法に違反することはないのであるから、何人であつても、この禁止を侵す違法な争議行為をあおる等の行為をする者は、違法な争議行為に対する原動力を与える者として、単なる争議参加者にくらべて社会的責任が重いのであり、また争議行為の開始ないしはその遂行の原因を作るものであるから、かかるあおり等の行為者の責任を問い、かつ、違法な争議行為の防遏を図るため、その者に対しとくに処罰の必要性を認めて罰則を設けることは、十分に合理性があるものということができる。したがつて、国公法110条1項17号は、憲法18条、憲法28条に違反するものとはとうてい考えることができない。」

「**公務員は、もともと合憲である法律によつて争議行為をすること自体が禁止されているのであるから、勤労者たる公務員は、かかる政治的目的のために争議行為をすることは、二重の意味で許されない**ものといわなければならない。してみると、このような禁止された公務員の違法な争議行為をあおる等の行為をあえてすることは、それ自体がたとえ思想の表現たるの一面をもつとしても、公共の利益のために勤務する公務員の重大な義務の懈怠を慫慂するにほかならないのであつて、結局、国民全体の共同利益に重大な障害をもたらす虞れがあるものであり、憲法の保障する言論の自由の限界を逸脱するものというべきである。したがつて、あおり等の行為を処罰すべきものとしている国公法110条1項17号は、憲法21条に違反するものということができない。」

（ⅲ）**国公法旧98条5項、110条1項7号の解釈**　「公務員の行なう争議行為のうち、同法によつて違法とされるものとそうでないものとの区別を認め、さらに違法とされる争議行為にも違法性の強いものと弱いものとの区別を立て、あおり行為等の罪として刑事制裁を科されるのはそのうち違法性の強い争議行為に対するものに限るとし、あるいはまた、あおり行為等につき、争議行為の企画、共謀、説得、慫慂、指令等を争議行為にいわゆる通常随伴するものとして、国公法上不処罰とされる争議行為自体と同一視し、かかるあおり等の行為自体の違法性の強弱または社会的許容性の有無を論ずる」という「不明確な限定解釈は、かえつて犯罪構成要件の保障的機能を失わせることとなり、その明確性を要請する憲法31条に違反する疑いすら存するものといわなければならない。」

〔岸盛一・天野武一裁判官の追加補足意見〕「**代償措置こそは、争議行為を禁止されている公務員の利益を国家的に保障しようとする現実的な制度であり、公務員の争議行為の禁止が違憲とされないための強力な支柱なのであるから、それが十分にその保障機能を発揮しうるものでなければならず、……もし仮に代償措置が迅速公平にその本来の機能をはたさず実際上画餅にひとしいとみられる事態が生じた場合には、公務員がこの制度の正常な運用を要求して相当と認められる範囲を逸脱しない手段態様で争議行為にでたとしても、それは、憲法上保障された争議行為であるというべきである**から、そのような争議行為をしたことだけの理由からは、いかなる制裁、不利益をうける筋合いのものではなく、また、そのような争議行為をあおる等の行為をしたからといつて、その行為者に国公法110条1項17号を適用してこれを処罰することは、憲法28条に違反するものといわなければならない。」

145　全農林人勧スト事件（懲戒処分取消請求事件）

東京地判平成元年10月31日判時1331号23頁

東京高判平成７年２月28日判タ877号195頁

●最判平成12年３月17日判タ1031号162頁

【事実】

全農林労働組合役員である原告（上告人、控訴人）らは、1982（昭和57）年８月、全農林労組が政府の人事院勧告完全凍結に反対し、その完全実施を求めて行ったストライキに積極的に関与して指導的な役割を果たした。この行為が、争議行為を共謀し、そそのかし、又はあおったものであるとして懲戒処分がなされた（国家公務員法98条２項）。これに対し、原告らは、同98条２項（争議行為の禁止）の憲法28条違反及び人事院勧告凍結下という争議権制約に見合う代償措置が画餅に等しい状況における同条項の適用は違憲であると主張し、懲戒処分の取消しを求めた。

第１審は、争議行為が人事院勧告の実施を目的として行われたものであっても、憲法上保障された争議行為と評価することはできないとして原告らの請求を棄却し、第２審もこれを支持した。これを受けて、原告らが上告した。

整理

事件／行政事件

原告・控訴人・上告人／全農林労働組合の役員

被告・被控訴人・被上告人／国

〈争点〉懲戒処分の違法性。

〈憲法上の問題点〉❶国家公務員の争議行為を一律・全面に禁止する国家公務員法98条２項は、憲法28条に違反しないか。❷人事院勧告凍結下における国公法98条２項の適用は、憲法28条に違反しないか。

【判旨】

上告棄却（全員一致）。

「国家公務員法（以下『国公法』という。）98条２項の規定が憲法28条に違反するものでないことは、当裁判所の判例（最高裁昭和43年（あ）第2780号同48年４月25日大法廷判決・刑集27巻４号547頁）とするところであり、これと同旨の原審の判断は、正当として是認することができる。」

「結社の自由及び団結権の保護に関する条約（昭和40年条約第７号。いわゆるILO87号条約）３条並びに経済的、社会的及び文化的権利に関する国際規約（昭和54年条約第６号）８条１項（C）は、いずれも公務員の争議権を保障したものとは解されず、国公法98条２項及び３項並びに本件各懲戒処分が右各条約に違反するものとはいえないとした原審の判断は、正当として是認することができる。」

「国公法第３章第６節第２款の懲戒に関する規定及びこれに基づく本件各懲戒処分が憲法31条の規定に違反するものでないことは、最高裁昭和61年（行ツ）第11号平成４年７月１日大法廷判決・民集46巻５号437頁の趣旨に徴して明らかというべきである。」

「本件ストライキの当時、国家公務員の労働基本権の制約に関する代償措置がその本来の機能を果たしていなかったということができないことは、原判示のとおりであるから、右代償措置が本来の機能を果たしていなかったことを前提とする所論違憲の主張は、その前提を欠く。」

「上告人らに対する本件各懲戒処分が著しく妥当性を欠くものとはいえず、懲戒権者の裁量権の範囲を逸脱したものとはいえないとした原審の判断は、正当として是認することができる。原判決に所論の違法はない。」

〔河合伸一・福田博裁判官の補足意見〕「原審が認定した事実関係の下では、昭和56年度における人事院勧告の一部不実施に引き続く同57年度における人事院勧告の完全凍結をもって、本件ストライキの当時、国家公務員の労働基本権の制約に対する代償措置がその本来の機能を失っていたとまではいうことができないと考えるが、右のような事情は、争議行為等の禁止違反に対する懲戒処分において懲戒権濫用の成否を判断するに当たっての重要な事情となり得るものというべきである。」

「適切な代償措置の存在は公務員の労働基本権の制約が違憲とされないための重要な条件なのであり、国家公務員についての人事院勧告制度は、そのような代償措置の中でも最も重要なものというべきである。したがって、人事院勧告がされたにもかかわらず、政府当局によって全面的にその実施が凍結されるということは、極めて異例な事態といわざるを得ない。そのような状況下において、国家公務員が人事院勧告の実施を求めて争議行為を行った場合には、懲戒権者は、国公法に違反するとして懲戒権を行使するに当たり、争議行為が右異例な事態に対応するものとしてされたものであることを十分に考慮して、慎重に対処すべきものである。」

146　岩教組学テ事件（地方公務員法違反、道路交通法違反被告事件）

盛岡地判昭和41年７月22日判時462号４頁

仙台高判昭和44年２月19日判時548号39頁

●最大判昭和51年５月21日刑集30巻５号1178頁

【事実】

岩手県教員組合役員である被告人らは、1961（昭和36）年度全国中学校一斉学力調査の実施を阻止するため、同組合傘下組合員である市町村立中学校教員に、同調査の実施に係る職務の遂行を拒否しその調査の実施を阻止すべき旨を指令・指示した。また、テスト立会人らの来校を阻止すべく、交通の妨害となるような方法で立ちどまっていた。これらの行為が、争議行為のあおり行為等（地公法37条１項・61条４号）、道路交通法120条１項９号・76条４項２号、及び刑法60条に違反にあたるとして起訴された。

第１審は、有罪判決を下した。第２審では、地公法違反については全逓東京中郵事件判決（142判決）に基く限定解釈を行い、可罰的違法性がないものとし、また道交法違反に関しては労組法１条２項の正当行為にあたるとして違法性を阻却して、無罪判決が下され、検察が上告した。

整理

事件／刑事事件

被告人・控訴人・上告人／岩手県教員組合の役員

〈争点〉 岩教組の役員の行為は、正当な争議行為としてその違法性が阻却されるか。

〈憲法上の問題点〉 地公法37条１項及び61条４号は憲法28条に違反しないか。

【判旨】

破棄自判（14対１）。

（ｉ）**非現業地方公務員の争議権**　全農林警職法事件判決（144判決）において、「国家公務員法（昭和40年法律第69号による改正前のもの。以下『国公法』という。）98条５項、110条１項17号の合憲性について判断をし、その際、非現業国家公務員の労働基本権、特に争議権の制限に関する憲法解釈についての基本的見解を示したが、右の見解は、今日においても変更の要を認めない。そして、右の見解における法理は、非現業地方公務員の労働基本権、特に争議権の制限についても妥当するものである、これによるときは、地公法37条１項、61条４号の各規定は、あえて原判決のいうような限定解釈を施さなくてもその合憲性を肯定することができるものと考える。」

（ii）**地公法37条１項の争議行為等禁止の合憲性**　「地方公務員も憲法28条の勤労者として同条による労働基本権の保障を受けるが、地方公共団体の住民全体の奉仕者として、実質的にはこれに対して労務提供義務を負うという特殊な地位を有し、かつ、その労務の内容は、公務の遂行すなわち直接公共の利益のための活動の一環をなすという公共的性質を有するものであつて、地方公務員が争議行為に及ぶことは、右のようなその地位の特殊性と職務の公共性と相容れず、また、そのために公務の停廃を生じ、地方住民全体ないしは国民全体の共同利益に重大な影響を及ぼすか、又はそのおそれがある点において、国家公務員の場合と選ぶところはない。そして、地方公務員の勤務条件が、法律及び地方公共団体の議会の制定する条例によつて定められ、また、その給与が地方公共団体の税収等の財源によつてまかなわれるところから、専ら当該地方公共団体における政治的、財政的、社会的その他諸般の合理的な配慮によつて決定されるべきものである点においても、地方公務員は国家公務員と同様の立場に置かれており、したがつてこの場合には、私企業における労働者の場合のように団体交渉による労働条件の決定という方式が当然には妥当せず、争議権も、団体交渉の裏づけとしての本来の機能を発揮する余地に乏しく、かえつて議会における民主的な手続によつてされるべき勤務条件の決定に対して不当な圧力を加え、これをゆがめるおそれがあることも、前記大法廷判決が国家公務員の場合について指摘するとおりである。」

「地公法上、地方公務員にもまた国家公務員の場合とほぼ同様な勤務条件に関する利益を保障する定めがされている……ほか、人事院制度に対応するものとして、これと類似の性格をもち、かつ、これと同様の、又はこれに近い職務権限を有する人事委員会又は公平委員会の制度」が設けられており、「制度上、地方公務員の労働基本権の制約に見合う代償措置としての一般的要件を満たしているものと認めることができるのである。」

「地公法37条1項前段において地方公務員の争議行為等を禁止し、かつ、同項後段が何人を問わずそれらの行為の遂行を共謀し、そそのかし、あおる等の行為をすることを禁止したとしても、地方住民全体ないしは国民全体の共同利益のためのやむをえない措置として、それ自体としては憲法28条に違反するものではないといわなければならない。」

（iii）**地公法61条4号の罰則の合憲性**　「国公法110条1項17号の罰則の合憲性について前記大法廷判決が述べているところが、そのまま妥当する。」

「公務員の争議行為が国民全体又は地方住民全体の共同利益のために制約されるのは、それが業務の正常な運営を阻害する集団的かつ組織的な労務不提供等の行為として反公共性をもつからであるところ、このような集団的かつ組織的な行為としての争議行為を成り立たせるものは、まさにその行為の遂行を共謀したり、そそのかしたり、あおつたりする行為であつて、これら共謀等の行為は、争議行為の原動力をなすもの、換言すれば、全体としての争議行為の中でもそれなくしては右の争議行為が成立しえないという意味においていわばその中核的地位を占めるものであり、このことは、争議行為がその都度集団行為として組織され、遂行される場合ばかりでなく、すでに組織体として存在する労働組合の内部においてあらかじめ定められた団体意思決定の過程を経て決定され、遂行される場合においても異なるところはないのである、それ故、法が、共謀、そそのかし、あおり等の行為のもつ右のような性格に着目してこれを社会的に責任の重いものと評価し、当該組合に所属する者であると否とを問わず、このような行為をした者に対して違法な争議行為の防止のために特に処罰の必要性を認め、罰則を設けることには十分合理性があり、これをもつて憲法18条、28条に違反するものとすることができないことは、前記大法廷判決の判示するとおりであるといわなければならない。」

「地公法61条4号の規定の解釈につき、争議行為に違法性の強いものと弱いものとを区別して、前者のみが同条同号にいう争議行為にあたるものとし、更にまた、右争議行為の遂行を共謀し、そそのかし、又はあおる等の行為についても、いわゆる争議行為に通常随伴する行為は単なる争議参加行為と同じく可罰性を有しないものとして右規定の適用外に置かれるべきであると解しなければならない理由はなく、このような解釈を是認することはできないのである。いわゆる都教組事件についての当裁判所の判決（昭和41年（あ）第401号同44年４月２日大法廷判決・刑集23巻５号305頁）は、上記判示と抵触する限度において、変更すべきものである。そうすると、原判決の上記見解は、憲法18条、28条及び地公法61条４号の解釈を誤つたものといわなければならない。」

147　全逓名古屋中郵事件（郵便法違反幇助、建造物侵入、公務執行妨害被告事件）☆☆

名古屋地判昭和39年２月20日刑集31巻３号517頁
名古屋高判昭和44年10月29日刑集31巻３号528頁
●最大判昭和52年５月４日刑集31巻３号182頁

【事実】

被告人らは、全逓信労働組合の役員であり、1958（昭和33）年３月20日、中央闘争本部の指令に基づき、全逓名古屋中央郵便局支部が勤務時間内くい込み２時間の職場大会を行った際に、組合員に対し同職場大会への参加を呼びかけるなどした。またその際に、郵便局関連施設に故なく立ち入った。これら被告人らの行為は、郵便物の取扱いをしない等の罪（郵便法79条１項）の教唆・建造物侵入罪・公務執行妨害罪にあたるとして起訴された。

第１審は、有罪判決（教唆は成立せず、幇助とした）が下された。第２審は、全逓東京中郵事件最高裁判決（142判決）に照らし、郵便物不取扱いは正当な争議行為であるとし、労組法１条２項の適用を認め、無罪の判決を下した。これに対し、検察が上告した。

整理

事件／刑事事件

被告人・控訴人・上告人／全逓信労働組合の役員

〈争点〉 郵便法79条１項の罪の幇助罪の成否及び建造物侵入行為の違法性。

〈憲法上の問題点〉 公共企業体職員の争議行為を禁止する公労法17条１項は憲法28条に違反しないか。

【判旨】

一部棄却、一部破棄自判（13対２）。

（ｉ）**争議行為を禁止する公労法17条１項の合憲性**　「労働基本権の根本精神に即して考えると、国家公務員の身分を有しない三公社の職員も、その身分を有する五現業の職員も、自己の労務を提供することにより生活の資を得ている点においては、一般の勤労者と異なるところがないのであるから、共に憲法28条にいう勤労者にあたるものと解される。」

しかし、全農林警職法事件判決が、「非現業の国家公務員につき、これを憲法28条の勤労者にあたるとしつつも、その憲法上の地位の特殊性から労働基本権の保障が重大な制約を受けている旨を説示していることに、留意しなければならない」。

その判示は、「公労法の適用を受ける五現業及び三公社の職員についても、直ちに又は基本的に妥当するものということができる。それは、五現業の職員は、現業の職務に従事している国家国務員なのであるから、勤務条件の決定に関するその憲法上の地位は上述した非現業の国家公務員のそれと異なるところはなく、また、三公社の職員も、国の全額出資によつて設立、運営される公法人のために勤務する者であり、勤務条件の決定に関するその憲法上の地位の点では右の非現業の国家公務員のそれと基本的に同一であるからである。三公社は、このような公法人として、その法人格こそ国とは別であるが、その資産はすべて国のものであつて、憲法83条に定める財政民主主義の原則上、その資産の処分、運用が国会の議決に基づいて行われなければならないことはいうまでもなく、その資金の支出を国会の議決を経た予算の定めるところにより行うことなどが法律によつて義務づけられた場合には、当然これに服すべきものである。そして、三公社の職員の勤務条件は、直接、間接の差はあつても、国の資産の処分、運用と密接にかかわるものであるから、これを国会の意思とは無関係に労使間の団体交渉によつて共同決定することは、憲法上許されないところといわなければならないのである。」

「公労法は、……公平な公共企業体等労働委員会を設け、……これは協約締結権を含む団体交渉権を付与しながら争議権を否定する場合の代償措置として、よく整備されたものということができ、右の職員の生存権擁護のための配慮に欠けるところがないものというべきである。」

（ii）**公労法17条１項違反の争議行為と刑事法上の違法性**　「公労法17条１項による争議行為の禁止が憲法28条に違反しておらず、その禁止違反の争議行為はもはや同法条による権利として保障されるものではないと解する以上、民事法又は刑事法が、正当性を有しない争議行為であると評価して、これに一定の不利益を課することとしても、その不利益が不合理なものでない限り同法条に抵触することはない」。

「刑事法上に限り公労法17条１項違反の争議行為を正当なものと評価して当然に労組法１条２項の適用を認めるべき特段の憲法上の根拠は、見出しがたい。かりに、争議行為が憲法28条によつて保障される権利の行使又は正当な行為であることの故に、これに対し刑罰を科することが許されず、労組法１条２項による違法性阻却を認めるほかないものとすれば、これに対し民事責任を問うことも原則として許されないはずであつて、そのような争議行為の理解は、公労法17条１項が憲法28条に違反しないとしたところにそぐわないものというべきである。」

（iii）**公労法17条１項違反の争議行為と刑事法上の処罰**　「公労法の制定に至る立法経過とそこに表れている立法意思を仔細に検討するならば、たとい同法17条１項違反の争議行為が他の法規の罰則の構成要件を充たすことがあつても、それが同盟罷業、怠業その他単なる労務不提供のような不作為を内容とする争議行為である場合には、それを違法としながらも後に判示するような限度で単純参加者についてはこれを刑罰から解放して指導的行為に出た者のみを処罰する趣旨のものであると解するのが、相当である。」

第18章　選挙権

選挙制度　日本国憲法は、47条において、「選挙区、投票の方法その他両議院の議員の選挙に関する事項は、法律でこれを定める」と規定し、具体的な選挙制度のありようについて、国会（立法府）の裁量を認めている。しかし、選挙制度は、国民主権原理と直結するとともに、参政権、選挙権といった国民の基本的な権利とも結びつく、極めて重要なものであり、もっぱら国会（立法府）の広い裁量に委ねられるべきものではない。最高裁判所も、「国民主権を宣言する憲法の下において、公職の選挙権が国民の最も重要な基本的権利の一である」（最大判昭和30年2月9日刑集9巻2号217頁）として、このことを確認している。

選挙制度をめぐる重要な判例としては、一連のいわゆる議員定数不均衡訴訟がある。当初、最高裁は、「各選挙区に如何なる割合で議員数を配分するかは、立法府である国会の権限に属する立法政策の問題であつて、議員数の配分が選挙人の人口に比例していないという一事だけで、憲法14条1項に反し無効であると断ずることはできない」（最大判昭和39年2月5日民集18巻2号270頁）と判示していたが、**148衆議院議員定数不均衡訴訟最高裁大法廷判決**において、「選挙権の内容、すなわち各選挙人の投票の価値の平等もまた、憲法の要求するところであると解するのが、相当である」とし、投票価値の平等を承認するにいたった。とはいえ、「選挙区としてのまとまり具合」など非人口的要素を考慮することを同時に承認し、選挙権の平等を相対化、「緩和」し、最高裁は、従来、中選挙区制においては、3倍未満の格差を合憲と解していたと思われる。なお、1994（平成6）年に導入された小選挙区比例代表並立制の下においては、**149衆議院小選挙区1人別枠方式違憲訴訟最高裁大法廷判決**が、1人別枠方式に基づく1対2.304の格差を「違憲状態」と判示するに至っている。

従来、参議院の定数不均衡においては、選挙区が都道府県単位で構成されること、憲法46条が半数改選制を採用しており、各選挙区に偶数の定数配分が必要だとの参議院の「特殊性」を根拠として、選挙権の平等をさらに「緩和」し、5倍を超える格差を合憲と解してきた（**150参議院議員定数不均衡訴訟(1)**）。しかし、最高裁は、**151参議院議員定数不均衡訴訟(2)**で、「都道府県を各選挙区の単位とする仕組みを維持しながら投票価値の平等の実現を図るという要求に応えていくことは、もはや著しく困難な状況に至っている」と指摘し、１対5.00の格差がある定数配分規定を違憲状態とする判決を下した。なお、2016（平成28）年７月の参議院議院通常選挙において、初めて２つの合区選挙区（鳥取・島根選挙区、徳島・高知選挙区）が導入された。

その他の判例として、ここでは、小選挙区比例代表並立制の合憲性、参議院非拘束名簿式比例代表制の合憲性、在外選挙権、比例代表選挙における繰上補充、在宅投票制度廃止についての事件を取り上げる。

148　衆議院議員定数不均衡訴訟（選挙無効請求事件）☆☆☆

東京高判昭和49年４月30日行集25巻４号356頁

●最大判昭和51年４月14日民集30巻３号223頁

【事実】

1972（昭和47）年12月10日に行われた衆議院議員総選挙は、各選挙区間の議員一人あたりの有権者分布差比率は最大4.99対１に及んでおり、これは、明らかに、なんらの合理的根拠に基づかないで、住所（選挙区）のいかんにより一部の国民を不平等に取り扱ったものであるから、憲法14条１項に違反し、本件選挙は無効であるとして提訴された。第１審東京高裁は原告の請求を棄却した。

整理

事件／行政事件

原告・上告人／千葉１区選挙人

被告・被上告人／千葉県選挙管理委員会

〈争点〉 選挙の無効。

〈憲法上の問題点〉 憲法は選挙権の投票価値の平等を保障しているのか。

【判旨】

破棄自判（８対７）。

「憲法は、14条１項に定める法の下の平等は、選挙権に関しては、国民はすべて政治的価値において平等であるべきであるとする徹底した平等化を志向するものであり、右15条１項等の各規定の文言上は単に選挙人資格における差別の禁止が定められているにすぎないけれども、単にそれだけにとどまらず、**選挙権の内容、すなわち各選挙人の投票の価値の平等もまた、憲法の要求するところであると解するのが、相当である。**」

「**憲法は、前記投票価値の平等についても、これをそれらの選挙制度の決定について国会が考慮すべき唯一絶対の基準としているわけではなく、国会は、衆議院及び参議院それぞれについて他にしんしやくすることのできる事項をも考慮して、公正かつ効果的な代表という目標を**

実現するために適切な選挙制度を具体的に決定することができるのであり、投票価値の平等は、さきに例示した選挙制度のように明らかにこれに反するもの、その他憲法上正当な理由となりえないことが明らかな人種、信条、性別等による差別を除いては、原則として、国会が正当に考慮することのできる他の政策的目的ないしは理由との関連において調和的に実現されるべきものと解さなければならない。」

「各選挙区の選挙人数又は人口数……と配分議員定数との比率の平等が最も重要かつ基本的な基準とされるべきことは当然であるとしても、それ以外にも、実際上考慮され、かつ、考慮されてしかるべき要素は、少なくない。殊に、都道府県は、それが従来わが国の政治及び行政の実際において果たしてきた役割や、国民生活及び国民感情の上におけるその比重にかんがみ、選挙区割の基礎をなすものとして無視することのできない要素であり、また、これらの都道府県を更に細分するにあたつては、従来の選挙の実績や、選挙区としてのまとまり具合、市町村その他の行政区画、面積の大小、人口密度、住民構成、交通事情、地理的状況等諸般の要素を考慮し、配分されるべき議員数との関連を勘案しつつ、具体的な決定がされるものと考えられるのである。更にまた、社会の急激な変化や、その一つのあらわれとしての人口の都市集中化の現象などが生じた場合、これをどのように評価し、前述した政治における安定の要請をも考慮しながら、これを選挙区割や議員定数配分にどのように反映させるかも、国会における高度に政策的な考慮要素の一つであることを失わない。」

「昭和47年12月10日の本件衆議院議員総選挙当時においては、各選挙区の議員一人あたりの選挙人数と全国平均のそれとの偏差は、下限において47.30パーセント、上限において162.87パーセントとなり、その開きは、約5対1の割合に達していた」、「右の開きが示す選挙人の投票価値の不平等は、前述のような諸般の要素、特に右の急激な社会的変化に対応するについてのある程度の政策的裁量を考慮に入れてもなお、一般的に合理性を有するものとはとうてい考えられない程度に達しているばかりでなく、これを更に超えるに至つているものというほかはなく、これを正当化すべき特段の理由をどこにも見出すことができない以上、**本件議員定数配分規定の下における各選挙区の議員定数と人口数との比率の偏差は、右選挙当時には、憲法の選挙権の平等の要求に反する程度になつていたものといわなければならない。**」

「本件選挙が憲法に違反する議員定数配分規定に基づいて行われたものであることは上記のとおりであるが、そのことを理由としてこれを無効とする判決をしても、これによつて直ちに違憲状態が是正されるわけではなく、かえつて憲法の所期するところに必ずしも適合しない結果を生ずることは、さきに述べたとおりである。これらの事情等を考慮するときは、本件においては、前記の法理にしたがい、**本件選挙は憲法に違反する議員定数配分規定に基づいて行われた点において違法である旨を判示するにとどめ、選挙自体はこれを無効としないこととするのが、相当であり、そしてまた、このような場合においては、選挙を無効とする旨の判決を求**

める請求を棄却するとともに、当該選挙が違法である旨を主文で宣言するのが、相当である。」

149　衆議院小選挙区１人別枠方式違憲訴訟（選挙無効請求事件）☆☆

東京高判平成22年２月24日民集65巻２号875頁

●最大判平成23年３月23日民集65巻２号755頁

【事実】

本件は、2009（平成21）年８月30日施行の衆議院議員総選挙について、東京２区等の選挙人である上告人らが、衆議院小選挙区選出議員の選挙区割りは憲法に違反し無効であるから、これに基づき施行された本件選挙の各選挙区における選挙も無効であると主張して提起した選挙無効訴訟である。

整理

事件／行政事件

原告・上告人／東京２区等の選挙人

被告・被上告人／東京都選挙管理委員会

〈争点〉 選挙の無効。

〈憲法上の問題点〉 １人別枠方式は憲法の投票価値の平等の要求に反しているのか。

【判旨】

棄却（13対２）。

１人別枠方式は、「相対的に人口の少ない県に定数を多めに配分し、人口の少ない県に居住する国民の意思をも十分に国政に反映させることができるようにすることを目的とする旨の説明がされている。しかし、この選挙制度によって選出される議員は、いずれの地域の選挙区から選出されたかを問わず、全国民を代表して国政に関与することが要請されているのであり、相対的に人口の少ない地域に対する配慮はそのような活動の中で全国的な視野から法律の制定等に当たって考慮されるべき事柄であって、地域性に係る問題のために、殊更にある地域（都道府県）の選挙人と他の地域（都道府県）の選挙人との間に投票価値の不平等を生じさせるだけの合理性があるとはいい難い。しかも、本件選挙時には、１人別枠方式の下でされた各都道府県への定数配分の段階で、既に各都道府県間の投票価値にほぼ２倍の最大較差が生ずるなど、１人別枠方式が……選挙区間の投票価値の較差を生じさせる主要な要因となっていたことは明らかである。１人別枠方式の意義については、人口の少ない地方における定数の急激な減少への配慮という立法時の説明にも一部うかがわれるところであるが、……我が国の選挙制度の歴史、とりわけ人口の変動に伴う定数の削減が著しく困難であったという経緯に照らすと、新しい選挙制度を導入するに当たり、直ちに人口比例のみに基づいて各都道府県への定数の配分を行った場合には、人口の少ない県における定数が急激かつ大幅に削減されることになるため、国政における安定性、連続性の確保を図る必要があると考えられたこと、何よりもこの点への配慮なくしては選挙制度の改革の実現自体が困難であったと認められる状況の下で採られた方策であるということにあるものと解される。そうであるとすれば、1人別枠方式は、おのずからその合理性に時間的な限界があるものというべきであり、新しい選挙制度が定着し、安定した運用がされるようになった段階においては、その合理性は失われるものというほかはない。」

「本件選挙時においては、本件選挙制度導入後の最初の総選挙が平成8年に実施されてから既に10年以上を経過しており、その間に、区画審設法所定の手続に従い、同12年の国勢調査の結果を踏まえて同14年の選挙区の改定が行われ、更に同17年の国勢調査の結果を踏まえて見直しの検討がされたが選挙区の改定を行わないこととされており、既に上記改定後の選挙区の下で2回の総選挙が実施されていたなどの事情があったものである。これらの事情に鑑みると、本件選挙制度は定着し、安定した運用がされるようになっていたと評価することができるのであって、もはや1人別枠方式の上記のような合理性は失われていたものというべきである。加えて、本件選挙区割りの下で生じていた選挙区間の投票価値の較差は、……その当時、最大で2.304倍に達し、較差2倍以上の選挙区の数も増加してきており、1人別枠方式がこのような選挙区間の投票価値の較差を生じさせる主要な要因となっていたのであって、その不合理性が投票価値の較差としても現れてきていたものということができる。そうすると、本件区割基準のうち1人別枠方式に係る部分は、遅くとも本件選挙時においては、その立法時の合理性が失われたにもかかわらず、投票価値の平等と相容れない作用を及ぼすものとして、それ自体、憲法の投票価値の平等の要求に反する状態に至っていたものといわなければならない。」

「本件選挙時において、本件区割基準規定の定める本件区割基準のうち1人別枠方式に係る部分は、憲法の投票価値の平等の要求に反するに至っており、同基準に従って改定された本件区割規定の定める本件選挙区割りも、憲法の投票価値の平等の要求に反するに至っていたものではあるが、いずれも憲法上要求される合理的期間内における是正がされなかったとはいえず、本件区割基準規定及び本件区割規定が憲法14条1項等の憲法の規定に違反するものということはできない。」

「国民の意思を適正に反映する選挙制度は、民主政治の基盤である。変化の著しい社会の中で、投票価値の平等という憲法上の要請に応えつつ、これを実現していくことは容易なことではなく、そのために立法府には幅広い裁量が認められている。しかし、1人別枠方式は、衆議院議員の選挙制度に関して戦後初めての抜本的改正を行うという経緯の下に、一定の限られた時間の中でその合理性が認められるものであり、その経緯を離れてこれを見るときは、投票価値の平等という憲法の要求するところとは相容れないものといわざるを得ない。衆議院は、その権能、議員の任期及び解散制度の存在等に鑑み、常に的確に国民の意思を反映するものであることが求められており、選挙における投票価値の平等についてもより厳格な要請があるものといわなければならない。したがって、事柄の性質上必要とされる是正のための合理的期間内に、**できるだけ速やかに本件区割基準中の１人別枠方式を廃止し、区画審設置法３条１項の趣旨に沿って本件区割規定を改正するなど、投票価値の平等の要請にかなう立法的措置を講ずる必要があるところである。**」

150　参議院議員定数不均衡訴訟(1)（選挙無効請求事件）☆☆

東京高判平成14年10月30日判時1810号47頁

●最大判平成16年１月14日民集58巻１号56頁

【事実】

本件は、2001（平成13）年７月29日施行の参議院議員通常選挙について、東京選挙区の選挙人らが、参議院（選挙区選出）議員の議員定数配分規定は憲法14条１項等に違反し無効であるから、これに基づき施行された本件選挙の上記選挙区における選挙も無効であると主張して提起した選挙無効訴訟である。本件選挙当時における選挙区間の議員１人当たりの選挙人数の最大較差は、１対5.06であった。第１審東京高裁は原告の請求を棄却した。

整理

事件／行政事件

原告・上告人／東京選挙区の選挙人

被告・被上告人／東京都選挙管理委員会

〈争点〉選挙の無効。

〈憲法上の問題点〉参議院の特殊性と投票価値の平等。

【判旨】

上告棄却（９対６）。

「**本件改正は、憲法が選挙制度の具体的な仕組みの決定につき国会にゆだねた立法裁量権の限界を超えるものではなく、本件選挙当時において本件定数配分規定が憲法に違反するに至っていたものとすることはできない。**」

〔**亀山継夫・横尾和子・藤田宙靖・甲斐中辰夫裁判官の補足意見**〕

「参議院選挙制度の在り方に関してより具体的にいうならば、なるほど、例えば、二院制の在り方に関して立法府が裁量権を行使するに当たり、投票価値の平等と並び地域ごとの固有の利益ないし事情に配慮するということ自体は、許されないことではあるまい。また、**半数改選制（憲法46条）を前提として、各選挙区にまず２名の定員を配分しようということも、それ自体がおよそ不合理であるとはいえず、あるべき政策的選択肢の一つであるといってよいものと思われる。そして、現行法制の下での参議院選挙制度が創設された出発における政策判断、す**

なわち、都道府県ごとの固有の利益ないし事情及び半数改選制に配慮して各選挙区にまず２名を配分し、残余の定員を各選挙区の人口に比例して偶数配分する、という考え方は、それなりに合理的な事項についてそれなりに合理的な配慮をした結果として評価することができようし、また、そのように評価されて来たものということができよう。しかし、その後当初の人口分布が大きく変わり、上記の三要素（地域的利益、半数改選制、人口比例）間における均衡が著しく崩れたにもかかわらず、このことに全く配慮することなく、ただ無為の裡に放置されて来た、といった状況が認められるとしたならば、そこに立法府にゆだねられた裁量権の適正な行使があったとはいえないものといわなければなるまい。」

〔福田博・梶谷玄・深澤武久・濱田邦夫・滝井繁男・泉徳治裁判官の反対意見〕「本件選挙当時における選挙区間の議員１人当たりの選挙人数の最大較差は１対5.06にまで達していたのであるから、本件定数配分規定は、憲法上の選挙権平等の原則に大きく違背し、憲法に違反するものであることが明らかである。」

151　参議院議員定数不均衡訴訟(2)（選挙無効請求事件）☆☆

東京高判平成22年11月17日判時2098号24頁

●最大判平成24年10月17日民集66巻10号3357頁

【事実】

本件は、2010（平成22）年７月11日施行の参議院議員通常選挙について、東京都選挙区の選挙人である被上告人が、公職選挙法14条、別表第３の参議院（選挙区選出）議員の議員定数配分規定は憲法14条１項等に違反し無効であるから、これに基づき施行された本件選挙の上記選挙区における選挙も無効であると主張して提起した選挙無効訴訟である。

整理

事件／行政事件

原告・被上告人／東京都選挙区の選挙人

被告・上告人／東京都選挙管理委員会

〈争点〉選挙の無効。

〈憲法上の問題点〉参議院の特殊性と投票価値の平等。

【判旨】

上告棄却（12対３）。

「現行の選挙制度は、限られた総定数の枠内で、半数改選という憲法上の要請を踏まえた偶数配分を前提に、都道府県を単位として各選挙区の定数を定めるという仕組みを採っているが、人口の都市部への集中による都道府県間の人口較差の拡大が続き、総定数を増やす方法を採ることにも制約がある中で、このような都道府県を各選挙区の単位とする仕組みを維持しなから投票価値の平等の実現を図るという要求に応えていくことは、もはや著しく困難な状況に至っているものというべきである。このことは、……平成17年10月の専門委員会の報告書において指摘されていたところであり、前回の平成19年選挙についても、投票価値の大きな不平等がある状態であって、選挙制度の仕組み自体の見直しが必要であることは、平成21年大法廷判決において特に指摘されていたところである。それにもかかわらず、平成18年改正後は上記状態の解消に向けた法改正は行われることなく、本件選挙に至ったものである。**これらの事情を総合考慮すると、本件選挙が平成18年改正による４増４減の措置後に実施された２回目の通常選挙であることを勘案しても、本件選挙当時、前記の較差が示す選挙区間における投票価値の不均衡は、投票価値の平等の重要性に照らしてもはや看過し得ない程度に達しており、これを正当化すべき特別の理由も見いだせない以上、違憲の問題が生ずる程度の著しい不平等状態に至っていたというほかはない。**

もっとも、当裁判所が平成21年大法廷判決においてこうした参議院議員の選挙制度の構造的問題及びその仕組み自体の見直しの必要性を指摘したのは本件選挙の約９か月前のことであり、その判示の中でも言及されているように、選挙制度の仕組み自体の見直しについては、参議院の在り方をも踏まえた高度に政治的な判断が求められるなど、事柄の性質上課題も多いためその検討に相応の時間を要することは認めざるを得ないこと、参議院において、同判決の趣旨を踏まえ、参議院改革協議会の下に設置された専門委員会における協議がされるなど、選挙制度の仕組み自体の見直しを含む制度改革に向けての検討が行われていたこと（なお、本件選挙後に国会に提出された……公職選挙法の一部を改正する法律案は、単に４選挙区で定数を４増４減するものにとどまるが、その附則には選挙制度の抜本的な見直しについて引き続き検討を行う旨の規定が置かれている。）などを考慮すると、本件選挙までの間に本件定数配分規定を改正しなかったことが国会の裁量権の限界を超えるものとはいえず、本件定数配分規定が憲法に違反するに至っていたということはできない。」

152　地方議会議員定数不均衡訴訟（東京都議会議員選挙無効請求事件）

東京高判昭和58年７月25日判時1085号３頁

●最判昭和59年５月17日民集38巻７号721頁

【事実】

1981（昭和56）年７月５日に実施された東京都議会議員選挙における議員１人当たりの人口の較差は、全選挙区間で最大１対7.45、特別区の区域を区域とする選挙区間で最大１対5.15、右人口が最少の千代田区選挙区と原告らの属する江戸川区選挙区との間で１対4.52に達し、いわゆる逆転現象も一部の選挙区間において存在した。原告は、本件定数配分規定は、憲法前文、14条１項、15条１項・３項、44条但書、93条１項、公職選挙法15条７項に違反し、本件選挙は無効であるとして提訴した。第１審東京高裁は、原告の請求を棄却したが、東京都議会議員の定数配分を定めた東京都議会議員の定数並びに選挙区及び各選挙区における議員の数に関する条例の規定が公選法15条７項の規定に違反すると判示した。これに対し、被告東京都選挙管理委員会が上告した。

整理

事件／行政事件

原告・被上告人／江戸川区選挙人

被告・上告人／東京都選挙管理委員会

〈争点〉 選挙の無効。

〈憲法上の問題〉 地方議会と投票価値の平等。

【判旨】

上告棄却（４対１）。

「**公選法15条７項は『各選挙区において選挙すべき地方公共団体の議会の議員の数は、人口に比例して、条例で定めなければならない。ただし、特別の事情があるときは、おおむね人口を基準とし、地域間の均衡を考慮して定めることができる。』と規定しており、地方公共団体の議会は、定数配分規定を定めるに当たり、同項ただし書の規定を適用し、人口比例により算出される数に地域間の均衡を考慮した修正を加えて選挙区別の定数を決定する裁量権を有することが明らかである。**」

「選挙区間における本件選挙当時の右較差は本件条例制定の前後を通じた人口の変動の結果にほかならないが、……選挙区の人口と配分された定数との比率の平等が最も重要かつ基本的な基準とされる地方公共団体の議会の議員の選挙の制度において、右較差が示す選挙区間における投票価値の不平等は、地方公共団体の議会において地域間の均衡を図るため通常考慮し得る諸般の要素をしんしやくしてもなお、一般的に合理性を有するものとは考えられない程度に達していたというべきであり、これを正当化する特別の理由がない限り、選挙区間における本件選挙当時の右投票価値の較差は、公選法15条７項の選挙権の平等の要求に反する程度に至つていたものというべきである。そして、都心部においては昼間人口が夜間常住人口の数倍ないし十数倍に達し、それだけ行政需要が大きいことや、各選挙区における過去の定数の状況を考慮しても、右の較差を是認することはできず、他に、本件選挙当時存した選挙区間における投票価値の不平等を正当化すべき特別の理由を見いだすことはできない。」

「また、**本件配分規定の下における選挙区間の投票価値の較差は遅くとも昭和45年10月実施の国勢調査の結果が判明した時点において既に公選法15条７項の選挙権の平等の要求に反する程度に至つていたものというべく、右較差が将来更に拡大するであろうことは東京都における人口変動の経緯に照らし容易に推測することができたにもかかわらず、東京都議会は極く部分**

的な改正に終始し、右較差を長期間にわたり放置したものというべく、同項の規定上要求される合理的期間内における是正をしなかつたものであり、本件配分規定は、本件選挙当時、同項の規定に違反するものであつたと断定せざるを得ない。」

153　小選挙区比例代表並立制違憲訴訟（選挙無効請求事件）☆☆

東京高判平成10年10月９日判時1681号62頁

●最大判平成11年11月10日民集53巻８号1577頁（①)、1704頁（②)

【事実】

1994（平成６）年の公職選挙法の改正により、衆議院議員の選挙制度が従来の中選挙区単記投票制から小選挙区比例代表並立制に改められた。本件は、改正公選法の衆議院議員総選挙の仕組みに関する規定が憲法に違反し無効であるとして提起された選挙無効訴訟である。第１審東京高裁は、原告の請求を棄却した。

整理

事件／行政事件

原告・上告人／東京都在住の選挙人

被告・被上告人／東京都選挙管理委員会、中央選挙管理会

〈争点〉選挙の無効。

〈憲法上の問題点〉❶重複立候補制の合憲性。❷比例代表制の合憲性。❸小選挙区制の合憲性。

【判旨】

上告棄却（①全員一致、②９対５、ただし、小選挙区制の合憲性については全員一致)。

「重複立候補制を採用し、小選挙区選挙において落選した者であっても比例代表選挙の名簿順位によっては同選挙において当選人となることができるものとしたことについては、小選挙区選挙において示された民意に照らせば、議論があり得るところと思われる。しかしながら、……選挙制度の仕組みを具体的に決定することは国会の広い裁量にゆだねられているところ、同時に行われる二つの選挙に同一の候補者が重複して立候補することを認めるか否かは、右の仕組みの一つとして、国会が裁量により決定することができる事項であるといわざるを得ない。」**「重複して立候補することを認める制度においては、一の選挙において当選人とされなかった者が他の選挙において当選人とされることがあることは、当然の帰結である。したがって、重複立候補制を採用したこと自体が憲法前文、43条１項、14条１項、15条３項、44条に違反するとはいえない。」**（①判決）

「政党等にあらかじめ候補者の氏名及び当選人となるべき順位を定めた名簿を届け出させた上、選挙人が政党等を選択して投票し、各政党等の得票数の多寡に応じて当該名簿の順位に従って当選人を決定する方式は、投票の結果すなわち選挙人の総意により当選人が決定される点

において、選挙人が候補者個人を直接選択して投票する方式と異なるところはない。複数の重複立候補者の比例代表選挙における当選人となるべき順位が名簿において同一のものとされた場合には、その者の間では当選人となるべき順位が小選挙区選挙の結果を待たないと確定しないことになるが、結局のところ当選人となるべき順位は投票の結果によって決定されるのであるから、このことをもって比例代表選挙が直接選挙に当たらないということはできず、憲法43条1項、15条1項、3項に違反するとはいえない。」（①判決）

「小選挙区制は、全国的にみて国民の高い支持を集めた政党等に所属する者が得票率以上の割合で議席を獲得する可能性があって、民意を集約し政権の安定につながる特質を有する反面、このような支持を集めることができれば、野党や少数派政党等であっても多数の議席を獲得することができる可能性があり、政権の交代を促す特質をも有するということができ、また、個々の選挙区においては、このような全国的な支持を得ていない政党等に所属する者でも、当該選挙区において高い支持を集めることができれば当選することができるという特質をも有するものであって、特定の政党等にとってのみ有利な制度とはいえない。小選挙区制の下においては死票を多く生む可能性があることは否定し難いが、死票はいかなる制度でも生ずるものであり、当選人は原則として相対多数を得ることをもって足りる点及び当選人の得票数の和よりその余の票数（死票数）の方が多いことがあり得る点において中選挙区制と異なるところはなく、各選挙区における最高得票者をもって当選人とすることが選挙人の総意を示したものではないとはいえないから、この点をもって憲法の要請に反するということはできない。このように、**小選挙区制は、選挙を通じて国民の総意を議席に反映させる一つの合理的方法ということができ、これによって選出された議員が全国民の代表であるという性格と矛盾抵触するものではないと考えられるから、小選挙区制を採用したことが国会の裁量の限界を超えるということはできず、所論の憲法の要請や各規定に違反するとは認められない。**」（②判決）

154　参議院非拘束名簿式比例代表制違憲訴訟（選挙無効請求事件）☆

東京高判平成14年10月30日判時1815号68頁

●最大判平成16年1月14日民集58巻1号1頁

【事実】

本件は、公職選挙法の改正による参議院（比例代表選出）議員の選挙の仕組み、非拘束名簿式に関する規定が憲法に違反し無効であるから、これに依拠した2001（平成13）年7月29日施行の参議院（比例代表選出）議員の選挙は無効であるとして提起された選挙無効訴訟である。第1審東京高裁は、原告の請求を棄却した。

整理

事件／行政事件

原告・上告人／東京選挙区の選挙人

被告・被上告人／中央選挙管理会

〈争点〉 選挙の無効。

〈憲法上の問題点〉 参議院議員通常選挙における非拘束名簿式比例代表制の合憲性。

【判旨】

上告棄却（全員一致）。

「名簿式比例代表制は、各名簿届出政党等の得票数に応じて議席が配分される政党本位の選挙制度であり、本件非拘束名簿式比例代表制も、各参議院名簿届出政党等の得票数に基づきその当選人数を決定する選挙制度であるから、本件改正前の拘束名簿式比例代表制と同様に、政党本位の名簿式比例代表制であることに変わりはない。**憲法は、政党について規定するところがないが、政党の存在を当然に予定しているものであり、政党は、議会制民主主義を支える不可欠の要素であって、国民の政治意思を形成する最も有力な媒体である。したがって、……国会が、参議院議員の選挙制度の仕組みを決定するに当たり、政党の上記のような国政上の重要な役割にかんがみて、政党を媒体として国民の政治意思を国政に反映させる名簿式比例代表制を採用することは、その裁量の範囲に属することが明らかであるといわなければならない。そして、名簿式比例代表制は、政党の選択という意味を持たない投票を認めない制度であるから、本件非拘束名簿式比例代表制の下において、参議院名簿登載者個人には投票したいが、その者の所属する参議院名簿届出政党等には投票したくないという投票意思が認められないことをもって、国民の選挙権を侵害し、憲法15条に違反するものとまでいうことはできない。また、名簿式比例代表制の下においては、名簿登載者は、各政党に所属する者という立場で候補者となっているのであるから、改正公選法が参議院名簿登載者の氏名の記載のある投票を当該参議院名簿登載者の所属する参議院名簿届出政党等に対する投票としてその得票数を計算するものとしていることには、合理性が認められるのであって、これが国会の裁量権の限界を超えるものとは解されない。**」

155　在外日本人選挙権剝奪違法確認訴訟（在外日本人選挙権剝奪違法確認等請求事件）☆☆☆

東京地判平成11年10月28日判時1705号50頁

東京高判平成12年11月８日判タ1088号133頁

●最大判平成17年９月14日民集59巻７号2087頁

【事実】

本件は、国外に居住していて国内の市町村の区域内に住所を有していない日本国民、「在外国民」に国政選挙における選挙権行使の全部又は一部を認めないこと、すなわち、在外選挙制度の適否等が争われている事案である。在外国民の選挙権の行使については、平成10年法律第47号によって公職選挙法が一部改正され在外選挙制度が創設された。しかし、その対象となる選挙について、当分の間は、衆議院比例代表選出議員の選挙及び参議院比例代表選出議員の選挙に限ることとされた。本件において、在外国民である原告らは、被告（国）に対し、在外国民であることを理由として選挙権の行使の機会を保障しないことは、憲法14条1項、15条1項及び3項、43条並びに44条並びに市民的及び政治的権利に関する国際規約25条に違反すると主張して、主位的に①本件改正前の公職選挙法は、衆議院議員の選挙及び参議院議員の選挙における選挙権の行使を認めていない点において違法であることの確認、②本件改正後の公職選挙法は、衆議院小選挙区選出議員の選挙及び参議院選挙区選出議員の選挙における選挙権の行使を認めていない点において、違法であることの確認を求めるとともに、予備的に、③同上告人らが衆議院小選挙区選出議員の選挙及び参議院選挙区選出議員の選挙において選挙権を行使する権利を有することの確認を請求した。第1審東京地裁、控訴審東京高裁は、訴えを不適法として却下した。

整理

事件／行政事件

原告・控訴人・上告人／在外国民

被告・被控訴人・被上告人／国

〈争点〉在外選挙権剝奪の違法確認。

〈憲法上の問題点〉在外国民の選挙権行使。

【判旨】

一部破棄自判、一部上告棄却（11対3）。

「自ら選挙の公正を害する行為をした者等の選挙権について一定の制限をすることは別として、国民の選挙権又はその行使を制限することは原則として許されず、国民の選挙権又はその行使を制限するためには、そのような制限をすることがやむを得ないと認められる事由がなければならないというべきである。そして、そのような制限をすることなしには選挙の公正を確保しつつ選挙権の行使を認めることが事実上不能ないし著しく困難であると認められる場合でない限り、上記のやむを得ない事由があるとはいえず、このような事由なしに国民の選挙権の行使を制限することは、憲法15条1項及び3項、43条1項並びに44条ただし書に違反するといわざるを得ない。また、このことは、国が国民の選挙権の行使を可能にするための所要の措置を執らないという不作為によって国民が選挙権を行使することができない場合についても、同様である。**在外国民は、選挙人名簿の登録について国内に居住する国民と同様の被登録資格を有しないために、そのままでは選挙権を行使することができないが、憲法によって選挙権を保障されていることに変わりはなく、国には、選挙の公正の確保に留意しつつ、その行使を現実**

的に可能にするために所要の措置を執るべき責務があるのであって、選挙の公正を確保しつつそのような措置を執ることが事実上不能ないし著しく困難であると認められる場合に限り、当該措置を執らないことについて上記のやむを得ない事由があるというべきである。」

「内閣は、昭和59年４月27日、『我が国の国際関係の緊密化に伴い、国外に居住する国民が増加しつつあることにかんがみ、これらの者について選挙権行使の機会を保障する必要がある』として、衆議院議員の選挙及び参議院議員の選挙全般についての在外選挙制度の創設を内容とする『公職選挙法の一部を改正する法律案』を第101回国会に提出したが、同法律案は、その後第105回国会まで継続審査とされていたものの実質的な審議は行われず、同61年６月２日に衆議院が解散されたことにより廃案となったこと、その後、本件選挙が実施された平成８年10月20日までに、在外国民の選挙権の行使を可能にするための法律改正はされなかったことが明らかである。世界各地に散在する多数の在外国民に選挙権の行使を認めるに当たり、公正な選挙の実施や候補者に関する情報の適正な伝達等に関して解決されるべき問題があったとしても、既に昭和59年の時点で、選挙の執行について責任を負う内閣がその解決が可能であることを前提に上記の法律案を国会に提出していることを考慮すると、同法律案が廃案となった後、国会が、10年以上の長きにわたって在外選挙制度を何ら創設しないまま放置し、本件選挙において在外国民が投票をすることを認めなかったことについては、やむを得ない事由があったとは到底いうことができない。そうすると、……**本件改正前の公職選挙法が、本件選挙当時、在外国民であった上告人らの投票を全く認めていなかったことは、憲法15条１項及び３項、43条１項並びに44条ただし書に違反するものであったというべきである。**」

「本件改正は、在外国民に国政選挙で投票をすることを認める在外選挙制度を設けたものの、当分の間、衆議院比例代表選出議員の選挙及び参議院比例代表選出議員の選挙についてだけ投票をすることを認め、衆議院小選挙区選出議員の選挙及び参議院選挙区選出議員の選挙については投票をすることを認めないというものである。この点に関しては、投票日前に選挙公報を在外国民に届けるのは実際上困難であり、在外国民に候補者個人に関する情報を適正に伝達するのが困難であるという状況の下で、候補者の氏名を自書させて投票をさせる必要のある衆議院小選挙区選出議員の選挙又は参議院選挙区選出議員の選挙について在外国民に投票をすることを認めることには検討を要する問題があるという見解もないではなかったことなどを考慮すると、初めて在外選挙制度を設けるに当たり、まず問題の比較的少ない比例代表選出議員の選挙についてだけ在外国民の投票を認めることとしたことが、全く理由のないものであったとまでいうことはできない。しかしながら、本件改正後に在外選挙が繰り返し実施されてきていること、通信手段が地球規模で目覚ましい発達を遂げていることなどによれば、在外国民に候補者個人に関する情報を適正に伝達することが著しく困難であるとはいえなくなったものというべきである。また、参議院比例代表選出議員の選挙制度を非拘束名簿式に改めることなどを内容とする公職選挙法の一部を改正する法律（平成12年法律第118号）が平成12年11月１日に公布され、同月21日に施行されているが、この改正後は、参議院比例代表選出議員の選挙の投票については、公職選挙法86条の３第１項の参議院名簿登載者の氏名を自書することが原則とされ、既に平成13年及び同16年に、在外国民についてもこの制度に基づく選挙権の行使がされていることなども併せて考えると、……**遅くとも、本判決言渡し後に初めて行われる衆議院議員の総選挙又は参議院議員の通常選挙の時点においては、衆議院小選挙区選出議員の選挙及び参議院選挙区選出議員の選挙について在外国民に投票をすることを認めないことについて、やむを得ない事由があるということはできず、公職選挙法附則８項の規定のうち、在外選挙制度の対象となる選挙を当分の間両議院の比例代表選出議員の選挙に限定する部分は、憲法15条１項及び３項、43条１項並びに44条ただし書に違反するものといわざるを得ない。**」

「本件の主位的確認請求に係る訴えのうち、本件改正前の公職選挙法が……上告人らに衆議院議員の選挙及び参議院議員の選挙における選挙権の行使を認めていない点において違法であることの確認を求める訴えは、過去の法律関係の確認を求めるものであり、この確認を求めることが現に存する法律上の紛争の直接かつ抜本的な解決のために適切かつ必要な場合であるとはいえないから、確認の利益が認められず、不適法である。」

「本件の主位的確認請求に係る訴えのうち、……上告人らに衆議院小選挙区選出議員の選挙及び参議院選挙区選出議員の選挙における選挙権の行使を認めていない点において違法であることの確認を求める訴えについては、他により適切な訴えによってその目的を達成することができる場合には、確認の利益を欠き不適法であるというべきところ、本件においては、……予備的確認請求に係る訴えの方がより適切な訴えであるということができるから、上記の主位的確認請求に係る訴えは不適法であるといわざるを得ない。」

「本件の予備的確認請求に係る訴えについては、引き続き在外国民である同上告人らが、次回の衆議院議員の総選挙における小選挙区選出議員の選挙及び参議院議員の通常選挙における選挙区選出議員の選挙において、在外選挙人名簿に登録されていることに基づいて投票をすることができる地位にあることの確認を請求する趣旨のものとして適法な訴えということができる。」

「立法の内容又は立法不作為が国民に憲法上保障されている権利を違法に侵害するものであることが明白な場合や、国民に憲法上保障されている権利行使の機会を確保するために所要の立法措置を執ることが必要不可欠であり、それが明白であるにもかかわらず、国会が正当な理由なく長期にわたってこれを怠る場合などには、例外的に、国会議員の立法行為又は立法不作為は、国家賠償法１条１項の規定の適用上、違法の評価を受けるものというべきである。」「在外国民であった上告人らも国政選挙において投票をする機会を与えられることを憲法上保障されていたのであり、この権利行使の機会を確保するためには、在外選挙制度を設けるなどの立法措置を執ることが必要不可欠であったにもかかわらず、前記事実関係によれば、昭和59年に在外国民の投票を可能にするための法律案が閣議決定されて国会に提出されたものの、同法律案が廃案となった後本件選挙の実施に至るまで10年以上の長きにわたって何らの立法措置も執られなかったのであるから、このような著しい不作為は上記の例外的な場合に当たり、このような場合においては、過失の存在を否定することはできない。このような立法不作為の結果、上告人らは本件選挙において投票をすることができず、これによる精神的苦痛を被ったものというべきである。したがって、本件においては、上記の違法な立法不作為を理由とする国家賠償請求はこれを認容すべきである。」

156　日本新党繰上補充事件（選挙無効請求事件）☆☆

東京高判平成６年11月29日判時1513号60頁

●最判平成７年５月25日民集49巻５号1279頁

【事実】

1992（平成４）年７月26日に行われた参議院（比例代表選出）議員の選挙に当たり、日本新党は、公職選挙法86条の２第１項に基づき、16人の候補者の氏名及び当選人となるべき順位を記載した名簿を選挙長に届け出た。本件届出名簿の登載順位は、第１位がA、第２位がB、第３位がC、第４位がD、第５位がE（原告・被上告人）、第６位がG、第７位がHであった。本件選挙の結果、日本新党の候補者は第４順位までが当選となり、第５順位の被上告人は次点となった。日本新党は、1993（平成５）年６月23日、選挙長に対し、文書で、被上告人が除名により日本新党に所属する者でなくなった旨の届出をした。A及びBが同年７月５日公示の衆議院議員総選挙に立候補する旨の届出をしたので、参議院議長は、同日、内閣総理大臣に対し、参議院議員の欠員が生じた旨の通知をした。これを受けて、選挙長は、同月15日に選挙会を開き、選挙会は、本件届出名簿のうちから、第６順位のG及び第７順位の参加人Hの両名を当選人と定め、上告人は、同月16日にその告示をした。これに対し、原告・被上告人のEが、除名の不存在ないし無効を理由に、被告・上告人中央選挙管理会に対して、Hの当選無効を求めて訴訟を提起した。第１審東京高裁は、原告Eの請求を認容したため、被告・中央選挙管理会が上告した。

整理

事件／行政事件

原告・被上告人／除名され比例代表名簿から削除された日本新党名簿登載者

被告・上告人／中央選挙管理会

〈争点〉 当選無効。

〈憲法上の問題点〉 政党からの除名による繰上補充の有効性。

【判旨】

破棄自判（全員一致）。

「法は、選挙会が名簿届出政党等による除名を理由として名簿登載者を当選人となり得るものから除外するための要件として、前記の除名届出書、除名手続書及び宣誓書が提出されることだけを要求しており、それ以外には何らの要件をも設けていない。したがって、選挙会が当選人を定めるに当たって当該除名の存否ないし効力を審査することは予定されておらず、法は、たとい客観的には当該除名が不存在又は無効であったとしても、名簿届出政党等による除名届に従って当選人を定めるべきこととしているのである。そして、法は、届出に係る除名が適正に行われることを担保するために、前記宣誓書において代表者が虚偽の誓いをしたときはこれに刑罰を科し（法238条の２）、これによって刑に処せられた代表者が当選人であるときはその当選を無効とすることとしている（法251条）。」

「法が名簿届出政党等による名簿登載者の除名について選挙長ないし選挙会の審査の対象を形式的な事項にとどめているのは、政党等の政治結社の内部的自律権をできるだけ尊重すべきものとしたことによるものであると解される。すなわち、参議院（比例代表選出）議員の選挙について政党本位の選挙制度である拘束名簿式比例代表制を採用したのは、議会制民主主義の下における政党の役割を重視したことによるものである。そして、政党等の政治結社は、政治上の信条、意見等を共通にする者が任意に結成するものであって、その成員である党員等に対して政治的忠誠を要求したり、一定の統制を施すなどの自治権能を有するものであるから、各人に対して、政党等を結成し、又は政党等に加入し、若しくはそれから脱退する自由を保障するとともに、**政党等に対しては、高度の自主性と自律性を与えて自主的に組織運営をすることのできる自由を保障しなければならないのであって、このような政党等の結社としての自主性にかんがみると、政党等が組織内の自律的運営として党員等に対してした除名その他の処分の当否については、原則として政党等による自律的な解決にゆだねられているものと解される。**」

「**政党等から名簿登載者の除名届が提出されているにもかかわらず、選挙長ないし選挙会が当該除名が有効に存在しているかどうかを審査すべきものとするならば、必然的に、政党等による組織内の自律的運営に属する事項について、その政党等の意思に反して行政権が介入することにならざるを得ないのであって、政党等に対し高度の自主性と自律性を与えて自主的に組織運営をすることのできる自由を保障しなければならないという前記の要請に反する事態を招来することになり、相当ではないといわなければならない。**」

「選挙会等の判断に誤りがないにもかかわらず、当選訴訟において裁判所がその他の事由を原因として当選を無効とすることは、実定法上の根拠がないのに裁判所が独自の当選無効事由を設定することにほかならず、法の予定するところではないといわなければならない。このことは、名簿届出政党等から名簿登載者の除名届が提出されている場合における繰上補充による当選人の決定についても、別異に解すべき理由はない。」「したがって、名簿届出政党等による名簿登載者の除名が不存在又は無効であることは、除名届が適法にされている限り、当選訴訟における当選無効の原因とはならないものというべきである。」

「日本新党による本件除名届は法の規定するところに従ってされているというのであるから、日本新党による被上告人の除名が無効であるかどうかを論ずるまでもなく、本件当選人決定を無効とする余地はないものというべきである。」

157　在宅投票制度廃止事件（損害賠償請求事件）☆☆

札幌地小樽支判昭和49年12月９日判時762号８頁

札幌高判昭和53年５月24日判時888号26頁

●最判昭和60年11月21日民集39巻７号1512頁

【事実】

公職選挙法の一部を改正する法律の施行前においては、公職選挙法及び公職選挙法施行令は、疾病、負傷、妊娠若しくは身体の障害のため又は産褥にあるため歩行が著しく困難である選挙人について、投票所に行かずにその現在する場所において投票用紙に投票の記載をして投票をすることができるという制度、「在宅投票制度」を定めていたところ、1951（昭和26）年４月の統一地方選挙において在宅投票制度が悪用され、そのことによる選挙無効及び当選無効の争訟が続出したことから、国会は、右の公職選挙法の一部を改正する法律により在宅投票制度を廃止し、その後在宅投票制度を設けるための立法を行わなかった。原告は、1955（昭和30）年ころからは、それまで徐々に進行していた下半身の硬直が悪化して歩行が著しく困難になったのみならず、車椅子に乗ることも著しく困難となり、担架等によるのでなければ投票所に行くことができなくなって、1968（同43）年から1972（同47）年までの間に施行された合計８回の国会議員、北海道知事、北海道議会議員、小樽市長又は小樽市議会議員の選挙に際して投票をすることができなかった。そこで、原告は前記８回の選挙において投票をすることができず、精神的損害を受けたとして、国家賠償法１条１項の規定に基づき被告に対し右損害の賠償を請求した。第１審札幌地裁小樽支部は、原告の請求を一部認容したため、被告国が控訴し、控訴審札幌高裁は、立法不作為についてその違憲・違法を認めたものの、国会議員の故意・過失を否定した。

整理

事件／民事事件

原告・被控訴人・上告人／小樽市在住重度身体障害者

被告・控訴人・被上告人／国

〈争点〉 損害賠償請求。

〈憲法上の問題点〉重度身体障害者の選挙権行使の保障。

【判旨】

上告棄却（全員一致）。

「国会議員は、立法に関しては、原則として、国民全体に対する関係で政治的責任を負うにとどまり、個別の国民の権利に対応した関係での法的義務を負うものではないというべきであつて、国会議員の立法行為は、立法の内容が憲法の一義的な文言に違反しているにもかかわらず国会があえて当該立法を行うというごとき、容易に想定し難いような例外的な場合でない限り、国家賠償法1条1項の規定の適用上、違法の評価を受けないものといわなければならない。」

「上告人は、在宅投票制度の設置は憲法の命ずるところであるとの前提に立つて、本件立法行為の違法を主張するのであるが、憲法には在宅投票制度の設置を積極的に命ずる明文の規定が存しないばかりでなく、かえつて、その47条は『選挙区、投票の方法その他両議院の議員の選挙に関する事項は、法律でこれを定める。』と規定しているのであつて、これが投票の方法の他選挙に関する事項の具体的決定を原則として立法府である国会の裁量的権限に任せる趣旨であることは、当裁判所の判例とするところである。」「在宅投票制度を廃止しその後前記8回の選挙までにこれを復活しなかつた本件立法行為につき、これが前示の例外的場合に当たると解すべき余地はなく、結局、本件立法行為は国家賠償法1条1項の適用上違法の評価を受けるものではないといわざるを得ない。」

＊　＊　＊

選挙運動の規制　選挙運動は、民主的な選挙にとって不可欠な活動であり、通常は憲法21条が保障する表現の自由に含まれると解されている。しかしながら、公職選挙法は「選挙の公正」の確保を理由に、諸外国に例を見ないほど広範な規制を選挙運動に課している。このため、選挙運動規制が憲法21条に違反しないかが争われてきた。

最高裁は、これまで問題となった選挙運動規制に対し、一貫して合憲の判断を示している。初期の最高裁は、選挙運動には様々な弊害が伴うとし、弊害を防止するための規制は「公共の福祉」のため「必要かつ合理的」な制限であるとしていた。このような正当化論は、**158**事前運動の禁止や**160**選挙運動期間中の文書活動の制限に関する判例のほか、戸別訪問の禁止に関する初期の判例（最大判昭和25年9月27日刑集4巻9号1799頁）で展開された。

その後、最高裁は、特に戸別訪問の禁止に関して、より精緻な正当化論を展開している。すなわち、戸別訪問の禁止は、意見表明そのものの制約ではなく、意見表明の手段方法のもたらす弊害を制約するに過ぎないとして厳格な審査を適用せず、その代わりに、①規制目的の正当性、②規制の目的と手段との合理的関連性、③規制により得られる利益と失われる利益の比較衡量という３点を審査して合憲とする（最判昭和56年６月15日刑集35巻４号205頁）。また、別の正当化論として、「選挙のルール論」とも呼ばれる、伊藤正己裁判官の補足意見がある（**159**戸別訪問の禁止）。この議論は、「各候補者は選挙の公正を確保するために定められたルールに従つて運動する」のであり、このルールをどのように定めるかについては国会に広い立法裁量が認められ、通常の表現の自由の規制に対する厳格な審査は適用されないとするものである。伊藤裁判官は、戸別訪問の禁止だけでなく、文書活動の制限についても「選挙のルール論」を展開している（最判昭和57年３月23日刑集36巻３号339頁）。

158　事前運動の禁止（公職選挙法違反被告事件）

東京地判昭和43年４月12日刑集23巻４号242頁
東京高判昭和43年10月１日刑集23巻４号246頁
●最大判昭和44年４月23日刑集23巻４号235頁

【事実】

元教員の被告人は、1967（昭和42）年４月15日施行の新宿区議会議員選挙に立候補し、当選した。被告人は、立候補届出前の同年２月中旬ごろから、同区内の選挙人に対し、自己のために投票を依頼したため、公職選挙法129条の事前運動の禁止に違反するとして起訴された。第１審東京地裁は、被告人に罰金３万円と公民権停止２年の判決を下し、控訴審東京高裁もこれを支持した。

整理

事件／刑事事件
被告人・控訴人・上告人／新宿区議会議員選挙当選者
〈争点〉公職選挙法違反。
〈憲法上の問題点〉事前運動の禁止は憲法21条に違反しないか。

【判旨】

上告棄却（全員一致）。

「公職の選挙につき、常時選挙運動を行なうことを許容するときは、その間、不当、無用な競争を招き、これが規制困難による不正行為の発生等により選挙の公正を害するにいたるおそれがあるのみならず、徒らに経費や労力がかさみ、経済力の差による不公平が生ずる結果となり、ひいては選挙の腐敗をも招来するおそれがある。このような弊害を防止して、選挙の公正を確保するためには、選挙運動の期間を長期に亘らない相当の期間に限定し、かつ、その始期

を一定して、各候補者が能うかぎり同一の条件の下に選挙運動に従事し得ることとする必要がある。公職選挙法129条が、選挙運動は、立候補の届出のあつた日から当該選挙の期日の前日まででなければすることができないと定めたのは、まさに、右の要請に応えようとする趣旨に出たものであつて、選挙が公正に行なわれることを保障することは、公共の福祉を維持する所以であるから、選挙運動をすることができる期間を規制し事前運動を禁止することは、憲法の保障する表現の自由に対し許された必要かつ合理的な制限であるということができるのであつて、公職選挙法129条をもつて憲法21条に違反するものということはできず、論旨は理由がない。」

159　戸別訪問の禁止（公職選挙法違反被告事件）☆☆

東京地八王子支判昭和54年６月８日刑集35巻５号629頁
東京高判昭和55年７月18日刑集35巻５号631頁
●最判昭和56年７月21日刑集35巻５号568頁

【事実】

被告人は、1974（昭和49）年６月16日施行の立川市議会議員選挙に立候補し、自己に投票を得る目的で、同月２日および３日の両日にわたり、同選挙区の選挙人の自宅を戸別に訪問し、公職選挙法138条１項の戸別訪問の禁止規定に違反するとして起訴された。第１審東京地裁八王子支部は、被告人を１万5,000円の罰金刑に処し、控訴審東京高裁もこれを支持した。

整理

事件／刑事事件

被告人・控訴人・上告人／立川市議会議員選挙当選者

〈争点〉 公職選挙法違反。

〈憲法上の問題点〉 戸別訪問の禁止は憲法21条に違反しないか。

【判旨】

上告棄却（全員一致）。

「公職選挙法129条、239条１号、138条、239条３号の各規定の違憲をいう点については、右規定が憲法前文、15条、21条、14条に違反しないことは、当裁判所の判例……の趣旨に徴し明らかであるから、所論は理由がなく……、右公職選挙法の各規定を本件に適用したことが憲法前文、21条、15条に違反する旨の主張は、実質は単なる法令違反の主張であつて、適法な上告理由にあたら」ない。

〔伊藤正己裁判官の補足意見〕「選挙運動としていわゆる戸別訪問を禁止することが憲法21条に違反するものでないことは、当裁判所がすでに昭和25年９月27日大法廷判決（刑集４巻９号1799頁）において明らかにしたところであり、この判断は、その後も維持されており、いわば確定した判例となつている。それにもかかわらず下級裁判所において、この判例に反して戸別訪問禁止の規定を違憲と判示する判決が少なからずあらわれている。このことは、当裁判所の合憲とする判断の理由のもつ説得力が多少とも不十分であるところのあるためではないかと思われる。前記大法廷判決は、戸別訪問の禁止が単に公共の福祉に基づく時、所、方法等についての合理的制限であるという理由をあげるにとどまり、また公職選挙法138条に関する昭和44年４月23日大法廷判決（刑集23巻４号235頁）も、判例の変更の必要がないと判示しているにすぎず、必ずしも広く納得させるに足る根拠を示しているとはいえない憾みがあることは否めない。」

「欧米の議会制民主主義国にあつては、戸別訪問は禁止されていないのみではなく、むしろそれは、候補者と選挙人が直接に接触し、候補者はその政策を伝え、選挙人も候補者の識見、人物などを直接に知りうる機会を与えるものとして最も有効適切な選挙運動の方法であると評価されている。選挙運動としての戸別訪問が種々の長所をもつことは否定することができないし、また選挙という主権者である国民の直接の政治参加の場において、政治的意見を表示し伝達する有効な手段である戸別訪問を禁止することが、憲法の保障する表現の自由にとつて重大な制約として、それが違憲となるのではないかという問題を生ずるのも当然といえよう。」

「それでは戸別訪問が憲法に違反しないという論拠をどこに求めるべきであるか。この点について次ぎのようなものがあげられる。すなわち（１）戸別訪問は買収、利益誘導等の不正行為の温床となり易く、選挙の公正を損うおそれの大きいこと、（２）選挙人の生活の平穏を害して迷惑を及ぼすこと、（３）候補者にとつて煩に堪えない選挙運動であり、また多額の出費を余儀なくされること、（４）投票が情実に流され易くなること、（５）戸別訪問の禁止は意見の表明そのものを抑止するものではなく、意見表明のための一つの手段を禁止するものにすぎないのであり、以上にあげたような戸別訪問に伴う弊害を全体として考慮するとき、その禁止も憲法上許容されるものと解されること、がそれである」。

「以上に挙げられた諸理由は戸別訪問の禁止が合憲であることの論拠として補足的、附随的なものであり、むしろ他の点に重要な理由があると考える。**選挙運動においては各候補者のもつ政治的意見が選挙人に対して自由に提示されなければならないのではあるが、それは、あらゆる言論が必要最小限度の制約のもとに自由に競いあう場ではなく、各候補者は選挙の公正を確保するために定められたルールに従つて運動するものと考えるべきである。法の定めたルールを各候補者が守ることによつて公正な選挙が行なわれるのであり、そこでは合理的なルールの設けられることが予定されている。このルールの内容をどのようなものとするかについては立法政策に委ねられている範囲が広く、それに対しては必要最小限度の制約のみが許容されるという合憲のための厳格な基準は適用されないと考える。**憲法47条は、国会議員の選挙に関する事項は法律で定めることとしているが、これは、選挙運動のルールについて国会の立法の裁量の余地の広いという趣旨を含んでいる。国会は、選挙区の定め方、投票の方法、わが国における選挙の実態など諸般の事情を考慮して選挙運動のルールを定めうるのであり、これが合理的とは考えられないような特段の事情のない限り、国会の定めるルールは各候補者の守るべきものとして尊重されなければならない。この立場にたつと、戸別訪問には前記のような諸弊害を伴うことをもつて表現の自由の制限を合憲とするために必要とされる厳格な基準に合致するとはいえないとしても、それらは、戸別訪問が合理的な理由に基づいて禁止されていることを示すものといえる。したがつて、その禁止が立法の裁量権の範囲を逸脱し憲法に違反すると判断すべきものとは考えられない。」

160　選挙運動期間中の文書活動の制限（公職選挙法違反被告事件）

伏見簡判昭和28年３月９日刑集９巻３号638頁
大阪高判昭和28年７月16日刑集９巻３号640頁
●最大判昭和30年３月30日刑集９巻３号635頁

【事実】

被告人Ｔ製作所労組書記長は、1952（昭和27）年10月１日施行の衆議院議員総選挙に際し、「Ｔ従組委員会で、１区Ａ、２区Ｂ両氏を推薦支持と決定」などとする従組機関紙を組合員に配布・頒布した。このことが公職選挙法146条の選挙期間中の文書制限に違反するとして起訴された。第１審伏見簡易裁判所は、当該機関紙は選挙運動のための文書には該当しないとして無罪判決を下し、控訴審大阪高裁は、選挙運動のための文書と認定し、第１審判決を破棄し、有罪とした。

整理

事件／刑事事件

被告人・被控訴人・上告人／Ｔ製作所労組書記長

〈争点〉公職選挙法違反。

〈憲法上の問題点〉選挙期間中の文書制限は憲法21条に違反しないか。

【判旨】

上告棄却（全員一致)。

「憲法21条は言論出版等の自由を絶対無制限に保障しているものではなく、公共の福祉のため必要ある場合には、その時、所、方法等につき合理的制限のおのづから存するものであることは、当裁判所の判例とするところである」。「**公職選挙法146条は、公職の選挙につき文書図画の無制限の頒布、掲示を認めるときは、選挙運動に不当の競争を招き、これが為却つて選挙の自由公正を害し、その公明を保持し難い結果を来たすおそれがあると認めて、かかる弊害を防止する為、選挙運動期間中を限り、文書図画の頒布、掲示につき一定の規制をしたのであつ**

て、この程度の規制は、公共の福祉のため、憲法上許された必要且つ合理的の制限と解することができる。」

161　報道・評論の規制（公職選挙法違反被告事件）

秩父簡判昭和51年４月７日刑集33巻７号1095頁
東京高判昭和53年３月22日刑集33巻７号1098頁
●最判昭和54年12月20日刑集33巻７号1074頁

【事実】

公職選挙法148条３項は、「毎月３回以上……、号を逐つて定期に有償頒布する」新聞紙については、選挙報道及び評論の自由を保障するが、これに該当しない「政経タイムス」の発行・編集・経営者が、1975（昭和50）年４月13日施行の埼玉県議会議員選挙の当落の予想など選挙に関する報道・評論を行ったため、148条３項に違反するとして起訴された。第１審秩父簡裁、控訴審東京高裁ともに、被告人に対し有罪判決を下した。

整理

事件／刑事事件
被告人・控訴人・上告人／「政経タイムス」の編集・発行・経営者
〈争点〉 公職選挙法違反。
〈憲法上の問題点〉 報道・評論の規制は憲法21条に違反しないか。

【判旨】

上告棄却（全員一致）。

「148条３項は、**いわゆる選挙目当ての新聞紙・雑誌が選挙の公正を害し特定の候補者と結びつく弊害を除去するためやむをえず設けられた規定であつて……、公正な選挙を確保するために脱法行為を防止する趣旨のものである**」。

「右のような立法の趣旨・目的からすると、同項に関する罰則規定である同法235条の２第２号のいう選挙に関する『報道又は評論』とは、当該選挙に関する一切の報道・評論を指すのではなく、特定の候補者の得票について有利又は不利に働くおそれがある報道・評論をいうものと解するのが相当である。さらに、右規定の構成要件に形式的に該当する場合であつても、もしその新聞紙・雑誌が真に公正な報道・評論を掲載したものであれば、その行為の違法性が阻却されるものと解すべきである（刑法35条）。」

「右のように解する以上、公職選挙法148条３項１号イの『新聞紙にあつては毎月３回以上』の部分が憲法21条、14条に違反しないことは、当裁判所大法廷判例……の趣旨に徴し明らかである」。

162　拡大連座制（当選無効及び立候補禁止請求事件）

仙台高判平成８年７月８日高民集49巻２号38頁

●最判平成９年３月13日民集51巻３号1453頁

【事実】

被告は、1995（平成７）年４月９日施行の青森県議会議員一般選挙に青森市選挙区から立候補して当選した。Ａは、会社の代表取締役であったが、本件選挙に当たり、被告のため、同社の会社組織により選挙運動を行うことにつき、被告と意思を通じた。Ａら３名は、本件選挙に際し、共謀の上、青森市選挙区から立候補した被告に当選を得させる目的で、同年４月１日、同選挙区の選挙人であるＥら31名に対し、被告のため投票及び投票取りまとめなどの選挙運動を依頼し、その報酬として１人当たり約5,705円相当の酒食等の供応接待をし、もって、公職選挙法221条１項１号の罪（買収及び利害誘導罪）を犯したところ、同年６月８日、青森地方裁判所において、右の罪により、Ａらは禁錮以上の刑に該当する懲役（執行猶予５年）に処せられた。これにより、検察官である原告は、同法251条の３第１項により、本件選挙における被告の当選無効および５年間の立候補禁止を請求した。第１審仙台高裁は、検察官の請求を認容した。

整理

事件／行政事件

原告・被上告人／検察官

被告・上告人／青森県議会議員

〈争点〉 当選無効と立候補禁止。

〈憲法上の問題点〉 拡大連座制は憲法に違反しないか。

【判旨】

上告棄却（全員一致）。

「公職選挙法……251条の３第１項は、同項所定の組織的選挙運動管理者等が、買収等の所定の選挙犯罪を犯し禁錮以上の刑に処せられた場合に、当該候補者等であった者の当選を無効とし、かつ、これらの者が法251条の５に定める時から５年間当該選挙に係る選挙区（選挙区がないときは、選挙の行われる区域）において行われる当該公職に係る選挙に立候補することを禁止する旨を定めている。右規定は、いわゆる連座の対象者を選挙運動の総括主宰者等重要な地位の者に限っていた従来の連座制ではその効果が乏しく選挙犯罪を十分抑制することができなかったという我が国における選挙の実態にかんがみ、公明かつ適正な公職選挙を実現するため、公職の候補者等に組織的選挙運動管理者等が選挙犯罪を犯すことを防止するための選挙浄化の義務を課し、公職の候補者等がこれを防止するための注意を尽くさず選挙浄化の努力を怠ったときは、当該候補者等個人を制裁し、選挙の公明、適正を回復するという趣旨で設けられたものと解するのが相当である。法251条の3の規定は、このように、民主主義の根幹をなす公職選挙の公明、適正を厳粛に保持するという極めて重要な法益を実現するために定められたものであって、その立法目的は合理的である。また、右規定は、組織的選挙運動管理者等が買収等の悪質な選挙犯罪を犯し禁錮以上の刑に処せられたときに限って連座の効果を生じさせることとして、連座制の適用範囲に相応の限定を加え、立候補禁止の期間及びその対象となる選挙の範囲も前記のとおり限定し、さらに、選挙犯罪がいわゆるおとり行為又は寝返り行為によってされた場合には免責することとしているほか、当該候補者等が選挙犯罪行為の発生を防止するため相当の注意を尽くすことにより連座を免れることのできるみちも新たに設けているのである。そうすると、**このような規制は、これを全体としてみれば、前記立法目的を達成するための手段として必要かつ合理的なものというべきである。したがって、法251条の3の規定は、憲法前文、1条、15条、21条及び31条に違反するものではない。**」

163　政見放送の自由（損害賠償請求事件）

東京地判昭和60年4月16日判時1171号94頁
東京高判昭和61年3月25日判時1184号46頁
●最判平成2年4月17日民集44巻3号547頁

【事実】

原告・被控訴人＝控訴人・上告人Aは、1983（昭和58）年6月26日実施の参議院議員通常選挙の際、日本放送協会の放送設備により雑民党の政見の録画を行ったが、日本放送協会は、録画したAの発言の中に差別的な発言があるとして一部の音声を削除して同年6月16日と同月20日にテレビジョン放送をした。その際日本放送協会は、削除につき自治省選挙部長へ照会し、削除が法に違背しない旨の回答を得ていた。原告は、本件削除部分の音声を削除してテレビジョン放送した行為が政見をそのまま放送される権利を侵害する不法行為に当たるとして、日本放送協会及び国に損害賠償を請求する訴えを提起した。第1審東京地裁は、日本放送協会に対する損害賠償請求について一部認容したが、控訴審東京高裁は、請求を棄却した。国に対する請求は第1審、控訴審ともに棄却した。

整理

事件／民事事件
原告・被控訴人＝控訴人・上告人／参議院議員通常選挙立候補者
被告・控訴人・被上告人／日本放送協会
被告・被控訴人・被上告人／国
〈争点〉政見放送がそのまま放送されなかった場合における不法行為の成否。
〈憲法上の問題点〉日本放送協会による政見放送の削除は検閲に当たるか。

【判旨】

上告棄却（全員一致）。

「本件削除部分は、多くの視聴者が注目するテレビジョン放送において、その使用が社会的に許容されないことが広く認識されていた身体障害者に対する卑俗かつ侮蔑的表現であるいわゆる差別用語を使用した点で、他人の名誉を傷つけ善良な風俗を害する等政見放送としての品位を損なう言動を禁止した公職選挙法150条の２の規定に違反するものである。そして、右規定は、テレビジョン放送による政見放送が直接かつ即時に全国の視聴者に到達して強い影響力を有していることにかんがみ、そのような言動が放送されることによる弊害を防止する目的で政見放送の品位を損なう言動を禁止したものであるから、**右規定に違反する言動がそのまま放送される利益は、法的に保護された利益とはいえず、したがって、右言動がそのまま放送されなかったとしても、不法行為法上、法的利益の侵害があったとはいえないと解すべきである。**」

「**被上告人日本放送協会は、行政機関ではなく、自治省行政局選挙部長に対しその見解を照会したとはいえ、自らの判断で本件削除部分の音声を削除してテレビジョン放送をしたのであるから、右措置が憲法21条２項前段にいう検閲に当たらないことは明らかであり、右措置が検閲に当たらないとした原審の判断は、結論において是認することができる。**」

第19章　国務請求権

国務請求権　国務請求権は「受益権」ともいわれ、個人が国家に対して一定の積極的な権力の発動を求める権利である。国家に対して一定の作為を請求するという点では「社会権」と共通するが、社会権は資本主義の発展によって生じた社会的・経済的弱者を保護し、実質的な平等を実現しようとする現代的な権利である。これに対して国務請求権は、個人が当然に保障されている権利を国家によって充足させる権利、「権利を確保するための権利」という性格をもつ。

日本国憲法における国務請求権としては、①裁判を受ける権利（32条）、②国家賠償請求権（17条）そして③刑事補償請求権（40条）があげられる。①の裁判を受ける権利は、個人の権利・利益の救済・確保のために司法権の発動を求める権利である。ここでいう「裁判」が、組織の面でも手続の面でも「裁判」と呼ぶにふさわしいものでなければならないことはいうまでもない。②の国家賠償請求権は、公権力の違法な発動によって損害を受けたものが、国または公共団体に賠償を求める権利である。具体的には、国家賠償法にもとづく賠償の手続が予定されている。③の刑事補償請求権は、公権力の行使そのものは適法であっても、それによって生じた損害につき、これを特定の個人にのみ負担させるのではなく、公共の負担によって補償しようとする趣旨に出たものである。国の捜査・訴追権限の行使の結果、抑留または拘禁を受けた後に無罪の裁判を受けたものに対しては、衡平を確保する見地から刑事補償が行われる。具体的には、刑事補償法に補償の要件および補償額が定められている。

164　純然たる訴訟事件（調停に代わる裁判に対する抗告申立棄却決定に対する特別抗告事件）

東京地決昭和23年4月28日民集14巻9号1696頁
東京地決昭和25年9月6日民集14巻9号1704頁
東京高決昭和26年6月5日民集14巻9号1717頁
●最大決昭和35年7月6日民集14巻9号1657頁

【事実】

同一の家屋につき、Yが家屋明渡請求の訴えを、Xが占有回収の訴えをそれぞれ提起した。

裁判所は、1947（昭和22）年6月、職権によって両事件を借地借家調停法および戦時民事特別法（以下「戦特法」という。）にもとづく調停に付したが不調に終わった。そこで1948（昭和23）年4月、裁判所は、戦特法によって借地借家調停に準用される金銭債務臨時調停法の定めに従い、調停に代わる裁判を行った。

この調停に代わる裁判に対して不服のあるXが、東京地裁に即時抗告したところ、同裁判所の決定は原決定の一部のみを変更するに留まり、主要な点においては原決定を維持して抗告を棄却した。Xはさらに東京高裁に再抗告を提起したものの、それも棄却されたので、最高裁に特別抗告を行った。

整理

事件／民事事件

抗告人・特別抗告人／当該家屋の賃借人

〈争点〉調停に代わる裁判に対する抗告。

〈憲法上の問題点〉純然たる訴訟事件についてなされた非公開かつ決定の形式による事案の裁断は、裁判を受ける権利並びに公開の裁判および対審の保障に反しないか。

【決定要旨】

取消差戻（9対6）。

「憲法は32条において、何人も裁判所において裁判を受ける権利を奪われないと規定し、82条において、裁判の対審及び判決は、対審についての同条2項の例外の場合を除き、公開の法廷でこれを行う旨を定めている。即ち、憲法は一方において、基本的人権として裁判請求権を認め、何人も裁判所に対し裁判を請求して司法権による権利、利益の救済を求めることができることとすると共に、他方において、純然たる訴訟事件の裁判については、前記のごとき公開の原則の下における対審及び判決によるべき旨を定めたのであつて、これにより、近代民主社会における人権の保障が全うされるのである。従つて、**若し性質上純然たる訴訟事件につき、当事者の意思いかんに拘わらず終局的に、事実を確定し当事者の主張する権利義務の存否を確定するような裁判が、憲法所定の例外の場合を除き、公開の法廷における対審及び判決によつてなされないとするならば、それは憲法82条に違反すると共に、同32条が基本的人権として裁判請求権を認めた趣旨をも没却するものといわねばならない。**」

「金銭債務臨時調停法7条の調停に代わる裁判は、これに対し即時抗告の途が認められていたにせよ、その裁判が確定した上は、確定判決と同一の効力をもつこととなるのであつて、結局当事者の意思いかんに拘わらず終局的になされる裁判といわざるを得ず、そしてその裁判は、公開の法廷における対審及び判決によつてなされるものではないのである。

よつて、前述した憲法82条、32条の法意に照らし、右金銭債務臨時調停法7条の法意を考えてみるに、同条の**調停に代わる裁判は、単に既存の債務関係について、利息、期限等を形成的**

に変更することに関するもの、即ち性質上非訟事件に関するものに限られ、純然たる訴訟事件につき、事実を確定し当事者の主張する権利義務の存否を確定する裁判のごときは、これに包含されていないものと解するを相当とする。」

「これを本件について見るに、……本件訴は、……家屋明渡及び占有回収に関する純然たる訴訟事件であることは明瞭である。しかるに、このような本件訴に対し、東京地方裁判所及び東京高等裁判所は、いずれも金銭債務臨時調停法７条による調停に代わる裁判をすることを正当としているのであつて、右各裁判所の判断は、同法に違反するものであるばかりでなく、同時に憲法82条、32条に照らし、違憲たるを免れない……。従つて、昭和24年（ク）第52号事件につき、同31年10月31日になされた大法廷の決定（民集10巻10号1355頁以下）は、本決定の限度において変更されたものである。」

〔河村大助裁判官の意見〕「憲法32条は国民の基本的人権の擁護について平等かつ完全な手段を保障しているものであつて、裁判所によつて裁判されるなら非訟事件手続その他如何なる手続によるも問わないというような内容のない保障と解すべきでなく、同法82条と相まつて厳格なる意味における司法権の作用としてなされる裁判を念頭において規定されたものと解するを相当とする。すなわち、刑事については、起訴されると被告人として裁判を受けること、民事については具体的紛争につき自ら裁判所へ訴を提起する自由を有すること及びその審理と裁判は公開の法廷において行われる対審（口頭弁論）及び判決によつて公権的な判断を求め得ることを意味するものであり、国民のかかる裁判を受ける権利はこれを奪うことができないものとして保障しているものと解すべきである。従つて憲法の保障する公開の法廷において対審判決により公権的な判断作用をなすべきところの訴訟事件を、かかる厳格な手続によらない密行、簡易な非訟事件手続の裁判で結末をつけることは憲法の許さないところである、況んや適法に係属した訴訟事件を裁判所の職権で非訟事件手続に移し、非訟事件裁判で終結するが如きことは、当事者から不当に『裁判を受ける権利』を奪うことになり、憲法32条に違反するものと解する。」

「わたくしは、前述の如く当事者が公開の法廷において、対審判決を求める権利を行使しているのに、裁判所が職権で調停に付し、（調停に付すること自体は違法ではない）更にこれを非訟事件裁判でその紛争を解決すること自体が、当事者の『裁判を受ける権利』の剝奪であると解する。」

「元来裁判上の和解に既判力を認むべきか否かは争いの存するところであるが、……わたくしは判決に既判力を認むる所以の根拠を、訴訟事件について厳格な手続の下に行われる公権的判断の権威の保持にありと解するから、かかる判断作用を内容としない和解には既判力を認むべきではないとの説に賛成するものである。従つて裁判上の和解と同一の効力を認められるに過ぎない調停に代る裁判についてもまた既判力を有しないものと解するの外はないと考える。

そこで既判力がないとすれば当該非訟事件の裁判の内容が到底承服出来ないとする当事者はその法律上の争訟を解決するため再び訴を提起する自由を有するから、該非訟事件裁判を目して『裁判を受ける権利』を奪われたことにならないと言えるかどうかの問題を生ずる。なるほど再訴が出来るから訴の自由は終局的には失つていないとの形式論はなりたつ、しかし、当事者が新たに訴を起すためには多額の費用と手数がかかるという大きな犠牲を払うことに思いを致さなければならないし、ことに経済的弱者にとつては新訴の提起が如何に至難であるかはわが国においては顕著な事実であろう。すなわち、かような当事者の犠牲は既に適法に提起された訴により対審判決を受ける権利を拒否されたために生ずる不当の結果であつて、当事者がこれを甘受しなければならない道理はない。また調停に代る裁判は既判力がないにしても、その内容に給付を命ずる裁判を含む場合（本件はこれに当る）は所謂債務名義となつて執行力を有することは、いうをまたないところであるから、当事者は、その執行により回復すべからざる損害を生ずることも、またあり得るところである、すなわち当事者の立場からすれば、叙上のような当事者の受ける不利益乃至損害は、民事訴訟事件を非訟事件裁判に移行した結果生ずるものであるといえよう。従つて、右非訟事件裁判に既判力を認めなければ、当事者の『裁判を受ける権利』を奪うことにならないとの説には到底賛同できない。」

〔島保・石坂修一裁判官の反対意見〕「憲法は、法律上の争訟につき、何人も司法裁判所の裁判によりその解決を受け得べき権利を有すること、しかもその裁判の対審及び判決は公開の法廷で行わるべきことを保障しており、また借地借家の調停に準用せられる金銭債務臨時調停法10条は、同７条の調停に代わる『裁判確定シタルトキハ其ノ裁判ハ裁判上ノ和解ト同一ノ効力ヲ有ス』と規定し、民訴203条は『和解……ヲ調書ニ記載シタルトキハ其ノ記載ハ確定判決ト同一ノ効力ヲ有ス』る旨定めている。しかし、ここに『確定判決ト同一ノ効力ヲ有ス』というのは、事件につき単に訴訟終了の効果と執行力とを生ずることを認めたに止まり、既判力まで生ずることを認めたものではないと解すべきである。……それ故、調停に代わる裁判が確定しても、ただ事件終了の効果と執行力とを生ずるだけで既判力まで生ずるものではない。……従つて裁判所によつて指示せられたかかる解決方法を甘受し得ないとする当事者は、その法律上の争訟を解決するためさらに訴を提起し、公開の対審判決を受け得る権利を有するのであつて、かかる権能までをも終局的に排除されるものではない。されば、調停に代わる裁判が憲法32条、82条に違反するとする多数意見には、われわれは賛同することができないのである。」

〔斎藤悠輔・田中耕太郎・高橋潔裁判官の反対意見〕「憲法32条は、何人も裁判所、すなわち、憲法78条によつて保障された同法79条、80条所定の裁判官によつて構成される同法76条１項の裁判所でない機関によつて、裁判されることのないことを保障した規定であつて、法律専門家のいわゆる争訟を常にいわゆる訴訟手続をもつて処理すべくいわゆる非訟手続をもつて処理してはならないか、もしくは、その裁判を公開による判決をもつてするか非公開の決定または命令をもつてしてもよいか等の裁判手続上の制限を規定したものではない。……されば、ある争訟を民事調停に付し、これを一定の条件の下に前示のごとき身分保障のある裁判官によつて構成される裁判所の決定をもつて裁判し、しかもこれをもつて終審とせず、さらにこれに対し抗告または特別抗告を許すがごとき制度を設けるか否かは、純然たる立法問題であつて、かかる制度を設けることは、現時の社会状勢、訴訟の遅延等の現状に鑑み、毫も憲法32条に反しないのはもちろん、むしろ、憲法76条２項の精神にも適合し、奨励すべきことと考える。」

〔垂水克己裁判官の反対意見〕「金銭債務臨時調停法にいう『調停に代わる裁判』が確定しても既判力は生じないので、これに承服できないとする当事者はその事件についてさらに訴を起こし公開の対審および判決を受ける権利を有するから、かような調停に代わる裁判、従つて本件の調停に代わる決定は憲法の右両条に違反するとはいえない。」

165　非訟事件手続法による裁判（過料決定に対する抗告棄却決定に対する特別抗告事件）

京都地決昭和36年４月19日民集20巻10号2318頁
大阪高決昭和37年１月23日民集20巻10号2319頁
●最大決昭和41年12月27日民集20巻10号2279頁

【事実】

Ｘら４名は、財団法人Ａの理事であった。1960（昭和35）年７月20日、同財団法人に理事１名が就任したので、同人らは法定期間内にその登記をしなければならないにもかかわらず、同年９月13日までその手続を怠った。京都地裁は、この懈怠事実を理由として、旧民法46条２項、同法84条１号および旧非訟事件手続法207条により、Ｘらをそれぞれ200円の過料に処する旨の決定を行った。これに対し、Ｘらは、上記非訟事件手続法207条による過料の裁判は、裁判の公開を保障した憲法82条に反するとして、即時抗告した。抗告審である大阪高裁は、憲法82条にいう裁判とは民事および刑事の訴訟手続をいうのであって、本来の意味の民事および刑事の訴訟手続以外の手続である非訟事件手続はこれに含まれず、過料の裁判手続が対審公開の裁判手続と異なることも許されるとして、抗告を棄却した。そこでＸらは、非訟事件手続法による過料の裁判は、法律の定める適正な手続による裁判とはいえず、憲法31条に違反する、また、過料の決定に対する不服申立の手続において公開の対審が保障されていないことは憲法82条、32条に違反するなどと主張し、特別抗告した。

整理

事件／非訟事件
被審人・抗告人・特別抗告人／財団法人理事
〈争点〉非訟事件手続法による過料決定。

〈憲法上の問題点〉 非訟事件手続法による過料の裁判は適正手続の保障並びに公開の裁判および対審の保障に反しないか。

【決定要旨】

抗告棄却（12対1）。

（i）**31条違反について** 「民法84条1号は、登記の懈怠に対して、秩序罰たる過料の制裁を科することにしている。これは、国家の法人に対するいわゆる後見的民事監督の作用として、法人に関する私権関係の形成の安全化を助長し、もつて私法秩序の安定を期することを目的としているものということができる。

右のような**民事上の秩序罰としての過料を科する作用は、国家のいわゆる後見的民事監督の作用であり、その実質においては、一種の行政処分としての性質を有するものであるから、必ずしも裁判所がこれを科することを憲法上の要件とするものではな〔い〕。従つて、法律上、裁判所がこれを科することにしている場合でも、過料を科する作用は、もともと純然たる訴訟事件としての性質の認められる刑事制裁を科する作用とは異なるのであるから、憲法82条、32条の定めるところにより、公開の法廷における対審及び判決によつて行なわれなければならないものではない。**

ただ、現行法は、過料を科する作用がこれを科せられるべき者の意思に反して財産上の不利益を課するものであることにかんがみ、公正中立の立場で、慎重にこれを決せしめるため、別段の規定のないかぎり、過料は非訟事件手続法の定めるところにより裁判所がこれを科することとし（非訟事件手続法206条）、その手続についていえば、原則として、……当事者に告知・弁解・防禦の機会を与えており（同207条2項）、例外的に当事者の陳述を聴くことなく過料の裁判をする場合においても、当事者から異議の申立があれば、右の裁判はその効力を失い、その陳述を聴いたうえ改めて裁判をしなければならないことにしている（同208条ノ2）……など、違法・不当に過料に処せられることがないよう十分配慮しているのであるから、**非訟事件手続法による過料の裁判は、もとより法律の定める適正な手続による裁判ということができ、それが憲法31条に違反するものでないことは明らかである。**」

（ii）**82条、32条違反について** 「秩序罰としての過料を非訟事件手続法の定めるところにより裁判所が科することにしているのが違憲でないことは、さきに説示したとおりであり、同法の定める手続により過料を科せられた者の不服申立の手続について、これを同法の定める即時抗告の手続によらしめることにしているのは、これまた、きわめて当然であり、殊に、**非訟事件の裁判については、非訟事件手続法の定めるところにより、公正な不服申立の手続が保障されていることにかんがみ、公開・対審の原則を認めなかつたからといつて、憲法82条、32条に違反するものとすべき理由はない。**」

〔田中二郎・岩田誠裁判官の補足意見〕 「過料を科された者の不服申立についてどういう手

続によらしめるべきかは、むしろ、立法政策的に考慮されるべき問題であつて、非訟事件手続法が公開・対審の原則を採用していないからといつて、直ちに同法を違憲無効と断定することは妥当ではない。

過料に対する不服申立に〔ついて、〕その部分だけを切り離して、憲法が保障する公開・対審の原則が適用されるべき純粋の訴訟事件とみるべきではなく、それとはおのずからその性質を異にするものと考えるのが妥当であろう。」

「裁判における公開・対審の原則……は、もともと、互いに対立・抗争する当事者間における訴訟事件について、フエア・プレーの精神に基づいて、公開の法廷において、十分に主張すべきことを主張させ、裁判所が公正中立の立場に立ち、これらの主張を聞いて、公正な裁判をすることができるようにし、もつて、個人の権利・自由の保障を全うしようとするものである。この原則は、……現在においても、決してその意味を失つているといえないこともたしかである。しかし、……裁判所が積極的に個人の生活関係に介入すべき範囲およびその態様もかなり変つてきて〔おり、〕実体法規のあり方も必ずしも旧のままではなく、手続法規も次第に整備されて、今日に至つている。このような事情のもとに、裁判の公開・対審の原則が常にあらゆる裁判に妥当し、何らの例外を許さない絶対の原則であるとまではいえない。人民の権利・自由に関するすべての裁判について、裁判の公正を保障する見地から歴史的に生まれた公開・対審の原則を採用しないからといつて、直ちに違憲と断ずることはできないように思う。」

「非訟事件手続法の定め〔が〕過料を科する作用とこれに対する不服申立を一体的に規律し、そのいずれについても公開・対審の原則を採用しなかつたからといつて、直ちにこれを違憲無効と断定することはできないと思う。ただ、……訴訟事件と非訟事件との区別および限界は必ずしも明瞭でなく、非訟事件として法律上処理すべきものとしている事件の中にも、訴訟事件性の強い事項があり、これらの事項については、事件の種類・性質により、立法的に公開・対審の原則を導入する等の方法を講ずることによつて、将来、無用の論議を避けることにすることが望ましい。」

〔入江俊郎裁判官の反対意見〕「民法46条、84条１号、非訟事件手続法206条以下の規定の内容自体は、決して、それが不可分の全体としての一連の国家の後見的監督作用として私権関係の形成に関与することを定めたものと解すべきではなく、これを全体として実質上非訟事件であると観念することはできない。」

「本件においては、過料を科する手続と、過料の決定に対する不服申立の手続とは、終始不可分の一体をなす一連の非訟事件と解すべきではなく、……別個に観念するとすれば、後者の中純然たる訴訟事件の性質を有すると認むべき部分については、憲法32条、82条は当然これに適用があるというべきであ〔る〕。……本件のような、純然たる訴訟事件を立法によつて非訟事件として最終的にすべてを処理してしまうならば、そのような立法は明らかに憲法32条、82

条違反である。」

「法律により非訟事件として取り扱われているからといつて、もしそれが実質的には……法律上の争訟、即ち純然たる訴訟事件であり、またはそのような部分を包含するものであるならば、これについては、憲法32条により何人もその争訟につき裁判所において裁判を受ける権利を奪われないと同時に、その裁判には、同82条により、一般公開の原則が要請せられるのであつて、純然たる訴訟事件を非訟事件として一切処理してしまうような法律は、違憲たるを免れない。」

「要するにわたくしは、本件過料の決定に対する不服申立に対する救済方法として、非訟事件手続法の即時抗告……の方法しか認められないということは、純然たる訴訟事件につき、憲法32条、82条の適用を排除することになり、憲法のこれらの法条に違反するものと思う……しからば、このような違憲を包含する現行非訟事件手続法の過料制度全体が違憲であり、同法206条以下の規定およびこれに基づく過料の裁判は、すべて違憲、無効であり、論旨は理由があり、原決定はこれを取り消し、抗告人に対してなされた本件当初の決定も、その無効を宣言する意味においてこれを取り消すべきものである。」

166　郵便法による国家賠償責任の制限（損害賠償請求事件）☆☆☆

神戸地尼崎支判平成11年３月11日民集56巻７号1472頁
大阪高判平成11年９月３日民集56巻７号1478頁
●最大判平成14年９月11日民集56巻７号1439頁

【事実】

旧郵便法は、第６章「損害賠償」において、郵便物の配達業務の過程で生じた損害については同法68条１項が、これを賠償すべき場合として、「書留郵便物の全部又は一部の亡失ないし毀損」などを列挙し、同条２項が、その各場合の損害賠償額を限定し、さらに同法73条が、損害賠償請求権者は「当該郵便物の差出人又はその承諾を受けた受取人」とすると規定していた。

Ｘは、Ａに対して有する債権について弁済を求めるため、ＡがＢ銀行（Ｃ支店扱い）に対して有する預金払戻請求権、およびＡがＤに対して有する給与支払請求権につき、神戸地方裁判所尼崎支部に対して債権差押命令を申し立てた。この申立てに対し、同裁判所は1998（平成10）年４月10日、債権差押命令を行い、その正本は特別送達の方法により、Ｂには同月15日、Ｄには同月14日にそれぞれ送達された。しかし、郵便業務従事者がこの命令正本をＣ支店ではなくＣ支店の私書箱に投函したため、送達が一日遅滞し、差押を察知したＡは14日にＢ銀行Ｃ支店から預金を引き出してしまった。Ｘは、差押債権の券面額相当の損害を被ったとして、送達事務を行う国に対して国家賠償を請求した。

第１審は、郵便法68条、73条は国家賠償法５条に定める民法以外の他の法律の「別段の定」

に該当する、同各条は郵便物に関する損害について国の賠償責任を制限しているが、郵便事業の特質に鑑み、かかる制限には合理性があるので憲法17条に反するものではないとして、Xの請求を棄却した。

Xは、郵便法68条、73条の解釈においては、少なくとも郵便業務従事者の故意や重過失によって生じる遅配や延着が発生した場合には、被害を受けた者に対する損害賠償責任を免責することを許すべきでないと主張し、控訴したが、控訴審もまたXの主張を退けた。

Xは、①郵便法68条、73条は憲法17条に違反する、②同法68条、73条のうち、郵便業務従事者の故意または重大な過失によって損害が生じた場合にも国の損害賠償責任を否定している部分は、憲法17条に違反すると主張して、上告した。

整理

事件／行政事件

原告・控訴人・上告人／郵便物の遅配により、損害を被ったと主張する者

被告・被控訴人・被上告人／国

〈争点〉郵便物の送達が遅れたことによって生じた損害の賠償。

〈憲法上の問題点〉郵便法が郵便物の取扱いにつき国の損害賠償責任を制限していることは憲法17条が保障する国家賠償請求権を侵害しないか。

【判旨】

破棄差戻（全員一致）。

（i）**憲法17条について**　「憲法17条は、……その保障する国又は公共団体に対し損害賠償を求める権利については、法律による具体化を予定している。これは、……国又は公共団体が公務員の行為による不法行為責任を負うことを原則とした上、公務員のどのような行為によりいかなる要件で損害賠償責任を負うかを立法府の政策判断にゆだねたものであって、立法府に無制限の裁量権を付与するといった法律に対する白紙委任を認めているものではない。そして、**公務員の不法行為による国又は公共団体の損害賠償責任を免除し、又は制限する法律の規定が同条に適合するものとして是認されるものであるかどうかは、当該行為の態様、これによって侵害される法的利益の種類及び侵害の程度、免責又は責任制限の範囲及び程度等に応じ、当該規定の目的の正当性並びにその目的達成の手段として免責又は責任制限を認めることの合理性及び必要性を総合的に考慮して判断すべきである。**」

（ii）**法68条、73条の目的について**　「法68条、73条は、その規定の文言に照らすと、郵便事業を運営する国は、法68条１項各号に列記されている場合に生じた損害を、同条２項に規定する金額の範囲内で、差出人又はその承諾を得た受取人に対して賠償するが、それ以外の場合には、債務不履行責任であると不法行為責任であるとを問わず、一切損害賠償をしないことを規定したものと解することができる。

法は、『郵便の役務をなるべく安い料金で、あまねく、公平に提供することによって、公共の福祉を増進すること』を目的として制定されたものであり（法1条)、法68条、73条が規定する免責又は責任制限もこの目的を達成するために設けられたものであると解される。」

「したがって、上記目的の下に運営される郵便制度が極めて重要な社会基盤の一つであることを考慮すると、**法68条、73条が郵便物に関する損害賠償の対象及び範囲に限定を加えた目的は、正当なものであるということができる。**」

（iii）**本件における法68条、73条の合憲性について** 「書留は、郵政事業庁において、当該郵便物の引受けから配達に至るまでの記録をし（法58条1項)、又は一定の郵便物について当該郵便物の引受け及び配達について記録することにより（同条4項)、郵便物が適正な手順に従い確実に配達されるようにした特殊取扱いであり、差出人がこれに対し特別の料金を負担するものである。書留郵便物が適正かつ確実に配達されることに対する信頼は、書留の取扱いを選択した差出人はもとより、書留郵便物の利用に関係を有する者にとっても法的に保護されるべき利益であるということができる。」

「上記のような記録をすることが定められている書留郵便物について、郵便業務従事者の故意又は重大な過失による不法行為に基づき損害が生ずるようなことは、通常の職務規範に従って業務執行がされている限り、ごく例外的な場合にとどまるはずであって、このような事態は、書留の制度に対する信頼を著しく損なうものといわなければならない。そうすると、このような**例外的な場合にまで国の損害賠償責任を免除し、又は制限しなければ法1条に定める目的を達成することができないとは到底考えられず、郵便業務従事者の故意又は重大な過失による不法行為についてまで免責又は責任制限を認める規定に合理性があるとは認め難い。**」

「**法68条、73条の規定のうち、書留郵便物について、郵便業務従事者の故意又は重大な過失によって損害が生じた場合に、不法行為に基づく国の損害賠償責任を免除し、又は制限している部分は、憲法17条が立法府に付与した裁量の範囲を逸脱したものであるといわざるを得ず、同条に違反し、無効であるというべきである。**」

（iv）**特別送達郵便物について** 「特別送達郵便物の特殊性に照らすと、法68条、73条に規定する免責又は責任制限を設けることの根拠である法1条に定める目的自体は前記のとおり正当であるが、**特別送達郵便物については、郵便業務従事者の軽過失による不法行為から生じた損害の賠償責任を肯定したからといって、直ちに、その目的の達成が害されるということはできず、上記各条に規定する免責又は責任制限に合理性、必要性があるということは困難であり、そのような免責又は責任制限の規定を設けたことは、憲法17条が立法府に付与した裁量の範囲を逸脱したものであるといわなければならない。**」

「法68条、73条の規定のうち、特別送達郵便物について、郵便業務従事者の軽過失による不法行為に基づき損害が生じた場合に、国家賠償法に基づく国の損害賠償責任を免除し、又は制限している部分は、憲法17条に違反し、無効であるというべきである。」

〔**滝井繁男裁判官の補足意見**〕「憲法17条の趣旨は、国家無答責の考えを廃し、被害者の救済を全うするために国又は公共団体が賠償責任を負うべきことを前提にし、国又は公共団体の責任は、基本的には私人の不法行為責任と異なるものではないとの考えに立ちつつ、具体的な責任の範囲について、それぞれの行為が行われた具体的状況を勘案して、一定の政策目的によって例外的に加重若しくは軽減し、又は免除することのあり得ることを認めたものと解することができるのであ〔る〕。」

〔**福田博・深澤武久裁判官の意見**〕「法律の憲法適合性を判断するに当たっては、裁判官は憲法についての法律知識と良心に従って解釈した基準に基づいて、策定された法律がその基準に適合するか否かを判断することを求められているのであって、それが立法府の有する『裁量権』の範囲内にあるか否かを審査することを求められているのではない。その判断は、立法過程において見られることのあるいわゆる政治的妥協ないし取引とは関係なく行われるべきものであり、さらに、裁判官自身の個人的信条とは離れて行われるべきものであることはもとより当然のことである。」

「最高裁判所の憲法判断は、立法府の『裁量権』の範囲とは関係なく、客観的に行われるべきものであり、多数意見の論理構成は、将来にわたって憲法17条についての司法の憲法判断姿勢を消極的なものとして維持する理由になりかねず、そのような理由付けに同調することはできない。」

167　ハンセン病訴訟熊本地裁判決（「らい予防法」違憲国家賠償請求事件）☆

●熊本地判平成13年５月11日訟月48巻４号881頁

【事実】

ハンセン病は、らい菌を原因とする慢性の細菌感染症であるが、古くから「業病」「天刑病」などと称され、患者は差別や偏見に苦しめられてきた。しかし、現実にはらい菌に感染しても発病率は非常に低いのみならず、現在ではプロミンなどスルフォン剤の登場により、早期の発見と治療を行えば外来治療によって完治し、発見の遅れによる障害も最小限に留めることができる病気である。日本で実施されてきたハンセン病施策は、1907（明治40）年の「癩予防ニ関スル件」以来、1931（昭和６）年の「癩予防法」を経て1953（昭和28）年の「らい予防法」（新法）に至るまで、外出制限や懲戒検束をともなう強制隔離がその中核となっていた。これに対し、1996（平成８）年に新法が廃止され、隔離施策が終了するまでの間、患者らは全患協を組織し、新法の改廃や療養所内での処遇改善を強く求めてきた。

新法に定める国立療養所に入所していた患者らは、国に対し、厚生大臣（当時）が策定・遂行した隔離政策の違法性、国会議員が新法を制定した立法行為および新法を1996（平成８）年まで改廃しなかった立法不作為の違法性などを主張し、国家賠償法１条に基づき、療養所に隔離されたことによる損害および新法の存在並びにハンセン病政策遂行によって作出、助長された差別や偏見にさらされたことによって被った損害の賠償を求めて提訴した。

整理

事件／行政事件

原告／国立療養所に入所していたハンセン病患者

被告／国

〈争点〉①厚生大臣のハンセン病政策遂行上の違法および故意・過失の有無。②国会議員の立法行為の国家賠償法上の違法および故意・過失の有無。③損害額の算定。④除斥期間。

〈憲法上の問題点〉立法の不作為は国家賠償の対象となるか。

【判旨】

一部認容、一部棄却。確定。

（ｉ）**新法の違憲性について**　「新法は、６条、15条及び28条が一体となって、〔ハンセン病を〕伝染させるおそれがある患者の隔離を規定しているのであるが、……これらの規定（以下『新法の隔離規定』という。）は、……居住・移転の自由を包括的に制限するものである。」

「ただ、新法の隔離規定によってもたらされる人権の制限は、居住・移転の自由という枠内で的確に把握し得るものではない。ハンセン病患者の隔離は、……当該患者の人生に決定的に重大な影響を与える。……その影響の現れ方は、その患者ごとに様々であるが、いずれにしても、人として当然に持っているはずの人生のありとあらゆる発展可能性が大きく損なわれるのであり、その人権の制限は、人としての社会生活全般にわたるものである。このような人権制限の実態は、単に居住・移転の自由の制限ということで正当には評価し尽くせず、より広く憲法13条に根拠を有する人格権そのものに対するものととらえるのが相当である。」

「患者の隔離がもたらす影響の重大性にかんがみれば、これを認めるには最大限の慎重さをもって臨むべきであり、伝染予防のために患者の隔離以外に適当な方法がない場合でなければならず、しかも、極めて限られた特殊な疾病にのみ許されるべきものである。」

「これを本件についてみるに、……〔新法制定〕当時のハンセン病医学の状況等に照らせば、**新法の隔離規定は、新法制定当時から既に、ハンセン病予防上の必要を超えて過度な人権の制限を課すものであり、公共の福祉による合理的な制限を逸脱していたというべきである。**」

「そして、さらに、……新法制定以降の事情……からすれば、**遅くとも昭和35年には、新法の隔離規定は、その合理性を支える根拠を全く欠く状況に至っており、その違憲性は明白となっていたというべきである。**」

（ii）**立法行為の国家賠償法上の違法性及び故意・過失の有無について**　「**ある法律が違憲であっても、直ちに、これを制定した国会議員の立法行為ないしこれを改廃しなかった国会議員**

の立法不作為が国家賠償法上違法となるものではない。」

「この点について、最高裁昭和60年11月21日第一小法廷判決（民集39巻7号1512頁）は、……『国会議員の立法行為は、立法の内容が憲法の一義的な文言に違反しているにもかかわらず国会があえて当該立法を行うというごとき、容易に想定し難いような例外的な場合でない限り、国家賠償法1条1項の適用上、違法の評価を受けない』と判示し、その後にも、これと同旨の最高裁判決がある。」

「しかしながら、右の最高裁昭和60年11月21日判決は、……患者の隔離という他に比類のないような極めて重大な自由の制限を課する新法の隔離規定に関する本件とは、全く事案を異にする。」

「〔昭和60年〕判決の文言からも明らかなように、『立法の内容が憲法の一義的な文言に違反している』ことは、立法行為の国家賠償法上の違法性を認めるための絶対条件とは解され〔ず〕、……立法行為が国家賠償法上違法と評価されるのが、極めて特殊で例外的な場合に限られるべきであることを強調しようとしたにすぎないものというべきである。」

「そこで本件について検討するに、既に述べたとおり、新法の隔離規定は、新法制定当時から既に、ハンセン病予防上の必要を超えて過度な人権の制限を課すものであり、公共の福祉による合理的な制限を逸脱していたというべきであり、遅くとも昭和35年には、その違憲性が明白になっていたのであるが、このことに加え、〔新法の附帯決議、医学的知見、ハンセン病に関する国際的動向、全患協の活動その他の〕事情等を考慮し、新法の隔離規定が存続することによる人権被害の重大性とこれに対する司法的救済の必要性にかんがみれば、他にはおよそ想定し難いような極めて特殊で例外的な場合として、**遅くとも昭和40年以降に新法の隔離規定を改廃しなかった国会議員の立法上の不作為につき、国家賠償法上の違法性を認めるのが相当である。**」

「そして、……新法の隔離規定の違憲性を判断する前提として認定した事実関係については、国会議員が調査すれば容易に知ることができたものであり、また、昭和38年ころには、全患協による新法改正運動が行われ、国会議員や厚生省に対する陳情等の働き掛けも盛んに行われていたことなどからすれば、**国会議員には過失が認められるというべきである。**」

「国会議員には、昭和40年以降においても、なお新法の隔離規定を改廃しなかった点に違法があり、国会議員の過失も優にこれを認めることができる。」

168　刑事補償（刑事補償及び費用補償請求棄却決定に対する即時抗告棄却決定に対する特別抗告事件）

京都家決平成元年6月30日刑集45巻3号164頁

大阪高決平成元年9月22日刑集45巻3号166頁

●最決平成3年3月29日刑集45巻3号158頁

【事実】

少年Aは、業務上過失傷害、道路交通法違反被疑者として1989（平成元）年2月15日に緊急逮捕された。Aには観護措置請求に基づく観護令状が発付され、即日京都少年鑑別所に収容された後、同月21日に京都家庭裁判所に送致されて業務上過失傷害、道路交通法違反保護事件の審判が行われた。京都家庭裁判所は、同年3月28日に非行事実なしとの理由で保護処分に付さない旨の決定（不処分決定、少年法23条2項）を行ったが、Aは逮捕および観護措置により、同年2月15日から同月21日まで7日間にわたり拘束され、また、審判にともなう費用の出費を余儀なくされたとして、刑事補償法および刑事訴訟法による補償を求めた。

第1審の京都地裁は、不処分決定は、刑事補償法1条の「無罪の裁判」および刑事訴訟法188条の2の「無罪の判決」とは同視できないとして、請求を棄却した。抗告を受けた大阪高裁も、原審と同様の判断を行い、さらには憲法40条にいう「無罪の裁判」も刑事補償法、刑事訴訟法にいう「無罪の裁判」「無罪の判決」と同義であると解すべきであるとして、抗告を棄却した。

Aは、刑事補償法および刑訴法の解釈・適用の違憲性を理由に特別抗告した。

整理

事件／刑事事件

抗告人・特別抗告人／刑事補償を求める少年

〈争点〉不処分決定は刑事補償法にいう「無罪の裁判」にあたるか。

〈憲法上の問題点〉不処分決定は憲法40条にいう「無罪の裁判」にあたるか。

【決定要旨】

抗告棄却（全員一致）。

「**刑事補償法1条1項にいう『無罪の裁判』とは、同項及び関係の諸規定から明らかなとおり、刑訴法上の手続における無罪の確定裁判をいうところ、不処分決定は、刑訴法上の手続とは性質を異にする少年審判の手続における決定である上、右決定を経た事件について、刑事訴追をし、又は家庭裁判所の審判に付することを妨げる効力を有しないから、非行事実が認められないことを理由とするものであっても、刑事補償法1条1項にいう『無罪の裁判』には当たらないと解すべき**であり、このように解しても憲法40条及び14条に違反しないことは、当裁判所大法廷の判例……の趣旨に徴して明らかである……。また、不処分決定は、非行事実が認められないことを理由とするものであっても、刑訴法188条の2第1項にいう『無罪の判決』に当たらないと解すべきであり、このように解しても憲法40条及び14条に違反しない。」

〔**坂上寿夫裁判官の補足意見**〕「不処分決定を刑事裁判における無罪と同一視することができないことは、多数意見の説示するとおりであるが、非行事実が認められないことを理由とする不処分決定の場合には、刑事裁判を受ければ、無罪の判決が得られるであろうというような事案が含まれることは否定できないところであろう。私は、立法論としては、このような事案の場合であって、不処分決定の前に身体の拘束を受けた者に対しては、刑事補償に準じた扱いをすることが、憲法40条の精神に通ずるものではないかと考えるのであるが、刑事訴訟手続を経ないだけにその選別は難しく、非行事実が認められないことを理由とする不処分決定があったというだけで、そのすべてを補償の対象とすべきものともいえないであろう。いずれにしても、現行法上本件請求を容れる余地はないというの外ない。」

〔園部逸夫裁判官の意見〕「私は、憲法40条の規定の趣旨は、形式上の無罪の確定裁判を受けたときに限らず、公権力による国民の自由の拘束が根拠のないものであったことが明らかとなり、実質上無罪の確定裁判を受けたときと同様に解される場合には、国に補償を求めることができることを定めたものと解する者であって、本件のような非行事実が認められないことを理由とする少年法上の不処分決定について国による補償の制度を設けることはもとより可能であり、また望ましいことであると考える。しかしながら、そのような制度を設けるか否かは、国の立法政策に委ねられた事柄であり、刑事補償法の規定に基づく申立人の本件補償請求は、結局、理由がないといわざるを得ないのである。」

第20章　国　会

国会議員の地位と国政調査権　憲法50条は、「両議院の議員は、法律の定める場合を除いては、国会の会期中逮捕されず、会期前に逮捕された議員は、その議院の要求があれば、会期中これを釈放しなければならない」として、いわゆる国会議員の不逮捕特権を規定する。不逮捕特権の趣旨は、政治権力による不当な身体の拘束から議員を護り、議員の職務遂行の妨げにならないようにすることにある。なお、「法律の定める場合」とは、「院外における現行犯罪の場合」（国会法33条）、「院の許諾」（同法34条）のある場合を指す。これらの場合は不当な逮捕の可能性が少ないと考えられる。なお、ここで取り上げた**169**国会議員の不逮捕特権事件においては、期限付逮捕許諾の可否が争われた。

憲法51条は、「両議院の議員は、議院で行つた演説、討論又は表決について、院外で責任を問はれない」とし、いわゆる国会議員の免責特権を規定する。免責特権の趣旨は、議員に対し一般国民以上の言論活動の自由を保障することによって、議員にその職責を十二分に発揮させることにある。免責の対象となる行為は、議院の活動として国会議員が行った行為と解すべきで、「演説、討論又は表決」に付随する行為にも認められる。免責されるのは、院外の責任、すなわち、刑事上、民事上の責任、さらには、一定の身分に付随する懲戒責任であり、「院内の秩序をみだした」として院内で懲罰責任を問われることはある（憲法58条２項）。さらに、51条の免責特権は、国民による議員の政治責任の追及を妨げるものではない。なお、取り上げた**170**国会議員の免責特権事件では、議員が一般市民の名誉権を侵害するような発言を行った場合に免責特権の適用があるか否かが争われた。

憲法62条は、「両議院は、各々国政に関する調査を行ひ、これに関して、証人の出頭及び証言並びに記録の提出を要求することができる」と規定し、各議院にいわゆる国政調査権を付与している。ここで取り上げた、いわゆる**171**二重煙突事件では、裁判所に係争中の事件を議院が調査できるのかという裁判所との並行調査が争われ、**172**ロッキード事件日商岩井ルートでは、検察権との並行調査が争われた。

169　国会議員の不逮捕特権（勾留裁判に対する準抗告申立事件）☆

●東京地決昭和29年３月６日判時22号３頁

【事実】

東京地方検察庁検察官は1954（昭和29）年２月16日衆議院議員Ａに対し贈賄の被疑事実があるとして東京簡易裁判所に逮捕状を請求し、同裁判所裁判官は同日内閣に逮捕許諾の要求書を提出したので、内閣はこれを衆議院に付議したところ、衆議院は1954（昭和29）年２月23日の本会議において議員Ａを同年３月３日まで逮捕することを許諾するとの議決をし、内閣は右期限付許諾の通知を発した。これによって裁判官は同年２月24日Ａに対し逮捕状を発し、同日逮捕された。その後同月26日検察官の請求により東京地方裁判所裁判官は同日Ａに対して勾留状を発し、勾留されたが同勾留状には何らの期限も付されていなかった。これに対し、Ａは、期限を付した勾留状を発すべきであるにかかわらず何等期限を付さずになした本件勾留の裁判は不法であるとして、その取消を求めて準抗告の申立を行った（刑訴法429条）。

整理

事件／刑事事件

申立人／衆議院議員

被申立人／東京地方裁判所

〈争点〉勾留裁判に対する準抗告申立。

〈憲法上の問題点〉期限付の逮捕許諾は可能か。

【決定要旨】

棄却。

「憲法第50条が両議院の議員は法律の定める場合を除いて国会の会期中逮捕されないことを規定し、国会法第33条が各議院の議員は院外における現行犯の場合を除いては会期中その院の許諾がなければ逮捕されないことを保障している所以のものは、国の立法機関である国会の使命の重大である点を考慮して、現に国会の審議に当つている議院の職務を尊重し、議員に犯罪の嫌疑がある場合においても苟も犯罪捜査権或は司法権の行使を誤り又はこれを濫用して国会議員の職務の遂行を不当に阻止妨害することのないよう、院外における現行犯罪等逮捕の適法性及び必要性の明確な場合を除いて各議院自らに所属議員に対する逮捕の適法性及び必要性を判断する権能を与へたものと解しなければならない。逮捕が適法にしてその必要性の明白な場合においても尚国会議員なるの故をもつて適正なる犯罪捜査権或は司法権行使を制限し得るものではない。このことは院外における現行犯罪の場合には議院の許諾なくして逮捕し得るものとしていることによつて明瞭である。」

「かくの如く議院の逮捕許諾権は議員に対する逮捕の適法性及び必要性を判断して不当不必要な逮捕を拒否し得る権能であるから、議員に対しては一般の犯罪被疑者を逮捕する場合よりも特に国政審議の重要性の考慮からより高度の必要性を要求することもあり得るから、このような場合には尚これを不必要な逮捕として許諾を拒否することも肯認し得るけれども、苟も右

の観点において適法にして且必要な逮捕と認める限り無条件にこれを許諾しなければならない。随つて議員の逮捕を許諾する限り右逮捕の正当性を承認するものであつて逮捕を許諾しながらその期間を制限するが如きは逮捕許諾権の本質を無視した不法な措置と謂はなければならない。正当な逮捕であることを承認する場合においても尚国会審議の重要性に鑑みて逮捕期間の制限を容認し得るならば、院外における現行犯罪の場合においても尚同様の理由によつてその逮捕を拒否し又はこれに制限を加へてもよい訳であるが法律はこれを認めないのである。以上の理由により逮捕を許諾しながらその逮捕の期間を制限することは違法である。」

170　国会議員の免責特権（損害賠償請求事件）☆☆

札幌地判平成5年7月16日判時1484号115頁
札幌高判平成6年3月15日民集51巻8号3881頁
●最判平成9年9月9日民集51巻8号3850頁

【事実】

本件は、衆議院議員Aが国会議員として衆議院社会労働委員会において行った発言により、原告の夫であるBの名誉が毀損され、同人が自殺に追い込まれたとして、Aに対しては民法709条、710条に基づき、国に対しては国家賠償法1条に基づき、それぞれ損害賠償を求めた事件である。第1審札幌地裁、控訴審札幌高裁ともに、被告A、国の双方に対する請求を棄却した。

整理

事件／民事事件
原告・控訴人・上告人／自殺した病院長の妻
被告・被控訴人・被上告人／衆議院議員、国
〈争点〉損害賠償請求。
〈憲法上の問題点〉国会議員の免責特権と国民の名誉・プライバシー侵害。

【判旨】

上告棄却（全員一致）。

「本件発言は、国会議員である被上告人Aによって、国会議員としての職務を行うにつきされたものであることが明らかである。そうすると、仮に本件発言が被上告人Aの故意又は過失による違法な行為であるとしても、被上告人国が賠償責任を負うことがあるのは格別、公務員である被上告人A個人は、上告人に対してその責任を負わないと解すべきである……。したがって、本件発言が憲法51条に規定する『演説、討論又は表決』に該当するかどうかを論ずるまでもなく、上告人の被上告人Aに対する本訴請求は理由がない。」

「質疑等は、多数決原理による統一的な国家意思の形成に密接に関連し、これに影響を及ぼ

すべきものであり、国民の間に存する多元的な意見及び諸々の利益を反映させるべく、あらゆる面から質疑等を尽くすことも国会議員の職務ないし使命に属するものであるから、質疑等においてどのような問題を取り上げ、どのような形でこれを行うかは、国会議員の政治的判断を含む広範な裁量にゆだねられている事柄とみるべきであって、たとえ質疑等によって結果的に個別の国民の権利等が侵害されることになったとしても、直ちに当該国会議員がその職務上の法的義務に違背したとはいえないと解すべきである。」「もっとも、国会議員に右のような広範な裁量が認められるのは、その職権の行使を十全ならしめるという要請に基づくものであるから、職務とは無関係に個別の国民の権利を侵害することを目的とするような行為が許されないことはもちろんであり、また、あえて虚偽の事実を摘示して個別の国民の名誉を毀損するような行為は、国会議員の裁量に属する正当な職務行為とはいえないというべきである。」

「国会議員が国会で行った質疑等において、個別の国民の名誉や信用を低下させる発言があったとしても、これによって当然に国家賠償法１条１項の規定にいう違法な行為があったものとして国の損害賠償責任が生ずるものではなく、右責任が肯定されるためには、当該国会議員が、その職務とはかかわりなく違法又は不当な目的をもって事実を摘示し、あるいは、虚偽であることを知りながらあえてその事実を摘示するなど、国会議員がその付与された権限の趣旨に明らかに背いてこれを行使したものと認め得るような特別の事情があることを必要とすると解するのが相当である。」

「本件発言が法律案の審議という国会議員の職務に関係するものであったことは明らかであり、また、被上告人Ａが本件発言をするについて同被上告人に違法又は不当な目的があったとは認められず、本件発言の内容が虚偽であるとも認められない」。

171　国政調査権と司法権／二重煙突事件（公文書変造行使、詐欺等被告事件）☆

●東京地判昭和31年７月23日判時86号３頁

【事実】

暖房装置製造販売会社の専務取締役である被告人は、特別調達庁から発注された二重煙突が未だ完了していないにも拘らずこれを完成納入済であるように装い特別調達庁より金員を騙取しようと企てた。本件は、会計検査院の報告により、1950（昭和25）年12月、参議院決算委員会の審査に付され、証人の喚問が行われて1952（昭和27）年５月30日にその終結を見たが、その間1951（昭和26）年３月頃から検察庁の捜査が開始され、同年７月公訴が提起された。これに対し、本件弁護人は、検察庁が２年余にわたって他の国家機関による事件審査の間これを放置し、公訴提起を遅らせたのは憲法37条の迅速な裁判の要請に違反すること、さらに、調査内容は、委員会会議録、議事録によって公表され裁判官が自由に見聞しうる状況におかれ、裁判官が事件につき予断をもつ虞があり、憲法37条の公平な裁判の要請に違反するとして、公訴棄却の申立を行った。

整理

事件／刑事事件

被告人／暖房装置製造販売会社の専務取締役

〈争点〉 公文書変造行使、詐欺。

〈憲法上の問題点〉 司法権との関係における国政調査権の限界。

【判旨】

有罪。

「決算委員会が本件公訴提起後においてもなお引続きその調査を継続し、弁護人主張のような経過を辿るに至つたことは事実であつて、かような事例は議院の国政調査制度の歴史の浅いわが国において、議院の国政調査権の範囲限界、とくにそれと捜査権裁判権との関係についての問題点を提示するものとして注目に値するところであ」る。

「捜査機関の見解を表明した報告書ないし証言が委員会議事録等に公表されたからといつて、直ちに裁判官に予断を抱かせる性質のものとすることのできないことは、日常の新聞紙上に報道される犯罪記事や捜査当局の発表の場合と同様であつて、これをもつて裁判の公平を害するとする所論の当らないことは明らかである。」

172　国政調査権と検察権／ロッキード事件日商岩井ルート（外国為替及び外国貿易管理法違反、有印私文書偽造、同行使、業務上横領、議院における証人の宣誓及び証言等に関する法律違反各被告事件）☆

●東京地判昭和55年７月24日判時982号３頁

【事実】

本件は、航空機疑惑に絡む日商岩井不正事件で、日商岩井の元副社長らが外為法違反、議院証言法違反などに問われた事件であり、元副社長の偽証罪に関連して、国政調査権の限界、検察権との並行調査について以下のように判示した。

整理

事件／刑事事件

被告人／日商岩井元副社長

〈争点〉 外為法違反、議院証言法違反。

〈憲法上の問題点〉 検察権との関係における並行調査権の限界。

【判旨】

有罪。

「国政調査権は議院等に与えられた補助的権能と解するのが一般であつて、予算委における国政調査の範囲は、他に特別の議案の付託を受けない限り、本来の所管事項である予算審議に限定さるべきことは、所論指摘のとおりである。」「如何なる事項が当該議案の審議上必要、有益であるかについては、議案の審議を付託されている議院等の自主的判断にまつのが相当であり、議案の審議に責を負わない司法機関としては、議院等の判断に重大かつ明白な過誤を発見しない限り、独自の価値判断に基づく異論をさしはさむことは慎しむのが相当である。」

「国政調査権の行使が、三権分立の見地から司法権独立の原則を侵害するおそれがあるものとして特別の配慮を要請されている裁判所の審理との並行調査の場合とは異り、**行政作用に属する検察権の行使との並行調査は、原則的に許容されているものと解するのが一般であり、例外的に国政調査権行使の自制が要請されているのは、それがひいては司法権の独立ないし刑事司法の公正に触れる危険性があると認められる場合（たとえば、所論引用の如く、（イ）起訴、不起訴についての検察権の行使に政治的圧力を加えることが目的と考えられるような調査、（ロ）起訴事件に直接関連ある捜査及び公訴追行の内容を対象とする調査、（ハ）捜査の続行に重大な支障を来たすような方法をもつて行われる調査等がこれに該ると説く見解が有力である。）に限定される。本件調査が、右括弧内に例示した（イ）、（ロ）の場合に該当しないのはもとよりのこと、……検察当局から予算委に対し捜査への支障を訴えた事跡も何ら窺われないのであるから、本件調査の方法が右（ハ）の場合に該るものとも言い得ない。本件国政調査権の行使は、適法な目的、方法をもつて行われたものと認むべきであつて、検察権の行使と並行したからと言つて、これが違法となるべき筋合のものではない。**」

第21章　内　閣

行政権の担い手　憲法65条は、「行政権は内閣に属する」と規定している。これは、実質的な意味における行政権が内閣に帰属すべきことを示すものであり、内閣は行政の担い手として、行政各部を指揮監督することを意味する。もっとも、憲法41条が国会を「唯一の」立法機関と定め、同じく76条１項が「すべて」司法権は裁判所に属すると規定していることとの対比から、憲法はそもそも内閣には属さない行政の存在を予定していると解することができる。この点で、いわゆる「独立行政委員会」の存在が問題となる。独立行政委員会は、多少なりとも内閣から独立して職務を遂行するからである。内閣の直接の指揮監督がおよばない機関が行政作用を担うことは、憲法65条に抵触するのだろうか。

173　人事院違憲訴訟（解職意思表示無効確認請求事件）

●福井地判昭和27年９月６日行集３巻９号1823頁

【事実】

Ｘ１は、1949（昭和24）年３月７日、建設省近畿地方建設局敦賀工事事務所技術補助員に採用され、建設の現業に従事し、さらに翌1950（昭和25）年７月１日に全建設省労働組合の中央副執行委員長に選ばれてからは、専ら同組合事務に従事していた。ところが、Ｘ１の任免権者である敦賀工事事務所長Ｙは同年11月20日、Ｘ１を解職処分に附した。この点、国家公務員法89条によれば、職員に対し免職処分を行おうとするときは、「処分の事由を記載した説明書」の交付が必要とされるが、Ｙは、本件処分を行うに当り、Ｘ１が人事院規則８－７に定める「非常勤職員の任用」に該当する非常勤職員であることを理由に、処分の事由を記載した説明書を交付しなかった。

そこで、Ｘ１およびＸ２（全建設省労働組合近畿総支部）が原告となり、以下の諸点を主張して上記事務所長Ｙを提訴した。

本件処分は、人事院規則を適用してなされたものであるが、当該規則は日本国憲法に違背した無効のものであり、したがって当該規則を適用してなされた本件処分は、不法なものとして取消されるべきものである。

憲法は三権分立を大原則とし、憲法65条は行政権は内閣に属し、66条３項は、内閣は行政権の行使について国会に対し連帯して責任を負う旨定めている。そして国家公務員の人事行政は内閣において掌理すべきことは憲法73条4号が明言している。しかし、国家公務員法3条は、国家公務員の人事行政を、内閣の指揮監督に服しない内閣から独立した人事院に専属させ、しかも人事官については、憲法の規定によることなく国家公務員法により身分を保障している。また人事院は、国家公務員法16条により、内閣の承認を要しないで人事院規則を制定改廃することができ、全くの独立の国家機関として存在している。

このように、人事行政を内閣から剥奪し、人事院に行わせることは、公務員人事行政に対して国民が批判し、責任を問うべき機会を奪うものであって、国家公務員法16条は、明らかに前記憲法の規定に違反する。さらに、人事院が憲法に違反して設けられた機関であるから、その制定した人事院規則は当然に違憲であり、これにしたがってなされた本件処分は違法・無効であり、取り消すべきものである。

整理

事件／行政事件

原告／元建設省近畿地方建設局敦賀工事事務所技術補助員、全建設省労働組合近畿総支部

被告／建設省近畿地方建設局敦賀工事事務所長

〈争点〉 憲法違反の人事院規則による解職処分は無効である。

〈憲法上の問題点〉 独立行政委員会の憲法適合性。

【判旨】

X２の訴えは却下。X１の訴は、国家公務員法３条以下の人事院関係法規および同院制定の人事院規則全部は無効であることを確認する旨の判決を求める部分の訴えは却下、その余については、請求棄却。

（i）**法令の無効確認を求める原告等の訴の適否**　「斯る訴は、現行法上為し得ないものと解する。何となれば、裁判所は、裁判所法第３条により憲法に特別の定のある場合を除いて、一切の法律上の争訟を裁判し、その他法律において特に定める権限を有しているものであるところ、右にいう**法律上の争訟の裁判とは、具体的権利義務の関係につき争のある場合、法規を適用して特定の権利又は法律関係の存否につき判断することをいうものと解すべきであるから、**前記のように法令自体の無効確認を求めることは、之に該らないこと明白であり、又憲法その他の法律において法令の無効宣言そのものを為し得ることを定めたものもないからである。」

（ii）**人事院の合憲性**　「人事院は、X１の主張するように憲法第65条、第66条第３項、第73条第４号に違反する国家機関であるというべきであろうか。……憲法が所謂三権分立の原則を採用したことを明示しているものであることは疑を容れないところである。しかしながら……**行政権については憲法自身の規定によらなくても法律の定めるところにより内閣以外の機関にこれを行わせることを憲法が認容しているものと解せられ、今日のような国家行政の複雑さに鑑みるときは、斯く解することが正当である。**〔もっとも〕、或行政を内閣以外の国家機関に委

ねることが憲法の根本原則に反せず、且つ国家目的から考えて必要とする場合にのみ許されることはいう迄もない。而して公務員法が人事院を設置し、之に国家公務員に対する行政を委ねた所以のものは、国家公務員が全体の奉仕者であつて一部の奉仕者でなく、国家公務員が国民の一部に対し奉仕するようになつた場合、国家がその存立を危くすることは各国歴史上明かなことであること、吾が国においては議院内閣制を採用している結果、内閣は、当然政党の影響を受けること、これ等のことから、国家公務員が政党の影響を受けて一部の奉仕者となることを極力避ける為には、内閣と国家公務員との間に独立の国家機関である人事院を設け国家公務員に対する或種の行政を担当させるべきであるというところに存在すると考える。……従つて人事院を目して憲法第65条に違反した国家機関であると解することはできない。次に憲法第66条第3項……により内閣が、国会に対し連帯責任を負うのは内閣の職権に属する一切の行為についてであつて、その内閣の職権は内閣法第1条に定めるところのものである。而して同条に定める憲法第73条所定の職権の中、同条第4号の官吏に関する事務とは、……官吏を任命する権限をいうものと解するので、その他の官吏に関する事務を人事院に管掌させ、之については内閣が国会に対して連帯責任を負わないものとしても憲法第66条に違反することとはならない……。次に憲法第73条第4号……が、官吏に関する一切の事務は内閣の掌理に属するということを定めたものならば、人事院が内閣より独立した存在であることは、同条に違背するものである。然しながら同条同号の規定は、一方では官吏の任免権が天皇から内閣に移つたことを示すと同時に、他方ではその権限を行う基準を定めるものが、従来勅令であつたのが、今後は法律でなければならないことを示したものと解するのが、……正当であると思われる。従つてこの任免権の発動の基準を設け、或はそれを補助する作用を内閣以外の国家機関に管掌させても同条の違反とならないものというべく、公務員法第3条によつて与えられた人事院の権限事項はすべて任免権の発動の基準を設け或はそれを補助する作用に外ならないので、人事院は憲法第73条に違反する国家機関ではないとすべきである。」

*　　　*　　　*

内閣の解散権　解散とは、任期満了前にすべての衆議院議員に議員としての地位を失わせることである。憲法上、このような制度が予定されていることは明白ではあるが、解散権の帰属および解散の要件について、憲法は明確な規定をもたない（形式的には、憲法7条3号により解散は天皇の国事行為とされているが、天皇が解散を実質的に決定することは許されないことはいうを俟たない)。それゆえ、実質的な解散の決定をいずれの機関が行いうるかにつき、学説は、①憲法7条を根拠に解散権が内閣に属するとする説、②69条を根拠とし、内閣の解散権を認めるが、その行使を69条の場合に限定する説、③衆議院の自律解散を認める説、④行政権の概念を控除的にとらえ、65条を根拠として解散権が内閣に属するとする説、

⑤議院内閣制という制度に根拠を求め、やはり解散権が内閣に属するという説、というように、見解が分かれている。

174　内閣の解散権／苫米地事件（衆議院議員資格確認等並びに歳費請求事件）

東京地判昭和28年10月19日民集14巻7号1251頁
●東京高判昭和29年9月22日民集14巻7号1265頁
最大判昭和35年6月8日民集14巻7号1206頁

【事実】

第3次吉田内閣は、1952（昭和27）年8月28日に衆議院を解散した。今次の解散は内閣不信任の結果行われたものではなく、「抜き打ち解散」と称される。「抜き打ち解散」は、憲法7条のみを根拠とし、以下のような経緯で行われた。

同年8月22日、定例閣議において衆議院を解散するとの結論に達し、同月25日に内閣総理大臣が上奏し、翌26日に持回り閣議で13名中4～5名の大臣の署名によって解散詔書が作成され、同日天皇の署名がなされ、27日に御璽が押捺され、28日に閣議において同詔書を即日公布することが決定され、直ちに当該解散詔書が発布され衆議院議長に伝達された。

衆議院議員であったXは、本件解散は違憲であり、国Yに対して、衆議院議員としての資格の確認および任期満了時までの歳費の支払いを求め、出訴した。その理由は、①不信任決議が行われていないにもかかわらず、憲法7条のみに基づいてなされた本件衆議院解散は憲法に違反するものといわなくてはならないこと、②本件解散については、これを天皇に助言する旨の全閣僚一致の閣議決定とこれに基づく天皇に対する助言、天皇の解散詔書発布行為についての内閣の承認が、いずれも認められないこと、というものであった。

第1審は、上記①の主張については、まず、「解散権の所在」に関して「純理論的にはかかる衆議院を解散し得るものは、主権を有する総体としての国民の外にはあり得ない」とし、「憲法第7条は天皇が内閣の助言と承認とによって『国民の為に』為す行為の中に『衆議院を解散すること』を挙げて居るが、その趣旨は憲法第1条によつて国民の総意に基き日本国の象徴であり、日本国民統合の象徴であるとされて居る天皇に右の如く純理論的には総体としての国民のみが有し得る筈の衆議院解散の権限を形式上帰属せしめ、天皇をして後述の如く政治上の責任を負ふ内閣の助言と承認の下にこれを行使せしめむとするにあると解するのが相当である。」と判示した。

次に「解散権行使の要件」については、「如何なる場合に解散ができるかの点については旧憲法におけると同様現行憲法には何等の規定もない。」「現行憲法が如何なる場合に解散を為し得るかの要件について何等の規定も設けて居ないのは如何なる事態の下に解散を為すべきやの判断を全く政治的裁量に委ねたものであると解すべきであり、その解散が妥当であつたか否かの如きは固より裁判所の判断の対象となるものではない。従つて衆議院で内閣の不信任決議案の可決も信任決議案の否決もないのに本件解散が行はれたからと言つて本件解散が憲法に違反するものとは言へない」として、Xの主張を排斥した。

しかしながら、上記②の主張については、「内閣法第4条によれば内閣がその職権を行ふのは閣議によるものとされて居り、その決定方法については何等の規定もないのであるから、閣議決定は内閣を構成する全閣僚の一致を要するものであることは明らかである。従つて内閣の助言があると言ひ得る為には当該行為を天皇に助言する旨の全閣僚一致の閣議決定が為され、これに基く天皇に対する助言行為が為されねばならない。」26日の持回り閣議の議題が「衆議院の解散を天皇に助言する趣旨のものと解すべきであるとしても、一部閣僚の賛成のみでは適法な閣議決定があつたものと言ふことができずその他に被告主張の如き助言があつたものと認めるに足りる証拠はない。従つて本件解散については内閣の助言があつたものとは言へないので本件解散は内閣の承認の有無について判断するもなく憲法第7条に違反するものと言はなくてはならない。」と判示し、結論において請求を認容した。これに対してYが控訴した。なお、Xの上告に対する最高裁判所の判決については、186判決参照。

整理

事件／民事事件

原告・被控訴人・上告人／苫米地義三

被告・控訴人・被上告人／国

〈争点〉衆議院の解散の無効を理由とした衆議院議員としての資格の確認および歳費支払請求。

〈憲法上の問題点〉解散権行使の根拠と憲法上要求される手続。

【判旨】

原判決取消、Xの請求棄却。

（i）**上記①の主張について**　「解散権の所在並に解散権行使の要件についての当裁判所の法律上の見解は、原判決がその理由に於て、……説示するところと同様である。」

（ii）**上記②の主張について**　「本件解散については、天皇の解散の詔書発布前たる昭和27年8月22日内閣に於て、天皇に対し助言する旨の閣議決定が行われ（尤も……書類が完備したのは、……同月28日ではあるが、右は既に成立した同月22日の閣議決定を再確認し、持廻り閣議の方法により、書類の形式を整備したに留まるものと認める）、……天皇に対する吉田総理大臣の上奏並に山田総務課長よりの書類の呈上となり、これによつて、内閣より天皇に対する助言がなされ、天皇は右助言により解散の詔書を発布し、内閣はその後これを承認したものであると解するを相当とする。」「本件衆議院の解散については、被控訴人主張の如き無効の原因は存在せず、有効であるから、本件解散が無効であることを前提とする被控訴人の本訴請求は理由がない。」

175　内閣の解散権／衆参同日選挙事件（選挙無効請求事件）

●名古屋高判昭和62年３月25日行集38巻２・３号275頁

【事実】

1986（昭和61）年６月２日、第105回臨時国会が召集され、冒頭解散が行われた。その結果第38回衆議院議員総選挙が実施されることとなったが、その投票日は改選期を迎えていた参議院議員通常選挙と同日の同年７月６日に設定され、いわゆる「同日選挙」となった。

愛知県第１区ないし第６区の選挙人たるＸら52名は、当該衆議院議員総選挙のＸらの選挙区における選挙の無効を求め、出訴した。

Ｘらの主張は、次のとおり（１）同日選挙を招来する内閣の解散権行使は、①二院制を定めた趣旨に照らせば、それぞれの院に適した人物を選択できるような状況的保障のある選挙の機会が保証されるべきであり、とりわけ参議院が独自性を発揮できるよう、内閣総理大臣をはじめとする国務大臣は配慮すべきである、こうした配慮を怠ったことは、選挙権の侵害である。②内閣は、衆議院の解散によって生じる空白期間において、半数の参議院議員によってしか構成されない緊急集会開催の蓋然性を発生させた。③本件解散は、国政運営上、新たに民意を問う必要が生じていないにもかかわらず、内閣の恣意にもとづいて行われた。④以上により、内閣総理大臣による本件解散権の行使は、憲法15条１項３項、42条、47条等に違反し、右解散に基づく本件同日衆議院選挙は無効というべきである。また、（２）現行公職選挙法においては、衆参同日選挙を禁止する規定は存在しないものの、同日選挙は、国民の参政権を著しく侵害する。したがって、公選法上同日選挙の禁止が明文をもって規定されることが二院制を定めた憲法上の要請であるところ、そのような禁止規定が存在しない現行公選法は、その限りにおいて憲法15条１項・３項、42条、47条等に違反する。仮に、公選法そのものが違憲でないとしても、同日選挙を禁止している憲法の趣旨からすれば、同日選挙を回避すべく公選法を運用すべきであるにもかかわらず運用を誤り同日選挙を施行したことは、憲法15条１項・３項、42条、47条等に違反する。

整理

事件／行政事件

原告／愛知県１区ないし６区の選挙人52名

被告／愛知県選挙管理委員会

〈争点〉 原告らの選挙区における第38回衆議院議員総選挙の無効。

〈憲法上の問題点〉 ❶衆参同日選挙は内閣の解散権の行使の範囲内か。❷国民の選挙権を侵害しないか。

【判旨】

請求棄却。

（i）**衆議院の解散について**「**衆議院の解散が、極めて政治性の高い国家統治の基本に関する行為であることは多言を要しないところであつて、かかる行為について、その法律上の有効無効を審査することは、司法裁判所の権限の外にあるものと解すべきである。**」

（ii）**同日選挙を目的とした解散に対する統治行為論適用の妥当性について**「衆参両院の同日選挙によつて、選挙活動や政党間の政策論争が輻輳、激化し、或いは情報が多量化するであろうことは、見易いところとしても、そのため選挙民が身近かな衆議院議員の選出に注意を注ぐ結果となり、参議院議員にどのような人物がふさわしいかについて注意を注がないことになつたり（その逆も存在しうるという）、情報過多、殊に衆院選に関する情報過剰の波の中に選挙民が埋没し、参院選は存在感を失つて了つて、選挙民は適任者選択の困難に陥る、との**原告ら主張のような情況の発生、招来を認めるに足る具体的、客観的かつ明白な根拠は見出し難い**。……従つて、同日選が民意を反映させないものである点において憲法の趣旨に反したものであるから、これを目的とした解散は違憲であるとの前提のもとにする原告らの統治行為論排斥の主張は、その前提を欠き採用できない。」

（iii）**同日選の禁止規定を欠く現行公選法の違憲性または同法運用の違憲性について**「総選挙の期日の決定は、……政治的判断事項といわねばならないが、さりとて、衆議院の解散権の行使のように、直接国家政治の基本に関する極めて高度な政治性ある行為とまではなし難いと解されるのであつて、これをもつて司法審査の対象外のものとしなければならないものではないというべきである。また、裁量権はその踰越・濫用の問題において司法権の対象になりうるものというべく、内閣の自由裁量権に属するからといつて、それだけで司法審査の対象となしえないものということはできない。」

「選挙期日の決定については憲法47条に……規定されており、選挙に関する平等、守秘、自由等の基本理念……を侵すこととなるものでない限り、これを立法府において自由に定めうると解されること、同日選が民意を反映せず憲法の趣旨に反したものであるといい難いこと……に鑑みると、結局**公選法に同日選禁止規定を設けるか否かは立法政策の問題に帰するものであるる**というべく、従つて、同規定を欠く現行公選法が違憲である、或いは、同日選を回避しない公選法の運用が違憲である、となし難いことは明らかである。」

*　　*　　*

内閣総理大臣の職務権限　憲法66条1項は、内閣総理大臣を、内閣の首長として位置づける。その内閣総理大臣は、国務大臣の任免権（68条）、国務大臣の訴追に関する同意権（75条）および行政各部の指揮監督権（72条、内閣法6条）といった重要な権限を行使する。もっとも、内閣総理大臣の実質的な職務権限の範囲を憲法その他の法令（たとえば内閣法）によって一義的に画定することは困難である。

176　内閣総理大臣の職務権限／ロッキード事件丸紅ルート（外国為替及び外国貿易管理法違反、贈賄、議院における証人の宣誓及び証言等に関する法律違反各被告事件）☆

東京地判昭和58年10月12日刑月15巻10号521頁
東京高判昭和62年７月29日刑集49巻２号402頁
●最大判平成７年２月22日刑集49巻２号１頁

【事実】

1976（昭和51）年のアメリカ合衆国上院外交委員会多国籍企業小委員会の公聴会において、米航空機製造会社Ａが製造する航空機を諸外国に売り込むにあたり、各国政府高官らに賄賂性が疑われる資金提供がなされていたことが明らかになった。

日本においては、Ａの意向を受けた販売代理店の社長Ｘ２が、1972（昭和47）年８月、当時内閣総理大臣の地位にあったＸ１の私邸において、日本の航空会社ＢがＡ社製の旅客機Ｌ1011型機を選定購入するようＢに行政指導をなすべく運輸大臣他関係大臣を指揮し、ないしはＸ１みずから直接にＢに働きかけるなどの協力を依頼して請託するとともに、Ｂに対する同型機の売込が成功した場合には、協力に対する報酬の趣旨で現金５億円を供与することを約束した。同年10月、ＢはＬ1011型機の購入を決定したため、Ｘ２らからＸ１に対する現金の授受が行われた。東京地検は、Ｘ１、Ｘ２らを逮捕し、贈収賄罪などで起訴した。

第１審は、Ｘ２からの請託、Ｘ１の承諾および金銭授受の各事実を認定し、閣議で決定された基本方針にもとづいて、民間航空機の機種選定購入について行政指導するように運輸大臣を指揮する行為は内閣総理大臣の職務権限に属する行為であり、また、内閣総理大臣自らが航空会社に対し右行政指導と同じ内容の働きかけをするような行為は、右の職務と密接な関係を有する準職務行為であると判示して、Ｘ１について受託収賄罪（1980（昭和55）年改正前の刑法197条１項後段）等により懲役４年および追徴金５億円、Ｘ２について贈賄罪（刑法198条）等により懲役２年６月の、それぞれ実刑判決を下した。Ｘ１、およびＸ２は控訴したが、控訴審もおおむね原審を支持し、両名からの控訴を棄却した。

両名はともに上告したが、1993（平成５）年12月、Ｘ１については死亡による公訴棄却の決定がなされた。

整理

事件／刑事事件

被告人・控訴人・上告人／元内閣総理大臣（上告審での審理中に死亡）、販売代理店社長（当時）他１名

〈争点〉内閣総理大臣は、閣議決定された基本方針に基づき、民間航空機の機種選定購入について運輸大臣に行政指導させる権限があるか。

〈憲法上の問題点〉内閣総理大臣の職務権限の範囲。

【判旨】

上告棄却（全員一致）。

（i）**賄賂罪について**「本件請託の対象とされた行為のうち、X１が内閣総理大臣として運輸大臣に対しＢ株式会社にＡの大型航空旅客機Ｌ1011型機の選定購入を勧奨するよう働き掛ける行為が、X１の内閣総理大臣としての職務権限に属するとした原判決は、結論において正当として是認できる。」「賄賂罪は、公務員の職務の公正とこれに対する社会一般の信頼を保護法益とするものであるから、賄賂と対価関係に立つ行為は、法令上公務員の一般的職務権限に属する行為であれば足り、公務員が具体的事情の下においてその行為を適法に行うことができたかどうかは、問うところではない。」

（ii）**運輸大臣の職務権限について**「X１が内閣総理大臣として運輸大臣に対しＢにＬ1011型機の選定購入を勧奨するよう働き掛ける行為が、X１の内閣総理大臣としての職務権限に属する行為であるというためには、……（１）運輸大臣がＢにＬ1011型機の選定購入を勧奨する行為が運輸大臣の職務権限に属し、かつ、（２）内閣総理大臣が運輸大臣に対し右勧奨をするよう働き掛けることが内閣総理大臣の職務権限に属することが必要であると解される。……一般に、行政機関は、その任務ないし所掌事務の範囲内において、一定の行政目的を実現するため、特定の者に一定の作為又は不作為を求める指導、勧告、助言等をすることができ、このような行政指導は公務員の職務権限に基づく職務行為であるというべきである。そして、運輸大臣がその長である運輸省の任務ないし所掌事務についてみると、……必要な行政目的があるときには、運輸大臣は、行政指導として、民間航空会社に対し特定機種の選定購入を勧奨することも許されるものと解される。したがって、**特定機種の選定購入の勧奨は、一般的には、運輸大臣の航空運輸行政に関する行政指導として、その職務権限に属するものというべきである。**そうすると、本件において、運輸大臣がＢに対しＬ1011型機の選定購入を勧奨する行政指導をするについて必要な行政目的があったかどうか、それを適法に行うことができたかどうかにかかわりなく、右のような勧奨は、運輸大臣の職務権限に属するものということができる。」

（iii）**内閣総理大臣の職務権限について**「内閣総理大臣は、憲法上、行政権を行使する内閣の首長として（66条）、国務大臣の任免権（68条）、内閣を代表して行政各部を指揮監督する職務権限（72条）を有するなど、内閣を統率し、行政各部を統轄調整する地位にあるものである。そして、内閣法は、閣議は内閣総理大臣が主宰するものと定め（４条）、内閣総理大臣は、閣議にかけて決定した方針に基づいて行政各部を指揮監督し（６条）、行政各部の処分又は命令を中止させることができるものとしている（８条）。このように、**内閣総理大臣が行政各部に対し指揮監督権を行使するためには、閣議にかけて決定した方針が存在することを要するが、閣議にかけて決定した方針が存在しない場合においても、内閣総理大臣の右のような地**

位及び権限に照らすと、流動的で多様な行政需要に遅滞なく対応するため、内閣総理大臣は、少なくとも、内閣の明示の意思に反しない限り、行政各部に対し、随時、その所掌事務について一定の方向で処理するよう指導、助言等の指示を与える権限を有するものと解するのが相当である。したがって、内閣総理大臣の運輸大臣に対する前記働き掛けは、一般的には、内閣総理大臣の指示として、その職務権限に属することは否定できない。」「以上検討したところによれば、運輸大臣がＢに対しＬ1011型機の選定購入を勧奨する行為は、運輸大臣の職務権限に属する行為であり、内閣総理大臣が運輸大臣に対し右勧奨行為をするよう働き掛ける行為は、内閣総理大臣の運輸大臣に対する指示という職務権限に属する行為ということができるから、Ｘ１が内閣総理大臣として運輸大臣に前記働き掛けをすることが、賄賂罪における職務行為に当たるとした原判決は、結論において正当として是認することができるというべきである。」

（ⅳ）**結論**　「以上のとおり、被告人Ｘ２につき贈賄罪の成立を肯定した原判決の結論を是認できるから、本件請託の対象とされた行為のうち、Ｘ１が直接自らＢにＬ1011型機の選定購入を働き掛ける行為が、Ｘ１の内閣総理大臣としての職務権限に属するかどうかの点についての判断は示さないこととする。」

〔園部逸夫・大野正男・千種秀夫・河合伸一裁判官の補足意見〕「内閣総理大臣は、憲法72条に基づき、行政各部を指揮監督する権限を有するところ、この権限の行使方法は、内閣法６条の定めるところに限定されるものではない。」「内閣総理大臣の指揮監督権限は、本来憲法72条に基づくものであって、閣議決定によって発生するものではない。右指揮監督権限の行使に強制的な法的効果を伴わせるためには、内閣法６条により、閣議にかけて決定した方針の存在を必要とするが、右方針決定を欠く場合であっても、それは、内閣法６条による指揮監督権限の行使ができないというにとどまり、そのことによって内閣総理大臣の憲法上の指揮監督権限のすべてが失われるものではなく、多数意見のいわゆる『指示を与える権限』は、何らの影響を受けずに存続するものといえる。」

〔可部恒雄・大西勝也・小野幹雄裁判官の補足意見〕「内閣総理大臣の行政各部に対する指揮監督権限の行使は、『閣議にかけて決定した方針に基づいて』しなければならないが、その場合に必要とされる閣議決定は、指揮監督権限の行使の対象となる事項につき、逐一、個別的、具体的に決定されていることを要せず、一般的、基本的な大枠が決定されていれば足り、内閣総理大臣は、その大枠の方針を逸脱しない限り、右権限を行使することができるものと解するのが相当である。……したがって、内閣総理大臣は、閣議決定が一般的、基本的大枠を定めるものであるときは、それを具体的施策として策定し、実現する過程で生じる様々な方策、方途の選択等に関しても、閣議決定の方針を逸脱しない限り、適宜、所管の大臣に対し、指揮監督権限を行使することができるというべきであり、行使の対象となる具体的事項が閣議決定の内容として明示されているか否かは問うところではない。」

〔尾崎行信裁判官の補足意見〕「私は、内閣総理大臣の職務権限は各主任大臣の権限すべてに及ぶと解し、本件請託の対象とされた民間航空会社に対し特定機種の航空機の選定購入を勧奨する行為が、運輸大臣の職務権限内にあるならば、そのような勧奨行為をするよう運輸大臣に指揮することは、同時に内閣総理大臣の職務権限内にあると考える。けだし、内閣総理大臣は内閣の首長として行政各部を指揮監督する（憲法72条）のであるから、その指揮監督権限は、各主任大臣の分担管理する（国家行政組織法５条１項）各々の行政事務全般に及ぶこととなるからである。……この指揮監督権限は憲法72条によって付与されたものであって、内閣総理大臣からこの権限自体を奪うことは憲法に違反して許されない。この権限は、憲法に由来するのであって、閣議決定がある場合に初めて発生するものではない。」「そもそも、内閣総理大臣の指揮監督権限は、憲法72条の下に、確定的に発生、存続しており、閣議決定によって広まることも狭まることもない……。これに加えて、閣議の性質にかんがみると、閣議決定の存否、手続の適否、決定内容の意味、適用範囲など閣議の在り方は、原則として合議体たる内閣によって自律的に判断、決定されるべきものであって、これに関する疑義も合議体構成員たる国務大臣のみが提示し、閣議自体が決定し得るものと解すべきである。……閣議の存否・内容などの判断は、内閣自体の自律権にゆだねられているとせざるを得ない。この点を無視して、閣議決定がないときは内閣総理大臣の指揮監督権がないというと、結局判断不能の事実を前提に内閣総理大臣の指揮監督権限の存否を確定しようとする不合理に陥ることとなろう。」

〔草場良八・中島敏次郎・三好達・高橋久子裁判官の意見〕「内閣総理大臣は、憲法72条に基づいて、主任大臣を指揮監督する権限（内閣法６条）を有するとともに、これと並んで、主任大臣に対し指示を与えるという権能を有している。……内閣総理大臣は、内閣の方針を決定し、閣内の意思の統一を図り、流動的で多様な行政需要に対応して、具体的な施策を遅滞なく実施に移すため、内閣の明示の意思に反しない限り、主任大臣に対し、その所掌事務につき指導、勧告、助言等の働き掛けをする、すなわち指示を与える権能を有するというべきである。」

「内閣総理大臣が主任大臣に指示を与えることができるのは、当該主任大臣の職務権限内の行為についてのみに限られるが、その指示に係る主任大臣の行為が当該主任大臣の職務と密接な関係にある行為である場合には、前述のような内閣総理大臣の地位に照らせば、その指示は、当該主任大臣に対し内閣総理大臣がその職務権限の範囲内で行う指示と大きく異なるところはなく、それと同等の事実上の影響力を与えることは見やすいところであるから、これを内閣総理大臣の職務と密接な関係にある行為と評価することができる。」

第22章　裁判所

司法権の帰属と特別裁判所

1．日本国憲法76条1項は、「すべて司法権は、最高裁判所及び法律の定めるところにより設置する下級裁判所に属する」と定め、司法権が最高裁判所とその下にある下級裁判所に一元的に帰属することを明らかにしている。

「法律の定めるところにより設置する下級裁判所」には、高等裁判所、地方裁判所、家庭裁判所および簡易裁判所の4種があり（裁判所法2条)、高等裁判所は主に控訴審の裁判権を、地方裁判所は主に第1審の裁判権を有する（同法16条、24条参照)。家庭裁判所は、家庭に関する事件や少年保護事件の審判などを扱うほか、現在、人事訴訟についての第1審の裁判権を有する裁判所であり(同法31条の3)、簡易裁判所は、少額・軽微な事件を簡易かつ迅速に処理するために設けられた第1審裁判所である（同法33条参照)。下級裁判所の事件に対する判断に不服のある者は、上級の裁判所に上訴できるという審級制がとられており、その帰結として、上級審がした判断は、その事件について下級審の裁判所を拘束する（同法4条)。事件は、一般的には、地裁、高裁、最高裁の順に上訴される（三審制)。なお、2004（平成16）年に新設された知的財産高等裁判所は、東京高裁の特別の支部として位置づけられたものであり、新たな種類の下級裁判所とはみなされていない。

2．憲法76条2項前段は、「特別裁判所は、これを設置することができない」と定める。特別裁判所とは、常設の通常裁判所に対する観念であるから、これには、特別の事件について臨時に設置される裁判所と特別の身分をもつ者や特殊な性質の事件だけについて裁判権を行う裁判所とが含まれるとされる（兼子一・竹下守夫『裁判法〔新版〕』(1978年、有斐閣）127-128頁)。こうした定義からすると、裁判所法が下級裁判所として設置した家庭裁判所（さらには簡易裁判所）は「特別裁判所」にあたるのではないかとの疑念が生ずる。しかし、憲法が特別裁判所を禁止する趣旨は、すべての司法権を、最高裁を頂点とする司法裁判所の系列下に一元的に帰属させることにあるから、結局、憲法が禁止する（常設の）特別裁判所とは、特別な人や事件のみを裁判するために設けられた裁判所で、最高裁を頂点とする司法裁判所の系列から独立して設けられた裁判所のことであるという理解が、学説・判例においてほぼ確定している（**177**判決参照、また、「裁判員制度による裁判体」

（裁判員法に基づき地方裁判所に設けられた、裁判官と裁判員によって構成される裁判体）が特別裁判所にあたらないとする194判決・判旨（iv）も参照）。

憲法76条２項後段は、「行政機関は、終審として裁判を行ふことができない」とする。この規定は、行政機関も前審としてなら、司法権行使とみなされる裁判をすることができるが、その裁判に不服がある当事者は司法裁判所に出訴（上訴）できるという趣旨の定めであると解され、裁判所法３条２項はその旨を明文化している。

177　特別裁判所の意味（児童福祉法違反被告事件）

名古屋家判昭和27年５月１日判例集未登載

名古屋高判昭和27年８月25日判例集未登載

●最大判昭和31年５月30日刑集10巻５号756頁

【事実】

被告人Ｘは、みずからが経営する軽飲食店に家出中の女子児童２名を住みこませ、児童福祉法34条１項６号が禁止する「児童に淫行をさせる行為」をしたとして、同行為に刑罰を科す児童福祉法60条１項および児童福祉法60条の罪について家庭裁判所の専属裁判権を定めた少年法37条１項４号等に基づき、第１審の名古屋家庭裁判所において有罪判決（懲役３月）を受けた。Ｘは事実誤認などを理由として控訴したが、名古屋高等裁判所は第１審判決を維持した。

これに対して被告人は、第１審判決をした家庭裁判所は憲法76条２項がその設置を禁止する特別裁判所に該当し、したがって、児童福祉法60条の罪について家庭裁判所の専属裁判権を定めた少年法37条１項４号の規定は憲法76条２項に違背し無効であって、無効な規定に基づく裁判所のした第１審判決およびこれを維持した控訴審判決は破棄を免れない、として上告した。憲法が禁止する特別裁判所の意味について、Ｘは、「特別の身分を有する者又は特別な種類の事件だけに対して裁判権を行う裁判所」のことであり、こうした裁判所は下級審としても設置することは禁じられている、と主張した。

なお、近年の法改正（平成20年法律第71号）により、少年法37条は削除され、あわせて、家庭裁判所の裁判権を定める裁判所法31条の３も改正されたが、改正理由は本件で問題となった憲法上の論点とは異なる政策的考慮からのものである。

整理

事件／刑事事件

被告人・控訴人・上告人／児童福祉法違反で起訴された者

〈争点〉憲法に違背して構成された裁判所が行った判決の効力。

〈憲法上の問題点〉家庭裁判所は憲法がその設置を禁止する特別裁判所か。

【判旨】

上告棄却（全員一致）。

「すべて司法権は最高裁判所及び法律の定めるところにより設置する下級裁判所に属するところであり、**家庭裁判所はこの一般的に司法権を行う通常裁判所の系列に属する下級裁判所として裁判所法により設置されたものに外ならない**。尤も**裁判所法31条の3によれば、家庭裁判所は**、家庭に関する事件の審判及び調停並びに保護事件の審判の外、**少年法37条1項に掲げる罪に係る訴訟の第1審の裁判を所管する旨明記するに止まり、そしてその少年法37条1項では同条項所定の成人の刑事々件についての公訴は家庭裁判所にこれを提起しなければならない旨規定されているけれど、それはたゞ単に第1審の通常裁判所相互間においてその事物管轄として所管事務の分配を定めたに過ぎないものである**ことは、裁判所法における下級裁判所に関する規定、殊にその種類を定めた2条、及びその事物管轄を定めた16条、17条、24条、25条、31条の3、33条、34条等の規定に徴して明らかである。現に家庭裁判所は同裁判所で成立した調停等に対する請求異議の訴訟についても、家事審判法21条、15条、民訴560条、545条に基ずき（ママ）第1審の受訴裁判所として専属の管轄権あるものと解されているのであつて、この事は**家庭裁判所がもともと司法裁判権を行うべき第1審の通常裁判所として設置されたものである**ことに由来するのである。それ故右と反対の見地に立つ論旨は採るを得ない。」

＊　＊　＊

司法権の独立と裁判官の懲戒　1．司法権の独立という言葉は、いろいろな意味でもちいられるが、憲法76条3項が示すように、その中核は「裁判官の職権の独立」（裁判官の独立）である。そしてこのことを確保するために、第一に、裁判官の身分をまもるための制度（裁判官の身分保障）が必要であり、第二に、全体としての裁判所が、他の国家機関（立法府・行政府）から独立して自主的に活動すること（司法府の独立）が求められる。

2．裁判官の身分保障は、裁判官の職権の独立を確保するうえで不可欠の制度である。その趣旨から憲法は、「裁判官は、裁判により、心身の故障のために職務を執ることができないと決定された場合を除いては、公の弾劾によらなければ罷免されない。裁判官の懲戒処分は、行政機関がこれを行ふことはできない」（78条）として、裁判官が罷免される場合を限定し（最高裁の裁判官には他に国民審査による罷免がある）、また、裁判官の懲戒処分について他の国家機関が関与することを禁止している。また、裁判官に定期的報酬を保障し、その在任中の減額を禁止する規定（79条6項、80条2項）も、身分保障の一環として理解することができる。

3．身分が厚く保障された裁判官といえども、「職務上の義務に違反し、若しくは職務を怠り、又は品位を辱める行状があったとき」（裁判所法49条）は、懲戒に服する。憲法は、行政機関による懲戒処分を特に禁止するが（78条後段）、それは、裁判官については任命権に懲戒権が伴わないことを明らかにしたもので、立法機関ならよいとする趣旨ではないと解されている（通説）。

裁判官の懲戒は、裁判手続により行われ、裁判官分限法がその手続を定める。懲戒の裁判手続は、当該裁判官に対して監督権を行う裁判所の申立により開始され（同法６条）、申立裁判所は懲戒の原因たる事実および証拠によりこれを認めた理由を示さなければならない（同法７条）。懲戒の裁判は、地裁、家裁および簡裁の裁判官についてはこれらの裁判所を統括する高等裁判所（５人の裁判官の合議体）が行い、高裁および最高裁の裁判官については最高裁判所（大法廷）が行う（同法３条、４条）。高等裁判所がした懲戒の裁判に対しては、最高裁判所に抗告できる（同法８条）。裁判官の罷免については、憲法上厳に限定されているから、懲戒による罷免処分は認められない。報酬保障の趣旨から減俸処分も憲法上許されないと解されている（多数説）。現行規定は、裁判官の懲戒として、「戒告又は１万円以下の過料」のみを定める（同法２条）。

４．裁判所法52条１号は、裁判官に対して、その在任中、「国会若しくは地方公共団体の議会の議員となり、又は積極的に政治運動をすること」を禁止している。一般の国家公務員については、国家公務員法が政治的行為の制限規定を設け（同法102条１項）、同法の委任より定められた人事院規則14-７は、選挙権の行使を除くほとんどすべての政治的行為を一律に禁止するとともに、これに違反した者は懲戒処分の他、刑罰（３年以下の懲役または100万円以下の罰金）に処する旨が定められている（同法82条、110条１項19号）。これに対して、裁判官の場合は趣を異にし、裁判官に禁止されているのは、「積極的に政治運動をすること」であり、また、刑罰の定めもない。

５．178決定は、裁判官が「積極的な政治運動」をしたとして、懲戒の申立をされた初めての事件であり、最高裁が、裁判官の市民的自由の行使（立法に関わる新聞投書欄での意見表明や市民集会への参加）を、「積極的な政治運動」に該当する行為をおこなったと認定した最初の事例である。同決定要旨の最大の特徴は、裁判官の外見上の「中立・公正らしさ」を「国民の信頼」論を拠り所に強く要請しているところにあると思われるが、ほぼ同様の論理をもちいて裁判官を懲戒した後続事例に、最大決平成13年３月30日判時1760号68頁（犯罪の嫌疑を受けた妻のために、検察官から得た情報をもとに実質的な弁護活動をしたとして懲戒された事例）と、179決定、最大決令和２年８月26日裁判所ウェブサイト参照（本決定は2018（平成30）年の179決定と同一の裁判官を被申立人とする２度目の懲戒事案）がある。これら4事案は、すべて、裁判官としての職務を離れた私生活上の言動をとらえて、裁判所法49条の懲戒事由にあたるとされたが、1998（平成10）年の**178**決定は、「職務上の義務」違反が、2018（平成30）年と2020（令和2）年の決定は「品位を辱める行状」があったとされたものである（2001（平成13）年決定にはどの懲戒事由にあたるかの明示はない）。

178　寺西判事補事件（裁判官分限事件の決定に対する即時抗告事件）☆

仙台高決平成10年7月24日民集52巻9号1810頁

●最大決平成10年12月1日民集52巻9号1761頁

【事実】

仙台地方裁判所の裁判官（判事補）であった抗告人Yは、組織的犯罪対策法案に反対する市民集会でのシンポジウムにパネリストの一人として参加する予定であったが、同裁判所長Xから集会への出席を見合わせるよう警告を受けた。そこで、Yはシンポジウムのパネリストとして参加することは辞退したが、集会には出席し、シンポジウムが始まる直前に、会場の一般参加者席から、仙台地方裁判所判事補であることを明らかにした上で、「当初、この集会において、盗聴法と令状主義というテーマのシンポジウムにパネリストとして参加する予定であったが、事前にXから集会に参加すれば懲戒処分もあり得るとの警告を受けたことから、パネリストとしての参加は取りやめた。自分としては、仮に法案に反対の立場で発言しても、裁判所法に定める積極的な政治運動に当たるとは考えないが、パネリストとしての発言は辞退する。」との趣旨の発言を行った。

Yのこうした言動に対して、X（分限裁判の申立権者は仙台地方裁判所であるが、その申立権は仙台地裁事務処理規則により地裁所長に委任されていた）は、「言外に同法案反対の意思を表明する発言」であり、「もって、同法案の廃案をめざしている……団体等の政治運動に積極的に荷担した」として、仙台高等裁判所に分限（懲戒）裁判の申立を行った（裁判官分限法3条、6条参照）。仙台高等裁判所は、Yの言動が裁判所法52条1号後段で禁止されている「積極的に政治運動をすること」に該当し、同法49条所定の職務上の義務に違反するとして、懲戒処分（戒告）に付したので、Yは最高裁に即時抗告をした。なお、集会が行われる半年ほど前に、Yは、現職の裁判官であることを明らかにして、組織的犯罪対策法案には人権保障の観点から問題が多いことを厳しく指摘する新聞投書を行っていた。

整理

事件／裁判官分限（懲戒）事件

懲戒の申立裁判所／仙台地方裁判所

懲戒裁判所・被抗告人／仙台高等裁判所

被申立人・抗告人／仙台地方裁判所裁判官（判事補）

〈争点〉裁判官の懲戒処分。

〈憲法上の問題点〉裁判官の中立・公正（らしさ）と裁判官の市民的自由の制約。

【決定要旨】

抗告棄却（10対5、反対意見5）。

（i）「司法は、法律上の紛争について、紛争当事者から独立した第三者である裁判所が、中立・公正な立場から法を適用し、具体的な法が何であるかを宣言して紛争を解決することによって、国民の自由と権利を守り、法秩序を維持することをその任務としている。このような**司法権の担い手である裁判官は、中立・公正な立場に立つ者でなければなら**」ないのであるが、同時に、「**外見上も中立・公正を害さないように自律、自制すべきことが要請される。司法に対する国民の信頼は、……外見的にも中立・公正な裁判官の態度によって支えられるからである。したがって、裁判官は、いかなる勢力からも影響を受けることがあってはならず、とりわけ政治的な勢力との間には一線を画さなければならない。**そのような要請は、司法の使命、本質から当然に導かれるところであり、現行憲法下における我が国の裁判官は、……立法府や行政府の行為の適否を判断する権限を有しているのであるから、特にその要請が強いというべきである。**職務を離れた私人としての行為であっても、**裁判官が政治的な勢力にくみする行動に及ぶときは、当該裁判官に中立・公正な裁判を期待することはできないと国民から見られるのは、避けられない」。また、「**身分を保障され政治的責任を負わない裁判官が政治の方向に影響を与えるような行動に及ぶことは、……立法権や行政権に対する不当な干渉、侵害にもつながることになる**」。

こうした見地からすると、「**裁判所法52条1号が裁判官に対し『積極的に政治運動をすること』を禁止しているのは、裁判官の独立及び中立・公正を確保し、裁判に対する国民の信頼を維持するとともに、三権分立主義の下における司法と立法、行政とのあるべき関係を規律することにその目的**」があり、**裁判官に禁止される「積極的な政治運動」**の意味については、「**組織的、計画的又は継続的な政治上の活動を能動的に行う行為であって、裁判官の独立及び中立・公正を害するおそれがあるものが、これに該当すると解され、具体的行為の該当性を判断するに当たっては、その行為の内容、その行為の行われるに至った経緯、行われた場所等の客観的な事情のほか、その行為をした裁判官の意図等の主観的な事情をも総合的に考慮して決するのが相当である。**」

（ii）「**裁判官に対し『積極的に政治運動をすること』を禁止することは、必然的に裁判官の表現の自由を一定範囲で制約することにはなるが、……右の禁止の目的が正当であって、その目的と禁止との間に合理的関連性があり、禁止により得られる利益と失われる利益との均衡を失するものでないなら、憲法21条1項に違反しない**」。

裁判官に当該行為を禁止する目的は、前記のとおり、「もとより正当」なものであり、そして、「裁判官が積極的に政治運動をすることは前記のように裁判官の独立及び中立・公正を害し、裁判に対する国民の信頼を損なうおそれが大きいから、積極的に政治運動をすることを禁止することと右の禁止目的との間に合理的な関連性があることは明らかである。」さらに、裁判官に当該行為を禁止することにともなう意見表明の自由の制約は間接的、付随的なものにすぎず、当該行為以外の行為により意見を表明することも可能であるが、これに対して、当該行為の「禁止により得られる利益は、裁判官の独立及び中立・公正を確保し、裁判に対する国民の信頼を維持するなどというものであるから、得られる利益は失われる利益に比して更に重要なものというべきであり、その禁止は利益の均衡を失するものではない。」また、前記に示したとおり、「『積極的に政治運動をすること』という文言が文面上不明確であるともいえない」から、当該行為の禁止は憲法21条１項に違反しない。「そうすると、抗告人の本件言動が裁判所法52条１号所定の『積極的に政治運動をすること』に該当すると解される限り、これを禁止すること」も憲法に違反しない。

（iii）本件言動について、抗告人は「単にパネリストにならなかった理由を述べただけである」と主張するが、本件言動に至るまでの経緯・状況（抗告人が法案に反対する立場であることが新聞への投書により既に明らかになっていたこと、本件集会が本件法案を廃案に追い込むことを目的とする運動の一環として開かれたものであり、こうした集会の趣旨は抗告人を含めて多くの参加者が認識していたと認められることなど）からすると、「本件言動が本件集会の目的である本件法案を廃案に追い込むための運動を支援しこれを推進する役割を果たしたものであることは、客観的にみて明らかである。」

「裁判官が、一国民として法律の制定に反対の意見を持ち、その意見を裁判官の独立及び中立・公正を疑わしめない場において表明することまでも禁止されるものではないが、……本件集会は、単なる討論集会ではなく、初めから本件法案を悪法と決め付け、これを廃案に追い込むことを目的とするという党派的な運動の一環として開催されたものであるから、そのような場で集会の趣旨に賛同するような言動をすることは、国会に対し立法行為を断念するよう圧力を掛ける行為であって、単なる個人の意見の表明の域を超えることは明らかである。このように、**本件言動は、本件法案を廃案に追い込むことを目的として共同して行動している諸団体の組織的、計画的、継続的な反対運動を拡大、発展させ、右目的を達成させることを積極的に支援しこれを推進するものであり、裁判官の職にある者として厳に避けなければならない行為というべきであって、裁判所法52条１号が禁止している『積極的に政治運動をすること』に該当する**」。

〔以上の多数意見には、抗告人の行為は「積極的に政治運動をすること」に当たらない、あるいは裁判所法49条所定の懲戒事由に当たらないなどとする５人の裁判官による反対意見が付

されている。〕

179　岡口判事事件（裁判官に対する懲戒申立て事件）☆

●最大決平成30年10月17日民集72巻5号890頁

【事実】

東京高等裁判所判事である被申立人Xは、2018（平成30）年5月17日頃、自己の実名が付されたツイッターのアカウントに、以下の投稿をおこなった。

公園に放置されていた犬を保護し育てていたら、3か月くらい経って、
もとの飼い主が名乗り出てきて、「返して下さい」
え？あなた？この犬を捨てたんでしょ？ 3か月も放置しておきながら…
裁判の結果は…
［ツイートの下段には、犬の返還請求に関する民事事件についての報道記事にアクセスできるリンクが付されていた。］

ここで言及された民事事件は、東京高等裁判所の控訴審判決によって確定（返還請求容認）しており、この事件の裁判にXの関与はなかった。

このツイートの後、犬の返還を請求した原告が東京高等裁判所を訪れ、本件ツイートに傷ついたこと、Xに抗議したいこと等を述べ、ツイートの削除を要求した。こうした状況を受けて、東京高等裁判所長官は、本件ツイートが裁判所法49条所定の懲戒事由に該当し、懲戒に付すのが相当であるとして、最高裁判所に分限裁判の申立てをおこなった。

なお、Xは、2016（平成28）年6月21日と2018（平成30）年3月15日にも、ツイッター上の別の投稿をめぐって、東京高等裁判所長官から、それぞれ口頭による厳重注意と書面による厳重注意を受けていた（下級裁判所事務処理規則21条参照）。裁判官の品位や被害者遺族の感情を傷つけ、裁判所に対する国民の信頼を損なったとの理由によるものとされている。

整理

事件／裁判官分限（懲戒）事件
懲戒の申立裁判所／東京高等裁判所
懲戒裁判所／最高裁判所
被申立人／東京高等裁判所裁判官（判事）
〈争点〉 裁判官の懲戒処分。
〈憲法上の論点〉 裁判所法49条の「品位を辱める行状」の意義と裁判官の表現の自由。

【決定要旨】

懲戒（戒告）決定（全員一致）。

（i）「**裁判の公正、中立は、裁判ないしは裁判所に対する国民の信頼の基礎を成すものであ**

り、裁判官は、公正、中立な審判者として裁判を行うことを職責とする者である。したがって、裁判官は、職務を遂行するに際してはもとより、職務を離れた私人としての生活においても、その職責と相いれないような行為をしてはならず、また、裁判所や裁判官に対する国民の信頼を傷つけることのないように、慎重に行動すべき義務を負っているものというべきである」。

「裁判所法49条も、裁判官が上記の義務を負っていることを踏まえて、『品位を辱める行状』を懲戒事由として定めたものと解されるから、同条にいう『品位を辱める行状』とは、職務上の行為であると、純然たる私的行為であるとを問わず、およそ裁判官に対する国民の信頼を損ね、又は裁判の公正を疑わせるような言動をいうものと解するのが相当である。」

（ⅱ）「被申立人は、裁判官の職にあることが広く知られている状況の下で、判決が確定した担当外の民事訴訟事件に関し、その内容を十分に検討した形跡を示さず、表面的な情報のみを掲げて、私人である当該訴訟の原告が訴えを提起したことが不当であるとする一方的な評価を不特定多数の閲覧者に公然と伝えたものといえる。被申立人のこのような行為は、裁判官が、その職務を行うについて、表面的かつ一方的な情報や理解のみに基づき予断をもって判断をするのではないかという疑念を国民に与えるとともに、上記原告が訴訟を提起したことを揶揄するものともとれるその表現振りとあいまって、裁判を受ける権利を保障された私人である上記原告の訴訟提起行為を一方的に不当とする認識ないし評価を示すことで、当該原告の感情を傷つけるものであり、裁判官に対する国民の信頼を損ね、また裁判の公正を疑わせるものでもあるといわざるを得ない。」したがって、被申立人の本件行為は、裁判所法49条にいう「品位を辱める行状」に当たる。

（ⅲ）「なお、憲法上の表現の自由の保障は裁判官にも及び、裁判官も一市民としてその自由を有することは当然であるが、被申立人の上記行為は、表現の自由として裁判官に許容される限度を逸脱したものといわざるを得ないものであって、これが懲戒の対象となることは明らかである。」

＊　＊　＊

最高裁判所裁判官の国民審査

1．最高裁判所は、その長たる裁判官（最高裁判所長官）と法律の定める員数（14人）のその他の裁判官（最高裁判所判事）によって構成される（憲法79条1項、裁判所法5条1項・3項）。最高裁判所長官は、内閣の指名に基づいて天皇が任命し（憲法6条2項）、その他の最高裁判所判事は、内閣が任命する（同79条1項）。最高裁判所の裁判官には、とくに任期の定めはなく、年齢70年に達したとき退官する（憲法79条5項、裁判所法50条）。

2．裁判官が罷免される場合は、憲法上、限定されており、「裁判官は、裁判により、心身の故障のために職務を執ることができないと決定された場合を除いては、公の弾劾によらなければ罷免されない」（憲法78条前段）が、最高裁判所の裁判官には、ほかに、国民審査の制度がある。すなわち、「最高裁判所の裁判官の任命は、その任命後初めて行はれる衆議院議員総選挙の際国民の審査に付し、その後10年を経過した後初めて行はれる衆議院議員総選挙の際更に審査に付し、その後も同様とする」（憲法79条２項）。審査の方法は、国民の投票により、投票者の多数が裁判官の罷免を可とするとき、その裁判官は罷免される（同条３項）。投票用紙の様式や投票の方法は、最高裁判所裁判官国民審査法が定めるが、同法は、審査に付される各裁判官の氏名を連記し（同法14条１項）、国民（審査人）は罷免を可とする裁判官の氏名の欄に×を記載することとし、×のない裁判官については罷免を可としない投票とすることにしている（同法15条１項）。

国民審査の法的性質については、当初、内閣が行う最高裁判所裁判官の選任（指名・任命）について、その当否を主権者国民が審査するというのがこの制度の本旨であり、そうだとすると、国民審査は国民の公務員選定権を具体化したものとする見解（**180**判決【事実】の（1）を参照。裁判官の罷免を限定している78条前段も参照）もあったが、今日では、これを解職（リコール）を本質とする制度とする見解が定着している。もっとも、今までにこの制度により罷免された裁判官は一人もいないこともあり、国民審査の制度が解職制度であるとしても、審査法が定める投票の方法が唯一適切なものかどうかはしばしば疑問とされており、さらに、連記制をとることにより、一部の裁判官に対する良心的棄権を認めない現行法の投票方法は違憲であるとの有力説がある。

3．2005（平成17）年の**155**判決を契機に、在外国民に国民審査権の行使を許さない現行の審査制度のあり方（主として、立法不作為の違憲）を争う訴訟が下級審レベルで起こされるようになった。東京地判平成23年４月26日判時2136号13頁や東京地判令和元年５月28日判時 2420号35頁（**181**判決）、東京高判令和２年６月25日裁判所ウェブサイト参照がそれである。2011（平成23）年判決は、2009（平成21）年の国民審査時において、在外審査制度を創設しない立法の不作為には憲法上「重大な疑義」があるとしながらも、憲法上要請される合理的期間内に是正がされなかったとまでは断定できないとし、2019（令和元）年判決（**181**判決）は、国家賠償請求に関わる判旨の中で、2017（平成29）年国民審査のときまでに当該立法不作為の違憲性は「明白」なものになっており（違憲の明白性）、かつ、正当な理由のない長期にわたる立法措置の「懈怠」も認められるとして、賠償請求を容認した。これに対して、2020（令和２）年判決（2019（令和元）年地裁判決の控訴審）は、国家賠償法１条１項の「違法性」との関連では、2017（平成29）年国民審査の時点までに、「国会において、在外審査を認めていない国民審査法の違憲性が明白に」なっていたとまではいえないとして、過去の国民審査に対する賠償請求を棄却した。しかしその一方で、「国民審査法が在外国民の審査権の行使を一切認めずこれを制限していること」は憲法（15条1項、79条2項・3項）に違反するとの実体判断を前提に、権利救済の実効性を確保するため、原告らに「あらかじめ次回の国民審査において国民審査権の行使を許さないことが違法であることの確認を求める」訴えの適法性（具体的事件性）を認める判断を行った。判旨は、これを行政事件訴訟法4条の「公法上の法律関係に関する確認の訴え」（当事者訴訟）に位置づけているようである。既存の実定法の解釈・適用から導かれる法律上の「地位」の確認を求めるという形式（これも行政事件訴訟法4条の「公法上の法律関係に関する確認の訴え」に位置づけられていたように思われる）とは異なる、新たな立法不作為ないし制度改革的な憲法訴訟の形態が認められたとすると、今後の展開が注目されよう。

180　国民審査の法的性質と審査の方法（最高裁判所裁判官国民審査の効力に関する異議事件）

東京高判昭和24年12月5日高民集2巻3号325頁

●最大判昭和27年2月20日民集6巻2号122頁

【事実】

1949（昭和24）年1月、衆議院議員総選挙とともに初めての最高裁判所裁判官国民審査が行われた。X（原告）は、審査に関する事項を定めた最高裁判所裁判官国民審査法は憲法に違反し、今回の国民審査は無効であるとして、国民審査法36条に基づく審査無効の訴訟を東京高裁に提起したが、容れられなかったので上告した。国民審査法とそのもとで行われた国民審査の違憲性について、Xは、大要、以下のように主張した。

（1）国民審査は、憲法79条2項（最高裁判所の裁判官の任命は、……国民の審査に付し……。）にあるように、「任命の可否」を国民に問うものであって、罷免を可とする裁判官を選定する制度（「罷免の可否」を問うことを直接の目的とする制度）ではない。審査の結果、「任命を可としない投票」の数が、「任命を可とする投票」より多い裁判官は、79条3項により「罷免」されるが、この制度の本質は、憲法15条1項の公務員「選定」権を具体的に保障したものであり、「罷免」権を具体化したものではない。審査法が罷免を可とする裁判官を選定する趣旨のもとに制定されたものとすれば、その限りにおいて違憲（79条2項違反）の立法であり、今回の審査も無効である。（2）国民審査法が定める投票の時・場所・方法、投票用紙の様式などについての各規定（13条、14条、15条、22条）は、憲法19条（思想良心の自由）、21条1項（表現の自由）に違反する。すなわち、①裁判官について罷免を可とするかどうかわからない者や棄権したい者にその意思の表明を許す投票方式になっていない、②衆議院議員の選挙に臨んだ選挙人に悉く審査の投票用紙を交付し、その持ち帰りを禁止し、投票を欲しない者にも罷免の可否いずれかの投票を強制している、③投票用紙に裁判官全員の名前が連記されているため、一部の裁判官についてのみ審査の投票をしようとする者に、他の裁判官についての投票を強制している、④可否不明のため（あるいは棄権したつもりで）何の記載もせず投票した者に対して、（一律に）罷免を可としないという法律上の効果を付している。なお、Xによれば、不明・不知の投票や黙秘の投票（棄権投票）を認め、これらを除外した上で、裁判官の罷免の可否を計算すべきことは、たとえ国民審査の本質が解職制度にあるとしても同様であるとする。

整理

事件／行政事件

原告・上告人／最高裁判所裁判官国民審査の審査人

被告・被上告人／最高裁判所裁判官国民審査管理委員会委員長

〈争点〉 国民審査の効力の有無。

〈憲法上の問題点〉 国民審査の法的性格と審査法が定める投票方法の合憲性。

【判旨】

上告棄却（全員一致）。

「**最高裁判所裁判官任命に関する国民審査の制度はその実質において所謂解職の制度と見ることが出来る。……このことは憲法第79条3項の規定にあらわれている。**同条第2項の字句だけを見ると一見そうでない様にも見えるけれども、これを第3項の字句と照し会（ママ）せて見ると、国民が罷免すべきか否かを決定する趣旨であつて、所論の様に任命そのものを完成させるか否かを審査するものでないこと明瞭である。この趣旨は一回審査投票をした後更に10年を経て再び審査をすることに見ても明であろう」。「**最高裁判所裁判官国民審査法（以下単に法と書く）は右の趣旨に従つて出来たものであつて、憲法の趣旨に合し、少しも違憲の処はない。**かくの如く**解職の制度であるから、積極的に罷免を可とするものと、そうでないものとの二つに分かれるのであつて、前者が後者より多数であるか否かを知らんとするものである。**……それ故法が連記投票にして、特に罷免すべきものと思う裁判官にだけ×印をつけ、それ以外の裁判官については何も記さずに投票させ、×印のないものを『罷免を可としない投票』（この用語は正確でない、前記の様に『積極的に罷免する意思を有する者でない』という消極的のものであつて、『罷免しないことを可とする』という積極的の意味を持つものではない、――以下仮りに白票と名づける）の数に算えたのは前記の趣旨に従つたもの」である。「**罷免する方がいいか悪いかわからない者は、積極的に『罷免を可とする』という意思を持たないこと勿論だから、かかる者の投票に対し『罷免を可とするものではない』との効果を発生せしめることは、何等**

意思に反する効果を発生せしめるものでは」なく、「寧ろ意思に合する効果を生ぜしめるもの」であるから、思想・良心の自由を制限するものでない。

最高裁判所裁判官の任命そのものは憲法6条2項および79条1項後段の任命行為で完成しており、「若し内閣が不適当な人物を選任した場合には、国民がその審査権によつて罷免をする」というのが「国民が裁判官の任命を審査するということ」の意味である。「それ故**何等かの理由で罷免をしようと思う者が罷免の投票をするので、特に右の様な理由を持たない者は総て（罷免した方がいいか悪いかわからない者でも）……前記白票を投ずればいいのであり、又そうすべきものなのである。**（若しそうでなく、わからない者が総て棄権する様なことになると、極く少数の者の偏見或は個人的憎悪等による罷免投票によつて適当な裁判官が罷免されるに至る虞があり、国家最高機関の一である最高裁判所が極めて少数者の意思によつて容易に破壊される危険が多分に存するのである）、これが国民審査制度の本質である。」そうであれば、「**法が連記の制度を採つたため、二三（ママ）名の裁判官だけに×印の投票をしようと思う者が、他の裁判官については当然白票を投ずるの止むなきに至つたとしても、それは寧ろ……国民審査の制度の精神に合し、憲法の趣旨に適する**もの」であって、「決して憲法の保障する自由を不当に侵害する」ものではない。**国民審査の場合**、前記括弧書きのような理由から投票の棄権はできるだけ少なくする必要があるほか、「国民は只或る裁判官が罷免されなければならないと思う場合にその裁判官に罷免の投票をするだけで、その他については内閣の選定に任かす建前であるから、**通常の選挙の場合における所謂良心的棄権という様なことも考慮しないで**」よい。

181　在外日本人国民審査権剥奪違法確認訴訟（在外日本人国民審査権確認等請求事件）☆

●東京地判令和元年5月28日判時2420号35頁
東京高判令和2年6月25日裁判所ウェブサイト

【事実】

在外日本国民であった原告らXは、2017（平成29）年10月22日実施の最高裁判所裁判官の国民審査（以下、「前回」の「国民審査」）において投票できなかった。そこでXは、（1）①主位的に、憲法（15条1項、79条2項および3項等）により国民審査を行う権利が保障され、最高裁判所裁判官国民審査法（以下「国民審査法」）4条によりその行使が認められているとして、Xが次回の国民審査において審査権を行使することができる地位にあることの確認を、②予備的に、被告Y（国）がXらに対し、日本国外に住所を有することをもって、次回の国民審査において審査権の行使をさせないことが違法であることの確認を求め、また、（2）前回の国民審査において、中央選挙管理会がXに投票用紙を交付せず、またはXらが現実に審査権を行使するための立法を国会がしなかった結果、審査権を行使することができず、精神的苦痛を受けたとして、国家賠償法1条1項に基づき、各金1万円の損害賠償を求めて提訴した。

整理

事件／行政事件

原告／在外日本国民

被告・被上告人／国

〈争点〉 在外国民の国民審査権の実効的保障。

〈憲法上の論点〉 国賠訴訟における違憲審査と立法不作為の違憲を争う訴訟形態。

【判旨】

（1）の①と②は却下、（2）は一部容認（各金5000円）。

（i）**地位確認の訴えの適法性**　Xは、「本件地位確認の訴えを公法上の法律関係に関する確認の訴え（行政事件訴訟法4条）として提起しているところ、このような訴えが適法であるというためには、その対象が、裁判所法3条1項にいう『法律上の争訟』に当たることを要する。」

国民審査の制度は最高裁判所裁判官の解職の制度として、最高裁判所裁判官の任命に民主的統制を及ぼす趣旨のものであり、その審査権は主権者国民の公務員選定罷免権（憲法15条1項）の一つといえるが、「国民審査を具体的にどのような制度とするかについては、広く立法政策に委ねているものと解される」（79条4項参照）。

国民審査法4条は、衆議院議員の選挙権を有する者は審査権を有する旨を定めるが、この定めは、「あくまで審査権を有する者の資格について定めたものにすぎず、同法4条により直ちに具体的な審査権を行使することができる地位が発生するものと解することはできない。」そして、国民審査法8条は、国民審査には公職選挙法に規定する選挙人名簿で衆議院議員総選挙について用いられるものを用いる旨を定めるが、公職選挙法は、選挙人名簿と在外選挙人名簿を異なるものとして明らかに区別しており（30条の2第1項）、国民審査法8条の選挙人名簿に公職選挙法が定める在外選挙人名簿が含まれると解する余地はない。さらに、同法の他の規定からも、「国民審査法は、在外国民につき、公職選挙法の定める在外選挙人名簿を用い、又はこれに相当するものを調製して用いることにより国民審査権を行使することを認めるという立法政策を採るものでないことは明らか」であり、「特定の条項を違憲無効とすることも含め、国民審査法その他の法令を解釈することによって、在外国民について国民審査権を行使することができる具体的な地位を導き出すことはできない」。したがって、**Xが確認を求める「『次回の国民審査において審査権を行使することができる地位』は、現行の法令の解釈によって導き出すことのできるものではなく、国会において、在外国民について審査権の行使を可能とする立法を新たに行わなければ、具体的に認めることのできない法的地位であるといわざるを得ない**」から、「**本件地位確認の訴えに係る紛争は、法令の適用により終局的に解決できる**

ものではなく、裁判所法３条１項にいう法律上の争訟には当たらない。」

（ii）**違法確認の訴えの適法性**　Ｘは、「**本件違法確認の訴えをいわゆる無名抗告訴訟として提起しているものと解される**ところ、上記１で検討したところに照らせば、第１事件原告らに国民審査権の行使をさせないことが違法であることを確認したとしても、これによって国民審査権を行使することができる法的地位が具体的に認められるわけではない。そうすると、**本件違法確認の訴えは、要するに、具体的な紛争を離れ、国民審査法が在外国民に国民審査権の行使を認めていない点が違法であることについて抽象的に確認を求めるもの**と解され、当事者間の具体的な権利義務ないし法律関係の存否に関する紛争を対象とするものとはいえないから、本件違法確認の訴えに係る紛争は、**裁判所法３条１項にいう法律上の争訟には当たらない。**」

（iii）**在外国民に対する国民審査権行使の制限の憲法適合性**　国民審査権は、国民の公務員選定罷免権のうちの一つであるから、公務員の選挙についての憲法15条３項（成年者による普通選挙の保障）、44条ただし書・14条１項（選挙人の資格と投票の機会の平等）の趣旨は、国民審査についても及ぶ。したがって、「憲法は、国民に対し、国民審査において審査権を行使する機会、すなわち投票をする機会を平等に保障している」。このような「憲法の趣旨にかんがみれば、**国民の審査権又はその行使を制限することは原則として許されず、これを制限するためには、そのような制限をすることがやむを得ないと認められる事由がなければならない**」。

Ｙは、在外国民に審査権の行使を認めないことについては、国民審査法が記号式投票を用いていることなどに伴う「技術上の問題」という合理的な理由があると主張するが、憲法が「国民審査権の行使」については法律に委ねており（79条４項）、現行の投票以外の方法を採用することも可能であること、国民審査権が憲法上認められた重要な権利であること、さらには通信手段の地球規模での発達状況、現在までの在外国政選挙の実施状況などに鑑みれば、「**前回国民審査において在外国民が審査権を行使することを認めないことについて、やむを得ない事由があったとは到底いうことができないから、国民審査法が、前回国民審査当時、在外国民であった原告らの審査権の行使を認めていなかったことは、……憲法15条１項並びに79条２項及び３項に違反するものであったというべきである**」。

（iv）**国家賠償請求の成否**　「在外選挙制度を認めないことを違憲とする平成17年大法廷判決が言い渡された時点で、衆議院議員総選挙の際に行われる国民審査を在外国民に認める場合の技術上の問題について解消方法を見いだし得る状況にあった以上、国会において、在外審査制度を設けないことが憲法に違反するに至っていたものといえることについて十分に認識し得たというべきであるが、その後、平成23年東京地裁判決において、在外審査制度の実施における技術上の問題点と、それが解消され得るものであることを具体的に明らかにした上で、平成21年８月30日の時点で在外審査制度が認められないことの憲法適合性について上記のとおり判示する司法判断［重大な疑義があった旨の判断］が示されたこと……により、遅くとも同判決が言い渡された**平成23年4月26日の時点においては、在外審査制度を創設しないことが憲法に違反するに至っていたことは明白となっていた**ものということができる」。

在外審査制度を創設しない立法不作為の違憲性が平成23年4月26日の時点で「明白」になっていたとすると、「国会において、在外審査制度の創設について何らの措置も執らないまま、**平成23年東京地裁判決から約6年半、平成17年大法廷判決からは約12年もの期間が経過する状況の下で**、前回国民審査を迎えたことから、原告らが国民審査権を行使することができない事態に至っているところ、……このような**長期間にわたる立法不作為は、前記のような例外的な場合**［国会の立法行為が国賠法上の「違法性」を成立させる「例外的な場合」］**に当たり、国家賠償法1条1項の適用上違法の評価を受ける**というべきであり、また、この立法不作為について、過失が認められることも明らかである。」

〈参考〉 控訴審（東京高判令和2年6月25日）において「違法確認の訴え」を容認した判旨は以下の通り。

【判旨】

「国民審査法が在外国民の審査権の行使を一切認めずこれを制限していることは、憲法15条1項、79条2項及び3項に違反するものであり」、Xは、「平成29年国民審査において、在外国民であることを理由として国民審査権を行使することを制限されたのであるから……その権利を侵害されたものといえる。」

「**本件違法確認の訴えは、国会において、在外国民に国民審査権の行使を認める旨の立法的措置を講じない限り、……次回の国民審査においても、同様に、国外に住所を有することを理由として、投票することができず、国民審査権を行使する権利が侵害されることになるので、あらかじめ次回の国民審査において国民審査権の行使を許さないことが違法であることの確認を求める趣旨であると理解できる**ところ、**その権利侵害の危険は**、当審口頭弁論終結時において、**現実的なものとして存在する**ものと認められる。」

そして、Xが「国民審査法自体の違憲、違法の確認を求めることは客観訴訟であるから不適法となり、平成29年国民審査において国民審査権の行使ができなかったことの違法確認を求めることは過去の法律関係の確認を求めるものであるから不適法となり、……次回の国民審査において審査権を行使することができる地位にあることの確認を求めることもできない。国民審査権は、選挙権と同様、その権利を行使することができなければ意味がないものといわざるを得ず、侵害を受けた後に争うことによっては権利行使の実質を回復することができない性質のものであり、損害の賠償によっても十分に救済されるものではない。しかも、**立法的措置が全くされていないという全面的な立法の不作為と立法的措置が部分的にはされているという一部の立法の不作為の場合とを比較して、前者の方が立法の不作為による権利侵害の程度が深刻であるにもかかわらず、後者には積極的な地位の確認を認める（平成17年大法廷判決）ことによ**

って救済を図る方法がありながら、前者については司法的救済が拒否されなければならないとする理由はない。」

「このように、救済を図るために他に適切な方法がなく、即時確定の利益もあるから、」予備的請求に係るXの「**本件違法確認の訴えは、公法上の法律関係に関する確認の訴えとして適法である**というべきである。」

＊　＊　＊

法律上の争訟と司法権の限界

1．司法裁判所の裁判権は、一切の「法律上の争訟」におよぶ（裁判所法3条1項）。しかし、このことを裏からみれば、社会に生起する紛争のうち、「法律上の争訟」にあたらないものには裁判所の審判権はおよばないということである。判例は、「法律上の争訟」の意味について、①当事者間の具体的な権利義務ないし法律関係の存否に関する紛争であって、かつ、②それが法令の適用により終局的に解決することができるものに限られる、とする（たとえば、182判決の判旨参照）。

1－1　①は具体的事件性（の要件）とよばれ、伝統的な司法権観念の中核をなすとされるが、187判決は、具体的事件が存在する場合のみ裁判所の判断を求めることができるとして、①の要件をみたさない違憲審査の訴えを不適法としたものである。もっとも、①の要件を欠くとされる行政事件訴訟法上の客観訴訟（「法律に定める場合において、法律に定める者に限り、提起することができる」（同法42条）とされる民衆訴訟と機関訴訟）が適法に提起されたとき、当事者が関係法令等の違憲を主張することに、裁判所は当初より寛容である（たとえば、58判決の住民訴訟や148判決の選挙訴訟、180判決の国民審査無効の訴えなど参照）。学説の多数もこれを容認するが、客観訴訟における違憲審査権の行使を司法権観念との関係でいかに説明するかは学説上争いがある。

1－2　純粋な宗教問題や学問上の論争が①や②をみたすことは通常ないが、①をみたす本案の訴えが提起されたとき、その前提問題として宗教問題などが争われることがある。182判決は、宗教団体の自律性にかかわる問題でもあるが、最高裁は、本案の法律判断をする上で、教義や信仰の内容に立ち入って判断することが避けられないときは、結局、「その実質において法令の適用による終局的な解決が不可能なもの」（②が欠如する）として、訴え自体を却けている（同種の判例に、蓮華寺事件（最判平成元年9月8日民集43巻8号889頁）、最判平成5年9月7日民集47巻7号4667頁などがある）。

2．事件の性質からいえば司法作用（法律上の争訟）といえる場合であっても、憲法上ないし政策的要請から裁判所の審査権がおよばないとされる事項が存在する。憲法が明文で定める議員の資格争訟の裁判（憲法55条）や裁判官の弾劾裁判（同法64条）、国際法上の治外法権のような国際法上の例外（同法98条２項参照）のほか、国会（各議院）や内閣の自律権に属する行為、行政や国会の自由裁量に属する行為、いわゆる統治行為などがそれである。

2－1　部分社会の法理　部分社会の法理とは、法秩序は社会の多元性に応じ多元的であるとの理解を前提に、地方議会、大学、政党、宗教団体などの自律的な法規範をもつ団体は、一般市民社会とは異なる特殊な部分社会を構成するから、その内部における法律上の係争については、一般市民秩序と直接の関係を有することが認められない限り、裁判所の審査の対象にはならない、とする考え方である。**183**判決は、部分社会の法理を定式化したものであり、地方議会における議員懲罰決議が問題となった最大判昭和35年10月19日民集14巻12号2633頁や政党による党員の除名処分の無効などを争った**184**判決は部分社会の法理に基づくものとみなされている。しかし、学説においては、各種団体が一定の自律権をもつにしてもその憲法上の根拠は異なり、団体の目的・性格・機能も多様であるから、団体の内部問題に対する司法審査を一般的・包括的に否定するこうした考え方には懐疑的である（芦部・憲法356頁以下参照）。

2－2　自由裁量行為　国会や内閣・行政庁の自由裁量に委ねられていると解される事項（法が認める自由な判断領域に属するとみなされる事項）については、当・不当が問題となるだけで、裁量権の踰越濫用の審査を除き、裁判所の統制はおよばないとされる。**185**判決は、具体的な経済政策の（未）実施が行政府の自由裁量とされた事例とされるが、憲法裁判では、社会権を具体化する立法や選挙権に関わる立法などで、裁判所が過度に広範な立法裁量を容認していないかがしばしば問題となる。一般論としていえば、法が認める自由な判断領域は、法の解釈によって広くもなれば狭くもなり、そして、いかなる程度の裁量を容認するかということと、裁判所がいかなる審査基準を設定するかということには密接な関係にあるといえる。**185**判決は、具体的な経済政策の実施は「もっぱら政府の裁量判断」に委ねられるとして、裁量の踰越濫用の審査も行っていないことからすれば、同判決は、審査に資すべき客観的な法的規準が欠如しているがため、「法令の適用により終局的に解決することができる」紛争ではない（「法律上の争訟」に関わる②の要件の欠如）という趣旨の判例とみなすこともできる。

2－3　統治行為　統治行為とは、学説上、直接国家統治の基本に関する高度に政治性のある国家行為で、法律上の争訟として裁判所の法的判断が可能である場合でも、その行為の高度の政治性ゆえに裁判所の審査の対象外とされる行為のことをいう。188判決は、日米安保条約について、学説がいう統治行為論と自由裁量論を折衷したような表現をもちい、しかも「一見極めて明白に違憲無効」かどうかの審査を行ったが、186判決は、内閣による衆議院の解散行為について、学説がいう統治行為の存在を正面から是認したものとみなされている。

182 「板まんだら」事件（寄附金返還請求事件）☆☆

東京地判昭和50年10月６日判時802号92頁

東京高判昭和51年３月30日判時809号27頁

●最判昭和56年４月７日民集35巻３号443頁

【事実】

宗教法人Ｙ（創価学会）の会員であったＸ（原告）らは、Ｙがその本尊（「板まんだら」）を安置するための正本堂を建立するとして募った寄付に応じ、供養金名義で寄付を行った。しかし、その後、本尊の真偽などが問題となり、Ｘらは、本尊が偽物であると判明したことなどを理由に、寄付行為は無効であると主張し、寄付金の返還を求めて出訴した。

第１審は、本尊の「板まんだら」の真偽といった問題は、純然たる宗教上の争いであって、裁判所が審判すべき法律上の争訟に該当しないとして訴えを却下したのに対し、控訴審は、本尊の真偽という信仰の本質に関わる問題が訴訟の前提問題とはなるが、不当利得の返還請求そのものは法律上の争訟に該当し、本件寄付行為が錯誤により無効であるかどうかの判断も可能であるとして第１審判決を取消し、差戻の判決を行ったので、Ｙは最高裁に上告した。

整理

事件／民事事件

原告・控訴人・被上告人／創価学会の元会員

被告・被控訴人・上告人／創価学会

〈争点〉 錯誤によって支払った寄付金の返還請求。

〈憲法上の問題点〉 宗教上の教義に関する紛争と司法審査、宗教団体の内部紛争と司法審査。

【判旨】

破棄自判（全員一致）。

「裁判所がその固有の権限に基づいて審判することのできる対象は、裁判所法３条にいう『法律上の争訟』、すなわち当事者間の具体的な権利義務ないし法律関係の存否に関する紛争であつて、かつ、それが法令の適用により終局的に解決することができるものに限られる……。したがつて、具体的な権利義務ないし法律関係に関する紛争であつても、法令の適用により解決するのに適しないものは裁判所の審判の対象となりえない、というべきである。

これを本件についてみるのに、錯誤による贈与の無効を原因とする本件不当利得返還請求訴訟において被上告人らが主張する錯誤の内容は、（１）上告人は、戒壇の本尊を安置するための正本堂建立の建設費用に充てると称して本件寄付金を募金したのであるが、上告人が正本堂に安置した本尊のいわゆる『板まんだら』は、日蓮正宗において『日蓮が弘安２年10月12日に建立した本尊』と定められた本尊ではないことが本件寄付の後に判明した、（２）上告人は、募金時には、正本堂完成時が広宣流布の時にあたり正本堂は事の戒壇になると称していたが、正本堂が完成すると、正本堂はまだ三大秘法抄、一期弘法抄の戒壇の完結ではなく広宣流布はまだ達成されていないと言明した、というのである。要素の錯誤があつたか否かについての判断に際しては、右（１）の点については信仰の対象についての宗教上の価値に関する判断が、また、右（２）の点についても『戒壇の完結』、『広宣流布の達成』等宗教上の教義に関する判断が、それぞれ必要であり、いずれもことがらの性質上、法令を適用することによつては解決することのできない問題である。**本件訴訟は、具体的な権利義務ないし法律関係に関する紛争の形式をとつており、その結果信仰の対象の価値又は宗教上の教義に関する判断は請求の当否を決するについての前提問題であるにとどまるものとされてはいるが、本件訴訟の帰すうを左右する必要不可欠のものと認められ、また、……本件訴訟の争点及び当事者の主張立証も右の判断に関するものがその核心となつていると認められることからすれば、結局本件訴訟は、その実質において法令の適用による終局的な解決の不可能なものであつて、裁判所法３条にいう法律上の争訟にあたらないものといわなければならない。**」

183　富山大学単位等不認定事件（単位不認定等違法確認請求事件）☆☆

富山地判昭和45年６月６日行集21巻６号871頁
名古屋高金沢支判昭和46年４月９日行集22巻４号480頁
●最判昭和52年３月15日民集31巻２号234頁
最判昭和52年３月15日民集31巻２号280頁

【事実】

富山大学経済学部の学生であったＸ１ら５名（原告）と専攻科の学生であったＸ２（原告）は同大学経済学部教員Ａが担当する授業科目を受講していたが、Ａが卒業生の成績証明書を偽造したとして、経済学部長Ｙ１（被告）はＡに対して同学部教授会等への出席停止の措置を行い、さらにＡがこの措置に従わなかったことを理由に、同学部教授会の議を経て、Ａが当該年度において行っていた各授業の担当を停止する措置をなしたうえ、Ｘら学生に対して代替の授業科目を履修するように指示をした。ところが、Ｘらはこれに従わず従来通りＡの授業に出席し、Ａの実施した試験を受け、ＡもＸらの成績判定を行ったが、Ｙ１および同大学学長Ｙ２（被告）はＸらの単位認定ないし専攻科修了の認定を行わなかった。これに対して、Ｘらは、Ｙ１がＡに対してなした措置は違法無効であるなどとして、Ｙらに対して単位授与・不授与未決定の違法確認、単位取得認定の義務確認ないし専攻科修了認定の義務確認などを求めて提訴した。

第１審は、特別権力関係論を前提として、国立大学の学部や専攻科の課程における成績の評価、単位の授与および専攻科課程修了の判定など教育実施上の事項は、学校利用関係における内部的事項に属し一般市民の権利義務に関するものではないから、これら事項について大学のする行為、不行為は司法審査の対象にならないとして、訴えを却下した。控訴審は、第１審同様、特別権力関係論を前提としつつ、単位の認定については純然たる大学内部のことであって市民法上の権利義務に関しないとしてＸ１らの控訴を棄却したが、Ｘ２の専攻科修了に関する訴えについては、「修了の認定を与えないことは卒業の認定を与えない場合と同じく、営造物利用の観念的一部拒否とみることができ、その点で市民法秩序に連なるものとして、特別権力関係上の行為ではあるが、司法権が及ぶもの」として、Ｘ２に対する原審の判断を取消し、第１審に差戻した。

控訴審の判決に対してＸ１らは最高裁に上告したが、ＹらもＸ２についての差戻判決を不服として上告した。最高裁はこれら二つの上告を別件として扱い、前者に対する最高裁の判断が本件で扱う最判昭和52年３月15日民集31巻２号234頁であり、後者についての判断が最判昭和52年３月15日民集31巻２号280頁である。後者判旨の要点は、以下の通りである。

「国公立の大学は公の教育研究施設として一般市民の利用に供されたものであり、学生は一般市民としてかかる公の施設である国公立大学の利用する権利を有するから、**学生に対して国公立大学の利用を拒否することは、学生が一般市民として有する右公の施設を利用する権利を侵害するものとして司法審査の対象になる**」。そして、「大学の専攻科への入学は、大学の学部入学などと同じく、大学利用の一形態であ」り、「専攻科に入学した学生は、大学所定の教育課程に従いこれを履修し専攻科を修了することによつて、専攻科入学の目的を達することができるのであつて、学生が専攻科修了の要件を充足したにもかかわらず大学が専攻科修了の認定をしないときは、学生は専攻科を修了することができず、専攻科入学の目的を達することができないのであるから、国公立の大学において右のように大学が専攻科修了の認定をしないことは、実質的にみて、一般市民としての学生の国公立大学の利用を拒否することにほかならないものというべく、その意味において、学生が一般市民として有する公の施設を利用する権利を侵害するものであると解するのが、相当である。されば、**本件専攻科修了の認定、不認定に関する争いは司法審査の対象になる**ものと」いえる。

整理

事件／行政事件

原告・控訴人・上告人／富山大学経済学部の学生

被告・被控訴人・被上告人／同大学経済学部長、同大学学長

〈争点〉大学における授業科目の単位授与・不授与の未決定に対する違法確認と単位認定の義

務があることの確認の請求。

〈憲法上の問題点〉 大学における授業科目の単位認定行為や専攻科修了認定行為は司法審査の対象となりうるか。

【判旨】

上告棄却（全員一致）。

裁判所は、憲法に特別の定めがある場合を除いて、一切の法律上の争訟を裁判する権限を有するが（裁判所法3条1項)、「ここにいう一切の法律上の争訟とはあらゆる法律上の係争を意味するものではな」く、「その中には事柄の特質上裁判所の司法審査の対象外におくのを適当とするものもある」。「**一般市民社会の中にあつてこれとは別個に自律的な法規範を有する特殊な部分社会における法律上の係争のごときは、それが一般市民法秩序と直接の関係を有しない内部的な問題にとどまる限り、その自主的、自律的な解決に委ねるのを適当とし、裁判所の司法審査の対象にはならない**ものと解するのが、相当である……。そして、大学は、国公立であると私立であるとを問わず、学生の教育と学術の研究とを目的とする教育研究施設であつて、その設置目的を達成するために必要な諸事項については、法令に格別の規定がない場合でも、学則等によりこれを規定し、実施することのできる自律的、包括的な権能を有し、一般市民社会とは異なる特殊な部分社会を形成しているのであるから、**このような特殊な部分社会である大学における法律上の係争のすべてが当然に裁判所の司法審査の対象になるものではなく、一般市民法秩序と直接の関係を有しない内部的な問題は右司法審査の対象から除かれる**べきものである」。

これを本件についてみるに、大学の「単位授与（認定）という行為は、学生が当該授業科目を履修し試験に合格したことを確認する教育上の措置であり、卒業の要件をなすものではあるが、当然に一般市民法秩序と直接の関係を有するものでないことは明らかである。それゆえ、**単位授与（認定）行為は、他にそれが一般市民法秩序と直接の関係を有するものであることを肯認するに足りる特段の事情のない限り、純然たる大学内部の問題として大学の自主的、自律的な判断に委ねられるべきものであつて、裁判所の司法審査の対象にはならない**ものと解するのが、相当である。」

184　共産党袴田事件（家屋明渡等請求事件）

東京地八王子支判昭和58年5月30日判時1085号77頁

東京高判昭和59年9月25日判時1134号87頁

●最判昭和63年12月20日判時1307号113頁

【事実】

政党X（原告）の幹部であったY（被告）は、以前よりXが所有する建物を住居として使用していたが、党規違反をしたとの理由で、XはYを除名し、所有権に基づく建物の明渡しなどを求めて出訴した。

Yは、本件建物明渡し請求の前提となるXの除名処分は、党活動についてYと意見を異にする最高幹部の指導のもとにYを党から排除する目的で実行された一連の行動であって、手続的にも実体的にも党規に違反した違法無効なものであるから、本件建物の明け渡しは許されないと主張した。これに対して、Xは、本件のごとき除名処分の適否は政党の内部自律権にゆだねるべきもので、司法審査の対象にならない、また仮に、政党のなした党員に対する除名処分の適否が司法審査の対象となる場合があるとしても、それは当該政党の定める党規約上の手続違背の点に限られると主張した。第1審および控訴審とも、Yに建物の明渡しを命ずる判決をしたので、Yは上告した。

整理

事件／民事事件

原告・被控訴人・被上告人／日本共産党

被告・控訴人・上告人／袴田里見

〈争点〉 党所有の家屋の明け渡し請求。

〈憲法上の問題点〉 政党の内部自治と司法審査、政党の内部紛争と司法審査。

【判旨】

上告棄却（全員一致）。

「政党は、政治上の信条、意見等を共通にする者が任意に結成する政治結社であって、内部的には、通常、自律的規範を有し、その成員である党員に対して政治的忠誠を要求したり、一定の統制を施すなどの自治権能を有するものであり、国民がその政治的意思を国政に反映させ実現させるための最も有効な媒体であって、議会制民主主義を支える上においてきわめて重要な存在であるということができる。したがって、各人に対して、政党を結成し、又は政党に加入し、若しくはそれから脱退する自由を保障するとともに、政党に対しては、高度の自主性と自律性を与えて自主的に組織運営をなしうる自由を保障しなければならない。他方、右のような政党の性質、目的からすると、自由な意思によって政党を結成し、あるいはそれに加入した以上、党員が政党の存立及び組織の秩序維持のために、自己の権利や自由に一定の制約を受けることがあることもまた当然である。右のような**政党の結社としての自主性にかんがみると、政党の内部的自律権に属する行為は、法律に特別の定めのない限り尊重すべきであるから、政党が組織内の自律的運営として党員に対してした除名その他の処分の当否については、原則として自律的な解決に委ねるのを相当とし、したがって、政党が党員に対してした処分が一般市民法秩序と直接の関係を有しない内部的な問題にとどまる限り、裁判所の審判権は及ばない**というべきであり、**他方、右処分が一般市民としての権利利益を侵害する場合であっても、右処**

分の当否は、当該政党の自律的に定めた規範が公序良俗に反するなどの特段の事情のない限り右規範に照らし、右規範を有しないときは条理に基づき、適正な手続に則ってされたか否かによって決すべきであり、その審理も右の点に限られるものといわなければならない。」

「本訴請求は、要するに、……上告人が被上告人から除名されたことを理由として、本件建物の明渡及び賃料相当損害金の支払を求めるものであるところ、右請求が司法審査の対象になることはいうまでもないが、他方、右請求の原因としての除名処分は、本来、政党の内部規律の問題としてその自治的措置に委ねられるべきものであるから、その当否については、適正な手続を履践したか否かの観点から審理判断されなければならない。」そして、「被上告人は、自律的規範として党規約を有し、本件除名処分は右規約に則ってされたものということができ、右規約が公序良俗に反するなどの特段の事情のあることについて主張立証もない本件においては、その手続には何らの違法もないというべきであるから、右除名処分は有効である」。

185　郵便貯金目減り訴訟（庶民貯金減価損害賠償請求事件）

大阪地判昭和50年10月１日判時790号17頁
大阪高判昭和54年２月26日判時924号34頁
●最判昭和57年７月15日判時1053号93頁

【事実】

原告Ｘらは、1970年代初頭の急激な物価上昇により、保有する郵便貯金の実質的な減価を被った。これに対しＸらは、今般の急激な物価上昇は政府による経済政策の違法な過誤によって引き起こされたものであるとして、減価分の損害賠償を求めて提訴した。

第１審および控訴審は、経済政策の具体的決定は「政府の政治的裁量」ないし「高度の政治的専門的判断」に委ねられており、その当否の如きは裁判所の判断の対象外であるとして請求を棄却した。そこでＸらは、本件のごとき経済政策の実施においても、その過誤の違法性を判断する客観的規準は存在するなどと主張し、上告した。

整理

事件／民事事件
原告・控訴人・上告人／郵便貯金の預金者
被告・被控訴人・被上告人／国
〈争点〉政府の経済政策の立案施行の違法性と国家賠償責任。
〈憲法上の問題点〉政府の経済政策の過誤は司法審査の対象となるか。

【判旨】

上告棄却（全員一致）。

「上告人らは、……**政府が経済政策を立案施行するにあたつては、物価の安定、完全雇用の**

維持、国際的収支の均衡及び適度な経済成長の維持の4つがその担当者において対応すべき政策目標をなすところ、内閣及び公正取引委員会は右基準特に物価の安定という政策目標の達成への対応を誤りインフレーションを促進したものであつて、右はこれら機関の違法行為にあたり、被上告人はこれによる損害の賠償責任を免れない旨主張するが、右上告人らのいう**各目標を調和的に実現するために政府においてその時々における内外の情勢のもとで具体的にいかなる措置をとるべきかは、事の性質上専ら政府の裁量的な政策判断に委ねられている事柄とみるべきものであつて、仮に政府においてその判断を誤り、ないしはその措置に適切を欠いたため右目標を達成することができず、又はこれに反する結果を招いたとしても、これについて政府の政治的責任が問われることがあるのは格別、法律上の義務違反ないし違法行為として国家賠償法上の損害賠償責任の問題を生ずるものとすることはできない。**」

186　苫米地事件（衆議院議員資格確認並びに歳費請求事件）☆☆☆

東京地判昭和28年10月19日行集4巻10号2540頁

東京高判昭和29年9月22日行集5巻9号2181頁

●最大判昭和35年6月8日民集14巻7号1206頁

【事実】

1952（昭和27）年8月28日、吉田内閣は、憲法69条に定める内閣不信任決議を前提としない初めての衆議院解散（「抜き打ち解散」）を行った。これに対して、衆議院議員であったX（原告）は、本件解散の無効を主張し、任期満了までの歳費の支払を求めて提訴した。

Xは、（1）現行憲法上、衆議院の解散は憲法69条の場合に限られていること、（2）天皇の解散行為に必要な内閣の助言と承認の手続が正規に行われなかったことの2点をあげて、本件解散の無効を訴えたのに対して、Y（被告国）は、衆議院解散のような政治性の強い問題について裁判所は裁判権を有しないと主張した。

第1審および控訴審は、ともにYの主張を退け、解散の効力について審理したが、第1審判決が、本件解散について憲法上必要とされる「内閣の助言」がなかったとしてXの請求を容認したのに対し、控訴審判決は、「助言」はあったものとして解散を有効とし、請求を棄却したので、Xは上告した。174判決も参照。

整理

事件／行政事件

原告・被控訴人・上告人／苫米地義三

被告・控訴人・被上告人／国

〈争点〉衆議院の解散の無効と議員歳費の支払い請求。

〈憲法上の問題点〉内閣による衆議院の解散行為に対する司法審査の可否。

【判旨】

上告棄却（全員一致、意見４）。

（ⅰ）「現実に行われた衆議院の解散が、その依拠する憲法の条章について適用を誤つたが故に、法律上無効であるかどうか、これを行うにつき憲法上必要とせられる内閣の助言と承認に瑕疵があつたが故に無効であるかどうかのごときことは裁判所の審査権に服しないものと解すべきである」。

（ⅱ）「**直接国家統治の基本に関する高度に政治性のある国家行為のごときはたとえそれが法律上の争訟となり、これに対する有効無効の判断が法律上可能である場合であつても、かかる国家行為は裁判所の審査権の外にあり、その判断は主権者たる国民に対して政治的責任を負うところの政府、国会等の政治部門の判断に委され、最終的には国民の政治判断に委ねられているものと解すべきである。この司法権に対する制約は**、結局、三権分立の原理に由来し当該国家行為の高度の政治性、裁判所の司法機関としての性格、裁判に必然的に随伴する手続上の制約等にかんがみ、特定の明文による規定はないけれども、**司法権の憲法上の本質に内在する制約と理解すべきものである。**」

「衆議院の解散は、……国家最高の機関たる国会の主要な一翼をなす衆議院の機能を一時的とは言え閉止するものであり、さらにこれにつづく総選挙を通じて、新な衆議院、さらに新な内閣成立の機縁を為すものであつて、その国法上の意義は重大であるのみならず、解散は、多くは内閣がその重要な政策ひいては自己の存在に関して国民の総意を問わんとする場合に行われるものであつてその政治上の意義もまた極めて重大である。すなわち**衆議院の解散は、極めて政治性の高い国家統治の基本に関する行為であつて、かくのごとき行為について、その法律上の有効無効を審査することは司法裁判所の権限の外にあり……この理は、本件のごとく、当該衆議院の解散が訴訟の前提問題として主張されている場合においても同様で**」ある。

〔以上の多数意見には、衆議院の解散（あるいは解散手続）に対する裁判所の審査権を肯定した上で、本件内閣の行為を合憲と判断する４人の裁判官の意見が付されている。〕

＊　　＊　　＊

違憲審査制　１．法律、命令などの憲法適合性を一定の裁判機関が審査する違憲審査制には、大別して、アメリカ型の司法審査制（付随的違憲審査制）とドイツに代表される憲法裁判所制（抽象的違憲審査制）とがある。

司法審査制は、司法権の行使を任務とする通常の裁判所が具体的な訴訟事件の解決に付随して、その事件の解決に必要な範囲で、適用法令等の違憲審査を行うもので、憲法を通常の法規範と区別せず、その司法的執行可能性を正面から承認するところにこの制度の本質がある。これに対して、憲法裁判所制は、憲法裁判所という特別の裁判所を設けてそれに法令などの合憲性を抽象的・一般的に審査する権限を独占的に与えるところに特色をもつ。この制度は、憲法規範やその解釈に関わる紛争の裁定を多かれ少なかれ特別視し、憲法秩序の維持そのものを客観的に保障することに主眼をおくもので、審査権発動の方法や形式、違憲判決の効果、さらには裁判官の任命などにもその趣旨にみあった配慮がなされている。

2．憲法81条は、「最高裁判所は、一切の法律、命令、規則又は処分が憲法に適合するかしないかを決定する権限を有する終審裁判所である」と定める。

最高裁は、この憲法81条をもって早くから「米国憲法の解釈として樹立せられた違憲審査権を、明文でもって規定した」ものと捉え（最大判昭和23年7月8日刑集2巻8号801頁)、「憲法81条は、最高裁判所が違憲審査権を有する終審裁判所であることを明らかにした規定であって、下級裁判所が違憲審査権を有することを否定する」ものではないとして（最大判昭和25年2月1日刑集4巻2号73頁)、日本国憲法下の違憲審査を一貫して司法審査制として運用してきたとみてよい。もっとも、司法審査権は本来的に「司法」に内在するとの論理構成をとることもあって、憲法81条は、通常の司法審査権に加えて、これを超えた権限や役割（典型的には抽象的違憲審査権）を最高裁判所に付与しているのではないかとする学説も当初から存在し、今日でも主張されることがある。こうした学説には、大別して、①憲法は最高裁に抽象的違憲審査権を付与（要請）しており、国会あるいは最高裁はこうした審査手続を定める法律あるいは最高裁規則を立法する憲法上の義務があるとする立場と、②そうした法律あるいは最高裁規則を制定しても違憲ではなく、憲法は最高裁に抽象的違憲審査権を付与することを許容しているとする立場がある。**187**判決の手続論に関わる原告の主張は、これらのうち①の立場に立つものと思われるが、抽象的違憲審査に関わる法律や規則が未制定の段階でも直接最高裁への提訴が可能であるとする点で、特異なものがある。なお、憲法は司法審査制を要請し、憲法裁判所的な権能を最高裁に付与することは許されないとするのが現在でも学説の多数と思われる（もっとも、芦部・憲法391-392頁は、②の立場を「絶対に不可能とまではいえない」と評する)。

187　警察予備隊違憲訴訟（日本国憲法に違反する行政処分取消請求事件）☆☆☆

●最大判昭和27年10月8日民集6巻9号783頁

【事実】

1950（昭和25）年7月、政府は、GHQの指令に基づき、陸上自衛隊の前身となる警察予備隊を創設した。これに対して、原告（日本社会党委員長）は、警察予備隊はその組織、装備などからみて憲法9条2項にいう「戦力」に該当し、違憲であるから、その設置と維持に関わる政府の一切の行為は無効であるとして、直接、最高裁判所に提訴した。

原告は、その手続論において、大要、以下のように主張した。すなわち、憲法81条は最高裁判所に憲法保障機関としての憲法裁判所としての性格をも与えたものであり、現憲法下の最高裁判所は、一般の司法裁判所としての性格とともに憲法裁判所としての性格をも併せ有する。裁判所法が定める最高裁の管轄等の規定は司法裁判所としての最高裁判所の手続を規定しているに過ぎず、最高裁判所の憲法裁判所としての管轄は憲法81条から直接導き出せるものであり、その他の審理裁判についての細目は最高裁判所が憲法77条の規則制定権をもちいて定めれば足りる。

整理

事件／行政事件

原告／鈴木茂三郎（日本社会党委員長）

被告／国

〈争点〉警察予備隊の設置・維持に関わる一切の行為の無効確認。

〈憲法上の問題点〉違憲審査の性質と最高裁判所の違憲審査。

【判旨】

却下（全員一致）。

諸外国においては、違憲審査権の行使について、司法裁判所とは異なる「特別の機関を設け、具体的争訟事件と関係なく法律命令等の合憲性に関しての一般的抽象的な宣言をなし、それ等を破棄し以てその効力を失はしめる権限を行わしめるものが」あるが、「**わが裁判所が現行の制度上与えられているのは司法権を行う権限であり、そして司法権が発動するためには具体的な争訟事件が提起されることを必要とする。**我が裁判所は具体的な争訟事件が提起されないのに将来を予想して憲法及びその他の法律命令等の解釈に対し存在する疑義論争に関し抽象的な判断を下すごとき権限を行い得るものではない。けだし**最高裁判所は法律命令等に関し違憲審査権を有するが、この権限は司法権の範囲内において行使されるものであり、この点においては最高裁判所と下級裁判所との間に異るところはない**のである（憲法76条１項参照)。原告は憲法81条を以て主張の根拠とするが、同条は最高裁判所が憲法に関する事件について終審的性格を有することを規定したものであり、従つて最高裁判所が固有の権限として抽象的な意味の違憲審査権を有すること並びにそれがこの種の事件について排他的なすなわち第１審にして終審としての裁判権を有するものと推論することを得ない。」

「要するに**わが現行の制度の下においては、特定の者の具体的な法律関係につき紛争の存する場合においてのみ裁判所にその判断を求めることができるのであり、裁判所がかような具体的事件を離れて抽象的に法律命令等の合憲性を判断する権限を有するとの見解には、憲法上及び法令上何等の根拠も存しない。**……原告の請求は右に述べたような具体的な法律関係についての紛争に関するものでないことは明白である。従つて本訴訟は不適法であつて、かかる訴訟については最高裁判所のみならず如何なる下級裁判所も裁判権を有しない。」

＊　＊　＊

違憲審査の対象　1．裁判所が違憲審査を行う対象として、憲法は「一切の法律、命令、規則又は処分」をあげる（81条）。この中には下級審が行った「裁判」（最大判昭和23年7月8日刑集2巻8号801頁は「処分」に含まれるとする）や地方公共団体が制定した条例も含まれると解されている。また、憲法98条1項は、憲法の条規に反する一切の国家行為の効力を否定しており、裁判所は、原則として、国の立法・行政・司法の各作用および地方公共団体の作用の一切を審査の対象にすることができるというのが原則である。

2．違憲審査の対象として、条約の違憲審査が可能かについては、憲法81条や98条1項の条文から「条約」の文字がかなり意図的に除かれているように見えることもあって、学説上の争いがある。そもそも、条約と憲法の効力関係について条約優位説をとる立場からすると、条約の違憲審査はその前提において否定される。また、憲法優位説をとっても、条約が国際法と国内法の接点に位置する特殊な法形式であることなどから、条約を審査の対象からはずすという考え方も成り立つ。しかし、条約優位説は内閣と衆議院議員の過半数で憲法改正と同様の法的効果をもたらしうること（憲法61条、60条2項、96条参照）、ここでの問題はあくまでも条約の国内法的効力であること、条約が国民の権利を侵害しうることは法律と同様であることから、条約の審査は実質・形式ともに可能と解する学説が多数である。188判決は、変則的な統治行為論によりながらも「一見極めて明白に違憲無効」か否かについて日米安保条約の実質審査を行っている。これは、条約といえども違憲審査の対象になるとの立場を前提にしたものとみなされている。

3．立法の不作為が違憲審査の対象になるかは、憲法訴訟論上、種々の難点が指摘されてきた。憲法が一定の立法を義務づけていると解される場合に、国会が正当な理由もなく相当の長期にわたって当該立法を怠ることがあれば、当該立法の不作為は違憲といいうるのは当然である。しかし、問題は、司法審査制の下で、いかなる訴訟形態をもちいて立法の不作為の違憲を主張するか、また、いかなる判断基準でその違憲性を認定するかにある。

立法不作為の違憲を争う訴訟としては、従来、立法義務づけ訴訟、立法不作為の違憲確認訴訟、立法不作為に対する国家賠償訴訟が提起されてきたが、189判決は、現行法制のもとでもっとも適切とみなされてきた国家賠償訴訟の形態をとるものであった。しかし、同判決は、立法行為（立法不作為を含む）の国家賠償法上の違法の問題と立法内容の違憲の問題とを区別した上で、「国会議員の立法行為は、立法の内容が憲法の一義的な文言に違反しているにもかかわらず国会があえて当該立法を行うというごとき、容易に想定し難いような例外的な場合でない限り、国家賠償法１条１項の規定の適用上、違法の評価を受けない」と判示し、国家賠償訴訟の形態をとる立法不作為の違憲審査を否認するに等しいものと評された（芦部・憲法398頁）。ところがその後、最高裁は、同じく立法不作為により選挙権行使が奪われたとして国家賠償を求めた**155**判決において、在外選挙制度を立法化しなかった国会の行為を違憲と評価した上で、国賠法上の違法認定のあり方について、「立法の内容又は立法不作為が国民に憲法上保障されている権利を違法に侵害するものであることが明白な場合や、国民に憲法上保障されている権利行使の機会を確保するために所要の立法措置を執ることが必要不可欠であり、それが明白であるにもかかわらず、国会が正当な理由なく長期にわたってこれを怠る場合」は、「例外的な場合」にあたると判示し、在外選挙制度にかかわる国会議員の立法不作為は、国賠法１条１項の適用上も違法であり、過失の存在も否定できないとして、国家賠償請求を容認した。立法内容の違憲（立法不作為の違憲を含む）を理由とする国賠請求について、最高裁はこれ以後、上記定式を踏襲している（最判平成18年７月13日判時1946号41頁、**46**判決参照）。

なお、**155**判決は、在外選挙制導入後の公選法が小選挙区（衆議院）ないし選挙区（参議院）選出議員にかかる選挙権行使を認めていなかったこと（当時の公選法附則８項を参照）について、原告らが、当該選挙区選挙においても選挙権を行使する権利があることの確認を求めたのに対して、これを、（既存の実定法制を前提とする）「公法上の法律関係に関する確認の訴え」（2004（平成16）年行訴法改正において明定されたもの）と捉え、原告らの主張を、公選法附則８項の違憲無効を前提に、すでに原告らが「在外選挙人名簿に登録されていること」に基づき上記選挙についても投票することができる地位にあることの確認を請求するものとして、訴えの適法性を認める（具体的事件性の容認）とともに、同法附則８項（の選挙権行使を限定する部分）について、「遅くとも、本判決言渡し後に初めて行われる衆議院議員の総選挙又は参議院議員の通常選挙の時点においては」違憲である（法令の一部違憲）と宣言した。この判決は「公法上の法律関係に関する確認の訴え」が、①立法（立法不作為を含む）の違憲確認訴訟として、あるいは、②実質的な立法義務づけ訴訟として、機能する可能性を示すものとしても、注目に値する。

188　砂川事件（日本国とアメリカ合衆国との間の安全保障条約第３条に基く行政協定に伴う刑事特別法違反被告事件）☆☆☆

東京地判昭和34年３月30日下刑集１巻３号776頁

●最大判昭和34年12月16日刑集13巻13号3225頁

【事実】

（旧）日米安保条約に基づき日本に駐留する米軍が使用中であった立川飛行場（砂川町、現在の立川市）で基地拡張問題が持ちあがり、これに反対する住民その他団体が基地周辺で集会および示威行動を展開した際、集会参加者の一部が基地との境界柵を破壊し、基地内に数メートル侵入した。これに対し国は、基地内に侵入した者らを後日逮捕し、正当な理由なき立入や不退去を処罰する一般国内法規（軽犯罪法１条第32号）ではなく、より法定刑が重い刑事特別法（日本国とアメリカ合衆国との間の安全保障条約第３条に基く行政協定に伴う刑事特別法２条）に違反したとして起訴した。

第１審（砂川事件伊達判決）は、安保条約に基づく米軍の日本駐留について、それが日本政府の行為による側面があることを指摘し、駐留米軍は憲法９条２項が政府に保持を禁止する「戦力」に該当し、違憲であり、したがって、一般国内法規より重い法定刑を定める刑事特別法２条は憲法31条に反し無効であるとして、被告人全員の無罪判決をした。

日米安保条約の改定という政治日程が差し迫るなか、国（検察側）は、司法裁判所の裁判権には限界があるなどと主張し、最高裁に跳躍上告した。その主張の要点は、第一に、駐留米軍を９条２項違反とした原判決は、畢竟、日米安保条約を違憲と判断したことになるが、憲法81条および98条１項、２項の文言からして、およそ条約については裁判所の違憲審査の対象とはならないということ、また、第二に、（仮に、条約の違憲審査が可能であるとしても）日米安保条約のごとき高度の政治性と特殊性を有する条約については、統治行為あるいは政治問題の法理を適用して、裁判所の審査の対象とはならないということである。6判決も参照。

整理

事件／刑事事件

被告人・被上告人／砂川町住民等

〈争点〉刑罰法規の適用の可否。

〈憲法上の問題点〉条約に対する司法審査と統治行為論。

【判旨】

破棄差戻（全員一致、補足意見７、意見３）。

「安全保障条約は、……主権国としてのわが国の存立の基礎に極めて重大な関係をもつ高度の政治性を有するものというべきであって、その内容が違憲なりや否やの法的判断は、その条約を締結した内閣およびこれを承認した国会の高度の政治的ないし自由裁量的判断と表裏をな

す点がすくなくない。それ故、右違憲なりや否やの法的判断は、純司法的機能をその使命とする司法裁判所の審査には、原則としてなじまない性質のものであり、従って、一見極めて明白に違憲無効であると認められない限りは、裁判所の司法審査権の範囲外のものであって、それは第一次的には、右条約の締結権を有する内閣およびこれに対して承認権を有する国会の判断に従うべく、終局的には、主権を有する国民の政治的批判に委ねらるべきものであると解するを相当とする。そして、このことは、本件安全保障条約またはこれに基く政府の行為の違憲なりや否やが、本件のように前提問題となっている場合であると否とにかかわらないのである。」

「よって、進んで本件アメリカ合衆国軍隊の駐留に関する安全保障条約およびその3条に基く行政協定の規定の示すところをみると、右駐留軍隊は外国軍隊であって、わが国自体の戦力でな」く、「わが国がその主体となってあたかも自国の軍隊に対すると同様の指揮権、管理権を有するものでない」。またこの軍隊は、「条約の前文に示された趣旨において駐留するものであり、同条約1条の示すように極東における国際の平和と安全の維持に寄与し、ならびに一または二以上の外部の国による教唆または干渉によって引き起こされたわが国における大規模の内乱および騒じょうを鎮圧するため、わが国政府の明示の要請に応じて与えられる援助を含めて、外部からの武力攻撃に対する日本国の安全に寄与するために使用することとなっており、その目的は、専らわが国およびわが国を含めた極東の平和と安全を維持し、再び戦争の惨禍が起らないようにすることに存し、わが国がその駐留を許容したのは、わが国の防衛力の不足を、平和を愛好する諸国民の公正と信義に信頼して補なおうとしたものに外ならない」。「果してしからば、かようなアメリカ合衆国軍隊の駐留は、憲法9条、98条2項および前文の趣旨に適合こそすれ、これらの条章に反して違憲無効であることが一見極めて明白であるとは、到底認められない。」

〔以上の多数意見には、日米安保条約は違憲とはいえず、原判決を破棄差し戻すという点では一致するものの、その理由をめぐっては、7人の裁判官による補足意見と3人の裁判官による意見が付されている。〕

〔島保・河村大助裁判官の補足意見〕　憲法は、自国の「戦力」の保持を禁ずるのみで、外国軍隊の駐留についてはなんらの規定もおいていない。これについていかなる政策を採るかは、政治部門の裁量権に委ねられたものであり、裁判所はその裁量権の明白な逸脱があると認められる場合のほか、審査権を有しない。

〔藤田八郎・入江俊郎裁判官の補足意見〕　「条約も、その国内法的効力は原則として裁判所の審査に服するものと考えるのであるが、本件安全保障条約のごとき、……最も政治性の高いもの、いわゆる統治行為に属する条約は、統治行為なるの故をもって、その国内法的効力もまた裁判所の審査権の外にある」。もっとも、「当該行為が統治行為の範疇に属するものとせられた場合においても、若しその行為が実は実体上不存在であるとか、またはその行為があきらかに憲法の条章に違反するがごとき、一見明白にその違憲性が顕著なる場合には、（かくのごときことは実際問題としては、ほとんど考えられないことであろうけれども）例外として、裁判所によって、その不存在、若しくは違憲を宣明することができる」。

〔奥野健一・高橋潔裁判官の意見〕　多数意見の趣旨は「一般に条約の違憲性については裁判所の審査権が及ばないというのであるか、或いは条約については審査権があるが、本件安保条約はいわゆる統治行為に属するから審査権がないというのであるか、明らかではないが、その何れにしても、われわれは異見を有する」。すなわち、「**条約がそのまま国内法規として国民を拘束する場合は、その国内法的効力は、原則として最高法規である憲法の下位に立つものであって、この場合国内法律と同様、……違憲審査の対象になるものと解する**」。「若し条約に違憲審査権が及ばないとすれば、他国との間に憲法の条章に矛盾・背反する条約を結ぶことによって憲法改正の手続を採ることなく、容易に憲法を改正すると実質上同様な結果を生ぜしめることができることとなり甚しく不当なことになる」。また、司法審査権の限界として統治行為なる観念は否定しないが、「単に、政治性が高いとか、国の重大政策に関する問題であるというだけの理由で裁判所の違憲審査権が及ばないとすると、政治的問題となった重要法律等の多くは裁判所が違憲審査ができないこととなり」、憲法81条の趣旨に反する。

「われわれは、**安保条約の国内法的効力が憲法９条その他の条章に反しないか否かは、司法裁判所として純法律的に審査することは可能であるのみならず、特に、いわゆる統治行為として裁判所がその審査判断を回避しなければならない特段の理由も発見できない**」。そして、安保条約は、憲法前文の平和主義や９条２項に反するものではない。

189　在宅投票制度廃止事件（損害賠償請求事件）☆☆

札幌地小樽支判昭和49年12月９日判時762号８頁

札幌高判昭和53年５月24日判時888号26頁

●最判昭和60年11月21日民集39巻７号1512頁

【事実】

事故が原因で著しく歩行が困難となった原告Ｘは、1952（昭和27）年の法改正で在宅投票制度（郵送などの方法により在宅での投票を認める制度）が廃止され、事実上、投票権の行使ができなくなった。そこでＸは、被告Ｙ（国、実質的には国会）が在宅投票制度を廃止し、それを復活しないことにより、憲法が保障する投票の機会を奪われたとして、Ｙに対して国家賠償法１条に基づく損害賠償請求（投票できなかったことにより被った精神的損害の補償請求）を行った。

第１審は、在宅投票制度を廃止した（消極的）立法を捉え、それを憲法が保障する選挙権を制限するものとして合憲性の審査を行った。その結果、Ｙは、在宅投票制度の伴う弊害を除去するという立法目的を達成するのに、同制度の一部手直しという手段を選択できたにもかかわらず、同制度を全面廃止し、Xら選挙人の投票を不可能あるいは著しく困難にしたことは、選挙権の保障および平等原則に背き、憲法15条1項・3項、44条、14条1項に違反すると判示し、原告の慰謝料請求を一部認容した。

控訴審は、国会が在宅投票制度設置の請願を受けてから1年を経過した以降において、同制度を設けるための立法を行わなかったという国会の不作為を捉え、その合憲性を審査した。そして、憲法による選挙権の保障は投票の機会の保障を含み、選挙の公正、投票の秘密を守るため合理的と認められるやむを得ない事由のない限り、国会は選挙権の行使を保障するために在宅投票制度を設けるための立法を行うべき憲法上の義務を負っているとして、前記立法不作為は憲法13条、14条1項、15条1項・3項、44条、47条、93条2項に違反すると判示した。しかし、控訴審判決は、国会議員の立法行為又は立法不作為についても国家賠償法1条1項の適用があるとする一方で、賠償責任の成立要件である「故意又は過失」の認定において、ほとんどの国会議員は在宅投票制度を設ける立法をしないことがXらに対する関係で違憲、違法であることを予め知ることができなかったなどとして、立法不作為に対する国会議員の故意・過失要件の成立を否定し、Xの請求を棄却した。

整理

事件／民事事件

原告・被控訴人・上告人／歩行が困難な有権者

被告・控訴人・被上告人／国

〈争点〉 在宅投票制度を廃止した立法行為あるいは制度を復活しなかった立法不作為の違憲性と国家賠償請求の可否。

〈憲法上の問題点〉 立法不作為に対する違憲審査のあり方。

【判旨】

上告棄却（全員一致）。

（i）「国家賠償法1条1項は、国又は公共団体の公権力の行使に当たる公務員が個別の国民に対して負担する職務上の法的義務に違背して当該国民に損害を加えたときに、国又は公共団体がこれを賠償する責に任ずることを規定するものである。したがつて、**国会議員の立法行為（立法不作為を含む。以下同じ。）が同項の適用上違法となるかどうかは、国会議員の立法過程における行動が個別の国民に対して負う職務上の法的義務に違背したかどうかの問題であつて、当該立法の内容の違憲性の問題とは区別されるべきであり、仮に当該立法の内容が憲法の規定に違反する廉があるとしても、その故に国会議員の立法行為が直ちに違法の評価を受けるものではない。**」

（ii）「そこで、国会議員が立法に関し個別の国民に対する関係においていかなる法的義務を負うかをみるに、……国会議員は、多様な国民の意向をくみつつ、国民全体の福祉の実現を目指して行動することが要請されているのであつて、議会制民主主義が適正かつ効果的に機能することを期するためにも、国会議員の立法過程における行動で、立法行為の内容にわたる実体的側面に係るものは、これを議員各自の政治的判断に任せ、その当否は終局的に国民の自由な言論及び選挙による政治的評価にゆだねるのを相当とする。さらにいえば、立法行為の規範たるべき憲法についてさえ、その解釈につき国民の間には多様な見解があり得るのであつて、国会議員は、これを立法過程に反映させるべき立場にあるのである。憲法51条が、……国会議員の発言・表決につきその法的責任を免除しているのも、国会議員の立法過程における行動は政治的責任の対象とするにとどめるのが国民の代表者による政治の実現を期するという目的にかなうものである、との考慮によるのである。このように、**国会議員の立法行為は、本質的に政治的なものであつて、その性質上法的規制の対象になじまず、特定個人に対する損害賠償責任の有無という観点から、あるべき立法行為を措定して具体的立法行為の適否を法的に評価するということは、原則的には許されない**」。したがって、「国会議員は、立法に関しては、原則として、国民全体に対する関係で政治的責任を負うにとどまり、個別の国民の権利に対応した関係での法的義務を負うものではないというべきであつて、**国会議員の立法行為は、立法の内容が憲法の一義的な文言に違反しているにもかかわらず国会があえて当該立法を行うというごとき、容易に想定し難いような例外的な場合でない限り、国家賠償法１条１項の規定の適用上、違法の評価を受けない**」。

（iii）「これを本件についてみるに、……憲法には在宅投票制度の設置を積極的に命ずる明文の規定が存しないばかりでなく、かえつて、その47条は『選挙区、投票の方法その他両議院の議員の選挙に関する事項は、法律でこれを定める。』と規定し」、「**投票の方法その他選挙に関する事項の具体的決定を原則として立法府である国会の裁量的権限に任せる趣旨である**」**と認められる。したがって、**「**在宅投票制度を廃止しその後前記８回の選挙までにこれを復活しなかつた本件立法行為につき、これが前示の例外的場合に当たると解すべき余地はなく、結局、本件立法行為は国家賠償法１条１項の適用上違法の評価を受けるものではない**」。

＊　　＊　　＊

違憲審査権の行使とその方法

１．裁判所が違憲審査権を行使するためには、実定訴訟法が定める各々の訴訟要件を具備すること、とりわけ事件性の要件をみたすことが必要となり、その上で、当事者が憲法判断を求めたとき、憲法判断をすることが事件を解決する上で必要と認めうる事情がなければならない（必要性の原則）。

この必要性の原則と関連する法理としては、自己に適用されない法条の違憲の主張や、他人の憲法上の権利を援用してする違憲の主張などは許されないとの準則や、事件の解決に法律的に関連づけることができる違憲の主張がなされたときでも、その事件を処理することができる他の理由がある場合には裁判所は憲法問題について判断しないとする準則（190判決はこの準則にも関わる）、さらには、法律の憲法適合性が問題となっても、裁判所は、憲法問題を避けることができるような法律の解釈が可能かどうかを最初に確かめるべきだとする準則（190判決、191判決はこの準則に関わる）などがある。こうした諸準則は、不必要な憲法判断は避けるべきということのほか、裁判所の違憲審査があくまでも憲法によって裁判所に付与された司法権の枠組の中で行使されていることを示す意味をもつものとして、基本的には承認されるべきものといえる。

2．「憲法問題を回避する法律解釈」には、①「ある法令の条項について、たとえば甲という解釈をとれば、合憲性について重大な疑い生じるので、少なくともその解釈だけはとらない」というやり方で法解釈を行い、憲法判断自体を回避する解釈手法と、②「字義どおりの解釈をすれば違憲になるかもしれない広汎な法文の意味を限定し、違憲となる可能性を排除することによって、法令の効力を救済する解釈」手法とがあり、②には適用法令の合憲判断が原則として前提されているが、①の場合、たとえ当該法令が事件に「適用」されているようにみえても、法令の合憲判断は原則として前提とされないとされる（芦部・憲法394頁）。190判決は、①の解釈手法がとられた事例とされるが、判決が「事件の裁判の主文の判断に直接かつ絶対必要なばあいにだけ、立法その他の国家行為の憲法適否に関する審査決定をなすべき」だとする厳格な立場に学説は否定的で（同393頁参照）、最高裁も事件の解決に必要とはいえない判断をしばしば行っている（94判決、130判決参照）。②は合憲解釈のアプローチともよばれる手法で、191判決のほか、105判決、90判決、106判決、95判決などがこれを用いている。

3．裁判所が違憲の争点について審理し、違憲の心証を得た場合においても、それを判決のなかでいかに示すかについては、なおいくつかの方法が考えられる。

適用違憲とは、ある法令の具体的事件の適用が違憲と判断される場合に、法令そのものは違憲とはせず、その具体的適用のみを捉えて違憲と判断する手法のことで、192判決はこの判決手法を用いたリーディングケースとされる。この手法は、通常、問題となっている法令の規定が、多くの場合に合憲的に適用される余地があることを考慮して、違憲判断の及ぶ範囲を可及的に限定しようとするもので、司法の自己抑制の技術の一つということができる。これに対して、法令違憲とは、争われている法令の規定そのものを違憲と判断するもので、もっともオーソドックスな違憲判断の手法である。法令違憲の判断は法令の無効につながり（憲法98条参照）、原則として違憲無効判決となるが、違憲と無効をただちに結びつけない判決手法として「事情判決の法理」をもちいた事例がある（148判決参照）。

190　恵庭事件（自衛隊法違反被告事件）☆

●札幌地判昭和42年３月29日下刑集９巻３号359頁

【事実】

北海道千歳郡恵庭町（現在の恵庭市）にある自衛隊演習場付近で酪農業を営んでいたＸら（被告人）は、日頃より騒音等による被害（乳牛の早流産や乳量の減少など）を訴え、自衛隊とは、牧場との境界線付近で射撃を行うときは事前連絡をするとの約束（紳士協定）を取り付けていた。ところがある日、事前連絡なしに砲撃が開始されたので現場に行き抗議したが射撃が続行されたので、着弾地点などとの連絡用に敷設されていた通信線を数カ所切断した。事件は当初、器物損壊罪事件（刑法261条）として捜査されたが、札幌地検は自衛隊法121条違反（防衛用器物損壊）として起訴した。

公判においてＸらは、Ｘらの前記行為が自衛隊法121条の構成要件にあたらないとするとともに、とりわけ、同条およびこれを含む自衛隊法全般ないし同法によつてその存在のみとめられている自衛隊が憲法９条や前文等に違反することを強く主張した。また、札幌地裁は、Ｘらに自衛隊法が違憲であるとの弁論を許す訴訟指揮をとるなどしたため、初の自衛隊違憲判決が出るのではないかとの予想が広がった。４判決参照。

整理

事件／刑事事件

被告人／自衛隊演習場近隣の酪農民

〈争点〉通信線の切断行為が自衛隊法121条の構成要件に該当するか否か。

〈憲法上の問題点〉法律解釈による憲法判断回避の是非。

【判旨】

無罪（確定）。

（ⅰ）「弁護人らは、被告人両名の行為が自衛隊法121条の構成要件にあたらないと主張するとともに、他方、同条およびこれを含む自衛隊法全般ないし同法によつてその存在のみとめられている自衛隊が憲法９条、前文等の諸条項や平和主義の理念に反する旨を力説強調し、自衛隊法121条は、違憲無効の法規と断ずるほかないと主張している」ので、「まず、被告人両名の各行為がはたして検察官主張のように自衛隊法121条にいわゆる『自衛隊の……使用する……その他の防衛の用に供する物を損壊し……』たばあいに該当するかどうかについて判断する」。

（ⅱ）「本件罰条の文理的構造にてらすと、ひろく、自衛隊の所有し、または使用するいつさいの物件に対する損傷行為を処罰対象としているものでないことは明白であり、さらに、自衛隊のあらゆる任務もしくは業務の遂行上必要性のあるすべての物件に対する損傷行為を処罰の対象とする法意でないこともまた疑いをいれない。」「本件罰条にいう『その他の防衛の用に供する物』の意義・範囲を具体的に確定するにあたつては、同条に例示的に列挙されている『武器、弾薬、航空機』が解釈上重要な指標たる意味と法的機能をもつと解するのが相当である」から、「『その他の防衛の用に供する物』とは、これら例示物件とのあいだで、法的に、ほとんどこれと同列に評価しうる程度の密接かつ高度な類似性のみとめられる物件を指称するというべきである。」そこで、「これら例示物件の特色について考察すると……」被告人らが切断した本件通信線に例示物件のような特色が備わっているかどうかについては、「多くの実質的疑問が存し、かつ、このように、前記例示物件との類似性の有無に関して実質的な疑問をさしはさむ理由があるばあいには、罪刑法定主義の原則にもとづき、これを消極に解し、『その他の防衛の用に供する物』に該当しないものというのが相当である」から、「被告人両名につき、いずれも無罪を言いわたすこととする」。

（ⅲ）なお、「弁護人らは、本件審理の当初から、……自衛隊法121条を含む自衛隊法全般ないし自衛隊等の違憲性を強く主張しているが、**およそ、裁判所が一定の立法なりその他の国家行為について違憲審査権を行使しうるのは、具体的な法律上の争訟の裁判においてのみであるとともに、具体的争訟の裁判に必要な限度にかぎられることはいうまでもない。このことを、本件のごとき刑事事件にそくしていうならば、当該事件の裁判の主文の判断に直接かつ絶対必要なばあいにだけ、立法その他の国家行為の憲法適否に関する審査決定をなすべきことを意味する。」「したがつて、……被告人両名の行為について、自衛隊法121条の構成要件に該当しないとの結論に達した以上、もはや、弁護人ら指摘の憲法問題に関し、なんらの判断をおこなう必要がないのみならず、これをおこなうべきでもない**」。

191　都教組事件（地方公務員法違反被告事件）☆☆

東京地判昭和37年４月18日下刑集４巻３・４号303頁
東京高判昭和40年11月16日高刑集18巻７号742頁
●最大判昭和44年４月２日刑集23巻５号305頁

【事実】

1958（昭和33）年４月、東京都教職員組合（都教組）は、文部省の企図した公立学校教職員に対する勤務評定の実施に反対するため、一日の一斉休暇闘争を行った。この闘争を行うに際し、組合の幹部であった被告人らは、組合員に対して、闘争指令の配布、趣旨伝達などを行ったが、この行為が地方公務員法（地公法）61条４号によって禁止されている違法な争議行為の「あおり行為」にあたるとして起訴された。

第１審は、地公法61条４号を限定解釈し、争議行為に通常随伴して行われる方法によりなした行為は、同法同号が禁止する「あおり行為」には当たらないなどとして、被告人らを無罪としたのに対して、控訴審は、第１審が行ったような限定解釈を退け、被告人らの行為は禁止された「あおり行為」に該当するとして有罪とした。被告人らは、地方公務員に対して一律に争議行為を禁止する地公法37条１項や争議行為の「あおり行為」に刑罰を科す同法61条４号は、労働基本権を保障する憲法28条等に違反するなどとして上告した。143判決参照。

整理

事件／刑事事件

被告人・控訴人・上告人／都教組の役員

〈争点〉 地方公務員に対する争議権の制約と争議行為の「あおり」に対する刑罰法規適用の可否。

〈憲法上の問題点〉 法令の合憲限定解釈の手法のあり方。

【判旨】

破棄自判、無罪確定（９対５、反対意見５）。

（ｉ）公務員の労働基本権については、最高裁が全逓東京中郵事件判決で示した基本的立場や判断枠組は、本件の判断にあたっても、当然の前提として、維持すべきものである。こうした見地よりすれば、「地公法37条および61条４号が違憲であるかどうかの問題は、右の基準に照らし、ことに、労働基本権の制限違反に伴う法律効果、すなわち、違反者に対して課せられる不利益については、必要な限度をこえないように十分な配慮がなされなければならず、とくに、勤労者の争議行為に対して刑事制裁を科することは、必要やむをえない場合に限られるべきであるとする点に十分な考慮を払いながら判断されなければならない」。

地公法37条、61条４号の各規定が、「文字どおりに、すべての地方公務員の一切の争議行為を禁止し、これらの争議行為の遂行を共謀し、そそのかし、あおる等の行為（以下、あおり行為等という。）をすべて処罰する趣旨と解すべきものとすれば、それは、……公務員の労働基本権を保障した憲法の趣旨に反し、必要やむをえない限度をこえて争議行為を禁止し、かつ、必要最小限度にとどめなければならないとの要請を無視し、その限度をこえて刑罰の対象としているものとして、これらの規定は、いずれも、違憲の疑を免れないであろう。」「しかし、法律の規定は、可能なかぎり、憲法の精神にそくし、これと調和しうるよう、合理的に解釈されるべきものであつて、この見地からすれば、これらの規定の表現にのみ拘泥して、直ちに違憲と断定する見解は採ることができない。すなわち、……これらの規定についても、その元来の狙いを洞察し労働基本権を尊重し保障している憲法の趣旨と調和しうるように解釈するときは、これらの規定の表現にかかわらず、禁止されるべき争議行為の種類や態様についても、さらにまた、処罰の対象とされるべきあおり行為等の態様や範囲についても、おのずから合理的な限界の存することが承認されるはずである」から、「その規定の表現のみをみて、直ちにこれを違憲無効の規定であるとする所論主張は採用することができない。」

（ii）禁止されるべき争議行為については、地方公務員の職務の公共性といってもその公共性の程度には強弱さまざまなものがあり、また、等しく争議行為といっても種々の態様のものがあるから、「地方公務員の具体的な行為が禁止の対象たる争議行為に該当するかどうかは、争議行為を禁止することによつて保護しようとする法益と、労働基本権を尊重し保障することによつて実現しようとする法益との比較較量により、両者の要請を適切に調整する見地から判断することが必要である。そして、その結果は、地方公務員の行為が地公法37条１項に禁止する争議行為に該当し、しかも、その違法性の強い場合も勿論あるであろうが、争議行為の態様からいつて、違法性の比較的弱い場合もあり、また、実質的には、右条項にいう争議行為に該当しないと判断すべき場合も」ありうる。「また、地方公務員の行為が地公法37条１項の禁止する争議行為に該当する違法な行為と解される場合であつても、それが直ちに刑事罰をもつてのぞむ違法性につながるものでないことは、同法61条４号が地方公務員の争議行為そのものを処罰の対象とすることなく、もつぱら争議行為のあおり行為等、特定の行為のみを処罰の対象としていることからいつて、きわめて明瞭である。」したがって、同法61条４号は、「争議行為自体が違法性の強いものであることを前提とし、そのような違法な争議行為等のあおり行為等であつてはじめて、刑事罰をもつてのぞむ違法性を認めようとする趣旨と解すべきで」ある。

つぎに、処罰の対象とされるべきあおり行為等については、「労働基本権尊重の憲法の精神からいつて、争議行為禁止違反に対する制裁、とくに刑事罰をもつてする制裁は、極力限定されるべきであ」り、そして、争議行為そのものに種々の態様があるように、「あおり行為等にもさまざまの態様があり、その違法性が認められる場合にも、その違法性の程度には強弱さまざまのものがありうる。それにもかかわらず、これらのニュアンスを一切否定して一律にあおり行為等を刑事罰をもつてのぞむ違法性があるものと断定することは許されないというべきである。ことに、争議行為そのものを処罰の対象とすることなく、あおり行為等にかぎつて処罰すべきものとしている地公法61条４号の趣旨からいつても、争議行為に通常随伴して行なわれる行為のごときは、処罰の対象とされるべきものではない。それは、争議行為禁止に違反する意味において違法な行為であるということができるとしても、争議行為の一環としての行為にほかならず、これらのあおり行為等をすべて安易に処罰すべきものとすれば、争議行為者不処罰の建前をとる前示地公法の原則に矛盾することにならざるをえないからである。したがつて、職員団体の構成員たる職員のした行為が、たとえ、あおり行為的な要素をあわせもつとしても、それは、原則として、刑事罰をもつてのぞむ違法性を有するものとはいえないというべきである。」

（iii）「これを本件についてみるに、……本件の一せい休暇闘争は、同盟罷業または怠業にあたり、その職務の停廃が次代の国民の教育上に障害をもたらすものとして、その違法性を否定することができないとしても、被告人らは、いずれも都教組の執行委員長その他幹部たる組合員の地位において右指令の配布または趣旨伝達等の行為をしたというのであつて、これらの行為は、本件争議行為の一環として行なわれたものであるから、前示の組合員のする争議行為に通常随伴する行為にあたるものと解すべきであり、被告人らに対し、懲戒処分をし、または民事上の責任を追及するのはともかくとして、……これら被告人のした行為は、刑事罰をもつてのぞむ違法性を欠くものといわざるをえない。」

〔以上の多数意見には、「『あおり』の概念を、強度の違法性を帯びるものに限定したり、……または『あおり』の対象となつた争議行為が違法性の強いもの、ないし刑事罰をもつてのぞむべき違法性のあるものである場合に限り、その『あおり』行為が可罰性を帯びるのであるというが如き限定解釈は、法の明文に反する一種の立法であり、法解釈の域を逸脱したものといわざるを得ない」、と主張する5人の裁判官の反対意見が付されている。〕

192　猿払事件第1審判決（国家公務員法違反被告事件）☆

●旭川地判昭和43年3月25日下刑集10巻3号293頁
札幌高判昭和44年6月24日判時560号30頁
最大判昭和49年11月6日刑集28巻9号393頁

【事実】

北海道宗谷郡猿払村の郵便局に勤務する郵政事務官X（被告人）は、猿払地区労働組合協議会事務局長を勤めていたが、1967（昭和42）年1月の衆議院議員総選挙に際し、前記地区労協での決定に従い日本社会党を支持する目的で、同党公認候補者の選挙用ポスターをみずから公営掲示場に掲示したほか、同ポスターの掲示を他に依頼して配布した。この行為が国公法102条1項および人事院規則14-7（5項3号、6項13号）に違反するとして起訴され、稚内簡裁から罰金5,000円の略式命令を受けた。Xは、非管理職である者が勤務期間外に行った前記行為に対して、国公法102条および人事院規則14-7を適用し、処罰することは違憲であるなどと主張し、正式裁判の申立を行った。20判決参照。

整理

事件／刑事事件

被告人・被控訴人・被上告人／一般職国家公務員たる郵政事務官

〈争点〉公務員の政治的活動の自由と刑事制裁の可否。

〈憲法上の問題点〉違憲判断の方法（適用違憲のあり方）。

【判旨】

無罪（検察官控訴）。

（i）政治活動を行う国民の権利は、憲法21条が保障する表現の自由に由来し、人権の中でも最も重要な権利の1つであるから、「政治活動を行なう国民の権利の民主主義社会における重要性を考えれば国家公務員の政治活動の制約の程度は、必要最小限度のものでなければならない。」また、「法がある行為を禁じその禁止によつて国民の憲法上の権利にある程度の制約が加えられる場合、その禁止行為に違反した場合に加えられるべき制裁は、法目的を達成するに必要最小限度のものでなければならないと解される。法の定めている制裁方法よりも、より狭い範囲の制裁方法があり、これによつてもひとしく法目的を達成することができる場合には、法の定めている広い制裁方法は法目的達成の必要最小限度を超えたものとして、違憲となる場合がある。」

人事院規則14-7、6項13号は、職員が政治的目的を有する文書を掲示し若しくは配布する行為について、勤務時間内たると勤務時間外たるとを問わず、また現業職員たると非現業職員たるとを問わず、一律に禁止するが、「非管理者である現業公務員でその職務内容が機械的労務の提供に止まるものが勤務時間外に国の施設を利用することなく、かつ職務を利用し、若しくはその公正を害する意図なしで人事院規則14-7、6項13号の行為を行なう場合、その弊害は著しく小さいものと考えられるのであり、……国公法82条の懲戒処分ができる旨の規定に加え、3年以下の懲役又は10万円以下の罰金という刑事罰を加えることができる旨を法定することは、行為に対する制裁としては相当性を欠き、合理的にして必要最小限の域を超えているものといわなければならない。」さらに、被告人の行為は、組合活動の一環としてなされたものであり、こうした行為に「国公法110条1項9号の刑事罰を科することは、五現業に属する非管理職である職員に対する労働関係の規制を、国公法から公労法に移し労働関係についての制約を緩和した趣旨に沿わないものであり、ひいては公労法の適用を受ける労働組合の表現の自由を間接に制約するに至るものである」。

（ii）「従つて、**非管理職である現業公務員で、その職務内容が機械的労務の提供に止まるものが、勤務時間外に、国の施設を利用することなく、かつ職務を利用し、若しくはその公正を害する意図なしで行つた人事院規則14-7、6項13号の行為で且つ労働組合活動の一環として行なわれたと認められる所為に刑事罰を加えることをその適用の範囲内に予定している国公法110条1項19号は、このような行為に適用される限度において、行為に対する制裁としては、合理的にして必要最小限の域を超えたものと断ぜざるを得ない。**」「**同号は同法102条1項に規定する政治的行為の制限に違反した者という文字を使つており、制限解釈を加える余地は全く存しないのみならず、同法102条1項をうけている人事院規則14-7は、全ての一般職に属する職員にこの規定の適用があることを明示している以上、当裁判所としては、本件被告人の所為に、国公法110条1項19号が適用される限度において、同号が憲法21条および31条に違反するもので、これを被告人に適用することができない**」。

＊　＊　＊

裁判の公開とメモ採取

1．憲法82条1項は、「裁判の対審及び判決は、公開法廷でこれを行ふ」として、裁判の公開原則を定める。対審とは、対立する当事者が裁判官の面前で互いの主張をたたかわせることをいう。対審については、「裁判所が、裁判官の全員一致で、公の秩序又は善良の風俗を害する虞があると決した場合」には、公開しないことができる。ただし、「政治犯罪、出版に関する犯罪又はこの憲法第3章で保障する国民の権利が問題となつてゐる事件の対審は、常にこれを公開しなければならない」(82条2項)。

2．裁判の公開原則については、従来より、公開すべき「裁判」とは何かという問題が、非公開でおこなわれる各種の「非訟」手続をめぐって争われてきた。最高裁は、当事者間の実体的権利義務関係を確定することを目的とする裁判を、性質上司法に固有の「純然たる訴訟事件」ととらえ、こうした事件の裁判を非公開でおこなうことは憲法82条（ひいては、裁判を受ける権利を保障する32条）に違反する（**164**決定参照）とする一方で、家事審判法の定める審判（最大決昭和40年6月30日民集19巻4号1089頁など）や民事上の秩序罰としての過料の裁判（**165**決定）などは、「純然たる訴訟事件」にあたらず、これらを非訟手続でおこなっても82条や32条に反しないとする。82条（および32条）の「裁判」の意義をこのように限定的に理解する態度（訴訟・非訟峻別論）は今日まで維持されており、裁判官の懲戒にかかる**178**決定でも、「裁判官に懲戒を課する作用は、固有の意味における司法権の作用ではなく、懲戒の裁判は、純然たる訴訟事件についての裁判には当たらない」から、「分限事件については憲法82条1項の適用はない」とされた。

3．それでは、裁判を「公開」するとはいかなる意味か。学説においては、裁判の「公開」とは、まず「傍聴の自由」を認めることを意味し、つぎに「傍聴の自由」には「報道の自由」が含まれると、権利保障的な意味合いをもって説かれるのが通例である（たとえば、芦部・憲法364頁）。これに対して、**193**判決は、82条1項（裁判の公開原則）の趣旨は「裁判を一般に公開して裁判が公正に行われることを制度として保障」するものであり、「各人が裁判所に対して傍聴することを権利として要求できることまでを認めたものでないことはもとより、傍聴人に対して法廷においてメモを取ることを権利として保障しているものでない」と判示する。確かに、82条1項は、裁判の中核的要素である対審と判決を公開法廷でおこなうことを求めるという形式の定めであるから、それは一定の制度ないし原則を客観的に保障するもの（政府を名宛人とした客観規範）ではあるが、だからといって、一定の制度を定めた客観規範が、制度に対応した国民の主観的な権利（本条の場合、「傍聴の権利」）を直ちに否定するものではないことには注意を要する。実際、**193**判決も、憲法21条（表現の自由）から、「情報等に接し、これを摂取する自由」（知る権利）と「情報に接し、これを摂取することを補助するものとしてなされる筆記行為の自由」に憲法上の価値を認め、本件に関わる裁判長の法廷警察権の行使（メモ採取の不許可）は「不当」との判断を示している（もっとも、判決は、法廷警察権の行使における裁判長の広範な裁量権を根拠に、国賠法上の「違法性」は否定するという、やや晦渋な論理構成を取っていることも注意を要する）。

193　レペタ訴訟／裁判の公開とメモ採取（損害賠償請求事件）☆☆

東京地判昭和62年２月12日判時1222号28頁

東京高判昭和62年12月25日判時1262号30頁

●最大判平成元年３月８日民集43巻２号89頁

【事実】

アメリカ国籍の弁護士Ｘ（ローレンス・レペタ、原告・控訴人・上告人）は、日本の法制度を研究する一環として、東京地裁におけるある事件の公判を傍聴した。事件を担当する裁判長は、各公判期日において傍聴人がメモを取ることをあらかじめ一般的に禁止していたので、Ｘは、各公判期日に先立ちその許可を求めたが、本件裁判長はこれを許さなかった。本件裁判長は、司法記者クラブ所属の報道機関の記者に対しては、各公判期日においてメモを取ることを許可していた。そこで、Ｘは、こうした措置は憲法21条、82条、14条、国際人権規約Ｂ規約19条などに違反するとして、国（被告・被控訴人・被上告人）に対して、国家賠償法１条１項に基づく損害賠償請求をおこなった。

第１審は、法廷におけるメモ行為は裁判内容を認識するための補充行為にすぎず、メモ行為まで憲法（21条）が保障しているとはいえないとして、また、控訴審は、訴訟の公正かつ円滑な運営に「少しでも」影響を及ぼすおそれがある限り、メモをとることが制限されることがあるのはやむを得ない等として、請求を棄却した。

整理

事件／民事事件

被告・控訴人・上告人／法廷においてメモ採取を求める傍聴人

〈争点〉 法廷におけるメモ採取を制限することの違憲性と国家賠償請求の可否。

〈憲法上の問題点〉 傍聴の自由と法廷におけるメモ採取の権利。

【判旨】

上告棄却（全員一致）。

（ⅰ）**憲法82条１項の趣旨は、「裁判を一般に公開して裁判が公正に行われることを制度として保障し、ひいては裁判に対する国民の信頼を確保しようとすることにある。**裁判の公開が制度として保障されていることに伴い、各人は、裁判を傍聴することができることとなるが、**右**

規定は、各人が裁判所に対して傍聴することを権利として要求できることまでを認めたものでないことはもとより、傍聴人に対して法廷においてメモを取ることを権利として保障しているものでないことも、いうまでもない」。

（ii）「各人が自由にさまざまな意見、知識、情報に接し、これを摂取する機会をもつことは、その者が個人として自己の思想及び人格を形成、発展させ、社会生活の中にこれを反映させていく上において欠くことのできないものであり、民主主義社会における思想及び情報の自由な伝達、交流の確保という基本的原理を真に実効あるものたらしめるためにも必要であって、このような**情報等に接し、これを摂取する自由は**」、**表現の自由を保障する憲法21条の「趣旨、目的から、いわばその派生原理として当然に導かれる**ところである」。**筆記行為の自由についても、それが「さまざまな意見、知識、情報に接し、これを摂取することを補助するものとしてなされる限り……憲法21条１項の規定の精神に照らして尊重されるべきである**といわなければならない。」

裁判の公開が制度として保障されていることに伴い、傍聴人は法廷における裁判を見聞することができるのであるから、**傍聴人が法廷においてメモを取ることは、その見聞する裁判を認識、記憶するためになされるものである限り、尊重に値し、故なく妨げられてはならない**ものというべきである。

（iii）「もっとも、情報等の摂取を補助するためにする筆記行為の自由といえども、他者の人権と衝突する場合にはそれとの調整を図る上において、又はこれに優越する公共の利益が存在する場合にはそれを確保する必要から、一定の合理的制限を受けることがあることはやむを得ないところである。しかも、右の筆記行為の自由は、憲法21条１項の規定によって直接保障されている表現の自由そのものとは異なるものであるから、その制限又は禁止には、表現の自由に制約を加える場合に一般に必要とされる厳格な基準が要求されるものではないというべきである。」

「これを傍聴人のメモを取る行為についていえば、法廷は、事件を審理、裁判する場、すなわち、事実を審究し、法律を適用して、適正かつ迅速な裁判を実現すべく、裁判官及び訴訟代理人が全神経を集中すべき場であって、そこにおいて最も尊重されなければならないのは、適正かつ迅速な裁判を実現することである。傍聴人は、裁判官及び訴訟関係人と異なり、その活動を見聞する者であって、裁判に関与して何らかの積極的な活動をすることを予定されている者ではない。したがって、**公正かつ円滑な訴訟の運営は、傍聴人がメモを取ることに比べれば、はるかに優越する法益であることは多言を要しないところである。してみれば、そのメモを取る行為がいささかでも法廷における公正かつ円滑な訴訟の運営を妨げる場合には、それが制限又は禁止されるべきことは当然である**というべきである。」

「メモを取る行為が意を通じた傍聴人によって一斉に行われるなど、……メモを取る行為そのものが、審理、裁判の場にふさわしくない雰囲気を醸し出したり、証人、被告人に不当な心理的圧迫などの影響を及ぼしたりすることがあり、ひいては公正かつ円滑な訴訟の運営が妨げられるおそれが生ずる場合のあり得ることは否定できない」が、「**しかしながら、それにもかかわらず、傍聴人のメモを取る行為が公正かつ円滑な訴訟の運営を妨げるに至ることは、通常はあり得ないのであって、特段の事情のない限り、これを傍聴人の自由に任せるべきであり、それが憲法21条1項の規定の精神に合致する**ものということができる。」

（ⅳ）法廷を主宰する裁判長に付与された「**法廷警察権は、法廷における訴訟の運営に対する傍聴人等の妨害を抑制、排除し、適正かつ迅速な裁判の実現という憲法上の要請を満たすために裁判長に付与された権限である。**しかも、裁判所の職務の執行を妨げたり、法廷の秩序を乱したりする行為は、裁判の各場面においてさまざまな形で現れ得るものであり、法廷警察権は、右の各場面において、その都度、これに即応して適切に行使されなければならないことにかんがみれば、**その行使は、当該法廷の状況等を最も的確に把握し得る立場にあり、かつ、訴訟の進行に全責任をもつ裁判長の広範な裁量に委ねられて然るべきものというべきであるから、その行使の要否、執るべき措置についての裁判長の判断は、最大限に尊重されなければならない**」。

「裁判長は傍聴人がメモを取ることをその自由に任せるべきであり、それが憲法21条1項の規定の精神に合致するものであることは、前示のとおりである。裁判長としては、特に具体的に公正かつ円滑な訴訟の運営の妨げとなるおそれがある場合においてのみ、法廷警察権によりこれを制限又は禁止するという取扱いをすることが望ましいといわなければならないが、事件の内容、傍聴人の状況その他当該法廷の具体的状況によっては、傍聴人がメモを取ることをあらかじめ一般的に禁止し、状況に応じて個別的にこれを許可するという取扱いも、傍聴人がメモを取ることを故なく妨げることとならない限り、裁判長の裁量の範囲内の措置として許容されるものというべきである。」

（ｖ）原審の確定した本件事実関係の下においては、「**本件裁判長が法廷警察権に基づき傍聴人に対してあらかじめ一般的にメモを取ることを禁止した上、上告人に対しこれを許可しなかった措置（以下『本件措置』という。）は、これを妥当なものとして積極的に肯認し得る事由を見出すことができない。……本件措置は、合理的根拠を欠いた法廷警察権の行使である**というべきである。……裁判所としては、今日においては、傍聴人のメモに関し配慮を欠くに至っていることを率直に認め、今後は、傍聴人のメモを取る行為に対し配慮をすることが要請されることを認めなければならない。」

しかしながら、「前示のような法廷警察権の趣旨、目的、更に遡って法の支配の精神に照らせば」、**法廷警察権の「行使に当たっての裁判長の判断は、最大限に尊重されなければならない。したがって、それに基づく裁判長の措置は、それが法廷警察権の目的、範囲を著しく逸脱**

し、又はその方法が甚だしく不当であるなどの特段の事情のない限り、国家賠償法1条1項の規定にいう違法な公権力の行使ということはできないものと解するのが相当である。このことは、前示のような法廷における傍聴人の立場にかんがみるとき、傍聴人のメモを取る行為に対する法廷警察権の行使についても妥当する」。「本件措置が執られた当時には、法廷警察権に基づき傍聴人がメモを取ることを一般的に禁止して開廷するのが相当であるとの見解も広く採用され、相当数の裁判所において同様の措置が執られていたことは前示のとおりであり、**本件措置には前示のような特段の事情があるとまではいえないから、本件措置が配慮を欠いていたことが認められるにもかかわらず、これが国家賠償法1条1項の規定にいう違法な公権力の行使に当たるとまでは、断ずることはできない。**」

＊　　＊　　＊

国民の司法参加と裁判員制度の合憲性　2004（平成16）年に成立した「裁判員の参加する刑事裁判に関する法律」（以下、「裁判員法」という）に基づき2009（平成21）年5月より実施されている裁判員制度は、日本国憲法下において懸案であった国民の司法参加を実現したものである。一般に、国民の司法参加には、陪審制と参審制の2類型があるが、裁判員制度は、最高裁の表現によれば、「裁判員が個別の事件ごとに国民の中から無作為に選任され、裁判官のような身分を有しないという点においては、陪審制に類似するが、他方、裁判官と共に事実認定、法令の適用及び量刑判断を行うという点においては、参審制とも共通するところが少なくなく、我が国独特の国民の司法参加の制度であるということができる」（**194**判決）とされる。

陪審制および参審制について、当初学説では、陪審の答申に拘束力を認める本来の陪審制は裁判官の職権の独立を保障する憲法76条3項に違反し、参審制は、専門の裁判官（下級裁判所裁判官）のみを予定して、その任命、任期、身分保障などを定める憲法の規定（78条、80条など）に違反するとの見解が支配的であった（たとえば、法学協会『註解日本国憲法〈下巻〉』（1954年、有斐閣）1128頁参照）。裁判員制度についても、こうした条項を拠り所に違憲論を展開する学説が存在するが、**194**判決は同制度の骨格のほぼすべてにわたって最高裁大法廷が全員一致でその合憲性を認めたリーディングケースである。同判決は、また、「国民の司法参加」を「裁判官以外の国民が裁判体の構成員となり評決権を持って裁判を行うこと」と定義したうえで、「憲法は、一般的には国民の司法参加を許容しており、これを採用する場合には、上記の諸原則（憲法が定める適正な刑事裁判を実現するための諸原則：引用者補注）が確保されている限り、陪審制とするか参審制とするかを含めて、その内容を立法政策に委ねている」と判示し、今後の立法の展開を大きく切り開いたという意味でも画期的と評しうるものである。

裁判員制度に関わる以後の最高裁判例としては、裁判員制度による審理裁判を受けるか否かについて被告人に選択権が認められていなくても、同制度は憲法32条、37条に違反しないとした最判平成24年1月13日刑集66巻1号1頁、「裁判員制度の下では、控訴審は、裁判員の加わった第1審の判断をできる限り尊重すべきである」とする補足意見を付して、裁判員裁判で行われた事実認定（無罪判決）を覆した高裁判決（有罪判決）を破棄した最判平成24年2月13日刑集66巻4号482頁が注目される。

194　裁判員制度の合憲性（覚せい剤取締法違反、関税法違反被告事件）☆☆☆

千葉地判平成22年1月18日判例集未登載

東京高判平成22年6月21日判タ1345号133頁

●最大判平成23年11月16日刑集65巻8号1285頁

【事実】

本件は、被告人Xが、氏名不詳者らと共謀し、覚せい剤を含む違法薬物を輸入しようと企てた覚せい剤取締法違反および関税法違反の事案であるが、覚せい剤取締法の営利目的輸入に係る罪には「無期の懲役」がその法定刑に含まれており（同法41条2項参照）、第1審の千葉地裁で裁判員裁判が行われた（裁判員法2条1項1号参照）。裁判員裁判で有罪判決を受けたXは、事実誤認（覚せい剤輸入についての故意の否認）および量刑不当の主張の他、あらたに裁判員裁判は憲法（80条1項、76条2項）に違反するとの主張を加えて控訴したがいずれも退けられたため、最高裁に上告した。

Xはその上告趣意において多岐にわたり裁判員法の違憲を主張したが、その概要は、以下のとおりである。①憲法には、国民の司法参加を想定した規定はなく、憲法80条1項は、下級裁判所が裁判官のみによって構成されることを定めているものと解される。したがって、裁判員法に基づき裁判官以外の者が構成員となった裁判体は憲法にいう「裁判所」には当たらないから、これによって裁判が行われる制度（裁判員制度）は、何人に対しても裁判所において裁判を受ける権利を保障した憲法32条、全ての刑事事件において被告人に公平な裁判所による迅速な公開裁判を保障した憲法37条1項に違反する上、その手続は適正な司法手続とはいえないので、全て司法権は裁判所に属すると規定する憲法76条1項、適正手続を保障した憲法31条に違反する。②裁判員制度の下では、裁判官は、裁判員の判断に影響、拘束されることになるから、同制度は、裁判官の職権行使の独立を保障した憲法76条3項に違反する。③裁判員が参加する裁判体は、通常の裁判所の系列外に位置するものであるから、憲法76条2項により設置が禁止されている特別裁判所に該当する。④裁判員制度は、裁判員となる国民に憲法上の根拠のない負担を課すものであるから、意に反する苦役に服させることを禁じた憲法18条後段に違反する。

整理

事件／刑事事件

被告人・控訴人・上告人／裁判員裁判で有罪判決を受けた刑事被告人

〈争点〉 裁判員法に基づき裁判官以外の者（裁判員）が参加して行われた刑事裁判の効力。

〈憲法上の問題点〉 国民の司法参加の憲法許容性と裁判員制度の憲法適合性。

【判旨】

上告棄却（全員一致）。

（i）**国民の司法参加と憲法**　日本国憲法には**国民の司法参加**（すなわち、**裁判官以外の国民が裁判体の構成員となり評決権を持って裁判を行うこと**）を認める明文の規定はないが、このことは直ちに国民の司法参加の禁止を意味するものではない。「憲法上、刑事裁判に国民の司法参加が許容されているか否かという刑事司法の基本に関わる問題は、憲法が採用する統治の基本原理や刑事裁判の諸原則、憲法制定当時の歴史的状況を含めた憲法制定の経緯及び憲法の関連規定の文理を総合的に検討して判断されるべき事柄である。」

「基本的人権の保障を重視した憲法では、特に31条から39条において、適正手続の保障、裁判を受ける権利……など、適正な刑事裁判を実現するための諸原則を定めており、……刑事裁判を行うに当たっては、これらの諸原則が厳格に遵守されなければならず、それには高度の法的専門性が要求される。憲法は、これらの諸原則を規定し、かつ、三権分立の原則の下に、『第６章　司法』において、裁判官の職権行使の独立と身分保障について周到な規定を設けている。こうした点を総合考慮すると、**憲法は、刑事裁判の基本的な担い手として裁判官を想定していると考えられる。**」

他方、「憲法は、その前文において、あらゆる国家の行為は、国民の厳粛な信託によるものであるとする国民主権の原理を宣言した。上記のような時代背景（日本国憲法制定当時の20世紀半ばには、欧米の民主主義国家の多くにおいて陪審制か参審制が採用されていたこと、および我が国でも、1923（大正12）年に陪審法が制定され、陪審裁判を実施した経験があること：引用者補注）とこの基本原理の下で、司法権の内容を具体的に定めるに当たっては、国民の司法参加が許容されるか否かについても関心が払われていた。すなわち、旧憲法では、24条において『日本臣民ハ法律ニ定メタル裁判官ノ裁判ヲ受クルノ権ヲ奪ハルヽコトナシ』と規定されていたが、憲法では、32条において『何人も、裁判所において裁判を受ける権利を奪はれない。』と規定され、憲法37条１項においては『すべて刑事事件においては、被告人は、公平な裁判所の迅速な公開裁判を受ける権利を有する。』と規定されており、『裁判官による裁判』から『裁判所における裁判』へと表現が改められた。また、憲法は、『第６章　司法』において、最高裁判所と異なり、下級裁判所については、裁判官のみで構成される旨を明示した規定を置いていない。憲法制定過程についての関係資料によれば、憲法のこうした文理面から、憲法制定当時の政府部内では、陪審制や参審制を採用することも可能であると解されていたことが認められる。」

「刑事裁判に国民が参加して民主的基盤の強化を図ることと、憲法の定める人権の保障を全うしつつ、証拠に基づいて事実を明らかにし、個人の権利と社会の秩序を確保するという刑事裁判の使命を果たすこととは、決して相容れないものではなく、このことは、陪審制又は参審制を有する欧米諸国の経験に照らしても、基本的に了解し得るところである。」「そうすると、国民の司法参加と適正な刑事裁判を実現するための諸原則とは、十分調和させることが可能であり、憲法上国民の司法参加がおよそ禁じられていると解すべき理由はなく、**国民の司法参加に係る制度の合憲性は、具体的に設けられた制度が、適正な刑事裁判を実現するための諸原則に抵触するか否かによって決せられるべきものである。換言すれば、憲法は、一般的には国民の司法参加を許容しており、これを採用する場合には、上記の諸原則が確保されている限り、陪審制とするか参審制とするかを含め、その内容を立法政策に委ねていると解される**のである。」

（ii）**裁判員法と憲法31条、32条、37条１項、76条１項、80条１項**　「憲法80条１項が、裁判所は裁判官のみによって構成されることを要求しているか否かは、結局のところ、憲法が国民の司法参加を許容しているか否かに帰着する問題である。既に述べたとおり、憲法は、最高裁判所と異なり、下級裁判所については、国民の司法参加を禁じているとは解されない。したがって、裁判官と国民とで構成する裁判体が、それゆえ直ちに憲法上の『裁判所』に当たらないということはできない。」「問題は、裁判員制度の下で裁判官と国民とにより構成される裁判体が、刑事裁判に関する様々な憲法上の要請に適合した『裁判所』といい得るものであるか否かにある」が、裁判員法によれば、「裁判員裁判対象事件を取り扱う裁判体は、身分保障の下、独立して職権を行使することが保障された裁判官と、公平性、中立性を確保できるよう配慮された手続の下に選任された裁判員とによって構成されるものとされている。また、裁判員の権限は、裁判官と共に公判廷で審理に臨み、評議において事実認定、法令の適用及び有罪の場合の刑の量定について意見を述べ、評決を行うことにある。これら裁判員の関与する判断は、いずれも司法作用の内容をなすものであるが、必ずしもあらかじめ法律的な知識、経験を有することが不可欠な事項であるとはいえない。さらに、裁判長は、裁判員がその職責を十分に果たすことができるように配慮しなければならないとされていることも考慮すると、上記のような権限を付与された裁判員が、様々な視点や感覚を反映させつつ、裁判官との協議を通じて良識ある結論に達することは、十分期待することができる。他方、憲法が定める刑事裁判の諸原則の保障は、裁判官の判断に委ねられている。」「このような**裁判員制度の仕組みを考慮すれば、**

公平な『裁判所』における法と証拠に基づく適正な裁判が行われること（憲法31条、32条、37条１項）は制度的に十分保障されている上、裁判官は刑事裁判の基本的な担い手とされているものと認められ、憲法が定める刑事裁判の諸原則を確保する上での支障はないということができる。」「したがって、憲法31条、32条、37条１項、76条１項、80条１項違反をいう所論は理由がない。」

（iii）**裁判員法と憲法76条３項**「憲法76条３項によれば、裁判官は憲法及び法律に拘束される。そうすると、既に述べたとおり、憲法が一般的に国民の司法参加を許容しており、裁判員法が憲法に適合するようにこれを法制化したものである以上、**裁判員法が規定する評決制度の下で、裁判官が時に自らの意見と異なる結論に従わざるを得ない場合があるとしても、それは憲法に適合する法律に拘束される結果であるから、同項違反との評価を受ける余地はない。**」

「憲法76条３項違反をいう見解からは、裁判官の２倍の数の国民が加わって裁判体を構成し、多数決で結論を出す制度の下では、裁判が国民の感覚的な判断に支配され、裁判官のみで判断する場合と結論が異なってしまう場合があり、裁判所が果たすべき被告人の人権保障の役割を全うできないことになりかねない」との主張もなされているが、「**そもそも、国民が参加した場合であっても、裁判官の多数意見と同じ結論が常に確保されなければならないということであれば、国民の司法参加を認める意義の重要な部分が没却されることにもなりかねず、憲法が国民の司法参加を許容している以上、裁判体の構成員である裁判官の多数意見が常に裁判の結論でなければならないとは解されない。**……評決の対象が限定されている上、評議に当たって裁判長が十分な説明を行う旨が定められ、評決については、単なる多数決でなく、多数意見の中に少なくとも１人の裁判官が加わっていることが必要とされていることなどを考えると、被告人の権利保護という観点からの配慮もされているところであり、裁判官のみによる裁判の場合と結論を異にするおそれがあることをもって、憲法上許容されない構成であるとはいえない。」

（iv）**裁判員法と憲法76条２項**「裁判員制度による裁判体は、地方裁判所に属するものであり、その第１審判決に対しては、高等裁判所への控訴及び最高裁判所への上告が認められており、裁判官と裁判員によって構成された裁判体が特別裁判所に当たらないことは明らかである。」

（v）**裁判員法と「意に反する苦役」（憲法18条後段）**「裁判員法１条は、制度導入の趣旨について、国民の中から選任された裁判員が裁判官と共に刑事訴訟手続に関与することが司法に対する国民の理解の増進とその信頼の向上に資することを挙げており、これは、この制度が国民主権の理念に沿って司法の国民的基盤の強化を図るものであることを示していると解される。このように、**裁判員の職務等は、司法権の行使に対する国民の参加という点で参政権と同様の権限を国民に付与するものであり、これを『苦役』ということは必ずしも適切ではない。**

また、裁判員法16条は、国民の負担を過重にしないという観点から、裁判員となることを辞退できる者を類型的に規定し、さらに同条８号及び同号に基づく政令においては、個々人の事情を踏まえて、裁判員の職務等を行うことにより自己又は第三者に身体上、精神上又は経済上の重大な不利益が生ずると認めるに足りる相当な理由がある場合には辞退を認めるなど、**辞退に関し柔軟な制度を設けている**。加えて、出頭した裁判員又は裁判員候補者に対する旅費、日当等の支給により**負担を軽減するための経済的措置**が講じられている（11条、29条２項）。」「これらの事情を考慮すれば、**裁判員の職務等は、憲法18条後段が禁ずる『苦役』に当たらないこと**は明らかであり、また、裁判員又は裁判員候補者のその他の基本的人権を侵害するところも見当たらないというべきである。」

第23章　財　政

租税法律主義　日本国憲法は、第７章で財政に関する規範を置き、国家の財政運営が民主的コントロールの下、行われることを予定している。ここでは、財政が国会の議決に基づくことが定められており、「財政における国会中心主義」などと表現される。しかし、議会といえども万能の存在ではなく、財政は、憲法を基礎としつつ、国民の意思と監視によって行われねばならないとされる。このことを、財政立憲主義と呼ぶ。

財政に関する憲法判例は、金銭の「入」と「出」の両面に関わるものが重要である。国家へ金銭が「入」る過程で問題となるのが租税法律主義であり、金銭が「出」る過程で問題となるのが公金支出制限の条文である。

租税法律主義は、その名の通り、租税に関する決まりを、法律で定める必要があるとする考え方である。日本国憲法はその84条で、租税法律主義を採用しているとされる。行政が行う活動には、裁量が認められたり、また、自身で規範を打ち立てる余地が認めたりするが、租税法律主義は、租税の領域からこういった可能性を厳しく排除する。

租税法律主義からは、まず、①課税要件法定主義が導かれる。これは、課税がなされるに際して、その要件を法律で定めるよう、要請するものである。従って、当然、税法の解釈基準を示す通達によって、課税要件を実質的に変更すること（いわゆる通達課税）は許されない。この点は**195**パチンコ球遊器事件で問題となったが、最高裁は課税がたまたま「通達を機縁として」行われたとして、違憲ではないとした。

また、課税要件を法定する際には、要件が明確であることが要求される。このことを、②課税要件明確主義という。裁判例としては、秋田市が条例で定める国民健康保険税について、その明確性が争われたケースがある。秋田市は、国民健康保険税の課税総額の上限のみを定め、上限の範囲内で、各年度の具体的税率算定の基礎とする具体的課税総額の決定を、市長の裁量に委ねる制度を採用していた。控訴審では、このあり方が課税要件明確主義に違反するとされた。また、旭川市の国民健康保険料を巡って、同様に課税要件明確主義の観点から訴訟が提起された**196**旭川市国民健康保険条例事件において、旭川市が採用する制度に関し、最高裁は憲法に反しないと結論づけた。

さらに、租税法律主義からは、③課税の不遡及も導かれるとされる。公布日以前に遡り、課税内容に不利益変更を加えることが許されるとすれば、納税者の法的安定性や、予測可能性を大きく損ないかねないからである。このことに関して、長期譲渡所得について、生じた損失額を他の所得から控除する損益通算が廃止された、租税特別措置法の改正が問題となった。2004（平成16）年2月26日に成立した改正法は、一方で4月1日からの施行とされたが、他方、損益通算を廃止する規定は、課税年度当初（2004（平成16）年1月1日）に遡るとされたのである。これに対し訴訟が展開されたが、最高裁は、平成23年9月22日判決や**197**判決で、事後法による財産権内容の変更に関する先例を引きながら、そうした変更も合理的な制約として許容されると判断した。

195　パチンコ球遊器事件（物品税課税無効確認及び納税金返還請求事件）

東京地判昭和28年2月18日行集4巻2号298頁
東京高判昭和30年6月23日行集6巻6号1404頁
●最判昭和33年3月28日民集12巻4号624頁

【事実】

1950（昭和25）年まで、パチンコ球遊器（いわゆるパチンコ台）は、旧物品税法に定める「遊戯具」に該当しない、非課税物品として扱われてきた。しかし、1951（昭和26）年に、東京国税局長や国税庁長官が、パチンコ台は遊戯具であるから物品税を課税するように、通達を発した。パチンコ台製造業者である原告は、こうした通達は、長期間課税対象外とされていた事柄に変更を加えるものであり、その結果通達による課税となり、憲法に反する課税処分であるとして訴訟を提起した。

整理

事件／行政事件

原告・控訴人・上告人／パチンコ球遊器製造業者

被告・被控訴人・被上告人／国、税務署長

〈争点〉 通達に基づく課税処分の違法性。

〈憲法上の問題点〉 通達による新たな課税は租税法律主義に反さないか。

【判旨】

上告棄却（全員一致）。

「社会観念上普通に遊戯具とされているパチンコ球遊器が物品税法上の『遊戯具』のうちに含まれないと解すことは困難であり、原判決も、もとより、所論のように、単に立法論として

パチンコ球遊器を課税品目に加えることの妥当性を論じたものではなく、**現行法の解釈として『遊戯具』中にパチンコ球遊器が含まれるとしたもの**であつて、右判断は、正当である。

なお、論旨は、通達課税による憲法違反を云為しているが、**本件の課税がたまたま所論通達を機縁として行われたものであつても、通達の内容が法の正しい解釈に合致するものである以上、本件課税処分は法の根拠に基く処分と解するに妨げがなく**、所論違憲の主張は、通達の内容が法の定めに合致しないことを前提とするものであつて、採用し得ない。」

196　旭川市国民健康保険条例事件（国民健康保険料賦課処分取消等請求事件）☆☆☆

旭川地判平成10年４月21日判時1641号29頁

札幌高判平成11年12月21日判時1723号37頁

●最大判平成18年３月１日民集60巻２号587頁

【事実】

国民健康保険は、被用者以外の一般国民を対象とした医療保険制度である。この制度を定める国民健康保険法では、保険者は原則として市町村であること（３条１項）や、その保険料の賦課徴収等に関する事項は条例で定めること（81条）などが定められている。旭川市は、この法律に基づき旭川市国民健康保険条例を定めているが、その条例に対し、旭川市民である原告は、市の条例は保険料率を具体的に規定しきれておらず、租税法律主義に反し無効であるなどして、訴訟を提起した。

整理

事件／行政事件

原告・控訴人・上告人／旭川市民

被告・被控訴人・被上告人／旭川市、旭川市長

〈争点〉①旭川市に対する、国民健康保険料賦課処分の取消および無効確認。②旭川市長に対する、減免非該当処分の取消および無効確認。

〈憲法上の問題点〉国民健康保険料にも、租税法律主義は適用されるか。

【判旨】

上告棄却（全員一致）。

「国又は地方公共団体が、課税権に基づき、その経費に充てるための資金を調達する目的をもって、**特別の給付に対する反対給付としてでなく、一定の要件に該当するすべての者に対して課する金銭給付は、その形式のいかんにかかわらず、憲法84条に規定する租税に当たる**というべきである。

市町村が行う国民健康保険の保険料は、これと異なり、被保険者において保険給付を受け得

ることに対する反対給付として徴収されるものである。前記のとおり、**被上告人市における国民健康保険事業に要する経費の約３分の２は公的資金によって賄われているが、これによって、保険料と保険給付を受け得る地位とのけん連性が断ち切られるものではない**。また、国民健康保険が強制加入とされ、保険料が強制徴収されるのは、保険給付を受ける被保険者をなるべく保険事故を生ずべき者の全部とし、保険事故により生ずる個人の経済的損害を加入者相互において分担すべきであるとする社会保険としての国民健康保険の目的及び性質に由来するものというべきである。

したがって、**上記保険料に憲法84条の規定が直接に適用されることはない**というべきである（国民健康保険税は、前記のとおり目的税であって、上記の反対給付として徴収されるものであるが、形式が税である以上は、憲法84条の規定が適用されることとなる。）。」

「もっとも、憲法84条は、課税要件及び租税の賦課徴収の手続が法律で明確に定められるべきことを規定するものであり、直接的には、租税について法律による規律の在り方を定めるものであるが、同条は、国民に対して義務を課し又は権利を制限するには法律の根拠を要するという法原則を租税について厳格化した形で明文化したものというべきである。したがって、国、地方公共団体等が賦課徴収する租税以外の公課であっても、その性質に応じて、法律又は法律の範囲内で制定された条例によって適正な規律がされるべきものと解すべきであり、憲法84条に規定する租税ではないという理由だけから、そのすべてが当然に同条に現れた上記のような法原則のらち外にあると判断することは相当ではない。そして、**租税以外の公課であっても、賦課徴収の強制の度合い等の点において租税に類似する性質を有するものについては、憲法84条の趣旨が及ぶと解すべき**であるが、その場合であっても、租税以外の公課は、租税とその性質が共通する点や異なる点があり、また、賦課徴収の目的に応じて多種多様であるから、**賦課要件が法律又は条例にどの程度明確に定められるべきかなどその規律の在り方については、当該公課の性質、賦課徴収の目的、その強制の度合い等を総合考慮して判断すべき**ものである。

市町村が行う国民健康保険は、保険料を徴収する方式のものであっても、強制加入とされ、保険料が強制徴収され、賦課徴収の強制の度合いにおいては租税に類似する性質を有するものであるから、これについても憲法84条の趣旨が及ぶと解すべきであるが、他方において、保険料の使途は、国民健康保険事業に要する費用に限定されているのであって、法81条の委任に基づき条例において賦課要件がどの程度明確に定められるべきかは、賦課徴収の強制の度合いのほか、社会保険としての国民健康保険の目的、特質等をも総合考慮して判断する必要がある。」

「**本件条例は、保険料率算定の基礎となる賦課総額の算定基準を明確に規定した上で、その算定に必要な上記の費用及び収入の各見込額並びに予定収納率の推計に関する専門的及び技術的な細目にかかわる事項を、被上告人市長の合理的な選択にゆだねたものであり、また、上記**

見込額等の推計については、国民健康保険事業特別会計の予算及び決算の審議を通じて議会による民主的統制が及ぶものということができる。

そうすると、本件条例が、8条において保険料率算定の基礎となる賦課総額の算定基準を定めた上で、12条3項において、被上告人市長に対し、同基準に基づいて保険料率を決定し、決定した保険料率を告示の方式により公示することを委任したことをもって、**法81条に違反するということはできず、また、これが憲法84条の趣旨に反するということもできない。**」

197　租税法律における遡及的立法（通知処分取消請求事件）

東京地判平成20年2月14日判タ1301号210頁

東京高判平成21年3月11日訟月56巻2号176頁

●最判平成23年9月30日判タ1359号75頁

【事実】

所得のうち、長期譲渡所得（個人が有する土地や建物等で、その年1月1日において所有期間が5年を超えるものを譲渡した際に得られる所得）については、他の所得と区分し、分離課税が行われている。その一方で、2004（平成16）年の租税特別措置法改正以前は、長期譲渡所得の金額の計算上生じた損失の金額がある場合には、その金額を他の各種所得の金額から控除する、損益通算が認められていた。2004（平成16）年の法改正によって損益通算は認められなくなったが、改正法附則によって、その施行日（4月1日）から遡って、2004（平成16）年1月1日以降に行われた土地などの譲渡に関しても損益通算を認めないこととされた。このような措置は納税者に不利な遡及立法であり、憲法に違反するとして、課税された納税者が訴訟を提起した。

整理

事件／行政事件

原告・控訴人・上告人／納税者

被告・被控訴人・被上告人／税務署長ら

〈争点〉租税法律における不利益遡及の違法性。

〈憲法上の問題点〉租税法律における不利益遡及は、租税法律主義に反さないか。

【判旨】

上告棄却（全員一致）。

「憲法84条は、課税要件及び租税の賦課徴収の手続が法律で明確に定められるべきことを規定するものであるが、これにより課税関係における法的安定が保たれるべき趣旨を含むものと解するのが相当である（最高裁平成12年（行ツ）第62号、同年（行ヒ）第66号同18年3月1日大法廷判決・民集60巻2号587頁参照）。そして、**法律で一旦定められた財産権の内容が事後の**

法律により変更されることによって法的安定に影響が及び得る場合、当該変更の憲法適合性については、当該財産権の性質、その内容を変更する程度及びこれを変更することによって保護される公益の性質などの諸事情を総合的に勘案し、その変更が当該財産権に対する合理的な制約として容認されるべきものであるかどうかによって判断すべきものであるところ（最高裁昭和48年（行ツ）第24号同53年７月12日大法廷判決・民集32巻５号946頁参照）、上記（１）のような暦年途中の租税法規の変更及びその暦年当初からの適用によって納税者の租税法規上の地位が変更され、課税関係における法的安定に影響が及び得る場合においても、これと同様に解すべきものである。なぜなら、このように暦年途中に租税法規が変更されその暦年当初から遡って適用された場合、これを通じて経済活動等に与える影響は、当該変更の具体的な対象、内容、程度等によって様々に異なり得るものであるところ、これは最終的には国民の財産上の利害に帰着するものであって、このような変更後の租税法規の暦年当初からの適用の合理性は上記の諸事情を総合的に勘案して判断されるべきものであるという点において、財産権の内容を事後の法律により変更する場合と同様というべきだからである。」

「法改正により事後的に変更されるのは、上記（１）によると、納税者の納税義務それ自体ではなく、特定の譲渡に係る損失により暦年終了時に損益通算をして租税負担の軽減を図ることを納税者が期待し得る地位にとどまるものである。納税者にこの地位に基づく上記期待に沿った結果が実際に生ずるか否かは、当該譲渡後の暦年終了時までの所得等のいかんによるものであって、当該譲渡が暦年当初に近い時期のものであるほどその地位は不確定な性格を帯びるものといわざるを得ない。」

「本件改正附則は、平成16年４月１日に施行された改正法による本件損益通算廃止に係る改正後措置法の規定を同年１月１日から同年３月31日までの間に行われた長期譲渡について適用するというものであって、暦年の初日から改正法の施行日の前日までの期間をその適用対象に含めることにより暦年の全体を通じた公平が図られる面があり、また、その期間も暦年当初の３か月間に限られている。納税者においては、これによって損益通算による租税負担の軽減に係る期待に沿った結果を得ることができなくなるものの、それ以上に一旦成立した納税義務を加重されるなどの不利益を受けるものではない。」

「本件改正附則が、本件損益通算廃止に係る改正後措置法の規定を平成16年１月１日以後にされた長期譲渡に適用するものとしたことは、課税関係における法的安定に影響を及ぼし得るものではあるが、上記のような納税者の租税法規上の地位に対する合理的な制約として容認されるべきものと解するのが相当である。したがって、本件改正附則が、憲法84条の趣旨に反するものということはできない。」

〔須藤正彦裁判官の補足意見〕「所得税は、暦年の終了時に納税義務が成立するいわゆる期間税であって、長期譲渡所得に係る損益通算がなされる場合の所得税額は、暦年末日までに累積した各種所得金額についてこれを行うことによって定まる。この場合、暦年末日との間隔で、それに近い時点であるほどに、各種所得の累積結果の見通しは確定的になるといえるから、所得税額の見通しもまた確定的になり、納税者の長期譲渡所得に係る損益通算に関しての期待的地位は、いわば納税義務が成立したときに準ずる状態として形成されて来るといえ、納税者の経済活動等も当然これに対応したものになると思われる。このような場合には、納税者は、この損益通算が廃止され、しかもそれが暦年当初から適用されるような立法などがなされることはないだろうと信頼してもいよう。そうすると、**暦年末日に近い時期、例えば、11月か12月頃に、それまでの格別の周知が施されていない状況下で、そのような立法をなすことは、通常、納税者の経済活動等における法的安定性や予測可能性を著しく害する上、法に対する国民の信頼を失わしめ、個人の尊厳や財産権の保障の趣旨に背馳するともいえるから、憲法84条の趣旨及び憲法13条、29条の視点に照らして重大な疑義がある。**損益通算廃止規定を暦年当初から適用することによって保護される公益などが厳格に明らかにされない限り、そのような立法は、裁量の範囲を逸脱するものとして、憲法84条に反し、憲法13条、29条の視点からみてもそぐわないことになり得るというべきである。また、**その変更の時期が年央（6、7月頃）であるような場合も、半年という経済活動等の期間は一つのまとまりをなし、そこで各種所得の累積結果に従って所得税額の見通しも立って来ているといえようから、損益通算廃止を暦年当初から適用することによって保護される公益などの一層の具体性が要求され、これが明らかにされないと違憲の疑いが生じる**ことがあるというべきである。」

＊　　＊　　＊

公金の支出制限　公金の支出、つまり金銭が「出」る過程を統制するのが、憲法89条である。その前段では、宗教上の組織・団体への公金支出制限が定められており、後段では、私的な慈善・教育・博愛事業に対しての支出制限が規定されている。前段に関しては、政教分離の項ですでに触れたので、ここでは、「公の支配」に属さない、私的な慈善・教育・博愛事業への支出制限に関して説明したい。

「公の支配」という文言をどのように解釈するかを巡っては、学説上の対立があるが、政府はこれを緩やかに解し、「(政府がその事業に対して）具体的に発言干渉できるような特別な、公け(ママ)の機関と特別な関係にある場合」は、「公の支配」に属していると考えてきた。この条文との関係でとりわけ問題となるのが私立学校への助成措置であるが、政府は、私立学校法や私立学校振興助成法、さらには学校教育法などの枠組みを根拠に、「公の支配」に属するものと解している。

判例も、政府の解釈と同様に、「公の支配」概念を緩く解してきた。私立大学を誘致するための、市による公金支出が問題となった事案（千葉地判昭和61年5月28日）について、「公の支配」に属する事業を「国または公共団体が、人事、組織、予算等について根本的に支配していることまでも必要とする趣旨ではなく、それよりも軽度の法的規制を受けていることをもつて足り」ると解し、現行の法制度下で、私立学校は「公の支配」に属するものとした。さらに、そうした法制度下にない教育施設についても、裁判所は、「公の支配」を緩やかに解し、支出を是認する。次に掲げる198判決がそれにあたり、これは、私立学校などの法的枠組み外の、幼児教室に対する町の不動産提供・補助金交付が争われた事例である。

198 「公の支配」の意義と幼児教室への助成（公金支出差止等請求事件）

浦和地判昭和61年6月9日判時1221号19頁

●東京高判平成2年1月29日判時1351号47頁

【事実】

埼玉県吉川町では、団地建設に伴う幼児数の増加を背景として、公立幼稚園設立の要望が高まっていた。しかし、予算の制約上、ただちに幼稚園を設立することは困難であったため、町長は、幼稚園とほぼ同様の事業を行う幼児教室を開設し、この幼児教室に対して、吉川町が保有する土地・建物を無償で使用させるとともに、毎年補助金を支出した。この補助金は、町の補助金規則に基づくものであり、補助金受給者に対して、状況報告義務や実績報告義務を課すとともに、計画遂行義務が不履行の際には、交付決定を取り消し、補助金の返還を命じることができるようになっていた。

上記のような町の支出に対し、そのような助成措置が憲法89条に違反する違法な公金支出であるとして、吉川町の住民である原告らが、住民訴訟を提起した。

整理

事件／行政事件

原告・控訴人／吉川町の住民

被告・被控訴人／吉川町長

〈争点〉 幼児教室への町による補助金の違法性。

〈憲法上の問題点〉 幼児教室は「公の支配」に属すると言えるのか。

【判旨】

控訴棄却。

「憲法89条は、『公金その他の公の財産は、宗教上の組織若しくは団体の使用、便益若しくは維持のため、又は公の支配に属しない慈善、教育若しくは博愛の事業に対し、これを支出し、又はその利用に供してはならない。』と規定する。そして、同条前段については、国家と宗教の分離を財政面からも確保することを目途とするものであるから、その規制は厳格に解すべきであるが、**同条後段の教育の事業に対する支出、利用の規制については、もともと教育は、国**

家の任務の中でも最も重要なものの一つであり、国ないし地方公共団体も自ら営みうるものであって、私的な教育事業に対して公的な援助をすることも、一般的には公の利益に沿うものであるから、同条前段のような厳格な規制を要するものではない。同条後段の教育の事業に対する支出、利用の規制の趣旨は、公の支配に属しない教育事業に公の財産が支出又は利用された場合には、教育の事業はそれを営む者の教育についての信念、主義、思想の実現であるから、教育の名の下に、公教育の趣旨、目的に合致しない教育活動に公の財産が支出されたり、利用されたりする虞れがあり、ひいては公の財産が濫費される可能性があることに基づくものである。このような法の趣旨を考慮すると、教育の事業に対して公の財産を支出し、又は利用させるためには、**その教育事業が公の支配に服することを要するが、その程度は、国又は地方公共団体等の公の権力が当該教育事業の運営、存立に影響を及ぼすことにより、右事業が公の利益に沿わない場合にはこれを是正しうる途が確保され、公の財産が濫費されることを防止しうることをもって足りる**ものというべきである。右の支配の具体的な方法は、当該事業の目的、事業内容、運営形態等諸般の事情によって異なり、必ずしも、当該事業の人事、予算等に公権力が直接的に関与することを要するものではないと解される。」

第24章　地方自治

地方自治　日本国憲法は、第８章において、地方公共団体による地方自治を保障する。しかしながら、憲法と同時に地方自治法が施行され、その後も地方税法等の地方自治を詳細に規制する法律が国会により制定され、地方公共団体による自治は相当程度に法律で枠づけられている。憲法の地方自治権を根拠にした地方公共団体が、国会の制定する法律をどこまで突き抜けることができるか否かにつき、裁判所は判断を示してきている。

そもそも、憲法は地方公共団体がどのようなものなのかを明示していない。この場合、地方自治法の定める都道府県と市町村という２段階の地方公共団体を憲法上の地方公共団体と同一視してよいか。最高裁は、**199東京都特別区事件**において、地方自治法上の定義と憲法上の定義は異なることを指摘した。

では、憲法上の地方公共団体の持つ、憲法上の地方自治権とは何か。地方公共団体には、94条により条例制定権が認められていて、最高裁は、**47東京都売春取締条例違反事件**において、条例の制定により地域ごとに差の生じることが認められることを確認している。もっとも、条例の制定には「法律の範囲内」という条件も付されている。この条例と法律との関係につき、最高裁は、**100徳島市公安条例事件**において、「特定事項についてこれを規律する国の法令と条例とが併存する場合でも、後者が前者とは別の目的に基づく規律を意図するものであり、その適用によって前者の規定の意図する目的と効果をなんら阻害することがないときや、両者が同一の目的に出たものであっても、国の法令が必ずしもその規定によって全国的に一律に同一内容の規制を施す趣旨ではなく、それぞれの普通地方公共団体において、その地方の実情に応じて、別段の規制を施すことを容認する趣旨であると解されるときは、国の法令と条例との間にはなんらの矛盾抵触はな」い、との判断基準を示した。とはいえ、最高裁は、**98新潟県公安条例事件**などにおいて、条例の趣旨全体を総合的に考察しなければならないと指摘するほか、**201条例と罰則事件**において、条例は自治立法であり法律に類するが、罰則の制定には法律が相当程度に具体的で限定的な授権をしなければならない、と判示している。

また94条は、地方公共団体が財産を管理し、事務を処理し、行政を執行する権能を有すると定める。この団体自治につき、裁判所は、**202大牟田市電気税訴訟**において、地方公共団体には課税権のあることを判示した。もっとも租税の賦課、徴収の権能は、地方公共団体一般に対して抽象的に認められるものであり、特定の地方公共団体の具体的な税目に関する課税権ではない旨が確認されている。さらに203東京都銀行税訴訟において、裁判所は、地方税法が地方公共団体による裁量判断の歯止めを定めることができる、と判示している。それでは、地方税法で認められた法定外税について、地方公共団体は条例の制定により独自に課税をすることができるであろうか。最高裁は、204神奈川県臨調課税事件において、法律が地方自治の本旨を踏まえた準則を定めているので、地方公共団体の自主課税権はその準則に従ってその範囲内で行使されなければならない、と判示した。

他方、93条１項は、地方公共団体に議事機関たる議会を設置すること、同条２項は、住民による選挙を実施することを、それぞれ求める。裁判所は、200練馬区準公選事件において、地方自治法が憲法の保障する住民自治の要請に応ずるために、代表民主制を通常の方式としながらも、広く直接民主制も取り入れていることを適示した。それでは、地方公共団体の制定する条例により直接民主制的な仕組みをさらに構築することはできないのであろうか。裁判所は、205名護ヘリポート住民投票訴訟において、条例に基づく住民投票の結果に法的拘束力を持たせることはできない、という限界を示している。

199　東京都特別区事件／地方自治体と特別区（贈収賄被告事件）☆☆

東京地判昭和37年２月26日刑集４巻１・２号157頁
●最大判昭和38年３月27日刑集17巻２号121頁
東京地判昭和39年５月２日判タ162号149頁

【事実】

1957（昭和32）年、特別区の１つである渋谷区では、区長の選任にあたり金員の供与収受が行われた。それが贈収賄罪にあたるとして、区議会議員７名が起訴された。

この事件の背景として地方自治法の改正がある。まず戦後の東京都制の一部改正により、特別区では区長公選制が採用され、地方自治法にも特別区には原則として市に関する規定の適用のある旨が定められた。しかし1952（昭和27）年、法改正がなされ、特別区の議会には都知事の同意を得て区長を選任する制度が採用されることになった。このときに起きたのが本件である。その後、地方自治法の再改正により、特別区の公選制は復活している。

なお、第１審は、贈収賄罪成立の要件である職務権限の有無の判定につき、前提問題として地方自治法281条の２の効力を検討し、特別区は憲法93条２項の地方公共団体であるので、そう規定しない地方自治法の規定は違憲無効であるがゆえに、区議会議員の贈収賄罪の成立を否定した。この無罪判決に対し、検察側が飛躍上告をした。そして最高裁の特別区に関する判断に基づく差戻審では、地方裁判所が贈収賄罪の成立を認め、区議会議員は有罪判決を受けた。

整理

事件／刑事事件

被告人・被上告人／区議会議員

〈争点〉 金員の供与接受は、贈収賄罪に当たるか。

〈憲法上の問題点〉 東京都特別区は憲法上の地方公共団体か。

【判旨】

破棄差戻（全員一致、補足意見1）。

（i）「憲法は、93条2項において『地方公共団体の長、その議会の議員及び法律の定めるその他の吏員は、その地方公共団体の住民が直接これを選挙する。』と規定している。何がここにいう地方公共団体であるかについては、何ら明示するところはないが、憲法が特に1章を設けて地方自治を保障するにいたった所以のものは、新憲法の基調とする政治民主化の一環として、住民の日常生活に密接な関連をもつ公共的事務は、その地方の住民の手でその住民の団体が主体となって処理する政治形態を保障せんとする趣旨に出たものである。この趣旨に徴するときは、右の**地方公共団体といい得るためには、単に法律で地方公共団体として取り扱われているということだけでは足らず、事実上住民が経済的文化的に密接な共同生活を営み、共同体意識をもっているという社会的基盤が存在し、沿革的にみても、また現実の行政の上においても、相当程度の自主立法権、自主行政権、自主財政権等地方自治の基本的権能を附与された地域団体であることを必要とする**」。「かかる実体を備えた団体である以上、その実態を無視して、憲法で保障した地方自治の権能を法律を以て奪うことは、許されない」。

（ii）「特別区は、昭和21年9月都制の一部改正によってその自治権の拡充強化が図られたが、翌22年4月制定の地方自治法をはじめその他の法律によってその自治権に重大な制約が加えられているのは、東京都の戦後における急速な経済の発展、文化の興隆と、住民の日常生活が、特別区の範囲を超えて他の地域に及ぶもの多く、都心と郊外の昼夜の人口差は次第に甚だしく、区の財源の偏在化も益々著しくなり、23区の存する地域全体にわたり統一と均衡と計画性のある大都市行政を実現せんとする要請に基づくものであって、所詮、特別区が、東京都という市の性格をも併有した独立地方公共団体の一部を形成していることに基因する」。

「特別区の実体が右のごときものである以上、特別区は、その長の公選制が法律によって認められていたとはいえ、憲法制定時においてもまた昭和27年8月地方自治法改正当時においても、憲法93条2項の地方公共団体と認めることはできない。従って、改正地方自治法が右公選制を廃止し、これに代えて、区長は特別区の議会の議員の選挙権を有する者で年齢25年以上のものの中から特別区の議会が都知事の同意を得て選任するという方法を採用したからといって、それは立法政策の問題にほかならず、憲法93条２項に違反するものということはできない。」

200　練馬区準公選事件／条例制定権（行政処分取消請求事件）

●東京地判昭和43年６月６日行集19巻６号991頁

東京高判昭和43年11月28日判時538号14頁

【事実】

特別区の１つである練馬区では、1967（昭和42）年に当時の区長が辞職したが、区議会内部の対立のため区長不在の状態が続いた。そこで住民が、この区長不在の改善策として、区長準公選制を採用するための「練馬区長候補者決定に関する条例」制定に向けた直接請求をしようとし、条例制定請求代表者証明書の交付を申請した。ところが練馬区長職務代理者はその交付を拒否した。そこで住民は、交付拒否決定の取消しを求めて出訴した。

事件の背景として、当時の地方自治法の規定を知る必要がある。東京都特別区では1952（昭和27）年の地方自治法改正により区長公選制が廃止され、区長は「特別区の議会の議員の選挙権を有する者で年齢満25年以上の者の中から、特別区の議会が都知事の同意を得て」選任されることとなっていた。なお、控訴は棄却されている（確定）。

整理

事件／行政事件

原告・被控訴人／住民

被告・控訴人／東京都練馬区長

〈争点〉条例制定の直接請求に必要な代表者証明書の交付の可否。

〈憲法上の問題点〉住民の条例制定（改廃）請求権の法的性質。

【判旨】

請求容認。

（ｉ）地方自治「**法は、憲法の保障する地方自治の根本要素である住民自治の要請に応ずるため、原則として、住民が当該地方公共団体の議会の議員や長の選挙を通して間接に地方行政に参与するいわゆる代表民主制（間接民主制）の方式を採用している。**しかし、これらの代表機関による地方行政の運営が時に住民の意思から遊離し又はこれを裏切り、住民の福祉に反する結果をもたらすこともありえないではないので、かような場合に備えて、住民に直接自己の意思を表明する機会を与え、これによって民意に反する姿勢を是正し、代表民主制にともなう弊害を除去する方途を講ずることは、真の住民自治を実現するうえに極めて必要である。**法が、代表民主制を地方自治運営の通常の方式としながら、広く直接参政（直接民主制）の方途を併せとりいれ、その一として、法第12条第１項により、住民に対し条例（地方税の賦課徴収**

並びに分担金、使用料及び手数料の徴収に関するものを除く。）の制定又は改廃を請求する権利を認めたのは右の趣旨による」。地方自治**「法の採用した条例制定（改廃）請求」は「議会への提案者は形式的には長であるが」「実質的には、住民に条例の発案権を認めた制度である」**。

（ii）「条例の制定（改廃）請求手続の構造や、この手続に関与する住民及び議会の役割、とくに立法機関たる後者の地位ないし権限、長と議会との関係等を、前述した条例制定（改廃）請求制度の本旨に照らして総合的に考察すると、法は、住民の条例制定（改廃）請求権を議会の議員及び長の条例発案権に代わるべきものとみる立場から、その権利の行使につき、これを行使する者の良識と自覚を期待するとともに、違法な内容の条例が出現するのを防止する手段として、一方において、地方自治の主体たる一般住民及び立法機関たる議会の自主的な判断を信頼かつ尊重し、他方、行政の責任者たる長に対しては、議会の権限に対する事前干渉を避けるため、議会の議決以前には条例案を議会に付議する際に意見を附することを認めるにとどめ、もし違法な内容の条例が可決された場合には、瑕疵ある議決に対して長が拒否権を行使する一般の場合と同様、再議その他の法的手続により事後的にこれを排除しうる途を開くことによって、議会制度の下における住民の自治権の伸長と行政権の執行との調和を図っているものと解するのが相当であり、要するに、住民による条例の制定（改廃）請求を手続的にも議員及び長の発案権の行使に準ずるものとして取扱う趣旨であると解される（したがって、長が地方公共団体の事務を管理執行する権限と職責を有することから、条例案の内容に対する長の事前審査権を認めるのは正当でない。）。」

（iii）「代表者証明書交付の手続においては、当該条例案の内容がたとえば被告のあげる憲法改正手続を定めるものであるとか、あるいは法第74条第１項かつこ書に掲げる地方税の賦課徴収並びに分担金、使用料および手数料の徴収に関するものであるとかのように、条例で規定しえない事項又は条例の制定（改廃）請求をなしえない事項に関するものであることが一見極めて明白で、条例としての同一性を失わせない範囲で修正を加える可能性がなく、条例制定（改廃）請求制度を利用させるに値いしないと認められるような場合は格別、そうでない場合には、代表者証明書の交付申請を受けた長は、当該条例案の内容の適否を審査せず、その判断によれば条例事項でないと認めるときでも、それを理由として代表者証明書の交付を拒否することは許さない」。「本件条例案は、その内容が前記区長選任手続に関する法令の規定に違反するかどうかの最終的判断はともかく、その違法であることが疑いを容れる余地のないほどに明白で、しかも修正不能なものであるということはできない。」

201　条例と罰則（大阪市条例第68号違反被告事件）☆

大阪簡判昭和31年３月15日刑集16巻５号601頁

大阪高判昭和31年10月18日刑集16巻５号605頁

●最大判昭和37年５月30日刑集16巻５号577頁

【事実】

大阪市の条例（街路等における売春勧誘行為等の取締条例）２条１項は「売春の目的で街路その他公の場所において、他人の身辺につきまとったり又は誘ったりした者は、5,000円以下の罰金又は拘留に処する」と定めていた。大阪市内で売春行為をした者が、上記条例により罰金刑を科せられた。

この裁判の中で、「条例に違反した者に対し、２年以下の懲役若しくは禁錮、10万円以下の罰金、拘留、科料又は没収の刑を科する旨の規定を設けることができる」とした地方自治法14条５項（当時）が、罪刑法定主義を定めた憲法31条に違反すると主張された。

整理

事件／刑事事件

被告人・控訴人・上告人／売春行為を行った者

〈争点〉 売春取締条例に基づく処罰。

〈憲法上の問題点〉 ❶条例の法的性質。❷条例と法律の関係。

【判旨】

上告棄却（全員一致、補足意見４）。

（ｉ）「憲法31条はかならずしも刑罰がすべて法律そのもので定められなければならないとするものではなく、法律の授権によってそれ以下の法令によって定めることもできると解すべきで、このことは憲法73条６号但書によっても明らかである。ただ、法律の授権が不特定な一般的の白紙委任的なものであってはならない」。

（ⅱ）「**条例は、法律以下の法令といっても、上述のように、公選の議員をもって組織する地方公共団体の議会の議決を経て制定される自治立法であって、行政府の制定する命令等とは性質を異にし、むしろ国民の公選した議員をもって組織する国会の議決を経て制定される法律に類するものであるから、条例によって刑罰を定める場合には、法律の授権が相当な程度に具体的であり、限定されておればたりる**」。

「地方自治法２条３項７号及び１号のように相当に具体的な内容の事項につき、同法14条５項のように限定された刑罰の範囲内において、条例をもって罰則を定めることができるとしたのは、憲法31条の意味において法律の定める手続によって刑罰を科するものということができ」、「同条に違反するとはいえない。従って地方自治法14条５項に基づく本件条例の右条項も憲法同条に違反するものということができない。」

〔垂水克己裁判官の補足意見〕「条例は政令、命令とは選を異にし憲法上『法律の範囲内で』あれば特定の法律の委任を要せず、これを制定しうる」。「地方自治法14条５項は条例に罰則を設けうる『法律の範囲』を一般的、包括的に設定した」。「条例は、他の法律の規定や地方自治法の規定に反しない範囲で、いかなる行為を犯罪と規定しても、地方自治法14条1項の範囲を超える重い法定刑を定めないかぎり合法、合憲となる」。「条例制定権は憲法94条末段から直接与えられたもので、それにはただ『法律の範囲内で』という制約が付されているにすぎない。(これは憲法31条の『法律』とは『国会の制定する法律』であるべきことの例外として憲法自身が認めたものである)。」

202　大牟田市電気税訴訟／地方自治体の自主課税権(1)（損害賠償請求事件）☆

●福岡地判昭和55年6月5日訟月26巻9号1572頁

【事実】

地方税法は電気に関する消費税を市町村の独立税としていたため、三池炭鉱を中心とする大牟田市では、市税条例を制定して電気ガス税を賦課徴収していた。ところが法改正により、石炭の製造・採掘業務の電気使用等については非課税と定められ、大牟田市は電気に関する消費税を徴収することができなくなった。そこで、大牟田市は国に対し、係争年度（1973（昭和48）年度）における非課税額が5億6,424万円であり、地方交付税による補塡分を控除しても減収分が1億4,106万円に達するとして、国家賠償法1条に基づく損害賠償請求をした。

整理

事件／民事事件

原告／大牟田市

被告人／国

〈争点〉減税分1億4,106万円の賠償請求。

〈憲法上の問題点〉地方公共団体の課税権の法的性質。

【判旨】

控訴棄却。

（i）「憲法92条は、『地方公共団体の組織及び運営に関する事項は、地方自治の本旨に基いて、法律でこれを定める。』と規定するが、これは憲法がその実現すべき理想の1つとして掲げる民主主義を徹底するために、地方公共団体に関する一般的な原則として、凡そ地方公共団体とされたものは、国から多少とも独立した地位を有し、その地域の公共事務はその住民の意思に基づいて自主的に行われるべきであるという政治理念を表明したものと解せられる。すなわち、地方公共団体の組織及び運営に関する事項を定める法律は、右の意味で地方公共団体の自治権を保障するものでなければならない。そして地方公共団体がその住民に対し、国から一応独立の統治権を有するものである以上、事務の遂行を実効あらしめるためには、その財政運営についてのいわゆる自主財政権ひいては財源確保の手段としての課税権もこれを憲法は認めているものというべきである。**憲法はその94条で地方公共団体の自治権を具体化して定めてい**

るが、そこにいう『行政の執行』には租税の賦課、徴収をも含むものと解される。そこで例えば、地方公共団体の課税権を全く否定し又はこれに準ずる内容の法律は違憲無効たるを免れない。」

「しかし、憲法94条、基本的には92条によつて認められる自治権がいかなる内容を有するかについては、憲法自体から窺い知ることはできない。そもそも憲法は地方自治の制度を制度として保障しているのであつて、現に採られているあるいは採らるべき地方自治制を具体的に保障しているものではなく、現に地方公共団体とされた団体が有すべき自治権についても、憲法上は、その範囲は必ずしも分明とはいいがたく、その内容も一義的に定まつているといいがたいのであつて、その具体化は憲法全体の精神に照らしたうえでの立法者の決定に委ねられているものと解せざるをえない。このことは、自治権の要素としての課税権の内容においても同断であり、**憲法上地方公共団体に認められる課税権は、地方公共団体とされるもの一般に対し抽象的に認められた租税の賦課、徴収の権能であつて、憲法は特定の地方公共団体に具体的税目についての課税権を認めたものではない。**税源をどこに求めるか、ある税目を国税とするか地方税とするか、地方税とした場合に市町村税とするか都道府県税とするか、課税客体、課税標準、税率等の内容をいかに定めるか等については、憲法自体から結論を導き出すことはできず、その具体化は法律（ないしそれ以下の法令）の規定に待たざるをえない。」

（ii）「電気ガス税という具体的税目についての課税権は、地方税法５条２項によってはじめて原告大牟田市に認められるものであり、しかもそれは、同法に定められた内容のものとして与えられるものであって、原告は地方税法の規定が許容する限度においてのみ、条例を定めその住民に対し電気ガス税を賦課徴収しうるにすぎない」。

（iii）「憲法上地方公共団体とされるもの一般に認められた抽象的意味における課税権は、具体的な税目についての課税が法律上一部禁止されたからといって、右課税権の侵害として、当該禁止にかかる得べかりし税収入を直ちに原告の損害であるとして賠償を求めうる性質のものではない」。

203　東京都銀行税訴訟／地方自治体の自主課税権(2)（東京都外形標準課税条例無効確認等請求事件）

東京地判平成14年３月26日判時1787号42頁

●東京高判平成15年１月30日判時1814号44頁

【事実】

地方税法72条の12は、法人に対する事業税につき、課税標準を原則として「所得」にし、同72条の22第１項２号は、その超過累進税率を5.6％ないし11％と定めていた。例外として、同72条の19は、都道府県が事業の情況に応じ所得以外を課税標準とすることができる旨を定め、同72条の22第９項は、その税率を所得基準による場合の負担と「著しく均衡を失することのないように」という制約の下で都道府県が決めることができると定めていた。そこで2000（平成12）年春、東京都は同72条の19に基づき「東京都における銀行業等に対する事業税の課税標準等の特例に関する条例」を施行し、2000（平成12）年度からの５年間に限定して、資本総額５兆円以上を有する銀行業等の法人を対象に「業務粗利益」を課税標準として原則３％の税率で事業税を課した。それに対し、本件条例の適用対象となった大手銀行が、東京都及び東京都知事を相手取って、本件条例の無効確認、本件条例に基づく更生処分及び決定処分の差止め等を求めて訴えた。

なお、2003（平成15）年10月には和解が成立している。

整理

事件／行政事件

原告・控訴人／大手銀行（訴え提起時21行、控訴審時17行）

被告・被控訴人／東京都、東京都知事

〈争点〉外形標準課税を認める条例の効力等。

〈憲法上の問題点〉課税をめぐる条例と法律の関係。

【判旨】

原判決変更、一部認容、一部棄却、一部却下、一部控訴棄却。

（ｉ）「地方税法は、一方で、原則的課税標準を『所得』としてその税率をも法定し、他方で、地方公共団体に対し、『事業の情況』という解釈に幅のある表現で外形標準課税を導入できるようにするとともに、均衡要件により、原則的課税標準および税率による税負担と、著しく均衡を失しないように定めるべきことを求めている」。

（ii）「『所得』を課税標準とする法人事業税の課税によっては、銀行業等の法人事業税額が、現状においても既に相当程度減少しているのに、今後も当分の間減少が見込まれる状況であり、少なくとも業務粗利益や資金取引から推認される銀行業等の事業の活動量は、そのような減少傾向と相当程度対応しないものとなっていたし、このような傾向や状況は、不動産業等他の業種と異なるものであったのであるから、銀行業等について、上記（４）アで認定した地方税法72条の19の適用を許容することができる『事業の情況』が生じていると判断することができる。」「**本件条例制定に当たっての一審被告東京都の裁量判断は、いずれも地方税法72条の19において許容される範囲内のものであると**認められる」。

（iii）「**地方税法72条の22第９項の均衡要件は、同法72条の19の解釈運用における地方公共団体の裁量判断に対する歯止めとしての機能を果たす**」。「均衡要件の判断については、外形標準課税が導入された後の２、３年度の比較を基本としながら、過去数年間の課税実績からの推計による比較のほか、外形標準課税導入の目的、本件条例のように、一審被告東京都に限って、

しかも特定の業種に限って導入する場合には、他の道府県に及ぼす影響や、他の業種との負担の均衡等関連する諸般の事情を、客観的な資料に基づき総合勘案す」る。「税負担を比較した場合の差額ないしその割合（倍率）がどの程度になれば著しく均衡を失していることになるかについて、具体的な線引きをすることは困難であり、結局のところ、上記イ認定のとおり総合判断によるしかないが、そうはいっても、税負担の比較値ないし割合が勘案要素における比重が高い」。「東京都の10倍を超えるという比較値（平成11年３月期の『所得』に対するものであるので平成10事業年度のものということになり、『所得』を課税標準とした税負担が現実のもので、本件条例による外形標準課税の適用結果が推計値である。）や、本件条例による外形標準課税を適用した初年度（平成12事業年度分）及び第２年度（平成13事業年度分）における約7.7倍及び約3652倍という比較値、第２年度における第１審原告八十二銀行の約4.9倍という比較値を見る限りは、約7.7倍及び約3652倍という比較値について『所得』を課税標準とした場合の推計事業税額がゼロの銀行がほとんどであるとの事情を割り引いて考慮してみても、本件条例による外形標準課税を適用した結果としての事業税の税負担は、『所得』を課税標準とした場合の税負担と比較して、『著しく』均衡を失している可能性が大きい」。「外形標準課税が同法72条の22第９項の均衡要件を満たすことについては、**外形標準課税を導入する条例を制定した地方公共団体側において、客観的な資料に基づき積極的に証明すべき責任がある**ところ、以上を総合勘案すると、本件条例による税負担が、『所得』を課税標準とした場合の税負担と、『著しく均衡を失することのないよう』なものであることを認めるに足りる証拠はなく、１審被告東京都は、本件条例が均衡要件を満たすことの証明ができていない」。

（iv）「本件条例は、地方税法72条の19には違反しないが、同法72条の22第９項には違反するものであり、憲法違反の主張等１審原告らのその余の主張について判断するまでもなく、違法なものである。」

204　神奈川県臨調課税事件／地方自治体の自主課税権(3)（通知処分取消等請求事件）☆

横浜地判平成20年３月19日民集67巻３号631頁

東京高判平成22年２月25日民集67巻３号758頁

●最判平成25年３月21日民集67巻３号438頁

【事実】

2003（平成15）年改正前の地方税法72条の14第１項は、道府県法定普通税である法人事業税の課税標準である所得の計算に際し、過年度に生じた欠損金額の繰越控除を定めていた。そこで神奈川県は、2001（平成13）年に神奈川県臨時特例企業税条例を制定し、地方税法４条３項等にもとづく道府県法定外普通税として、県内に事務所のある資本金額又は出資金額５億円以上の法人に対し、法人事業税の所得の計算に際し繰越控除される欠損金額に相当する額を課税標準とし、税率を原則100分の3とする臨時特例企業税を課した。2005（平成17）年、この臨時特例企業税を納付した原告が、臨時特例企業税の過年度分の還付等を求める訴えを提起した。第1審は当該条例を無効とし神奈川県に還付を命じたが、控訴審は当該条例を有効とし、臨時特例企業税は法人事業税を補完する別の税目として併存しうると示した。

整理

事件／行政事件

原告・被控訴人・上告人／大手自動車メーカー

被告・控訴人・被上告人／神奈川県

〈争点〉法定外税を創設する条例の効力等。

〈憲法上の問題点〉独自課税をめぐる条例と法律の関係。

【判旨】

破棄自判（全員一致、補足意見1）。

（i）「普通地方公共団体は、地方自治の本旨に従い、その財産を管理し、事務を処理し、及び行政を執行する権能を有するものであり（憲法92条、94条）、その本旨に従ってこれらを行うためにはその財源を自ら調達する権能を有することが必要であることからすると、普通地方公共団体は、地方自治の不可欠の要素として、その区域内における当該普通地方公共団体の役務の提供等を受ける個人又は法人に対して国とは別途に課税権の主体となることが憲法上予定されているものと解される。しかるところ、憲法は、普通地方公共団体の課税権の具体的内容について規定しておらず、普通地方公共団体の組織及び運営に関する事項は法律でこれを定めるものとし（92条）、普通地方公共団体は法律の範囲内で条例を制定することができるものとしていること（94条）、さらに、租税の賦課については国民の税負担全体の程度や国と地方の間ないし普通地方公共団体相互間の財源の配分等の観点からの調整が必要であることに照らせば、普通地方公共団体が課することができる租税の税目、課税客体、課税標準、税率その他の事項については、**憲法上、租税法律主義（84条）の原則の下で、法律において地方自治の本旨を踏まえてその準則を定めることが予定されており、これらの事項について法律において準則が定められた場合には、普通地方公共団体の課税権は、これに従ってその範囲内で行使されなければならない。**」

「そして、地方税法が、法人事業税を始めとする法定普通税につき、徴収に要すべき経費が徴収すべき税額に比して多額であると認められるなど特別の事情があるとき以外は、普通地方公共団体が必ず課税しなければならない租税としてこれを定めており（4条2項、5条2項）、税目、課税客体、課税標準及びその算定方法、標準税率と制限税率、非課税物件、更にはこれらの特例についてまで詳細かつ具体的な規定を設けていることからすると、**同法の定める法定**

普通税についての規定は、標準税率に関する規定のようにこれと異なる条例の定めを許容するものと解される別段の定めのあるものを除き、任意規定ではなく**強行規定である**と解されるから、普通地方公共団体は、地方税に関する条例の制定や改正に当たっては、同法の定める準則に拘束され、これに従わなければならないというべきである。したがって、法定普通税に関する条例において、地方税法の定める法定普通税についての強行規定の内容を変更することが同法に違反して許されないことはもとより、**法定外普通税に関する条例において、同法の定める法定普通税についての強行規定に反する内容の定めを設けることによって当該規定の内容を実質的に変更することも**、これと同様に、**同法の規定の趣旨、目的に反し、その効果を阻害する内容のものとして許されない**と解される。」

（ii）「特例企業税を定める本件条例の規定は、地方税法の定める欠損金の繰越控除の適用を一部遮断することをその趣旨、目的とするもので、特例企業税の課税によって各事業年度の所得の金額の計算につき欠損金の繰越控除を実質的に一部排除する効果を生ずる内容のものであり、各事業年度間の所得の金額と欠損金額の平準化を図り法人の税負担をできるだけ均等化して公平な課税を行うという趣旨、目的から欠損金の繰越控除の必要的な適用を定める同法の規定との関係において、その趣旨、目的に反し、その効果を阻害する内容のものであって、法人事業税に関する同法の強行規定と矛盾抵触するものとしてこれに違反し、違法、無効であるというべきである。」

205　名護ヘリポート住民投票訴訟（損害賠償請求事件）☆

●那覇地判平成12年5月9日判時1746号122頁

【事実】

沖縄県宜野湾市には、米軍海兵隊の飛行場として使用されている普天間基地がある。1996（平成8）年、日米両政府間において、その普天間基地の返還合意がなされたが、同時に代替ヘリポート基地の有力候補として、同県名護市のキャンプシュワブ沖の名前が挙げられた。そのため名護市の住民は危機感を抱き、名護市長に対して、住民投票実施条例の制定を、直接請求した。市長は、選択肢を「賛成」「環境対策や経済効果が期待できるので賛成」「反対」「環境対策や経済効果が期待できないので反対」の4択にしたほか、「市長は、ヘリポート基地の建設予定地内外の私有地の売却、使用や賃貸等、その他ヘリポート基地建設に関係する事務の執行にあたり、地方自治の本旨に基づき市民投票における有効投票の賛否いずれか過半数の意思を尊重して行うものとする」を「市長は、ヘリポート基地の建設予定地内外の私有地の売却、使用、賃貸その他ヘリポート基地の建設に関する事務の執行に当たり、地方自治の本旨に基づき市民投票における有効投票の賛否いずれか過半数の意見を尊重するものとする」と変えることを求める修正意見等を付して、その条例案を名護市議会に提出した。そして、市議会が市長の修正意見通りの内容で条例を可決した。

1997（平成９）年、名護市では、上記条例に基づき、代替ヘリポート基地建設に関する住民投票が実施され、結果は、賛成2,562票、理由つき賛成１万1,705票、反対１万6,254票、理由つき反対385票であった。ところが開票から数日後、市長はヘリポート基地建設の受け入れを表明し、市長職を辞した。これに対し、住民は、市長による基地受け入れ表明は投票結果を尊重せず違法であるとして、市長及び市を相手取って、民法709条及び国家賠償法１条に基づく賠償請求をした。

整理

事件／民事事件

原告／住民（501名）

被告人／名護市、市長

〈争点〉 基地受け入れ表明に基づく損害の賠償請求。

〈憲法上の問題点〉 条例にもとづく住民投票の法的効力。

【判旨】

棄却（確定）。

（ⅰ）「本件条例は、住民投票の結果の扱いに関して、その３条２項において、『市長は、ヘリポート基地の建設予定地内外の私有地の売却、使用、賃貸その他ヘリポート基地の建設に関係する事務の執行に当たり、地方自治の本旨に基づき市民投票における有効投票の賛否いずれか過半数の意思を尊重するものとする。』と規定するに止まり（以下、右規定を『尊重義務規定』という。）、市長が、ヘリポート基地の建設に関係する事務の執行に当たり、右有効投票の賛否いずれか過半数の意思に反する判断をした場合の措置等については何ら規定していない。**そして、仮に、住民投票の結果に法的拘束力を肯定すると、間接民主制によって市政を執行しようとする現行法の制度原理と整合しない結果を招来することにもなりかねないのであるから、右の尊重義務規定に依拠して、市長に市民投票における有効投票の賛否いずれか過半数の意思に従うべき法的義務があるとまで解することはできず、右規定は、市長に対し、ヘリポート基地の建設に関係する事務の執行に当たり、本件住民投票の結果を参考とするよう要請しているにすぎない**」。

（ⅱ）「本件住民投票の性格からしても、右投票の結果により、基地のない環境のもとで生活する権利や平和的生存権が具体的権利となったなどということはできない」。

【判例索引】

（最高裁判所）

（高等裁判所）

（地方裁判所）

（簡易裁判所）

執筆者紹介

【編著者】
柏﨑　敏義（東京理科大学名誉教授、第 1 章）
加藤　一彦（東京経済大学現代法学部教授、第 2 章）

【執筆者】
内藤　光博（専修大学法学部教授、第 3 章 10〜22）
平松　直登（明治大学法学部兼任講師、第 3 章 23〜28）
中村　安菜（日本女子体育大学体育学部准教授、第 4 章）
江藤　英樹（明治大学法学部教授、第 5 章・第14章）
石川多加子（金沢大学人間社会研究域准教授、第 6 章・第11章・第12章）
棟久　　敬（秋田大学教育文化学部専任講師、第 7 章 53〜57）
市川　直子（城西大学現代政策学部准教授、第 7 章 58〜65・第24章）
江島　晶子（明治大学法学部教授、第 8 章）
小倉　一志（小樽商科大学商学部教授、第 9 章・第10章）
鎌塚　有貴（三重短期大学法経科講師、第 13 章）
廣澤　　明（元明治大学法学部教授、第15章・第16章）
齋藤　美沙（拓殖大学政経学部講師、第17章）
小松　　浩（立命館大学法学部教授、第18章 148〜157・第20章）
三枝　昌幸（松蔭大学経営文化学部専任講師、第18章 158〜163）
佐藤修一郎（中央大学理工学部教授、第19章・第21章）
森山　弘二（札幌大学法学部教授、第22章）
岩垣　真人（奈良県立大学地域創造学部准教授、第23章）

新憲法判例特選〔第 3 版〕

2013年 4 月10日　初版発行
2018年 3 月15日　第 2 版発行
2021年 4 月10日　第 3 版第 1 刷発行
2024年 4 月 1 日　第 3 版第 3 刷発行

編著者　柏　﨑　敏　義
　　　　加　藤　一　彦
発行者　竹　内　基　雄
発行所　株式会社　敬　文　堂

東京都新宿区早稲田鶴巻町 5 3 8
東京(03)3203-6161㈹　FAX(03)3204-0161
振替 00130-0-23737
http://www.keibundo.com

印刷・製本／信毎書籍印刷株式会社　カバー装丁／リリーフ・システムズ
落丁・乱丁本は，お取替えいたします。
定価はカバーに表示してあります。
ISBN978-4-7670-0243-9 C3032